INSTITUTIO
CHRISTIANAE
RELIGIONIS

2

DE COGNITIONE DEI
REDEMPTORIS IN CHRISTO,
QUAE PATRIBUS
SUB LEGE PRIMUM,
DEINDE ET NOBIS
IN EVANGELIO PATEFACTA EST

처음에는
율법 아래에서
조상들에게,
이후로는 복음 안에서
우리에게 드러난,
그리스도 안에서
구속주 하나님을
아는 지식

1559년 라틴어 최종판 직역

기독교 강요

존 칼빈 지음
문병호 옮김

Institutio christianae religionis,

in libros quatuor nunc primum digesta, certisque distincta capitibus,
ad aptissimam methodum: aucta etiam tam magna accessione
ut propemodum opus novum haberi possit

Ioannes Calvinus

1559년 라틴어 최종판 직역
기독교 강요 2

ⓒ 생명의말씀사 2020

2020년 6월 25일 1판 1쇄 발행
2025년 6월 2일   6쇄 발행

펴낸이 | 김창영
펴낸곳 | 생명의말씀사

등록 | 1962. 1. 10. No.300-1962-1
주소 | 서울시 종로구 경희궁1길 6 (03176)
전화 | 02)738-6555(본사) · 02)3159-7979(영업)
팩스 | 02)739-3824(본사) · 080-022-8585(영업)

지은이 | 존 칼빈
옮긴이 | 문병호

기획 | 태현주
교정편집 | 가스펠서브
디자인 | 조현진, 김혜진
인쇄 | 영진문원
제본 | 보경문화사

ISBN 978-89-04-02093-5 (04230)
ISBN 978-89-04-70060-8 (세트)

저작권자의 허락 없이 이 책의 일부 또는 전체를
무단 복제, 전재, 발췌하면 저작권법에 의해 처벌을 받습니다.

1559년 라틴어 최종판 직역

기독교 강요

2

DE COGNITIONE DEI
REDEMPTORIS IN CHRISTO,
QUAE PATRIBUS
SUB LEGE PRIMUM,
DEINDE ET NOBIS
IN EVANGELIO PATEFACTA EST

처음에는
율법 아래에서
조상들에게,
이후로는 복음 안에서
우리에게 드러난,
그리스도 안에서
구속주 하나님을
아는 지식

목차

약어 | 18

제2권
처음에는 율법 아래에서 조상들에게, 이후로는 복음 안에서 우리에게 드러난, 그리스도 안에서 구속주 하나님을 아는 지식

DE COGNITIONE DEI REDEMPTORIS IN CHRISTO,
QUAE PATRIBUS SUB LEGE PRIMUM,
DEINDE ET NOBIS IN EVANGELIO PATEFACTA EST

제1장 아담의 타락과 배역(背逆)으로 모든 인류가 저주에 넘겨졌으며 그 시원(始原)으로부터 멀어졌는데, 이는 원죄와 관련됨

Adae lapsu et defectione totum humanum genus maledictioni fuisse addictum, et a prima origine degenerasse;
ubi de peccato originali

1. 창조, 타락, 회복을 통한 우리 자신을 아는 지식 | 24
2. 선천적 교만으로 인해 끝내 무지에 빠지고 만 인류 | 26
3. 해야 할 일과 그것을 행할 수 없음에 대한 인식 | 27
4. 아담의 불충에 따른 불순종의 죄 | 29
5. 생래적 원죄 | 32
6. 모방으로 습득되는 것이 아니라 모태에서 조성될 때 전가되는 죄 | 34
7. 타락한 본성으로부터 나오는 사망의 죄책 | 37
8. 원죄의 죄과와 그로 말미암는 죄책 그리고 그 열매들 | 39

9. 사람을 구성하는 영혼과 육체의 모든 부분이 타락함 | 42
10. 사람의 타락은 자초한, 본성의 타락에서 비롯됨 | 43
11. 사람의 본성적 사악함은 본성에서 기인하지 않음 | 45

제2장 사람은 이제 의지의 자유를 강탈당한 채 비참한 노예 상태로 넘겨졌음
Hominem arbitrii libertate nunc esse spoliatum et miserae servituti addictum

1. 자유의지 문제를 논하는 당위성 | 48
2. 지각과 오성과 이성: 영혼의 기능에 대한 철학자들의 견해 | 50
3. 오성을 지도하는 이성에 종속된 의지의 자유에 대한 철학자들의 공통된 신뢰 | 52
4. 아우구스티누스를 제외한, 자유의지에 대한 교회 저술가들의 입장의 난맥상 | 53
5. '의지'와 '자유'에 대한 이견들 | 58
6. 그나마 좀 더 건전했던 스콜라주의자들의 오류 | 59
7. 사람이 자유로운 선택으로 행악함을 지적한다고 해서 자유의지를 인정하는
   논거가 될 수 없음 | 61
8. 타락한 인류에게 은총이 없다면 자유의지가 존재하지 않음:
   아우구스티누스의 견해 | 62
9. 몇몇 교부들의 자유의지에 대한 올바른 입장 | 64
10. 사람에게 없는 것을 하나님께로부터 찾아야 함 | 66
11. 오직 하나님의 은혜에만 의지하는 참된 겸손 | 68
12. 남아 있으나 부패한, 영혼의 본성적 기능: 이성과 의지와 오성 | 69
13. 지상의 사안들과 천상의 사안들에 대한 오성의 기능 | 72
14. 예술: 모든 사람에게 은혜로 주어지는 보편적 선 | 74
15. 타락 후에 하나님이 자기의 영으로 사람에게 주신 선물들 | 75
16. 순수하게 부여되었으나 인류의 타락으로 인하여
    순수함을 그친 자연적 선물들 | 76

17. 다양하게 남아 있는 하나님의 형상의 표지들 | 78
18. 세 가지 영적 통찰에 있어서 우리 이성의 한계 | 79
19. 하나님과 하나님께 속한 것에 관한 영적인 우매함 | 80
20. 성령의 특별한 조명이 없으면 본성의 빛으로 하나님을 알 수 없음 | 81
21. 말씀을 우리 마음에 가르치시는 진리의 영의 비췸이 없으면
    우리의 눈은 그 자체로 멀어 있음 | 84
22. 모든 사람의 양심에 새겨진 자연법을 통하여 하나님의 규범을 아는 지식 | 85
23. 지식에 기초한 오성의 판단이 항상 선에 이르는 것은 아님 | 88
24. 자연인의 이성은 율법과 관련하여 첫 번째 판에 대해서는 눈이 멀어 있고
    두 번째 판에 대해서는 겉만 보고 있음 | 89
25. 성령의 조명으로 매 순간 마음의 문이 열리지 않으면
    이성은 고유한 기능을 할 수 없음 | 91
26. 자연적 욕구와는 달리 의지의 자유에는 성령의 자극이 필요함 | 93
27. 중생한 자가 자유의지로 선을 행함에 이르는 것은
    오직 성령의 은혜로 말미암음 | 95

제3장 부패한 사람의 본성으로부터는 정죄할 것 외에는 아무것도 나오지 않음
Ex corrupta hominis natura nihil nisi damnabile prodire

1. 타락한 본성상 육체의 헛됨 | 100
2. 로마서 3장에서 전하는 인류의 타락상: 육체에는 부분적으로
   생기가 남아 있으나 영혼에는 전적으로 선이 결여되어 있음 | 102
3. 하나님이 모든 사람에게 베푸시는 은혜는 각자의 본성을 억제하는 데
   그칠 뿐 그것을 내적으로 정결하게 하지는 않음 | 104
4. 하나님의 특별한 은혜가 없으면 하나님의 심판좌 앞에서 본성의 덕성은
   그 자체로 아무것도 아님 | 106
5. 타락한 인류는 필연적으로 그러나 강제 없이 자원적으로 죄를 범함 | 108
6. 회심의 의지를 비롯한 구원의 전 과정은 오직 하나님의 은혜로 말미암음 | 112
7. 은혜는 의지와 합력해서 작용하는 것이 아니라 의지조차 일으킴 | 115
8. 우리 마음에서 나오는 모든 선한 것은 그것이 의지이든 믿음이든
   하나님의 은혜에서 비롯됨 | 117

9. 기도를 통하여 하나님이 친히 행하시는 은혜를 구함으로 선한 일을 이룸 | 118
  10. 하나님은 의지를 부여하실 뿐만 아니라 효과적으로 작용하게 하심 | 121
  11. 첫 번째 은총을 부여하신 주님이 계속적으로 은총을 배가하셔서
      우리가 선을 행하게 하심 | 124
  12. 은혜는 사람의 의지를 협력자로 삼지 않고 그것의 효과적 원인자가 됨 | 126
  13. 의지는 은혜로 만들어지므로 의지에 따른 선행은 은혜의 열매이자 효과임 | 127
  14. 사람의 의지는 자유로 은혜를 얻는 것이 아니라 은혜로 자유를 얻음 | 129

제4장 하나님이 사람의 마음에 역사하시는 방식
       Quomodo operetur Deus in cordibus hominum

   1. 자연인은 필연적으로 죄를 짓는 만큼 자원해서 죄를 지음 | 132
   2. 한 사안에 함께 돌려지는 하나님, 사탄, 사람의 일 | 134
   3. 하나님이 사탄의 일꾼들의 마음을 완고하게 하시는 것은
      단지 그의 예지나 허용이 아니라 역사임 | 135
   4. 여호와는 친히 대적의 마음을 강퍅하게 하셔서 도구로 사용하심으로써
      자기 백성에 대한 자기의 뜻을 이루심 | 137
   5. 하나님이 사탄과 불경건한 자들을 사용하셔서 자기의 일을 이루시는
      고유한 방식 | 138
   6. 하나님은 우리의 외적 활동에 있어서도 의지의 작용을 주장하심 | 139
   7. 하나님은 자유의지를 만들어 주시고 그 기능조차 다스리심 | 141
   8. 자유의지 논쟁은 행위의 결과가 아니라 행하고자 하는
      마음의 선택과 성향에 관련됨 | 142

제5장 통상 자유의지를 변호하기 위하여 제기되는 이의들에 대한 반박
       Obiectionum refutatio, quae pro defensione liberi arbitrii afferri solent

   1. 첫째 이의에 대한 반박: 의지의 노예 상태에서 모든 사람은
      필연적이나 자원해서 죄를 지음 | 146
   2. 둘째 이의에 대한 반박: 하나님의 은혜로부터 성도의 공로가 존재하며
      그 공로에 대한 상급도 은혜로 주어짐 | 148

3. 셋째 이의에 대한 반박: 타락 후 모든 사람이 악하나
   어떤 사람은 하나님의 은사로 악을 떠나 선 가운데 끝까지 견인함 | 150
4. 넷째 이의에 대한 반박: 성도는 교훈과 책망과 권고로 가르침을 받아
   새롭게 변화되어 가면서 선을 행함 | 152
5. 전적인 은혜 아래서도 권고가 필요함 | 154
6. 하나님의 규범들은 우리 능력의 잣대가 아닐뿐더러
   우리 능력에 의해 제한되지 않음 | 156
7. 율법의 명령에는 그 규범 혹은 교훈이 은혜로 이루어진다는 약속이 함께 있음 | 157
8. 우리는 오직 은혜로 하나님께로 회심하고, 그의 명령을 지키며,
   마지막 날까지 인치심을 받음 | 160
9. 회심의 결과를 낳는 일이 하나님과 우리 사이에 반분되지 않음 | 161
10. 하나님이 베푸실 은혜의 약속들은
    우리의 의지에 부응해서 주어지는 것이 아님 | 163
11. 하나님은 오직 은혜로 우리 안에서 죄를 물리치시고 선한 일을 행하시되 그 가운데
    우리를 질책하여 돌이키게 하시고 우리를 권고하여 노력을 다하게 하심 | 165
12. 율법에는 교훈과 함께 복음의 약속이 함의되어 있음 | 169
13. 하나님은 한동안 어떤 자들을 내버려 두심으로 그들 안에서 능력을 찾는 것이
    아니라 그들이 은혜를 간구할 때까지 기다리고자 하심 | 170
14. 우리는 하나님의 전적인 은혜로 일하게 될 뿐만 아니라 우리가 일함 | 172
15. 우리에게 은혜로 부여된 자유의지로 말미암아 하나님이 우리 안에서
    은혜로 행하시는 일이 우리의 것이라 일컬어짐 | 175
16. 가인에게는 스스로 자기 죄를 다스릴 힘이 없었음 | 176
17. 우리가 선행을 원하고 이를 위하여 달음박질함은
    오직 긍휼히 여기시는 하나님의 은혜로 말미암음 | 177
18. 사람은 선하게 지음을 받았으나
    타락하여 스스로 선을 행할 수 없게 되었음 | 180
19. 타락한 인류는 거의 죽은 것이 아니라 완전히 죽었음 | 181

제6장 타락한 인류는 그리스도 안에서 구원을 찾아야 함
Homini perdito quaerendam in Christo redemptionem esse

1. 유일하신 중보자 생명의 주 그리스도의 필연성 | 184
2. 구약 백성들이 믿은 기름부음받은 자 중보자 그리스도 | 187
3. 영원한 언약의 머리로서 오실 중보자 그리스도에 대한 예언들 | 190
4. 아들을 믿음으로 아버지를 믿음 | 193

제7장 율법은 그 자체 안에 구약 백성을 제한시키려는 것이 아니라 그리스도 안에 있는 구원의 소망을 그가 오실 때까지 함양시키려고 부여되었음
Legem fuisse datam, non quae populum veterem in se retineret, sed quae foveret spem salutis in Christo usque ad eius adventum

1. 경건하고 올바른 삶의 규범으로서의 언약의 율법 | 198
2. 그리스도의 은혜로 옷 입혀진 율법 | 201
3. 사람은 율법 준수로 그 완전한 의에 이를 수 없음 | 203
4. 하나님의 선하심이 없다면 율법의 약속은 헛됨 | 204
5. 완전한 율법 준수는 불가능함 | 205
6. 의를 드러내어 불의를 정죄하는 율법의 첫 번째 용법 | 207
7. 율법은 하나님의 의를 드러냄으로써 우리의 불의를 정죄하나 이로써 율법의 가치를 떨어뜨리지는 않음 | 209
8. 율법의 교훈을 통한 정죄로 말미암아 그리스도 안에서 은혜를 베푸시는 자비로운 하나님께로 도망침 | 211
9. 율법은 할 수 없는 것을 명령하여 우리의 연약함을 드러냄으로써 우리로 하여금 하나님의 은혜를 탄원하게 함 | 212
10. 형벌에 대한 두려움으로 외형적으로나마 죄를 억제하는 율법의 두 번째 용법 | 214
11. 율법은 성령으로 거듭나기 전의 사람들을 성령을 받아 참 경건에 이를 때까지 억제시킴 | 216
12. 중보자를 통하여 신자들에게 가르침과 권고로 작용하는 율법의 세 번째 용법 | 217
13. 율법은 성도가 지상에서 수행해야 할 직분과 상응하는 삶의 규범을 드러냄 | 219

14. 그리스도 안에서 불가침한 율법의 가르침과 권고 | 221
15. 그리스도의 은혜로 폐하여진 것은 율법 자체나 그 권위가 아니라
    죄로 인하여 야기된 율법에 대한 노예 상태임 | 222
16. 의식들은 그 몸인 그리스도의 오심으로 준수가 폐지되었으나
    그 거룩성은 조금도 감해지지 않음 | 223
17. 성경은 단지 의식들의 폐지가 아니라 그리스도 안에서의 성취를 증언함 | 225

제8장 도덕법 설명
Legis moralis explicatio

1. 십계명으로 내적인 법이 기록되게 하심 | 230
2. 본성의 정욕에 따른 필연적인 불순종이라고 해서 변명할 수 없음 | 232
3. 율법의 가르침으로 겸손하게 낮아져 하나님의 자비를 간구함 | 233
4. 율법의 약속들과 위협들에 내포된 복들과 저주들 | 234
5. 율법이 가르치는 절대적 의는 항구적이므로 새로운 율법은 없음 | 236
6. 입법자의 뜻에 따른 영적 해석 | 238
7. 최고의 율법 해석자 그리스도 | 240
8. 용어들의 한계를 넘어서는 제유법적 해석 | 241
9. 율법을 통한 금지는 악행의 제한에 그치지 않고 선행을 명령함 | 243
10. 가장 대표적인 악행을 적시하여 전체를 표상함 | 244
11. 두 판에 새겨진 율법의 의미 | 245
12. 십계명을 두 판으로 구분하는 법 | 246

제1계명
13. 입법자이신 '여호와'의 이름으로 논증되는 율법의 엄위 | 249
14. "나는 네 하나님 여호와니라" | 249
15. "너를 애굽 땅, 종 되었던 집에서 인도하여 낸" | 250
16. "너는 나 외에는 다른 신들을 네게 두지 말라" | 252

제2계명
17. 하나님을 대체하는 가시적 형상들은 만들지도 말고 섬기지도 말라 | 255
18. 우상 숭배에 대한 징계 | 256

19. 삼사 대에 이르도록 죄를 갚으심 | 258
20. 자녀들에게 임하는 징벌은 궁극적으로
    그들 자신의 죗값을 치르는 것이므로 하나님의 의에 배치되지 않음 | 259
21. 천 대에 미치는 하나님의 자비 | 260

제3계명
22. 하나님의 이름에 대한 합법적인 사용 | 262
23. 하나님을 불러 증인으로 삼는 합당한 맹세 | 263
24. 여호와의 이름으로 하는 거짓된 맹세는 그를 욕되게 함 | 265
25. 무익한 맹세는 합당하지 않음 | 266
26. 헛되이 맹세하는 것을 금함 | 267
27. 적법적인 필요성을 채우는 사적인 맹세의 유효함 | 269

제4계명
28. 영적인 쉼의 의미 | 271
29. 여호와가 우리 가운데서 일하시게끔 우리의 일을 그치고 쉼 | 273
30. 일곱째 날의 의미 | 274
31. 안식일의 순수한 실체로서 실제이신 그리스도 | 275
32. 품위와 질서를 유지하기 위하여 한 날을 정하여 지키게 하심 | 276
33. 주일이 제정된 이유 | 278
34. 안식일의 목적이자 완성으로서의 주일의 의미 | 279

제5계명
35. 하나님이 영예를 부여하신 자들에 대한 복종이라고 넓게 해석함 | 281
36. 윗사람에게 마땅히 돌려야 할 영예에는 공경, 순종, 감사의 세 요소가 있음 | 282
37. 약속이 있는 첫째 계명 | 284
38. 주 안에서 부모에게 순종하라 | 285

제6계명
39. 살인을 금함에 대한 광의적이고 적극적인 해석 | 286
40. 살인은 모든 사람에게 부여된 하나님의 형상과 그것을 담고 있는 육체와
    나아가서 영혼을 해치는 것 | 287

제7계명

41. 간음을 금함에 대한 광의적이고 적극적인 해석 | 288
42. 차별적으로 부여되는 동정의 은사 | 289
43. 결혼의 명령 | 290
44. 부부간에 요구되는 영혼과 육체의 정숙 | 292

제8계명

45. 도둑질을 금함에 대한 광의적이고 적극적인 해석 | 293
46. 하나님이 제정하신 이웃에 대한 의무를 수행하지 않는 것은 도둑질 | 295

제9계명

47. 이웃에 대한 거짓 증언을 금함에 대한 광의적이고 적극적인 해석 | 297
48. 이웃의 선한 이름을 입으로뿐만 아니라 마음으로도 지킴 | 299

제10계명

49. 이웃에 대한 탐심을 금함에 대한 광의적이고 적극적인 해석 | 300
50. 영혼에 있어서의 탐심을 금함과 함께 사랑을 명령함 | 301
51. 율법 전체의 목적: 하나님에 대한 사랑과 이웃에 대한 사랑 | 303
52. 성경에서 때때로 두 번째 판의 계명들만 언급하는 이유 | 305
53. 하나님에 대한 예배와 경외와 믿음은 이웃에 대한 사랑과 분리되지 않음 | 306
54. 이웃을 내 자신같이 사랑함 | 307
55. 인류 전체가 이웃 | 308
56. 하나님의 계명은 그 어떤 것도 스콜라주의자들이 말하는 '권고'가 아님 | 309
57. 하나님의 은혜는 계명을 전제하는 것이지 '권고'에 따르는 것이 아님 | 310
58. 모든 죄의 삯은 사망이므로 스콜라주의자들이 말하는 '소죄'는 논할 가치가 없음 | 313
59. 모든 죄는 죽을 죄이므로 '대죄'를 특정하는 것은 광란임 | 314

제9장 그리스도는 율법 아래의 유대인들에게도 알려지셨으나
오직 복음에 분명히 제시되셨음
Christum, quamvis sub lege Iudaeis cognitus fuerit,
tamen in evangelio demum exhibitum fuisse

1. 동일하신 그리스도가 옛날에는 그림자로 지금은 빛으로 나타나심 | 318
2. 복음, 그리스도 안에서 제시된 은혜의 공표 | 321
3. 율법 아래서의 약속과 복음 아래서의 약속은 그리스도 안에서 하나임 | 322
4. 복음은 율법과 다른 구원의 질서를 제시하지 않음 | 324
5. 세례 요한의 사역 | 325

제10장 구약과 신약의 일치성
De similitudine veteris et novi testamenti

1. 신구약의 일치성과 차이성을 함께 고찰 | 328
2. 구약과 신약은 실체에 있어서는 하나이며 동일하나
   경륜에 있어서는 다양함 | 330
3. 복음에 대한 약속들이 율법에 인친 바 된 것처럼,
   구약도 미래의 불멸하는 삶을 지향함 | 331
4. 구약도 그리스도 안에서 하나님의 자비로 부여되는 영생을
   목적으로 함 | 333
5. 구약 성례들은 그리스도를 의미로서 제시함 | 334
6. 만나가 제시하는 의미는 참된 양식인 그리스도의 몸 | 335
7. 구약 백성도 말씀을 통하여 영생의 복을 누림 | 336
8. 여호와를 자기 하나님으로 삼는 백성의 복을 동일하게 누림 | 338
9. 구약 백성 역시 죽음 후에도 계속되는 영원한 복을 소망함 | 339
10. 지상의 행복에 안주하지 않고 그 너머의 삶을 바라보게 하는
    계속적인 훈련 | 340
11. 현세의 고난을 이겨낸 아브라함의 믿음 | 342
12. 이삭과 야곱의 험악한 지상의 삶 가운데서의 믿음 | 344
13. 거룩한 조상들도 죽음 후의 열매를 바라봄 | 346
14. 죽음에는 생명의 시작이 있음 | 347

15. 다윗이 고백하는 여호와의 영원한 복 | 348
16. 경건한 자들의 번성과 고난이 지닌 현세 너머의 의미 | 350
17. 마음을 들어 올려 현세 후에 뒤따르는 새로운 삶을 바라봄 | 351
18. 의인들의 마지막 출구는 영원한 생명과 구원 | 353
19. 욥이 바라본 죽음 이후의 불멸성 | 354
20. 선지자들은 현세의 것들로써 미래의 영적 삶을 표상함 | 355
21. 에스겔의 환상을 통한 이스라엘의 회복 그 이상의 예언 | 356
22. 미래의 불멸을 예언하는 다른 말씀들 | 357
23. 구약 백성에게도 그리스도 안에서 영적이고 영원한 삶을 약속함 | 358

제11장 구약과 신약의 차이점
De differentia unius testamenti ab altero

1. 첫 번째 차이: 옛날에는 땅에 속한 소유를 통하여 하늘의 기업을 바라봄 | 362
2. 초등 학문 아래에 있던 구약 성도들에게 주신 지상의 복은
   불멸하는 하늘 상급을 바라보게 하는 모형 | 364
3. 이 땅에서의 육체적 형벌도 영원한 심판을 표상 | 366
4. 두 번째 차이: 형상과 그림자를 통하여 구약에 예표된 것의 실체이자 몸이신
   그리스도가 신약에 제시됨 | 367
5. 초등 교사의 훈육을 거쳐 그리스도의 복음에 이름 | 369
6. 구약의 성도는 믿음과 지식이 아무리 뛰어나더라도 초등 학문에 위탁됨 | 370
7. 세 번째 차이: 율법과 복음 각각의 고유한 기능을 차별화시켜
   옛 언약과 새 언약을 대조 | 371
8. 새 언약은 옛 언약보다 은혜가 더 풍성함 | 373
9. 네 번째 차이: '예속 언약'과 '자유 언약' | 374
10. 율법의 희미한 경륜과 복음의 명료한 경륜 | 376
11. 다섯 번째 차이: 이스라엘로부터 모든 민족에게 은혜의 언약이 확산됨 | 377
12. 이제 이방인들을 유대인들과 동등하게 부르심 | 379
13. 다양한 세대에 맞추어 주신 하나님의 경륜 | 380
14. 표징은 다르나 실체는 동일함 | 382

제12장 그리스도는 중보자의 직분을 성취하시기 위하여 사람이 되셔야 하셨음
Christum, ut mediatoris officium praestaret, oportuisse fieri hominem

1. 신인 양성의 중보의 필연성 | 386
2. 우리의 것을 취하시고 자기의 것을 우리의 것으로 삼으심 | 388
3. 인성에 따라서 죽음을 죽으시고 신성에 따라서 죽이심 | 390
4. 성육신의 목적: 대속을 통하여 화목을 이루심 | 391
5. 타락이 없었어도 성육신이 있었을 것이라는 오지안더의 견해 비판 | 394
6. 사람은 누구의 형상에 따라 창조되었는가? | 397
7. 무엇을 위하여 하나님의 아들이 사람이 되셨는가? | 399

제13장 그리스도는 인간 육체의 참 실체를 입으셨다
Christum veram humanae carnis substantiam induisse

1. 우리의 죄를 사하시기 위하여 우리와 동일한 사람이 되심 | 404
2. 그리스도의 육체를 환영이나 천상의 것으로 보는
   마르키온과 마니의 후예들 비판 | 406
3. 동정녀 마리아의 몸으로부터 나심 | 411
4. 죄 있는 육신의 모양으로 죄 없이 거룩하게 나심 | 414

제14장 두 본성이 중보자의 인격을 형성하는 방식
Quomodo duae naturae mediatoris efficiant personam

1. 한 인격 가운데 양성의 속성 교통 | 418
2. 성경에 증언된 속성 교통의 다양한 양상 | 420
3. 신성과 인성을 동시에 아우르는 말씀들 | 423
4. 양성의 분리도 혼합도 아님 | 425
5. 아들의 영원한 나심과 역사적인 위격적 연합 | 428
6. 그리스도의 자성: 하나님의 아들이심과 사람의 아들이심 | 431
7. 영원하신 하나님의 아들 그리스도가 육체에 따라서 나타나심 | 433
8. 새로운 유티케스인 세르베투스 | 436

제15장 그리스도가 아버지로부터 보냄을 받으신 목적과 그가 우리에게 베푸신 것이 무엇인지를 알기 위해서는 무엇보다도 그 안에서 선지자직, 왕직, 제사장직 세 가지를 살펴보아야 함

Ut sciamus quorsum missus fuerit Christus a patre, et quid nobis attulerit,
tria potissimum spectanda in eo esse, munus propheticum,
regnum et sacerdotium

1. 선지자로 오실 메시아에 관한 예언 | 440
2. 그리스도를 떠나서는 유익한 지식이 없음 | 442
3. 그리스도의 왕권의 영원함 | 444
4. 영의 선물들을 채워 주심으로써 다스리심 | 446
5. 아들을 통한 아버지의 왕권 수행 | 448
6. 제사장이시자 제물이 되신 그리스도의 중재 | 452

제16장 그리스도의 죽음과 부활과 승천, 그가 구속주의 역할을 완수하셔서 우리를 위하여 구원을 획득하신 방식

Quomodo redemptoris partes impleverit Christus,
ut nobis salutem acquireret; ubi de morte et resurrectione eius agitur,
et in coelum ascensu

1. 그리스도는 값을 무르고 우리를 사신 구속주로서 구원주이심 | 456
2. 그리스도 안에서 화목하게 된 하나님의 반목 | 458
3. 그리스도 안에서 선행(先行)하는 하나님의 사랑 | 460
4. 옛 교회의 증언 | 461
5. 전 생애의 순종을 통한 대속. 빌라도 아래에서 징계받으심 | 462
6. 십자가에 달리심: 우리 죄의 값을 무르심 | 467
7. 죽으시고 장사되심 | 469
8. 지옥 강하와 사도신경 | 471
9. 내려가심이 아니라 그의 영의 능력이 먼저 죽은 자들에게도 작용함 | 473
10. 죽음의 고통을 감당하심 | 475
11. 죽음의 고통과 싸우시고 이기심 | 476
12. 주님의 영혼의 고난에 대한 오해들 | 479

13. 그리스도의 부활의 의의와 열매 | 483
14. 승천: 영적 현존을 통한 실제적 통치의 시작 | 486
15. 재위(在位, 보좌 우편에 앉으심): 통치의 계속 | 488
16. 재위의 세 가지 유익 | 490
17. 마지막 날 산 자와 죽은 자를 심판하러 다시 오심 | 491
18. 심판의 놀라운 위로 | 493
19. 그리스도가 모든 것의 곳간과 샘 | 494

제17장 그리스도의 공로로 우리가 하나님의 은혜와 구원을 누린다는 말은 올바르고 적합함
Recte et proprie dici Christum nobis promeritum esse gratiam Dei et salutem

1. 하나님의 사랑과 그리스도의 공로 | 498
2. 하나님이 그리스도 안에서 우리를 사랑하시는 방식 | 500
3. 하나님의 진노를 유화시킨 그리스도의 공로 | 502
4. 그리스도의 대리적 속죄 | 503
5. 그리스도의 죽음의 값, 그 의의 전가 | 505
6. 자기 자신을 위하여 공로를 취하지 않으심 | 507

약어

칼빈의 원전

CO *Ioannis Calvini opera quae supersunt omnia*, ed. Guilielmus Baum, Eduardus Cunitz, and Eduardus Reuss, 59 vols., in *Corpus Reformatorum*, vols. 29-87 (Brunswick: C. A. Schwetschke, 1863-1900).

Comm. Commentarius Calvini.

Institutio Ioannes Calvinus, *Institutio christianae religionis, in libros quatuor nunc primum digesta, certisque distincta capitibus, ad aptissimam methodum: aucta etiam tam magna accessione ut propemodum opus novum haberi possit*, 1559,

OS *Ioannis Calvini Opera Selecta*, ed. P. Barth and W. Niesel, 5 vols. (München: Kaiser, 1926-1936).

Prael. Praelectio Calvini.

SC *Supplementa Calviniana: Sermons inédits*, ed. Erwin Mühlhaupt et al. (Neukirchen: Neukirchener Verlag, 1936-).

Serm. Sermon de Calvin.

칼빈 번역서

Benoit, *Institution* J. -D. Benoit, *Jean Calvin: Institution de la Religion Chrestienne*, livres I—III.

Cadier, *Institution* J. Cadier and P. Marcel, *Jean Calvin: Institution de la Religion Chrétienne*.

Calvin, *Letters* *Letters of John Calvin*, ed. J. Bonnet.

Calvin, *Tracts* *John Calvin's Tracts and Treatises*, 3 vols., tr. Henry Beveridge.

다른 작품들

ACW *Ancient Christian Writers*.

ANF *The Ante-Nicene Fathers*.

Aquinas, *Summa Theol*. Thomas Aquinas, *Summa Theologica*.

Augustine, *Psalms* Augustine, *Enarrationes in Psalmos*.

Augustine, *John's Gospel* Augustine, *In Joannis evangelium tractatus*.

Ayer, *Source Book* J. C. Ayer, *A Source Book of Ancient Church History*.

CC *Corpus Catholicorum. Werke katholischer Schriftsteller im Zeitalter der Glaubens-spaltung*.

CCL *Corpus Christianorum, series Latina*.

CR Melanchthon *Corpus Reformatorum: Philippi Melanchthonis Opera quae supersunt omnia*.

CR Zwingli *Corpus Reformatorum: Huldreich Zwinglis sämmtliche Werke*.

CSEL *Corpus Scriptorum Ecclesiasticorum Latinorum.*
Du Cange, ***Glossarium*** C. du Fresne Du Cange, *Glossarium ad scriptores mediae et infimae latinitatis.*
FC *Fathers of the Church.*
Friedberg *Corpus iuris canonici*, ed. E. Friedberg.
GCS *Die griechischen Christlichen Schriftsteller der ersten drei Jahrhunderte.*
HDRE *Dictionary of Religion and Ethics*, ed. J. Hastings.
Hefele-Leclercq H. Leclercq, *Histoire des conciles d'après les documents originaux*, ed. C. J. Hefele.
Herminjard, ***Correspondance*** *Correspondance des Réformateurs dans les pays de langue française*, ed. A. -L. Herminjard.
LCC *The Library of Christian Classics.*
LCL *The Loeb Classical Library.*
LF *A Library of the Fathers of the Holy Catholic Church.*
Lombard, ***Sentences*** Peter Lombard, *Libri quatuor sententiarum.*
Luther, ***Werke*** **WA** *Martin Luthers Werke. Kritische Gesammtausgabe. Weimar.*
LXX The Septuagint: Greek version of the Old Testament.
Mansi J. D. Mansi, *Sacrorum conciliorum nova et amplissima collectio.*
MGH *Monumenta Germaniae Historica.*
MPG *Patrologiae cursus completus, series Graeca*, ed. J. P. Migne.
MPL *Patrologiae cursus completus, series Latina*, ed, J. P. Migne.
NPNF *A Select Library of the Nicene and Post-Nicene Fathers*, first series.
NPNF 2 ser. *A Select Library of the Nicene and Post-Nicene Fathers*, second series.
Smits L. Smits, *Saint Augustine dans l'oeuvre de Jean Calvin.*
Vg. Vulgate version of the Bible.
VG *Versio Gallica*. French text of the *Institutes.*

각주 인용

Quot. Battles tr., n. 이는 다음 번역서의 각주의 내용을 바로 인용하거나, 수정하거나 가필해서 인용하거나, 활용하거나 했음을 표시한다. 여기서 "n."은 해당 절에 매겨진 각주 번호를 뜻한다. *Institutes of the Christian Religion*, ed. John T. McNeill, tr. Ford Lewis Battles, *Library of Christian Classics*, vols. 20-21 (Philadelphia: Westminster Press, 1960).

Supplement. Ford Lewis Battles, *New Light on Calvin's Institutes: A Supplement to the McNeill-Battles Translation* (Hartford: Hartford Seminary Press, 1966).

제2권

처음에는 율법 아래에서 조상들에게,
이후로는 복음 안에서 우리에게 드러난,
그리스도 안에서 구속주 하나님을 아는 지식

DE COGNITIONE DEI REDEMPTORIS IN CHRISTO,
QUAE PATRIBUS SUB LEGE PRIMUM,
DEINDE ET NOBIS IN EVANGELIO PATEFACTA EST

DE COGNITIONE DEI REDEMPTORIS IN CHRISTO,
QUAE PATRIBUS SUB LEGE PRIMUM,
DEINDE ET NOBIS IN EVANGELIO PATEFACTA EST

제1장

아담의 타락과 배역(背逆)으로 모든 인류가 저주에 넘겨졌으며 그 시원(始原)으로부터 멀어졌는데, 이는 원죄와 관련됨

Adae lapsu et defectione totum humanum
genus maledictioni fuisse addictum,
et a prima origine degenerasse;
ubi de peccato originali

1-3. 타락 전 인류의 순전함과 타락 후 인류의 비참함
4-7. 아담의 불순종으로 인한 죄책과 오염의 전가
8-9. 전적 타락
10-11. 죄는 본성이 아니라 본성의 사악함에서 비롯됨

1. 창조, 타락, 회복을 통한 우리 자신을 아는 지식

옛 격언은 항상 사람에게 자기 자신을 아는 지식이 필요함을 아주 강력하게 권고하였던바,[1] 이는 충분한 이유가 있다. 인생에 대한 모든 이치를 각각 다 알지 못하는 것이 부끄럽게 여겨질진대, 우리 자신에 대한 무지는 그 무엇보다 더 한층 욕되다고 볼 것이니, 이는 우리가 필히 행하여야 할 일에 대해 어떤 방도를 꾀할 때에 비참하게도 언제나 그 무지가 우리 자신을 현혹시키고 심지어 눈멀게 할 것이기 때문이다.

실로 이 교훈이 더없이 유익하므로 무엇보다 우리는 그것을 사용함에 있어서 그 자체의 본말을 전도시키지 않도록 신중을 다하여야 할 것이다. 우리가 보듯이, 그러한 일이 어떤 철학자들에게 일어났다. 그들은 사람이 자기 자신을 알아야 한다고 권면하는 동시에 사람 자신의 존귀함과 탁월함을 무시하는 일이 없도록 깨우치는 데 그 목적을 둔다. 결국 철학자들이 바라는 것은 사람이 자기 자신을 관조함으로써 무모한 확신으로 그 자신을 부풀리고 교만으로 우쭐하게 만드는 데 있을 뿐이었다(창 1:27).

---

1) 델피(Delphi)에 있는 신전에는 "너 자신을 알라."(Γνῶθι σαυτόν 혹은 σεαυτόν)라는 글귀가 새겨져 있다. Cf. Aristotle, *Rhetoric* II. xxi. 1395a (LCL ed., pp. 282ff.); Cicero, *Tusculan Disputations* I. xxii. 52 (LCL ed., pp. 62f.). Quot. Battles tr., n. 1.

그러나 우리 자신을 아는 지식은 다음과 같으니,[2] 첫째, 창조 가운데 우리에게 부여된 것이 무엇이며 하나님이 얼마나 후하게 우리를 향하여 자기의 은총을 계속해서 베풀고 계시는지를 헤아림으로써, 만약 우리가 순전하게 머물러 있었더라면 우리 본성의 탁월함이 얼마나 대단했을 것인지를 알고, 그럼에도 불구하고 우리에게는 우리 자신에게 고유한 것이 아무것도 내재해 있지 않다는 사실과 하나님이 우리 속에 부여해 주신 모든 것을 간절히 지켜 가야 한다는 사실을 생각하게 함으로써 항상 우리가 하나님 자신을 의지하는 것이다.

둘째, 그 지식은 아담의 타락 이후의 우리의 비참한 조건을 우리 속에 떠올리게 함으로써 그 의식(意識)이 우리의 모든 자랑과 확신을 거꾸러뜨려 진정 우리를 겸손하게 하고 부끄러움에 압도되게 한다.

이를 통하여 알게 되는바, 하나님이 태초에 우리를 자기의 형상대로 형성하신 것은(창 1:27),[3] 우리의 마음을 들어 올려 덕성에 대한 열심과 영생에 대한 묵상에 이르게 하시려는 뜻이었으므로, 우리는 우리에게 부여된 이성과 지성을 사용하여 우리 인생의 목표인 복된 불멸을 굳건히 지향하는 가운데 거룩하고 복된 삶을 가꾸어 감으로써, 인류를 야수들과 구별 짓는 고상함이 우리의 우매함으로 말미암아 매몰되는 일이 없도록 해야 한다.

그러나 저 최초의 존귀함에 우리의 마음이 미칠 때마다 우리는 또 다른 편의 슬픈 광경인 우리의 치욕과 불명예를 대조적으로 떠올리지 않을 수 없다.[4] 왜냐하면 우리는 첫 사람의 인물 안에서 몰락해서 우리의 근본으로부터 떨어지고 말았기 때문이다.[5]

그런데 이로부터 우리에게는 우리 자신에 대한 미움과 혐오와 함께 참된 겸손이 일어날 뿐만 아니라 하나님을 찾고자 하는 새로운 열심이 불붙게 되는데,

---

2) 여기서 인류의 타락 전 순전함(integritas)과 타락 후 비참함(miseria)을 말하고 있다. Cf. *Institutio*, 1.15.1.
3) "ut mentes nostras tum ad virtutis studium, tum ad aeternae vitae meditationem erigeret." Cf. *Institutio*, 1.15.6.
4) 여기에서 '탁월함'(excellentia)과 '고상함'(nobilitas)은 '최초의 존귀함'(prima dignitas)을 지시하고, '우매함'(socordia)과 '치욕'(foeditas)과 '불명예'(ignominia)는 타락 이후의 '비참한 상태'(misera conditio)를 표현한다.
5) "ex quo in primi hominis persona ab origine nostra excidimus."

그 열심 때문에 우리 각자는 우리에게 전적으로 무익하고 헛되다고 여겨졌던 선한 것들을 회복하게 될 것이다.

2. 선천적 교만으로 인해 끝내 무지에 빠지고 만 인류

참으로 여기에 우리가 우리 자신을 성찰하기 위하여 요구되는 것이 무엇인지를 알려 주는 하나님의 진리가 있다. 그것은 우리 스스로의 능력을 믿는 모든 자부심을 송두리째 우리로부터 걷어갈 뿐만 아니라 모든 자랑거리를 박탈당한 우리로 하여금 복종하도록 이끄는 지식이다. 지혜로움과 행함의 참 목표에 이르고자 한다면 우리는 이 규율을 마땅히 지켜야 한다. 우리를 온통 수치에 빠뜨리는 그 비참한 결핍과 불명예를 돌아보도록 하는 것보다 우리를 자극시켜 우리가 지닌 선한 것들이 무엇인지를 헤아려 보도록 하는 것이 인기를 얻을 만한 입장이라는 것을 나는 분명히 알고 있다.

천품상 사람은 자기를 과대 포장하여 남의 칭찬을 받는 것을 그 무엇보다 더 열렬히 추구한다. 그리하여 자기의 타고난 소질들에 대한 찬사를 듣게 되면 그것들이 실제로 그러하다고 아주 얼토당토않은 신념을 갖는 경향이 있다. 그러므로 이 점에 있어서 대다수 사람들이 그토록 치명적인 오류를 범한다는 사실은 결코 놀랍지 않다. 맹목적인 자기애(自己愛)는[6] 모든 사람이 선천적으로 가지고 태어나는 더할 나위 없이 보편적인 것이므로, 그들은 미혹에 빠져 그들 자신 속에 있는 생래적인 것 가운데 미움거리가 될 만한 것은 전혀 없다고 여긴다. 그리하여 사람이 선하고 복된 삶을 영위할 자격을 스스로 풍부하고도 충분하게 갖추고 있다는 극히 헛된 편견이 어떤 외부적인 지지를 받지 못하면서도 도처에서 신뢰를 얻고 있다.[7] 심지어 남보다 깨달음이 많아 더 겸비하게 자기의 뜻을 밝히고 모든 것을 자기 맘대로 교만하게 처리하지 않으며 어느 한

---

6) "caecus sui amor."
7) Cicero, *Nature of the Gods* III. xxxv. 87, 88 (Tr. LCL ed., pp. 372-375). Quot. Battles tr., n. 2.

부분이라도 하나님께 맡겨서 처리하려는 사람들에게도 그 나머지 부분을 자기들 속에 깃든 자랑과 자부심을 드러내는 주된 근거지로 삼고자 하는 마음이 있다.

인간의 교만은 그 자신의 골수에서 자발적으로 용솟음치는바,[8] 그것을 부추기는 유혹의 말보다 더 즐거운 것은 세상 어디에도 없다. 그러므로 어느 시대를 막론하고 누구든 인간의 본성을 가장 감미롭게 찬미했을 때 더 없는 갈채를 받았으며 그 말은 언제나 경청되었던 것이다. 그렇지만 인간의 탁월함에 대한 찬사가 아무리 대단하다고 한들 그것은 우리가 우리 자신에 대해서 만족하도록 가르쳐 그 찬사 자체의 달콤함을 즐기도록 할 뿐이다. 우리가 그 찬사에 동의하게 되면 그것은 끝내 우리를 속여 파멸로 이끌 것이다. 우리가 갖은 공허한 확신에 의지해서 스스로 적절하다고 여기는 것을 도모하고, 계획하고, 시도하고, 수행할 때, 건전한 지성과 참 덕성이 그 첫 동기(動機)에 있어서조차 모두 박탈되어 사실상 결핍된 상태에 있다면, 어떤 형편에서든지 우리는 파멸의 구덩이에 던져질 때까지 그저 무모하게 돌진하지 않겠는가?

자기 자신의 덕성으로 어떤 일이든 할 수 있다고 자부하는 자들에게도 이런 일이 동일하게 일어날 것이다. 오직 우리가 지닌 선한 것들만 생각하라고 우리를 만류시키는 그런 교사들에게 주의를 기울이는 사람이라면 그 누구라도 자기 자신에 대한 지식에 있어서 진보할 수 없을 것이며 종국에는 최악의 무지에 빠져들게 될 것이다.[9]

3. 해야 할 일과 그것을 행할 수 없음에 대한 인식

그러므로 지혜의 둘째 부분이 우리 자신을 아는 지식에 있다는 점에서 하나

---

[8] "sponte prurientem in hominis medullis superbiam suis illecebris." 타락한 인류에게 본성상 깃들어 있는 이러한 '교만'(superbia)을 버리고 "참된 겸손"(vera humilitas, *Institutio*, 2.1.1)을 지니게 될 때 우리는 우리 자신을 올바로 알게 된다.

[9] Cf. *Institutio*, 1.1.1, 3.

님의 진리는 모든 사람의 일반적인 의식(意識)과 일치한다. 그러나 우리가 그 지식 자체를 인식하는 방식에 대해서는 많은 차이가 있다. 육체의 판단에 따르면 사람은 자기 자신을 아주 잘 탐색하고 있는 것같이 보인다. 그는 자기의 지성과 순전함 모두를 신뢰하며 그 가운데 담대함을 얻어 덕성의 의무를 수행하고자 자기 자신을 내던지고 악에 대해서는 전쟁을 선포하면서 모든 열정을 쏟아 아름다운 것과 정직한 것을 해내고자 온갖 시도를 다한다. 그러나 사람이 하나님의 판단을 잣대로 삼아 자기 자신을 돌아보고 살펴보게 될 때 그 자신 속에서 발견하는 것은 스스로 용기를 북돋아 견고한 확신에 이르려는 자기 마음밖에 없다. 그는 자기 자신에 대해서 더 깊이 깨달을수록 더 심한 낙심에 빠져 결국에는 그 마지막 남은 확신조차도 모두 상실하게 된다. 그때 그에게는 자기 삶을 올바르게 영위해 나갈 방편이 아무것도 남지 않게 된다.

그러나 하나님은 자기가 우리의 조상 아담에게 부여하신 최초의 존귀함을 우리가 잊지 않게 하려 하셨다. 참으로 그것은 우리에게 의로움과 선함에 대한 열심을 불러일으키기에 마땅하였다. 이를 반증하듯, 우리는 우리의 최초의 원천이나 우리가 조성된 목적을 생각할 때마다 불멸에 대한 묵상을 갈구하고 하나님의 나라를 사모하는 마음의 찔림을 받지 않을 수 없게 된다.

그렇다고 해서 이러한 사실에 대한 재인식이 우리의 사기를 진작시키기는커녕 오히려 우리를 침잠하게 하고 낙담시켜 겸손의 무릎을 꿇게 한다. 그렇다면 도대체 그 원천이란 무엇인가? 진정 그 원천은 우리가 떨어져 나온 바로 그것이다. 무엇이 우리 창조의 목적인가? 그 목적은 우리가 아주 멀리 떠나 우리의 비참한 처지에 아파하고 신음하며 그 가운데 한숨을 내뱉으며 최초의 존귀함을 헤아리게 되는 바로 그것이다. 실로 사람은 그 무엇 하나라도 자기 자신 속에서 자랑할 만한 것을 찾으려고 해서는 안 된다고 말할 때에, 이는 그가 자기 확신에 빠져 스스로 교만해지게 하는 그 어떤 것에도 의지해서 안 된다는 것을 의미한다.

이러하므로 사람이 자기 자신에 대하여 가져야 할 지식을 다음과 같이 나누어 보도록 하자.

첫째, 사람은 자기가 창조된 목적과 자기에게 부여된 결코 범상치 않은 은사들에 대해서¹⁰⁾ 깊이 숙고해야 한다. 그는 이 지식으로써 경성(警醒)되어 하나님에 대한 예배와¹¹⁾ 미래의 삶에 대한 묵상에 이르게 된다.¹²⁾

둘째, 사람은 자기의 재능들에 대해서, 아니 그 재능들의 결핍에 대해서¹³⁾ 분명히 헤아려 보아야 한다. 그 결핍을 인식될 때에 그는 이른바 무(無)에 이르도록 오그라들어 극도의 혼란 가운데 무릎을 꿇을 것이다.

첫 번째 지식은 사람으로 하여금 자기 직분이 무엇인지를 깨닫게 할 것이다. 두 번째 지식은 그것을 수행할 능력이 무엇인지를 깨닫게 할 것이다. 이 두 지식에 대한 일련의 가르침이 요구되는바, 앞으로 이를 각각 논하게 될 것이다.

4. 아담의 불충에 따른 불순종의 죄

하나님으로부터 그토록 엄한 징벌을 받은 그 행위는 작은 위반이 아니라 혐오스러운 중한 범죄였음이 분명하니, 전 인류를 불사른 하나님의 무서운 응징을 초래한 아담의 타락이 어떤 종류의 죄였는지¹⁴⁾ 우리는 깊이 살펴보아야 한다. 일반적으로 생각으로, 그것을 단지 탐욕스러운 무절제로¹⁵⁾ 치부하는 것은 유치하다. 이는 마치, 곳곳마다 갖은 종류의 열매들이 가득하여 즐거움이 끝이 없고 그 풍부함이 넘칠 뿐만 아니라 더할 나위 없는 다양함이 있어서 그 복된 땅의 기름짐을 흡족히 누리게 될 수 있었음에도 불구하고, 모든 덕성 중에 최고며 그 정점에 자리한 것이 그저 한 열매를 따먹지 않고 삼간 일에 있기라도 하듯이 여기는 것과 다를 바 없다.

그러므로 우리는 이를 더욱 면밀히 고찰해야 한다. 선과 악을 알게 하는 나

---

10) Cf. *Institutio*, 1.5.2-3; 1.15.1-4.
11) Cf. *Institutio*, 2.1.1-2.
12) Cf. *Institutio*, 3.9.
13) "facultatum inopiam."
14) "species ipsa peccati in lapsu Adae……nobis est, quae horribilem Dei vindictam accendit in totum humanum genus."
15) "de gulae intemperie."

무를 멀리해야 할 금지령이 아담에게 떨어졌다(창 2:16-17). 그 나무가 있게 된 것은 아담의 순종을 시험하고 그가 기꺼이 하나님의 명령 아래 거하며 그것에 따르고 있음을 증명하기 위함이었다. 실로 그 나무의 이름 자체가 보여 주듯이, 그 명령의 유일한 목적은 아담이 자기의 처지에 만족하고 사악한 정욕에 빠져 우쭐되지 못하게 하는 데 있었다. 생명나무로부터 취하여 먹는 이상 영생을 소망하게 하는 약속과 한 번 선악을 알게 하는 나무를 맛보게 되면 죽음이 닥친다는 무서운 위협이 아담의 믿음을 시험하고 훈련시키는 작용을 하였다.

그렇기 때문에 그가 어떤 방식으로 하나님의 진노를 자기에게 임하게 했는지를 밝히는 데 어려움은 없다. "교만이 모든 악의 시작이었다."[16]라고 아우구스티누스(Augustinus)가 말한 것은 참으로 옳다. 왜냐하면 만약 야심이 사람을 허용된 한계와 정당한 범위 너머로 끌어올리지 않았더라면 그는 자기의 본래 위치에 머물러 있었을 것이기 때문이다.

그럼에도 불구하고 우리는 모세가 기술하고 있는 유혹의 양상에서 이에 대한 더욱 완전한 정의를 취해야 한다. 뱀의 사술에 이끌린 여자는 불충하여 하나님의 말씀을 떠났으므로, 불순종이 파멸의 시작이었다는 사실은[17] 이미 명백하다. 바울은 한 사람의 불순종으로 모든 사람이 망하게 되었다고 가르치면서(롬 5:19) 이를 확정한다. 그렇지만 우리가 이와 동시에 주목해야 할 것은 최초의 사람이 하나님의 통치권을 거역한 것은 사탄의 꾐에 사로잡혀서일 뿐만 아니라 진리를 멸시하고 거짓에로 치우쳤기 때문이라는 사실이다. 우리가 하나님의 말씀을 멸시할 때에 하나님을 향한 모든 경배를 잃어버리고 만다는 것은 확실하다. 왜냐하면 우리가 하나님의 말씀을 경청하지 않을 때에 그의 엄위가 우리 가운데 머물지 않을 뿐만 아니라 그에 대한 예배 역시 순전하게 드려질 수 없기 때문이다. 이렇듯 불충이 배역(背逆)의 뿌리였던 것이다.[18]

아담은 자기에게 과분하게 베풀어진 하나님의 그 큰 후하심을 수치스럽게 내차버리고 부여된 것 이상을 추구함으로써 배은망덕에 연이어 야심과 교만을 자

---

[16] "superbiam……malorum omnium fuisse initium."
[17] "initium ruinae……fuisse inobedientiam."
[18] "infidelitas radix defectionis fuit."

기 속에 불러일으켰다. 진정 땅의 아들이 하나님의 모양으로 지음을 받고도 그와 동등함에 이르지 못한 것을 빌미 삼아 자기가 하나님의 모양으로 지어짐을 사소하게 업신여겼으니 이 얼마나 기괴한 불경인가! 사람이 자기를 지으신 분의 명령을 내팽개치고 그의 명에를 거만하게 벗겨 내버린 배신이 더럽고 가증한 범죄일진대, 아담의 죄를 감경시키려고 하는 것은 헛될 뿐이지 않은가! 더구나 그것은 단순한 배신이 아니라 하나님에 대한 더러운 모욕들이 가미된 것이었다. 그것들은 하나님을 거짓과 질투와 악의를 지니신 분이라고 비난한 사탄의 중상들에 대한 맞장구였다(창 3:1, 4-5). 요컨대 불충으로 야심의 문이 열린 것이다. 야심은 오만불손함의 어머니였다.[19] 이에 빠진 결과 사람들은 하나님을 두려워하는 마음을 내던지고 육욕이 이끄는 대로 자기의 몸을 던졌다.[20]

이 점에 비추어 볼 때, 오늘날 우리가 귀를 기울여 복음을 받아들일 때에 구원의 문이 열리게 되는 것과 다를 바 없이, 귀가 사탄에게 열렸을 때에 그 창을 통해 죽음을 맞이하게 되었다는(참조. 렘 9:21) 베르나르두스(Bernardus)의 가르침은 지극히 타당하다.[21] 왜냐하면 만약 아담이 하나님의 말씀을 불신하지 않았다면 결코 그의 명령에 맞서는 일은 일어나지 않았을 것이기 때문이다. 참으로 의를 기경하는 데 있어서 하나님의 계명들에 복종하는 것보다 더 좋은 방법은 어디에도 없으며 행복한 삶의 궁극적인 목표는 그에게 사랑받는 데 있다. 이것이 심중의 모든 정서를 올바르게 조절하는 최고의 굴레였다.[22] 그럼에도 불구하고 마귀의 저주들에 사로잡힌 아담은 할 수 있는 한 모든 하나님의 영광을 소진시키고 말았던 것이다.[23]

---

[19] "infidelitas ambitioni ianuam aperuit; ambitio vero contumaciae fuit mater."

[20] 이 부분은 다음과 같이 정리된다. 인류는 자기들에게 넘치게 베풀어진 '하나님의 후하심'(Dei liberalitas)을 저버리고 '교만'(superbia)과 과도한 '육욕'(libido)에서 비롯되는 '야망'(ambitio)에 사로잡혀서 하나님의 '명령'(imperium)을 저버리고 '불순종'(inobedientia)과 '불충'(infidelitas)을 저지름으로써 '배신'(apostasia)과 '배역'(defectio)과 '오만불손'(contumacia)을 보여 '파멸'(ruina)에 이르게 되었다.

[21] Bernard, *Sermons on the Song of Songs* xxviii (MPL 183. 923; tr. S. J. Eales, *Life and Works of St. Bernard* IV. 179). Quot. Battles tr., n. 7.

[22] "Optimum scilicet hoc erat fraenum ad omnes affectus rite temperandos, nihil melius esse quam Dei mandatis parendo colere iustitiam; deinde ultimam felicis vitae metam esse ab ipso diligi."

[23] 칼빈은 여기에서 먼저 죄의 본질에 대해서 다루고, 원죄와 타락상은 이후에 논한다. 죄의 본질은 본성의 불완전함이나 결핍에 있는 것이 아니라 불순종의 행위에 있다. 하나님은 아담을 머리로 삼으시고 언약을 맺으셔서

5. 생래적 원죄

아담에게는 자기를 지으신 분에게 결합되어 묶인 채로 머무는 것이 영적 생명이었다면 그로부터의 소외가 영혼의 멸망이었다.[24] 그의 배역함으로 천지의 모든 자연 질서가 뒤틀어졌을 뿐 아니라 그의 종족인 인류가 파멸에 내던져졌다는 사실은 결코 기이하지 않다(참조. 창 3:15-19). 바울은 "피조물이 다" "탄식하며"(롬 8:22) "허무한 데 굴복하는 것은 자기 뜻이 아니요"(롬 8:20)라고 전한다. 원인을 찾는다면, 사람의 소용에 닿게 만들어진 것들이(참조. 창 1:28) 사람에게 부과되어야 할 형벌의 일부를 감당하게 된 것이라고 확실히 답할 수 있다.

우주 전 지역에 창궐한 저주가 위로나 아래로나 흘러넘치는 것은 아담의 죄

(창 2:17), 아담이 순종하면 모든 사람이 그 의의 전가로 인하여 하나님의 자녀가 되는 영생의 열매를 얻게 하셨다. 그러나 아담은 불순종하였고, 모든 사람이 그 죄의 전가로 인하여 사망의 죄책 아래서 오염된 상태로 태어나게 되었다. 이 전가된 죄(peccatum imputatum)가 원죄(peccatum originale)이며, 이는 모든 사람이 모태에서 조성될 때 가지게 되는 생래적인 죄이다. 하나님이 에덴동산에서 아담과 맺은 이 '첫 언약'은 행위를 조건으로 하는 언약이므로 '행위 언약'이라고 불린다. 이러한 칼빈의 입장이 어디에서 기인하는지에 대한 학자들의 견해는 분분하다. Cf. Peter A. Lillback, *The Binding of God: Calvin's Role in the Development of Covenant Theology* (Grand Rapids: Baker, 2001), 12-28, 276-304; Richard A. Muller, "The Covenant of Works and the Stability of Divine Law in Seventeenth-Century Reformed Orthodoxy: A Study in the Theology of Herman Witsius and Wilhelmus à Brakel," *Calvin Theological Journal* 29 (1994), 75-100; Mattin I. Klauber, "Continuity and Discontinuity in Post-Reformation Reformed Theology: An Evaluation of the Muller Thesis," *Journal of the Evangelical Theological Society* 33/4 (1990), 467-475; Lyle D. Bierma, "Federal Theology in the Sixteenth Century: Two Traditions?," *Westminster Theological Journal* 45 (1983), 304-321; J. Wayne Baker, *Heinrich Bullinger and the Covenant: The Other Reformed Tradition* (Athens, OH: Ohio University Press, 1980); "Heinrich Bullinger, the Covenant, and the Reformed Tradition in Retrospect," *Sixteenth Century Journal* 29/2 (1998), 359-376. 일부 학자들은 칼빈에게는 행위 언약 개념이 나타나지 않으므로 그를 언약 신학자로 분류하는 것 자체가 잘못이라고 여긴다. Cf. Donald J. Bruggink, "Calvin and Federal Theology," *Reformed Review* 13 (1959-1960), 15-22; Geerhadus Vos, "The Doctrine of the Covenant in Reformed Theology," in *Redemptive History and Biblical Interpretation*, ed. Richard B. Gaffin (Phillipsburg, NJ: Presbyterian and Reformed, 1980), 236; David A. Weir, *The Origins of the Federal Theology in Sixteenth-Century Reformation Thought* (Oxford: Clarendon Press, 1990), 9-10. 다음 글은 이러한 입장을 비판하고 칼빈이 행위 언약을 가르치고 있음을 논증한다. Paul Helm, "Calvin and the Covenant: Unity and Continuity," *Evangelical Quaterly* 55 (1983), 99-105. 웨스트민스터 신앙고백서 제7장 2조는 행위 언약을 다음과 천명한다. "사람과 맺은 첫 언약(primum foedus)은 행위 언약(foedus operum)이었다. 그 가운데 완전하고 인격적인 순종을 조건으로 아담과 그 안에 있는 후손에게 생명이(vita) 약속되었다." Schaff, *The Creeds of Christendom*, 3.616-617.

[24] "Sicut spiritualis Adae vita erat, manere opifici suo coniunctum et devinctum, ita alienatio ab eo fuit animae interitus."

과(罪科) 때문이므로 그것이 그의 모든 후손에게 퍼지게 되었다고 하더라도 결코 논리에 어긋나는 것이 아니다.[25] 그는 자기 안에 있는 하늘의 형상이 지워졌을 때 그에게 입혀졌던 지혜, 덕성, 거룩, 진리, 의라는 장식들 대신에 몽매, 무능, 불순, 헛됨, 불의라는 가장 더러운 역병들로 형벌의 고난을 겪게 되었는데, 자기뿐 아니라 그의 자손도 동일한 비참함에 연루시켰으며 그것에 잠기게 했다. 이것은 물려받는 오염[26]이며 옛사람들은 이를 "원죄"[27]라고 불렀다. 그들은 여기서 '죄'라는 말을 선하고 순수한 본성의 상실로[28] 이해하였다.

이 문제에 대한 많은 논란이 있었다. 한 사람의 죄과로 모든 사람이 범죄자가 되어 죄가 통상적이게 되었다는 사실[29]보다 통상적인 의식 수준을 더 넘어서는 것은 어디에도 없다. 가장 오랜 교회 교사들이 이 주제를 그토록 모호하게 다루었던 이유가 여기에 있는 듯하다. 적어도 그들의 설명은 납득될 만큼 명료한 것은 아니었다. 이러한 소심함으로 인해 그들은, 아담이 죄를 지어 아담 자신은 저주를 받았지만 그의 후손에게는 해를 끼치지 않았다는 참람한 사술을 들고 등장한 펠라기우스를 막을 수가 없었다. 사탄은 이러한 술책을 가지고 질병을 가려 그것이 치유될 수 없도록 시도했다. 그러나 처음 사람으로부터 모든 후손에게 죄가 옮겨졌다는 사실이[30] 성경의 분명한 증언에 의해 드러나자(롬 5:12) 펠라기우스는 그것이 번식이 아니라 모방을 통해 옮겨졌다고[31] 얼버무렸다.

---

[25] "Quum ergo sursum et deorsum ex eius culpa fluxerit maledictio, quae grassatur per omnes mundi plagas, nihil a ratione alienum, si propagata fuerit ad totam eius sobolem."
[26] "haereditaria corruptio."
[27] "peccatum originale."
[28] "naturae……bonae puraeque depravationem."
[29] "ob unius culpam fieri omnes reos, et ita peccatum fieri commune."
[30] "peccatum a primo homine transiisse in totam posteritatem."
[31] "per imitationem, non propaginem." 펠라기우스(Pelagius, 354–420경)는 영국 출신의 수도사로서 아담의 원죄를 부인하고 사람에게는 선천적인 도덕 능력이 있으므로 자기의 행위로 스스로 구원에 이를 수 있다고 주장하였다. 아우구스티누스는 이를 정면으로 반박하였다. Cf. Augustine, *Retractions* I. xiii. 5 (MPL 32. 604); Against *Julian* III. xxvi. 59 (MPL 44. 732f.; tr. FC 35. 159f.). Quot. Battles tr., n. 8. 펠라기우스 사상은 412년과 418년에 개최된 카르타고 회의(Council of Carthago)에서 정죄되었다. 코일레스티우스(Coelestius 혹은 Caelestius 혹은 Celestius, 386경–454)는 펠라기우스의 추종자로서 이러한 입장을 한층 더 극단화시켜 광범위하게 퍼뜨렸다. Quot. Battles tr., n. 8.

이를 보고 선한 사람들은, 누구보다 아우구스티누스는, 우리가 외래적(外來的) 악에 의해 부패된 것이 아니라 어머니의 몸으로부터 물려받은 생래적(生來的) 허물을 지니고 있다는 사실을[32] 보여 주려고 애썼다. 이를 부인하는 것은 극히 몰염치한 일이다. 그러나 만약 펠라기우스와 코일레스티우스를 추종하는 자들이 모든 다른 면에 있어서 부끄러움을 모르는 짐승들이었다는 점을 이 거룩한 교부의 서적들로부터 인식하게 된다면 인간의 타락에 대한 그들의 무모함에 대해서 그 누구도 놀라지 않을 것이다.[33]

의심할 바 없이 다윗은 "내가 죄악 중에서 출생하였음이여 어머니가 죄 중에서 나를 잉태하셨나이다"(시 51:5)라고 분명히 고백한다. 여기서 다윗은 자기 아버지와 어머니의 죄악을 들춰내어 그들을 비난하고자 하지 않고 자기 자신의 사악함이 잉태 순간부터 태생적이라는 사실을 고백함으로써 하나님의 선하심을 송축하고자 한다. 이것이 다윗에게만 특별히 일어난 일이 아니었음은 분명한바, 이 본문에는 모든 인류의 공통적인 처지가 그에 의해 예시되어 나타난다. 그러므로 불순한 씨로부터 계대를 이어 내려온 우리 모두는 죄라는 전염병에 이미 감염된 채 태어난다. 참으로 우리는 이 세상에 태어나 생명의 빛을 바라보기도 전에 하나님의 면전에서 더럽고 부정하였다. "누가 깨끗한 것을 더러운 것 가운데에서 낼 수 있으리이까 하나도 없나이다"(욥 14:4)라고 욥기는 전한다.

6. 모방으로 습득되는 것이 아니라 모태에서 조성될 때 전가되는 죄

우리는 부모의 더러움이 자녀들에게 전달되어 모든 사람이 어떤 예외도 없이 태생적으로 더럽다고[34] 듣게 된다. 그러나 우리가 이 오염의 시작이 어디

---

32) "nos non ascita nequitia corrumpi, sed ingenitam vitiositatem ab utero matris afferre."

33) 이 논쟁에 관련된 문건들이 다음에 정리되어 있다. H. Bettenson, *Documents of the Christian Church* (London: Oxford University Press, 1947), 74-87.

34) "ita in filios transmitti parentum immunditiem, ut omnes citra ullam exceptionem, sua origine sint inquinati."

서부터 비롯되었는지를 찾으려면 그 원천이 되는 모든 사람의 첫 번째 부모에게 필히 거슬러 올라가야 한다. 우리가 분명히 견지해야 할 바는, 아담은 단지 우리의 선조일 뿐만 아니라 인성의 뿌리로서 그의 오염으로 말미암아 인류가 응당 사악하게 되었다는 점이다. 사도는 그리스도와 아담을 비교하면서 이 점을 분명히 밝힌다. "그러므로 한 사람으로 말미암아 죄가 세상에 들어오고 죄로 말미암아 사망이 들어왔나니 이와 같이 모든 사람이 죄를 지었으므로 사망이 모든 사람에게 이르렀느니라"(롬 5:12). 그렇지만 그리스도의 은혜를 통하여 의와 생명이 우리에게 회복된다(롬 5:17). 35) 펠라기우스주의자들은 이와 관련하여 얼마나 표리부동한 말을 지껄이고 있는가? 아담의 죄가 모방에 의해서 퍼뜨려졌는가? 이렇게 본다면, 그리스도의 의가 우리에게 유익한 것이 단지 우리 앞에 모범을 제시하여 우리가 그것을 모방함으로써 말미암는다는 말이 아닌가? 누가 이러한 신성 모독을 참을 수 있을 것인가?

그러나 만약 그리스도의 의와 그것에 기인한 생명이 우리에게 교통됨으로써 우리의 것이 된다는 사실에 이견이 없다면, 이로부터 즉시, 우리가 아담 안에서 이 둘을 모두 잃어버렸으나 오직 그리스도 안에서 그것들을 되찾았다는 사실과 진정 죄와 죽음이 아담을 통하여 우리에게 잠입하였으나 오직 그리스도를 통하여 소멸되었다는 사실이 필히 파생된다. 아담의 불순종으로 많은 사람이 죄인이 된 것같이 그리스도의 순종으로 그들이 의롭게 되었다는 말씀에는 어떤 모호함도 없다(롬 5:19). 여기에 이 둘 사이의 진정한 관계가 있으니, 아담은 그의 죄에 우리를 연루시켜 우리를 그와 함께 멸망에 이르게 했고 그리스도는 그의 은혜로 우리를 회복시켜 구원에 이르게 하신다.36) 이렇듯 확실한 진리의 빛이 비취므로 이 일을 두고 더 많은 수고를 기울일 필요가 없다고 나는 생각한다. 고린도 사람들에게 보낸 첫 번째 편지에서 바울은 부활을 믿는 경건한 사람들의 믿음을 강화하기를 원한다. 그리하여 그는 아담 안에서 상실된 생명이 그리스도 안에서 회복된다는 것을 보여 준다(고전 15:22). 이곳에서 바울은

---

35) 이는 아담의 불순종으로 인한 죄의 전가와 그리스도의 순종으로 인한 의의 전가를 칭한다.
36) "quod hic nos suo exitio involutos secum perdidit, ille nos sua gratia in salutem restituit."

아담 안에서 우리 모두가 죽었음을 선포하는 동시에 우리가 죄로 인한 파멸에 연루되었음을 분명히 입증한다. 불법에 대한 비난이 합당치 않은 자들에게 저주를 돌릴 수 없다는 점에서 그러하다. 사도의 뜻이 가장 선명하게 설명된 곳은 그리스도 안에서 생명의 소망이 회복된다고 가르치는 후반부의 진술이다. 잘 알려진 대로 그리스도가 자기의 의의 힘을 우리에게 부어 주시는 그 놀라운 교통이 없다면 이런 일을 결코 일어나지 않는다. 다른 곳에 기록되어 있듯이, "영은 의로 말미암아 살아 있는 것이니라"(롬 8:10). 결과적으로 우리가 아담 안에서 죽었다는 말씀은 아담이 죄를 지음으로써 자기에게 재난과 파멸을 초래하였을 뿐만 아니라 또한 우리의 본성 역시 멸망의 늪과 같은 곳으로 곤두박질하게 만들었다는 해석 외에 달리 더 좋은 설명을 부가할 수 없다. 이것은 전혀 우리에게 속하지 않는, 아담 자신만의 악에 기인한 것이 아니었다. 그가 타락하여 **빠져든** 사악함으로 우주에 흩어져 있는 그 자신의 모든 씨를 그가 오염시켰기 때문이다.

만약 모든 사람이 이미 각자의 모태 안에서부터 저주받지 않았다면 우리가 "본질상 진노의 자녀이었더니"(엡 2:3)라는 바울이 전한 말씀은 설자리를 잃게 될 것이다. 말할 나위도 없이 여기에서 '본질상'[37]이라고 하는 것은 하나님에 의해서 만들어진 본성이 아니라 아담 안에서 사악해진 본성을 가리키고 있다. 왜냐하면 하나님을 죽음의 조성자로 삼는 것보다 더 앞뒤가 맞지 않는 일은 어디에도 없기 때문이다. 이로 보건대, 아담은 자기를 오염시켜 자기로부터 자기의 모든 후손에게 전염이 되게 한 것이었다.[38] "육으로 난 것은 육"(요 3:6)이므로 거듭나기 전에는 생명의 문이 모든 사람에게 닫혀 있다고(요 3:5) 우리의 하늘 심판주가 되시는 그리스도가 말씀하실 때, 모든 사람이 그릇되고 사악하게 태어난다는 사실을 그리스도 자신이 부족함 없이 아주 분명하게 선포하고 계신 것이다.[39]

---

37) "natura."
38) "Sic ergo se corrupit Adam, ut ab eo transierit in totam sobolem contagio."
39) 언약에는 머리가 있고, 머리에는 전가가 따른다. 첫 언약 혹은 행위 언약의 머리는 아담이고, 새 언약의 머리는 그리스도이시다. 아담의 죄가 전가되어 모든 인류가 죄에 속하게 되었으나, 그리스도의 의가 전가되어 택함 받은 백성이 구원을 얻게 되었다. 이와 같이 의의 전가와 다를 바 없이 죄의 전가에도 언약의 대표의 원리

7. 타락한 본성으로부터 나오는 사망의 죄책

우리 조상들은 전염병이 주로 영혼에 깃들어 일어나므로 아버지의 영혼이 유출되어[40] 아들의 영혼이 생기는 것이 아닌지를 놓고 꽤나 까다로운 논쟁을 벌였다.[41] 그러나 이를 이해하려고 크게 성가셔 할 필요가 없다. 우리는 여호와가 인성에 부여되기를 원하셨던 선물들을 아담에게 맡기셨다는 사실에 만족해야 한다. 아담이 여호와에게서 받았던 그 선물들을 잃어버렸을 때, 그 상실은 그 자신에게뿐만 아니라 우리 모두에게 일어났다.[42] 아담이 잃어버린 저 화려한 장식들은 그 자신뿐만 아니라 우리를 위하여 받았던 것들이라는 사실과 그것들은 단지 한 사람이 아니라 모든 인류에게 맡겨졌던 것들이라는 사실에 대해서 우리가 듣게 되는바, 누가 영혼의 유전에 대해서 개의할 것인가?[43] 따라서 아담이 자기를 손상했을 때에 벌거벗고 무능하여 곤핍하게 된 인성이 버려지게 되었다는 사실이나 그가 죄로 물들게 되자 그것이 전염되어 인성 속에

가 작용한다. 죄가 없다면 구원이 없듯이, 아담을 통한 행위 언약의 파기가 없다면 그리스도를 통한 새 언약의 성취가 없다. 그러므로 행위 언약을 부인하고는 새 언약을 말할 수 없다. 여기서 칼빈은 이러한 입장을 뚜렷이 천명하고 있다. 개혁신학자들은 대체로 이러한 칼빈의 입장에 서서 자기들의 언약판을 개진한다. Herman Bavinck, *Reformed Dogmatics*, vol. 3, *Sin and Salvation in Christ*, ed. John Bolt, tr., John Vriend (Grand Rapids: Baker, 2003), 193, 225; Charles Hodge, *Systematic Theology*, vol. 2, *Anthropology* (Grand Rapids: Eerdmans, 1995, 2nd ed.), 117–122; Robert L. Dabney, *Lectures in Systematic Theology* (Grand Rapids: Zondervan, 1972, rep.), 302–305; William G. T. Shedd, *Dogmatic Theology*, ed. Alan W. Gomes (Phillipsburg, NJ: Presbyterian and Reformed Publishing, 2003, 3rd ed. rep.), 2.152ff.; Berkhof, *Systematic Theology*, 211–218; Meredith G. Kline, *By Oath Consigned: A Reinterpretation of the Covenant Signs of Circumcision and Baptism* (Grand Rapids: Eerdmans, 1968), 27–29, 32, 37. 그러나 하나님이 에덴동산에서 아담에게 하신 순종의 명령과 그것에 따른 영생의 약속을 굳이 언약으로 볼 필요가 없다고 주장하는 학자들도 있다. Cf. John Murray, "The Adamic Administration," in *Collected Writings of John Murray*, vol. 2, *Select Lectures in Systematic Theology* (Edinburgh: Banner of Truth, 1977), 49–50; Robert L. Reymond, *A New Systematic Theology of the Christian Faith* (Nashville: Thomas Nelson Publishers, 1998, 2nd ed.), 434–436.

40) "ex traduce."
41) Cf. *Institutio*, 1.15.5.
42) "quum [dotes] acceptas perdidit, non tantum sibi perdidisse, sed nobis omnibus."
43) 칼빈과 대부분의 개혁신학자들은 영혼 유출설(traducianism)을 거부하고 영혼 창조설(creationism)을 견지한다. 즉 하나님의 본질의 일부가 흘러나와 아담에게서 사람의 영혼을 형성하고 그것이 생래적으로 모든 사람에게 전이된다고 보지 않고, 모든 사람은 각기 새로 지음받은 영혼과 함께 존재하기 시작한다고 본다. 이런 입장에 서서, 모든 사람이 죄 가운데 태어나는 것은 유전적이 아니라 언약적 전가에 의한 것이라고 주장한다. Cf. Hodge, *Systematic Theology*, 2.64–76.

만연하게 되었다는 사실을 미루어 짐작하는 것은 결코 불합리하지 않다. 썩은 둥치들은 썩은 뿌리 하나에서 비롯되는 법이다. 그리고 썩은 둥치들은 자기들로부터 생겨난 가지들에게 그 썩음을 전달하는 법이다.

같은 이치로 부모 안에서 오염된 자녀들은 자기들의 질병을 자기들의 후손들에게 옮겼다. 아담 안에서 있었던 오염의 시작도 이러했다. 그것이 조상들로부터 후손들에게 이어지는 끊임없는 흐름에 의해서 전달되었다. 왜냐하면 전염은 그 원인이 육체나 영혼의 실체에 있지 않고, 하나님이 처음 사람에게 부여하신 선물들을 그 사람이 자기 자신과 자기의 후손들 모두를 위하여 지니자마자 상실하여 자기의 후손들도 그 선물을 상실하게 되리라고 하나님에 의해서 정해졌기 때문이다.[44]

이에 비추어, 자녀들은 경건한 부모들의 순결에 의해서 거룩하게(고전 7:14) 될지언정 그들로부터 오염을 물려받는 일은 있을 수 없다는 펠라기우스주의자들의 넋두리를 반박하기란 쉽다. 왜냐하면 그들은 자기들 부모의 영적인 중생으로부터가 아니라 그들의 육체적인 출생에 의해서 그것을 내려받기 때문이다.

실로 아우구스티누스가 말하듯이,[45] 사람은 자기가 죄 있는 불신자든 깨끗한 신자이든 간에 깨끗한 자녀들이 아니라 죄 있는 자녀들을 낳는바, 그들을 사악한 본성으로부터 낳기 때문이다. 그런데 하나님의 백성이 그 부모들의 거룩함에 어느 정도 동참하는 것은 특별한 복이다. 그렇다고 해서 이로써 인류에게 내려진 보편적 저주[46]가 선행(先行)한다는 사실이 부인되지는 않는다. 왜냐하면 죄책은 본성으로부터 나오나 성화는 초자연적인 은총으로부터 나오기 때문이다.[47]

---

44) "Neque enim in substantia carnis aut animae causam habet contagio; sed quia a Deo ita fuit ordinatum, ut, quae primo homini dona contulerat, ille tam sibi quam suis haberet simul ac perderet."
45) Cf. Augustine, *On the Grace of Christ and on Original Sin* II. xl. 45 (MPL 44. 407; tr. NPNF V. 253). Quot. Battles tr., n. 12.
46) "universalis gentis humanae maledictio."
47) "Ex natura enim, reatus; sanctificatio autem ex supernaturali gratia."

8. 원죄의 죄과와 그로 말미암는 죄책 그리고 그 열매들

이제 우리는 불확실하고 알려지지 않은 사안과 관련하여 거론된 이러한 말들을 차치하고 원죄를 정의해 보도록 하자.[48] 나의 뜻은 다양한 저자들에 의해서 내려진 다수의 정의들을 탐구하는 데 있는 것이 아니라 내가 보기에 가장 진리에 부합한다고 여겨지는 오직 한 가지만을 소개하는 데 있다.

내가 보기에, 원죄는 우리 본성이 지닌 물려받은 사악함과 오염으로서[49] 영혼의 모든 부분 속에 퍼져 있는데, 먼저는 하나님의 진노를 유발하여 우리로 그 책임 아래 놓이게 하고 그 다음으로는 성경이 "육체의 일"(갈 5:19)이라고 부르는 것들을 또한 우리 안에서 산출한다. 바울이 종종 사용하는 고유한 논법에 따르면, 이러한 '육체의 일'에 속한 것들은 '죄'라고 불리는 데 반해, 이로부터 나오는 음행, 우상 숭배, 도둑질, 미움, 살인, 술 취함과 같은 것들은 '죄의 열매'라고 불린다(갈 5:19-21). 그럼에도 성경은 여러 곳에서 바울이 '죄의 열매'라고 부른 것을 '죄'라고 부르고 심지어 바울 자신도 그렇게 할 때도 있다.

그러므로 우리는 다음 두 가지를 분명히 새겨야 한다.[50]

첫째, 이제 우리의 본성은 모든 부분이 악해지고 부패해서 그 큰 오염 때문에 마땅히 하나님 앞에서 단지 저주와 정죄를 받는 자리에 설 수밖에 없다.[51] 왜냐하면 하나님께 받아들여지는 것은 의와 무죄와 순결 외에는 없기 때문이다. 이러한 속박은 다른 사람의 비행(非行)으로 말미암아 초래된 것이 아니다. 우리가 아담의 죄로 말미암아 하나님의 심판에 속하게 되었다고 일컬을 때, 이를 마치 우리가 죄를 지은 적도 없고 마땅히 비난을 받을 일을 한 적도 없음에

---

[48] Cf. *Acts of the Synod of Trent with the Antidote* I, session 5, decree 1 (CO VII. 425f.; tr. Calvin, *Tracts* III. 86ff.). Quot. Battles tr., n. 13.

[49] "peccatum originale haereditaria naturae nostrae pravitas et corruptio." 원죄는 타고난, 즉 전가된 죄이다.

[50] 다음은 칼빈의 원죄와 전적 타락 교리 전반을 다룬다. Wilhelm-Albert Hauck, *Sünde und Erbsünde nach Calvin* (Heidelberg: Evangelischer Verlag Jakob Comtesse, 1939); Doumergue, *Jean Calvin: Les hommes et les choses de son temps*, 4.137ff.; Torrance, *Calvin's Doctrine of Man*, 83-115.

[51] "sic omnibus naturae nostrae partibus vitiati perversique, iam ob talem duntaxat corruptionem damnati merito convictique coram Deo tenemur."

도 불구하고 다른 사람의 범법에 대한 책임을 져야 한다고 말하듯이 여겨서는 안 된다. 아담이 우리에게 책임을 지웠다고 일컫는 것은 우리 모두가 그의 범법으로 말미암아 저주의 옷을 입게 되었음을 의미하기 때문이다. 아담으로부터 우리 위로 떨어진 것은 단지 형벌[52]만 아니라 그에게서 스며든 전염병[53]도 있으니, 이 역시 마땅히 형벌을 받아야 한다.

이러한 이유로 아우구스티누스는 종종 죄를 외부로부터 들어온 낯선 것[54]이라고 부르면서 그것이 우리에게 접목되어 널리 퍼지게 되었다는 점을 분명히 제시하면서도 동시에 그것이 각자가 범한 고유한 것[55]이라는 점을 주장한다.[56] 사도 자신도 "이와 같이 모든 사람이 죄를 지었으므로 사망이 모든 사람에게 이르렀느니라"(롬 5:12)라고 더없이 명료하게 이를 증언한다. 다시 말해서 그들 모두가 원죄에 휩싸여서 그 더러운 것들로 불법을 저지르게 되었다는 것이다.

그렇기에 심지어 유아들도 어머니의 모태로부터 저주를 몸에 지니게 되는 것은 다른 사람으로부터 온 외부의 악 때문이 아니라 각자 자신의 악에서 기인하는 것이다. 비록 유아들 자신이 저지른 불법의 열매들이 아직 표출되지는 않을지라도 불법의 씨는[57] 이미 그들 안에 담겨 있다. 그 씨는 오로지 하나님을 미워하며 혐오할 수 있을 뿐이다. 이러한 점을 염두에 두고 우리는 죄를 하나

---

52) "poena." 이는 '죄책'(reatus)으로 인하여 가해지는 죽음으로서, 이 세상에서 삶의 연한에 따라서 영혼과 육체가 분리를 겪는 '육체적 죽음', 하나님과 단절되는 '영적 죽음', 마지막 심판 이후 지옥에서 겪게 되는 '영원한 죽음'을 포괄한다.

53) "lues." 이는 '오염'(corruptio)으로 인하여 전적으로 무능하고 전적으로 부패해져서 하나님을 기쁘시게 할 만한 아무런 의도 행할 수 없는 상태를 뜻한다. 웨스트민스터 신앙고백서 제6장 2-3조는 아담의 죄의 전가가 죄책과 오염에 모두 미침을 다음과 같이 천명한다. "이 죄로 그들(아담과 하와)은 그들의 원의와 하나님과의 교제를 상실하였으며, 죄 가운데 죽게 되었으며, 영혼과 육체의 모든 능력과 영역이 오염되었다. 그들이 모든 인류의 뿌리가 되어, 이 죄의 죄책이 전가되었으며(reatus imputatus), 부패한 본성이 통상적인 출생으로 그들의 대를 잇는 그들의 모든 후손들에게 퍼져 가게 되었다(propagata)." Schaff, *The Creeds of Christendom*, 3.608.

54) "alienum." 최초의 죄는 아담의 불순종으로서, 아담의 죄이다.

55) "proprium." 아담이 언약의 머리이므로 그의 죄가 모든 사람의 죄이다. Cf. Niesel, *The Theology of Calvin*, 83-88; Bavinck, *Reformed Dogmatics*, 3.99.

56) *On the Grace of Christ and on Original Sin* II. xl. 45 (MPL 44. 407; tr. NPNF V. 253). Quot. Battles tr., n. 14.

57) "peccati semen."

님의 시각에서 올바르게 헤아려야 한다. 왜냐하면 죄과가 없이는 죄책이 없을 것이기58) 때문이다.

여기에서 두 번째 고려할 사항이 나타난다. 그것은 이러한 사악함이 결코 우리 안에서 그치지 않으며 마치 불타는 화로가 화염과 섬광을 쏟아내고 물이 우물로부터 쉼 없이 용솟음치듯이 끊임없이 새로운 열매들, 즉 우리가 앞에서 기술한 육체의 일에 속한 것들을 산출해 낸다는 사실이다. 그러므로 원죄를 "우리 안에 마땅히 거하여야 할 원의의 상실"59)이라고 정의하는 자들은60) 비록 이 정의 속에 이 용어의 의미 전체를 담으려고 하지만 그것의 뜻과 효력을 충분히 효과적으로 표현하는 데는 여전히 미치지 못한다. 왜냐하면 우리의 본성은 선이 결핍되어 텅 비어 있을 뿐만 아니라 악에 속한 모든 것을 넘치게 양산하고 그 열매를 풍부하게 맺는 일에 잠시도 쉬지 않기 때문이다.

원죄를 "욕정"이라고61) 말하는 자들은,62) 사람 안에 있는 것은 무엇이든지 오성으로부터 의지에 이르기까지, 또한 영혼으로부터 육체에 이르기까지, 더 럽혀지고 '욕정'으로 가득하다는, 더욱 간략하게 말해서, 사람은 그 전부가 다름 아닌, 자기 자신으로부터 나오는 '욕정'에 불과하다는 말을 덧붙이는 한에 있어서, 적합한 용어를 사용했다고 볼 것이다.63)

---

58) "non esset reatus absque culpa."
59) "carentiam iustitiae originalis, quam inesse nobis oportebat."
60) 스콜라주의자들의 입장이 이러하다. 멜란히톤(Philip Melanchthon, 1497-1560)은 이들의 입장을 좇아 원죄를 원의의 상실로 보되 단지 이러한 소극적인 정의에 머물지 않고 원죄를 자기애에서 비롯되는 적극적인 불경건이라고 규정한다. *Loci Communes* (1521), ed. H. Engelland, in *Melanchthons Werke in Auswahl*, ed. R. Stupperich, pp. 17ff.; tr. [from Kolde's 1910 ed.] C. L. Hill, *The Loci Communes of Philip Melanchthon*, pp. 81ff. Quot. Battles tr., n. 15.
61) "concupiscentiam."
62) Cf. Augustine, *On Marriage and Concupiscence* I. xxxiv (MPL 44. 435; tr. NPNF V. 277); Lombard, *Sentences*, II. xxx. 7f. (MPL 192. 722). Quot. Battles tr., n. 16.
63) 원죄로 인하여 '원의의 상실'이 일어나는 동시에 영혼과 육체의 모든 부분에 죄행(罪行)의 '욕정'이 채워진다. 칼빈의 이러한 입장이 개혁신학자들에게 계승된다. Cf. Heinrich Heppe, *Reformed Dogmatics: Set Out and Illustrated from the Sources*, ed. Ernst Bizer, tr. G. T. Thomson (London: George Allen & Unwin, 1950), 331-341.

9. 사람을 구성하는 영혼과 육체의 모든 부분이 타락함

이러한 이유로 나는 아담이 의의 원천을 내버린 이후로 영혼의 모든 부분이 죄에 사로잡혔다고⁶⁴⁾ 말하였다. 왜냐하면 저급한 욕구가 그를 유혹했을 뿐만 아니라 말로 다할 수 없는 불경건이 그의 마음의 성채 그 자체를 점령했으며 교만이 그의 마음의 깊은 속까지 침투해 들어왔기 때문이다. 그러므로 부패를 제한시켜, 사람들이 말하는 감각적인 충동들에 있어서만 그것이 일어난다고 보거나 혹은 그것을 '불쏘시개'라고 부르면서 그것이 죄를 부추기고, 일으키고, 유발시키는 영역은 오직 사람들이 '관능'이라는 용어를 사용하는 부분에 한정된다고 보는 것은 논점이 흐리고 어리석을 뿐이다.

이 문제를 다룸에 있어서 페트루스 롬바르두스(Petrus Lombardus)는 자기의 아둔한 무지를 표출하였다. 부패의 자리가 어디인지를 묻고 찾는 가운데 그는 바울이 증언하듯이 그곳이 육체라고 말한다. 다만 고유한 뜻에서 그렇다는 것이 아니라 육체에 있어서 더 많이 나타나기 때문이라고 그는 주장한다.⁶⁵⁾ 마치 바울이 영혼의 전체 본성이 아니라 단지 그 일부분만이 초자연적인 은혜를 거부한다고 지시하고 있기라도 하듯이!

그러나 바울은 오염이 단지 한 부분에 존재하지 않는다는 사실뿐만 아니라 영혼의 어떤 부분도 어떤 죽음의 악질도 없이 순수하게 존재하지 않는다는 사실을 가르치면서 이에 대한 모든 의심을 가져간다. 왜냐하면 사악한 본성에 대해서 논의하면서 바울은 드러나 있는 과도한 욕구들의 충동들을 비난할 뿐만 아니라 정신은 몽매함에, 마음은 사악함에 중독되어 있다는 점을 눈에 띠게 주장하고 있기 때문이다.

로마서 3장 전체는 바로 이러한 원죄에 대한 기술을 담고 있는바, 그것이 갱신의 측면에서 더욱 현저히 드러난다. 왜냐하면 옛사람과 육체를 거스르는 영은 영혼의 한층 저급하거나 감각적인 부분을 고쳐 주는 은혜를 지시할 뿐만 아

---

64) "cunctas animae partes a peccato fuisse possessas, ex quo a fonte iustitiae descivit Adam."
65) Lombard, *Sentences*, II. xxx. 7f. and xxxi. 2–4 (MPL 192. 722, 724). Quot. Battles tr., n. 17.

니라 그 모든 부분의 개혁을 아우르기 때문이다. 결과적으로 바울은 우둔한 욕구들이 끝내 아무것도 아니라는 사실을 환기시키는 데 머물지 않고 "심령이 새롭게 되어"(엡 4:23)라고 우리에게 명령한다. 그뿐 아니라 또 다른 본문에서 "마음을 새롭게 함으로 변화를 받아"(롬 12:2)라고 명령한다.

이로부터 귀결되는바, 사람은 영혼의 탁월함과 고귀함이 특별히 빛나는 영이 손상되었을 뿐만 아니라 너무나 오염되어서 그 부분이 치유되어야 함은 물론 나아가 새 본성을 입어야 한다.[66]

우리는 죄가 우리의 정신과 마음 모두를 얼마나 심히 지배하고 있는지를 앞으로 곧 보게 될 것이다. 여기에서 내가 간단히 제시하기를 원하는 것은 사람 전체가 마치 홍수를 만난 듯이 머리로부터 발끝에 이르기까지 압도되어 죄를 면한 부분은 하나도 없으며 사람으로부터 기인하는 것은 모두 죄로 돌려야 한다는 사실[67]이다. 바울이 말하듯이, 육체의 모든 정서 혹은 생각은 하나님과 원수가 되므로(롬 8:7) 사망이다(롬 8:6).[68]

10. 사람의 타락은 자초한, 본성의 타락에서 비롯됨

사람들이 본성상 사악하다고 우리가 선언하는 것을 기화(奇貨)로 삼아 감히 자기들의 악행들을 하나님께 돌리려는 자들은 이제 그만 떠나게 하라.[69] 그들

---

[66] "partem illam, in qua maxime refulget animae praestantia et nobilitas, non modo vulneratam esse, sed ita corruptam, ut non modo sanari, sed novam prope naturam induere opus habeat."
[67] "totum hominem quasi diluvio a capite ad pedes sic fuisse obrutum, ut nulla pars a peccato sit immunis; ac proinde quidquid ab eo procedit in peccatum imputari." Cf. *Institutio*, 1.15.4.
[68] 여기서 칼빈은 아담의 죄의 언약적 전가로 인한 인류의 '전적'(全的) 타락을 두 가지 점에서 논한다. 첫째, 인류의 타락은 사망의 죄책과 함께 본성 자체의 오염과 무능을 '인격적'(人格的)으로 초래한다. 그러므로 '새 본성'(natura nova)을 입지 않고는 옛 본성을 버릴 수 없다. 둘째, 인류의 타락은 영혼과 육체의 모든 부분에 '전체적'(全體的)으로 미친다. 그러므로 어느 한 곳도 성한 곳이 없다. Cf. Niesel, *The Theology of Calvin*, 80–83; Engel, *John Calvin's Perspectival Anthropology*, 54–61.
[69] 칼빈은 자유주의자들(Libertines)을 비판하면서 이를 언급한다. *Contre la secte phantastique des Libertins* (1545) (CO 7,184f.); *Epistre contre un certain Cordelier* (1547) (CO 7,347, 350ff.). Quot. Battles tr., n. 19.

은 순전하고 오염되지 않은 아담의 본성에서 하나님의 작품을 찾았어야 했으나 그들 자신의 오염 속에서 무모하게 그것을 찾곤 했다. 우리의 파멸은 하나님으로부터가 아니라 우리 육체의 죄과로부터 나온다. 그런 만큼 우리는 다름 아닌 우리가 우리의 처음의 조건에서부터 변질되었다는 이유 하나 때문에 파멸한 것이다.[70]

여기서 그 누구도, 만약 하나님이 아담의 타락을 가로막으셨다면 우리의 구원을 좀 더 잘 지켜 주셨을 것이라고 불평하지 말도록 하자.[71] 경건한 마음은 아주 대담한 호기심에서 기인하는 이런 반론을 개탄해야 한다. 더 나아가 이 사안은 이후에 적당한 곳에서[72] 논의하게 될 예정의 비밀과 관련되어 있다.

따라서 우리의 멸망은 본성의 타락에 돌려진다는 것을 잊지 말자. 그리하면 우리는 본성의 조성자이신 하나님 자신을 정죄하지 않게 될 것이다. 참으로 이 치명적인 상처가 본성에 부착되어 있다. 그러나 그것이 다른 데서부터 초래되었는지 아니면 처음부터 자리 잡고 있었는지는 매우 중요하다. 진정 그 상처가 죄를 통하여 가해졌다는 것은 다툼의 여지가 없다. 그러므로 우리는 우리 자신 외에 그 무엇에 대해서도 개탄할 이유가 없다. 성경은 이를 주의 깊게 다루고 있다. 전도자가 말하듯이, "내가 깨달은 것은 오직 이것이라 곧 하나님은 사람을 정직하게 지으셨으나 사람이 많은 꾀들을 낸 것이니라"(전 7:29). 사람은 자기의 멸망을 오직 자기 자신에게 돌려야 함이 분명하다. 왜냐하면 사람은 하나님의 자비하심으로 의롭다 함을 얻었지만 자기 자신의 광기로 공허함에 빠져 버렸기 때문이다.[73]

---

70) "A carnis ergo nostrae culpa, non a Deo nostra perditio est; quando non alia ratione periimus, nisi quia degeneravimus a prima nostra conditione."

71) Cf. Augustine, *On Genesis in the Literal Sense* XI. iv. vi. x. xiii (MPL 34. 431-434). Quot. Battles tr., n. 20.

72) *Institutio*, 3.21-24.

73) 여기에서 칼빈은 인류의 타락이 '남의 죄 때문에'(propter peccatum alienum)뿐만 아니라 '자기의 죄 때문에'(propter peccatum proprium)라는 점을 강조한다. 이는 아담의 죄가 언약에 따른 전가로 인하여 모든 사람 각자의 죄가 된다는 점을 말하기 위함이다. 그러므로 이를 두고 칼빈이 오염의 전가만 인정하고 죄책의 전가는 인정하지 않는 간접 전가설(mediate imputation)의 경향을 띤다고 보는 것은 합당하지 않다. 앞에서 보았듯이(*Institutio*, 2.1.8), 칼빈은 오염의 전가뿐만 아니라 죄책의 전가도 인정하는 직접 전가설(immediate imputation)에 서 있음이 분명하기 때문이다. Cf. Hodge, *Systematic Theoloy*, 2.192-193, 209.

11. 사람의 본성적 사악함은 본성에서 기인하지 않음

그러므로 사람이 부패한 것은 본성적 사악함에 기인하나 그 사악함은 본성으로부터 흘러나오지 않았다고[74] 우리는 말한다. 그 사악함은 태초부터 심겨진 본질적 특성이 아니라 사람에게 일어난 우발적 성질이라는 것을[75] 지적하기 위하여 우리는 그것이 본성으로부터 흘러나왔다는 것을 부인한다. 그럼에도 우리가 그것을 '본성적'이라고 부르는 이유는 어떤 사람이 그것을 가지게 되는 것은 나쁜 습관을 통해서라고 그 누구도 생각지 못하게 하려 함이다. 왜냐하면 그것은 선천적 법으로써[76] 모든 사람을 단단히 붙들어 매기 때문이다.

우리는 저자도 없는 말을 하는 것이 아니다. 사도는 "우리가 다……본질상 진노의 자녀이었더니"(엡 2:3)라고 가르친다. 가장 작은 작품들도 기뻐하시는 하나님이 어떻게 만물 중에 가장 고상한 피조물에게 적의를 가지실 수 있었겠는가? 진정 하나님이 적의를 가지신 것은 자기의 작품 자체가 아니라 자기 작품의 부패였다.[77] 그러므로 사람은 자기의 사악한 인성 때문에 본성적으로 하나님께 가증하게 여겨진다고 말하는 것이 옳을진대, 사람이 본성적으로 그릇되고 사악하다고 일컫는 것 역시 어리석지 않다고 본다. 사람의 부패한 본성에 관하여 아우구스티누스 역시 하나님의 은혜가 없는 곳은 필히 어디든지 죄들이 다스리고 있다고 하며, 그 죄들을 '본성적'이라고 부르기를 두려워하지 않았다.[78] 따라서 사람 안에 본질적인 악의가 있다고 상상하면서, 악의 원인과 시작을 의로우신 하나님께 돌리는 것같이 보이지 않으려고 감히 하나님 대신에 다른 창조자를 고안해 낸 마니주의자들의 어리석은 넋두리는 사라지고 만다.[79]

---

74) "naturali hominem vitiositate corruptum, sed quae a natura non fluxerit." Cf. *Institutio*, 1.14.3, 16.
75) "adventitiam magis esse qualitatem quae homini acciderit, quam substantialem proprietatem quae ab initio indita fuerit."
76) "haereditario iure."
77) "operis sui corruptioni magis infensus est quam operi suo."
78) Augustine, *On Genesis in the Literal Sense* I. i. 3 (MPL 34. 221); *Contra Julianum, opus imperfectum* V. xl (MPL 45. 1477). Quot. Battles tr., n. 23.
79) Cf. *Institutio*, 1.13.1.

DE COGNITIONE DEI REDEMPTORIS IN CHRISTO,
QUAE PATRIBUS SUB LEGE PRIMUM,
DEINDE ET NOBIS IN EVANGELIO PATEFACTA EST

제2장

사람은 이제
의지의 자유를 강탈당한 채
비참한 노예 상태로 넘겨졌음

Hominem arbitrii libertate
nunc esse spoliatum
et miserae servituti addictum

1. 노예 상태에 놓인 타락한 인류의 자유의지 문제
2-11. 자유의지 옹호자들과 그들에 대한 몇몇 교부들의 비판
12-17. 오성과 일반은총
18-25. 오성과 하나님의 존재와 속성과 규범을 아는 지식
26-27. 의지와 결정의 자유

1. 자유의지 문제를 논하는 당위성

우리는 죄가 첫 번째 사람을 그것에 묶어 얽매이게 한 이후부터 모든 종류의 사람들 가운데 두루 미칠 뿐만 아니라 각 개인의 영혼을 견고하게 점령하고 있다는 사실을 통하여 그 지배를 살펴보았다. 이제 우리에게 남은 것은 우리가 이 노예 상태로 협착해진 이후로 모든 자유를 박탈당했는지 아닌지 여부와 만약 그 어떤 조각이라도 여전히 살아남아 있다면 그 힘이 어디까지 멀리 미치는지를 더욱 면밀하게 살펴보는 일이다.

이 질문에 관련된 진리를 더욱 쉽게 드러내기 위하여 나는 전체 논의가 한 목표를 향하게끔 방향을 설정하여 현안을 다룰 것이다.

오류를 피하는 최선의 방도는 맞닥친 두 가지의 위험을 함께 고려하는 데 있다.

첫째, 사람은 모든 올바름을 거부당할 때 즉시 이를 나태의 기회로 삼는다. 그는 자기 스스로는 의에 대한 아무 열의도 가질 능력이 없다고 일컬어지기 때문에 그 열의를 추구하는 것을 자기와 전혀 무관한 일이라도 되듯이 전적으로 헛되게 여긴다.

둘째, 사람은 아무리 사소한 어떤 것이라도 자기 것으로 만들게 되면 하나님으로부터 하나님 자신의 영예를 가로챔이 되며, 그리고 그 자신이 무모한 자부

심으로 인해 몰락하게 된다.80)

　이 암초들에 충돌하는 것을 피하기 위하여 우리가 필히 좇아가야 할 길이 다음에 있다. 즉 사람은 자기 수중에 어떤 선한 것도 남아 있지 않으며 사방으로 둘러싸여 가장 비참한 곤경에 처해 있다는 가르침을 받게 될 때에 오히려 자기에게 결여된 선과 자기가 빼앗긴 자유를 갈망하도록 배우게 된다는 것이다. 이로써 사람은 자기가 최고의 능력으로 빚어졌다고 배울 때보다 더 명민하게 게으름에서 깨어나게 될 것이다.

　위의 둘째 사실이 얼마나 필요한지를 깨닫지 못하는 사람은 아무도 없다. 그러나 그렇게 해서는 안 됨에도 불구하고 첫 번째 사실에 대해서는 많은 사람들이 의심하고 있다. 의심할 바 없이 사람에게서 사람 자신에게 속한 것은 무엇 하나라도 빼앗아서는 안 되지만, 사람은 자기가 가진 것에 대한 거짓 자랑을 하는 것은 금해야 한다. 이것이 얼마나 중요한지는 아주 자명하다. 사람은 하나님의 자애(慈愛)에 의해 가장 고상한 장식들로 구별되었던 그 당시에도 자기 자신을 자랑하게끔 허용되지는 않았다. 사람은 자기 자신의 배은망덕으로 말미암아 탁월한 영광에서 극한 불명예로 전복되었으니, 이제 훨씬 더 많이 겸손해야 하지 않겠는가? 사람이 영예의 최고 정점에 오르게 되었을 때에도 성경은 그가 하나님의 형상으로 창조되었다는 사실 외에는 어떤 다른 것도 그에게 돌리지 않았다(창 1:27). 그리하여 성경은 사람이 그 자신에게 속한 선한 것들 때문이 아니라 하나님과 함께함으로써81) 복되었다는 것을 암시하고 있다.

　그러므로 이제 모든 영광이 벌거벗겨져 결핍된 사람에게 남은 것은 자기에게 하나님의 은혜의 부요함이 넘쳤을 때에도 그의 자애에 감사하지 못했던 그 하나님을 인식해야 하는 것과, 이전에는 하나님의 선한 것들을 인정하지 않아 영화롭게 하지 않았지만 이제는 적어도 자기의 빈곤을 고백함으로써 그 하나님을 영화롭게 하는 것이다.82)

---

80) Augustine, *Letters* ccxv, interpreting Prov. 4:26 (MPL 33. 971ff.; tr. FC 32. 65ff.); *John's Gospel* liii. 8 (MPL 35. 1778; tr. NPNF VII. 293f.). Quot. Battles tr., n. 1.

81) "Dei participatione."

82) Cf. Calvin, *Instruction et confession de foy* (1537) (OS I. 382; tr. Fuhrmann, *Instruction in Faith*, p. 23). Quot. Battles tr., n. 2.

우리의 지혜와 능력에 대한 모든 공적을 떨쳐 내는 것은 하나님의 영광에 관계되는 것 못지않게 우리 자신의 일에도 관계된다. 그러므로 우리에게 진리 너머의 무엇을 주고자 하는 자들은 우리의 파멸에 신성 모독을 더하는 것이다. 우리가 자력(自力)으로 싸워야 한다고 가르침을 받을 때에 우리는 단지 갈대 지팡이 위에 올라 머무는 것과 다를 바 없어 그것이 꺾이면 그 순간 떨어지고 말 뿐이다.

그러나 우리가 우리의 능력을 갈대 지팡이에 비교하는 것조차 과도한 것이다. 허영에 찬 사람들이 이에 대해서 공상하고 수다를 떠는 것들은 그것들이 무엇이든 연기(煙氣)에 불과하다. 그러므로 아우구스티누스는 본 주제에 부합하게, 자유의지는 그것을 변호하는 자들에 의해서 견고해지기보다 더욱 짓밟힌다는 유명한 말을 자주 반복한다.[83]

이를 서론으로서 말해 두는 것이 필요하다. 왜냐하면 어떤 사람들은 하나님의 능력이 사람 안에 세워지기 위해서는 사람의 능력이 뿌리째 뽑혀야 한다는 말을 들을 때에 이 모든 논쟁이 무용하지는 않지만 위험하다고 여겨 극히 미워하기 때문이다.[84] 그렇지만 이는 종교에 있어서 필수적인 것일 뿐만 아니라 우리를 위해서도 가장 유익한 것으로 나타난다.

2. 지각과 오성과 이성: 영혼의 기능에 대한 철학자들의 견해

얼마 전[85] 우리가 말했듯이 영혼의 기능들은 정신과 마음에 있다. 이제 이 두 부분이 할 수 있는 것이 무엇인지 고찰하도록 하자.

철학자들은 이성이 정신에 자리 잡고 있어서 마치 등불과 같이 모든 계획을 비추고 마치 여왕과 같이 의지를 제어한다고 상상한다는 점에 있어서 진정 큰

---

83) Augustine, *John's Gospel* lxxxi. 2 (MPL 35. 1841; tr. NPNF VII. 345); *Letters* ccxvii. 3 (MPL 33. 981; tr. FC 32. 80f.). Quot. Battles tr., n. 3.

84) Cf. Erasmus, *De libero arbitrio* διατριβή, (ed. J. von Walter, *Quellenschriften zur Geschichte des Protestantismus* 8, pp. 1, 5ff.). Quot. Battles tr., n. 4.

85) *Institutio*, 1.15.7.

일치를 이룬다. 왜냐하면 그들은 이성이 하나님의 편만한 빛 가운데서 가장 효과적인 계획을 세울 수 있고, 뛰어난 활기 가운데서 최선의 명령을 내릴 수 있다고 추측하기 때문이다.

이에 반하여 그들은, 지각은 무감각과 침침한 눈에 사로잡혀 항상 땅을 이리저리 기어 다니고, 저급한 것들에 뒤엉키어, 결코 참된 통찰력에 이를 만큼 높이 오르지 못한다고 상상한다. 그리고 욕구는 이성에 계속적으로 순종할 뿐만 아니라 지각에 투항해 종속되지 않는 한, 덕성에 열심을 기울이게 되고, 옳은 길을 견지하게 되며, 의지를 형성하기에 이르게 되는 반면, 만약 그 욕구가 지각의 노예 상태로 넘겨지게 되면 지각에 의해 오염되고 뒤틀려져 타락하게 되어 육욕에 빠지고 만다고 주장한다.[86]

그들에 따르면, 내가 위에서[87] 말한 기능들인 오성과 지각, 그리고 욕구 혹은 의지가, 이 용어들이 지금 일반적으로 받아들여지는 바, 영혼 안에 자리 잡고 있다.

요컨대 이 철학자들은 오성은 이성에 의해서 부여되며, 그 이성이 그 자체의 뛰어남을 스스로 유지하고 본성적으로 부여받은 힘을 발휘한다면 선하고 복된 삶을 이끄는 최고의 통치자가 될 것이라고 지적하면서, 사람을 오류와 망상으로 몰아세우는 저급한 충동은 이성의 회초리로 길들여질 수 있고 점차 극복될 수 있다고 주장한다. 나아가 그들은 의지를 이성과 지각의 중간 위치에 둔다. 의지는 이성에 순응하든지 자기 몸을 팔아 지각에 유린되든지 좋은 대로 하는 권리와 자유를 그 자체로 향유하고 있음이 분명하다고 여겨서이다.[88]

---

86) Plato, *Republic* IV. 14ff., 439ff. (LCL Plato, *Republic* I. 394ff.); Aristotle, *De anima* III. x. 433 (LCL ed., pp. 186–191). Quot. Battles tr., n. 6.
87) *Institutio*, 1.15.6.
88) 이러한 철학자들의 입장은 다음과 같이 정리된다. '영혼의 기능들'(facultates animae)은 '정신'(mens)과 '마음'(cor)에 있고, '이성'(ratio)과 '의지'(voluntas)와 '지각'(sensus)으로 이루어진다. 이성이 '오성'(intellectus)을 부여하는바, 의지의 '욕구'(appetitus)는 이성을 좇으면 '덕성'(virtus)에 이르고 감각을 좇으면 '육욕'(libido)에 이른다.

3. 오성을 지도하는 이성에 종속된 의지의 자유에 대한 철학자들의 공통된 신뢰

때때로 그들은 경험 자체를 아주 신뢰하면서 사람이 이성에 맞게 자기 안에 왕국을 세우는 데 가로놓인 아주 많은 어려움을 부인하지 않는다. 사람은 어느 때는 쾌락의 유혹에 마음을 빼앗기고, 어느 때는 선한 것들의 거짓 형상에 속으며, 무절제한 정서에 사나운 일격을 당하며, 플라톤(Platon)이 말하듯이, 끈과 줄에 의해 여러 방향으로 끌려다닌다.[89]

따라서 키케로(Cicero)가 말하듯이, 자연으로부터 주어진 저 희미한 작은 빛이 그릇된 견해들과 악한 관습에 의해 곧 꺼져 버린다.[90] 철학자들은 일단 이러한 병들이 사람의 마음을 차지하게 되면 너무나 걷잡을 수 없이 난폭하게 횡행하므로 아무도 쉽게 억제할 수 없게 된다고 인정한다. 그리고 그것들은 이성 없이 내팽개쳐지면 기수가 튕겨져 나가 무절제하고 절도 없이 날뛰는 사나운 말들과 같다고 주저 없이 비유를 든다.[91]

그럼에도 불구하고 철학자들은 덕성과 악행이 우리의 권세 안에 있다는 점에 논쟁의 여지가 없다고 본다. 그들은 다음과 같이 말한다. 만약 이것 혹은 저것을 하는 것이 우리의 선택에 달렸다면 그것을 하지 않는 것도 마찬가지다. 환언해서 그것을 하지 않는 것이 그렇다면 그것을 하는 것도 마찬가지다. 그런데 우리는 우리가 행하는 것들을 자유로운 선택에 따라 행하는 것처럼 보이고 우리가 피하는 것들을 자유로운 선택에 따라 피하는 것처럼 보인다. 그러므로 만약 우리가 좋아서 어떤 선한 것을 행한다면 우리는 또한 그것을 하지 않을 수 있고, 만약 우리가 좋아서 어떤 악을 행한다면 우리는 또한 그것을 피할 수 있다.[92]

---

89) Plato, *Laws* I. 644E (LCL Plato, *Laws* I. 68f.). Quot. Battles tr., n. 8.
90) Cicero, *Tusculan Disputations* III. i. 2 (LCL ed., pp. 226f.). Quot. Battles tr., n. 9.
91) Cf. Plato, *Phaedrus* 74ff., 253 D–254 E (LCL Plato I. 494–497). Quot. Battles tr., n. 10.
92) "si quid boni agimus ubi libeat, possumus illud omittere; si quid mali perpetramus, possumus id quoque fugere." Cf. Aristotle, *Nicomachean Ethics* III. 5. 1113b (tr. R. McKein, *Basic Works of Aristotle*, p. 972; cf. LCL ed., pp. 142f.); Seneca, *Moral Epistles* xc. 1 (LCL Seneca, II. 394f.). Quot.

심지어 그들 중의 일부는 우리가 사는 것은 신들의 선물이지만 우리가 선하고 거룩하게 사는 것은 우리 자신에게 속한다고 방자한 말을 내뱉을 만큼 우쭐댄다. 여기에 코타(Cotta)라는 인물의 말을 빌어 키케로가 한 말이 있다. "모든 사람은 스스로 덕성을 얻기 때문에 어떤 현자도 도무지 그것에 대해 신에게 감사하지 않았다. 왜냐하면 우리는 우리의 덕성으로 인해 칭찬을 받고 우리의 덕성 가운데 자랑하기 때문이다. 만약 선물이 우리 자신으로부터 온 것이 아니라 신에게 속한다면 이런 일이 일어나지 않았을 것이다." 그리고 조금 후에 다음 말이 뒤따른다. "행운은 하나님으로부터 찾도록 해야 하지만 지혜는 자기 자신으로부터 취해야 한다는 것이 모든 인생의 판단이다."[93]

이에 비추어 볼 때, 모든 철학자의 견해는 다음과 같이 요약된다. 인간 오성의 이성은 인간의 올바른 통치를 위하여 충분하다. 실로 이성에 종속된 의지는 지각에 의해 악행들에 이르도록 교란을 당하기도 하지만 자유로운 선택으로써 모든 것의 지도자인 이성을 따르는 데 결코 방해를 받지 않는다.[94]

4. 아우구스티누스를 제외한, 자유의지에 대한 교회 저술가들의 입장의 난맥상

모든 교회 저술가는 사람이 지닌 이성의 건전성이 죄로 인해서 심각하게 상처를 입게 되었다는 사실과 의지가 악한 욕심들에 의해 심하게 예속되었다는 사실 두 가지를 모두 인정했다. 그럼에도 불구하고 그들 중의 많은 사람들은 철학자들에게 너무나 가까이 나아갔다.[95] 그들 가운데 초기 사람들은 다음과

Battles tr., n. 11.
[93] Cicero, *Nature of the Gods* III. xxxvi. 86f. (LCL ed., pp. 372f.). Quot. Battles tr., n. 12.
[94] "humani intellectus rationem rectae gubernationi sufficere; voluntatem illi subiacentem, a sensu quidem ad mala sollicitari, sed, ut liberam electionem habet, impediri nequaquam posse quin rationem ducem per omnia sequatur."
[95] 칼빈의 다음 작품에도 이에 대한 언급이 나온다. *De Scandalis* (1550) (CO VIII. 19; cf. Benoit, *Institution* II. 25). Quot. Battles tr., n. 13.

같은 의중(意中)으로 인간의 능력을 고양시켰다고 나는 본다.

첫째, 만약 그들이 사람의 무능함을 있는 그대로 고백했다면 자기들과 갈등을 빚고 있는 철학자들의 조롱이 그들에게 쏟아졌을 것이다.

둘째, 그들은 이미 선에 대해 무감각한 육체에 새로운 게으름의 기회를 주는 것을 피하고자 원했다.

그러므로 사람들의 상식적인 판단에 모순되는 것은 그 무엇도 가르치지 않으려고 그들은 성경의 교리와 철학자들의 신념을 절반씩 모아서 조화시키고자 애썼다. 무엇보다 그들은 두 번째 관점에 특별한 관심을 쏟아 게으름의 여지를 남기지 않으려고 했다. 이는 그들의 말에서 잘 나타난다.

크리소스토무스(Chrysostomus)는 어느 곳에서 이를 다음과 같이 표현했다. "하나님은 선한 것들과 악한 것들을 우리의 권세 안에 두셨으므로 선택의 자유의지를 부여하셨다. 그는 억지로 하는 자들을 만류하시는 것이 아니라 기꺼이 하는 자들을 포용하신다." 그리고 "악한 자라도 만약 그가 원하면 종종 선한 사람으로 변한다. 선한 자라도 나태를 통하여 파멸하고 악한 사람이 된다. 이는 주님이 우리의 본성을 의지가 자유롭도록 만드셨기 때문이다. 이뿐 아니라 주님은 우리에게 필연성을 부여하지 않으시고 적절한 처방을 마련하셔서 모든 것을 병자 자신의 판단에 내맡기신다."

또한 그는, "우리는 하나님의 은혜로 도움을 받지 않는 한 그 무엇 하나도 제대로 행할 수 없다. 마찬가지로, 우리의 몫을 다 하지 않는 한 위로부터 내려오는 그 어떤 호의도 얻을 수 없다."라고 말했다. 그는 그보다 앞서 다음과 같이 말했다. "모든 것을 하나님의 도움에만 의지하지 않으려면 도움을 구하는 동시에 우리도 우리 자신의 힘으로 무엇인가를 실어 날라야 한다." 다음은 그가 여러 곳에서 한 우리에게 익숙한 말이다. "우리의 것을 드리자. 하나님이 나머지를 채우실 것이다."[96] 히에로니무스(Hieronymus)가 말한 것도 이것과 일치한다. "우리의 일은 시작하는 것이고, 하나님의 일은 완성하는 것이다. 우리의

---

96) Chrysostom, *De proditione Judaeorum*, hom. I (MPG 49. 377); *Homilies on Genesis*, hom. xix. 1; hom. liii. 2; hom. xxv. 7 (MPG 53. 158; 54. 466; 53. 228). Quot. Battles tr., n. 15.

할 일은 우리가 할 수 있는 것을 제공하는 것이고, 하나님이 하실 일은 우리가 할 수 없는 것을 가득 차게 하시는 것이다."[97]

분명 당신은 이 글들을 통하여 그 저술가들이 덕성에 대한 사람의 열의에 지나친 가치를 부여하고 있음을 보게 된다. 그들이 이렇게 한 것은 우리가 죄를 짓는 것이 오직 게으름 때문이라고 주장해야만 우리를 일깨워 타고난 게으름을 떨쳐 내게 할 수 있다고 생각했기 때문이다. 그들이 얼마나 능숙하게 그렇게 했는지는 추후에 보게 될 것이다. 그 자리에서 우리가 언급한 이러한 견해들이 더할 나위 없이 거짓되다는 사실이 아주 분명해질 것이다.

그 누구보다도 헬라인들, 그들 중에서도 특별히 크리소스토무스는 인간 의지의 기능을 도가 지나칠 정도로 높이고 있다. 실상 모든 고대인 중에 아우구스티누스를 제외한[98] 나머지 모두는 이 주제에 대한 말이 너무나 가변적이거나, 요동치거나, 혼란스러워 그들의 저술들로부터는 어떤 확실한 것을 거의 하나도 도출해 낼 수 없다. 그러므로 우리는 개별 저자들의 견해들을 더욱 정확하게 나열하는 것을 고집하지 않고 단지 논지에 대한 설명이 요구되는 대로 이곳저곳에서 몇몇을 무작위로 뽑아 다룰 것이다.

그들의 뒤를 따르는 다른 저자들은 각각 인간의 본성을 변호하는 가운데 자기 자신의 영특함을 교묘하게 칭송하는 일을 추구하였다. 그들은 하나둘 점차 더욱 악한 상태로 전락하여 사람은 오직 지각적인 부분에서만 부패되었을 뿐 이성은 전적으로 손상되지 않은 상태로 있으며 의지도 역시 대부분 손상되지 않았다는 생각이 보편화되기에 이르렀다.[99] 한편 사람 안에 있는 자연적인 은사들은 부패하였으나 초자연적인 것들은 제거되었다[100]는 말이 사람들의 입에서 입으로 떠돌아다녔다. 그러나 이 말의 뜻을 맛보아 어렴풋하게라도 아는 사람은 거의 백에 하나도 안 되었다. 나의 관심이 본성의 부패가 무엇인지를

---

97) Jerome, *Dialogue contra Pelagianos* III. 1 (MPL 23. 569). Quot. Battles tr., n. 16.
98) "excepto Augustino."
99) Cf. Duns Scotus, *In sententias* II. xxix. 1 (*Opera omnia* XIII. 267f.). Quot. Battles tr., n. 17.
100) "naturalia dona in homine corrupta esse, supernaturalia vero ablata." Cf. Augustine, *Questions on the Gospels* ii. 19 (MPL 35. 1340); *On Nature and Grace* iii. 3; xix. 21; xx. 22 (MPL 44. 249f.–256f.; tr. NPNF V. 122; 127f.); Lombard, *Sentences* II. xxv. 8 (MPL 192. 207). Quot. Battles tr., n. 18.

분명히 가르치는 데만 있다면 나는 쾌히 이 말들로 만족할 것이다. 그러나 중요한 것은, 자기 본성의 모든 부분이 사악해지고 초자연적인 은사들을 다 빼앗긴 사람이 과연 무엇을 할 수 있는지 주의 깊게 숙고해 보아야 한다는 것이다.

자기들을 그리스도의 사도라고 자랑하던 자들은 이 사안에 관해 철학자들과 전혀 다를 바 없이 말했다. 마치 사람이 여전히 순전하게 머물러 있기라도 하듯이 '자유의지'라는 말은 라틴 사람들 가운데 항상 존재했다. 헬라 사람들은 더욱 교만한 말을 사용하는 것을 부끄러워하지 않았다. 그들은 마치 사람들 각자 자신의 손 안에 권세가 있기라도 하듯 그것을 '자기 권세'(αὐτεξούσιος)[101]라고 불렀다. 심지어 모든 사람이, 심지어 일반인조차 사람에게 자유의지가 부여되었다는 원리에 물들어 있었다. 그러나 남보다 뛰어나 보이고 싶어 하는 그들 중에 어떤 사람들은 자유의지가 어디까지 작용하는지에 대해서 알지 못한다. 그러므로 먼저 우리는 이 용어의 뜻에 대해서 자세히 살펴보기로 하자. 그리고 성경의 단순성에[102] 근거해서 사람이 무슨 능력으로 자기 자신의 본성 가운데 선 혹은 악에 이르게 되는지를 고찰해 보도록 하자.

자유의지는 모든 사람의 글들 가운데 반복해서 나타남에도 불구하고 오직 몇몇만이 그것이 무엇인지를 정의하였다. 오리게네스(Origenes)가 그것이 "선과 악을 식별하는 이성의 기능이자 둘 중의 하나를 선택하는 의지의 기능"[103]이라고 말했을 때, 그 정의는 일반적으로 교회 저술가들 가운데 일치되었던 것으로 보인다.[104] 아우구스티누스도 이와 다르지 않았으니, 그는 자유의지가 "은혜의 도움을 받아 선을 선택하고, 혹은 은혜가 없으면 악을 선택하는 이성과 의지의 기능"[105]이라고 가르친다.[106] 베르나르두스는 더 정교하게 말하길 원하

---

[101] 다음에 이 말이 처음 나온다. Clement of Alexandria, *Instructor* I. vi. 33 (GCS Clemens Alexandrinus I. 110; MPG 8. 289f.; tr. ANF II. 217). Quot. Battles tr., n. 19.

[102] Cf. *Institutio*, 1.8.1, 11; 1.13.3.

[103] "facultatem……rationis ad bonum malumve discernendum, voluntatis ad utrumvis eligendum."

[104] Origen, *De principiis* III. i. 3 (GCS 22. 197; MPG 11. 252; tr. ANF IV. 303; Butterworth, *Origen On First Principles*, p. 159). Quot. Battles tr., n. 20.

[105] "facultatem……rationis et voluntatis, qua bonum eligitur gratia assistente, malum, ea desistente."

[106] Cf. Augustine, *Sermons* clvi. 9-13 (MPL 38. 855-857; tr. LF *Sermons* II. 767-770); Lombard, *Sentence* II. xxiv. 5 (MPL 192. 702); OS III. 246, note 3; Smits II. 31.

여서 자유의지를 "소멸되지 않는 의지의 자유와 이성의 편향될 수 없는 판단에서 비롯되는 동의"[107]라고 규정하면서 그것을 '합의'라고 부름으로써 오히려 그 의미를 더욱 모호하게 했다.[108] 자유의지를 "옳은 것 자체 때문에 옳은 것을 유지시키는 능력"[109]이라고 가르친 안셀무스(Anselmus)의 정의도 충분히 대중적이지는 않다.[110]

그리하여 페트루스 롬바르두스와 스콜라주의자들은 아우구스티누스의 정의를 더욱 존중하였는데, 그것이 하나님의 은총을 배제하지 않으면서도 더욱 자세했기 때문이다. 은총이 없다면 의지는 그 자체로 충분하지 않다는 점을 그들은 알았다.

그럼에도 불구하고 그들은 그들 자신의 정의가 더 좋거나 알찬 설명을 위하여 더 유익하다고 생각했다. 먼저 그들은 '의지'가 선과 악을 구별하는 이성에 더욱 많이 관계되는 이름이어야 하며 '자유'는 두 방향 어디로든 방향을 이끌 수 있는 의지에 고유하게 관련되어야 한다는 데 동의한다.[111] 그렇기 때문에 토마스 아퀴나스(Thomas Aquinas)는 자유가 의지와 고유하게 부합하므로 자유의지를 지성과 욕구가 혼합되었으나 더욱 욕구로 기우는, "선택하는 힘"[112]으로 부르는 것이 가장 적절하다고 말한다.[113]

여기에서 우리는 그들이 가르치고 있는 자유의지의 힘이 자리 잡고 있는 곳이 다름 아닌 이성과 의지라는 것을 알 수 있다. 그들이 얼마나 많은 것을 이 둘에 돌리는지를 간략하게 살펴보는 일이 우리에게 남아 있다.

---

107) "consensum, ob voluntatis inamissibilem libertatem, et rationis indeclinabile iudicium."
108) Bernard, *De gratia et libero arbitrio* ii. 4 (MPL 182. 1004; tr. W. W. Williams, *Concerning Grace and Free Will*, p. 10). Quot. Battles tr., n. 22.
109) "potestatem servandi rectitudinem propter se ipsam."
110) Anselm, *Dialogus de libero arbitro* iii (MPL 158. 494). Quot. Battles tr., n. 23.
111) Lombard, *Sentence* II. xxiv. 5 (MPL 192. 702). Quot. Battles tr., n. 24.
112) "vis electiva."
113) Aquinas, *Summa Theol.* I. lxxxiii. 3. Quot. Battles tr., n. 25.

5. '의지'와 '자유'에 대한 이견들

통상 그들은 하나님의 나라에 명백하게 관계되지 않는 중간적인 것들을[114] 인간의 자유로운 계획 아래 분류하지만 참된 의는 하나님의 특별한 은혜와 영적인 중생에 돌린다. 이를 밝히기 위해 『이방인들의 소명』(*De vocatione gentium*)이라는 작품의 저자는 첫째, 의식적 의지, 둘째, 동물적 의지, 셋째, 영적 의지,[115] 이 세 가지 의지에 대해서 거론하면서, 처음 두 가지의 것은 사람에게 자유롭게 부여되나 마지막 것은 사람 안에서의 성령의 역사라고 가르친다.[116] 이것이 사실인지의 여부는 해당 주제를 다루는 자리에서 논하도록 한다.

지금은 다른 사람들의 견해들을 반박하지 않고 간단하게 되돌아보려고만 한다. 따라서 그 저술가들이 자유의지에 대해서 논할 때 국가적이거나 외부적인 행위들과 관련하여 어떤 의미가 있는지를 살펴보는 것이 아니라 하나님의 법에 순종하는 데 어떤 의미가 있는지를 우선적으로 탐구할 것이다. 그러나 나는 후자의 질문을 주요하게 여긴다고 해서 전자가 전부 무시되어서는 안 된다고 생각한다. 여기 글들을 통하여[117] 나는 내 최상의 논리를 서술하게 되기를 소망한다.

주지하는 바와 같이, 스콜라학파는 세 가지 자유를 구분하는데 첫째, 필연성으로부터의 자유, 둘째, 죄로부터의 자유, 셋째, 비참함으로부터의 자유[118]이다. 첫째 것은 사람 안에 본성상 내재하므로 어떤 방식으로도 빼앗길 수 없다. 그러나 나머지 두 가지는 죄로 말미암아 상실되었다.[119] 나는 필연성이 강제와

---

[114] "res medias." 이는 헬라어 '아디아포라'(ἀδιάφορα)에 대한 번역으로서 '구원에 무관한 것들'(things indifferent to salvation)을 뜻한다. Cf. *Institutio*, 2.2.12-14; 2.3.5; 3.19.7-9.

[115] "primam sensitivam, alteram animalem, tertiam spiritualem."

[116] Prosper of Aquitaine, *De vocatione omnium gentium* (450경) I. ii (MPL 17. 1075; 51. 649f.; tr. P. de Letter, *St. Prosper of Aquitaine, The Call of All Nations* (tr., ACW XIV), p. 27). Cf. M. Cappuyns, "L' Auteur du *De vocatione omnium gentium*," *Revue Bénédictine* XXXIX (1927), 198-226. Quot. Battles tr., n. 27.

[117] *Institutio*, 2.2.12-18.

[118] "triplicem libertatem……a necessitate primam, secundam a peccato, tertiam a miseria."

[119] Lombard, *Sentences* II. xxv. 9 (MPL 192. 708); Bernard, *De gratia et libero arbitrio* iii. 7 (MPL 182. 1005; tr. W. W. Williams, *Concerning Grace and Free Will*, pp. 15f.). Quot. Battles tr., n. 29.

무모하게 혼합되지 않는 한에 있어서[120] 이 구별을 기꺼이 받아들인다. 그 차이의 정도와 그것을 고려하는 것이 얼마나 필요한지에 대해서는 다른 곳에서 드러날 것이다.[121]

6. 그나마 좀 더 건전했던 스콜라주의자들의 오류

이것이 받아들여진다면, 오직 택함 받은 자들에게만 중생을 통해 부여되는 은혜, 진정 그 특별한 은혜의 도움 없이 자유의지만으로는 사람이 선행(善行)을 하게끔 할 수 없다는 사실은 논쟁의 여지가 없다. 은혜가 모든 이에게 동일하게 차별 없이 분여된다고 중얼거리는 저 광신주의자들에 대해서[122] 나는 시간을 허비할 마음이 없다. 그러나 사람이 선하게 행하는 기능을 완전히 박탈당했는지 혹은 작고 약하지만 여전히 어떠한 기능, 실로 그 자체로는 아무것도 할 수 없지만 은혜의 도움이 있다면 자기 몫을 감당할 수 있는 무슨 기능이 남아 있는지에 대해서는 아직 분명하지 않다.

『명제집』(*Libri quattuor sententiarum*)의 교사는 이것을 밝히기 위하여 "우리가 선행에 적합하게 되려면 두 가지 은혜가 필요하다."라고 말한다. 그는 그 첫 번째를 '역사하는' 은혜라고 부른다. 이는 우리가 효과적으로 선을 원하도록 하는 은혜이다. 그리고 두 번째를 '합력하는' 은혜라고 부른다. 이는 선한 의지를 뒤따르며 도움을 주는 은혜이다.[123] 내가 이러한 구분을 싫어하는 것은 그가 선을 위한 효과적인 욕구를 하나님의 은혜에 돌리면서 사람이 그 자신의 본성상 비록 비효과적이기는 하지만 선을 추구하고 있다는 사실을 암시하고 있기

---

120) "nisi quod illic necessitas cum coactione perperam confunditur."
121) *Institutio*, 2.3.5.
122) 아마 렐리오 소치니(Lelio Sozzini, 1525–1562)를 겨냥하는 듯하다. *Responsio ad aliquot Laelii Socini quaestiones*, 1555, 2–4 (CO 10.163ff.). Quot. Battles tr., 31.
123) "Alteram vocat [gratiam] operantem, qua fit ut efficaciter velimus bonum; [gratiam] cooperantem alteram, quae bonam voluntatem sequitur adiuvando." Lombard, *Sentence* II. xxvi. 1 (MPL 192. 710). Quot. Battles tr., n. 32.

때문이다. 같은 맥락에서 베르나르두스는, 선한 의지는 하나님의 작품이라고 주장하면서도, 하나님은 이러한 종류의 선한 의지를 추구하는 고유한 동기를 사람에게 양보하신다고 선언한다. 롬바르두스는 이러한 구분을 아우구스티누스에게서 취한 것처럼 보이길 원하지만,[124] 그것은 아우구스티누스의 생각과는 아주 동떨어진 것이다.

두 번째 부분에 있어서도 그 모호함이 나를 괴롭히는데, 부패한 해석이 그것으로부터 야기되었기 때문이다. 그들은 우리가 하나님의 이차적 은혜와 합력하여 첫 번째 은혜를 물리침으로 그것을 비효과적으로 만들거나 또는 첫 번째 은혜에 순종하여 따름으로 그것을 확정하거나 하는 것은 우리의 권리라고 생각했다. 『이방인들의 소명』(*De vocatione gentium*)이라는 작품의 저자는 이를 다음과 같이 표현한다. "이성의 판단을 사용하는 자들에게는 은혜를 버리는 것이 자유이므로 그들이 은혜를 버리지 않았다는 것은 상급이다. 성령의 합력이 없이 행해질 수 없었던 것은 그것을 자기들의 의지로 행할 수 없었던 자들에게는 공로로 여겨진다."[125]

내가 이 두 가지 점을 지나가면서 알리고자 마음먹은 것은 좀 더 건전했던 스콜라주의자들과도 내가 얼마나 많이 불일치하는지 나의 독자인 당신이 깨닫도록 하기 위함이다. 보다 최근의 궤변가들은 고대에서 더 멀리 떨어져 있기 때문에 훨씬 더 현격하게 나와 차이가 있다.[126] 그러나 우리는 이 같은 구분을 통해서 어떤 방식으로 그들이 자유의지를 사람에게 부여하는지를 이해하게 된다. 왜냐하면 롬바르두스는 우리가 동등하게 선과 악을 행하거나 생각할 수 있다는 점에서가 아니라 단지 우리가 강제로부터 해방되었다는 점에서 자유의지를 가진다고 궁극적으로 공표하고 있기 때문이다. 그에 따르면, 비록 우리가

---

124) Bernard, *De gratia et libero arbitro* xiv. 46 (MPL 182. 1026; tr. W. W. Williams, *Concerning Grace and Free Will*, p. 48); Augustine, *On Grace and Free Will* xvii. 33 (MPL 44. 901; tr. NPNF V. 457). Quot. Battles tr., n. 33.

125) Prosper of Aquitaine, *The Call of All Nations* II. iv (MPL 51. 96; tr. ACW XIV. 96). Quot. Battles tr., n. 34.

126) 여기에서 '좀 더 건전했던 스콜라주의자들'(saniores Scholastici)과 비교되는 '최근의 궤변가들'(recentiores sophistae)은 오컴(William Ockham, 1285경-1349), 비엘(Gabriel Biel, 1410-1495) 등의 유명론자들(Nominalists)과 소르본 대학의 신학자들(Sorbonne theologians)을 칭하는 것으로 여겨진다.

사악하고 죄의 노예이며 죄를 짓는 것 그 이상으로 아무것도 할 수 없다고 하더라도 이 자유는 방해를 받지 않는다.[127]

7. 사람이 자유로운 선택으로 행악함을 지적한다고 해서 자유의지를 인정하는 논거가 될 수 없음

이 경우 사람은 선과 악에 대한 자유로운 선택권을 동등하게 가지고 있기 때문이 아니라 강요에 의해서가 아닌 의지에 의해서 사악하게 행하기 때문에 이러한 종류의 자유의지를 가지고 있다고 일컬어질 것이다.[128] 잘 보여 주었지만, 이토록 사소한 사안에 그토록 고상한 '자유의지'라는 이름을 새길 무슨 명분이라도 있는가? 실로 사람은 강제로 죄를 섬기는 것이 아니라 자원해서 노예가(ἐθελόδουλος) 되어 자기 의지를 죄의 족쇄에 묶이도록 한다니, 그 얼마나 대단한 자유인가! 참으로 나는 말다툼을(λογομαχίας) 싫어한다. 그것으로 인하여 교회가 괜한 괴로움을 당하기 때문이다. 그러나 나는 불합리한 어떤 것, 특별히 위험한 오류를 유발시키는 어떤 것이 퍼져 나가도록 하는 말들을 피하기 위하여 이를 종교적으로 헤아리고자 한다. 그러나 자유의지가 사람에게 돌려진다는 말을 듣게 되자마자 자기가 자기 마음과 의지의 주인이고 자기 힘으로 선과 악 어느 편으로든 향할 수 있다고 상상하지 않는 사람이 과연 몇 명이나 있을지 나는 묻고자 한다.

그럼에도 불구하고 혹자는 만약 일반인이 그 의미에 대해서 세심하게 경고를 받게 되면 이런 종류의 위험이 제거될 것이라고 말할 것이다. 사람의 천성은 자발적으로 거짓에 기우는 경향이 있어서 다수의 말들을 통하여 진리를 이끌어 내기보다 한 짧은 단어에서 오류를 불러내는 데 더 기민하다. 여기에서

---

[127] Lombard, *Sentences* II. xxv. 8 (MPL 192. 708). Cf. II. ii. 15; II. iii. 2. Quot. Battles tr., n. 36.
[128] 사람은 악을 행하되, '강요'(coactio)가 아니라 '선과 악의 선택권'(boni ac mali electio)을 가지고 '의지로써'(voluntate) 그렇게 하므로, '자유의지'(liberum arbitrium)를 가지고 있다고 말하는 것이 헛됨을 여기서 지적하고 있다.

우리는 '자유의지'라는 너무나 짧은 말 한마디를 가지고 기대 이상으로 확실하게 이런 경험을 하게 된다. 저 고대 저자들의 뒤를 이은 계승자들은 거의 모두가 이 단어의 어원에만 집착한 나머지 파멸적인 자기 신뢰로 빠져들고 말았다.

8. 타락한 인류에게 은총이 없다면 자유의지가 존재하지 않음: 아우구스티누스의 견해

교부들의 권위에 우리가 감동을 받는 것은 단지 그들이 '자유의지'라는 말을 줄곧 자기들의 입에 올리기 때문이 아니라 그렇게 하는 동시에 그것의 용례가 어떠함을 선포해 주고 있기 때문이다. 그 첫 번째 자리에 아우구스티누스가 있다. 그는 추호의 의심도 없이 "자유의지"를 "노예"[129]라고 부른다.[130] 그리고 다른 곳에서 자유의지가 없음을 내세워 자기의 행위에 대한 책임을 지지 않으려고 하는 자들에 대해서 맹렬하게 화를 낸다. "누구도 감히 자유의지를 부정하므로 죄를 변명하길 원하지 말라."[131]라는 그의 말은 이런 뜻에서 주어진 것이다. 다음에 보듯이, 다른 여러 곳에서 그는 같은 맥락의 말을 한다. 여기에는 그의 분명한 고백이 있다. "성령이 없다면 사람의 의지는 자유롭지 않다. 왜냐하면 그것은 속박하고 지배하는 욕심 아래 놓여 있기 때문이다."[132] 또한 "그 의지가 그것이 빠져든 악에 지배되었을 때에 사람의 본성은 그 자유에 흠결을 갖기 시작하였다."[133] 또한 "사람이 자유의지를 나쁘게 사용하였을 때에 자기 자신과 자기의 의지가 모두 파멸되었다." 또한 "자유의지는 예속되어서 의에 이르는 것이 될 수 없다."[134] 또한 "하나님의 은혜가 자유롭게 하지 않은

---

[129] "servum."
[130] Augustine, *Against Julian* II. viii. 23 (MPL 44. 689; tr. FC 35. 83f.). Quot. Battles tr., n. 39.
[131] Augustine, *John's Gospel* liii. 8 (MPL 35. 1778; tr. NPNF VII. 293). Quot. Battles tr., n. 40.
[132] Augustine, *Letters* cxlv. 2 (MPL 33. 593; tr. FC 20. 163f.). Quot. Battles tr., n. 41.
[133] Augustine, *On Man's Perfection in Righteousness* iv. 9 (MPL 44. 296; tr. NPNF V. 161). Quot. Battles tr., n. 42.
[134] "liberum arbitrium captivatum, ne quid possit ad iustitiam."

것은 자유롭지 않을 것이다."[135] 또한 "하나님의 의는 율법이 명령하고 사람이 마치 자기 힘으로 행하듯이 할 때가 아니라 자유롭지 않았던 의지가 성령이 도우시므로 하나님에 의해서 자유롭게 되어 순종할 때에 성취된다."[136]

또한 아우구스티누스는 "사람은 조성될 때에 자유의지의 큰 힘을 받았으나 죄를 지음으로써 그것을 잃어버렸다."[137]라고 어느 곳에서 단언한다. 이 간단한 말에 자유의지가 자유를 잃고 노예가 된 모든 원인이 죄라는 사실이 뚜렷이 천명되어 있다. 그렇기 때문에 이제 자유의지를 다시 구성하려면 은혜가 필히 있어야 한다. 은혜가 없는 곳에는 자유의지가 없다. 이를 받아들이지 않는 자들에 대한 신랄한 비평이 아래에 주어진다. "도대체 왜 비참한 사람들은 자유롭게 되기도 전에 자유의지에 대해서 감히 자랑하거나, 아니면 이미 자유롭게 된 후에는 자기들의 능력에 대해서 자랑하거나 하는가? 여하튼 그들은 '자유의지'라는 이름 자체가 '자유'라는 뜻을 지니고 있다는 사실에 주의를 기울이지 않는다. '주의 영이 계신 곳에는 자유가 있느니라'(고후 3:17). 이로 보건대 그들이 죄의 노예라면, 왜 그들은 자유의지를 자랑하는가? 사람은 자기를 정복한 자의 노예가 되는바, 그렇게 해서 그들이 자유롭게 되었다면, 왜 그들은 자기들이 자기들의 노력을 통해 자유롭게 된 것처럼 자랑하는가? 아니면 그들은 너무나 자유가 넘쳐서 '나를 떠나서는 너희가 아무것도 할 수 없음이라'(요 15:5)라고 말하시는 분의 노예가 되기를 원치 않는 것인가?"[138]

아우구스티누스는 어느 곳에서 "자유의지가 존재한다고 해서 결코 그것이 자유롭게 된 것은 아닌바, 그것은 의에 대해서는 자유로우나 죄에 대해서는 노예이다."[139]라고 말하는데, 마치 '자유의지'라는 말을 사용하는 것에 대해서 조

---

135) "liberum non fore, quod non Dei gratia liberaverit."

136) Augustine, *Enchiridion* ix. 30 (MPL 40. 246; tr. LCC VII. 356f.); *Against Two Letters of the Pelagians* III. viii. 24 (MPL 44. 607; tr. NPNF V. 414), I. iii. 6 (MPL 44. 553; tr. NPNF V. 379); III. vii. 20 (MPL 44. 603; tr. NPNF V. 412). Quot. Battles tr., n. 43.

137) "hominem magnas liberi arbitrii vires quum conderetur accepisse, sed peccando amisisse." Augustine, *Sermons* cxxxi. 6 (MPL 38. 732). Quot. Battles tr., n. 43.

138) Augustine, *On the Spirit and the Letter* xxx. 52 (MPL 44. 234; CSEL 60. 208f.; tr. LCC VIII. 236f.). Quot. Battles tr., n. 44.

139) "liberum quidem esse arbitrium, sed non liberatum; liberum iustitiae, servum peccati." Augustine.

롱을 하는 것처럼 보인다. 그리고 또 다른 곳에서는 "사람은 의지의 결단에 의하지 않고서는 의로부터 자유로울 수 없고, 구주의 은혜에 의하지 않고서는 죄로부터 자유로울 수 없다."[140]라고 말하면서 사람들이 칭하는 자유의지가 단지 의로부터의 해방이나 석방에 불과하다고 경멸하고 있는 듯하다.

만약 어떤 사람이 아무 오해에 빠짐이 없이 '자유의지'라는 말을 사용할 수 있다면 나는 이런 설명으로 그를 성가시게 할 마음이 없다. '자유의지'라는 말을 지니고 있으면 교회에 아주 큰 위험이 생길 수밖에 없으나 그것이 없어진다면 교회에 큰 유익이 될 것이라고 나는 생각한다. 나 자신은 이 말을 사용하지 않기를 바라며, 다른 사람들이 나에게 충고를 구한다면, 그들 역시 이 말을 멀리하기를 바란다.

9. 몇몇 교부들의 자유의지에 대한 올바른 입장

아우구스티누스를 제외한[141] 모든 교회 저술가는 이 사안에 대해서 너무나 모호하고 다양하게 전하기 때문에 내가 그들의 작품들로부터 어떤 확실한 것도 얻을 수 없다는 나의 고백 때문에 나에 대한 많은 편견이 초래된 듯하다. 어떤 사람들은 내가 마치 자기들을 적과 같이 취급하여 자기들에게서 이 사안에 대한 일체의 목소리를 빼앗아 버리기라도 한 듯이 해석할 것이다. 그러나 나의 뜻은 경건한 사람들에게 단순하고 성실한 충고를 하려는 바람밖에 없었다. 왜냐하면 만약 그들이 이 사안에 대해서 그 저술가들의 견해에 의지한다면 그들은 항상 불확실한 것들 때문에 허우적거릴 것이기 때문이다. 그 저술가들은 그때는 사람이 자유의지의 능력에 손상을 입게 되어 오직 은혜에서만 피난처를 찾는다고 가르치고, 지금은 사람에게 각각에 맞는 군장을 갖추게 하거나 그렇

On Rebeke and Garce xiii. 42 (MPL 44. 942; tr. NPNF V. 489). Quot. Battles tr., n. 44.

[140] "liberum a iustitia non esse hominem, nisi arbitrio voluntatis; a peccato autem non fieri liberum, nisi gratia salvatoris." Augustine, *Against Teo Letters of the Pelagians* I. ii. 5 (MPL 44. 552; tr. NPNF V. 378). Quot. Battles tr., n. 44.

[141] "excepto Augustino."

게 하는 듯이 보이게 한다.

그럼에도 불구하고 그들이 자기들 언사의 모호함 가운데서도 사람의 능력을 전혀 무시하거나 혹은 거의 높이 평가하지 않고 모든 선행에 대한 공적을 성령에 돌렸다는 사실을 입증하는 것은 어려운 일이 아니다. 이를 분명히 가르치기 위하여 나는 그들의 글 가운데 몇몇 것들을 여기서 소개하려고 한다. 아우구스티누스가 그렇게 자주 반복한 다음의 말은 키프리아누스(Cyprianus)가 전하고자 원한 것과 같은 뜻을 지닌다. "아무것도 우리의 것이 아니니 그 무엇도 자랑해서는 안 된다."[142] 이는 사람은 전적으로 자기를 비우고 하나님께 의지하는 것을 배워야 한다는 것이 아니고 무엇이겠는가? 아우구스티누스와 에우케리우스(Eucherius)는 생명나무를 그리스도라고 해석하여 누구든지 그것에 손을 가닿으면 살 것이라 하고 선악을 알게 하는 나무를 자유의지로 해석하여 하나님의 은혜를 빼앗긴 채 그것을 맛보려고 하는 자는 죽을 것이라고 말했다.[143] 그러면 그들이 말한 것의 의미는 무엇인가? 크리소스토무스가 "모든 사람은 본성상 죄인일 뿐만 아니라 전부가 죄다."[144]라고 말할 때에 그 뜻하는 바가 무엇인가? 만약 우리 안에 어떤 선도 없다면, 만약 머리끝에서 발끝까지 전적으로 죄라면, 만약 우리에게 의지의 기능이 어디까지 힘을 발휘할 수 있는지 시험하는 것이 허락되지 않는다면, 과연 우리 중에 누가 하나님과 사람 사이에 선행에 대한 공적을 나눌 수 있겠는가?

나는 이런 종류의 말을 다른 저자들로부터도 얼마든지 언급할 수 있다. 그러나 내가 나의 목적에 부합하는 것만 선택하고 그것에 일치하지 않는 것은 교묘하게 배제시킨다고 누군가 비난하는 것을 막기 위하여 나는 그런 인증(引證)

---

142) "de nullo gloriandum, quia nihil nostrum est." Augustine, *On the Predestination of the Saints* iii. 7; iv. 8 (MPL 44. 964, 966; tr. NPNF V. 500). 이는 다음에서 인용되었다. Cyprian, *Testimonies Against the Jews, to Quirinus* III. iv (MPL 4. 764; tr. ANF V. 528). 같은 말이 다음에도 인용된다. *Against Two Letters of the Pelagians* IV. ix. 25-26 (MPL 44. 627f.; tr. NPNF V. 428). Quot. Battles tr., n. 45.

143) Augustine, *On Genesis in the Literal Sense* VIII. iv-vi (MPL 34. 375ff.); Eucherius, *Commentarii in Genesim* I, on Gen. 2:9 (MPL 50. 907). Quot. Battles tr., n. 46.

144) 데시데라우스 에라스무스(Desiderius Erasmus, 1466-1536)가 출판한 크리소스토무스의 저작집(*Opera*, Basel, 1530)에는 강림절 첫째 주일 설교로 실려 있는데, 이후 편집에서는 이 부분이 삭제되었다(OS III. 252, note 2). Quot. Battles tr., n. 47.

을 삼갈 것이다. 그렇지만 나는, 그들이 종종 과도하게 자유의지를 높이는 경우에도 내심 그들이 바라는 목표는 사람을 가르쳐 자기 자신의 능력에 대한 확신을 철저히 버리게 하고 그 자신의 힘을 오직 하나님께 맡기도록 가르치는 데 있다는 점을 확실히 말할 수 있다.[145] 이제 나는 사람의 본성에 관한 진리를 간단하게 설명하는 자리로 나아간다.

10. 사람에게 없는 것을 하나님께로부터 찾아야 함

그럼에도 불구하고 나는 본 장의 첫머리에서 언급한 것을 여기에서 한 번 더 반복할 수밖에 없다. 즉 자신의 재앙, 빈곤, 헐벗음, 불명예를 자각함으로써 극심하게 거꾸러지고 경악에 빠진 사람은 누구나 그 자각으로 말미암아 자기 자신에 대한 지식에 있어서 가장 많은 진보를 이루게 된다.[146] 왜냐하면 사람은 자기에게 없는 것을 하나님 안에서 회복해야 한다고 배울 때에만 자기의 것을 과하게 빼앗길 위험이 없기 때문이다. 그러나 자기의 권리로 정당하게 취한 것을 넘어서서 조금이라도 더 많이 주장하는 사람은 필히 어리석은 자부심에 빠져 자기 자신을 잃어버리게 되고, 또한 하나님의 영예를 자기의 것이라고 탈취하며, 그 결과 무시무시한 신성 모독을 범하는 죄인이 될 것이다. 실로 이러한 육욕이 우리의 마음을 침범하여 우리가 하나님 안에 있는 것이 아니라 우리 안에 머물고 있는, 우리 자신에게 속한 어떤 것을 가지고자 갈구할 때에 그 생각은 다른 어떤 고문관에 의해서가 아니라 바로 최초의 우리 조상이 "하나님과 같이 되어 선악을 알고자"(창 3:5) 하는 소원을 갖도록 유혹한 자에 의해서 제안된다는 사실을 우리는 알고 있다. 이것이 사람 자신 안에서 사람을 높이는 마귀의 말이라고 할진대, 우리가 적으로부터 권고를 얻는 것을 좋아하지 않는 이상, 그 말에 어떤 자리도 내주지 말자.

---

145) Cf. Calvin, *Praefatio in Chrysostomi Homilias* (CO 9,831-838).
146) *Institutio*, 2,2,1.

당신이 자기의 능력이 많아서 당신 자신을 의지할 수 있다는 것은 실로 달콤한 일이다. 그러나 이러한 어리석은 확신에 현혹되지 않도록 하기 위해 우리를 더없이 겸손하게 하는 중요한 많은 성경 구절들의 제지를 받도록 하자. 그런 성경 구절은 다음과 같으니, "무릇 사람을 믿으며 육신으로 그의 힘을 삼고 마음이 여호와에게서 떠난 그 사람은 저주를 받을 것이라"(렘 17:5). 또한 "여호와는 말의 힘이 세다 하여 기뻐하지 아니하시며 사람의 다리가 억세다 하여 기뻐하지 아니하시고 여호와는 자기를 경외하는 자들과 그의 인자하심을 바라는 자들을 기뻐하시는도다"(시 147:10–11). 또한 "피곤한 자에게는 능력을 주시며 무능한 자에게는 힘을 더하시나니 소년이라도 피곤하며 곤비하며 장정이라도 넘어지며 쓰러지되 오직 여호와를 앙망하는 자는 새 힘을 얻으리니 독수리가 날개 치며 올라감 같을 것이요 달음박질하여도 곤비하지 아니하겠고 걸어가도 피곤하지 아니하리로다"(사 40:29–31).

이 모든 구절이 의미하는 바는, "교만한 자를 물리치시고 겸손한 자에게 은혜를 주시는"(적용. 약 4:6; 참조. 벧전 5:5; 잠 3:34) 하나님이 우리에게 호의를 베푸시길 원하신다면 우리 자신의 용맹을 의지하는 그 어떤 작은 억측도 버려야 한다는 것이다.

그러므로 우리는 다음과 같은 약속들을 마음에 두어야 한다. "나는 목마른 자에게 물을 주며 마른 땅에 시내가 흐르게 하며"(사 44:3). "너희 모든 목마른 자들아 물로 나아오라"(사 55:1). 이 구절들은 어떤 사람도 자기 자신의 궁핍을 절실하게 깨닫기 전에는 하나님의 복을 받는 자리로 나아올 수 없다고 증언한다. 우리는 이사야서의 다음 말씀을 비롯한 다른 구절들을 지나쳐서는 안 된다. "다시는 낮에 해가 네 빛이 되지 아니하며 달도 네게 빛을 비추지 않을 것이요 오직 여호와가 네게 영원한 빛이 되며 네 하나님이 네 영광이 되리니"(사 60:19; 참조. 계 21:23; 22:5). 분명히 여호와는 해와 달의 광채를 자기 종들로부터 취해 가지 않으신다. 그는 오직 그 자신만이 그들 가운데 영광스럽게 드러나기를 원하시기 때문에 그들이 자기들의 주견(主見)으로 가장 뛰어나다고 여겨지는 것들조차도 전혀 확신하지 못하게 하신다.

11. 오직 하나님의 은혜에만 의지하는 참된 겸손

우리 철학의 근본은 겸손이라고 한 크리소스토무스의 말은[147] 나를 항상 즐겁게 했다. 그러나 아우구스티누스의 말은 더욱더 그러했다. "어느 수사학자는 웅변의 규범들 가운데 첫 번째가 무엇이냐고 질문을 받았을 때 '화술'이라고 대답했다. 그리고 두 번째도 '화술', 세 번째도 '화술'이라고 대답했다.[148] 만약 당신이 기독교의 규범들에 관해서 묻는다면 나는 항상 첫째도, 둘째도, 셋째도 '겸손'이라고 대답하기를 좋아했을 것이다."

그러나 다른 곳에서 아우구스티누스는 사람이 교만과 자만을 삼가기는 하되 여전히 자기에게 어떤 능력이 있다고 느끼고 있다면 그것을 겸손이라고 할 수 없다고 여기는 반면, 겸손 외에는 어떤 피난처로도 도망칠 수 없음을 진심으로 느끼고 있는 것을 겸손으로 여긴다고 선언한다. 그는 또 말한다. "어떤 사람도 자기 자신을 부풀리지 말게 하자. 사람은 자기가 그 자신에 관하여 사탄이다. 그에게 복된 것은 오직 하나님으로부터 온다. 당신이 스스로 가진 것은 죄 외에 아무것도 없지 않은가? 네 자신의 죄로부터 네 자신을 멀리하라. 그리해야 하나님의 의가 존재한다." 또한 "왜 우리는 인간 본성의 가능성에 대해서 그렇게 많이 예단하는가? 그것은 상처 입고, 얻어맞고, 혼돈되고, 파멸되었다. 우리가 필요로 하는 것은 참 고백이지 거짓 변호가 아니다." 또한 "누구든지 자기 안에는 아무것도 없다는 사실과 자기 힘으로는 아무 도움도 얻을 수 없다는 사실을 깨달을 때 자기 안에 있는 무기들은 부서지고 전쟁은 끝이 난다. 당신이 자기 안에서 약해질수록 여호와는 더욱더 당신을 받아들이실 것이다." 시편 70편 해석에서 그는 우리가 우리 자신의 의를 기억하는 것을 금하여 하나님의 의를 알도록 한다. 그리고 하나님은 우리에게 은혜를 베푸셔서 우리가 아무것도 아님을 알게 하신다는 사실을 보여 준다. 우리 스스로는 죄 외에 아무것도 아니

---

[147] Chrysostom, *De profectu evangelii* 2 (MPG 51. 312). Quot. Battles tr., n. 49.
[148] Augustine, *Letters* cxiii. 3. 22 (MPL 33. 442; tr. FC 18. 282). 다음 출처에서 보듯이, 이 수사학자는 데모스테네스(Demosthenes, 384-322 B.C.)를 칭한다. Quintilian, *Institutio oratoria* XI. iii. 6 (LCL Quintilian IV. 244f.). 칼빈은 프랑스어 판에서는 이 이름을 언급한다. Quot. Battles tr., n. 50.

므로 오직 하나님의 은혜로만 우리는 설 수 있다는 것이다.149)

이 점에 있어서 우리는 우리 자신의 권리를 내세워 하나님께 돌려진 것은 마치 우리가 소유한 복리로부터 떨어져 나간 것이라도 되듯이 하나님께 맞서 다투어서는 안 된다. 우리의 겸손이 그의 높음이 되듯이, 겸손에 대한 우리의 고백은 준비된 그의 자비를 준비된 처방으로 삼는다. 여기서 나는 납득이 되지 않는 사람에게 자발적인 양보를 요구하거나 어떤 재능들을 지닌 사람에게 마음속으로 그것들을 외면하는 가운데 참된 겸손에 굴복해야 할 것을 요구하는 것이 아니라, 눈이 멀어 자기 자신을 마땅한 수준보다 더 높게 여기는 사람에게 자기애와 야망이라는 병을(φιλαυτίας καὶ φιλονεικίας morbo) 버리고 성경의 진실한 거울에서 자기 자신을 바르게 인식할 것을 요구한다(참조. 갈 6:3; 약 1:22-25).

12. 남아 있으나 부패한, 영혼의 본성적 기능: 이성과 의지와 오성

사람에게 있어서 자연적인 은사들은 죄를 통하여 부패되었으나 초자연적인 은사들은 제거되었다는,150) 아우구스티누스로부터 취한 저 일반적인 견해에 대해서 진정 나는 만족한다. 왜냐하면 후반부의 구절을 통해서 이해되는바, 의뿐만 아니라 믿음의 빛이 천상의 삶과 영원한 복을 얻기에 충분하기 때문이다. 그러므로 하나님의 나라로부터 배척된 자들은 그렇게 됨과 동시에 영원한 구원의 소망을 위하여 마련된 영적인 은사들을 박탈당하게 되고, 그 결과, 하나님의 나라로부터 추방당하게 된다. 그리하여서 영혼의 복된 삶과 관계되는 것들 모두가 중생의 은혜를 통하여 회복할 때까지 그들 안에서 소멸된다. 그것들 중에는 믿음, 하나님의 사랑, 이웃을 향한 사랑, 거룩함과 의에 대한 열

---

149) Augustine, *John's Gospel* xlix. 8 (MPL 35. 1750; tr. NPNF VII. 273); *On Nature and Grace* liii. 62 (MPL 44. 277; tr. NPNF V. 142); *Psalms*, Ps. 45. 13 (MPL 36. 523); *Psalms*, Ps. 70. 1, 2 (MPL 36. 876; tr. NPNF [Ps 46 and 71] VIII. 160. 315). Quot. Battles tr., n. 51.

150) Cf. *Institutio*, 2.2.4.

심이 있다. 이 모든 것을 우리 안에 회복시켜 주시는 분은 그리스도이시다. 그러므로 우리는 그것들이 외부로부터 주어지고 우리의 본성을 넘어선 것들로서 이전에는 우리에게서 제거된 상태로 있었다고 추론한다.

우리는 또한 정신의 건전함과 마음의 올바름이 동시에 사라졌다고 여긴다. 이것이 자연적 은사들의 부패151)이다. 왜냐하면 지성과 판단에 속한 그 어떤 잔재가 의지와 함께 남아 있다고 할지라도 우리는 약할 뿐만 아니라 깊은 어둠에 매몰된 정신을 순전하고 건전하다고 말하지 않을 것이기 때문이다. 그리고 의지의 사악함에 대한 지적은 넘치고 남을 정도이다.

사람이 선과 악을 식별하여 이해하고 판단하게 하는 이성은 자연적 은사에 속하기 때문에 완전히 지워낼 수는 없지만, 부분적으로 약화되고 부분적으로 부패하여 그 흉한 폐허만 드러낸다. 이런 뜻에서 요한은 "빛이 어둠에 비치되 어둠이 깨닫지 못하더라"(요 1:5)라고 전한다.

이 말씀에는 두 가지 사실이 분명히 표현되어 있다.

첫째, 사람의 타락하고 변질된 본성 가운데는 섬광들이 여전히 번쩍이고 있다.152) 그것들은 그가 지성을 부여받았기에 야수들과는 구별되는 이성적인 동물임을 보여 준다.

둘째, 그럼에도 불구하고 이 빛은 아주 짙은 밀도의 무지에 질식되어 효과적으로 드러날 수 없다.153)

마찬가지로 의지도 사람의 본성과 분리할 수 없으므로 파멸되지는 않았으나 사악한 욕심의 사슬에 묶여 어떤 올바른 것도 추구할 수 없게 되었다.

이것이 실로 완전한 정의이다. 그러나 여기에는 더 많은 설명이 따라야 한다. 처음에 우리가 사람의 영혼을 오성과 의지 두 부분으로 구별하였으므로154) 그 순서대로 오성의 힘을 먼저 자세히 살펴보도록 하자.

사람의 오성은 영원히 눈이 멀어 어떤 종류에 속한 사안에 대해서도 그 지성

---

151) "naturalium donorum corruptio."
152) "in perversa et degenere hominis natura micare adhuc scintillas."
153) *Institutio*, 1.4.4; 1.5.14; 1.15.3; 1.16.9.
154) *Institutio*, 1.15.7-8.

이 작용하는 부분이 남아 있지 않다고 정죄하는 것은, 하나님의 말씀을 거스르는 것일 뿐만 아니라 상식의 경험과도 충돌한다. 우리는 사람의 천성에 진리를 탐구하려는 욕구가 심겨져 있으며 사람이 먼저 그 어떤 진리의 향기를 음미하지 않고는 결코 그것을 갈망할 수 없다는 것을 알고 있다. 과연 사람의 오성은 진리에 대한 사랑에 본성적으로 사로잡혀 있기 때문에 그것을 분별하는 어떤 통찰력을 지니고 있다.[155] 야생동물에게 오성이 결여되어 있다는 것은 그들의 지각이 거칠고 비이성적임을 증명한다.

그러나 진리에 대한 이런 동경은 그 자체만으로는 곧 허무에 빠지기 때문에 경주를 시작하기도 전에 시들고 만다. 참으로 사람의 마음은 우둔하기 때문에 올바른 길을 찾는 일을 지속할 수 없고 여러 가지 오류 속에 방황하며 마치 어둠 속을 더듬듯이 연이어 부딪혀 넘어지고 끝내 헤매다가 사라지고 만다. 이렇듯 사람의 마음은 진리를 찾는 가운데서, 진리를 찾고 발견하려는 것 자체가 얼마나 어리석은지를 폭로한다.

오성은 또 다른 종류의 허무에 짓눌려 힘든 수고를 하는바, 마땅히 애써 알아야 할 것들이 무엇인지 분별하지 못하는 경우가 허다하니, 터무니없는 호기심에 사로잡혀 공허하고 쓸데없는 사안들을 탐색하느라 고통을 겪는 데 반해, 정작 최고의 인식이 필요한 사안들에 대해서는 주의를 기울이지 않거나 경멸적으로 잠시 눈길을 돌릴 뿐이며 진지한 열의를 거의 쏟지 않는다.

이러한 타락상에 대해서 세속 저술가들은 여러 곳에서 불평을 발하나 정작 그들 대부분은 이에 연루되어 있음을 발견할 수 있다. 그리하여 솔로몬은 전도서 전체를 통하여 사람들이 자기들을 지혜롭게 하는 데 효과적이라고 여기는 것들에 대한 공부에 매진하였음에도 불구하고 그것들은 어리석고 하찮다고 공표했다(전 1:2, 14; 2:11 등).

---

[155] "Est ergo iam haec nonnulla humani intellectus perspicientia, quod veritatis amore naturaliter rapitur."

13. 지상의 사안들과 천상의 사안들에 대한 오성의 기능

그렇지만 오성의 노력은 항상 아무 결과도 없이 공허하게 끝나는 것만은 아니다.156) 특히 그 관심을 저 아래의 것들에 쏟을 때에는 더욱 그러하다. 오성은 아래의 것들에 비해서 위의 것들을 탐구하는 데 더욱 무관심한 것이 사실이지만, 그렇다고 해서 위의 것들의 아주 작은 맛도 볼 수 없을 정도로 어리석지는 않다. 다만 이 경우 아래의 것들에 대한 경우와 동일한 기능으로 작용하지는 않는다. 왜냐하면 오성은 현세적 삶의 공간 너머의 것을 마음에 품게 될 때에 결국 그 자체의 연약함을 명확히 확신하는 데 이르게 되기 때문이다. 그러므로 우리는 오성이 그 자체의 기능에 따라 수준별로 어떤 사안에 대해서 얼마큼 역할을 하는지를 더욱 잘 인식하기 위해서 그것의 작용을 구분할 필요가 있다. 그 하나는 지상의 사안들에 대한 지성이고, 다른 하나는 천상의 사안들에 대한 지성157)이다.

'지상의 사안들'이라고 칭하는 것들은 하나님과 그의 나라, 참된 의, 미래의 삶의 복과는 관련되지 않는다. 그것들은 현세 삶의 논리와 관계를 지니며 어떠한 방식으로 그 한계 안에 제한된다.

반면에 내가 '천상의 일들'이라고 부르는 것들은 하나님에 관한 순수한 지식, 참된 의의 논리, 천국의 비밀들이다. 첫째 부류는 정치, 경제, 모든 기계 공작술, 문예를 포함한다. 둘째 부류에는 하나님과 그의 뜻을 아는 지식과 우리의 삶을 그 뜻에 맞게 형성하는 규범이 속한다.

첫째 부류에 대해서 다음 사실이 공언되어야 한다. 사람은 본성상 사회적 동물158)이므로 자연적 본능에 따라 사회를 육성하고 보존하고자 하는 경향이 있

---

156) 이하의 논의에서 예술은 언급하지 않지만 이미 *Institutio*, 1.11.12에서 다루었다. 칼빈의 예술관에 대해서 다음을 보라. L. Wencelius, *L'Esthétique de Calvin* II. v, vi, and J. Bohatec, *Budé und Calvin*, pp. 467-471. Quot. Battles tr., n. 55.

157) "rerum terrenarum intelligentiam, aliam……coelestium."

158) "animal……natura sociale." Seneca, *On Clemency* I. iii. 2; *On Benefits* VIII. i. 7 (LCL Seneca, *Moral Essays* I. 364f.; III. 458f.); Lactantius, *Divine Institutes* VI. x, xvii (CSEL 19. 515, 545; MPL 6. 668, 696; tr. ANF VII. 173, 182). 칼빈은 일찍이 창 2:18을 해석하면서 이에 대해서 언급한다. *Comm*., Seneca *On Clemency* I. iii (CO 5.40). Quot. Battles tr., n. 56.

다. 그 결과 우리가 보듯이, 모든 사람의 영혼에는 시민의 영예와 질서에 대한 보편적인 사고가 내재되어 있다. 따라서 모든 종류의 사람의 모임이 법에 의해서 억제되어야 한다는 사실을 이해하지 못하거나 그 법의 원리를 마음속에 받아들이지 못할 사람은 어디에도 발견되지 않는다. 이로부터 모든 나라와 개별 인생들은 법과 관련하여 영구적인 동의에 이르게 된다. 왜냐하면 그 법의 씨앗들은[159] 선생이나 입법자 없이도 모든 사람 안에 보편적으로 접붙여져 있기 때문이다.

나는 그러한 본성을 거슬러 곧 발생하는 불화와 분쟁들에 대해서 짧게 다루겠다. 어떤 사람들은 도둑들과 강도들처럼 모든 법령과 법규를 전복시키고 법의 울타리를 무너뜨리며 자기의 육욕만을 법령 대신에 횡행하게 하려고 갈망한다. 어떤 사람들은 다른 사람들이 공평하다고 인준한 것을 부당하다고 생각하고 다른 사람들이 금한 것을 칭찬할 만하다고 주장하는데, 이는 훨씬 더 보편적인 악이다.

이러한 사람들은 법이 선하고 거룩하다는 것을 모르기 때문에 미워하는 것이 아니라 불타는 욕심에 달아올라 이성이 분명하게 가르치는 바와 다투는 것이다. 그들은 자기들 마음의 지성으로 인정한 것들을 자기들의 육욕으로 말미암아 혐오한다. 후자의 부류에 속한 분쟁들이 공평에 대한 원래의 개념을 무화시키지는 않는다. 왜냐하면 사람들은 법의 개별적인 주제들에 대해서는 서로 간에 논쟁을 하는 가운데서도 공평에 관한 어떤 개요에 대해서는 동의하기 때문이다. 이런 측면에서 사람의 마음의 무력함이 확실히 증명된다. 그것은 길을 따르는 것처럼 보이는 가운데서도 절뚝거리며 비틀거린다.

그러나 정치 질서에 관한 어떤 씨앗이[160] 모든 사람 안에 뿌려져 존재한다는 사실은 변함이 없다. 이것은 이성의 빛이 없이 현세의 삶을 영위하는 사람은 아무도 없다는 데 대한 중요한 증거가 된다.

---

159) "ipsarum[legum] semina."

160) "semen aliquod ordinis politici."

14. 예술: 모든 사람에게 은혜로 주어지는 보편적 선

그 다음으로 문예와 공예 두 가지에 대한 논의가 뒤따른다. 우리 모두는 어떤 재능을 가지고 있어서 사람의 능란한 힘이 이것들을 배우는 데 나타난다. 비록 모든 사람이 모든 것을 배우는 데 적합한 것은 아니지만, 누구에서든지 어느 예술에 대한 특정한 통찰력이 발견된다. 어떤 종류의 힘이 통상적으로 충분히 존재한다는 사실은 이에 대한 명확한 지표가 된다. 각 사람에게는 힘과 적성이[161] 있어서 예술의 영역에서 어느 한 가지를 배울 뿐만 아니라 새로운 것을 고안해 내고 앞선 자에게서 배운 것을 더욱 연마하기도 하고 완성시킬 수도 있다.

이 사실에 자극받은 플라톤은 이런 이해력은 단지 회상에 다를 바 없다고[162] 잘못 가르쳤다.[163] 따라서 우리는 최고의 논리를 좇아서 그러한 이해력의 시작이 사람의 천성 안에서 비롯된다고 고백해야 한다.

위의 예들은 이성과 지성에 의한 보편적인 이해력이 본성적으로 사람들 속에 주어져 있다는 사실을 분명히 증언한다. 보편적인 선이 이렇듯 존재하므로 모든 사람은 그 보편적 선 안에서 하나님이 주시는 고유한 은혜를 스스로 인정해야 한다.[164] 본성을 지으신 하나님은 그 자신이 천치(天痴)들을 만들어 내심으로써 우리 안에 이 감사가 충만히 일어나게 하신다. 이들을 통하여 그 자신의 빛이 스며들지 않는다면 사람의 영혼이 누리게 될 뛰어난 소질들이 얼마나 하찮게 될 것인지를 보여 주신다. 왜냐하면 그 빛은 모든 사람에게 본성적인 것으로서, 하나님의 자애로우심으로 각 사람에게 전적으로 값없이 주어지는 선물이기 때문이다.[165]

---

[161] "energia et facilitas."
[162] "comprehensionem eiusmodi nihil esse quam recordationem."
[163] Plato, *Meno* 81f., 84 (*Dialogue of Plato*, tr. Jowett I. 361ff.). Quot. Battles tr., n. 57.
[164] "Haec ergo documenta aperte testantur universalem rationis et intelligentiae comprehensionem esse hominibus naturaliter inditam. Sic tamen universale est bonum, ut in eo pro se quisque peculiarem Dei gratiam agnoscere debeat."
[165] "sic naturale [lumen] inest omnibus, ut prorsus gratuitum sit erga singulos beneficentiae eius [Dei] munus."

그런데 예술의 발견이나 체계적인 전승 혹은 예술에 대한 내적이고 한층 더 월등한 지식은 소수의 사람들에게만 속하므로, 결코 보편적인 통찰력에 대한 견실한 증거는[166] 될 수 없다. 왜냐하면 보편적인 통찰력은 경건한 자들이나 불경건한 자들 모두에게 차별 없이 주어져 있기 때문에 본성적인 소질들 가운데 일부로 간주됨이 마땅하기 때문이다.

15. 타락 후에 하나님이 자기의 영으로 사람에게 주신 선물들

우리가 세속 저술가들 가운데서 이 사안들을 접하게 될 때마다 비록 그들 가운데 빛나는 경탄할 만한 진리의 빛이 파탄되고 사악하게 뒤틀려 순전함으로부터는 멀어졌음에도 사람의 마음은 하나님의 놀라운 선물들로 옷 입혀지고 장식되어 있다는 사실을 우리에게 가르치게 하자.[167] 우리는 하나님의 영을 진리의 유일한 원천으로 간주한다면 진리 자체를 거절하지 않을 것이다. 이뿐 아니라 하나님의 영을 모욕하기를 원치 않는다면 진리가 어디에서 나타나든지 멸시하지 않을 것이다. 왜냐하면 성령의 선물들을 과소평가하면 성령 자신을 비난하고 모욕하는 것이 되기 때문이다.[168]

그렇다면 우리는 무엇을 해야 하는가? 국가의 질서와 규율을 그 뛰어난 공평으로 수립해 놓았던 고대의 법률고문관들에게 진리가 비쳤다는 사실을 부인할 것인가? 자연에 대한 뛰어난 관찰과 예술적인 기술(記述)을 하는 철학자들을 눈이 멀었다고 말할 것인가? 변론술을 정립하고 조리 있는 화법을 우리에게 가르친 사람들에게 정신이 결핍되었다고 말할 것인가? 약을 만들어 냄으로써 우리의 유익을 위하여 노력을 다한 자들을 비정상적이라고 말할 것인가?

---

[166] "solidum argumentum communis perspicaciae."
[167] Cf. Augustine, *Against Julian* IV. xii. 60 (MPL 44. 767; tr. FC 35. 218). 다만 인간은 특별한 은혜가 없으면 이러한 진리의 빛을 왜곡해서 우상을 섬기거나 그 빛 자체를 꺼뜨리고 만다. Cf. *Institutio*, 1.3.1; 1.4.2-4; 1.5.3, 14.
[168] 여기서 일반은총이 하나님의 영의 선물임이 천명된다. 이는 성령의 일반은총적 역사를 일컫는다. Cf. *Institutio*, 1.13.14.

모든 수리 학문에 대해서 무엇이라 말할 것인가? 그것들을 정신착란자들의 넋두리라고 생각할 것인가? 그럴 수 없다. 우리는 실로 대단한 경탄에 빠지지 않고서는 이런 사안들에 대한 고대인들의 저술들을 읽을 수 없다. 우리는 그것들이 얼마나 뛰어난지를 인정하지 않을 수 없기 때문에 경탄하는 것이다. 부언하자면 우리가 무엇을 칭찬할 만하고 뛰어난 것이라고 여길 때, 그것이 하나님으로부터 온다고 인정하지 않을 것인가?(참조. 약 1:17) 이방 시인들도 저지르지 않는 이렇듯 몹쓸 배은망덕을 우리는 부끄럽게 여기도록 하자. 그들은 철학과 법과 모든 문예, 이 모두를 신들의 발명품이라고 고백했다.169)

성경이 "육에 속한 사람"(ψυχικούς, 고전 2:14)이라고 부르는 자들은 '지상의 사안들'에 대한 탐구에 있어서 날카롭고 분명하였다. 그들의 예를 통하여 여호와가 얼마나 많이 선한 것들을 인간의 본성에, 심지어 그것이 참된 선을 탈취당한 후에도, 남겨 두셨는지 우리가 배우도록 하자.170)

16. 순수하게 부여되었으나 인류의 타락으로 인하여 순수함을 그친 자연적 선물들

한편 그럼에도 우리는 하나님의 영이 부여하신 가장 뛰어난 선한 것들에 대해 잊지 말아야 한다. 그는 인류의 공동선을 위하여 원하시면 누구든지 그것들을 나누어 주신다. 성막을 짓기 위해 필요했던 브사렐과 오홀리압이 가진 지성과 지혜는 하나님의 영에 의해 그들에게 스며들어야 했다(출 31:2-11; 35:30-35). 사람의 삶에 있어서 일어나는 모든 사안들에 대한 가장 뛰어난 지식이 하나님의 영을 통하여 우리에게 전달된다고 일컫는 것은 결코 놀랍지 않다.171)

하나님으로부터 완전히 멀어진 불경건한 사람들이 하나님의 영과 무슨 관계

---

169) Cicero, *Tusculan Disputations* I. xxvi. 64 (LCL ed., pp. 74f.) (Cicero's reference is to Plato, *Timaeus* 47). Quot. Battles tr., n. 59.
170) Cf. *Institutio*, 2.3.2.
171) "non mirum est, si earum rerum, quae sunt in vita humana praestantissimae, cognitio per spiritum Dei communicari nobis dicatur."

가 있는지를 누가 묻든지 간에 그런 질문은 아무런 명분이 없다. 우리는 하나님의 영이 오직 신자들 가운데 거하신다는 말씀을(롬 8:9), 우리가 하나님의 성전으로서 거룩하게 구별되는(고전 3:16) 성화의 영을 언급하는 것으로 이해해야 한다.

그런데 하나님은 그 동일한 영의 능력으로 모든 것을 채우시고, 움직이시고, 생기발랄하게 하신다. 창조의 법칙에 의해서 각각의 피조물에 종류대로 부여하신 특성에 따라 그렇게 하신다.[172] 우리가 불경건한 자들의 일과 사역으로 자연과학, 변증법, 수학, 그리고 기타 학문들에 있어서 도움을 받게 되기를 하나님이 원하셨다면, 그것들을 사용하도록 하자. 하나님 자신의 뜻을 좇아 이러한 것들 가운데 부여된 선물을 우리가 무시한다면 우리 자신의 나태함에 대해 공정한 형벌을 치러야만 할 것이다.

그러나 이 세상의 초등 학문 아래서(참조. 골 2:8) 진리를 이해하는 큰 힘을 지닌 어떤 사람이 있다고 해서 그것만으로 그가 심히 복된 것은 아니라는 점을 상기시키기 위해, 그 이해력 전부와 그것으로부터 초래되는 지성은, 진리의 견고한 기초가 근저에 놓이지 않는다면, 하나님 앞에서는 덧없고 일시적인 것에 지나지 않는다는 사실이 즉시 첨가되어야 한다.

아우구스티누스는 값없는 선물들이 타락 이후 사람으로부터 떨어져 나간 것과 마찬가지로 남아 있는 이 자연적 선물들이 부패했다고 가장 참된 가르침을 준다. 우리가 말했던 『명제집』(*Libri quattuor sententiarum*)의 교사와[173] 스콜라주의자들은 이에 대해서 아우구스티누스에게 동의하지 않을 수 없었다. 아우구스티누스에 따르면, 이러한 선물들은 그것들이 하나님으로부터 나온 이상 스스로 더러워질 수 없었으나, 오염된 사람에게는 그것들이 더 이상 순수하지 않아 그것들로부터 그는 하나님을 찬양하는 데 이르지 못한다.

---

[172] "Neque tamen ideo minus replet, movet, vegetat omnia eiusdem spiritus virtute, idque secundum uniuscuiusque generis proprietatem, quam ei creationis lege attribuit." 이는 만물을 창조하셨을 뿐만 아니라 보존, 운행, 통치의 섭리를 행하시는 성령의 우주적 역사를 칭한다. Cf. *Institutio*, 1.13.14.

[173] Lombard, *Sentences* II. xxv. 8 (MPL 192. 707). Quot. Battles tr., n. 62.

17. 다양하게 남아 있는 하나님의 형상의 표지들

이상을 요약하면, 인류 전체의 본성에는 이성이 고유하게 존재한다. 야생동물이 지각을 지닌 점에서 무생물과 다르듯이, 이성은 우리와 야생동물을 구별짓는다. 태어나면서부터 천치나 바보들과 같이 흠결을 지닌 사람들이 있다고 해서 저 하나님의 일반은총이 퇴색되지는 않는다.[174] 오히려 우리는 이러한 모습을 통해서 우리 안에 남아 있는 것을 모두 하나님의 너그러움에 돌려야 함이 마땅하다. 만약 그가 우리를 아껴서 보존하지 않으셨다면 우리의 반역은 본성의 전적인 파멸을 초래하였을 것이다.

어떤 사람들은 예리함에 있어서 뛰어나고, 어떤 사람들은 판단에 있어서 우월하며, 어떤 사람들은 이것 혹은 저것을 배움에 있어서 더욱 명민한 마음을 지닌다. 하나님은 이러한 다양함 가운데 자기의 은혜를 우리에게 베푸심으로써 그 누구도 하나님의 순수한 후하심으로부터 흘러나온 것을 자기 자신의 것이라고 주장하지 못하도록 하신다. 그렇다면 왜 어떤 사람은 다른 사람보다 월등한가? 그것은 사람의 일반적 본성 가운데 하나님의 특별한 은혜가 돋보이게 하시려는 뜻이니, 그 은혜는 많은 사람을 제외함으로써, 아무에게도 얽매이지 않음을 선언하고 있지 않은가?

이뿐 아니라 하나님은 각 사람 속에 그들의 소명에 따라 고유한 충동이 일어나게 하신다. 사사기에는 이에 대한 많은 예들이 나타난다. 그곳에서 하나님이 자기 백성을 다스리라고 부르신 사람들에게 "여호와의 영"(삿 6:34)이 임하셨다고 전한다. 결론적으로 모든 놀라운 일에는 특별한 자극이 있다. 이런 까닭에

---

[174] "quod nascuntur moriones quidam, vel stupidi, defectus ille generalem Dei gratiam non obscurat." 칼빈의 일반은총론에 대해서 다음을 보라. Herman Bavinck, "Calvin and Common Grace," in *Calvin and the Reformation*, ed. William P. Armstrong (New York: Fleming H. Revell Co., 1909), 99-130; Herman Kuiper, *Calvin on Common Grace* (Grand Rapids: Smitter Book Co., 1928). 칼빈신학을 계승한 개혁신학자들의 입장에 대해서 다음을 보라. Abraham Kuyper, *De Gemeene Gratie*, 3 vols. (Pretoria: Hoveker and Wormser, 1902-1904); Herman Bavinck, *De Algemeene Genade* (Kampen: G. Ph. Zalsman, 1894); Cornelius Van Til, *Common Grace* (Philadelphia: Presbyterian and Reformed, 1947); William Masselink, *General Revelation and Common Grace* (Grand Rapids: Eerdmans, 1953).

"마음이 하나님께 감동된 유력한 자들"(삼상 10:26)이 사울을 따랐다. 그리고 사무엘은 사울이 등극하여 왕권을 가지게 될 것을 예언하면서 다음과 같이 말하였다. "네게는 여호와의 영이 크게 임하리니 너도 그들과 함께 예언을 하고 변하여 새사람이 되리라"(삼상 10:6). 이후에 다윗에 관하여 언급된 대로, 이것은 그의 통치 전 과정에 확대된다. "이 날 이후로 다윗이 여호와의 영에게 크게 감동되니라"(삼상 16:13).

또한 동일한 일이 다른 곳에서 특별한 충동들과 관련하여 전해지고 있다. 심지어 호메로스(Homeros)조차도 사람들이 천성적으로 뛰어난 일을 할 수 있는 것은 유피테르(Jupiter)가 그 능력을 각자에게 부여해 주었을 뿐만 아니라 "그가 그들을 날마다 이끌기 때문이라고"(οἶον ἐπ' ἦμαρ ἄγησι) 말한다.175) 그리고 확실히 경험에 의하면, 한때 특별히 재능이 뛰어나고 기술이 능란한 자들이 우둔해지기도 하듯이 사람의 마음은 하나님의 손과 뜻에 있어 매 순간 그의 다스림을 받는다는 사실을 알 수 있다. 그렇기 때문에 그가 총명한 자들의 지각을 빼앗으시고 그들을 길 없는 곳으로 방황하게 하신다고 한다(욥 12:20, 24; 시 107:4).

나아가 우리는 이 다양함 가운데서 남아 있는 하나님의 형상의 표지들을 보게 된다. 그것들은 전 인류를 다른 피조물들과 구별되게 한다.

18. 세 가지 영적 통찰에 있어서 우리 이성의 한계

이제 사람의 이성이 하나님의 나라와 저 영적 통찰에 관하여176) 무엇을 식별할 수 있는지를 설명해야 한다. 이 통찰은 하나님을 아는 것, 우리의 구원이 자리하고 있는, 우리를 위하여 베풀어 주신 하나님의 부성적(父性的) 호의를 아는 것, 하나님의 법의 규범에 따라 우리의 삶의 질서를 형성하는 방법을 아는 것,177) 주로 이 세 가지로 이루어진다.

---

175) Cf. *Serm.*, Is. 19:1 (SC 2,174).
176) "ad regnum Dei venitur et spiritualem illam perspicientiam."
177) "Deum nosse, paternum erga nos eius favorem, in quo salus nostra consistit, et formandae secun-

처음 두 가지에 있어서 특히 두 번째에 관하여 사람들 중에 가장 뛰어난 천재도 두더지보다 더 눈이 멀어 있다. 나는 어떤 철학자들을 통하여 군데군데 하나님에 관한 슬기롭고 현명한 말들을 읽을 수 있음을 부인하지 않는다. 그러나 그것들은 항상 어떤 천박한 상상의 티가 난다. 위에서 말했듯이,[178] 주님은 그들에게 자기 신성에 관한 작은 맛봄을 허락하셔서 그들이 무지를 불경건의 구실로 내세울 수 없게 하셨다. 그리고 때때로 그들에게 무엇인가를 말하게 하셔서 그 고백으로 스스로 정죄되게 하셨다. 그러나 그들은 자기들이 본 것들을 이와 같이 보았음에도 불구하고 그러한 직관으로는 결코 진리에 이르도록 지도받을 수도 없었고 더군다나 진리를 얻을 수도 없었다.

그들은 밤에 들판을 지나가는 나그네와 같아서 잠시 번개가 치면 멀리 그리고 넓게 보게 되지만 일순간 그 장면이 사라져 버리고 나면, 그 빛의 도움으로 길을 찾는 것은 차치하고, 단 한 발걸음도 내딛기 전에 다시금 밤의 어두움 속으로 빠져들고 만다. 덧붙여 말하자면, 그들의 책들에 우연히 진리의 물방울이 튀는 때가 있다고 하더라도 얼마나 많고 얼마나 괴기한 거짓말들이 그것들을 오염시키고 있는가? 요컨대 심지어 그들은 우리를 향하신 하나님의 선하심이 확실함을 인식하지도 못했다. 사람의 천품에 이러한 확신이 결여되면 무한한 혼동으로 채워지게 된다. 그러므로 사람의 이성은 참 하나님이 누구이신지 혹은 그가 우리에게 어떤 분이길 원하시는지를 이해하기 위하여 진리에 접근하거나, 그렇게 하려고 시도하거나, 심지어 그것을 지향하지도 않는다.

19. 하나님과 하나님께 속한 것에 관한 영적인 우매함

그러나 우리는 우리 자신의 통찰에 대한 거짓 견해에 도취되어 그것이 신적인 사안들에 대해 완전히 눈이 멀고 어리석다는 사실을 인정하는 것을 아주 못마

---

dum legis regulam vitae rationem." 이는 하나님의 존재, 속성, 법을 아는 지식에 상응한다.
[178] *Institutio*, 1.1.1, 3; 1.5.1, 14-15; 1.10.3; 1.15.1.

땅하게 여기도록 스스로를 현혹시킨다. 그러므로 나는 이성적인 것들보다 성경의 증언들을 가지고 이 사실을 확인하는 것이 더욱더 효과적일 것이라고 믿는다.

요한은 내가 앞서 인용한 구절에서[179] 이를 매우 아름답게 가르치고 있다. 그는 말한다. "태초부터 하나님 안에 생명이 있었으니 이 생명은 사람들의 빛이라 빛이 어둠에 비취되 어둠이 깨닫지 못하더라"(적용. 요 1:4-5). 사람의 영혼에는 하나님의 빛의 광채가 반사되어 그것의 어떤 작은 불꽃이나 불씨도 결코 잃게 되지 않음이 확실하다. 그러나 이러한 조명이 있음에도 불구하고 그 영혼은 하나님을 이해할 수 없다. 왜 그러한가? 왜냐하면 그 예리함은 하나님을 아는 지식에 관한 한 순전한 우매함에 불과하기 때문이다. 그리하여 성령이 사람들을 '어두움'이라고 부르실 때 그는 그들에게서 모든 영적 지성과 기능을 박탈하시는 것이다. 그렇기 때문에 그리스도를 영접한 신자들은 "혈통으로나 육정으로나 사람의 뜻으로 나지 아니하고……하나님께로부터 난 자들"(요 1:13)이라고 선포된다. 이는 육체는 하나님의 영에 의해 조명을 받지 않으면 하나님과 하나님께 속한 것을 받아들일 만큼 고상한 지혜를 수용할 수 없음을[180] 전한 것에 다름 아니다. 그리스도가 증언하셨듯이, 베드로에 의해 인식된 것은 아버지의 이 특별한 계시였다(마 16:17).

20. 성령의 특별한 조명이 없으면 본성의 빛으로 하나님을 알 수 없음

우리의 하늘 아버지가 중생의 영을 통하여 자기의 택함 받은 자들에게 부여하시는 모든 것이 우리의 본성에 결여되어 있다는 사실에(참조. 딜 3:5) 우리의 마음이 감화된다면, 우리는 이를 논쟁의 여지가 없는 사안으로서 어떤 주저함

---

[179] *Institutio*, 1.3.1; 1.17.2; 2.2.12.
[180] "non esse tam sublimis sapientiae capacem carnem, ut Deum, et quod Dei est, suscipiat, nisi Dei spiritu illuminetur."

도 없이 받아들일 것이다.181) 왜냐하면 믿는 백성은 선지자를 따라 다음과 같이 말하기 때문이다. "진실로 생명의 원천이 주께 있사오니 주의 빛 안에서 우리가 빛을 보리이다"(시 36:9). 사도의 증언도 동일하다. "성령으로 아니하고는 누구든지 예수를 주시라 할 수 없느니라"(고전 12:3). 세례 요한은 제자들이 놀라는 것을 보고 외친다. "만일 하늘에서 주신 바 아니면 사람이 아무것도 받을 수 없느니라"(요 3:27). 여기서 세례 요한에 의해 선물이라고 이해된 것은 자연의 일반적인 자질이 아니라 특별한 조명에182) 관계된다. 이는 그가 자기 제자들에게 그리스도를 천거한 말들 중에 어떤 것도 효력이 없었다고 원망하는 것을 보아 분명하다. 그는 다음과 같이 말하고 있는 것이다. "만약 주님이 자기의 영을 통하여 지성을 주시지 않았다면 나의 어떤 말도 신적인 사안들에 관해서 사람들의 마음을 적실 수 없다는 사실을 나는 안다."

또한 모세도 자기 백성의 망각을 비난하는 동시에 하나님 자신의 은총이 없다면 그들이 하나님의 비밀들을 알 수 없다고 지적한다. "곧 그 큰 시험과 이적과 큰 기사를 네 눈으로 보았느니라 그러나 깨닫는 마음과 보는 눈과 듣는 귀는 오늘 여호와께서 너희에게 주지 아니하셨느니라"(신 29:3-4). 그가 우리를 하나님의 일들을 심사숙고하는 데 있어서 '나무토막'이라고 불렀다면, 이보다 더한 표현이 무엇이 있겠는가? 이러한 이유로 여호와는 이스라엘 사람들에게 고유한 은혜를 베풀어 그를 아는 마음을 줄 것이라고 선지자를 통하여 약속하신다(렘 24:7). 의심할 바 없이 이는 사람의 마음은 하나님이 그 마음을 조명하실 때에만 영적으로 지혜롭게 된다는 것을 의미한다.

그리스도도 이 사실을 자기의 목소리로 분명하게 확정하시며 "나의 아버지께서 주시지 아니하시면 아무도 내게 올 수 없으니라"(적용. 요 6:44)라고 말씀하셨다. 그 이유는 무엇인가? 그 자신이 아버지의 살아 있는 형상으로서, 그 형상 안에 아버지의 영광의 모든 광채가 표현되어 있기 때문이 아닌가?(골 1:15; 히 1:3)

---

181) "Si persuasum nobis foret (quod extra controversiam esse debet) naturae nostrae deesse quidquid coelestis pater electis suis per spiritum regenerationis confert, hic nulla esset haesitandi materia." 이는 성령의 특별은총적 역사를 칭한다. Cf. *Institutio*, 1.13.14.

182) "de speciali illuminatione, non communi naturae dote."

하나님의 형상이 이렇듯 숨김없이 제시되는 동시에 우리에게는 그것을 식별할 눈이 없다고 인정하심으로써 그리스도는 하나님을 아는 우리의 능력이 어떠한지를 더할 나위 없이 뚜렷하게 보여 주셨다. 그 이유는 무엇인가? 그리스도는 아버지의 뜻을 사람들에게 현시(顯示)하시기 위하여 땅에 내려오시지 않으셨는가?(요 1:18) 그가 자기의 대사직(大使職)을 신실하게 수행하시지 않으셨는가? 실로 그러하다. 그러나 우리의 내적 선생이신 성령이 그 길을 우리 영혼에 여시지 않는다면, 그리스도의 선포는 아무런 효과도 없을 것이다.[183] 그러므로 아버지에 의해 듣고 가르침을 받은 사람들 외에는 아무도 그에게 오지 못한다. 그 가르치고 듣는 방식은 과연 무엇인가?

확실히 그 방식은 성령이 놀랍고 독특한 능력으로 듣는 귀와 이해하는 마음을 형성하시는 것이다. 그리스도는 이것이 새로운 것이 아님을 이사야의 예언을 인용함으로 보여 주신다. 그는 교회의 회복을 약속하시면서 구원에 이르도록 모일 자들이(사 54:7) 하나님의 제자들이 될 것이라고 가르치신다(요 6:45; 사 54:13). 여기에서 하나님이 자기의 택함을 받은 자들에게 고유한 것을 선포하신다고 할진대, 그가 말씀하시는 것은 불경건한 자들과 속된 자들에게도 공통된 그런 종류의 가르침이 아님이 분명하다.

그러므로 하나님의 나라에 들어가는 통로는 성령의 조명에 의해 마음이 새롭게 되지 않은 자들에게는 열리지 않는다. 바울은 그 무엇보다 분명히 이를 공언하면서 논쟁에 들어간다(고전 1:18-21). 그리고 모든 사람의 지혜가 어리석음과 헛됨 가운데 있음을 비난하고 그것을 완전히 비워낸 후(고전 1:22-2:13) 마지막으로 다음과 같은 결론에 이른다. "육에 속한 사람은 하나님의 성령의 일들을 받지 아니하나니 이는 그것들이 그에게는 어리석게 보임이요, 또 그는 그것들을 알 수도 없나니 그러한 일은 영적으로 분별되기 때문이라"(고전 2:14). 누가 '육에 속한 사람'인가? 그는 본성의 빛에 의지하는 자이다. 말하자면 하나님의 영적인 비밀들을 아무것도 이해할 수 없는 자이다. 왜 그러한가? 그가 게으름에 빠져 이를 무시하기 때문인가? 그렇지 않다. 그가 노력한다고 해도 아무

---

[183] "nihil efficitur eius[Christi] praedicatione, nisi interior magister spiritus viam ad animos patefaciat."

것도 할 수 없다. 왜냐하면 분명 그것들은 '영적으로 분별되기' 때문이다. 이것이 의미하는 것이 무엇인가? 이 비밀들은 깊이 숨겨져 사람의 통찰이 미치지 못하며 오직 성령의 계시로만 현시된다. 그러므로 하나님의 영이 조명되지 않으면 이 비밀들은 어리석은 것들이라고 여겨진다. 그러나 앞에서 사도는 눈과 귀와 마음의 수용력 너머로 "하나님이 자기를 사랑하는 자들을 위하여 예비하신"(고전 2:9) 것을 고양시켰고, 사람의 지혜는 마음이 하나님을 식별하는 것을 방해하는 너울과 같다고 증언했다. 그렇다면 우리는 무엇을 원하는가? 사도는 하나님이 이 세상의 지혜를 미련하게 하셨다고 공표했다(고전 1:20). 우리는 하나님과 하늘 나라의 비밀스러운 곳으로 관통해 들어갈 수 있는 예리함을 그 지혜에 돌릴 것인가? 그런 광증(狂症)이 우리에게서 멀어지게 하라!

21. 말씀을 우리 마음에 가르치시는 진리의 영의 비침이 없으면 우리의 눈은 그 자체로 멀어 있음

그리하여 바울은 여기에서 사람들이 빼앗긴 것들을 다른 곳에서는 기도하는 가운데 오직 하나님께만 돌렸다. 그는 말한다. "……하나님, 영광의 아버지께서 지혜와 계시의 영을 너희에게 주사"(엡 1:17). 지금 당신은 모든 지혜와 계시가 하나님의 선물이라는 말씀을 듣고 있다. 그 위에 다른 무엇을 더할 것인가? "너희 마음의 눈을 밝히사"(엡 1:18). 그들에게 새로운 계시가 필요하다면 그들 자신은 그것에 대해서 눈이 멀어 있다는 것이 확실하다. 그런 취지에서 다음 말씀이 따른다. "그의 부르심의 소망이 무엇이며……너희로 알게 하시기를 구하노라"(엡 1:18-19). 사도는 사람의 마음은 자기 자신의 소명을 담을 수 없다고 고백한다.

여기에서 펠라기우스주의자들이 허망한 지껄임을 하지 못하게 하자. 그들은 누구든지 원하는 자에게 하나님은 도움을 베푸셔서 이러한 어리석음이나 무지에서 벗어나게 하신다고 말하는바, 하나님은 사람의 오성을 자기의 가르침으로 지도하심으로 지도자가 없으면 이를 수 없었던 수준에 가닿게 하신다는 것이다.184) 그러나 다윗은 원하는 모든 지혜를 내포한 율법을 가졌음에도 불구하고 그것에 만족하지 않고 자기 눈을 열어 율법의 비밀들을 보게 해 달라고 간청했다(시 119:18). 이렇게 말하는 것의 확실한 의미는, 하나님의 말씀이 사람들에게 비칠 때 태양이 땅 위로 솟아오르지만 "빛들의 아버지"(약 1:17)가 그들에게 눈을 주시지 않거나 그것을 열어 주시지 않으면 그 말씀으로부터 많은 혜택을 누릴 수 없다는 사실에 있다. 왜냐하면 그의 영이 빛을 발하지 아니하면 모든 것은 어둠에 갇히기 때문이다. 이와 같은 방식으로 사도들은 최고의 선생으로부터 공정하고 넘치는 가르침을 받았다.

만약 그들이 이전에 자기들이 들었던 이 교리 자체에 대해서 자기들의 마음을 가르치신 진리의 영을 필요로 하지 않았다면(요 14:26) 그 선생은 그들에게 성령을 기다리라고 명령하지 않으셨을 것이다(행 1:4). 만약 우리가 하나님께 간구하는 바가 우리에게 존재하지 않는다는 사실과 하나님은 그것을 약속해 주심으로써 우리의 결핍을 증명하고 계시다는 사실을 우리가 고백한다면 이제 어떤 사람도 자기가 하나님의 은혜에 의해 조명되기 전까지는 그의 비밀들을 능히 이해할 수 없다는 것을 의심 없이 고백하지 않을 수 없을 것이다. 자기 자신에게 더 많은 지성이 있다고 하는 자는 자기 자신의 눈멂을 인식하지 못하기 때문에 더욱더 눈이 멀어 있다.185)

22. 모든 사람의 양심에 새겨진 자연법을 통하여 하나님의 규범을 아는 지식

이제 세 번째 부분으로, 우리의 삶을 올바르게 규율하는 규범을 아는 것이186)

---

184) Cf. *Institutio*, 2.1.5.

185) "Si quod petimus a Deo, deesse nobis confitemur, et ipse, in eo quod promittit, nostram arguit inopiam, nemo iam fateri dubitet, se tantum ad intelligenda Dei mysteria valere, quantum eius gratia fuerit illuminatus. Qui sibi plus intelligentiae tribuit, eo caecior est, quod caecitatem suam non agnoscit."

186) "de cognoscenda vitae probe instituendae regula."

남아 있다. 우리는 이것을 "행위의 의에 대한 지식"[187]이라고 부르는 것이 옳겠다.

때때로 사람의 마음은 앞에서 언급한 것들보다 이것에 대해서 더욱 예민한 것처럼 보인다. 이에 대해서 사도는 다음과 같이 증언한다. "율법 없는 이방인이……율법의 일을 행할 때에는……자기가 자기에게 율법이 되나니 이런 이들은 하나님의 심판 앞에서 그 양심이 증거가 되어 그 생각들이 서로 혹은 고발하며 혹은 변명하여 그 마음에 새긴 율법의 행위를 나타내느니라"(적용. 롬 2:14–15). 만약 이방인들이 본성상 그들의 마음에 새겨진 율법을 지니고 있다면 우리는 분명 그들이 삶의 질서에 있어 완전히 눈이 멀어 있다고 말할 수 없을 것이다.

사도가 여기서 말하고 있는 자연법에 의해 올바른 삶의 규범이 충분히 제정되었다는 것보다 더 평범한 사실은 어디에도 없다. 그러나 무슨 목적으로 법에 대한 이 지식이 우리 가운데 부여되었는지 우리가 돌아보도록 하자. 그렇게 하면 어느 정도까지 그 지식이 그들을 이끌어 이성과 진리의 목표에 이르게 하는지 즉시 드러날 것이다.

또한 만약 누군가 바울이 어떤 성향으로 이 말씀들을 전했는지 고찰하게 된다면 이 사실이 분명해질 것이다. 그는 바로 직전에 이렇게 말했다. "무릇 율법 없이 범죄한 자는 또한 율법 없이 망하고 무릇 율법이 있고 범죄한 자는 율법으로 말미암아 심판을 받으리라"(롬 2:12). 만약 이방인들이 선행(先行)하는 어떤 심판도 받지 않고 멸망한다면 불합리하게 보일 수도 있으므로, 바울은 즉시 그들에게는 양심이 율법을 대신하여 자리하고 있다고 덧붙였다. 이것이 그들에 대한 공정한 정죄가 필요한 충분한 이유가 된다.

그러므로 자연법의 목적은 사람들이 핑계하지 못하도록 하는 데 있다.[188] 자연법은 의와 불의를 충분히 식별하며 사람들에게서, 그들이 그들 자신의 증언에 의해 꾸짖음을 받는 한에 있어서, 무지의 핑계를 제거하는 양심의 인식이다.[189] 이러한 정의는 그릇되지 않다. 사람은 자기 자신을 향해서 너무도 너그

---

[187] "operum iustitiae notitiam."

[188] "Finis ergo legis naturalis est, ut reddatur homo inexcusabilis."

[189] "quod sit conscientiae agnitio, inter iustum et iniustum sufficienter discernentis, ad tollendum ho-

럽기 때문에 악을 행할 때마다 가능한 자기 마음을 돌이켜 죄의식으로부터 더더욱 멀리 멀어지려고 한다. 이런 이유에서 플라톤은 그의 작품 『프로타고라스』(*Protagoras*)에서 무지가 없다면 죄를 짓게 될 수 없다고 평가할 수밖에 없었을 것이다.[190]

만약 사람의 위선이 악들을 감추는 데 충분한 효과를 발휘할 만큼 대단하여 하나님 앞에서 마음이 악하다는 것을 의식하지 못할 정도가 된다면 플라톤의 말도 일리가 없지 않을 것이다. 죄인은 자기에게 새겨진 선악에 대한 판단을 피하려고 하며 그것으로부터 계속해서 뒷걸음질을 치려고 한다. 그러나 원하거나 원치 않거나 간에, 아무 강요가 없다손 치더라도, 때때로 그것에 대해서 눈이 열릴 수밖에 없다. 그렇기 때문에 사람이 오직 무지로 죄를 짓는다는 것은 거짓이다.

---

minibus ignorantiae praetextum, dum suo ipsorum testimonio redarguuntur." 여기에서 보듯이, 칼빈은 자연법(lex naturalis)의 신학적 작용을 '무지를 핑계치 못함'(inexcusabilitas)에 한정시킨다. 이는 일반계시를 부정하지 않고 중요하게 여기지만 자연 신학을 거부하는 칼빈의 입장과 맥락을 같이 한다. Cf. I. John Hesselink, *Calvin's Concept of the Law* (Allison Park, PA: Pickwick Publications, 1992), 56–60; Joseph Bohatec, *Calvin und das Recht* (Feudigen in Westphalen: H. Boehlaus, 1934), 2–3; Günter Gloede, *Theologia Naturalis bei Calvin* (Stuttgart: Verlag von W. Kohlhammer, 1935), 178–203; Dowey, *The Knowledge of God in Calvin's Theology*, 65–70; David Little, "Calvin and Prospects for a Christian Theory of Natural Law," in *Norm and Context in Christian Ethics*, ed. Gene H. Outka and Paul Ramsey (New York: Charles Scribner's Sons, 1968), 196; "Natural Law Revisited: James Luther Adams and Beyond," *Union Seminary Quarterly Review* 37/3 (1982), 218–219; William Klempa, "Calvin and Natural Law," in *Calvin Studies* IV, ed. John H. Leith and W. Stacey Johnson (Davidson, N.C.: Davidson College Presbyterian Church, 1988), 72–95; John T. McNeill, "Natural Law in the Teaching of the Reformers," *Journal of Religion* 26 (1946), 181–182; Susan Schreiner, "Calvin Use of Natural Law," in *A Preserving Grace: Protestants, Catholics, and Natural Law*, ed. Michael Cormartie (Grand Rapids: Eerdmans, 1997), 73; *The Theater of His Glory*, 17–18, 30–32; Paul Helm, "Calvin and Natural Law," *Scottish Bulletin of Evangelical Theology* 2 (1984), 9–11. 한편 다음 학자들은 자연법(natural law)과 자연의 질서(the order of nature)를 명확히 구별하고 자연의 질서는 유지되나 자연법은 인간의 타락으로 말미암아 파괴되었으므로 어떤 신학적 작용도 할 수 없다고 보고 칼빈의 입장도 이와 다를 바 없다고 주장한다. August Lang, "The Reformation and Natural law," in *Calvin and the Reformation*, ed. Armstrong, 68–72; Niesel, *The Theology of Calvin*, 42–43, 102–103; Torrance, *Calvin's Doctrine of Man*, 164; Arthur C. Cochrane, "Natural Law in Calvin," in *Church-State Relations in Ecumenical Perspective*, ed. Elwyn A. Smith (Louvain: Duquesne University Press, 1966), 184, 187.

[190] Plato, *Protagoras* 357 (LCL Plato IV. 240f.). Cf. *Comm.*, 1Pet. 1:14 (CO 55.221). Quot. Battles tr., n. 74 and Supplement.

23. 지식에 기초한 오성의 판단이 항상 선에 이르는 것은 아님

오성은 보편적 정의나 사물의 본질에 있어서는 거의 속는 경우가 없지만 그 너머로 나아가게 되면, 즉 전제적 가설을 세워 세부적으로 들어가게 되면 환상으로서 존재한다는 테미스티우스의 가르침은 더욱 참되다.[191] 일반적으로 묻는다면, 살인은 악하다고 주장하지 않는 사람은 아무도 없을 것이다. 그러나 원수의 죽음을 모의하는 자는 살인을 선한 것이라고 간주할 것이다. 간음하는 자는 일반적으로 간음을 비난할 것이지만 자기 자신의 간음에 대해서는 개인적으로 자랑할 것이다. 여기에 사람의 무지함이 있다. 사람은 전제적 가설에 봉착하게 되면 자기가 최근에 제정한 논제의 규범을 잊어버린다. 이 사안에 관하여 아우구스티누스는 시편 57편 1절에 대한 해설에서 가장 적확하게 논술하고 있다.

그렇다고 이러한 테미스티우스의 가르침이 결코 항구적인 것은 아니다. 사람은 때로 방탕의 수치가 양심을 재촉하여 더 이상 거짓된 선의 형상에 자신을 맡기지 않은 경우에도, 알면서 그리고 뜻하면서, 악으로 전락한다. 그러한 정서에서 다음과 같은 말이 터져 나온다. "나는 더 좋은 것들을 보고 인정한다. 그러나 나는 더 나쁜 것들을 따른다."[192] 내가 보기에 아리스토텔레스(Aristoteles)는 무절제(無節制)와 방종을[193] 가장 현명하게 구별하였다. "무절제가 지배할 때에 마음은 혼란한 정서나 혹은 정념(πάθος)에 의해 특별한 지식을 빼앗겨 버리기 때문에 다른 유사한 경우에서는 일반적으로 분별이 가능한 악을 자기 자신의 범죄의 경우에는 간과할 수가 없다. 그러나 그러한 혼란이 가라앉으면 회개가 곧바로 뒤따른다. 그러나 방종은 죄의식에 의해 소멸되거나 분쇄되지 않고 오히려 악을 택하여 취하는 일을 완고하게 계속한다."[194]

---

[191] Themistius, *In libros Aristotelis de anima paraphrasis* VI (ed. R. Heinze, p. 112). Quot. Battles tr., n. 75. 테미스티우스(Themistius, 317-390경)는 비기독교인으로서 피타고라스와 플라톤 사상을 섭렵하고 아리스토텔레스 사상에 정통했던 철학자이자 수사학자였으며 또한 정치인이었다.

[192] "video meliora, proboque; deteriora sequor." Ovid, *Metamorphoses* VII. 20 (LCL ed., *Metamorphoses* I. 342). Quot. Battles tr., n. 76.

[193] "incontinentiam et intemperantiam."

[194] Aristotle, *Nicomachean Ethics* VII. 1-3. 1145-1147 (LCL ed., pp. 373-377; tr. McKeon, *Basic Works of Aristotle*, pp. 1036-1042). Quot. Battles tr., n. 77.

24. 자연인의 이성은 율법과 관련하여 첫 번째 판에 대해서는 눈이 멀어 있고 두 번째 판에 대해서는 겉만 보고 있음

그런데 당신이 선악을 분별하는 보편적인 판단에 관한 말을 듣게 될 때 그것이 모든 면에서 건전하고 순수하다고 생각하지 말라. 사람들의 심장에 의와 불의를 선택을 할 수 있는 능력이 스며든 것은 오직 무지를 변명의 구실로 삼지 못하도록 하기 위함이었다고 본다면 이로써 개별적인 것들에 관한 진리가 식별되는 것은 결코 필연적인 결과가 아니다. 그러나 사람들이 자기의 책임을 회피하지 못할 정도로 이해력이 있고 양심이라는 증인에 의해 이미 가책을 받아 지금 하나님의 심판좌 앞에서 떨기 시작하고 있다면, 그것으로도 충분하고 남음이 있다.

만약 우리가 원하여 완전한 의의 모범인 하나님의 법에 우리의 이성을 달아 본다면 그것이 얼마나 많은 부분에 있어서 눈이 멀어 있는지 발견하게 될 것이다.195) 확실히 그것은 첫 번째 돌판의 주요한 점들과 결코 순응하지 않는다.196) 이른바 하나님에 대한 확신, 마땅히 그에게 돌려져야 할 능력과 의에 대한 찬양, 그의 이름을 부름, 참 안식일에 관한 것들이 그것들이다(출 20:3-17). 본성적인 지각에 의지하는 영혼이 이러한 것들과 또 이와 유사한 것들 가운데 하나님에 대한 합법적인 예배가 있다는 사실을 도대체 낌새라도 챈 적이 있는가?

불경스러운 사람들은 하나님을 예배하고자 원할 때에 그들 자신에게 속한 어리석고 시시한 것들을 버리라는 말을 무려 백 번을 듣는다고 하더라도 언제나 그것들로 다시 빠져들어 간다. 그들도 마음의 신실함이 수반되지 않는 제사는 하나님을 기쁘시게 할 수 없다는 것을 부인하지 않는다.197)

이로써 그들은 자기들이 모종의 하나님에 대한 영적 예배를 상상하고 있음

---

195) "si rationem nostram volumus ad Dei legem exigere, quae perfectae est iustitiae exemplar, comperiemus quam multis partibus caecutiat."
196) Cf. *Institutio*, 2.8.12.
197) Cf. Cicero, *De legibus* II. viii. 19, 24 (LCL ed., pp. 392f., 400f.). Quot. Battles tr., n. 79.

을 증언하지만 동시에 그것을 거짓 고안품들을 사용해서 부패시킨다. 왜냐하면 그들에게는 예배에 관하여 율법이 명령하는 것은 무엇이든지 참되다는 사실에 대한 감화가 전혀 없기 때문이다. 그럼에도 불구하고 그 자체로 지혜롭지도 않고 훈계들에 제대로 청종하지도 않는 마음이 이러한 통찰에는 뛰어나다는 말을 할 수 있겠는가?

사람들은 두 번째 판의 명령들에 대해서는(출 20:12-17) 다소간 더 많은 이해력을 지니고 있다. 왜냐하면 확실히 그 명령들은 사람들 가운데서 시민 사회를 보존하는 것과 더욱 밀접히 관련되어 있기 때문이다.

그렇지만 여기에서도 인내의 결핍이 발견된다. 가장 뛰어난 성향을 지닌 사람도, 만일 그것을 물리칠 여하한 방도라도 있다면, 불공평하고 독단적인 지배를 참는 것을 지극히 불합리하다고 여긴다. 사람의 이성이 내리는 판단에 따르면, 인내로 그것을 참는 것은 노예적이고 비열한 영혼에 속한 반면, 그것을 몰아내는 것은 영예롭고 고상한 가슴에 속한다. 철학자들도 손해에 대해서 보복하는 것을 악이라고 여기지 않는다. 그러나 주님은 이렇듯 지나치게 고귀한 기질을 비난하시며 사람들이 보기에 불명예스럽게 여겨지는 인내를 자기에게 속한 자들에게 명령하신다.

그러나 율법의 전체 규율에 대한 우리의 통찰은 미진하여 정욕에 대하여 합당한 비난을 가하지 않는다. 왜냐하면 자연인은 정욕이라는 자기 욕심의 병을 인정하기에 이르도록 이끌림을 받지 않기 때문이다.

본성의 빛은 심지어 그것이 이 심연의 첫 번째 출입문에 가닿기도 전에 질식되어 버린다.198) 그런데 철학자들은 과도한 영혼의 충동들을 '악'이라고 지칭하면서 그것을 외부적으로 두드러지게 드러난 가장 우둔한 표징이라고 이해한다. 그들은 마음을 지그시 간지럽히는 사악한 갈망에 대해서는 전혀 숙고하지 않는다.

---

198) "Ante suffocatur naturae lumen, quam ad primum huius abyssi ingressum accedat."

25. 성령의 조명으로 매 순간 마음의 문이 열리지 않으면 이성은 고유한 기능을 할 수 없음

위에서 우리는 플라톤이 모든 죄를 무지에 돌린 것을 적절하게 비판하였다.199) 마찬가지로 모든 죄에는 고의적인 죄성과 타락이 개재(介在)되어 있다고 전하는 자들의 견해도 비난받아야 한다. 왜냐하면 우리는 선한 의도가 있음에도 불구하고 자주 타락한다는 사실을 경험상 아주 잘 알고 있기 때문이다. 우리의 이성은 수많은 형태의 환상에 짓눌리고, 수많은 오류에 예속되며, 수많은 장애에 부딪히며, 수많은 난관에 사로잡혀 있다. 그리하여 확실한 방향을 아주 놓쳐 버렸다. 바울은 "우리가 무슨 일이든지 우리에게서 난 것같이 스스로 만족할 것이 아니니"(고후 3:5)라는 말씀 가운데 우리의 이성은 삶의 모든 부분에 있어서 여호와 앞에서 아무것도 아니라는 사실을 보여 준다. 여기에서 그는 의지나 정서에 대해서 말하는 것이 아니다. 그는 무슨 일을 올바로 행해야 하는 방법을 어떻게 우리 마음속에 떠올릴 수 있을 것인지 생각하는 능력조차 우리에게서 제거한다. 이렇듯 우리의 열심, 통찰, 지성, 관심 모두가 타락하여 우리는 여호와 앞에서 어떤 올바른 것도 생각할 수도 궁리할 수도 없는가? 말할 나위도 없이 우리가 가장 값지다고 생각하는 이성의 예리함을 탈취당하면서 고통스럽게 참고 있는 것은 그 어떤 일보다 가혹하게 보인다. 그러나 "지혜 있는 자들의 생각을 헛것으로 아시며"(적용. 고전 3:20; 참조. 시 94:11) "사람의 마음으로 생각하는 모든 계획이 항상 악할 뿐이라고"(적용. 창 6:5; 참조. 창 8:21) 선포하시는 성령은 이를 가장 공평하다고 여기신다. 우리의 천성이 마음에 품는 것, 선동하는 것, 가르치는 것, 시도하는 것이 무엇이든지 항상 악하다면, 누가 오직 거룩함과 의로움만이 받아들여질 수 있는 하나님을 기쁘시게 하는 것이 우리 마음속에 이르게끔 배울 수 있겠는가?

우리가 보듯이, 우리 마음의 이성은 비참하게도 그것이 어디를 향하든지 공허함에 얽매여 있다. 다윗은 이 연약함에 대해서 알고 있었기에 여호와의 계명

---

199) *Institutio*, 2.2.22.

들을 올바르게 배울 수 있는 깨달음을 달라고 간구했다(시 119:34). 새로운 깨달음을 얻기를 갈망하는 가운데 그는 자기의 천성이 결코 충분하지 않다는 사실을 표명한다. 한 시편 안에서 단 한 번이 아니라 거의 열 차례나 동일한 기도를 반복했다(시 119:12, 18, 19, 26, 33, 64, 68, 73, 124, 125, 135, 169). 이러한 반복을 통하여 그는 자기가 그렇게 간구할 수밖에 없도록 내모는 필연성이 얼마나 대단한지를 암시한다.

다윗이 자기 자신 하나를 위하여 간청한 것을 바울은 온 교회를 위하여 공통적으로 기도하곤 했다. "우리도……너희를 위하여 기도하기를 그치지 아니하고 구하노니 너희로 하여금 모든 신령한 지혜와 총명에 하나님의 뜻을 아는 것으로 채우게 하시고 주께 합당하게 행하여……"(골 1:9-10; 참조. 빌 1:9). 사도는 이 일을 하나님의 은총으로 삼을 때마다, 그것이 사람의 재능 밖에 있음을 증언하고 있다. 우리는 이 사실을 기억해야 한다.

아우구스티누스는 하나님께 속한 것들을 이해하는 데 이르지 못하는 이러한 이성의 결함을 인식함으로 태양의 빛이 눈에 필요한 것 못지않게 조명의 은혜가 마음에 필요하다고 생각한다. 이에 만족하지 않고 그는 이를 수정하여, 우리 자신이 눈을 열어 빛을 식별하지만 마음의 눈은 여호와가 열지 아니하시면 닫힌 채로 머물러 있다고 덧붙인다.[200]

성경도 우리의 마음이 단지 어느 한 날 조명을 받고 그 이후로는 스스로 볼 수 있다고 가르치지 않는다. 내가 계속적인 진보와 성장과 관련하여 위에서 바울로부터 인용한 말씀들은 이에 부합한다. 다윗은 다음 말씀에서 이를 슬기롭게 표현한다. "내가 전심으로 주를 찾았사오니 주의 계명에서 떠나지 말게 하소서"(시 119:10). 비록 그는 거듭났으며 참 경건에 있어 범상치 않은 진보를 이루었음에도 불구하고 자기가 부여받은 지식에 있어서 뒤처지지 않기 위해 매 순간 계속해서 이끄심이 필요함을 고백한다. 그리하여 그는 다른 곳에서 자기 자신의 죄과로 잃어버린 정직한 영이 새롭게 되게 해 달라고 간청한다(시 51:10).

---

[200] Augustine, *On the Merits and Remission of Sins* II. v. 5 (MPL 44. 153f.; tr. NPNF V. 45f.). Quot. Battles tr., n. 81.

왜냐하면 처음에 주셨다가 우리에게서 일시 빼앗으신 것을 다시 회복시키시는 것도 동일한 하나님이 하시는 일이기 때문이다.

26. 자연적 욕구와는 달리 의지의 자유에는 성령의 자극이 필요함

이제 우리는 결단의 자유를 특별히 좌우하는 의지[201]에 대해서 탐구해야 한다.[202] 우리가 보았듯이 선택은 오성의 영역보다 의지의 영역에 더 많이 속한다.[203]

먼저, 철학자들은 만물이 자연적 본능에 따라서 선을 추구한다고 가르치고 있으며 이는 공적인 동의를 받고 있다. 하지만 자연적 본능은 사람의 의지의 올바름과는 전혀 무관하다. 자유의지의 힘을 자연적 본능에서 나오는 이런 욕구에서 찾아서는 안 된다. 우리는 이를 명심해야 한다. 이런 종류의 욕구는 마음의 숙고보다 본질의 경향으로부터 기원한다. 스콜라주의자들도 이성이 서로 상충되는 것들을 헤아려 판단하는 한에 있어서만 자유의지의 활동이 있음을

---

201) "voluntas, in qua praecipue arbitrii libertas."
202) 여기에서부터 제5장 마지막까지의(*Institutio*, 2.2.26-2.5.19) 자유의지에 관한 논의는 피기우스(Albertus Pighius, 1490-1542)가 1542년에 출판한 *De libero hominis arbitrio et divina gratia libri X*, 1542의 전반부 I-VI를 비판한 칼빈의 *Defensio sanae et orthodoxae doctrinae de servitute et libertione arbitrii adversus calumnias Alerti Pighii Campensis*, 1543 (CO 6.233-404)와 그 체계와 순서 및, 타락한 인류의 오염된 의지, 자유 선택, 필연과 강제의 구별, 자유와 책임, 율법의 명령과 약속 등의 내용에 있어서 흡사하다. 본서의 번역과 자세한 주(註)가 다음에 실려 있다. *The Bondage and Liberation of the Will: A Defence of the Orthodox Doctrine of Human Choice against Pighius*, ed. Anthony N. S. Lane, tr. G. I. Davies (Grand Rapids: Baker, 1996). Cf. Anthony N. S. Lane, *John Calvin Student of the Church Fathers* (Grand Rapids: Baker, 1999), 179-189; L. F. Schulze, "Calvin's Reply to Pighius—A Micro and A Macro View," in *Calvinus Ecclesiae Genevensis Custos*, ed. Neuser, 75-78. 다음은 자유의지에 대한 칼빈의 입장을 전반적으로 논하고 있다. Anthony N. S. Lane, "Did Calvin Believe in Free Will?" *Vox Evangelica* 12 (1981), 72-90; John H. Leith, "The Doctrine of the Will in *the Institutes of the Christian Religion*," in *Reformatio Perennis. Essays on Calvin and the Reformation in Honor of Ford Lewis Battles*, ed. B. A. Gerrish (Pittsburgh: Pickwick Press, 1981), 49-66; Hoitenga, Jr., *John Calvin and the Will: A Critique and Corrective*, 45-91.
203) *Institutio*, 1.15.7-8; 2.2.4.

인정한다.204) 그들의 이해에 따르면, 욕구의 대상은 선택에 순응해야 하며, 선택의 길을 평탄하게 하기 위하여 신중한 숙고가 선행(先行)되어야 한다.

만약 사람 안에 있는 선에 대한 본성적인 갈망이 어떤지 살펴본다면 사람은 그 갈망을 짐승들과 공유하고 있음을 당신은 발견할 것이다. 왜냐하면 짐승들도 잘 살기를 갈망하고 그들의 지각을 자극하는 어떤 종류의 선이 나타나면 그것을 따르기 때문이다. 그러나 사람은 불멸하는 자기 본성의 탁월함에 걸맞은 참으로 선한 것을 이성으로 택하여 열심을 다해 추구하지도 않고, 그의 이성을 사용하여 계획을 잡지도 않고, 그것에 마음을 기울지도 않는다. 오히려 이성 없이, 계획 없이, 마치 짐승처럼 본성의 의도를 따른다. 그러므로 사람이 본성의 지각으로 선을 추구하게 되느냐 그렇지 않느냐의 여부는 결단의 자유에까지 미치는 문제가 아니다. 오히려 결단의 자유에는 다음과 같은 것이 요구되니, 즉 사람이 올바른 이성으로 선을 판별하고, 알게 된 것을 선택하며, 선택된 것을 추구하는 것이다.205)

어느 누구도 의구심을 갖고 집착하지 않도록 하기 위하여 우리는 두 가지 배리(背理)에 대하여 주의를 기울여야 한다. 먼저 여기서 '욕구'는 의지의 고유한 운동이 아니라 본성적 경향을 칭한다. 그리고 '선'은 능력이나 의에 속한 것이 아니라, 사람에게 확실히 일이 잘 된다고 여겨지는 것과 같은, 조건에 속한 것을 칭한다. 요컨대 사람은 선한 것을 따르려고 최선을 다하여 추구함에도 불구하고 여전히 그것을 따르지 않는다는 것이다. 왜냐하면 영원한 복을 즐거워하지 않는 사람은 아무도 없지만 성령의 자극이 없으면 그 누구도 그것을 갈망하지 않기 때문이다.206)

---

204) Aquinas, *Summa Theol*. I. lxxxiii. 3. Quot. Battles tr., n. 84.

205) "Nihil ergo hoc ad arbitrii libertatem, an homo sensu naturae ad bonum appetendum feratur; sed hoc requiritur, ut bonum recta ratione diiudicet, cognitum eligat, electum persequatur."

206) "Nam et appetitus hic non proprius voluntatis motus, sed naturalis inclinatio, et bonum, non virtutis aut iustitiae appellatur, sed conditionis: ut scilicet homo bene habeat. Denique ut maxime appetat homo assequi quod bonum est, non tamen sequitur. Sicuti nemo est cui non grata sit aeterna beatitudo, ad quam tamen nemo nisi spiritus impulsu aspirat." 이상의 논의는 다음과 같이 정리된다. '자연적 본능'(instinctus naturalis)과 '본성의 성향'(naturae inclinatio)을 좇아 '본성의 지각'(naturae sensus)에 따른 '욕구'(appetitus)대로 아무 '이성'(ratio)의 '숙고'(deliberatio) 없이 내리는 '결단의 자유'(arbitrii libertas)는 '성령의 자극'(spiritus impulsus)과 무관한 것으로서 '자유의지의 활동'(liberi arbitrii

사람에게 있는 잘 살아보겠다는 본성적인 갈망은 의지의 자유를 증명하는 데 아무 역할도 하지 못한다. 이는 금속과 돌에 그것들 본질 자체의 완전함을 지향하려는 경향이 있다고 해서 그것들 가운데 자유의지가 있다는 것을 증명하지 않는 것과 전혀 다를 바 없다. 그렇다면 의지는 그 모든 부분이 전적으로 사악하고 부패하게 되어서 악 외에는 아무것도 산출할 수 없는지, 아니면 여전히 손상되지 않은 어떤 특별한 것을 보유하고 있어서 그것으로부터 선한 갈망들이 태어나게 할 수 있는지, 이에 대해서는 다른 논의들이 필요하다.

27. 중생한 자가 자유의지로 선을 행함에 이르는 것은 오직 성령의 은혜로 말미암음

한편 우리가 효과적으로 원하게 되는 것을 하나님의 첫 번째 은혜에 돌리는 자들은, 사람의 영혼에는 선을 자발적으로 열망하는 재능이 있으나 사람이 너무나 약하여 견고한 정서를 발휘하지도 또 노력하도록 분발시키지도 못한다는 입장을 넌지시 밝히는 듯하다. 오리게네스와 다른 어떤 고대 저술가들로부터 취한 이 견해가 스콜라주의자들에 의해 일반적으로 수용되고 있음은 의심할 여지가 없다. 그들은 순수한 것들, 즉 그들이 '자연적'이라고 말하는 것들 가운데 있는 사람을 생각한다.[207] 사도도 다음 말씀에서 그렇게 기술한다. "내가 원하는 바 선은 행하지 아니하고 도리어 원하지 아니하는바 악을 행하는도다"(롬 7:19). "원함은 내게 있으나 선을 행하는 것은 없노라"(롬 7:18). 그러나 그들은 바울이 여기서 추구하는 논의 전체를 사악한 방식으로 뒤바꾸어 놓고 말았다. 왜냐하면 그는 육체와 성령 사이에 갈등하는 신자들이 부단히 의식하는, 갈라디아서에서 이를 더욱 간략하게 언급하고 있는(갈 5:17) 그리스도인의 씨름에 대해서

---

actio)이 아니다.

[207] Origen, *De princiliis* III. i. 20 (GCS 22. 234f.; MPG 11. 294ff.; tr. ANF IV. 324; Butterworth, *Origen On First Principles*, p. 157); Chrysostom, *Homilies on Hebrews*, hom. xii. 3 (MPG 63. 99; tr. LF 44. 155); Lombard, *Sentences* II. xxiv. 5 (MPL 192. 702); Duns Scotus, *In Sentenitas* I. xvii. 2. 12 and 3. 19 (*Opera omnia* X. 51b, 74a). Quot. Battles tr., n. 85.

다루고 있기 때문이다. 그런데 성령은 본성으로부터가 아니라 중생으로부터 우리 안에 존재한다.208)

여기서 사도는 중생한 사람들에 대해서 전하고 있음이 분명하다. 그는 어떤 선한 것도 자기 안에 거하지 않는다고 말하면서 자기의 육체에 관해서 그러하다고 덧붙이고 있기 때문이다(롬 7:18). 그리하여 악을 행하는 것이 자기 자신이 아니라 자기 속에 거하는 죄라고 선포한다(롬 7:20). "내 속 곧 내 육신에"(롬 7:18)라고 바꾸어 쓴 이유는 무엇인가? 그것은 마치 다음과 같은 방식으로 말하는 것 같다. "선한 것은 내 자신으로부터 내 안에 거하지 않는다. 내 육신에는 어떤 선한 것도 발견되지 않기 때문이다." 이로부터 "이를 행하는 자는 내가 아니요 내 속에 거하는 죄니라"(롬 7:20)라는 일종의 변명이 뒤따른다. 이런 변명은 자신의 영혼의 주요한 부분에 있어서 선을 지향하는 중생한 사람들 외에는 적용되지 않는다.

이제 결론으로 뒤따르는 다음 말씀이 이 모든 문제를 명료하게 선포한다. "내 속사람으로는 하나님의 법을 즐거워하되 내 지체 속에서 한 다른 법이 내 마음의 법과 싸워"(롬 7:22-23). 하나님의 영에 의해 중생은 했지만 아직도 육체에 속한 남은 잔재들로 둘러싸여 있는 사람이 아니라면 누가 그 자신 안에서 이런 분쟁을 겪겠는가?

그리하여 아우구스티누스는 한때 이 본문이 사람의 본성에 관계된다고 생각했다가 후에는 자기의 해석이 그릇되고 심히 일관성이 떨어진다고 여겨 수정하였다.209) 사람들은 은혜가 없어도 선에 대한 어떤 충동들을 비록 아주 미약하나마 가지고 있다는 입장을 우리가 받아들인다면, 우리는 무엇을 생각하는 것조차 적합하지 않다고 전하는(고후 3:5) 사도에 대해서 어떻게 대답할 것인가? 모세를 통해 사람의 마음이 계획하는 바가 모두 악하다고 선포하신(창 8:21) 여호와께 우리는 어떻게 대답할 것인가? 그들이 본문 하나에 대한 잘못된 해석으로 걸려 넘어졌다고 해서 우리는 그들의 의견에 머물러 지체할 이유가 없다.

---

208) "Porro spiritus non a natura est, sed a regeneratione."
209) Augustine, *Against Two Letters of th Pelagians* I. x. 22 (MPL 44. 561; tr. NPNF V. 384). Quot. Battles tr., n. 86.

오히려 그리스도의 다음 말씀이 가치가 있다. "죄를 범하는 자마다 죄의 종이라"(요 8:34). 우리는 모두 본성상 죄인이다. 따라서 죄의 멍에 아래에 얽매인다. 만약 사람 전체가 죄의 통치권 아래 종속된다면 확실히 그 주요한 좌소(座所)인 의지는 가장 둔중한 고리에 필히 압박되어 있을 것이다. 만약 어떤 의지가 성령의 은혜에 앞선다면 "너희 안에 행하시는 이는 하나님이시니"(빌 2:13)라는 바울의 말씀은 아무런 의미가 없게 될 것이다.

그러므로 많은 사람들이 210) 경솔하게 "준비"라고 211) 말하는 것들은 무엇이든지 멀리하라. 다윗이 여러 곳에서 그렇게 했듯이, 신자들은 때때로 그들의 마음이 잘 빚어져 하나님의 법에 순종하도록 해 달라고 간구하게 되는데, 이렇게 기도하는 이 갈망 역시 하나님으로부터 존재한다는 사실을 주목해야 한다. 우리는 이를 다윗이 전한 말씀 가운데 추론할 수 있다. 그는 "내 속에 정한 마음을 창조하시고"(시 51:10)라고 간구할 때, 분명 그 창조의 시작이 자기에게 있다고 교만을 떨지 않는다. 그렇기 때문에 아우구스티누스의 다음 말이 우리 가운데 더욱 힘이 있다. "하나님은 모든 것에 있어서 당신보다 앞서 행하신다. 이제 당신이 할 수 있을 때에 하나님의 진노보다 앞서 행하라. 어떻게? 당신이 소유한 이 모든 것들이 하나님 자신으로부터 왔다고, 당신이 지닌 모든 선한 것이 하나님 자신으로부터 왔다고, 당신이 소유하고 있는 악한 것은 무엇이든지 당신 자신으로부터라고 고백함으로써." 그리고 조금 후에 그는 말한다. "죄 외에 우리의 것은 아무것도 없다."212)

---

210) John Fisher, *Assertionis Lutherance confutatio* (1523), pp. 548f.; J. Cochlaeus, *De libero arbitrio hominis* II, fo. L 6b; A. de Castro, *Adversus omnes haereses* IX (1543 ed., fo. 125 D-F). Quot. Battles tr., n. 87.
211) "de praeparatione."
212) "nostrum nihil nisi peccatum." Augustine, *Sermons* clxxvi. 5-6 (MPL 38. 952f.). Quot. Battles tr., n. 88.

DE COGNITIONE DEI REDEMPTORIS IN CHRISTO,
QUAE PATRIBUS SUB LEGE PRIMUM,
DEINDE ET NOBIS IN EVANGELIO PATEFACTA EST

제3장

부패한 사람의 본성으로부터는 정죄할 것 외에는 아무것도 나오지 않음

Ex corrupta hominis natura
nihil nisi damnabile prodire

1-5. 필연적이지만 자원해서 죄를 짓는 노예 상태의 의지
6-14. 선택에 따른 자유의지의 회복과 견인의 특별하고 전적인 은혜

1. 타락한 본성상 육체의 헛됨

사람은 자기 영혼의 두 가지 재능들을 통해서[213] 자기 자신을 드러내고자 할 때, 성경이 사람을 지시하는 호칭들을 통해서 가장 잘 알려진다. 만약 "육으로 난 것은 육이요"(요 3:6)라는 그리스도의 말씀이 사람 전체를 묘사한 것이라면, 이는 즉시 증명되는바, 사람은 매우 비참한 동물이라는 판결을 받게 될 것이다. 왜냐하면 사도는 "육신의 생각은 사망이요······육신의 생각은 하나님과 원수가 되나니 이는 하나님의 법에 굴복하지 아니할 뿐 아니라 할 수도 없음이라"(롬 8:6-7)라고 증언했기 때문이다. 그렇다면 육체는 타락이 너무나 심하여 그 모든 정서에 있어서 하나님에 대하여 적개심을 품고, 하나님의 법의 의에 동의하지 않으며, 종국에는 사망의 기회 외에는 아무것도 낳을 수 없게 되는가? 이제 사람의 본성에는 육체 외에 아무것도 없다고 가정하고 당신이 할 수 있는 대로 그것으로부터 무엇이든 선한 것을 추출해 내도록 하라.

'육체'라는 말은 오직 영혼의 감각적인 부분에 속할 뿐 더 고상한 부분에는 속하지 않는다고[214] 변명하는 것은[215] 그리스도와 사도들의 말씀과 매우 크게

---

[213] Cf. *Institutio*, 1.15.7.

[214] "carnis vocabulum ad sensualem pertinet tantum, non ad superiorem animae partem."

[215] Cf. Fisher, *Assertions Lutheranae confutatio* (1523), pp. 560ff., 568f.; Erasmus, *De libero arbitrio*,

충돌한다. 주님의 논법은 다음과 같다. 사람은 거듭나야 한다(요 3:3). 왜냐하면 그는 육체이기 때문이다(요 3:6). 여기서 그는 몸을 따라서 거듭나는 것을 가르치지 않으셨다. 그러나 영혼의 어느 부분이 교정된다 해서 거듭난 것이 아니며 그 영혼 전체가 갱신될 때에만 거듭나는 것이다. 두 본문에 자리한 반립(反立)이 이를 확정한다. 이와 같이 영혼이 육체와 대조되기 때문에 중간 것은 아무것도 남아 있지 않다. 따라서 사람 안에 있는 무엇이든 영적이지 않은 것은 그 논리를 좇아 '육적'이라고 불린다. 그러나 우리는 중생을 통하지 않고는 영적인 그 무엇도 가질 수 없다. 그러므로 우리가 본성상 지니고 있는 것은 무엇이든 육체이다.

그러나 바울은 이 사안에 대해서 가능한 어떤 의심도 우리에게서 제거한다. 그는 자기가 말했던 "유혹의 욕심을 따라 썩어져 가는" "옛사람"에 대해 기술하면서 우리에게 "심령이 새롭게"(엡 4:22-23) 되어야 한다고 명령한다. 당신이 보듯이, 그는 불법과 사악한 욕심을 감각적인 부분에서뿐 아니라 마음 자체에도 위치시키고 그 가운데 그것의 갱신을 요구한다.

사실 그는 조금 전에 사람의 본성의 형상을 그려 그 어느 한 부분도 부패하고 사악하지 않은 곳이 없다는 사실을 보여 주었다. 게다가 그는 다음과 같이 기록한다. "모든 이방인이 그 마음의 허망한 것으로 행함같이 행하지 말라 그들의 총명이 어두워지고 그들 가운데 있는 무지함과 그들의 마음이 굳어짐으로 말미암아 하나님의 생명에서 떠나 있도다"(적용. 엡 4:17-18). 이 말씀이 주님이 아직 자기 자신의 지혜의 올바름과 의의 올바름 두 가지 모두에 이르도록 새롭게 하지 않은 모든 자에게 적용된다는 점에 추호의 의심도 없다.

이는 또한 곧 첨가된 비교를 통하여 더욱 분명해진다. 거기서 그는 신자들에게 그들이 "그리스도를 그같이 배우지 아니하였느니라"(엡 4:20)라고 충고한다. 이 말씀들을 통하여 과연 그리스도의 은혜가 우리를 저 눈멂과 그 결과로 초래되는 악들로부터 우리를 자유롭게 해 주는 유일한 처방이라는 사실을[216)]

---

ed. J. von Walter, pp. 61ff.; J. Cochlaeus, *De libero arbitrio* I, fo. E 2bff. Quot. Battles tr., n. 1.
216) "Christi gratiam unicum esse remedium, quo ab illa caecitate et malis inde consequentibus liberemur."

추론하게 된다.

이사야도 그리스도와 그의 나라에 관해 이와 같이 예언하였다. 그는 다음과 같이 약속하였다. "어둠이 땅을 덮을 것이며 캄캄함이 만민을 가리려니와"(사 60:2) "여호와가 자기 교회를 위하여 영원한 빛이 될 것이니"(적용. 사 60:19). 여기에서 그는 오직 교회 안에서만 하나님의 빛이 솟아날 것이며 확실히 교회 밖에는 어둠과 눈멂 외에는 아무것도 남지 않을 것이라고 증언한다.

나는 사람들의 헛됨에 대하여 시편과 선지서들을 비롯한 모든 곳의 말씀들을 낱낱이 헤아리지는 않을 것이다. 다윗의 기록은 뛰어나다. "만약 사람을 헛됨과 함께 저울에 달게 되면 그는 헛됨 자체보다 더 헛될 것이다"(적용. 시 62:9). 사람의 천성으로부터 나온 모든 사상이 어리석고, 하찮고, 비정상적이고, 사악하다고 조롱을 받을 때 그 천성은 둔중한 창에 일격을 당하게 된다.

2. 로마서 3장에서 전하는 인류의 타락상: 육체에는 부분적으로 생기가 남아 있으나 영혼에는 전적으로 선이 결여되어 있음

이에 못지않은 비난의 대상은 "만물보다 거짓되고 심히 부패한 것"(렘 17:9)이라고 일컫는 마음이다. 그러나 나는 간결한 것에 집중하고자 하기에 한 본문으로 만족할 것이다. 그 본문은 가장 맑은 거울과 같아서 그 안에서 우리는 우리 본성의 모든 형상을 깊이 헤아릴 수 있다.

사도는 인류의 교만을 물리치기 원하여 다음과 같이 증언한다. "의인은 없나니 하나도 없으며 깨닫는 자도 없고 하나님을 찾는 자도 없고 다 치우쳐 함께 무익하게 되었고 선을 행하는 자는 없나니 하나도 없도다. 그들의 목구멍은 열린 무덤이요 그 혀로는 속임을 일삼으며 그 입술에는 독사의 독이 있고 그 입에는 저주와 악독이 가득하고 그 발은 피 흘리는 데 빠른지라 파멸과 고생이 그 길에 있어……그들의 눈앞에 하나님을 두려워함이 없느니라"(롬 3:10-16, 18; 참조. 시 14:1-3; 53:1-3; 5:9; 10:7; 140:3; 사 59:7).

사도는 이러한 천둥 같은 말씀으로 어떤 특정한 사람이 아니라 아담의 후손 모두를 비난한다.217) 또한 그는 어느 한 시대나 다른 시대의 사악한 관습을 힐난하는 것이 아니라 인간 본성의 영구적인 오염을218) 정죄한다. 이렇듯 이 본문에서 그가 의도하는 것은 단지 사람들이 뉘우치지 않는다고 비판을 가하는 데 그치는 것이 아니라 그들 모두가 오직 하나님의 자비로만 구출될 수 있는, 피할 수 없는 재앙에 의해 억눌려 있음을 가르치는 데 있다. 우리 본성의 패망과 파멸에 입각하지 않고는 이를 증명할 수 없기 때문에 그는 이러한 증언들을 통하여 우리의 본성이 더할 나위 없이 타락하였음을 확실하게 밝힌다.219)

이제 다음을 재고하자. 사람들은 그릇된 습관의 악에 의해서뿐만 아니라 본성의 타락에 의해서도 여기에 기술된 바와 같은 모습을 지닌다. 이것 외에는 사도의 논의가 명분을 얻을 수가 없다. 주님의 자비가 없다면 사람에게 구원이 없다. 왜냐하면 그 자신이 버림을 받았으며 팽개침 당했기 때문이다(롬 3:23-24). 나는 사도의 증언들이 부적절하게 인용되지 않았음을 밝히고자 그 적합성을 증명하는 데 수고를 쏟지는 않을 것이다. 오히려 마치 그 말씀들이 선지자들로부터 취한 것이 아니라 바울에 의해 처음 주어진 것인 양 여기고 논의를 계속할 것이다.

먼저, 사도는 사람에게 의, 즉 순전함과 순수함이 없다 하였고, 그 다음 지성이 없다 하였다(롬 3:10-11). 참으로 하나님을 찾는 것이 첫 번째 단계의 지혜이므로220) 그로부터의 배교는 그에게 버림을 받은 모든 사람에게서 발견되는 지성의 결함을221) 증명한다.

또한 모든 사람이 비뚤어지고 썩어 버려 선을 행하는 자가 하나도 없다는 사실과(롬 3:12) 한번 악에 녹아든 자들이 각자 자기의 지체들을 더럽히는 방탕한 행위들을 한다는 사실을 덧붙인다(롬 3:13-16).

마지막으로, 그들에게 하나님에 대한 두려움이 결여되어 있음을 그는 증언한

---

217) Cf. *Institutio*, 2.1.6.
218) "perpetuam naturae corruptionem."
219) Cf. *Institutio*, 1.15.5-6.
220) "primus……sapientiae gradus."
221) "intelligentiae……defectum."

다(롬 3:18). 우리의 발걸음은 그의 규범을 좇아야 함에도 불구하고 말이다.[222]

이런 특성들이 인류에게 선천적으로 부여되었다고 할진대, 우리의 본성에서 어떤 선한 것을 찾는 것은 부질없는 일이다. 물론 나는 이 모든 방탕한 것들이 각 사람에게 다 나타난다고 인정하지 않는다. 그럼에도 불구하고 이 끔직한 히드라(hydra, 九頭蛇)가 각자의 가슴속에 숨어 있다는 사실을 부인할 수 없다. 왜냐하면 몸은 스스로 병인(病因)과 병원(病原)을[223] 키워갈 때 비록 고통이 아직 활개를 치지 않더라도 건강하다고 할 수 없는 것과 마찬가지로 영혼도 그토록 많은 악의 질환으로 불타게 되면 건전하다고 할 수 없기 때문이다. 그러나 몸과 영혼 사이에 이러한 일치가 있다고 해서 모든 점에서 꼭 들어맞는 것은 아니다. 왜냐하면 몸은 여하한 질병 가운데 있더라도 삶의 생기가 아직 남아 있는 반면, 이러한 치명적인 소용돌이에 빠진 영혼은 악들로 고생할 뿐만 아니라 전적으로 일체의 선을 결여하고 있기 때문이다.

3. 하나님이 모든 사람에게 베푸시는 은혜는 각자의 본성을 억제하는 데 그칠 뿐 그것을 내적으로 정결하게 하지는 않음

우리가 위에서 풀었던 것과 거의 같은 문제가 우리에게 새롭게 나타난다. 어느 세대에서나 본성의 지도에 의지해 전 생애 동안 덕성을 찾아 몸부림치는 자들이 존재해 왔다.[224] 비록 그들의 관습에서 많은 과오가 지적될 수 있지만 나는 그들을 비난하지 않는다. 왜냐하면 그들은 정직에 대한 자기들의 열의를 자기들의 본성에 어떤 순수함이 있었다는 사실에 대한 증례로 제시했기 때문이다. 이러한 덕성의 값이 하나님 앞에서 얼마나 되는지에 대한 문제는 행위의 공로를 논하면서 더욱 풍부하게 다룰 것이나, 여기서는 현재의 논의를 펼치는 데 필요한 한에 있어서 그것에 관해서 말해야 한다.

---

[222] Cf. *Institutio*, 2.1.8; 3.14.6.
[223] "morbi causam et materiam."
[224] Cf. *Institutio*, 2.2.12.

이러한 예들은 사람의 본성이 전체적으로 악하다고 생각하는 우리에 대해서 경고하는 것같이 보인다. 왜냐하면 어떤 사람들은 자기 본능을 좇아 놀라운 업적들을 월등하게 이룰 뿐만 아니라 일생 동안 가장 영예로운 삶을 영위해 가기 때문이다. 여기에서 우리는 저 본성의 오염 가운데서도 하나님의 은혜의 자리가 우리에게 없지 않다는 사실을 상기하게 된다. 그 은혜는 본성을 깨끗하게 하지는 않으나 내적으로 그것을 억제시켜 준다.225) 만약 주님이 고삐를 늦추셔서 각자의 영혼이 육욕에 빠져 분란을 일삼도록 허용하신다면 바울이 전체 본성을 정죄하게 하는 모든 악이 참으로 자기 자신에게 적용된다는 사실을 보여주지 않는 사람은 아무도 없을 것이다(시 14:3; 롬 3:12).

그러면 무엇인가? "그 발은 피 흘리는 데 빠르고"(롬 3:15), 그 손이 강도와 살인으로 더럽혀지며, "그들의 목구멍은 열린 무덤이요 그 혀로는 속임을 일삼으며 그 입술에는 독사의 독이 있고"(롬 3:13), 그 일은 쓸모없고, 사악하고, 썩고, 죽었으며, 그 마음에는 하나님이 없으며, 가장 깊은 곳이 타락하였으며, 그 눈은 술책을 살피고, 그 마음은 험담을 일삼는 데 부풀어 오른, 한마디로 모든 부분이 무한한 방탕을 일으키는 자들의 수에서 당신은 제외되는가?(롬 3:10-18) 모든 영혼은 그 무엇을 막론하고 사도가 담대히 선포하는 이 모든 역겨운 것에 예속된다고 할 것인바, 만약 주님이 사람의 육욕이 자기 성향대로 방황하도록 허용한다면 무슨 일이 일어날지 확실히 우리는 보게 될 것이다. 어떤 미친 짐승도 이같이 광포하게 날뛰지는 않을 것이며 아무리 빠르고 거친 강이라고 해도 이보다 더 흉흉한 물결을 일으키지는 않을 것이다.

주님은 자기에게 속한 택함 받은 자들에게는 이런 질병들을 고쳐 주신다. 그 방법에 대해서는 곧 설명할 것이다. 그러나 다른 사람들에게는, 그들이 날뛰지 않게끔 억제하는 것이 모든 것을 지키는 데 유익하다고 예견하셔서, 단지 굴레만 씌우신다. 그리하여 비록 그들 대부분은 자기들의 불순함을 숨길 수 없음에도 불구하고 일부는 부끄러움 때문에 또 일부는 율법에 대한 두려움 때문

---

225) "inter illam naturae corruptionem esse nonnullum gratiae Dei locum, non quae illam purget, sed intus cohibeat."

에 가책을 느껴 온갖 더러운 것들에 부지불식간 뛰어드는 일을 자제한다. 그리고 어떤 사람들은 정직한 삶의 방식을 유익하게 여겨서 어느 정도만 불순함을 갈망하고, 또 어떤 사람들은 비범하게 두각을 드러내는 가운데 자기들의 엄위를 내세워 다른 사람들이 의무를 다하도록 제지하기도 한다. 이와 같이 하나님은 자기의 섭리로 본성의 사악함에 재갈을 먹이셔서 그 본성이 행위로 분출되지 않도록 막으신다. 그러나 그것을 내적으로 깨끗하게 하지는 않으신다.[226]

4. 하나님의 특별한 은혜가 없으면 하나님의 심판좌 앞에서 본성의 덕성은 그 자체로 아무것도 아님

그럼에도 불구하고 여전히 해결되지 않은 난점이 있다. 이유는 우리가 카밀루스를 카틸리나와 동등하게 여기거나 혹은 카밀루스를 예로 삼아 우리의 본성이 완전히 선함을 결여하고 있지 않다고 여기거나 해야 하기 때문이다.[227]

진정 나는 카밀루스 안에 있는 여러 종류의 자질들이 하나님의 선물들이며 그것들 자체로 본다면 마땅히 칭찬을 받아야 한다고 인정한다. 그러나 과연 이것들이 본성적 결백을 옹호하는 증례들이 될 수 있는가? 다시금 사람의 마음으로 돌아가서 생각해 보자. 도덕적 순전함이 아주 월등한 자연인이 있다면 그에게는 덕성을 함양하고자 하는 본성의 재능이 없지 않을 것이다. 이러한 추론이 마땅하지 않겠는가?[228] 그러나 그가 사악하고 비뚤어져 마음속으로는 올바른 것을 전혀 따르지 않는다면 어떻게 될 것인가? 의심할 여지없이 카밀루스

---

[226] "Ita sua providentia Deus naturae perversitatem refraenat, ne in actum erumpat, sed non purgat intus." 여기서 보듯이, 일반은총은 죄를 사하여 깨끗하게 할 수는 없고 단지 죄를 금하도록 억제하는 작용을 할 뿐이다.

[227] Sallust, *The War with Catiline* iii. 5; LCL ed., pp. 8ff. 카틸리나(Lucius Sergius Catilina, 108–102 B.C.)는 명망이 높았으나 본성이 악하여 키케로의 공격과 비난을 받은 반면, 카밀루스(Marcus Furius Camillus, 446경–365 B.C.)는 명망은 얻지 못했으나 진정한 애국자로서 호라티우스(Horatius, 65–27 B.C.), 베르길리우스(Vergilius, 70–19 B.C.), 유베날리스(Juvenalis, 55–140)의 찬사를 받았다. Cf. Augustine, *City of God* II. xvii, xxiii; III. xvii (MPL 41. 61f., 96f.; tr. NPNF II. 32, 37, 54). Quot. Battles tr., n. 5.

[228] Augustine, *Against Julian* IV. iii. 16ff. (MPL 44. 774ff.; tr. FC 35. 179f.). Quot. Battles tr., n. 6.

도 한 자연인으로서 이러했을 것이다.

사람에게는 가장 고상한 외양을 보이는 순전함에 있어서조차 언제나 부패로 이끌려가는 모습이 발견된다. 그러므로 선을 추구하는 권능을 사람의 본성에 돌릴 수는 없는 노릇이 아닌가? 따라서 겉으로 덕성의 형상이 보인다고 해서 그 밑으로는 악이 자리를 잡고 있는 사람을 덕성이 있다고 칭찬하지 않는 것처럼, 사람의 의지가 스스로의 사악함을 벗지 못하고 있는 한 당신은 올바른 일을 추구하는 능력이 그 의지에 있다고 하지는 않을 것이다.

그러나 문제에 대한 가장 확실하고 용이한 해결책이 여기에 있다. 이러한 것들은 본성에 주어진 일반적인 선물들이 아니라 하나님의 특별한 은혜이다. 이는 어떤 사람들에게 다양하고 확실한 방식으로 베풀어진다. 그것이 없다면 그들은 여전히 사악한 채로 남아 있을 것이다. 이러한 이유로 우리는 일반 사람들이 하는 말로 이 사람은 선하게 태어났고 저 사람은 악하게 태어났다고 두려움 없이 말한다. 그럼에도 불구하고 우리는 두 부류의 사람들을 모두 사람의 타락이라는 보편적인 조건 아래에 주저 없이 포함시킨다. 지금 우리는 하나님이 어떤 사람에게는 부여하시고 다른 사람에게는 부여하지 않으시는 특별한 은혜를[229] 지칭하고 있다. 하나님은 사울을 세워 나라를 맡아 다스리게 하시려고 "새사람"(삼상 10:6)으로 만드셨다.

이런 까닭에 플라톤은, 호메로스의 서사시에 비추어, 왕들의 아들들은 태어날 때부터 어떤 고유한 표지를 드러낸다고 말한다.[230] 하나님은 인류의 유익을 위해서 통치권을 지니도록 지정된 사람들에게 영웅적인 성품을 주시는 때가 자주 있다. 이 훈련소에서 역사적으로 추앙받는 위대한 지도자들이 산출된다. 각각의 개인들도 이와 동일한 방식으로 헤아려져야 한다. 어떤 사람은 그가 아무리 뛰어나다고 하더라도 그 자신의 야심이 항상 그에게 밀고 들어온다면, 이 오점이 모든 덕성을 더럽힘으로써 하나님 앞에서 그의 모든 호의를 잃게 만든다. 그러므로 사악한 사람에게 있는 것은 무엇이든지 비록 칭찬할 만하게 보이

---

[229] "specialis gratiae in alterum Dominus contulerit, quo alterum non sit dignatus."
[230] Plato, *Cratylus* 393f. (LCL Plato VI. 38–45). Quot. Battles tr., n. 8.

더라도 아무것도 아닌 것으로 간주되어야 한다.

그뿐 아니라 하나님의 영광을 빛나게 하려는 열의가 없는 곳에는 으뜸가는 올바른 부분이 결여되어 있다.[231] 하나님의 영에 의해 거듭나지 않은 모든 사람에게는 이런 열의가 없다. "여호와를 경외하는 영이" 그리스도 위에 "강림하시리니"(사 11:2)라는 이사야서의 말씀은 결코 그릇되지 않다. 이로써 우리는 그리스도에게서 멀어진 사람은 누구나 "지혜의 근본"이신 "여호와를 경외함"(시 111:10)이 없다는 사실을 배우게 된다.

어리석은 외양으로 우리를 속이는 덕성은 그것이 무엇이든 간에 정치적인 광장에서와 일반인들의 명예와 관련해서는 칭찬을 받을 것이나 하늘 심판좌 앞에서는 의의 공로로 여겨지는 어떤 가치도 없다.

5. 타락한 인류는 필연적으로 그러나 강제 없이 자원적으로 죄를 범함

이와 같이 의지는 죄의 노예 상태로 예속되어 있으므로 선을 향하여 움직일 수 없을 뿐만 아니라 선에 몰두하는 것은 더더욱 가당치 않다. 이런 종류의 움직임은 하나님을 향한 회심의 시작이며 성경에서는 이를 전적으로 하나님의 은혜에 돌린다.[232] 그리하여 예레미야는 여호와께 "나를 이끌어 돌이키소서 그리하시면 내가 돌아오겠나이다"(렘 31:18)라고 기도했다. 그러므로 같은 장에서 선지자는 믿는 백성의 영적 구속에 대해서 기술하면서 그들이 "그들보다 강한 자의 손에서 속량"(렘 31:11)되었다고 말한다. 분명 여기에서 그는 죄인이 여호와께 버림을 받아 마귀의 멍에 아래에 사는 동안 묶여 있는 단단한 족쇄를 지

---

[231] Cf. *Westminster Shorter Catechism* (1647), Qu. 1 (Schaff, *The Creeds of Christendom*, 3.676): "Man's chief end is to glorify God, and to enjoy him forever"(사람의 으뜸가는 목적은 하나님을 영화롭게 하며 그를 영원히 즐거워하는 것이다).

[232] "Qua igitur peccati servitute vincta detineatur voluntas, ad bonum commovere se non potest, nedum applicare. Eiusmodi enim motus conversionis ad Deum principium est, quae Dei gratiae tota in scripturis tribuitur."

적하고 있다. 그렇다고 하더라도 죄를 짓고자 마음을 쓰고 그것을 서두르는 데 가장 치우쳐 있는 성향을 지닌 의지는 남아 있다. 이것은 사람이 이 필연성에 자기를 맡겼을 때 의지를 빼앗긴 것이 아니라 의지의 건전함을 박탈당했기 때문이다.[233]

그 의지는 우리 모두 속에 있는 것으로서 선을 원하면 진보가 있고 악을 원하면 퇴보가 있다는 베르나르두스의 가르침은 결코 어리석지 않다. 그러므로 단순히 원하는 것은 사람들에게 속한 것이고, 악을 행하고자 하는 것은 부패한 본성에 속한 것이며, 선을 행하고자 하는 것은 은혜에 속한 것이다.[234]

한편 자유를 박탈당한 의지는 필연적으로 악에 이끌리거나 악의 지도를 받는다고 내가 말하는 것이 어떤 사람들에게는 거친 언사로 여겨지는 모양이다. 그러나 오히려 그들이 이상하다. 왜냐하면 여기에서 내가 한 말은 무엇이든지 거룩한 사람들의 어법과 결코 어긋나지도 않고 무관하지도 않기 때문이다.

그러나 필연과 강제를 구별할 수 없는 자들에게는[235] 그것이 거치는 것이 될 것이다. 만약 내가 그들에게 하나님은 필히 선하지 않으신지, 마귀는 필히 악하지 않은지 물으면 그들은 이에 대해서 무엇이라고 대답할 것인가? 하나님의 선하심은 그의 신성과 연결되어 있어서 그 자신이 하나님이신 것에 못지않게 그는 필히 선하시다. 그러나 마귀는 타락으로 말미암아 선과의 교제로부터 소외되어 악한 것 외에는 아무것도 할 수 없다.

그러나 어떤 참람한 사람이 하나님은 자기의 선하심을 지키게끔 강제되시므로 그 선하심에 돌려야 할 찬미는 조금밖에 없다고 힐난한다면, 이에 대한 즉답은 다음과 같을 것이다. 그가 악을 행할 수 없으심은 강박적인 충동 때문이 아니라 그의 무한한 선하심 때문이 아닌가? 그러므로 만약 하나님이 선을 행

---

233) "siquidem non voluntate privatus est homo, quum in hanc necessitatem se addixit, sed voluntatis sanitate."

234) "simpliciter velle, hominis; male velle, corruptae naturae; bene velle, gratiae." Bernard, *Concerning Grace and Five Will* vi. 16 (MPL 182. 1040; tr. W. W. Williams, p. 32). Quot. Battles tr., n. 9.

235) Cf. De Castro, *Adversus omnes haereses* IX (1543, fo. 123D). 루터는 에라스무스를 반박하면서 "필연"(necessitas)은 변할 수 없음을 뜻하므로 "강제"(coactio)와 다르다고 주장한다. Luther, *De sevo arbitro* (Werke WA XVIII. 634; tr. H. Cole, *The Bondage of the Will*, p. 72). Quot. Battles tr., n. 10.

하셔야 한다는 사실이 선을 행하시는 그의 자유로운 의지를 방해하지 않는다면, 만약 악 외에는 아무것도 행할 수 없는 마귀가 자기 의지로 죄를 짓는다면, 과연 사람이 죄를 짓는 필연성에 속박되어 있다고 해서 누가 덜 자발적으로 죄를 짓는다고 말할 것인가?

아우구스티누스는 모든 곳에서 이 필연성에 대해서 서술한다. 심지어 코일레스티우스가 사악한 트집을 잡으며 그를 압박했을 때에도 주저 없이 다음과 같은 말로 이를 주장했다. "자유를 통하여 사람은 죄와 함께 존재하게 되었다. 그러나 그에 뒤따르는 형벌적 허물이 자유로부터 필연성을 만들었다."[236) 그는 언제든지 이 사안에 대해서 언급할 때마다 주저 없이 이러한 방식으로 죄에 대한 필연적인 노예 상태에 대해서 말하였다.

그러므로 이러한 구별을 파악함에 있어서 요체로 삼아야 할 점은 다음과 같다. 사람은 타락으로 말미암아 사악해졌을 때 마지못해서나 강제로가 아니라 스스로 원하여서, 폭력적인 강압에 의해서가 아니라 가장 자발적인 마음의 성향에 따라서, 외부의 강제에 의해서가 아니라 자신의 육욕의 충동으로 죄를 짓는다. 그럼에도 불구하고 본성의 패역함으로 인하여 악에로만 움직이게 되고 악만을 행하게 된다.[237) 이것이 사실이라면 사람은 확실히 죄를 지을 수밖에 없는 필연성에 종속되어 있음이 어떤 모호함도 없이 명확하다.

베르나르두스는 아우구스티누스를 좇아 다음과 같이 쓴다. "동물들 가운데 오직 사람만이 자유롭다. 그러나 죄가 개입하여 그 자신도 어떤 힘에 눌리게 되는데, 그것은 본성이 아니라 의지에 있어서 그러하다. 진정 이로 말미암아 타고난 자유가 박탈되는 것은 아니다. 왜냐하면 자원적인 것은 또한 자유로운 것이기 때문이다." 그리고 곧 이어서 말한다. "의지 자체가 죄에 의해서 더욱

---

236) "per libertatem factum est ut esset homo cum peccato; sed iam poenalis vitiositas subsequuta ex libertate fecit necessitatem." Augustine, *On Man's Perfection in Righteousness* iv. 9 (MPL 44, 295; tr. NPNF V. 161); *On Nature and Grace* lxvi. 79, quoting Ps. 25:17 (Vg. Ps. 24:17) (MPL 44, 286; tr. NPNF V. 149). Quot. Battles tr., n. 12.
237) "hominem, ut vitiatus est ex lapsu, volentem quidem peccare, non invitum nec coactum; affectione animi propensissima, non violenta coactione; propriae libidinis motu, non extraria coactione; qua tamen est naturae pravitate, non posse nisi ad malum moveri et agi."

나쁘게 변화되어 얼마나 사악하고 이상한 방식으로 필연성을 만들어 내는지 모른다. 그러므로 필연성이 자원적이라고 해서 의지를 핑계로 삼는 데 아무런 소용이 없으며, 의지가 유혹에 흔들린다고 해서 필연성을 마땅히 제거할 수 없다. 왜냐하면 이 필연성은 어느 모로 보나 자원적이기 때문이다." 또한 이후에 말한다. "우리는 다른 것이 아니라 일종의 자원적 노예 상태의 멍에에[238] 억눌려 있다. 그러므로 노예 상태에 있다는 점에서 우리는 비참하고, 의지를 가지고 있다는 점에서 우리는 변명할 수 없다. 왜냐하면 의지는 그것이 자유로웠을 때 죄의 노예가 되었기 때문이다." 그리고 다음과 같은 결론이 따른다.

"이렇듯 영혼은 어떤 이상하고 악한 방식으로, 어떤 자원적이고 사악하게 자유로운 필연성 아래에 노예이자 자유자로서 매여 있다. 영혼은 필연성 때문에 노예이고 의지 때문에 자유자이다.[239] 더욱 기이하면서도 더욱 비참하게도, 영혼은 자유롭기 때문에 죄인이며 죄인이기 때문에 노예이고 결론적으로 자유자이기 때문에 노예이다."[240]

확실히 나의 독자들은 내가 어떤 새로운 것을 여기에서 제기하는 것이 아님을 인식할 것이다. 왜냐하면 이것은 아우구스티누스가 모든 경건한 자의 동의를 이끌어 내어 옛날에 가르친 것이며, 거의 천 년이 지난 이후에도 수도원들에서 보존되고 있는 가르침이기 때문이다. 그러나 롬바르두스는 필연성과 강제를 구별하지 못하였으므로 사람들을 위험한 오류에 빠뜨릴 소지를 제공했다.

---

[238] "iugo, non alio……quam voluntariae cuiusdam servitutis."

[239] "ancilla propter necessitatem, libera propter voluntatem."

[240] Bernard, *Sermons on the Song of Songs* lxxxi. 7, 9 (MPL 183. 1174f.; tr. S. J. Eales, *Life and Works of St. Bernard* IV. 498f.); Lombard, *Sentences* II. xxv. 5, 9 (MPL 192. 707). Quot. Battles tr., n. 14. 다음 두 학자는 '필연과 강제'를 구별하는 칼빈의 입장이 베르나르두스의 영향을 받았다는 점에는 서로 이견이 없지만 영향을 미친 범위와 정도에 있어서는 첨예하게 대립한다. Vincent Brümmer, "Calvin, Bernard and the Freedom of the Will," *Religious Studies* 30 (1994), 437-455; Paul Helm, "Calvin and Bernard on Freedom and Necessity: A Reply to Brümmer," *Religious Studies* 30 (1994), 457-465. 반면에 다음 저자는 이에 대한 베르나르두스의 영향 자체를 부인한다. Anthony N. S. Lane, *Calvin and Bernard of Clairvaux*, Studies in Reformed Theology and History New Series, no. 1 (Princeton: Princeton Theological Seminary, 1996), 100.

6. 회심의 의지를 비롯한 구원의 전 과정은 오직 하나님의 은혜로 말미암음

이와 관련해서 우리는 하나님의 은혜가 본성의 사악함을 교정하고 고치는 처방이 어떠한지 생각해 볼 필요가 있다. 여호와가 도움을 베푸실 때에는 우리에게 없는 것을 공급하시므로 그 일이 우리에게 어떤 작용을 하는지 드러남과 동시에 역으로 우리의 빈곤함이 밝혀진다.

의심할 여지없이 사도 자신이 빌립보서에서 "너희 안에서 착한 일을 시작하신 이가 그리스도 예수의 날까지 이루실 줄을……확신하노라"(빌 1:6)라고 말할 때, '착한 일의 시작'은 의지 안에 존재하는 회심의 기원 그 자체를 지칭한다. 이와 같이 하나님은 우리 마음 안에 의를 향한 사랑과 갈망과 열의를 불러일으켜, 더 적절하게 말해서, 우리의 마음을 돌리시고, 빚으시며, 지도하셔서 의에 이르게 하심으로 선한 일을 시작하신다. 그리고 우리를 확정하셔서 견인(堅忍)에 이르게 하심으로 그 일을 완성하신다. 의지가 그 자체로서는 연약하기 때문에 이를 돕기 위하여 여호와가 선한 일을 시작하셨다는 사실을 무슨 구실을 내세워 거부하는 하는 자가[241] 아무도 없도록 하기 위하여 성령은 다른 곳에서 의지가 그 자체로써 무엇을 할 수 있는지를 선포하신다. "또 새 영을 너희 속에 두고 새 마음을 너희에게 주되 너희 육신에서 굳은 마음을 제거하고 부드러운 마음을 줄 것이며 또 내 영을 너희 속에 두어 너희로 내 율례를 행하게 하리니 너희가 내 규례를 지켜 행할지라"(겔 36:26-27).

사람의 의지는 전적으로 변화되고 갱신되어야 마땅하다고 할진대, 단지 그 연약함이 도움을 받아 강하게 되기만 하면 효과적으로 선을 택하는 것을 열망하게 된다고 누가 감히 말할 수 있을 것인가? 만약 돌이 신축성을 지녀 어떻게든 부드럽게 되어 굽혀질 수 있다고 치자. 그렇다면 나는 사람이 자기 안에 있는 불완전한 것을 하나님의 은혜로 보충받기만 하면 그의 마음이 유연하게 되

---

[241] Cf. Lombard, *Sentences* II. xxiv. 5; II. xxv. 16 (MPL 192. 702, 709); Erasmus, *De libero arbitrio*, ed. J. von Walter, p. 6. Quot. Battles tr., n. 15.

어 올바른 것에 대한 순종에 이를 수 있다는 점을 부인하지 않을 것이다. 하나님이 이러한 유사성을 통하여 우리의 마음이 전적으로 다른 것이 되지 않는 한 그것으로부터는 결코 어떤 선도 나올 수 없다는 사실을 표현하고자 원하셨을 진대, 우리는 오직 하나님 한 분의 소유에 속한 것을 그와 우리 사이에 나눠 가지려고 하지 말자.

그러므로 돌이 변화되어 육체가 되는 것처럼 하나님이 우리를 회심시켜 올바른 것에 대한 열심을 갖게 하실 때에 우리에게 고유한 의지는 무엇이든지 모두 지워지고 만다. 그리고 전적으로 하나님으로부터 나온 것이 그 자리를 잇는다. 나는 의지가 지워진다고 말하지만 그것이 의지라는 사실까지 지워지는 것은 아니다. 왜냐하면 사람의 회심에 있어서 처음 본성에 속한 것은 순전하게 남아 있기 때문이다. 또한 나는 의지가 새로운 것으로 창조된다고 말하지만 의지가 존재하기 시작한다는 점에서가 아니라 악한 것이 선한 것으로 변화된다는 점에서이다.[242] 나는 이런 일이 오직 하나님에 의해서만 일어난다고 주장한다. 동일한 사도의 증언에 따르면 실로 생각하는 것조차 우리에게서 난 것이 아니다(고후 3:5). 그러므로 다른 곳에서 그는 하나님은 연약한 의지에 힘을 더하시거나 사악한 의지를 교정하실 뿐만 아니라 우리 안에 소원이 작용하게 하신다고 전한다(빌 2:13). 이로부터 쉽게 추론될 수 있는바, 의지 안에 있는 선한 것은 무엇이든지 오직 은혜의 작품이다.[243]

이러한 뜻에서 사도는 다른 곳에서 "모든 것을 모든 사람 가운데서 이루시는 하나님"(고전 12:6)에 대해서 말한다. 여기에서 그는 우주적 통치를 논하는 것이 아니라 신자들이 모든 선을 뛰어나게 누림으로 한 분 하나님께 올려 드리는 찬

---

[242] 이런 입장이 아리스토텔레스의 맥락에서 읽혀진다고 보기도 한다. Cf. Richard A. Muller, "Scholasticism, Reformation, Orthodoxy, and the Persistence of Christian Aristotelianism," *Trinity Journal* (1998), 92-93; Anthony N. S. Lane., "Introduction," in Calvin, *The Bondage and Liberation of the Will: A Defense of the Orthodox Doctrine of Human Choice against Pighius*, ed. Lane, tr. Davies, xxiv-xxvi. 반면에 다음 저자는 이를 반박하면서 칼빈에 미친 루터의 영향을 거론한다. Ronald N. Frost, "'Scholasticism, Reformation, Orthodoxy, and the Persistence of Christian Aristotelianism': A Brief Rejoinder," *Trinity Journal* 19 (1998), 99-101; "Aristotle's Ethics: The Real Reason for Luther's Reformation?" *Trinity Journal* 18 (1997), 223-241.

[243] "quidquid boni est in voluntate, esse unius gratiae opus."

송에 대해서 말하고 있는 것이다. 그가 '모든 것'이라고 말할 때 하나님을 처음부터 끝까지 영적 삶의 조성자로 삼고 있음이 분명하다. 앞서 그는 동일한 사실을 다른 말씀으로 가르쳤는데, 신자들이 그리스도 안에서 하나님으로부터 존재한다고 하였다(엡 1:1; 고전 8:6). 이곳에서 그는 새로운 창조를 공공연히 칭송하고, 일반적인 본성에 속한 모든 것을 제거해버린다.

여기에서 우리는 아담과 그리스도 사이에 존재하는 반립(反立)에 대해 귀를 기울여야 한다. 그는 이를 다른 곳에서 더욱 분명하게 설명한다. 그 가르침은 이러하다. "우리는 그가 만드신 바라 그리스도 예수 안에서 선한 일을 위하여 지으심을 받은 자니 이 일은 하나님이 전에 예비하사 우리로 그 가운데서 행하게 하려 하심이니라"(엡 2:10). 이러한 이유를 들어 사도는 우리의 구원이 값없이 주어진 것이라는 사실(참조. 엡 2:5)을[244] 증명하길 원한다. 그리하여 모든 선의 시작은 우리가 그리스도 안에서 얻는 이차적 창조로부터 비롯된다는 점이[245] 부각된다. 만약 지극히 작은 재능이라도 우리 자신으로부터 온 것이 있다면 어떤 분량의 공로가 그것에 있을 것이다. 그러나 사도는 완전히 우리를 비워 어떤 공로도 헤아려지지 못하게 만든다. 그리하여 "우리는……그리스도……안에서 선한 일을 위하여 지음을 받은 자니 이 일은 하나님이 전에 예비하사"(엡 2:10)라고 그는 말한다. 이는 모든 부분의 선행은 그 처음 활동에서부터 하나님께 고유하게 속한다는 사실을 지시한다.

같은 이유에서 선지자는 시편을 통하여 우리는 하나님이 제작하신 작품이라는 사실을 말한 후에 우리가 그 사역을 하나님과 나누지 못하도록 우리는 우리 자신의 것이 아니라 "그의 것이니"(시 100:3)라고 즉시 덧붙인다. 문맥상 여기에서 그는 영적인 삶의 시작인 중생에 대해서 말하고 있음이 분명하다. 우리는 "그의 백성이요 그의 기르시는 양이로다"(시 100:3)라는 말씀이 계속해서 따르는 것을 보아 그러하다. 나아가 우리가 보는 바대로, 그는 우리가 우리의 구원으로 말미암아 합당한 찬양을 하나님께 올려 드리는 것에 만족하지 않고 하나님

---

244) "gratuitam esse nostram salutem."
245) "initium omnis boni sit a secunda creatione quam in Christo consequimur."

의 구원 사역에 한몫 끼는 것을 분명히 배제하고 있다. 이는 전체 구원이 하나님으로부터 나오므로 사람이 그것으로 영광을 취할 것은 극소량도 남아 있지 않다고 말하는 듯하다.

7. 은혜는 의지와 합력해서 작용하는 것이 아니라 의지조차 일으킴

그러나 아마 어떤 사람들은 천성에 있어서 선으로부터 멀어진 의지는 오직 주님의 능력으로 말미암아 바뀌게 되나 일단 그렇게 준비가 된 후에는 그 자체의 역할을 스스로 감당한다는 사실을 인정하려 할 것이다. 그러나 아우구스티누스가 가르치듯이, 은혜는 모든 선행을 앞서는바, 의지는 지도하듯이 은혜를 이끌지 못하고 수종자로서 그 뒤를 따를 뿐이다.[246) 이 거룩한 사람의 그릇됨 없는 말을 페트루스 롬바르두스는 전혀 앞뒤가 맞지 않게 곡해하여 자기의 사상을 전개한다.[247)

나는 앞에서 인용한 선지자의 말씀들이 다음 두 가지 사실을 분명히 제시하고 있다고 주장한다.

첫째, 주님이 우리의 악한 의지를 교정하시거나 오히려 지워 버리신다.

둘째, 주님 자신이 그 악한 의지를 선한 의지로 대체시키신다.

은혜가 앞서는 한에 있어서 그만큼 당신은 당신의 의지를 '수종자'라고 부를 수 있다고 나는 인정한다. 그러나 의지가 새롭게 변화되는 것은 주님의 일이므로 자기의 의지를 '수종자'로 삼아 앞서는 은혜에 순종한다고 해서 그 공로를 사람에게 돌리는 것은 무모하다. 그러므로 크리소스토무스가 다음과 같이 쓴 것은 잘못되었다. "의지 없는 은혜는 은혜 없는 의지와 다름없이 아무것도 할

---

246) "omne bonum opus gratiam praecedere, et id comitante, non ducente; pedissequa, non praevia voluntate." Augustine, *Letters* clxxxvi. 3. 10 (MPL 33. 819; tr. FC 30. 196). Quot. Battles tr., n. 17.

247) Lombard, *Sentences* II. xxvi. 3 (MPL 192. 711). Cf. John Fisher, *Assertio Lutheranae confutatio*, p. 604. Quot. Battles tr., n. 18.

수 없다."[248] 바울이 앞서 전한 말씀에(빌 2:13) 배치되게도, 은혜가 의지 자체에는 작용하지 않기라도 하듯이!

아우구스티누스가 의지를 '은혜의 수종자'라고 부른 내심의 뜻도 선행에 있어서 은혜에 다음가는 이차적 역할을 의지에 맡기려는 데 있지 않았다. 오로지 그의 유일한 목적은 구원의 첫 번째 원인을 사람의 공로에 두었던 펠라기우스의 가장 그릇된 교설(教說)을 물리치는 데 있었다. 그래서 현안(懸案)을 다루는 데 있어서 은혜가 모든 공로에 앞선다는 사실을 주장하는 것으로 충분하다고 생각했던 것이다. 더불어 이와 관련된 다른 질문인 은혜의 영구적 효과에 대해서도 여기에서 빠뜨렸는데 이는 다른 곳에서 탁월하게 다루고 있다. 알려진 바와 같이 그는 수차례 주님은 의지가 없는 사람에게 의지하도록 앞장서시고, 의지하는 사람은 헛되게 의지하지 않도록 뒤따른다고 말함으로써, 선행의 조성자가 순전히 하나님 자신이심을 밝힌다.

이 사안을 다루는 아우구스티누스의 문장들은 너무나 명료하기 때문에 더 이상 긴 논의가 요구되지 않는다. 그는 말한다. "사람들은 우리의 의지 안에서 하나님으로부터 나온 것이 아닌 우리 자신의 것인 무엇을 발견하려고 수고한다. 그러나 그것이 어떻게 발견될 수 있는지 나는 모른다."

나아가 그는 『(그리스도의 은혜와 원죄에 대한) 펠라기우스와 코일레스티우스의 입장 반박』([De gratia Christi et de peccato originali] contra Pelagium et Coelestium) 제1권에서 "나의 아버지께 듣고 배운 사람마다 내게로 오느니라"(적용. 요 6:45)라는 그리스도의 말씀을 다음과 같이 해석한다. "의지는 도움을 받아서 무엇을 해야 할지를 알 뿐만 아니라 안 것을 행하게 된다. 그러므로 하나님이 율법의 문자가 아니라 성령의 은혜를 통하여 가르치실 때에, 그는 누구든지 배운 것을 인식하게 함으로써 보게 하실 뿐만 아니라 원함으로써 간구하게 하시고 행함으로써 성취하게 하신다."[249]

---

248) "nec gratiam sine voluntate, nec voluntarem sine gratia quidquam posse operari." Chrysostom, *Homilies on Matthew*, hom. lxxxiv. 4 (MPL 58. 756; tr. NPNF X. 494f.). Quot. Battles tr., n. 19.

249) Augustine, *Enchiridion* ix. 32 (MPL 40. 248; tr. LCC VII. 358); *On the Merits and Remission of Sins* II. xviii. 28 (MPL 44. 168; tr. NPNF V. 56); *On the Grace of Christ and on Original Sin* I. xiv. 15 (MPL 44. 368; tr. NPNF V. 223). Quot. Battles tr., n. 20.

8. 우리 마음에서 나오는 모든 선한 것은
그것이 의지이든 믿음이든 하나님의 은혜에서 비롯됨

이제 우리가 주요한 핵심 사안에 이르렀으므로 우리 독자들을 위하여 이를 성경의 몇몇 증언들을 통하여 아주 분명히 요약해 보도록 하자. 그 다음에 아무도 우리가 성경을 곡해한다고 비난하지 못하도록 우리가 주장하는 성경으로부터 이끌어 낸 진리가 이 거룩한 사람 아우구스티누스의 증언에 모자라지 않음을 보여 주도록 하자. 나는 우리의 견해를 지지하기 위하여 성경으로부터 추론될 수 있는 모든 것을 항목별로 하나씩 설명할 필요는 없다고 생각한다. 단지 우리가 곳곳에서 읽을 수 있는 나머지 모든 관련 구절을 이해하기 위한 방도를 제시하는 말씀들이 있는데, 나는 그 말씀들만을 엄선해서 다룰 것이다. 이와 관련해서 경건한 사람들이 마땅히 한마음으로 최고의 권위를 부여하고 있는 그 사람(아우구스티누스)의 의견과 나의 의견이 매우 일치한다는 사실을 이 자리에서 분명히 표명하는 것이 시의적절하다고 나는 생각한다.

물론 오직 하나님께만 선의 기원이 있다는 것을 확신하는 데는 용이하고도 분명한 이유가 있다. 그리고 선을 향한 의지는 오직 택함 받은 사람들에게서만 발견된다. 그러나 우리는 선택의 원인을 사람들 밖에서 찾아야 한다. 여기에서 다음 사실이 뒤따른다. 사람은 자기 자신으로부터 올바른 의지를 취할 수 없다. 그것은 창세전에 우리를 택하신 그 동일한 기쁘신 뜻에서 흘러나왔다(엡 1:4). 그런데 다른 유사한 이유가 하나 더 있으니, 선을 원하고 행하는 것이 믿음으로부터 기원하는 것이므로 우리는 믿음 자체가 어디에서 오는지 알아야 한다.

진실로 성경 전체가 믿음은 하나님의 값없는 선물이라고 외치고 있으므로 본성상 마음 전체가 악에 기울어져 있는 우리가 선을 원하기 시작할 때에 순전히 은혜로 그렇게 한다는 사실을 추론할 수 있다.[250]

---

[250] "Nam quum bene volendi et agendi principium sit ex fide, videndum est unde sit ipsa fides. Quum vero gratuitum esse Dei donum clamet tota scriptura, sequitur ex mera gratia esse ubi velle bonum incipimus, qui ad malum toto animo sumus naturaliter propensi." 여기서 믿음이 택함 받은 자들에게만 주어지는 전적인 은혜의 선물이라는 점과 믿음의 '준비'(praeparatio)라는 어떤 명목의 공로도 신자에게 돌릴 수 없다는 점이 천명된다.

우리가 보듯이, 여호와는 자기 백성의 회심에 있어서 "굳은 마음을 제거하고 부드러운 마음을 줄 것"(겔 36:26)이라는 두 가지 원리를 수립하시면서, 우리가 의(義)로 회심하기 위해서는 우리 자신으로부터 나온 것을 지워 버리고 하나님 자신으로부터 나온 것이 제자리를 잡아야 한다고 드러내어 증언하신다. 하나님은 이를 단지 한 곳에서만 선포하신 것이 아니다. 예레미야서에서 그는 말씀하신다. "내가 그들에게 한 마음과 한 길을 주어……항상 나를 경외하게 하고"(렘 32:39). 또 조금 후에, "나를 경외함을 그들의 마음에 두어 나를 떠나지 않게 하고"(렘 32:40)라고 말씀하셨다. 또한 에스겔서에서, "내가 그들에게 한 마음을 주고 그 속에 새 영을 주며 그 몸에서 돌 같은 마음을 제거하고 살처럼 부드러운 마음을 주어"(겔 11:19)라고 말씀하셨다. 그는 우리의 회심이 새로운 영과 새로운 마음의 창조라고 증언하신다. 우리의 의지에 있는 선하고 올바른 것은 무엇이든지 우리가 아니라 그의 것이라는 사실을 이보다 더 명확하게 입증할 것이 어디에 있겠는가? 그러므로 우리의 의지는 새롭게 변화되기 전에는 어떤 선한 것도 산출할 수 없다는 사실과 새로운 변화 이후 선하게 된 이상 이는 우리 자신으로부터가 아니라 하나님으로부터 그렇게 된 것이라는 사실이 뒤따른다.

9. 기도를 통하여 하나님이 친히 행하시는 은혜를 구함으로 선한 일을 이룸

또한 우리는 이러한 뜻을 거룩한 사람들에 의해서 지어 올려 드린 기도들을 통하여 읽을 수 있다. 솔로몬은 "주께서 우리의 마음을 주께로 행하여 그의 모든 계명들을 지키게 하시기를 원하오며"(적용. 왕상 8:58)라고 말하면서, 우리의 마음이 굽혀지지 않는 한 본성상 하나님의 법에 대한 반역을 자랑거리로 삼는 완고함이 있음을 보여 준다. 또한 동일한 뜻의 말씀이 "내 마음을 주의 증거들에게 향하게 하시고"(시 119:36)라는 시편에 주어진다. 아래에서 보듯이 오만함에 이끌리게 하는 마음의 사악한 운동과 복종하지 않을 수 없게끔 만들어 그것을 물리치게 하는 마음의 교정이 서로 대조가 됨을 우리는 언제나 주목해야 한다. 다윗이 자기 자신이 잠시 버림을 받아 인도하시는 은혜가 멀어졌다고 느끼고 "하나님이여 내 속에 정한 마음을 창조하시고 내 안에 정직한 영을 새롭게 하소서"(시 51:10)라고 기도할 때, 그는 자기의 모든 마음이 불결함으로 가득 차 있음과 자기의 모난 영이 사악함으로 비뚤어져 있음을 인정한 것이 아니고 무엇인가? 이뿐 아니라 그는 자기가 탄원하는 정결함을 '하나님의 창조물'이라고 부르면서 한때 받았던 그것을 전적으로 하나님께 돌리고 있지 않는가?

만약 누군가 이러한 기도 자체를 경건하고 거룩한 정서의 표징이라고[251] 받아들이는 데 이의를 제기하는 사람이 있다면, 그것은 즉시 반박될 수 있다. 다윗은 이미 어느 정도 회개했을지라도 자기의 이전 상태와 자기가 경험했던 저 슬픈 파멸을 비교하고 있었다. 그는 하나님으로부터 소외된 사람의 신분으로서, 하나님이 스스로 택하신 자들에게 중생 때에 부여하시는 모든 것을 자기에게도 베풀어 달라고 적절히 간구하는 가운데, 마치 죽은 자와 같은 자기 자신이 다시금 창조되어 더 이상 사탄의 노예가 아니라 성령의 기관이 되고자 소원했던 것이다.

참으로 우리의 교만에서 나오는 육욕은 얼마나 놀랍고 흉측한가! 우리 각자의 일을 그치고 쉼으로써 여호와의 안식일을 가장 경건하게 지키라고 하신 것보다 더 여호와가 엄중히 요구하신 명령은 없다(출 20:8-11; 신 5:12-15). 그러나 우리는 자신의 일을 그만두고 하나님의 일에 합당한 자리를 드리는 것을 그 무엇보다 꺼려한다. 만약 우리의 우둔함이 가로막지만 않는다면 그리스도는 자신의 은혜에 대한 충분히 명료한 증언을 통하여 그것들이 악의적으로 억눌릴 수 없게 하실 것이다.

그는 말씀하신다. "나는 포도나무요 너희는 가지라"(요 15:5). "내 아버지는 농부라"(요 15:1). "가지가 포도나무에 붙어 있지 아니하면 스스로 열매를 맺을 수 없음같이 너희도 내 안에 있지 아니하면 그러하리라"(요 15:4). "나를 떠나서는 너희가 아무것도 할 수 없음이라"(요 15:5). 가지가 땅에서 뽑히고 수분이 제거되면 싹을 내지 못하듯이 우리도 그렇게 되어 스스로 열매를 맺을 수 없다면

---

251) "signum……pii sanctique affectus."

더 이상 우리 본성에서 선에 적합한 특성을[252] 찾으려고 해서는 안 될 것이다. "나를 떠나서는 너희가 아무것도 할 수 없음이라"(요 15:5)라는 결론은 의심의 여지가 없다. 그리스도는 우리가 너무나 약하여 우리 자신으로는 충분하지 않다고 말씀하시는 것이 아니라 우리를 아무것도 아닌 것으로 위축시키셔서 심지어 최소한의 미약한 능력조차도 일체 우리 가운데서 헤아리지 못하게 하신다.

포도나무가 자라 감에 있어 필요한 힘을 땅의 수분, 하늘의 이슬, 태양의 소생시키는 온기로부터 끌어내듯이 만약 우리가 그리스도께 접붙임을 받아 포도나무와 같이 열매를 맺게 된다면, 하나님께 속한 것을 손상시키지 않고는 그 어떤 선행의 몫도 우리의 것으로 돌릴 수 없을 것이다. 따라서 가지는 이미 수액과 열매를 맺는 힘을 내포하고 있으며 그 자체의 무엇을 공급하므로 땅이나 그 원뿌리로부터 모든 것을 취하는 것은 아니라고 말하는 것은 헛되고 시시콜콜한 논변에 불과하다.

여기에서 그리스도는 우리가 그를 떠나서는 아무 선도 행할 재능이 없기 때문에 그에게서 분리 될 때 마르고 가치 없는 나무가 될 뿐이라는 사실을 지적하기를 원하신다. 그는 또한 다른 곳에서 다음과 같이 말씀하신다. "내……아버지께서 심으시지 않은 것은 뽑힐 것이니"(마 15:13). 이러한 까닭에 사도는 이미 인용한 본문에서 모든 것을 다 하나님께 돌리며, "너희 안에서 행하시는 이는 하나님이시니……너희에게 소원을 두고 행하게 하시나니"(빌 2:13)라고 전한다.

선행의 첫째 부분은 의지이다. 그리고 둘째 부분은 강인하게 추진하는 노력이다. 이 둘의 조성자는 하나님이시다.[253] 만약 우리가 의지나 효력에 있어서 그 무엇을 우리의 것이라고 주장한다면 우리는 주님의 것을 강탈하는 것이 된다. 만약 하나님이 우리의 약한 의지를 도우시는 분이라고 일컬어지신다면 무엇인가가 우리에게 남게 될 것이다. 그러나 하나님이 의지 자체를 발생시키신다고 일컬어지실 때 의지 안에 있는 선은 무엇이든지 우리 바깥에 있게 될 것

---

252) "ad bonum aptitudo."
253) "Prior pars operis boni est voluntas; altera, validus in exsequendo conatus: utriusque autor est Deus."

이다. 심지어 선한 의지조차 우리 육체의 무게에 짓눌려 발생할 수 없기 때문에, 사도는 이 같은 분쟁의 난관들을 효과적으로 극복하고 소기의 목적을 이룰 때까지 끊임없이 요구되는 노력조차 우리에게 공급된다고 말했다.

마찬가지로 바울이 "모든 것을 모든 사람 가운데서 이루시는 하나님은 같으니"(고전 12:6)라고 전하는 다른 본문의 가르침도 이와 다를 바 없이 합당하다. 여기에 우리가 앞에서 254) 지적했던 영적인 삶의 모든 과정이 포함된다. 같은 뜻에서, 다윗 역시 주의 길을 알게 하사 주의 진리 가운데 행하게 해 달라고 기도한 후 즉시 "일심으로 주의 이름을 경외하게 하소서"(시 86:11; 참조. 시 119:33)라고 덧붙인다. 이 말씀은 심지어 순수한 정서를 지닌 사람도 불요불굴한 강인함을 지니지 않는 이상 많은 탈선거리에 얽매여 쉽게 사라지거나 쓰러지거나 한다는 뜻이다. 같은 이유로 다른 곳에서 그는 자기의 발걸음을 이끌어 하나님의 말씀을 지키게 해 달라고 기도한 후 또한 싸울 힘을 부여받기 위하여 간청한다. "어떤 죄악도 나를 주관하지 못하게 하소서"(시 119:133).

이렇듯 주님은 이 방식으로 우리 안에서 선한 일을 시작하시고 완성하신다. 의지가 올바른 것에 대한 사랑을 품고 그것에 대하여 열의를 기울이며 그것을 추구하고자 일어나고 움직이게 되는 것, 그리고 선택과 열의와 노력을 약화시키지 않고 소기의 목적을 이룰 때까지 계속해서 나아가는 것, 그리하여 종내 사람이 이러한 것들을 불요불굴하게 수행하고 그 마지막까지 줄곧 견인(堅忍)하는 것은 255) 주님께 속한 일이다.

10. 하나님은 의지를 부여하실 뿐만 아니라 효과적으로 작용하게 하심

하나님이 일단 의지를 움직이신 후 그 활동에 따르거나 거역하는 것은 우리

---

254) *Institutio*, 2.3.6.

255) "in finem usque perseverat."

의 선택에 달려 있다는 식으로 수 세기 동안 가르쳐지거나 믿어져 왔지만, 이와 달리 하나님은 효과적으로 작용하게 하심으로써 의지를 움직이신다.

그러므로 자주 인용되는, "그는 그가 이끄시는 것을 원하는 자를 이끄신다."[256]라는 크리소스토무스의 말은 비난받아 마땅하다. 이것이 의미하는 바에 따르면, 주님은 단지 손을 내미시고 우리가 기꺼이 그의 도움을 받아들이기를 대망하고 계실 뿐이기 때문이다.

우리는 사람이 아직 올바른 상태에 서 있었을 때에도 어느 한 편으로 기울어질 수 있었음을 인정한다. 그러나 하나님이 우리 안에서 원하기도 하시고 행하기도 하실 수 있지 않다면 자유의지가 얼마나 비참할 것인지를 사람이 자기의 예로써 친히 보여 주었으니, 만약 그가 우리에게 자기의 은혜를 이렇게 작은 분량만큼만 나누어 주셨다면 우리가 어떻게 되었을까?

그러나 우리 자신의 배은망덕으로 우리는 하나님의 은혜를 모호하게 만들고 퇴색시킨다. 사도는 여기에서 우리가 선한 의지의 은혜를 받아들이면 그것이 우리에게 부여된다고 가르치지 않고 하나님 자신이 우리 안에서 그 일을 일으키고자 원하신다는 사실을 가르치고 있다. 이것이 의미하는 바는 다름 아니라 주님은 자기의 영으로 우리의 마음을 지도하시고, 돌이키게 하시며, 다스리시며 우리의 마음 안에서, 마치 자기 소유물 안에서와 같이, 통치하신다는 것이다. 참으로 그는 에스겔을 통하여 자기의 택함 받은 자들이 자기의 교훈들 가운데 행할 수 있을 뿐만 아니라 실제로 행하도록 그들에게 새로운 영을 주실 것이라고 약속하신다(겔 11:19-20; 36:27).

그렇다면 "아버지께 듣고 배운 사람마다 내게 오느니라"(적용. 요 6:45)라는 그리스도의 말씀은 하나님의 은혜가 그 자체로 효과적이라는 사실 외에 다른 방식으로는 이해될 수 없지 않은가? 아우구스티누스 또한 이렇게 주장한다.[257] 내 인용의 출처가 그릇되지 않았다면, 오컴(Ockham)은 "은혜는 자기 안에 있는

---

256) "quem trahit, volentem trahit." Chrysostom, *De ferendis reprehensionibus* 6 (MPG 51. 143); *Homilies on the Gospel of John*, hom. x. 1 (MPG 59. 73; tr. NPNF XIV. 35; FC 33. 95). Quot. Battles tr., n. 25.

257) Augustine, *On the Predestination of the Saints* viii. 13 (MPL 44. 970; tr. NPNF V. 504f.). Quot. Battles tr., n. 26.

것을 행하는 자 누구에게든 거부되지 않는다."258)라는 통속적인 말로 자랑하지만, 주님은 모든 사람이 차별 없이 이러한 은혜를 받을 자격이 있다고 여기지 않으신다.

물론 하나님의 선하심은 그것을 찾는 모든 자에게 예외 없이 제시된다고 사람들에게 가르쳐야 한다. 그러나 하늘의 은혜가 숨을 불어넣은 자들만이 끝내 그것을 찾기 시작하므로, 그들은 하나님께 돌릴 찬송을 조금이라도 자기들의 것이라고 주장해서는 안 된다. 하나님 자신의 이끄심에 의해 행하게 되고 다스림을 받는 것은 그의 영으로 중생한 택함 받은 자들의 특권임이 분명하다.

이런 까닭에, 아우구스티누스는 값없는 선택에 대한 특별한 증언이 모든 사람에게 차별 없이 주어진다고 생각하는 자들을 비난하듯이, 원함에 있어서의 어떤 역할들을 자기들 자신에게 돌리는 자들에게도 역시 정당한 조소를 퍼붓는다. 그는 "본성은 모든 사람에게 일반적이나 은혜는 그렇지 않다."라고 말한다. 하나님은 자기가 원하시는 자에게 누구든지 은혜를 베푸신다는 견해는 모든 사람에게 통상 널리 알려져 있으나 아우구스티누스는 이를 단지 공허하게 빛나는 깨지기 쉬운 유리 같은 날카로움이라고 부른다.

다른 곳에서 그는 말한다. "당신은 어떻게 왔습니까? 믿음으로써 왔습니다. 당신이 올바른 길을 발견한 것이 당신 자신 때문이라고 주장하는 한 당신은 그 올바른 길로부터 떨어져 멸망하게 될 것이니, 그렇게 되지 않도록 두려워하십시오. '나는 나의 의지로, 자유의지로 왔다.'라고 당신은 말합니다. 왜 당신은 그렇게 교만하십니까? 이것이 당신에게 부여되었다는 사실을 알고 싶다면 주님 자신이 하시는 말씀을 들으십시오. '나의 아버지께서 이끌지 아니하시면 아무도 내게 올 수 없으니'(적용. 요 6:44)."259) 요한이 전한 말씀에서 사람들은 경건한 자들의 마음이 하나님에 의해 효과적으로 작용하기 때문에 그들이 굽힘 없는 정서로 그를 따르게 된다고 아무 이견 없이 결론을 내릴 것이다. 요한은 "하나님께

---

258) "eam[gratiam] nemini denegari, facienti quod in se est." 칼빈은 다음 글에서 이를 인용하면서 오캄을 거론한다. Biel, *Epythoma partier et collectorium circa quatuor sententiarum libros* II. xxvii. 2. Quot. Battles tr., n. 27.

259) Augustine, *Sermons* xxvi. 3, 12, 4, 7 (MPL 38. 172, 177, 172f., 174); xxx. 8, 10 (MPL 38. 192). Quot. Battles tr., n. 28.

로부터 난 자마다 죄를 짓지 아니하나니 이는 하나님의 씨가 그의 속에 거함이요"(요일 3:9)라고 전한다. 여기서는 불요불굴한 항구성이 견인에 효과적으로 작용한다고 주장되므로 궤변가들이 꿈꾸는바, 즉 사람이 받아들이거나 거절하는 것이 자유로운 "중간상태의 움직임"[260]은 분명히 배제되어 있음을 알 수 있다.

11. 첫 번째 은총을 부여하신 주님이 계속적으로 은총을 배가하셔서 우리가 선을 행하게 하심

전혀 의심할 나위 없이 사람들은 첫 번째 은혜를 저버리지 않는 한, 견인을 하나님의 값없는 선물로[261] 여기고 그것이 자기들 각자의 공로에 의해서 배분된다는 극악한 오류에 압도되지 않을 것이다. 이러한 오류는 사람들이 자기들에게 부여된 은혜를 물리치거나 받아들이는 것이 자기들의 수중에 있다고 생각하는 데서 생겨난다. 그러므로 나중의 견해를 삭제하면 앞의 견해 역시 스스로 몰락하고 만다. 실상 이와 관련하여 이중적인 오류가 발생한다. 왜냐하면 첫 번째 은혜에 대한 우리의 감사와 그것에 대한 우리의 합법적인 사용에 상급이 뒤따른다고 가르치는 것 외에 그들은 또한 은혜는 우리 안에서 그 자체로 작용하지 않고 단지 우리의 협력자가 된다고 덧붙이기 때문이다.[262]

첫 번째 점에 대해서 우리는 다음과 같이 믿어야 한다. 주님은 자기의 종들을 부요하게 하시고 날마다 그들에게 자기의 은혜의 선물들을 쌓아 주신다. 왜냐하면 그는 자기가 그들 안에서 시작하신 일이 흡족하고 받을 만한 것으로 여겨지게 하시고 더 많은 은혜를 베풀어 그들의 필요에 맞출 새로운 것을 발견하시기 때문이다. 이는 다음 말씀에 부합한다. "무릇 있는 자는 받아 풍족하게 되고"(마 25:29; 참조. 눅 19:26). 마찬가지로 "잘하였도다 착한 종아 네가 적은 일에 충성하였으매 내가 많은 것을 네게 맡기리니"(적용. 마 25:21, 23; 참조. 눅 19:17).

---

260) "medium……motum."

261) "De perseverantia……pro gratuito Dei dono."

262) Lombard, *Sentences* II. xxvi. 8, 9; xxvii. 5 (MPL 192. 713, 715). Quot. Battles tr., n. 29.

여기서 우리는 두 가지를 신중하게 경계해야 한다.

첫째, 마치 사람이 자기 자신의 노력으로 하나님의 은혜를 효과적이 되게 한 것처럼 첫 번째 은혜를 합법적으로 사용한 보상으로서 나중 은혜들이 주어졌다고 말해서는 안 된다.

둘째, 그 보상을 이와 같이 여기면서 그것이 하나님의 값없는 은혜에 의해 수여되었다는 사실을 잊어버려서는 안 된다.

이러한 뜻에서, 나는 신자들이 다음과 같은 하나님의 인자하심을 기대하게 됨을 인정한다. 그것은 그들이 앞선 은혜를 보다 잘 사용할수록 뒤따르는 은혜도 더욱 많이 증가한다는 사실에 기인한다. 그런데 단연코 이렇게 은혜를 사용하는 것조차 주님으로부터 나오며 그 보상은 값없이 베푸는 그의 인자하심에서 비롯된다.

그럼에도 불구하고 사람들은 역사하는 은혜와 합력하는 은혜를 구별하는 해 묵은 버릇을 부덕하게, 나아가 사악하게 여태껏 버리지 못하고 사용하고 있다. 아우구스티누스 역시 이런 구별을 사용했지만, 하나님은 자신이 역사하심으로써 시작하신 것을 협력하심으로써 완성하신다는[263] 적합한 정의를 사용하여 그 뜻을 알맞게 맞춘다. 그것은 동일한 은혜이지만 다양한 방식으로 그 효력이 나타남에 따라 그 이름이 바뀌어진 것이다.[264] 여기에서 아우구스티누스는 마치 하나님과 우리 사이에 은혜가 양분되어 각각의 개별적인 활동에서부터 상호적인 경합이 일어난 것처럼 여기지 않고 오히려 은혜의 배가(倍加)에 대해서 주목하고 있다. 같은 맥락에서 그는 다른 곳에서 하나님의 많은 선물들은 사람의 선한 의지를 앞서며 그 의지 자체도 그의 선물들 중에 하나라고 말한다. 이 점을 바울은 분명히 선포했다. 우리에게 "소원을 두고 행하게 하시는" 분은 하나님이시라고 말한 후 계속해서 그가 이 둘 모두를 "자기의 기쁘신 뜻을 위하여"(빌 2:13) 행하신다고 전한 것이다. 이 표현을 통하여 그는 하나님의 인자하심이 값없이 부여된다는 점이 지시되고 있다.

---

263) "Deum cooperando perficere quod operando incipit."
264) Augustine, *On Grace and Free Will* xvii. 33 (MPL 44. 901; tr. NPNF V. 457f.); *Enchiridion* ix. 32 (MPL 40. 248; tr. LCC VII. 358f.). Quot. Battles tr., n. 30.

이에 대해서, 우리와 다투는 자들은 우리가 첫 번째 은혜를 받은 후에는 우리 자신의 노력으로 계속되는 은혜에 협력한다고 말하곤 한다.[265] 이에 대한 나의 대답은 이러하다. 만약 그들이 의미하는 바가 주님의 능력으로 단번에 우리가 의에 순종하는 데 완전히 길들여져 우리 자신의 힘과 의향으로 계속해서 은혜의 행위를 따르는 자리로 나아간다는 사실에 있다면 나는 이를 거부하지 않는다. 왜냐하면 하나님의 은혜가 통치하는 곳에는 그것에 즉시 순종하고자 하는 민첩함이 있기 때문이다. 그런데 그 민첩함은 어디에서 오는가? 모든 곳에서 자기모순이 없이 스스로 일치하시고 처음에 순종하고자 하는 마음을 배태시키시고, 그것을 끝까지 자라게 하시며, 확신시켜 견인에 이르게 하시는 하나님의 영에서 나온 것이 아닌가? 반면에 만약 그들이 사람은 스스로 하나님의 은혜와 함께 합력하는 자리에 서게 된다는 뜻에서 위의 말을 했다면 그들은 가장 위해한 기만을 하고 있는 것이다.

12. 은혜는 사람의 의지를 협력자로 삼지 않고 그것의 효과적 원인자가 됨

그들은 무지함에 빠져 이러한 자기들의 논법을 관철시키려고 "내가 모든 사도보다 더 많이 수고하였으나 내가 한 것이 아니요 오직 나와 함께하신 하나님의 은혜로라"(고전 15:10)라는 바울이 전하는 말씀을 곡해한다. 그들은 사도가 여기서 자기를 다른 모든 사람보다 더 낫다고 말하면 다소 교만해 보일 수 있으니까 찬양을 하나님의 은혜에 돌림으로 그 논조를 변화시켰다고 이해한다. 이런 뜻에서 사도가 자기 자신을 하나님의 은혜의 협력자라고 불렀다는 것이다.

놀라운 것은 그렇지 않았다면 악하지 않았을 그 많은 사람들이 이 지푸라기에 걸려 넘어졌다는 사실이다. 사도는 자기와 함께 주님의 은혜가 역사하므로

---

[265] Erasmus, *De libero arbitrio* (ed. J. von Walter), pp. 75f.; Eck, *Enchiridion* (1532) L 7b. Quot. Battles tr., n. 31.

자기가 그 일에 있어서 동반자가 되었다고 말하지 않는다. 오히려 그는 다음과 같이 표현을 바꿈으로 그 일에 대한 모든 공로를 오직 은혜에 돌린다. 그가 말하듯이, "내가 한 것이 아니요 오직 나와 함께하신 하나님의 은혜로라"(고전 15:10). 생각건대 표현의 애매함이 그들을 혼란하게 한 것이다. 이는 무엇보다 헬라어 관사의('ἡ χάρις αὐτοῦ ἡ εἰς ἐμὲ') 뜻이 빠져 있는 얼토당토않은 (라틴어의) 번역에 기인한다.266) 만약 당신이 이를 말씀 그대로 번역한다면, 그는 은혜가 자기와 함께 협력자가 되었다기보다 자기에게 현존한 은혜가 모든 것의 효과적 원인자였다고 말할 것이다. 아우구스티누스는 비록 짧지만 이를 다음과 같이 말하면서 분명하게 가르친다. "사람의 선한 의지는 하나님의 많은 선물들보다 앞선다. 그러나 모든 것에 있어서 그렇지는 않다. 앞서는 그 의지 자체도 그 선물들 가운데 속하기 때문이다. 그 이유는 다음과 같다. 기록된바 '그의 자비가 나를 앞서며'(적용. 시 59:10),267) '그의 인자가 나를 따르리니'(적용. 시 23:6). 은혜가 원치 않는 사람으로 하여금 원하게 되도록 미리 그를 앞서며, 원하는 사람으로 하여금 헛되게 원하지 않도록 그 뒤를 따른다." 베르나르두스도 아우구스티누스의 생각에 동의하여 교회로 하여금 다음과 같이 말하게 했다. "부디 마지못해 하는 교회를 이끄셔서 자발적이 되게 하소서. 무기력에 빠진 교회를 이끄셔서 달려가게 만드소서."268)

13. 의지는 은혜로 만들어지므로 의지에 따른 선행은 은혜의 열매이자 효과임

우리 시대의 펠라기우스주의자들인 소르본의 궤변가들이 자기들의 습관을 좇아 모든 고대인이 우리를 반대한다고 비난하지 못하도록 이제 아우구스티누

---

266) 칼빈은 뒷부분의 정관사 'ἡ'가 빠졌음을 지적한다. 이는 에라스무스의 오역을 염두에 둔 듯하다. Erasmus, *De libero arbitrio* (ed. J. von Walter), p. 72. Quot. Battles tr., n. 32.
267) 이는 불가타역(시 58:11)에 따른 것이다.
268) Bernard, *Sermon on the Song of Songs* xxi. 9 (MPL 183. 876; tr. S. J. Eales, *Life and Works of St. Bernard* IV. 121). Quot. Battles tr., n. 34.

스가 자기 말로 말하는 것을 직접 듣도록 하자. 그들은 이전에 아우구스티누스를 동일한 논쟁의 장(場)으로 끌어들인 그들의 조상 펠라기우스를 본떠 그와 같이 우리에게 행하고자 함이 분명하기 때문이다.

아우구스티누스는 『책망과 은혜에 대한 발렌티누스 입장 반박』(*De correptione et gratia ad Valentinum*)이라는 책에서 내가 여기에서 간단하게 언급하려는 것을 자기 말로 더욱 자세하게 다룬다. "만약 아담이 원했더라면 선을 지속하는 은혜가 그에게 부여되었을 것이다. 우리가 원하게 하기 위하여, 그리고 의지로써 정욕을 극복하게 하기 위하여 우리에게 그 은혜가 부여되었다. 그러므로 만약 아담이 원했더라면 그는 그 능함을 가질 수 있었을 것이다. 그러나 그는 할 수 있기 위한 원함을 갖지 않았다. 우리에게는 원함과 능함 두 가지 모두를 위한 은총이 부여되었다. 첫 번째 자유는 죄를 짓지 않을 수 있는 자유였다. 그러나 우리의 자유는 훨씬 더 많으니, 죄를 지을 수 없는 자유이다."[269] 롬바르두스는 여기에서 아우구스티누스가 불멸 이후의 미래의 완전함에 대해서 말하고 있다고 거짓된 해석을 하였다. 바로 이어지는 아우구스티누스의 말은 이런 오류를 미리 방지하고 관련된 모든 의구심을 제거한다. "성도들의 의지는 성령에 의해서 강렬하게 불붙어져 있음이 확실하다. 따라서 그들은 원하기 때문에 원하는 것을 이룰 수 있다. 그리고 그들이 원하도록 하나님이 역사하시기 때문에 그들은 그렇게 원한다. 그들이 그토록 심히 연약함에 처한 가운데서도 품게 되는 우쭐함을 억누르기 위하여 하나님의 능력이 온전하게 되어야 한다(고후 12:9). 그들이 그 연약함 가운데서 하나님의 도움으로 원하는 것을 행할 수 있게 하려고 그들의 의지가 그들 자신에게 남겨진 것이다. 그러므로 만약 하나님이 그들이 원하게끔 그들 안에서 역사하지 않으신다면 의지는 그 자체로 수많은 유혹 가운데 빠져 연약함에 굴복하고 말 것이며 그 결과 그들은 참고 견딜 수 없을 것이다. 따라서 은혜로써 사람의 의지의 연약함에 도움이 주어져야 그 의지가

---

[269] "gratiam persistendi in bono Adae fuisse datam si vellet; nobis dari ut velimus, ac voluntate concupiscentiam superemus. Habuisse ergo illum posse, si vellet; sed non velle, ut posset; nobis et velle dari et posse. Primam fuisse libertatem, posse non peccare; nostram multo maiorem, non posse peccare."

꺾이지 않고 지속하여 작용하게 되며 아무리 그 의지가 연약할지라도 끝내 쇠퇴하지 않게 된다." 그뿐 아니라 아우구스티누스는 하나님이 효과적으로 우리 속에서 역사하실 때에 우리 마음이 어떻게 움직이게 되는지를 다루면서, 주님은 사람들이 자기들 의지대로 행하도록 이끄시나 그 의지는 주님 자신이 만드신 것이라는 점을 더욱 상세하게 다룬다.270)

이제 우리는 아우구스티누스의 입에서 우리가 가장 으뜸으로 삼는 증언을 듣게 된다. 즉 어떤 사람의 자유로운 선택에 의해 받아들여지거나 거절되는 은혜가 주님에 의해서 부여될 뿐만 아니라 마음에 선택과 의지 두 가지 모두를 형성시키는 것은 은혜 그 자체이다. 그러므로 이에 따르는 선행은 그것이 무엇이든지 간에 은혜 그 자체의 열매이자 효과이다. 그리고 은혜에 복종하는 의지는 다름 아닌 은혜가 만들어 낸 의지이다. 같은 맥락에서 아우구스티누스는 다음과 같이 말한다. "우리 안에서 모든 선행을 만드는 것은 은혜 외에는 없다."271)

14. 사람의 의지는 자유로 은혜를 얻는 것이 아니라 은혜로 자유를 얻음

다른 곳에서 아우구스티누스는 은혜가 의지를 제거하는 것이 아니라 악한 의지를 선하게 변화시키며 선한 의지에 도움을 준다고 말한다. 이로써 의미하는 바는 사람이 마치 외부의 힘에 눌려 있듯이 어떤 마음의 충동도 품지 못하게 된다는 것이 아니라 그가 내적으로 어떤 정서적 자극을 받게 되어 마음에서 우러나오는 순종을 하게 된다는 것이다. 아우구스티누스는 보니파키우스(Bonifacius)에게 은혜는 특별히 그리고 값없이 택함 받은 자들에게 주어진다는 것을 다음

---

270) Augustine, *On Rebuke and Grace* xi. 31f.; xii. 33, 38; xiv. 45 (MPL 44. 935f., 939f., 943; tr. NPNF V. 484f., 487, 489f.); Lombard, *Sentences* II. xxv. 3 (MPL 192. 707). Quot. Battles tr., n. 36.

271) "omne bonum in nobis opus nonnisi gratiam facere." Augustine, *Letters* cxciv. 5: "*Omne bonum meritum nostrum non in nobis faciat nisi gratia*" (MPL 33. 880; tr. FC 30. 313). Quot. Battles tr., n. 37.

과 같이 써 보냈다. "우리는 하나님의 은혜가 모든 사람에게 주어진다는 것을 압니다. 그것이 주어지는 자들에게 그것은 행위의 공로도 의지의 공로도 아닌 값없는 은혜로 주어집니다. 그것이 주어지지 않는 자들에게 그것이 주어지지 않는 이유는 하나님의 의로운 심판 때문이라고 우리는 알고 있습니다." 같은 편지에서 그는 사람들이 첫 번째 은혜를 거절하지 않으므로 그들 자신을 합당한 자로 드러냈기 때문에 뒤따르는 은혜가 그들의 공로로 돌려진다는 견해에 대해서 강력하게 반박한다. 왜냐하면 그는 펠라기우스가 은혜는 우리의 모든 개별적 행위에 필요한 것으로서 그것이 참으로 은혜가 되기 위해서는 우리의 일에 대한 보수(報酬)가 되어서는 안 된다는 사실을 인정하길 원했기 때문이다.

이 사안이 아우구스티누스의 책 『책망과 은혜에 대한 발렌티누스 입장 반박』(*De correptione et gratia ad Valentinum*) 제8장보다 더 간결하게 요약된 곳은 어디에도 없다. 그곳에서 그는 먼저 다음과 같이 가르친다. 사람의 의지는 자유로 은혜를 얻는 것이 아니라 은혜로 자유를 얻는다.[272] 동일한 은혜를 통하여 마음에 새겨진 즐거움의 정서 가운데 사람의 의지는 끝까지 불변하게 확정되고, 비할 데 없는 용기로 강화되며, 그 다스림을 받아 결코 소멸되지 않는다. 그러나 은혜를 등한히 하면 의지는 곧바로 쓰러지고 만다. 주님의 값없는 자비로 의지는 선에로 돌이키며 일단 돌이키면 선 그 자체 가운데 참고 견디게 된다. 또 사람의 의지가 선을 지향하고 일단 그 방향이 잡힌 후에는 선에 계속해서 머물게 되는 것은 사람의 어떤 공로가 아니라 오직 하나님의 뜻에 달려 있다.

어떻게든 사람에게 자유의지가 남아 있다고 굳이 말하고자 한다면, 이는 아우구스티누스가 다른 곳에서 기술한 다음과 같은 의미에서일 것이다. 즉 은혜를 통하지 않는다면 의지는 하나님께 돌이킬 수도 없고 하나님 안에 계속해서 머물 수도 없다. 의지가 할 수 있는 것은 무엇이든지 은혜로 말미암아 할 수 있다.[273]

---

272) "quod humana voluntas non libertate gratiam, sed gratia consequatur libertatem."
273) 이곳의 인용은 다음을 출처로 한다. Augustine, *On Grace and Free Will* xx. 41 (MPL 44. 905; tr. NPNF V. 461); *On the Spirit and the Letter* xxx. 52 (MPL 44. 233; tr. NPNF V. 106); *Letters* ccxvii. 5, 16 (MPL 33. 984f.; tr. FC 32. 86); *Sermons* clxxvi. 5, 6 (MPL 38. 952f.; tr. LF *Sermons* II. 907f.); *On Rebuke and Grace* viii. 17 (MPL 44. 926; tr. NPNF V. 478); *Letters* ccxiv. 7 (MPL 33. 970; tr. FC 32. 61f.). Quot. Battles tr., n. 38.

제4장

하나님이 사람의 마음에 역사하시는 방식
Quomodo operetur Deus in cordibus hominum

1–5. 하나님은 사람의 의지가 사탄에 예속되는 것도 작정하심
6–8. 자기의 의지에 따른 자유 결정도 하나님의 섭리에 속함

1. 자연인은 필연적으로 죄를 짓는 만큼 자원해서 죄를 지음

내가 잘못 보는 것이 아니라면, 사람은 죄의 멍에에 매인 포로가 되어서 자기의 본성으로는 성심껏 선을 갈망하지도 않고 열심을 기울여 그것을 얻으려고 애쓰지도 않는다는 것을 우리는 충분히 증명했다. 게다가 우리는 강제와 필연 사이에 분명한 구분을 지었다.

이로부터 자명해지는바, 사람은 필연적으로 죄를 지음에도 불구하고 결코 이에 못지않게 자원해서 죄를 짓는다.[274] 우리가 보기에 그는 마귀에 사로잡혀 노예 상태로 있을 동안에는 자기 자신의 의지보다 마귀의 의지에 의해 더 움직이게 된다. 그러므로 우리에게 남은 일은 이 두 가지 중에 어느 편이 더 강하게 작용하는지 결정해야 한다. 그리고 성경이 암시하듯이 나쁜 행위들 가운데는 어떻든 하나님께 돌려지는 활동이 개재(介在)한다고 볼 때 과연 그것이 무엇인지를 우리는 대답해야 한다.

어딘가에서 아우구스티누스는 사람의 의지를 기수의 명령을 기다리는 말(馬)에, 그리고 하나님과 마귀를 그 기수에 비유한다. 그는 말한다. "만약 하나님이 위에 올라타면 그는 절도 있고 숙련된 기수로서 의지를 침착하게 다스리고,

---

[274] "dum necessario peccat, nihilo tamen minus voluntarie peccare." Cf. *Institutio*, 2.3.5.

너무 늦을 때는 박차를 가하며, 너무 빠를 때는 제어하며, 너무 거칠거나 날뛸 때는 진정시키며, 제 길에 들어서도록 이끄신다. 그러나 만약 마귀가 그 자리를 차지하면 덜떨어지고 방자한 기수와 같이 광포하게 몰아 길을 아주 벗어나고, 개골창으로 몰아넣으며, 절벽 아래로 내달리게 하며, 자극을 가하여 오만하고 광포하게 만든다."275) 더 좋은 비유가 떠오르지 않으므로 당분간 이에 만족하기로 하자.

자연인의 의지는 마귀의 위세에 종속되고 그것으로 말미암아 요동친다고 사람들은 말한다. 그러나 이는 노예들이 속박되어 마지못해 하면서도 주인의 명령에 엄정히 복종하듯이 우리의 의지도 비록 내키지 않고 맞부딪히더라도 마귀로부터 받은 명령에 순순히 복종하도록 강요를 받게 된다는 것을 뜻하지 않는다.

오히려 이는 의지가 사탄의 궤계에 현혹되어 그 모든 이끎에 필연적으로 복종하는 자리에 서게 된다는 의미다. 왜냐하면 주님은 의로운 판단에 따라 자기 영으로 통치하시기를 합당하게 여기지 않으신 자들은 사탄의 행위에 내버려 두시기 때문이다. 이러한 까닭에 사도는 "이 세상의 신이" 그 끝이 멸망으로 정해진 "믿지 아니하는 자들의 마음을 혼미하게 하여" "복음의 광채"(고후 4:4)를 보지 못하게 한다고 말한다. 그리고 다른 곳에서는 그 신이 "불순종의 아들들 가운데서 역사"(엡 2:2)한다고 전한다.

불경건한 자들의 눈멂과 그것으로부터 후속하는 모든 악행은 '사탄의 작품들'이라고 일컫는다. 그러나 그것들의 원인은 사람의 의지 바깥에서 찾아서는 안 된다. 그것으로부터 악의 뿌리가 솟아나고 사탄의 나라의 근간이, 즉 죄가 그것에 터 잡고 있기 때문이다.276)

---

275) Cf. Pseudo-Augustine, *Hypomnesticon* II. xi. 20 (MPL 43. 1632); Augustine, *Psalms*, Ps. 33:5; 148:2 (MPL 36. 310; 37. 1938; tr. NPNF VIII. 74, 673). Quot. Battles tr., 2.
276) "quorum tamen causa extra humanam voluntatem quaerenda non est, ex qua radix mali surgit; in qua fundamentum regni satanae (hoc est, peccatum) residet."

2. 한 사안에 함께 돌려지는 하나님, 사탄, 사람의 일

하나님이 그런 일을 행하시는 방식은 아주 다르다. 이를 더욱 분명하게 살펴보기 위해 거룩한 사람 욥이 갈대아 사람들에 의해 당한 재난을 예로 들어 보자. 그들은 욥의 목자들을 죽였으며 적의를 품고 그의 가축 떼를 도륙했다(욥 1:17). 그들의 행위가 사악했음은 아주 분명하다. 사탄이 이 일에 무관하지 않음은 그로부터 모든 것이 비롯되었다고 역사가 진술하고 있음을 보아 알 수 있다. 그러나 욥 자신은 그 재난 가운데서 여호와의 일을 인식하고 있다. 그는 갈대아 사람들에 의해 갈취당한 것들을 여호와가 취하셨다고 말한다(욥 1:21). 어떻게 우리는 사탄을 하나님과 한 짝이라고 변명하거나 하나님을 악의 조성자로 선포하지 않으면서 이와 동일한 일의 장본인을 하나님으로, 사탄으로, 사람으로 삼을 수 있겠는가?

우리가 하나님의 일하심을 다룰 때에 먼저 그 목적을 돌아보고 나서 그 방법을 생각하면 쉽다.[277] 여호와의 계획은 재난을 통하여 자기 종의 인내를 훈련시키는 데 있다. 사탄은 그를 절망에 빠뜨리고자 노력한다. 갈대아 사람들은 법과 정당성 이전에 다른 사람의 것으로부터 이익을 취하는 일에 마음을 쏟는다. 그리하여 여러 계획의 다양성이 너무나 커 그것으로써 이미 행위가 뚜렷하게 구별된다. 이러한 구별은 방법에 있어서도 덜하지 않다. 여호와는 사탄이 자기 종을 해치는 것을 허용하신다. 그는 이 일을 수행하도록 갈대아 사람들을 자기의 일꾼들로 세우시고 그들이 사탄에게 넘겨져 강요당하도록 허용하신다. 사탄은 독화살을 사용해서 갈대아 사람들의 사악한 마음을 선동하여 그들이 이 악행을 완수하도록 한다. 그들은 광포하게 불의로 달려들어 모든 지체가 범죄에 얽어 매이고 전염되게 한다.

그러므로 사탄은 자기 나라, 곧 악의 나라에서 삶을 영위하는 유기(遺棄)된 자들 가운데 활동한다고 말하는 것이 적절하다. 또한 하나님은 자기 방식으로 자기의 의로운 심판을 수행하시기 위하여 자기의 진노의 도구인 사탄을 자기

---

[277] "Facile, si finem agendi primum inspiciamus, deinde modum."

의 지시와 명령에 따라서 이곳저곳으로 떠돌아다니게 하신다고 일컫는 것 역시 마땅하다.

여기서 나는 피조물들 모두를 지탱하시고 그것들이 무엇이든지 효과적으로 행할 수 있도록 이끄시는 하나님의 우주적 활동에 대해서는 다루고자 하지 않는다.278) 오직 나는 모든 개별 행위 가운데 나타나는 특별한 활동에 대해서만 지금 말하고 있다. 이런 점에서, 동일한 행위를 하나님, 사탄, 사람에게 돌리는 것은 불합리하지 않다. 목적과 방식에 있어서의 다양함은 하나님의 의를 비난할 수 없는 것으로 그곳에서 빛나게 한다. 반면에 사탄과 사람의 악은 그 자체의 불명예를 폭로할 뿐이다.

3. 하나님이 사탄의 일꾼들의 마음을 완고하게 하시는 것은 단지 그의 예지나 허용이 아니라 역사임

한때 보다 독실한 옛 교부들은 이 부분에 대한 진리의 단순함을 고백하는 것을 꺼렸다. 왜냐하면 하나님의 작품들에 대해서 몰염치한 언사를 공공연하게 남발하는 불경건의 창이 열릴까 우려했기 때문이다. 나는 이러한 신중함을 진심으로 높이 산다. 나는 성경이 가르치는 것을 우리가 단순히 붙잡고만 있다면 결코 위험하지 않다는 것도 인정한다. 때때로 심지어 아우구스티누스조차도 저 미신으로부터 한동안 자유롭지 못하였다. 예컨대 완고함과 맹목성은 하나님의 역사(役事)가 아니라 예지와 관계된다고279) 그는 말한다.

그러나 성경에서 말하는 그 많은 것들은 이러한 궤변들을 받아들이지 않고 예지 이상의 그 무엇이 개재(介在)되어 있음을 분명히 보여 준다. 아우구스티누스 자신은 『율리아누스를 반박함』(Contra Julianum) 제5권에서 죄는 단지 하나님

---

278) *Institutio*, 1.16.4.
279) "indurationem et excaecationem non ad operationem Dei, sed ad praescientiam spectare." 이는 다음을 출처로 한다. *De praedestinatione et gratia*, chs. vi. vii (MPL 45. 1668). 칼빈은 본서가 아우구스티누스의 작품이라고 확신하지만, 그 내용이 펠라기우스의 입장에 서 있다는 점 등에 고려 할 때, 그렇게 보기에는 여러 난점이 있다. Quot. Battles tr., n. 5.

의 허용과 인내에 의해서뿐만 아니라 이전의 죄들에 형벌이 가해지도록 그의 권능에 의해서도 일어난다고 긴 담론을 통하여 주장한다.[280] 그들이 허용에 대해서 개진하는 것 역시 너무나 일천해서 참기 어려울 지경이다. 매우 자주 하나님은 유기된 자들이 그들 자신의 마음을 돌이키고, 굽히게 하며, 자극하도록 그들을 눈멀게 하시고 완고하게 하신다고 일컬어지신다(사 6:10). 이에 대해서 나는 다른 곳에서 훨씬 더 상세하게 가르쳤다.[281]

만약 우리가 예지나 허용에로 도망친다면 하나님의 역사가 무엇인지에 대한 설명은 결코 들을 수 없을 것이다. 여기서 우리는 그것이 어떻게 일어나는지에 대해서 두 가지 논법으로 대답하도록 하자.

첫째 논법은 다음 사실에 기인한다. 즉 하나님의 빛이 제거되면 어둠과 눈멂만 남게 되고, 그의 영이 사라질 때에 우리의 마음은 굳어져 돌과 같이 되며, 그의 지도(指導)가 그칠 때에 우리의 마음은 비틀려 구부러질 것이므로, 보고 순종하며 올바르게 수행하는 재능이 결핍된 자들을 그가 친히 눈멀게 하시고 강퍅하게 하시며 뒤틀리게 하신다고 일컫는 것이 적절하다는 것이다.

둘째 논법은 말씀들의 특성에 더욱 가까이 나아가는 것으로서, 하나님은 사탄을 자기 진노의 일꾼으로 삼아 자기의 심판들을 수행하시기 위하여 자기 소견대로 사람들의 계획들을 지정하시고, 그들의 의지들을 일으키시며, 그들의 노력들을 강화시키신다는 사실에 기인한다. 그리하여 모세는 자기 백성에게 시혼 왕이 길을 제공하지 않은 것은 하나님이 그의 영과 마음을 딱딱하게 하셨기 때문이라고 언급한 후 곧 이어서 하나님의 계획의 목적이 그를 우리의 "손에 넘기시려고"(신 2:30) 한 데 있음을 전한다. 이렇듯 하나님은 시혼이 멸망되기를 원하셨던바, 그 왕의 마음의 완고함은 그를 파멸에 이르게 하시려는 하나님의 준비였다.

---

280) Augustine, *Against Julian* V. iii (MPL 44. 786ff.; tr. FC 35. 247-250). Quot. Battles tr., n. 6.
281) *Institutio*, 1.18.

4. 여호와는 친히 대적의 마음을 강퍅하게 하셔서 도구로 사용하심으로써 자기 백성에 대한 자기의 뜻을 이루심

첫째 논법에 따라 다음과 같이 말씀된 듯하다. "충성된 사람들의 말을 물리치시며 늙은 자들의 판단을 빼앗으시며"(욥 12:20; 참조. 겔 7:26), "만민의 우두머리들의 총명을 빼앗으시고 그들을 길 없는 거친 들에서 방황하게 하시며"(욥 12:24; 참조. 시 107:40), 또한 "여호와여 어찌하여 우리로 주의 길에서 떠나게 하시며 우리의 마음을 완고하게 하사 주를 경외하지 않게 하시나이까"(사 63:17). 이러한 본문들은 하나님이 사람들 안에서 자기의 일을 이루어 가시는 것보다 그들을 버려두심으로써 어떻게 빚어 가시는지를 지적한다.

그런데 이것들을 넘어서는 다른 증언들이 있다. 예를 들어 다음과 같이 바로의 마음을 강퍅하게 하심에 대한 말씀들이 있다. "내가 바로의 마음을 완악하게 하고……바로가 너희의 말을 듣지 아니할 터인즉……그가 백성을 보내 주지 아니하리니"(출 7:3-4; 4:21). 이후에 모세는 여호와가 바로의 마음을 "완강하게"(출 10:1) 하셨으며 "완악하게"(출 10:20, 27; 11:10; 14:8)하셨다고 전한다.

여호와가 부드럽게 하시지 않은 것이 강퍅하게 하신 것인가? 이는 사실이지만 하나님은 그 이상의 무엇을 하셨다. 그는 바로의 마음을 사탄에게 맡기셔서 완고함으로 딱딱해지게 하셨다. 이것이 앞서 "내가 그의 마음을 완악하게 한즉"(출 4:21)이라고 말씀된 이유이다. 이스라엘 백성이 애굽에서 나오게 되자 그 적성(敵性) 지역의 주민들이 그들을 만나러 나온다. 무엇이 그 사람들의 마음을 그렇게 자극하였는가? 모세는 그 "마음을 완고하게 하신"(신 2:30) 이가 여호와이셨다고 선포한다. 참으로 선지자는 동일한 역사적 이야기를 다음과 같이 헤아리며 말한다. "또 그 대적들의 마음이 변하게 하여 그의 백성을 미워하게 하시며"(시 105:25). 그들이 걸려 넘어진 것은 여호와의 계획에서 벗어났기 때문이라고 당신은 말할 수 없다. 왜냐하면 여호와가 그들을 '완고하게' 하시고 '변하게' 하셨다고 하므로 그들의 마음이 그렇게 굽혀지게 된 것은 계획에 따라 된 것이었기 때문이다.

나아가 그가 자기 백성이 저지른 위반들에 대해 벌하기를 기뻐하셨을 때 어떻게 유기된 자들을 통해 그 일을 이루실 수 있었겠는가? 그러므로 그 버림받은 자들은 사역(事役)을 제공했을 뿐 그 일이 수행됨에 따른 효과는 주님의 수중에 있었다는 사실을 당신은 깨닫게 될 것이다. 주님은 그들을 자기의 휘파람소리로 불러들이셔서(사 5:26; 7:18) 이스라엘 백성을 걸리게 하는 올무와(겔 12:13; 17:20) 부수는 망치(렘 50:23)로 사용하겠다고 경고하신다. 또한 주님은 산헤립을 도끼라고 부르시며(사 10:15) 그 도끼를 친히 휘두르고 겨누어 자기 백성을 찍으신다고 하셨는데, 이는 자기가 가만히 서서 보고만 있지 않으실 것이라고 명백히 선언하신 것이다.

아우구스티누스는 다른 곳에서 이 사안을 다음과 같이 아주 잘 정의하고 있다. "사람들이 죄를 짓는 것은 그들 자신에게 속한 일이다. 그들이 죄를 지음으로써 이것 혹은 저것을 행하는 것은 하나님의 능력으로부터 나온다. 하나님은 자기가 아시는 바대로 어둠을 나누기도 하신다."[282]

5. 하나님이 사탄과 불경건한 자들을 사용하셔서 자기의 일을 이루시는 고유한 방식

여호와가 자기 섭리에 따라 유기된 자들을 이런저런 목적으로 사용하실 때마다 그들의 마음을 선동하기 위한 사탄의 사역이 개입된다는 사실을 보여 주는 데는 성경 말씀 한 곳으로도 충분하다. 사무엘서를 통하여 종종 보게 되듯이 여호와께 속하고 여호와로부터 나온 악령이 사울에게 접했다거나 떠났다는 사실이 언급된다(삼상 16:14; 18:10; 19:9). 이를 성령에 관련시키는 것은 온당치 않다. 그 불순한 영이 '여호와의 영'이라고 불리는 것은 그것이 여호와의 뜻과 권능에 응답하여 작용하는 도구이기 때문이지 그것 자체로 그것들의 조성자가 되기 때문은 아니다. 동시에 우리는 바울의 말씀을 덧붙여야 한다. 바울은 하

---

[282] "quod ipsi peccant, eorum esse; quod peccando hoc vel illud agant, ex virtute Dei esse, tenebras prout visum est dividentis." Augustine, *On the Predestination of the Saints* xvi. 33 (MPL 44. 984; tr. NPNF V. 514). Quot. Battles tr., n. 8.

나님에 의해 오류들과 유혹들이 보내져 효과적으로 작용함으로써 진리에 순종하지 않는 자들이 거짓을 믿게 된다고 전한다(살후 2:10-11).

그러나 여호와가 행하시는 것과 사탄과 불경건한 자들이 시도하는 것은 같은 일이라고 하더라도 아주 큰 차이가 있다. 여호와는 나쁜 도구들을 자기 수하에 두시고 어디로든 자기가 기뻐하시는 곳으로 그것들을 향하게 하심으로써 자기의 의를 섬기게 만드실 수 있다. 여호와가 그렇게 하실 때, 그것들은 사악함으로 타락한 천성에서 배태된 불의한 열매를 보란 듯이 맺게 된다.

하나님의 엄위하심을 중상모략으로부터 변호하는 것이나 사악한 자들의 변명을 일체 끊어 버리는 것과 관련된 나머지 고려 사항들은 섭리에 관한 장에서 이미 다루었다.[283] 여기에서 나의 유일한 의도는 어떻게 사탄이 유기된 자들을 다스리는지와 하나님이 그 둘 모두에 대해서 어떻게 행하시는지를 간략하게 지적하는 데 있었다.

6. 하나님은 우리의 외적 활동에 있어서도 의지의 작용을 주장하심

우리가 위에서 살펴보기는 했지만, 그 자체로 의롭지도 않고 악하지도 않으며 영적인 삶보다 육체적인 삶을 더욱 지향하는 행위들에 있어서 사람이 가지고 있는 자유가 무엇인지는 아직 설명하지 않았다. 이것들에 관해서 어떤 사람들은 자유로운 선택을 용인했다.[284] 내가 생각하기에 그들이 그렇게 한 것은 중요하지 않은 문제에 대하여 논쟁을 일삼기보다는 자기들이 용인하는 것 자체를 확실하게 주장하기 위해서였다.

나는 자기들에게는 스스로 의에 이를 수 있는 능력이 전혀 없다는 사실을 견지하는 자들은 구원을 위하여 필히 알아야 할 으뜸가는 것들을 견지하고 있다

---

283) *Institutio*, 1.16-18.
284) 루터파의 입장을 지칭한다. Cf. Augsburg Confession I. xviii; Melanchthon, *Loci communes* (1535) (CR Melanchthon XXI. 374). Quot. Battles tr., n. 11.

고 인정한다. 하지만 우리가 우리에게 득이 되는 일을 선택하려는 마음을 지니게 될 때마다, 우리의 의지가 그 일을 하고자 기울 때마다, 혹은 역으로 우리의 정신과 마음이 우리에게 해로운 것을 피하고자 할 때마다, 이는 주님의 특별한 은혜라는 사실을 우리가 인식해야 한다는 점을 간과해서는 안 된다고 생각한다.

하나님의 섭리의 권능은 다음과 같이 두루 미치니, 그가 유익하리라 예견하신 방식대로 어떤 일들이 일어날 뿐만 아니라 사람들의 의지들도 그것과 동일한 것을 지향한다. 진실로 우리가 우리의 지각으로 사안들의 외적 경륜을 생각하는 한, 우리는 그 외적 경륜이 사람의 판단에 좌우된다는 것을 전혀 의심하지 않을 것이다. 그러나 주님이 외부적인 것들에 있어서도 사람들의 마음을 다스리신다고 선포하는 많은 증언들에 우리가 귀를 기울이게 되면, 의지 자체도 하나님의 특별한 활동에 종속시킬 수밖에 없게 될 것이다.

누가 이스라엘 사람들에 대한 애굽 사람들의 의지들을 누그러뜨려서 그들이 가진 가장 값지고 편리한 기명을 무엇이든 내어 주도록 하셨는가?(출 11:2-3) 그들이 그렇게 하도록 이끌림을 받은 것은 결코 자발적이지 않았다. 그러므로 그들의 마음은 그들 자신의 다스림을 받은 것이 아니라 더 한층 여호와 안에 스며들어 있었던 것이다.

우리가 보듯이, 하나님은 다양한 정서로 사람들의 마음을 움직이신다. 실로 야곱은 이 사실에 감화를 받지 않았다면 애굽의 속된 사람이라고 여겼던 자기 아들 요셉에 대해서 "전능하신 하나님께서 그 사람 앞에서 너희에게 은혜를 베푸사"(창 43:14)라고 말하지 않았을 것이다. 또한 모든 교회가 시편에서 고백하듯이, 하나님은 열방의 잔인한 마음을 길들여 관용을 갖게 함으로써 자기 백성이 긍휼히 여김을 받게 되기를 원하셨다(시 106:46).

한편 사울이 분노가 폭발해 선전(宣戰)한 것은 성령이 그렇게 하도록 했기 때문이다(삼상 11:6). 신탁과 같이 받아들여지곤 했던 아히도벨의 계획을 수용하지 못하게 압살롬의 마음을 멀어지게 하신 분은 누구셨는가?(삼하 17:14) 누가 르호보암의 마음을 기울게 해서 소년들의 계획에 현혹되게 하셨는가?(왕상 12:10, 14) 누가 일찍이 그 큰 담대함을 지녔던 나라들을 이스라엘 앞에서 떨게 하셨는가? 심지어 기생 라합도 그것이 하나님에 의해 행해진 일이라고 고백했다(수 2:9-11).

그뿐 아니라 이스라엘 백성의 마음을 공포와 경악 가운데 낙담케 하신 분은 율법의 위협 가운데서 그들에게 떨리는 마음을 주신 분이 아니라면 누구겠는가?(신 28:65. 참조. 레 26:36)

7. 하나님은 자유의지를 만들어 주시고 그 기능조차 다스리심

어떤 사람들은 이것들은 특별한 예들로서 그 법칙이 모든 것에 적용될 수는 없다고 반박할 것이다.285) 그러나 나는 그것들이 내가 주장하는 바를 충분히 증명해 준다고 말하고자 한다. 하나님은 자기의 섭리에 길을 내고자 원하실 때마다 심지어 외부적인 일들에 있어서조차도 사람들의 의지들을 굽히고 돌이키게 하신다. 그들은 하나님의 뜻이 자기들의 자유를 다스릴 수 없을 정도로 자유롭게 선택할 수는 없다. 당신이 원하든지 원하지 않든지 일상 경험은 당신의 마음이 당신 자신의 선택의 자유에 의해서보다 하나님의 감동하심에 의해서 좌우된다는 사실을 깨달을 수밖에 없을 것이다.

다시 말해서, 당신은 가장 소소한 일에 있어서는 판단이 혼란스럽고 정신이 자주 혼미해지며, 발생했으나 위험하지 않은 일에 있어서는 마음이 무기력해질 수도 있다. 반면에 매우 모호한 사안들에 있어서는 오히려 즉시 유익한 계획을 제시받으며, 크고 위험한 문제들에 대해서는 모든 어려움을 극복할 마음을 넉넉히 지니게 될 수도 있다.

나는 "듣는 귀와 보는 눈은 다 여호와께서 지으신 것이니라"(잠 20:12)라고 전하는 솔로몬의 말씀을 이러한 맥락에서 이해한다. 내가 보기에 여기에서 솔로몬은 귀와 눈을 창조한 것에 대해서가 아니라 귀와 눈에 고유한 기능이 부여된 특별한 은혜에 대해서 전하고 있다. 다음 말씀도 같은 취지에서 주어진다. "왕의 마음이 여호와의 손에 있음이 마치 봇물과 같아서 그가 임의로 인도하시느니라"(잠 21:1). 이러한 본문들을 통해 솔로몬은 모든 종(種)을 실제로 한 류(類)에

---

285) Erasmus, *De libero arbitrio*, ed. J. von Walter, p. 66. Quot. Battles tr., n. 12.

포함시키고 있다. 만약 모든 속박에서 해방된 한 의지가 있다면 그것은 모든 다른 의지를 다스리는 왕의 권세를 지니게 될 것이다. 그런데 그 왕의 의지가 하나님의 손으로 굽혀진다고 한다면 우리의 의지 역시 그러한 처지에서 벗어날 수 없을 것이다.

이 점에 대하여, 아우구스티누스는 다음과 같이 깊이 새겨야 할 만한 말을 했다. "성경을 부지런히 살펴보게 되면, 하나님은 악한 의지들로부터 선한 의지들을 만드시고 일단 자기에 의해서 그렇게 만들어지면 선한 의지들을 지도하셔서 선한 행위들과 영생의 열매를 맺게 하신다. 그뿐 아니라 하나님이 세상의 피조물을 보존하시는 의지들도 그의 권세 아래에 있기 때문에 그것들은 하나님이 원하시는 방식으로 원하시는 때에 행해지게끔 의도되어, 그의 가장 은밀하고 가장 의로운 판단에 따라 은총을 수여하거나 형벌을 가하게 된다는 사실을 보여 준다."[286]

8. 자유의지 논쟁은 행위의 결과가 아니라 행하고자 하는 마음의 선택과 성향에 관련됨

여기서 독자들이 기억하기를 바라는 것은 사람이 지닌 자유로운 선택의 능력이 어떤 무식한 자들이 주장하는 것처럼 어떤 일들의 결과에 의해서 판단받아서는 안 된다는 점이다. 그 무식한 자들은 심지어 최고 높은 지위에 있는 군주들도 모든 것을 자기 주견대로 행하지는 않는다는 사실을 들어 사람의 의지의 노예 상태를 변호함으로써 자기들이 얼마나 훌륭하고 천재적인지를 드러내려고 하는 모양이다.

그러나 우리가 지금 말하고 있는 이 재능은 무엇이든지 사람 안에 있는 것을 고려하자는 데 있지 외적인 성공을 측량하려는 데 있지 않다. 자유의지에 대한 논쟁은 마음으로 의도한 것은 무엇이든지 외부적인 곤경을 무릅쓰고라도 수

---

[286] Augustine, *On Grace and Free Will* xx. 41 (MPL 44. 906; tr. NPNF V. 461). Quot. Battles tr., n. 14.

행해서 완성해 낼 능력이 사람에게 있는지를 묻는 데 있지 않고 사람에게 과연 자유로운 판단의 선택과 의지의 성향 둘 모두가 존재하기라도 하는지를 묻는 데 있다. 만약 이 둘 모두가 사람들에게 구비되어 있다고 친다면, 사방에 못이 박힌 포도주통에 갇힌 아틸리우스 레굴루스(Atilius Regulus)에게도 세계의 광대한 부분을 자기 뜻으로 다스리는 아우구스투스 카이사르(Augustus Caesar, 눅 2:1)에 못지않은 자유의지가 있었을 것이다.[287]

---

287) 카르타고 사람들(Carthaginians)과 한 약속을 지키고자 생명을 버렸던 레굴루스는 키케로와 호라티우스 등 여러 문필가들의 찬미 대상이었다. 아우구스티누스는 기독교를 비난하는 이교도들을 겨냥해서 그렇다면 왜 로마 신들은 레굴루스를 구출하지 않고 그냥 죽게 내버려두었는지 반문한다. Augustine, *City of God* I. xv (MPL 41. 28; LCL Augustine, I. 68ff.; tr. NPNF II. 11). Quot. Battles tr., n. 15.

DE COGNITIONE DEI REDEMPTORIS IN CHRISTO,
QUAE PATRIBUS SUB LEGE PRIMUM,
DEINDE ET NOBIS IN EVANGELIO PATEFACTA EST

제5장

통상 자유의지를 변호하기 위하여 제기되는 이의들에 대한 반박

Obiectionum refutatio, quae pro defensione liberi arbitrii afferri solent

1-5. 자유의지를 주장하는 자들의 헛된 구실들
6-11. 율법의 명령은 자유의지의 한계를 일깨우고 약속을 제시함
12-19. 성경은 언약이 자유에 앞서고 은총이 의지에 앞섬을 가르침

1. 첫째 이의에 대한 반박: 의지의 노예 상태에서 모든 사람은 필연적이나 자원해서 죄를 지음

지금까지 우리는 사람의 의지의 노예 상태에 관하여 충분히 다루어 왔다. 이 사안에 대한 긴 논의가 필요했던 것은 거짓된 견해를 지닌 자들이 우리의 입장을 전복시키려는 시도를 그치지 않았기 때문이다. 우리를 공격하기 위하여 그들이 내세우는 이유는 다양했다.

그들은 먼저 몇몇 불합리한 말들을 한 입에 모은 후 그것들에 어울리는 성경의 증언들을 함께 내세워 우리의 입장이 상식에서 동떨어져 혐오감을 일으킬 뿐이라고 억지를 부린다. 우리는 그들의 이러한 두 가지 장치를 차례로 분쇄할 것이다. 그들은 죄가 만약 필연성에서 비롯된다면 이제 죄가 아니며 만약 그것이 자원적(自願的)이라면 피할 수 있다고[288] 말한다. 펠라기우스도 이 무기로써 아우구스티누스를 공격하였다. 그러나 우리는 아우구스티누스의 이름을 철퇴로 삼아 그것을 내리칠 뜻은 없다. 그 전에 사안 자체를 만족스럽게 다루는 것이

---

288) "Si peccatum……necessitatis est, iam desinit esse peccatum; si voluntarium est, ergo vitari potest." Erasmus, *De libero arbitrio*, ed. von Walter, p. 25. 이에 대한 반박이 다음에 나온다. Augustine, *Contra secundam Juliani responsionem, imperfectum opus* I. xlvi–xlviii, lx, lxxxii, lxxxiv, cvi (MPL 45. 1067–1071, 1081, 1103f., 1119f.); *On Man's Perfection in Righteousness* ii. 2 (MPL 44. 293; tr. NPNF V. 160); *On Nature and Grace* lxvii. 80 (MPL 44. 286; tr. NPNF V. 49). Quot. Battles tr., n. 1.

선행되어야 한다. 나는 죄가 단지 필연적이라는 이유로 죄로 여겨져서는 안 된다는 점에 대해서 부인한다. 또한 나는 그들이 역으로 추론하듯이 죄는 자원적이므로 피할 수 있다고 보는 점도 부인한다. 만약 하나님과 변론하는 가운데 자기가 달리 무엇을 할 수 없었다는 핑계를 대면서 심판을 피하기를 원하는 사람이 있다면 그에게는 우리가 다른 곳에서[289] 이끌어 내었던 다음과 같은 답이 즉시 마련되어 있다. 즉 사람들이 죄에 얽매여 악한 것 외에는 그 무엇도 원할 수 없는 것은 창조로부터가 아니라 본성의 부패에 따른 것이라는 사실이다.[290] 불순한 자들이 맘껏 변명거리로 사용하는 무능이, 아담이 저 마귀의 독재에 자원적으로 자기를 넘겨주어 사로잡힌 탓이 아니라면, 어디에로부터 왔겠는가?

그러므로 우리를 옥죄어 매는 사슬은 첫 번째 사람이 자기를 지으신 분으로부터 멀어진 사악함에서 비롯되었다. 하나님을 반역함에 있어서 세상의 모든 사람에게 그 탓이 돌려지는 것이 마땅할진대, 그들로 하여금 필연성 자체가 그들 자신을 향하여 저주가 퍼부어지는 가장 명백한 원인이라는 이유를 내세워 변명할 생각을 갖지 못하도록 하자.

위에서 나는 마귀 자신을 예로 들면서 이를 분명히 설명하였다. 그 가운데 드러난 바는 필연적으로 죄를 짓는 자는 결코 그에 못지않게 자원해서 죄를 짓는다는 것이다. 역으로 이는 택함 받은 천사들에게도 해당한다. 그들의 의지는 돌이켜 선으로부터 멀어질 수 없음에도 불구하고 그것은 의지가 아닌 것이 아니다. 베르나르두스 역시 동일한 것을 슬기롭게 가르쳤다. 즉 우리의 필연성은 자원적이기 때문에 더욱 우리를 비참하게 함에도 불구하고 우리를 사로잡아 얽매어 죄의 종이 되도록 한다.[291] 이에 대해서는 앞에서 언급하였다.

그들이 거론하는 삼단논법의 두 번째 부분은 사악하다. 그것은 '자원적'에서 '자유로운'으로 무모하게 비약하고 있기 때문이다. 우리가 위에서 밝혔듯이, 자유로운 선택에 속하지 않는 것도 자원적으로 일어나기 때문이다.

---

289) *Institutio*, 2.3.5.
290) "non ex creatione esse sed naturae corruptela, quod homines peccato mancipati nihil velle possunt nisi malum." Cf. *Institutio*, 1.14.3, 16.
291) Bernard, *Sermons on the Song of Songs* lxxxi. 7, 9 (MPL 183. 1174f.; tr. S. J. Eales, *Life and Works St. Bernard* IV. 498f.). Quot. Battles tr., n. 3.

2. 둘째 이의에 대한 반박: 하나님의 은혜로부터 성도의 공로가 존재하며 그 공로에 대한 상급도 은혜로 주어짐

그들은 덕과 악이 모두 의지의 자유로운 선택으로부터 나오지 않는다면 사람에게 형벌을 가하거나 상으로 보답하는 것에 일관성이 결여된다고 덧붙인다. 나는 이 논법이 아리스토텔레스에 속한 것이지만 크리소스토무스와 히에로니무스에 의해서도 어딘가에서 사용되었다고 인정한다. 그러나 히에로니무스 자신은 그것이 펠라기우스주의자들에게 익숙한 논법이었다는 점을 굳이 숨기지 않는다. 그는 심지어 그들 자신의 말을 다음과 같이 인용하기까지 한다. "만약 하나님의 은혜가 우리 안에서 일한다면 일하지 않는 우리가 아니라 그 은혜에 면류관을 씌워야 한다."[292]

나는 죄에 대한 비난이 뿜어져 나오도록 하는 우리에게 그 형벌이 부과되는 것이 마땅하다고 대답한다. 만약 우리가 자원적인 욕심으로 죄를 범한다면, 특히 사람은 죄의 노예 상태 아래 있으므로 죄인이라는 사실이 증명되는 한에 있어서, 자유로운 판단으로 죄를 짓든지, 굴종적인 판단으로 죄를 짓든지 그 차이가 도대체 무엇인가? 의에 대한 상급을 거론하면서도 정작 그것을 우리 자신의 공로가 아니라 하나님의 선하심에 달려 있다고 받아들인다면 이는 크게 부조리하게 보일 것이다.

그런데 이러한 생각이 아우구스티누스의 저서 가운데 얼마나 자주 나오는지 모른다. "하나님은 우리의 공로가 아니라 자기의 은사에 면류관을 씌우신다."[293] "'상급'이라고 불리는 것은 우리의 공로에 빚진 것이 아니라 이미 부여된 은혜에 보답되는 것이다."[294] 분명 그들은 만약 자유의지의 샘으로부터 공

---

[292] Aristotle, *Nicomachean Ethics* III. 5. 1113b (LCL ed., pp. 142f.); Chrysostom, *Homily on the Passage "The way of man is not in himself"*(Jer. 10:23) (MPL 56. 153-162); Jerome, *Letters* cxxxiii. 5 (CSEL 56. 249; tr. NPNF 2 ser. VI. 231); *Dialogue Against the Pelagians* I. 6 (MPL 23. 501). Quot. Battles tr., n. 4.

[293] "non merita nostra Deum coronare sed sua dona."

[294] "praemia autem vocari, non quae meritis nostris debeantur, sed quae gratiis iam collatis retribuantur." Augustine, *Letters* cxciv. 5. 19 (MPL 33. 880; tr. FC 30. 313); *On Grace and Free Will* vi. 15 (MPL 44. 890; tr. NPNF V. 450). Quot. Battles tr., 5.

로가 솟아나오지 않는다면 어디에도 그것에게 남겨진 자리는 없을 것이라고 날카롭게 지적한다.295) 그러나 그들이 이를 그토록 큰 논쟁점으로 삼는 것 자체가 크게 정도에서 벗어난 것이다. 아우구스티누스는 그들이 인정하기에 불가하다고 생각하는 바를 여러 곳에서 필수적인 것이라고 가르치는 데 주저하지 않는다.

예컨대 그는 다음과 같이 말한다. "도대체 어느 누구에게 공로가 있단 말인가? 그는 마땅한 보상이 아니라 값없는 은혜를 베풀기 위해서 오실 때에, 죄로부터 자유로우시며 또 죄에서 자유롭게 하시는 분으로서, 모든 사람이 죄인이라는 사실을 발견하신다." 그리고 "만약 당신이 빚진 대로 돌려줘야 한다면 필히 당신은 형벌을 받아야 할 것이다. 그렇다면 무슨 일이 일어날 것인가? 하나님은 당신에게서 당신의 빚진 형벌을 갚게 하지 않으시고 하나님의 빚지지 않은 은혜를 부여하신다.296) 만약 당신이 은혜에서 멀어지기를 원한다면 당신 자신의 공로를 자랑하라." 또한 "당신 스스로는 아무것도 아니다. 죄는 당신 자신의 것이다. 그러나 공로는 하나님의 것이다. 당신은 징벌을 빚지고 있다. 상급이 나타날 때 당신의 공로가 아니라 하나님의 은사에 면류관이 씌워질 것이다."297)

같은 맥락에서 아우구스티누스는 공로로부터 은혜가 존재하는 것이 아니라 은혜로부터 공로가 존재한다고 다른 곳에서 가르친다. 그리고 조금 후에 다음과 같이 결론을 내린다. 하나님은 자기의 은사로 모든 공로에 앞서 행하신다. 그 은사로부터 그는 자기 자신의 공로를 이끌어 내신다. 그는 전적인 은혜로 베푸신다. 왜냐하면 그는 사람을 구원해야 할 어떤 명분을 발견하시고 그것으로 말미암아 구원하시는 것이 아니기 때문이다.

이럴진대 굳이 아우구스티누스의 저술에서 반복해서 나타나는 문장들을 제

---

295) Cf. Cochlaeus, *De libero arbitrio*; Erasmus, *De libero arbitrio*, ed. von Walter, pp. 50, 53, 59; OS III. 299. Quot. Battles tr., n. 6.

296) "non tibi reddidit Deus debitam poenam, sed donat indebitam gratiam."

297) "nibil es per te; peccata sunt tua, merita autem, Dei; supplicium tibi debetur, et quum praemium venerit, sua dona coronabit, non merita tua." Augustine, *Psalms*, Ps. 70. ii. 5 (MPL 36. 895; tr. NPNF [Ps. 71] VIII. 324). Quot. Battles tr., n. 7.

시하면서까지 더 많은 증거들을 삼을 필요가 없다고 여겨진다. 우리의 대적들은 사도가 성도들의 영광을 도출해 내기 위하여 사용하는 다음 원리에 귀를 기울인다면 자기들의 오류에서 벗어나게 될 것이다. "또 미리 정하신 그들을 또한 부르시고 부르신 그들을 또한 의롭다 하시고 의롭다 하신 그들을 또한 영화롭게 하셨느니라"(롬 8:30). 그렇다면 무슨 이유로 사도는 신자들이 면류관을 받게 된다고 전하는가?(딤후 4:8) 그들은 자기들의 노력이 아니라 주님의 자비로 인하여 택함을 받고, 부름을 받고, 의롭다 함을 받지 않았는가?

이러한 의구심을 버리려면, 자유의지가 꿋꿋하게 서 있지 않으면 모든 공로가 무너져 없어질 것이라는 어리석은 두려움부터 사라지게 하라! 성경이 우리를 부르는 바에 의해 놀라 도망친다면, 이보다 더 큰 어리석음은 어디에도 없을 것이다. "네게 있는 것 중에 받지 아니한 것이 무엇이냐 네가 받았은즉 어찌하여 받지 아니한 것같이 자랑하느냐"(고전 4:7). 여기에서 보듯이, 사도는 공로에 어떤 여지도 남겨 두지 않으려고 자유의지를 모든 것으로부터 제거하여 버린다. 하나님은 자기의 다함없고 다양한 자애와 후하심이 마치 우리 자신의 덕성이라도 되는 듯이, 그 자신이 우리의 것으로 만드셔서 우리에게 부여해 주신 은혜들에 대해서 보상을 하신다.298)

3. 셋째 이의에 대한 반박: 타락 후 모든 사람이 악하나 어떤 사람은 하나님의 은사로 악을 떠나 선 가운데 끝까지 견인함

그들은 크리소스토무스에게서 취해 온 것처럼 보이는 것을 덧붙여, 만약 선과 악을 택하는 것이 우리 의지의 기능이 아니라면 동일한 본성을 나눠 가진 모든 사람은 악하거나 선하거나 해야 할 것이라고 이의를 제기한다.299) 암브로시

---

298) "Sed tamen ut inexhausta et multiplex est Dei beneficentia ac liberalitas, quas gratias in nos confert, quia nostras facit, perinde ac nostras virtutes remuneratur."
299) Chrysostom, *Homilies on Genesis*, hom. xxiii. 5 (MPG 53. 204). Quot. Battles tr., n. 8.

우스(Ambrosius)의 이름으로 유포되어 왔던 『이방인들의 소명』(De vocatione gentium) 도, 그 저자가 누구이든 간에, 이러한 입장과 멀리 떨어져 있지 않다. 그의 논법에 따르면, 하나님의 은혜가 우리에게 가변성이라는 조건을 남겨 두지 않았더라면 결코 그 어떤 사람도 믿음으로부터 뒤쳐지지 않았을 것이라고 한다.[300]

이렇게 대단한 사람들이 이런 망각에 빠져 있다는 사실이 놀랍다. 사람들 사이에 구별을 짓는 것이 하나님의 선택이라는 사실이 크리소스토무스의 정신에 가닿지 않았다는 말인가? 진정 우리는 바울이 모든 애를 다 쓰며 주장하는바, 모든 사람은 타락했으며 자기 자신을 악에 내주고 말았다는 사실을(참조. 롬 3:10) 인정함에 있어서 조금의 두려움도 갖지 않는다. 그러나 우리는 모든 사람이 하나님의 자비로 말미암아 사악함에 줄곧 머물러 있게 되지는 않는다는 사실을 바울이 전한 말씀에 덧붙인다.

그러므로 비록 우리 모두가 본성상 동일한 병을 앓고 있지만 오직 주님이 자기의 치유의 손을 뻗치기를 기뻐하시는 바 된 자들만이 회복될 것이다. 하나님의 의로운 심판에 의해 이로부터 제외된 다른 자들은 자기 자신의 부패 가운데 쇠약해져서 끝내 다 소진되고 말 것이다.

어떤 사람들은 끝까지 견인(堅忍)하고 어떤 사람들은 그 역정의 시작에서 넘어지고 만다. 이에는 어떤 다른 이유가 없다. 왜냐하면 견인 자체가 하나님의 선물이기[301] 때문이다. 그것은 모든 사람에게 무차별하게 부여되는 것이 아니라 그가 기뻐하시는 자들에게만 나눠진다. 왜 어떤 사람은 변함없이 견인하고 어떤 사람들은 요동치며 넘어지는지 그 차이에 대한 이유는 다른 것이 아니라 주님이 전자에게는 자기 자신의 능력으로 강하게 지탱시키셔서 멸망치 않게 하시고 후자에게는 동일한 능력을 베풀지 않으심으로 변덕의 증거들로 삼고자 하시는 데 있다.

---

[300] Prosper of Aquitaine, *The Call of All Nations* II. iv (MPL 17. 1112; 51. 689f.; tr. ACW XIV. 96f.). Cf. II. ii. 5, note 27. Quot. Battles tr., n. 9.

[301] "ipsa perseverantia donum Dei est."

4. 넷째 이의에 대한 반박: 성도는 교훈과 책망과 권고로 가르침을 받아 새롭게 변화되어 가면서 선을 행함

나아가 그들은 죄인의 수중에 복종할 능력이 없다면, 권고를 하는 것이 쓸 데 없고 충고하는 것이 헛되며 책망하는 것이 터무니없을 뿐이라고 주장한다.[302] 옛날에 아우구스티누스는 이와 유사한 것들로 난관에 부딪혔을 때 작은 책자 『책망과 은혜에 대한 발렌티누스 입장 반박』(De correptione et gratia ad Valentinum) 을 쓸 수밖에 없게 되었다. 여기서 그는 자기에게 제기된 문제들에 대해 폭넓게 반박하면서 자기 대적들에게 다음 요점을 환기시켰다. "오, 사람이여! 교훈 가운데, 당신이 해야 할 것을 인식하라. 책망 가운데, 당신이 가지지 못한 이유가 당신의 악 때문이라는 사실을 인식하라. 기도 가운데, 당신이 가지고자 원하는 것을 어디로부터 취할 것인지를 인식하라."[303] 『성령과 문자』(De Spiritu et littera)라는 자신의 책에서도 거의 같은 논지의 주장이 등장한다. 하나님은 자기 율법의 교훈들이 사람의 역량에 따라 측량되게끔 가르치시지 않는다.[304] 그러나 하나님은 올바른 것을 명령하셨을 때 자기의 택함을 받은 자들이 그것을 성취하도록 값없이 능력을 부여하신다.[305] 이 사안은 긴 논의가 필요치 않다.

첫째, 우리는 이에 대한 명분을 찾음에 있어서 홀로 동떨어져 있지 않다. 그리스도와 사도들이 우리와 함께 있기 때문이다. 그들이 자기들을 대적하는 자들과 몸부림치며 다툴 때에 어떻게 우위를 점할 수 있었는지 살펴보도록 하자. 그리스도는 "나를 떠나서는 너희가 아무것도 할 수 없음이라"(요 15:5)라고 증언하신다. 이러한 이유로 그는 자기를 떠나서 악을 행하고 있었던 자들을 비난하고 징계하시지 않았는가? 혹은 그리하여 어느 누구에게라도 열심을 다해 선행

---

302) Erasmus, *De libero arbitrio*, ed. von Walter, pp. 40f.; Herborn, *Locorum communium enchiridion* xxxviii (CC 12. 132). Quot. Battles tr., n. 11.

303) "o homo, in praeceptione cognosce quid debeas agere; in correctione cognosce tuo te vitio non habere; in oratione cognosce unde accipias quod vis habere."

304) "Deum legis suae praecepta non humanis viribus metiri."

305) Augustine, *On Rebuke and Grace* iii. 5 (MPL 44. 918; tr. NPNF V. 473); *On the Spirit and the Letter* (MPL 44. 199; tr. NPNF V. 83–114). Quot. Battles tr., n. 12.

에 힘쓰라고 권면하지 않으신 적이 있었던가? 바울은 고린도 사람들이 사랑에 게을렀음을 얼마나 엄중하게 나무랐는가?(고전 3:3; 16:14) 그럼에도 동일한 자들에게 끝내 주님에 의해 사랑이 부여되기를 그는 소원한다. 바울은 로마서에서 증언한다. "그런즉 원하는 자로 말미암음도 아니요 달음박질하는 자로 말미암음도 아니요 오직 긍휼히 여기시는 하나님으로 말미암음이니라"(롬 9:16). 그러면서도 계속해서 권면하고 책망할 뿐만 아니라 훈계하는 것을 그치지 않는다. 그렇다면 왜 그들은 주님께 오직 하나님만이 주실 수 있는 것을 사람들에게 요구하시는 일과 그의 은혜가 부족하여 초래된 것을 징계하는 일을 부질없이 행하지 마시라고 간청하지 않는 것인가? 왜 그들은 바울에게 하나님의 자비가 선행(先行)하지 아니하면 자기 힘으로는 원하거나 달려가거나 할 수 없을 뿐만 아니라 지금 하나님께 버림을 당한 상태에 있는 자들을 용서하라고 경고하지 않는가? 한층 신심(信心)을 다하여 경건하게 찾는 자들에게는 즉시 그 찾는 것이 부여된다는 주님의 가르침에 있어서 그 최고의 명분은 주님 자신에게 있지 않은가?

바울은 "그런즉 심는 이나 물 주는 이는 아무것도 아니로되 오직 자라게 하시는 이는 하나님뿐이니라"(고전 3:7)라는 말씀에서 가르침과 권고와 책망이 그 자체로 사람의 마음을 변화시키는 데 얼마나 많이 작용하고 있는지를 분명하게 전하고 있다. 같은 맥락에서 우리는 모세가 얼마나 엄격하게 율법의 교훈들을 제정하였으며(신 30:19) 선지자들이 얼마나 신랄하게 범법자들을 질책하고 위협했는지를 보게 된다. 그렇지만 이런 가운데서도 그들이 고백하는 바는, 사람들은 자기들에게 이해할 수 있는 마음이 주어질 때 비로소 지혜롭게 된다는 사실과(사 5:24; 24:5; 렘 9:13-14; 16:11-13; 44:10-30; 단 9:11; 암 2:4) 마음에 할례를 행하고(신 10:16; 렘 4:4), 돌 같은 마음 대신에 살 같은 마음을 주며(겔 11:19), 자기 율법을 우리 폐부 깊이 새기고(렘 31:33), 종국적으로 우리의 영혼을 갱신시켜(겔 36:26) 자기 가르침이 효과적이 되게 하는 것은 하나님께 고유한 일이라는 사실이다.

5. 전적인 은혜 아래서도 권고가 필요함

그렇다면 권고는306) 무엇을 지향하는가? 만약 불경건한 자들이 완고한 마음으로 권고를 거부한다면 바로 그 권고가 주님의 심판좌 앞에서 증언이 되어 그들을 정죄하게 될 것이다. 심지어 지금도 권고는 그들의 양심을 치고 두드린다. 그것을 마음껏 조소하는 아무리 무례한 사람이 있다고 하더라도 그것을 막무가내로 배척할 수는 없을 것이다.

그렇다면 순종하기 위하여 없어서는 안 되는 마음의 유순함을 받지 못한 비참하고 보잘것없는 사람이 무엇을 할 수 있을 것인지 당신은 물을 것이다. 그 완고함에 대한 책임이 다른 사람이 아니라 바로 자기 자신에게 돌려진다고 볼 때 그가 어떤 변명을 할 수 있을 것인가? 그러므로 불경건한 자들은 가능한 한 자유롭게 하나님의 권고를 희롱할 준비가 되어 있으면서도 정작 그것을 원하든 원하지 않든 간에 그 능력에 의해서 꺼꾸러지게 되는 것이다.

그러나 우리는 신자들을 향한 권고의 주요한 유익에 대해서 깊이 고려해야 한다. 주님은 자기 영을 통해서 모든 것을 행하시되, 자기 말씀의 도구를 도외시하지 않으시고 오히려 그것을 효과적으로 사용하신다. 그런즉 경건한 자들의 모든 의는 하나님의 은혜에 달려 있다는 사실이 참됨을 견지하도록 하자. 같은 맥락에서 "내가 그들에게 한 마음을 주고……내 규례를 지켜 행하게 하리니"(겔 11:19-20)라는 말씀이 선지자에 의해 주어진다. 그러나 당신은 아마 이를 반박하면서, 왜 그들은 성령의 지도에 맡겨진 채 그냥 머물러 있게 되지 않고 그들 자신의 직분에 대해서 지금 충고를 받고 있는지, 그들은 성령의 자극이 임하는 그 이상으로 서두를 수 없음에도 불구하고 왜 권고가 그들에게 누적되는지, 그들은 불가피한 육체의 연약함 때문에 타락하였는데 왜 길에서 벗어날 때마다 징계를 받아야 하는지를 물을 것이다.

오 사람이여, 당신은 누구이기에 하나님께 법을 부과하려 드는가? 하나님이 권고를 통하여 우리를 준비시키고자 하심에 있어서, 그 권고에 순종하는 것 자

---

306) "exhortationes."

체가 은혜로 말미암은 것일진대, 누가 감히 그 경륜을 비난하고 조소할 수 있겠는가? 설혹 권고와 비난이 경건한 자들 가운데서 죄를 들춰내 돌아보게 하는 역할 외에 아무것도 할 수 없다손 치더라도 그 이유로 그것들이 완전히 무익하다고는 할 수 없다. 성령이 내적으로 작용하면 권고는 우리 안에서 선을 향한 열망을 불타오르게 하고, 나태함을 벗어 버리며, 악을 기뻐하고 독을 달콤하게 여기는 마음 대신 그것들에 대한 미움과 혐오를 극적으로 일으키는 데 효과적으로 작용하는바, 누가 그것을 감히 불필요하다고 경멸할 수 있겠는가?

만약 누군가 더 명확한 답을 원하는 사람이 있다면 여기에 그것이 있다. 하나님은 자기의 택함 받은 자들에게 두 가지 방식으로, 즉 속으로는 영을 통하여, 밖으로는 말씀을 통하여 역사하신다.[307] 영으로, 그는 그들의 마음을 조명하시고 가슴에 의를 사랑하고 연마하는 싹이 트게 하심으로써 그들을 새로운 피조물로 만드신다. 말씀으로, 그는 그들이 이와 동일한 갱신을 기대하고, 찾고, 얻게끔 자극한다. 이 둘로써 하나님은 자기 경륜의 방식에 따라 자기 손의 효과를 얻으신다. 그런데 하나님이 동일한 말씀을 유기된 자들을 향하여 주시는 목적은 그들을 교정시키고자 함이 아니라 다른 용도를 효과적으로 이루기 위해서이다. 즉 현재에는 양심의 증언으로 그들을 압박하고 심판의 날에는 그들을 더욱 변명치 못하게 하려 하심이다.

그리스도는 "아버지께서 이끌지 아니하시면 아무도 내게 올 수 없으니" 택함 받은 자들로서 "아버지께 듣고 배운 사람마다 내게로 오느니라"(요 6:44-45)라고 선포하시면서도, 여전히 자기의 교사 직분을 무시하지 아니하시고, 성령에 의해서 내적으로 가르침을 받아 진보를 이룰 필요가 있는 자들을 자기의 음성으로 부지런히 초청하신다. 바울은 유기된 자들에게도 가르침이 무익하지 않음을 지적한다. 왜냐하면 그들에게 그것은 "사망으로부터 사망에 이르는 냄새"(고후 2:16)나 하나님께는 달콤한 "향기"(고후 2:15)이기 때문이다.

---

307) "Deus in electis suis operatur: intus, per spiritum; extra per verbum." Cf. *Institutio*, 1.7.4; 1.9.3; 3.1.

6. 하나님의 규범들은 우리 능력의 잣대가 아닐뿐더러 우리 능력에 의해 제한되지 않음

그들은 성경의 증언들을 모으느라 힘을 다해 애쓰고 쉼 없이 부지런을 떨고 있지만 적어도 그 수로는 우리를 압도하는 듯해도 아무 장악력이 없다. 전투에서 준비되지 않은 큰 무리가 대적하며 온갖 뽐을 다 내고 보일 수 있는 것을 다 드러내어 과시하더라도 일대일로 맞붙으면 오합지졸에 불과해 약간의 타격만 가해도 제각기 흩어져 도망치고 말듯이, 우리는 우리를 대적하는 이들 큰 무리를 쉽게 흩어지게 할 수 있을 것이다. 그들이 우리에게 맞서서 오용하는 모든 구절을 그 종류별로 뽑아 보면 소수의 주요한 제목들 아래 몇몇으로 분류된다. 그러므로 한 대답으로도 여러 질문을 충분히 당해 낼 수 있을 것이다. 그 각각을 개별적으로 다룰 필요는 없을 것이다.

그들은 하나님의 규범들에 주요한 방점을 찍는다. 그들은 그 규범들이 우리의 재능들에 맞추어졌으므로 그것들에 의해 분명히 요구되는 것은 무엇이든 간에 끝내 우리가 필연적으로 실행할 수 있다고 생각한다.[308] 그리하여 그들은 개개의 계명들을 낱낱이 파악하고 그것들로부터 우리의 능력을 측정하는 잣대를 마련한다. 하나님은 우리에게 거룩함, 경건, 순종, 유순함을 명령하시거나 불결, 우상 숭배, 부정, 진노, 강탈, 교만 등을 금하실 때에 우리를 경멸하시기 위함이 아니라면 우리의 권세 하에 있는 것들을 요구하시기 위함이라고 그들은 말한다.

여기에서 우리는 그들이 쌓아올린 거의 모든 계명을 세 부류로 나눌 수 있다. 어떤 것들은 먼저 사람이 회심하여 하나님께로 이를 것을 요구한다. 다른 것들은 단순히 율법 준수에 대해서 말한다. 또 다른 것들은 하나님의 은혜로 받아들인 것들을 지켜 나갈 것을 명령한다. 우리는 이 모두를 일반적으로 논의한 후 그 세 가지 형태를 각각 다루도록 할 것이다.

---

308) "quae putant facultatibus nostris sic attemperata esse, ut quidquid ab illis exigi probatum sit, his praestari posse necessario consequatur."

아주 오래 전부터 하나님의 율법의 규범들을 잣대로 삼아서 사람이 지닌 재능들의 치수를 재어보던 습관이 세간에 널리 퍼지기 시작했다. 이는 율법에 대한 극악한 무지로부터 비롯된 것으로서, 겉으로 멋만 낼 뿐 아무것도 아니다. 율법 준수가 불가능하다고 말하는 것을 끔찍한 값을 치를 죄를 짓는 것이라고 여기는 자들은 이를 가장 강력한 논지로 삼아 그렇지 않다면 율법이 헛되이 부여되었을 것이라고 주장한다.[309] 마치 그들은 바울이 아무 곳에서도 율법에 대해 전하지 않은 듯이 말한다.

그렇다면 나는 묻는다. "율법은······범법하므로 더하여진 것이라"(갈 3:19), "율법으로는 죄를 깨달음이라"(롬 3:20), 율법이 죄를 생기게 한다(참조. 롬 7:7-8), "율법이 들어온 것은 범죄를 더하게 하려 함이라"(롬 5:20). 이 말씀들이 전하고자 하는 바는 무엇인가? 율법은 헛되이 부여되지 않으려면 우리 능력에 맞도록 제한되어야 하는가? 오히려 그것은 우리 너머 훨씬 위에 자리 잡아 우리 자신의 무능함을 들춰내고 있지 않는가?[310]

바울이 내린 율법의 정의에 따르면 그 목적과 완성이 사랑에 있음이 분명하다(롬 5:20). 그렇지만 그는 데살로니가 사람들 마음에 사랑이 넘치게 해 달라고 기도한다(살전 3:12). 그리하여 하나님이 우리의 마음속으로 율법의 요체 전부를 영감시켜 주시지 않으시면(참조. 마 22:37-40) 우리 귀에 아무런 유익 없이 울릴 뿐이라는 점을 고백하고 있다.

7. 율법의 명령에는 그 규범 혹은 교훈이 은혜로 이루어진다는 약속이 함께 있음

말할 나위도 없이 만약 성경이 율법은 우리가 노력을 기울여야 할 삶의 규범 외에 다른 어떤 것도 아니라고 가르쳤다면 나 역시 지체 없이 그들의 의견에

---

309) Cf. *Institutio*, 2.7.5; Eck, *Enchiridion* (1541), fo. 188a. Quot. Battles tr., n. 14.
310) "Quin potius longe supra nos positam, quo impotentiam nostram convinceret."

동조했을 것이다. 그러나 성경은 율법의 다양한 용법을 견실하고 명료하게 설명하므로[311] 우리는 그 해석을 통하여 율법이 사람 안에서 어떤 실제적 작용을 하는지를 깊이 숙고해 보는 것이 타당하다.

현안에 대한 질문과 관련하여 율법은 우리가 무엇을 해야 하는지를 규정하는 동시에 그것에 복종하는 능력이 하나님의 선하심에서 나온다는 사실을 가르치며 그 능력이 우리에게 부여되도록 간청하는 기도를 드리도록 우리를 권유하고 있다. 만약 명령만 존재하고 아무 약속도 없다면 그 명령을 충분히 감당해 낼 만한 능력이 우리에게 있는지 시험해 봐야 할 것이다. 그런데 율법의 명령에는 우리에 대한 보호뿐만 아니라 우리의 능력 전부도 하나님의 도움에 의존한다고 선포하는 약속이 즉시 결합된다. 이 사실은 우리가 율법을 준수하는 데 있어서 전적으로 어리석을 뿐만 아니라 그것에 필적할 만한 능력이 없다는 것을 충분하고도 남을 만큼 입증한다.[312]

그렇기 때문에 우리는 마치 주님이 율법 가운데 수여하시는 의의 규범이 우리 연약함의 척도에 따라 작용되기라도 하듯이 우리의 능력과 율법의 교훈을 어느 비율로 분담시키는 일에 더 이상 얽매이지 않도록 해야 한다. 그리고 모든 부분에서 그의 은혜가 너무나 절실히 필요한 우리는 율법의 약속들을 통하여 우리가 얼마나 준비가 되어 있지 않은지를 한층 더 돌아보아야 한다.

그들은 이를 반박하면서 과연 주님이 율법을 나무줄기나 돌들에게 주시려고 만드셨다는 것을 누가 그러려니 하면서 믿겠느냐고 반문한다.[313] 그러나 그 누구도 이런 논법으로 다른 사람을 설득시킬 수는 없다. 왜냐하면 불경건한 자들조차도 율법을 통하여 자기들의 육욕이 하나님을 대적하는 것이라는 사실을

---

311) Cf. *Institutio*, 1.6.2; 2.7.6, 10–12.

312) "Si solum exstaret imperium, nulla promissio, tentandae essent vires, an ad respondendum imperio sufficerent; sed quum simul promissiones connectantur, quae in divinae gratiae auxilio non modo subsidium, sed totam virtutem nobis esse sitam clamant, illae satis superque testantur nos prorsus ineptos, nedum impares, observandae legi esse." 율법에는 "명령"(imperium) 혹은 "규범"(praeceptum)과 함께 "약속"(promissio)이 포함되어 있는 "언약의 법"(lex foederis) 혹은 "은혜의 법"(lex gratiae)이라는 점은 이후 율법의 본질을 다룰 때 상세하게 논의된다. *Institutio*, 2.7.3–5.

313) Cf. Origen, *De principiis* III. i. 5 (GCS 22, 200; MPG 11, 254; tr. G. W. Butterworth, *Origen On First Principles*, p. 162; ANF IV, 304); Augustine, *Sermons* clvi. 12. 13 (MPL 38, 857; tr. LF *Sermons* II. 769f.). Quot. Battles tr., n. 16.

알고 자기 스스로 인정함으로써 죄책을 느끼게 될 때에 그들은 바위들이나 나무둥치들이 아니기 때문이다. 또한 경건한 자들이 그들 자신의 무능함에 대하여 훈계를 받고 은혜로 도망칠 때에도 그들은 나무줄기나 돌들이 아니기 때문이다.

이 점에 관해서 다음과 같은 아우구스티누스의 엄중한 말들을 인용하는 것이 적절하다고 본다. "하나님은 우리가 할 수 없는 것을 명령하셔서 우리가 그 자신으로부터 무엇을 구해야 하는지를 알게 하신다."[314] "만약 하나님의 은혜를 더욱 고귀하게 여길 만큼 자유의지를 중시한다면 교훈들의 유익함은 대단할 것이다."[315] "믿음은 율법이 명령하는 것을 성취한다." "참으로 율법이 명령하는 것은 율법을 통하여 명령된 것을 믿음이 성취하게 하려 함이다. 참으로 하나님은 믿음 자체를 우리에게 요구하신다. 하지만 그가 찾으실 것을 주지 않으시고서는 요구하시는 것을 찾지 않으신다."[316] 또한 "하나님이 명령하시는 것을 주시게 하며 원하시는 것을 명령하시게 하라."[317]

---

[314] "iubet Deus quae non possumus, ut noverimus quid ab ipso petere debeamus."

[315] "magna est praeceptorum utilitas, si libero arbitrio tantum detur, ut gratia Dei amplius honoretur."

[316] "fides impetrat quod lex imperat, imo ideo lex imperat, ut impetret fides quod imperatum erat per legem; imo fidem ipsam exigit a nobis Deus, et non invenit quod exigat, nisi dederit quod inveniat."

[317] "det Deus quod iubet, et iubeat quod velit." 이상의 인용은 각각 다음에서 나타난다. Augustine, *On Grace and Free Will* xvi. 32 (MPL 44. 900; tr. NPNF V. 457); *Letters* clxvii. 4. 15 (MPL 33. 739; tr. FC 30. 45); *Enchiridion* xxxi. 117 (MPL 40. 287; tr. LCL VII. 409); *Confessions* X. xxix. 40; xxxi. 45 (MPL 32. 796, 798; tr. LCC VII. 225, 228); *Psalms*, Ps. 118. xvi. 2 (MPL 37. 1545; tr. LF *Psalms* V. 381); *On the Gift of Perseverance* xx. 53 (MPL 45. 1026; tr. NPNF V. 547). Quot. Battles tr., n. 17. 여기에 개진된 아우구스티누스의 논법은 이러하다. 처음 인류는 죄를 짓지 않을 수도 지을 수도 있는(posse non peccare sive peccare) 상태에서 자기의 자유의지에 따른 순종으로 하나님을 기쁘시게 할 수 있었으나 타락 후 인류는 전적으로 오염되어서 죄를 지을 수밖에 없는(non posse non peccare) 상태에서 하나님을 기쁘시게 할 순종을 할 수 없게 되었다. 그러나 이제 하나님은 특별한 은혜를 베푸셔서 택함 받은 자들이 이전의 상태로 회복될 뿐만 아니라 오히려 이전보다 더 낫게 하셔서 이제는 죄를 지을 수 없는(죄를 지어서는 안 되는, non posse peccare) 상태에 있게 하신다. 할 수 없는 것을 명령하셔서 행하게 하시되, 먼저 행할 은혜를 베푸심으로써 그렇게 하신다. Cf. David F. Wright, "*Non posse peccare* in this life? St. Augustine, *De correptione et gratia* 12:33," in *St Augustine and his Opponents, Other Latin Writers*, Studia Patristica, vol. 38 (Leuven: Peeters, 2001), 348–353.

8. 우리는 오직 은혜로 하나님께로 회심하고, 그의 명령을 지키며, 마지막 날까지 인치심을 받음

이는 우리가 위에서 다루어 온 세 가지 형태의 교훈들을[318] 돌아보면 더욱 분명해진다.

먼저, 매우 자주 여호와는 율법과 선지서들 모두에서 우리가 자기에게 돌이킬 것을 명령하신다(욜 2:12; 겔 18:30-32; 호 14:2-8). 그리고 한편에서 선지자는 "여호와여 나를 돌이키소서 그리하시면 내가 돌아오겠나이다 내가 돌이킨 후에 뉘우쳤고"(적용. 렘 31:18-19)라고 화답하며 노래한다. 주님은 우리에게 마음의 가죽을 베는 할례를 받으라고 명령하신다(신 10:16; 렘 4:4). 그러나 모세를 통해서는 자기 손으로 이 할례가 행해짐을 선포하신다(신 30:6). 주님은 여러 곳에서 새 마음을 요구하신다(겔 18:31). 그러나 다른 곳들에서는 그것이 하나님 자신에 의해서 주어진다고 증언하신다(겔 11:19; 36:26). 아우구스티누스가 말하듯이 "하나님이 약속하시는 바는 우리 자신이 의지나 본성을 통하여 행하는 것이 아니라 하나님 자신이 은혜를 통하여 행하신다." 아우구스티누스는 우리가 율법과 약속들 사이 또는 계명들과 은혜 사이를 잘 구별해야 한다는 것을 철칙으로 삼고 이를 티코니우스(Tychonius)의 규범들 가운데 다섯째 자리에 둔다.[319] 사람에게는 순종에 이르게 하는 무엇이 있을 것이라고 율법의 교훈들로부터 추론하면서 하나님의 은혜를 파괴하려는 자들은 이제 우리를 떠나게 하라. 왜냐하면 은혜가 없다면 그 교훈들은 성취될 수 없기 때문이다.

두 번째 종류의 교훈들은 간단하다. 율법의 교훈들에 의해서 우리는 하나님께 예배를 드리고, 그의 뜻을 섬기고, 그것을 굳게 붙잡으며, 그가 기뻐하시는 것들을 준수하며, 그의 가르침에 따르도록 명령을 받는다. 그러나 우리가 가질 수 있는 의, 거룩함, 경건, 순수함이 무엇이든지 간에 그것들은 하나님의

---

[318] *Institutio*, 2.5.6.

[319] Augustine, *On the Grace of Christ and on Original Sin* I. xxx f. (MPL 44. 375; tr. NPNF V. 228); *On Christian Doctrine* III. xxxiii. (MPL 34. 83; tr. NPNF II. 569). 아우구스티누스는 370-390년경에 활동한 도나투스주의자(Donatist) 티코니우스가 390년경에 쓴 성경 이해의 일곱 가지 원칙 중의 셋째 것을 여기서 언급한다. Quot. Battles tr., n. 19.

선물들이라는 사실을 증언하는 본문들은 헤아릴 수 없이 많다.

세 번째 종류로는 바울과 바나바가 신자들에 대하여 한 권고로서 누가에 의해서 언급되는 "항상 하나님의 은혜 가운데 있으라"(행 13:43)라는 말씀이다. 그러나 바로 그 바울이 그 덕성의 항구성이 어디에서 추구되어야 하는지 가르친다. "형제들이여, 너희가 주 안에서 강건하여지고"(적용. 엡 6:10)라고 그는 말한다. 그리고 다른 곳에서는 "하나님의 성령을 근심하게 하지 말라 그 안에서 너희가 구원의 날까지 인치심을 받았느니라"(엡 4:30)라고 전한다. 그런데 이곳에서 요구되는 것을 사람들이 완수할 수 없으므로 바울은 하나님이 데살로니가 사람들을 그 자신의 거룩한 부르심에 합당한 자로 여기시고 그 자신의 선하심에 부합되는 모든 선과 그들 가운데서의 믿음의 역사를 이루어 주시기를 간청한다(살후 1:11).

같은 방식으로 바울은 고린도 사람들에게 보낸 두 번째 편지에서 구제를 다루면서 그들의 선하고 경건한 의지를 한껏 자주 칭찬하지만(고후 8:11) 조금 뒤에서는 디도에게 권고를 받아들일 마음을 주신 하나님께 감사드린다(고후 8:16). 이렇듯 하나님이 줄곧 디도 속에 생각을 불어넣지 않으셨다면 그는 다른 자들을 권고하는 자기 입의 직분도 감당할 수 없었을 것이다. 그렇다면 다른 사람들도 각자의 마음이 하나님 자신에 의해서 이끌림을 받지 않는 한 자원적으로 행할 수 없지 않았겠는가?

9. 회심의 결과를 낳는 일이 하나님과 우리 사이에 반분되지 않음

교활하게도 우리와 맞서는 자들은 이러한 모든 증언에 대해서 조롱을 서슴지 않는다. 그들은 하나님이 우리의 연약한 노력에 도움을 더하신다고 해서 그 무엇도 우리 자신이 우리의 능력을 발휘하는 것을 방해하지는 못한다고 주장한다. 그들은 또한 회심의 결과를 하나님과 우리 사이에 반분시키는 듯이 보이게 하는 말씀들을 선지자들로부터 제시한다. "너희는 내게로 돌아오라……그리하면 내가 너희에게로 돌아가리라"(슥 1:3).

하나님이 어떤 도움을 우리에게 베푸시는지에 관해서는 위에서 설명했으므로[320] 여기에서는 더 다룰 필요가 없다. 다만 하나님의 모든 교훈을 이루기 위해서는 율법수여자의 은혜가 필요하다는 사실과 그 은혜가 우리에게 약속되었다는 사실이 모두 분명한 이상, 나는 여기에서 주님이 율법에 대한 우리의 순종을 명령하신다는 단지 그 사실 때문에 율법을 성취할 재능을 우리 안에서 찾는 것은 무모하다는 사실을 확정하고 싶다. (이 첫 번째 논거에 비추어 볼 때) 우리에게 요구되는 것은 최소한 우리가 지불할 수 있는 것 이상이라는 사실이 분명히 드러난다. 예레미야가 전하는 다음 말씀은 어떤 궤변으로도 반박될 수 없다. 즉 구약 백성과 맺은 하나님의 언약은 단지 문자로 되었기 때문에 무효가 되었으며, 더욱이 그것을 마음으로 순종하도록 만드는 하나님의 영이 개입하지 않으면 언약이 성립되지 않는다는 것이다(렘 31:32-33).

그뿐 아니라 "너희는 내게로 돌아오라……그리하면 내가 너희에게로 돌아가리라"(슥 1:3)라는 말씀도 그들의 오류를 지지하는 데 도움이 되지 않는다. 본문은 하나님의 돌이키심이 그가 우리의 마음을 새롭게 해서 뉘우침에 이르게 하시는 데 있는 것이 아니라 우리의 물질적 번영을 통해 자기의 은총을 베푸시고 용서하시는 분이심을 증언하고자 함에 있음을 지시한다. 이는 때때로 그가 물질적 역경을 통해 자기의 불쾌함을 드러내시는 것과 일맥상통한다. 백성들은 수많은 종류의 비참한 일들과 재난들에 위협을 당할 때 하나님이 돌이켜 자기들을 떠났다고 불평했기 때문에 하나님은 그들이 정직한 삶으로 그리고 의의 모범이신 하나님 자신에게로 돌아오면 하나님의 선하심을 부족하지 않게 베푸실 것이라고 그들에게 응답하신다. 그러므로 위의 본문을 통해 마치 회심의 일이 하나님과 사람 사이에 분담되는 듯이 보인다고 추론하는 그들은 그것을 악하게 왜곡하고 있는 것이다. 본 사안을 더 고유하게 논의할 자리는 율법에 대한 연구를 할 때라 여겨지므로[321] 여기서는 가급적이면 간략하게 술회하였다.

---

320) *Institutio*, 2.5.7-8.
321) *Institutio*, 2.7.8-9.

10. 하나님이 베푸실 은혜의 약속들은 우리의 의지에 부응해서 주어지는 것이 아님

순서상 두 번째 논거는 첫 번째 논거와 매우 밀접하게 관련되어 있다. 그들은 주님이 우리의 의지에 부응하는 약속들을 베풀어 주셨다고 변명을 일삼는다. 예컨대 "너희는 살려면 선을 구하고 악을 구하지 말지어다"(암 5:14). "너희가 즐겨 순종하면 땅의 아름다운 소산을 먹을 것이요 너희가 거절하면……칼에 삼켜 버려지리라 여호와의 입의 말씀이니라"(사 1:19-20). 또한 "네가 만일 나의 목전에서 가증한 것을 버리면 네가 버림을 당하지 아니하리라"(적용. 렘 4:1). "네가 네 하나님 여호와의 말씀을 삼가 듣고……그의 모든 명령을 지켜 행하면……여호와께서 너를 세계 모든 민족 위에 뛰어나게 하실 것이라"(신 28:1). 그리고 다른 유사한 구절들이 더 남아 있다(레 26:3-4).

그들은 주님이 자기 약속들 가운데 베푸시는 이러한 복들을 견고하게 하거나 무효로 만드는 힘이 우리에게 있지 않다면 그 약속들에 우리의 의지를 관련시키는 것이 적절하지 않을 뿐만 아니라 조롱하는 것에 다름없다고 생각한다. 다음과 같이 유창함을 뽐내는 그들의 불평들을 통해서 이 사안을 확대해 보는 것은 아주 쉬운 일이다. "만약 우리의 의지 자체가 우리의 권리 아래 있지 않다면, 주님은 자기의 선하심이 우리의 의지에 달려 있다고 선포하실 때 잔인하게 우리를 속이고 계신 것이다. 만약 하나님이 자기의 복을 우리에게 펼쳐 보이시나 도무지 우리에게 그것을 감당할 능력이 없다면, 과연 그 후하심은 얼마나 경이롭다고 할 것이며, 결코 실현되지 못할 불가능한 일에 의존하고 있는 약속들의 확실성은 얼마나 기묘하다고 할 것인가!"[322]

조건이 부착된 약속들에 대해서는 다른 곳에서 언급할 것이다.[323] 그곳에서 그것들을 성취하는 것이 불가능하다는 사실이 어떤 불합리한 점도 없이 분명

---

[322] 이러한 반론은 에라스무스 및 16세기 로마 가톨릭 신학자들인 카스퍼 샤츠게이어(Caspar Schatzgeyer, 1464경-1527), 요한네스 코크라이우스(Johannes Cochlaeus, 1479-1552), 알폰소 데 카스트로(Alfonso de Castro, 1495-1558), 요한 아우구스타누스 파베르(Johann Augustanus Faber, 1470경-1531) 등 루터를 반대하는 자들에 의해서 이미 누차 제기되었다. Cf. OS III. 308. Quot. Battles tr., n. 22.

[323] *Institutio*, 2.7.4; 2.8.4; 3.17.1-3, 6-7.

하게 밝혀질 것이다. 이 점에 관한 한 하나님은 우리가 전적으로 무능함을 아시면서도 우리를 초대하여 자기의 복을 받을 만한 일을 하라고 하시는 것이 우리를 잔인하게 속이시는 것이라는 주장을 나는 인정하지 않는다. 이렇듯 신자들과 나란히 불경건한 자들에게도 약속들이 부여되므로 그 소용은 양편 모두에 가닿는다.

하나님은 자기 교훈들로 불경건한 자들의 양심을 찔러 그들이 그의 심판들에 대한 기억을 다 잊어버리고 너무 죄에 탐닉하지 않도록 하시듯이, 그들에게 하나님 자신의 약속들을 베푸셔서 그들이 얼마나 하나님의 선하심을 누릴 자격이 없는지 입증되게 하신다. 이에 비추어 볼 때, 주님이 자기를 예배하는 자들에게 복을 주시나, 자기의 엄위를 경멸하는 자들에게 자기의 엄정함을 좇아 대갚음하신다는 사실이 전적으로 공평하고 적합하다는 것을 누가 부인할 것인가?

그러므로 하나님이 죄의 사슬에 속박된 불경건한 자들에게 만약 그들이 사악함으로부터 떠나게 되면 하나님의 은총을 받게 되리라는 약속들 가운데 율법을 말씀하시는 것은 정당하며 질서에 부합한다. 그렇지 않다고 하더라도 율법은 불경건한 자들에게 그들이 하나님의 참된 예배자들에게 합당한 은총으로부터 배제됨이 마땅하다는 사실을 깨닫게 한다.

반면에 하나님은 모든 방식으로 신자들이 자기의 은혜를 간청하도록 격려하는 데 열심을 다하시므로, 우리가 보았듯이, 그가 자기의 교훈들을 통하여 그들을 위한 많은 열매를 맺었던 일을 그 약속들을 통하여 지금도 동일하게 수행하고 계신다는 사실은 결코 부조리하지 않다. 하나님이 자기 교훈들을 통해 자기의 뜻에 관해서 우리에게 가르치실 때에 우리는 아무리 전심을 기울여도 그것과 너무나 동떨어진 우리 자신의 비참함에 대해서 일깨움을 얻게 되고, 우리가 얼마나 철저하게 그것에 어긋났는지를 알게 되며, 동시에 하나님의 영이 우리를 독려하사 올바른 길로 이끄시도록 간구하게 된다. 그러나 교훈들이 주어진다고 해서 우리가 게으름에서 벗어나 충분히 분발하게 되지는 않으므로 이어서 그것들에 대한 약속들이 부가된다. 그리하여 그 어떤 감미로움에 유인된 우리가 그 교훈들에 대한 사랑을 갖게 된다. 의에 대한 갈망이 더할수록 우리는 더욱 뜨겁게 하나님의 은혜를 찾게 된다.324) 그러므로 "만약 너희가 원한다면", "만약 너희가 순종한다면"이라는 간절한 청원이 있다고 해서 주님이 우리에게 자유롭게 원하거나 순종하는 능력을 부여하시는 것도 아니고 우리의 무능을 조롱하시는 것도 아니다.

11. 하나님은 오직 은혜로 우리 안에서 죄를 물리치시고 선한 일을 행하시되 그 가운데 우리를 질책하여 돌이키게 하시고 우리를 권고하여 노력을 다하게 하심

세 번째 부류의 논거는 이전의 두 가지 논거들과 매우 유사하다. 우리에게 맞서는 자들은 이와 관련해서 하나님은 배은망덕한 자기 백성을 비난하시면서 자기가 너그러움 가운데 베푸신 모든 종류의 선을 그들이 받아들이지 않았던 것을 오직 그들 자신의 탓으로 돌리신다는 사실을 지적한다. 또 자기들의 입장을 변호하기 위해 다음과 같은 본문들을 내세운다. "아말렉인과 가나안인이 너희 앞에 있으니 너희가 그 칼에 망하리라 이는 너희가 여호와를 따르고 싶어 하지 않았기 때문이니"(적용. 민 14:43). "내가……너희를 불러도 대답하지 아니하였느니라 그러므로 내가 실로에 행함같이……이 집에 행하겠고"(적용. 렘 7:13–14). 또한 "너희는 너희 하나님 여호와의 목소리를 순종하지 아니하며 교훈을 받지 아니하는 민족이라"(렘 7:28) 여호와께 버림을 당하였다(렘 7:29). 또한 "모든 재앙을 너희에게 내리리니 너희가 목을 곧게 하여 여호와의 말을 듣지 아니함이라"(참조. 렘 19:15).

그들은 이러한 구절들에 의지해서 자기들의 논법을 강화시키고자 애쓰는 가운데 우리의 질책이 근거가 없음을 주장하려고, 만약 어떤 사람들이 마음속으로 번영을 추구하면서 역경을 두려워한 나머지 주님께 순종하지 않았다면 이

---

324) "quia praeceptis ignavia nostra non satis acuitur, subduntur promissiones, quae dulcedine quadam ad eorum amorem nos alliciat. Quo autem maiore tenemur iustitiae desiderio, eo fimus ad quaerendam Dei gratiam ferventiores."

는 죄의 지배에 빠져 그 속박으로부터 자유롭지 못한 가운데서 빚어진 결과로서, 그것을 피할 권세가 없었던 그 사람들이 악들에 대한 질책을 받는 것은 무모하지 않는지 묻는다.

그들이 필연성을 구실로 내세우는 이렇듯 무력하고 무익한 항변이 과연 죄를 비호할 수 있는지 나는 묻는다. 만약 그들이 어떤 과오에 빠져서 그들 자신의 사악함으로 말미암아 주님이 베푸시는 관용의 열매를 맛보지 못하게 된다면 그들에게 비난을 돌리는 것이 이치에 어긋난다고 할 수 없을 것이다. 그러므로 그들의 오만은 그 원인이 그들 자신의 사악한 의지에 있다는 것을 과연 그들이 부인할 수 있겠는지 그들에게 답하게 하자. 왜 그들은 그들 자신 속에서 악의 원천을 발견하게 될 때에 자기들이 멸망의 조성자들이라고 보이지 않게 하려고 외부적인 원인들을 찾아내는 데 헐떡이는가?

그러나 만일 죄인들이 하나님의 은총을 빼앗기고 응보적인 형벌로 징계를 받는 것이 다름 아닌 그들 자신의 악으로 말미암는다는 것이 사실이라면, 그들이 하나님의 입으로부터 나오는 이러한 질책들에 귀를 기울여야 할 이유는 매우 분명하다. 다시 말해서 그들은 자기들의 악에 완고하게 머물러 있는 이상, 하나님을 비난하고자 그의 부당한 잔인성을 괜한 빌미로 삼는 것보다 자기들에게 임한 재앙들 가운데서 자기들의 악의를 정죄하고 미워하는 것을 배워야 할 것이다.

만약 그들이 가르침받을 만한 심성을 벗어 버리지 않은 채 자기들이 붙들려 있는 죄들에 대해서 괴로워하며 그 죄들 때문에 자기들이 비참하게 버림을 받았다고 보고 있다면 그들은 올바른 길로 되돌아 올 것이며 주님은 자기들을 꾸짖으시면서 되돌아보게 하신다는 사실을 가장 진지한 고백 가운데 인정하게 될 것이다. 우리가 인용한 선지자들의 질책이 경건한 자들 가운데 어떤 유익이 있었는지를 알기 위해서 다니엘서 9장에 수록된 그의 엄숙한 기도를 살펴보는 것이 타당하다(단 9:4-19).

우리는 선지자들의 질책이 어떻게 작용하는지 그 첫 번째 예를 유대인들 가운데서 찾아보게 된다. 하나님은 예레미야가 유대인들에게 그들의 비참함의 원인이 무엇인지를 설명하도록 명령하셨다. 그 원인은 여호와가 하신 다음 예언과 다른 그 무엇도 아니었다. "네가 그들에게 이 모든 말을 할지라도 그들이 너에게 순종하지 아니할 것이요 네가 그들을 불러도 그들이 대답하지 아니하리니"(렘 7:27).

그렇다면 왜 그들은 귀머거리들에게 노래를 불렀던 것인가? 이는 비록 그들이 원하지 않고 피하더라도 그들이 듣고 있는 것이 참되다는 것을 그들로 하여금 깨닫게 하고 자기들 속에 거하는 사악한 죄들에 대한 비난을 하나님께 떠넘기려는 것이 얼마나 불경스러운 위반이 되는가를 알려 주려 하셨기 때문이다.

하나님의 은혜에 대해서 적대시하는 자들은 그의 교훈들로부터뿐만 아니라 율법을 위반한 자들에 대한 그의 책망들로부터도 무수한 증언들을 이끌어 내어 쌓아둠으로써 자유의지의 망상을 불러일으키려고 노력을 다한다. 하지만 다음 몇몇 설명만으로도 당신은 아주 수월하게 그것으로부터 벗어날 수 있다.

어느 시편에서 선지자는 유대인들의 몰염치를 지적하면서 "그들의 마음이 정직하지 못하며⋯⋯충성하지 아니하는 세대"(시 78:8)라고 비난한다. 또 다른 시편에서 그 선지자는 당시의 사람들에게 "마음을 완악하게 하지 말라"(시 95:8)라고 권유한다. 분명 이렇게 비난하는 것은 모든 오만에 대한 비난이 사람들의 사악함에 있기 때문이다. 그러나 이 사실에 근거해서 주님이 그 마음을 준비시키셨기 때문에(참조. 잠 16:1) 그것이 어떤 방향으로든지 굽게 될 수 있다고 추론하는 것은 어리석은 일이다. 선지자는 "내가 주의 율례들을 영원히 행하려고 내 마음을 기울였나이다"(시 119:112)라고 전한다. 이는 그가 기꺼이 그리고 즐겁게 하나님을 향하여 마음을 바쳤음을 선포하는 것이다. 그렇다고 해서 그 선지자는 자기가 그 의향의 조성자라고 자랑하지 않고 그것이 하나님의 선물이라는 사실을 같은 시편에서 인정한다(시 119:36).

그러므로 우리는 바울이 신자들에게 한 경고에 주의를 기울여야 한다. "항상 복종하여 두렵고 떨림으로 너희 구원을 이루라 너희 안에서 행하시는 이는 하나님이시니 자기의 기쁘신 뜻을 위하여 너희에게 소원을 두고 행하게 하시나니"(빌 2:12-13). 여기에서 사도는 신자들이 자기들에게 명령된 일이 하나님의 일이라는 사실을 기억함으로 두려움과 떨림 가운데 겸손히 낮아져 육체의 나태함을 떨쳐 버리고 그 거룩한 일에 힘쓰도록 강권한다. 그들은 전적으로 하늘로부터 재능을 부여받아 단지 수동적으로만 일을 행할 수 있을 뿐이므로 그 무엇으로도 자기 자신들의 공로를 삼아서는 안 된다는 점이 또한 더불어 강조된다.

베드로가 "믿음에 덕을"(벤후 1:5) 더하라고 권고하는 것은 우리가 2차적 원인으로서 무슨 일이든 독자적으로 행할 수 있다는 것을 용인하려는 것이 아니라 아주 빈번히 믿음 자체를 질식시키는 육체의 게으름에서 우리를 깨어나게 하려 함이다. "성령을 소멸하지 말며"(살전 5:19)라는 말씀도 같은 뜻이다. 왜냐하면 빈둥거림은 교정이 되지 않으면 믿는 자들을 속으로 잠식하기 때문이다. 만약 누군가 이로부터 결론 내리기를, 그들에게 부여된 빛을 더욱 강렬하게 자라게 하는 것은 그들 자신의 의지라고 한다면, 이런 어리석음은 쉽게 논박될 수 있을 것이다. 왜냐하면 바울이 요구하는 이런 부지런함 자체가(고후 7:1) 오직 하나님으로부터 말미암기 때문이다.

성령은 거룩하게 하는 직분을 오직 자기만이 유일하게 수행하신다고 단정적으로 말씀하신다. 그럼에도 불구하고 우리는 모든 더러움으로부터 자신을 정결하게 하라는 명령을 자주 듣게 된다. 요컨대 "하나님께로부터 나신 자가 그를 지키시매"(요일 5:18)라는 요한의 말씀에서 보듯이 하나님께 속한 것이 우리에게 옮겨지는 것은 하나님의 용인에 따른 것이라는 사실이 분명해진다. 자유의지를 주창하는 자들은 이 말씀을 붙들면서 마치 우리가 일부는 하나님의 능력으로 일부는 우리 자신의 능력으로 지킴을 받는 것처럼, 또한 사도가 우리에게 상기시키는 그 보호가 하늘로부터 내려온 것이 아닌 것처럼 여긴다. 그리스도도 우리를 "악에 빠지지 않게 보전하시기를"(요 17:15) 하나님께 간구하신다. 우리는 경건한 자들이 사탄을 대적하여 싸울 때에 오직 하나님의 무기로 승리를 쟁취한다는 사실을 안다(참조. 엡 6:13-17). 이런 까닭에 베드로는 "진리를 순종함으로 너희 영혼을 깨끗하게 하여"라고 명령한 후 곧바로 이를 바로 잡는 셈으로 "성령을 통하여"라고 덧붙인다(참조. 벧전 1:22).

요컨대 요한은 모든 사람이 영적 전쟁에 있어 아무 힘이 없음을 간단하게 보여 주기 위해 "하나님께로부터 난 자마다 죄를 짓지 아니하나니 이는 하나님의 씨가 그의 속에 거함이요"(요일 3:9)라고 가르친다. 또 다른 곳에서 그 이유를 다음과 같이 전한다. "세상을 이기는 승리는 이것이니 우리의 믿음이니라"(요일 5:4).

12. 율법에는 교훈과 함께 복음의 약속이 함의되어 있음

그렇지만 우리에게 맞서는 자들은[325] 율법에 관한 모세의 증언을 인용하면서 마치 그것이 우리가 여태껏 설명한 것에 강력히 배치되는 것처럼 여긴다. 율법이 선포된 후 모세는 다음과 같이 그 백성에게 공표한다. "내가 오늘 네게 명령한 이 명령은 네게 어려운 것도 아니요 먼 것도 아니라 하늘에 있는 것이 아니니……오직 그 말씀이 네게 매우 가까워서 네 입에 있으며 네 마음에 있은즉 네가 이를 행할 수 있느니라"(신 30:11-12, 14).

만약 이 본문을 단순히 교훈 자체에 관한 말씀으로 이해한다면 현재 우리와 맞서는 자들이 주장하는 것에 대한 중요한 명분을 제공할 것이다. 아마 그들은 그 본문에서 다루고 있는 것은 계명에 대한 준수가 아니라 그것을 인식하는 능력과 성향이라고 내세우면서 본질을 회피하려고 들 것이다. 이런 회피는 용이해 보이기는 하지만, 일말의 양심의 가책이라도 분명 그들 속에 남게 될 것이다. 이에 대한 어떤 모호함도 보이지 않는 해석자인 사도는 위의 말씀에서 모세가 전한 것은 복음의 가르침이었다고 단언하면서(롬 10:8) 우리의 모든 의심을 일소시킨다. 만약 어떤 완고한 사람이 바울은 가히 이 말씀에서 복음을 이끌어 내려고 그것을 과도하게 왜곡시킨다고 주장한다손 치자. 그런 사람의 무모함에는 불경건이 없지 않을 것이지만 굳이 사도의 권위를 빌리지 않아도 우리는 그것을 반박할 수 있다. 요컨대 만약 모세가 본문에서 오직 교훈만을 말했다고 친다면 그는 백성에게 더없이 헛된 자만심을 불어넣은 것이 될 것이다. 만약 그들이 자기들에게는 율법을 준수할 수 있는 더할 나위 없이 확실한 능력이 있기 때문에 어떤 어려움도 없다고 여겨서 스스로 그 일을 하려고 했다면, 치명적인 파멸로 돌진하는 낭떠러지가 그들에게 펼쳐지지 않았겠는가?

율법에 접근하려면 반드시 죽음이 걸려 있는 절벽을 지나야 하는데, 그 율법을 지키는 적성(適性)을 어디에서 찾을 수 있단 말인가? 이 말씀에서 모세가 선

---

[325] Erasmus, *De libero arbitrio* (ed. von Walter, pp. 36f.); Eck, *Enchiridion* (1541), fo. 185a; Herborn, *Locorum communium enchiridion* xxxviii (CC 12. 129). Quot. Battles tr., n. 24.

포함한 것에는 율법의 요구와 함께 자비의 언약이 함의되어 있음이[326] 그 무엇보다 분명하다. 그 몇 구절 앞에서 보듯이 그는 우리의 마음이 하나님의 손으로 할례를 받아 그를 사랑하게 되어야 한다고 또한 가르침으로써 이 사실을 방증한다(신 30:6). 그리고 우리가 살펴보고 있는 본문의 말씀이 곧바로 첨가되어, 이를 이루어 내는 저력이 사람의 적성이 아니라 우리의 연약함 가운데서도 자기의 일을 강력하게 이루어 가시는 성령의 힘과 도움에서 비롯됨이 선포된다.

이에 비추어서, 우리는 여기에서 지칭되고 있는 것은 단순한 교훈이 아니라 복음의 약속이라는 사실을 올바로 이해해야 한다. 교훈은 그 자체로는 우리 안에 의를 획득할 수 있는 재능을 받쳐줄 수 없을뿐더러 오히려 그 의를 완전히 파괴시키고 말 것이기 때문이다. 이를 염두에 둔 바울은 구원이 율법에 의해서 우리에게 부과된 어렵고, 거칠며, 불가능한 조건, 즉 모든 계명을 성취한 자들만이 최종적으로 획득할 수 있는 조건 아래에서가 아니라 유용하고, 용이하며, 누구나 가닿을 수 있는 조건 아래에서 복음 가운데 부여된다는 증언을 확정한다. 따라서 그 증언은(롬 10장) 인간 의지의 자유를 변호하는 데 있어서 아무 가치도 없다.

13. 하나님은 한동안 어떤 자들을 내버려 두심으로 그들 안에서 능력을 찾는 것이 아니라 그들이 은혜를 간구할 때까지 기다리고자 하심

반대를 일삼는 그 사람들은 어떤 다른 구절들을 들어서 하나님은 때때로 은혜의 도움을 그치시고 사람들을 시험하사 그들이 돌이켜 다른 목적을 위하여 열심을 다할 때까지 기다리신다는 점을 부각시킨다. 호세아서의 다음 구절이 그 한 예이다. "그들이 그 죄를 뉘우치고 내 얼굴을 구하기까지 내가 내 곳으로 돌아가리라"(호 5:15). 선지자들은 하나님의 백성들이 돌이켜 마음을 바르게

---

[326] "misericordiae foedus comprehendisse……legis exactione."

잡고 더 나아질 때까지 하나님이 그 백성을 멸시하고 배척하셨다고 지극히 통상적으로 전했는데, 우리에 맞서는 자들은 이 말씀을 부인이라도 하듯이 만약 이스라엘 사람들의 마음에 이 방향으로나 저 방향으로 길을 선택할 수 있는 타고난 능력이 고유하게 갖춰져 있지 않다면, 그들이 여호와의 얼굴을 찾는지 어떤지를 권념해 보시겠다는 여호와의 말씀은 우습게 되고 말 것이라고 말한다.

그렇다면 우리의 반대자들이 이러한 선지자들의 경고들로부터 추론해 내고자 하는 것은 무엇인가? 만일 그들이 하나님으로부터 버림을 받은 백성이 스스로 돌이켜 회심에 이를 수 있다는 생각을 마음에 품고 있다면 전체 성경에 맞서서 항변을 하고 있는 것이다. 그렇지 않고 만일 그들이 하나님의 은혜가 회심에 필요하다는 사실을 인정한다면 우리와 다툴 일이 어디 있겠는가?

그러나 그들은 사람이 자기 자신의 재능을 지켜가는 방편으로서 은혜가 필요하다고 인정한다.[327] 무엇을 근거로 그것을 증명할 수 있겠는가? 우리가 다루고 있는 구절이나 다른 유사한 구절이 그 근거가 될 수 없다. 왜냐하면 하나님이 사람을 멀찍이 떠나서 사람이 자기에게 허용되고 남겨진 일을 어떻게 행하는지를 지켜보시는 것과 사람의 능력을 있는 그대로 그 연약함을 헤아려 도우시는 것과는 서로 다르기 때문이다.

그렇다면 이러한 공식이 뜻하는 바는 무엇인가? 누군가 이렇게 물을 것이다. 나는 그것이 뜻하는 바는 하나님이 다음과 같이 말씀하시는 것과 다르지 않다고 대답할 것이다. "충고하고 권고하고 나무라는 것이 아무 유익이 없는 한 나는 잠시 물러나서 이 오만한 백성에게 고난이 가해지도록 잠잠히 내버려 둘 것이다. 나는 그들이 오랜 재앙을 겪은 후 어느 때에 가서야 나에 대한 기억을 떠올리며 나의 얼굴을 찾게 될는지 지켜볼 것이다." 여호와가 멀리하신다는 것은 전적으로 예언을 그치심을 뜻하고, 사람들이 무엇을 할 수 있을 것인지 그가 지켜보신다는 것은 한동안 조용히 마치 자기를 위장하시듯 하여 그들이 다양한 고난들을 겪게끔 하심을 뜻한다. 그는 이 두 가지 모두로 우리를 더

---

[327] Herbone, *Locorum communium enchiridion* xxxviii (CC 12. 129); Calvin, *Acts of the Conference of Ratisbon*, 1541 (CO 5.518). Quot. Battles tr., n. 25.

욱 겸손하게 하신다. 만약 그가 자기의 영으로 우리에게 평정을 주시고 우리를 가르침받을 만하게 하지 않으신다면 우리는 교정을 받기보다는 역경의 일들로 채찍질을 당해서 좌절하여 쓰러지고 말 것이다.

여호와는 꺾이지 않는 우리의 완고함에 진노하시고 진저리가 나시면 한동안 우리를 그냥 내버려 두신다. 즉 그가 자기의 현존을 제시하시곤 하던 그 말씀을 물리치신다. 그리고 자기의 부재 가운데 우리가 무엇을 할 수 있을지 시험하신다. 우리는 이를 곡해하여 그가 우리를 관찰하고 시험하실 정도로 우리에게 자유의지의 능력이 있다고 과신한다. 그러나 그가 그렇게 하시는 목적은 우리 자신이 아무것도 아님(οὐδενίαν)을 우리가 인식하도록 만드시려는 것 외에는 없다.

14. 우리는 하나님의 전적인 은혜로 일하게 될 뿐만 아니라 우리가 일함

또한 그들은 성경과 사람들이 하는 말 가운데 늘 나타나는 언술 방식을 빌미로 다음과 같이 논쟁을 일삼는다. "실로 선행이 '우리의 것'이라고 불리는 이상, 죄를 범하는 것이 우리에게 돌려지듯이 거룩하고 여호와를 기쁘시게 하는 것이 우리에게 돌려져야 한다. 만약 죄가 우리 자신에게서 나온 것으로서 우리에게 돌려지는 것이 온당하다면, 동일한 논리로 의(義) 가운데 어떤 부분도 우리에게 속하는 것으로 여겨져야 함이 분명하다. 우리는 마치 돌과 같아 하나님이 우리를 움직이시므로 우리 자신의 힘으로는 감당할 수 없는 일들을 행하게 된다고 말하는 것은 논리에 부합하지 않는다. 그러므로 우리는 하나님의 은혜에 주요한 자리를 내주어야 하며, 이러한 말들을 통해서 보듯이, 우리 자신의 노력을 두 번째 자리에 두어야 한다."

우리를 반대하는 자들이 선행은 '우리의 것'이라 일컬어져야 한다고 강요한다면, 우리가 하나님에게 달라고 간구하는 일용할 양식도 '우리의 것'이 될 것이라고 나는 반박한다(참조. 마 6:11). 여기서 사용된 소유대명사는 결코 우리로부터 기인될 수 없는 것이 하나님의 선하심에 따라 값없는 선물로서 우리의 것이 된다는 것을 의미한다. 그렇지 않다면 그들에게 그것이 뜻하는 바가 무엇이란 말인가? 그들은 주기도문에도 동일한 불합리가 있다고 조롱하든지 아니면 선행에는 하나님의 후하심 외에 '우리의 것'이라고는 아무것도 없음을 인정하든지 해야 한다.

한편 그들이 일삼는 두 번째 논쟁은 다음과 같이 좀 더 강력하다. "성경은 자주 우리 자신이 하나님을 예배하고, 의를 지키며, 율법에 순종하며, 선행에 열심을 다한다고 주장한다. 이러한 일들은 마음과 의지의 고유한 기능들에 속하므로 우리의 어떤 열심과 하나님의 능력의 교통이 없다면 어떻게 그것들을 성령에 관계시키면서 동시에 우리에게 온당하게 돌릴 수 있겠는가?"

이러한 사사로운 문제들은 주님의 영이 성도들에게 작용하는 방식을 올바르게 고찰하게 되면 아무 수고 없어도 해결될 수 있을 것이다.

그들이 뒤틀린 마음을 가지고 우리에게 내던지는 저 비유는 앞뒤가 맞지 않다. 하나님이 돌을 던지듯이 사람을 움직이신다고 주장하는 바보는 도대체 누구인가?[328] 결코 우리의 가르침으로부터는 이런 결론과 유사한 것이 전혀 도출될 수 없다. 우리는 시인하고, 거절하고, 원하고, 원하지 않고, 추구하고, 거부하는 것, 즉 헛됨을 인정하고, 순수한 선을 거절하고, 악을 원하고, 선을 원하지 않고, 부정(不正)을 추구하고, 의를 거절하는 것 모두를 사람의 본성적 재능에 돌린다. 여기에서 주님은 무엇을 하시는가? 그는 이러한 사악함을 자기 진노의 도구로 사용하기를 원하신다면, 자신의 기뻐하신 뜻대로 그것을 지도하시고 역사하셔서 사람의 부패한 손을 통하여 자신의 선한 일을 이루실 것이다. 그렇다면 오직 자기 자신의 육욕만을 따르고자 애쓰는 사악한 사람이 하나님의 권능에 사로잡혀 있을 때 그를 외부의 충격으로만 흔들리는 자갈에 빗대어서 그 자신에게는 고유한 것이 어떤 활동도, 어떤 지각도, 어떤 의지도 없다고 해야 하는가? 우리는 얼마나 큰 괴리가 이 둘 사이에 있는지를 보게 된다.

---

328) Cf. Cochlaeus, *De libero arbitrio* (1525) I, fo. B 1a; C 8bf. Quot. Battles tr., n. 27.

그렇다면 선한 사람들은 어떤가? 그들에 대한 특별한 질문이 여기에서 제기된다. 주님은 그들 가운데 자기 나라를 세우실 때에 자기 영으로 그들의 의지를 억제하셔서 그것이 자연적인 성향을 좇아 이리저리 솟아오르는 육욕에 좌지우지되지 않도록 하신다. 그는 그 의지가 거룩함과 의를 지향하도록 자기의 의의 규범에 따라 그것을 어느 쪽으로 이끄시고, 적절하게 배치하시며, 형성시키시며, 지도하신다. 그것이 비틀거리며 쓰러지지 않도록 그는 자기 영의 능력으로 그것을 견고하고 확고하게 하신다.

같은 맥락에서 아우구스티누스는 말한다. "여러분은 나에게 '그러므로 우리는 행동하게 될 뿐 스스로 행동하는 것은 아니다'라고 말할 것입니다. 그렇지 않습니다. 우리는 행동합니다. 그리고 우리는 행동하게 됩니다. 만약 당신이 선하신 분에 의해서 행동하게 된다면 당신은 선하게 행할 것입니다. 당신을 행하게 하시는 하나님의 영은 행하는 자들의 조력자이십니다. '조력자'라는 이름은 당신도 무엇을 한다는 것을 규정합니다."[329]

이보다 앞선 부분에서 그는 본성상 사람의 의지는 선을 갈망하도록 이끎을 받으므로 그의 행위가 성령의 활동에 의해서 제거되지 않는다고 지적한다. 그러나 그는 '도움'이라는 말을 통하여 우리도 무엇을 한다는 사실이 추론될 수 있다고 바로 이어서 덧붙이는데, 이를 마치 어떤 것이 우리 각자에게 별도로 돌려지듯이 여기는 것은 타당하지 않다.

그러나 우리 안에 게으름을 조장시키지 않으려고 그는 하나님의 행위와 우리 자신의 행위를 다음과 같이 서로 연결시킨다. "원하는 것은 본성으로부터이다. 그러나 잘 원하는 것은 은혜로부터이다."[330] 바로 앞에서 그가 다음과 같이 말한 이유가 여기에 있다. "하나님이 돕지 아니하시면 우리는 정복할 수 없을 뿐만 아니라 심지어 싸울 수도 없다."

---

329) Augustine, *Sermons* clvi. 11. 11 (MPL 38. 855f.; tr. LF *Sermons* II. 769); *On Rebuke and Grace* ii. 4 (MPL 44. 918; tr. NPNF V. 473). Quot. Battles tr., n. 28.

330) "velle sit a natura, bene autem velle a gratia." Augustine, *Sermons* clvi. 9. 9; 11. 11–12 (MPL 38. 855f.; tr. LF *Sermons* II. 769). Cf. Bernard, *Concerning Grace and Free Will* vi. 16 (MPL 182. 1010; tr. W. W. Williams, pp. 32ff.). Quot. Battles tr., n. 29.

15. 우리에게 은혜로 부여된 자유의지로 말미암아 하나님이 우리 안에서 은혜로 행하시는 일이 우리의 것이라 일컬어짐

이와 같이 중생을 칭하는 말로 이해되는 하나님의 은혜는 사람의 의지를 지도하고 다스리는 성령의 규범으로[331] 나타난다. 성령은 다스리실 때마다 교정하시고 개혁하셔서 갱신에 이르도록 하신다. 그렇기 때문에 중생의 시작은 우리에게 속한 것을 지워 버리는 데 있다고 말한다. 이와 동시에 성령은 감동시키시고, 행하시며, 자극하시며, 열매 맺으시며, 보존하신다. 그렇기 때문에 진실로 은혜에서 유래하는 모든 행위는 순전히 성령에 속한 것들이라고 말한다.

한편 우리는 다음과 같이 아우구스티누스가 가르치고 있는 것이 가장 참되다는 사실을 부인하지 않는다. "은혜는 의지를 파괴하지 않고 오히려 회복시킨다."[332] 왜냐하면 다음 두 가지는 서로 가장 잘 부합하기 때문이다. 사람의 의지는 그것의 허물과 사악함이 교정되어 참다운 의의 규범을 지향하게 될 때 회복된다고 일컬어진다. 그때에는 또한 새로운 의지가 사람 안에 창조된다고 동시에 일컬어진다. 왜냐하면 사람의 의지는 너무나 사악하고 부패해서 완전히 새로운 천성을 입어야 할 필요가 있다고 여겨지기 때문이다.

우리의 의지가 공헌하는 것으로서 하나님의 은혜와 분리되어서 그 자체로 이루어질 수 있는 것은 아무것도 없다. 그럼에도 불구하고 우리는 하나님의 영이 우리 안에서 행하시고 있는 것을 우리가 올바르게 행하게 된다고 말할 수 있다. 이제 그 무엇도 우리가 이렇게 말하는 것을 막을 수 없다.

우리가 다른 곳에서[333] 아우구스티누스의 말을 인용하였듯이, 어떤 사람들은 사람의 의지에 무슨 고유한 선이 없는지 찾아보느라 골몰하지만 그것은 단지 헛될 뿐이다. 왜냐하면 사람들은 자유의지의 능력으로부터 하나님의 은혜를 이끌어내려고 열정을 쏟지만 그 혼합은 단지 은혜를 부패시킬 뿐이기 때문

---

331) "spiritus regulam."
332) "non destrui gratia voluntatem, sed magis reparari." Augustine, *On Grace and Free Will* xx. 41 (MPL 44. 905; tr. NPNF V. 461). Quot. Battles tr., n. 30.
333) *Institutio*, 2.2.11.

이다. 그것은 마치 포도주에 진흙을 섞어 흙탕물을 만들려는 것과 같다. 진정 의지 안에 있는 선은 그것이 무엇이든지 간에 성령의 순전한 자극에서[334] 나온다. 그러나 본성상 우리는 태어날 때부터 의지를 부여받았으므로, 하나님이 자신이 마땅히 받으셔야만 한다고 주장하시는 찬양을 우리가 그에게 돌리게 된다고 일컬어지는 것이 사리에 어긋나지 않는다.

첫째, 하나님이 자기의 선하심으로 우리 안에서 행하시는 것은 무엇이든지, 그것이 우리에 의해서 존재하는 것은 아니라는 사실을 우리가 이해하는 한에 있어서, 우리의 것이기 때문이다.

둘째, 하나님에 의해서 우리가 선으로 이끌림을 받는 그 마음, 그 의지, 그 열심이 우리의 것이기 때문이다.

16. 가인에게는 스스로 자기 죄를 다스릴 힘이 없었음

우리에 맞서는 자들은 여기저기서 더 많은 증언들을 끌어오려고 하지만 지금까지 다룬 해법들을 잘 소화했다면 범상한 사람들조차도 이 문제 때문에 별 어려움을 겪지 않을 것이다. 이제 대적자들은 창세기로부터 다음 말씀을 인용한다. "죄가 너를 원하나 너는 죄를 다스릴지니라"(창 4:7). 그들은 본문이 죄와 관련된다고 해석하면서, 가인이 죄를 이겨 내고자 애썼다면 죄의 힘이 그의 마음을 정복할 수 없게 하시겠다고 하나님이 약속이라도 하신 듯이 여긴다.[335]

그런데 이 말씀은 그 위치를 생각할 때 오히려 아벨에게 더욱 부합된다. 왜냐하면 하나님의 의도는 가인이 아우를 향하여 품었던 사악한 시기심을 질책하는 데 있었기 때문이다.

하나님은 이를 두 가지 방식으로 행하신다.

첫째, 결코 하나님 앞에서는 의가 없는 영예가 없음에도 불구하고 가인은 하

---

[334] "ex mero spiritus instinctu."
[335] Herbone, *Locorum communium enchiridion* xxxviii (CC 12, 130); De Castro, *Adversus omnes haereses* IX (1543, fo. 123E). Quot. Battles tr., n. 32.

나님 앞에서 아우보다 뛰어나고자 헛되이 범죄를 도모하였다.

둘째, 가인은 하나님으로부터 받은 복에 대해서 아주 배은망덕했다. 그리하여 아우가 자기의 주권 아래 종속되어 있었음에도 실로 아우를 용납할 수가 없었다.

그러나 우리가 이러한 해석을 개진하는 것이 단지 그들의 입장이 우리와 다르다는 이유 때문이라는 오해를 불식시키기 위해 우리는 본문에서 하나님이 죄에 관해 말씀하셨다고 그들의 입장을 인정하도록 하자. 그렇다고 한다면 여호와는 본문에서 선포하시는 것을 약속하거나 명령하거나 하실 것이다. 만약 그가 명령하고 계신다면, 우리가 이미 설명했듯이, 그 명령을 좇을 재능이 사람에게 있음을 그 무엇으로도 입증할 수 없다. 만약 그가 약속하고 계신다면, 가인이 자기가 지배해야 할 죄에 굴복한 이상, 그 약속은 어디에서 성취되었는가?

그 약속에는 "당신이 싸울 때에 승리가 임한다."라는 무언의 조건이 함의되어 있다고 그들은 말하려고 하는가? 그러나 누가 그러한 얼버무림을 받아들이려고 할 것인가? 만약 이 지배가 죄에 관한 것이라면, 우리가 할 수 있는 것이 아니라 비록 우리의 권세를 넘어서더라도 우리가 해야 할 것을 규정하는 명령을 본문의 말씀이 담고 있다는 사실에 대해서 아무도 의구심을 갖지 않을 것이다. 그렇지만 본문의 사안 자체와 문법적인 논리 두 가지 모두가 우리에게 요구하는 것은 가인과 아벨에 대한 비교, 즉 만약 장자가 자기 자신의 범죄로 악하게 되지 않았더라면 아우보다 경시되지는 않았을 것이라는 사실에 대한 인식이다.

17. 우리가 선행을 원하고 이를 위하여 달음박질함은 오직 긍휼히 여기시는 하나님의 은혜로 말미암음

또한 그들은 사도의 다음 증언을 사용한다. "그런즉 원하는 자로 말미암음도 아니요 달음박질하는 자로 말미암음도 아니요 오직 긍휼히 여기시는 하나님으로 말미암음이니라"(롬 9:16). 이로부터 그들은 어떤 의지와 노력은 그 자체로는 연약하지만 하나님의 자비에 따른 도움을 받으면 순조로운 성공을 부족함 없이 이룰 수 있다는 생각을 도출한다.[336]

그런데 만약 그들이 바울이 여기에서 다루고 있는 문제가 얼마나 진중한 것인지를 적절하게 요량할 수 있었다면 그들은 이 말씀을 그렇게까지 무모하게 바라보지는 않았을 것이다. 내가 알기로, 그들은 자기들의 해석을 뒷받침하기 위하여 오리게네스와 히에로니무스를 인용할 수 있을 것이다.[337] 이에 맞서서 나는 아우구스티누스를 내세울 수 있다. 그러나 바울이 뜻하는 것이 무엇인지를 합당하게 받아들일 수만 있다면 그들의 입장은 개의할 필요가 없다. 본문에서 사도는, 구원은 오직 주님이 자신의 자비를 베푸실 가치가 있다고 여기시는 자들을 위해서만 준비된 반면, 그가 택하지 않은 자들에게는 모두 멸망과 파멸만이 남아 있다는 것을 가르친다. 바울은 유기된 자들의 운명을 바로의 예를 들어 설명한다(롬 9:17). 또한 모세의 증언을 빌어 값없는 선택의 확실성을 확정한다. "내가 긍휼히 여길 자를 긍휼히 여기고"(롬 9:15; 출 33:19). 그리고 다음과 같은 결론을 내린다. "그런즉 원하는 자로 말미암음도 아니요 달음박질하는 자로 말미암음도 아니요 오직 긍휼히 여기시는 하나님으로 말미암음이니라"(롬 9:16). 만약 그들이 본문을 해석하면서 의지와 노력은 이러한 큰 짐을 지는 데 가닿지 못하므로 충분하지 않다는 식으로 생각한다면, 바울이 전한 바와는 조금도 부합되지 않는다. 그러니 이제 의지가 얼마나 있는지, 달음박질이 얼마나 있는지 하는 시시콜콜한 논변은 그치도록 하자. 왜냐하면 그것들이 원하는 자와 달음박질 하는 자에게 달려 있지 않기 때문이다.

바울이 심중에 두고 있는 것은 더욱 간단한다. 우리에게 구원에 이르는 길을 마련해 주는 것은 의지도 아니고 달음박질도 아니다. 오직 주님의 자비만 있을 뿐이다. "하나님의 자비와 사람 사랑하심이 나타날 때에 우리가 행한바 의로운 행위로 말미암지 아니하고 그의 무한한 긍휼하심을 따라"(적용. 딛 3:4-5)라고

---

[336] Erasmus, *De libero arbitrio* (ed. von Walter), p. 49. Quot. Battles tr., n. 33.

[337] Origen, *Commentary on Romans* vii. 16 (Rom. 9:16) (MPG 14. 1145); Jerome, *Dialogue Against the Pelagians* I. 5 (MPL 23. 500f.); Augustine, *Enchiridion* ix. 32 (MPL 40. 248; tr. LCC VII. 358f.). Quot. Battles tr., n. 34.

바울이 디도에게 전한 말씀도 이와 다르지 않다. 어떤 사람들은 바울이 "원하는 자로 말미암음도 아니요 달음박질하는 자로 말미암음도 아니요"(롬 9:16)라고 전하고 있음이 곧 어떤 의지와 어떤 달음박질이 있음을 암시한다고 지껄인다. 만약 내가 하나님의 선하심이 우리에게 따르는 것은 우리가 행한 선행 때문이라는 것을 바울이 부인하고 있으므로 이에 비추어 우리가 어떤 선행을 행하고 있는 것이라고 논리를 펼친다면, 그들조차도 나에게 이런 논리를 펼 권리를 부여하지 않을 것이다. 분명 그들도 이러한 논법에 흠이 있음을 발견할 것이다. 그럴진대 그들이 눈을 열어 자기들이 이와 유사한 오류에 빠져 허덕이고 있음을 직시하게 하자.

다음에 아우구스티누스가 의지하고 있는 저 확고한 논리가 있다. "만약 '원하는 자로 말미암음도 아니요 달음박질하는 자로 말미암음도 아니요'(롬 9:16)라는 말씀이 의지나 달음박질이 충분하지 않음을 나타내기 위하여 주어진 것이라고 한다면, 이 논의를 뒤집어 생각할 때, '하나님의 자비로 말미암음도 아니요'라고 해야 할 것이다. 하나님의 자비는 오직 그것만으로는 작용하지 않는다는 근거에서 말이다." 이 후반부의 추론이 불합리하므로 아우구스티누스는 본문이 전하는 바는 주님에 의해서 준비되지 않으면 사람에게는 어떤 선한 의지도 없다는 것이라고 타당한 결론을 내린다. 우리가 원하고 달음박질을 할 필요가 없다는 점에서가 아니라 하나님이 우리 안에서 두 가지 모두를 다 작용하도록 하신다는 점에서 그러하다.[338]

어떤 사람들은 무지하게도 "우리는 하나님의 동역자들이요"(고전 3:9)라는 바울의 말씀을 왜곡한다.[339] 의심할 여지없이 이는 사역자들에게만 국한된다. 그들이 '동역자들'이라고 일컫는 것은 그들에게서 어떤 무엇이라도 나오는 것이 있기 때문이 아니라 하나님이 그들에게 필요한 은사들을 부여하셔서 감당할 수 있는 능력을 부여하신 다음에 그들이 하는 일을 하나님이 사용하고 계심을 드러내기 위해서이다.

---

338) Augustine, *Letters* ccxvii. 4. 12 (MPL 33. 983; tr. FC 32. 84). Quot. Battles tr., n. 35.

339) Eck, *Enchiridion* (1532) xxxi. L 5a; De Castro, *Adversus omnes haereses* IX (1543, fo. 124D). Quot. Battles tr., n. 36.

18. 사람은 선하게 지음을 받았으나 타락하여 스스로 선을 행할 수 없게 되었음

그들은 알려진 대로 저자의 권위가 의심스러운 집회서를 내세운다.[340] 그러나 우리는 이 저자를 배척할 권리가 있지만, 이 저자가 우리에게 배척을 당하지 않는다고 치고, 자유의지를 위하여 그가 무엇을 증언하고 있는지 보도록 하자. 그는 말한다. "사람이 창조된 직후에 하나님은 그가 자기의 지혜의 힘으로 살도록 맡기셨다. 그에게 계명들이 주어졌다. 만약 그가 계명들을 지킨다면 계명들은 되돌아 그를 지켜 줄 것이다. 사람 앞에 생명과 죽음, 선과 악이 놓여졌다. 그가 택하는 것이 무엇이든지 그에게 주어질 것이다"(적용. 집회서 15:14-17).

사람에게는 창조 때 생명이나 죽음을 취할 재능이 부여되었다고 치자. 그러나 그는 그것을 잃어버리지 않았느냐고 우리가 응수한다면 어떻게 할 것인가? 분명 나에게는 "하나님은 사람을 정직하게 지으셨으나 사람이 많은 꾀들을 낸 것이니라"(전 7:29)라고 선포한 솔로몬의 말씀을 반박할 마음이 없다. 참으로 사람은 자기의 타락으로 말미암아 그 자신과 모든 선한 것을 다 난파시켰기 때문에 처음 창조에 돌려지는 것은 무엇이든지 모두 다 그의 사악하고 변질된 본성에 무모하게 귀속시켜서는 안 된다.

그러므로 나는 그들뿐만 아니라 집회서 저자에게도 그가 누구이든 간에 다음과 같이 대답하고자 한다. 만약 당신이 사람은 자기 자신 안에서 구원을 얻을 재능을 스스로 발견해야 한다고 가르치기를 원한다면 우리는 당신의 권위를 대수롭지 않은 것으로 여길 것이다. 그것은 의심할 바 없는 하나님의 말씀에 맞서서 아주 하찮은 편견을 조장할 뿐이기 때문이다. 그러나 단지 당신이, 악한 것들을 하나님께 떠넘김으로써 헛되이 자기변명을 일삼고자 하는 육체의 악의를 억누르려고 애쓰는 가운데, 사람에게 심겨진 정직함으로 말미암아 그의 파멸의 원인이 그 자신에게 있다는 점이 분명히 드러난다고 대답한다면 나는 기꺼이 이에 동의한다. 다만 사람은 자기 자신의 죄로 말미암아 주님이 처

---

[340] Cf. Erasmus, *De libero arbitrio* (ed. von Walter, p. 19). Quot. Battles tr., n. 37.

초에 옷 입히신 장식들을 훼손시키고 말았다는 점을 당신과 내가 동의하는 한에 있어서이다. 그러므로 지금 우리에게 필요한 것은 후원자가 아니라 의사라는 사실을 한 목소리로 인정하도록 하자.

19. 타락한 인류는 거의 죽은 것이 아니라 완전히 죽었음

그들은 길에서 강도들을 만나 버려진 "거의 죽은"(ἡμιθανῆ, 눅 10:30) 나그네에 관한 그리스도의 비유를 무엇보다 빈번히 입에 올린다. 거의 모든 저술가들이 이 나그네 모형에 인류의 재난이 표상되어 있다는 것을 가장 일반적인 용어로 가르치고 있음을 나는 알고 있다. 우리의 대적자들은 이를 들어 논쟁을 일삼으면서 사람은 죄와 마귀라는 강도에 의해 흉측하게 망가지기는 했지만 흔적이 없어질 정도로 자기의 이전 선을 잃어버리지는 않았으므로 '절반은 산 채로'(semivivus) 버려졌다고 일컬어진다고 지적한다. 올바른 이성과 의지가 어느 정도 남아 있지 않다면 어떻게 거의 죽었다고 말할 수 있겠느냐고 반문하는 것이다.[341]

첫째, 내가 보기에 그들의 풍유(諷諭)를 받아들일 여지가 전혀 없다. 이에 대해서 그들은 과연 어찌할 것인가? 의심할 바 없이 교부들은 주님의 말씀이 지닌 참된 뜻을 도외시한 채 위의 본문을 다양하게 각색했다. 풍유는 성경의 규범이 정한 한계 내에 머물러야 하며 그 지경을 넘어서는 데까지 나아가서는 안 된다.[342] 말할 나위도 없이 그 자체로는 어떤 교리의 근간을 이루는 데도 충분하지 않다.

내가 원하기만 하면 이 전적인 허구를 근절할 수 있으며 그렇게 할 명분들도 결코 부족하지 않다. 하나님의 말씀은 절반의 생명을 사람에게 남겨놓지 않고 오히려 사람은 복된 삶에 관한 한 완전히 죽었다고 가르친다. 바울은 성도들의 구속에 관해 다루면서 "죽은 우리를……살리셨고"(엡 2:5)라고 전한다. 거의 죽은

---

[341] Cf. Herbone, *Locorum communium enchiridion* xxxviii (CC 12. 129). Quot. Battles tr., n. 38.
[342] "Allegoriae ultra procedere non debent quam praeeuntem habent scripturae regulam." Cf. *Institutio*, 3.4.4–5.

자들이 아니라 "죽은" 자들이라 칭하는 것이다. 거의 죽은 자들이 아니라 "잠자는" 자들과 "죽은"(엡 5:14) 자들이 그리스도의 조명을 받도록 간구하는 것이다. "죽은 자들이 하나님의 아들의 음성을 들을 때가 오나니"(요 5:25). 주님 자신의 이 말씀도 같은 방식으로 주어졌다. 사소한 눈가림을 내세워 이토록 분명한 말씀들을 거역하고 있으니, 그들은 얼마나 몰염치한가!

설혹 이 풍유가 확실한 증언을 대신하는 효과가 있다고 치자. 그렇다고 하더라도 그들이 우리로부터 쥐어짜 낼 것이 도무지 무엇이란 말인가? 그들에 따르면, 사람은 거의 죽은 상태이므로 아직 무슨 안전한 것을 가지고 있다. 물론 그에게는 비록 천상의 영적 지혜를 관철하지는 못할지라도 지성을 담을 수 있는 마음이 있다. 그의 판단에는 다소간 정직함이 있다. 그에게는 하나님의 참 이성에 가닿지는 못하지만 하나님을 알만한 어떤 지식이 있다. 그러나 이런 것들은 무엇으로 귀결되는가? 널리 알려진 학파들의 동의로 인증된 아우구스티누스의 입장이 그런 것들로 말미암아 폐기될 수 없음을 그들은 이해하지 못하고 있음이 분명하다. 그에 따르면, 사람이 타락한 이후 구원을 좌우하는 값없이 주어진 선한 것들은 박탈된 반면, 본성적인 것들은 부패하고 오염되었다.[343]

그러므로 다음을 어떤 공성추로도 금이 가게 할 수 없는, 의심할 바 없는 진리로 세우도록 하자. 즉 사람의 정신은 하나님의 의로부터 완전히 멀어져 있기 때문에 불경건하고, 왜곡되며, 불결하며, 불순하며, 치욕스런 것만 속에 품고, 갈망하며, 수행한다. 그 마음은 죄의 독이 모든 곳에 스며들어 단지 썩은 악취를 발산할 수 있을 뿐이다. 간혹 어떤 사람이 선한 외양을 보일지라도 그들의 정신은 항상 위선과 가식적인 모호함으로 포장되어 있으며 그들의 마음은 내적인 사악함으로 묶여 있다.

---

[343] Cf. *Institutio*, 2.2.4, 12.

제6장

타락한 인류는 그리스도 안에서 구원을 찾아야 함

Homini perdito quaerendam in Christo redemptionem esse

1-2. 구속주 하나님을 아는 지식에 있어서의 중보자 그리스도의 필연성
3-4. 믿음으로 구원의 은혜를 누리는 언약의 유일한 머리이신 그리스도

1. 유일하신 중보자 생명의 주 그리스도의 필연성

　모든 인류는 아담이라는 인물 안에서 멸망하였다.[344] 그 결과 우리가 간직하고 있었던 저 태초의 탁월함과 고귀함이[345] 아무 쓸모가 없어져 우리의 수치를 더하게 할 뿐이었다. 하나님은 죄로 말미암아 더럽혀지고 썩은 사람을 자기의 작품으로 인정하지 않으신다. 그리하여 이러한 수치는 하나님이 자기의 독생자의 인격을 통하여 구속주로 오실 때까지 그치지 않는다. 우리가 이전에 논의했던 창조주 하나님을 아는 지식은 인류가 생명으로부터 죽음에로 떨어진 이후, 그리스도 안에서 하나님을 아버지로 드러내는 믿음이 함께 따르지 않는 한, 모두 무익할 뿐이다.

　참으로 이 원래의 질서에 따르면 세상이라는 구조물 자체는 우리에게 경건을 식별하게끔 가르치는 학교였다. 태초에는 이 학교로부터 영원한 생명과 완전한 복이 전해지게끔 되었었다.[346] 그러나 인류의 불순종 이후로 우리는 눈을 어디로 돌리든지 하나님의 저주를 위아래로 마주 볼 수밖에 없게 되었는데, 그

---

344) "in Adae persona perierit totum humanum genus."
345) *Institutio*, 1.15.1-3, 8; 2.1.1.
346) "Erat quidem hic genuinus ordo, ut mundi fabrica nobis schola esset ad pietatem discendam, unde ad aeternam vitam et perfectam felicitatem fieret transitus."

저주는 우리의 죄과(罪科)로 인하여 무죄한 피조물을 휘감아 지배하는 동안, 우리의 영혼을 짓눌러 절망에서 헤어날 수 없게 하였다. 왜냐하면 하나님은 여러 가지 방면으로 우리를 향해 자기의 부성적(父性的) 호의를 나타내려고 하심에도 불구하고, 세상에 속한 우리의 시각으로는 그 아버지께 주목할 수 없기 때문이다.[347] 양심은 우리 속에서 하나님이 우리를 버리시고 우리를 아들로 여기거나 생각지도 않으시는 정당한 이유를 우리가 죄 안에서 돌아보게끔 재촉한다.

그러나 게으름과 배은망덕이 그 뒤를 따를 뿐이다. 우리의 마음은 눈이 멀어 참된 것을 식별하지 못하고, 우리의 지각은 비뚤어져 사악하게 하나님의 영광을 가로채고 있기 때문이다.

그러므로 우리는 바울의 말씀에로 나아가야 한다. "하나님의 지혜에 있어서는 이 세상이 자기 지혜로 하나님을 알지 못하므로 하나님께서 전도의 미련한 것으로 믿는 자들을 구원하시기를 기뻐하셨도다"(고전 1:21). 무수한 기적들로 채워진 하늘과 땅, 그 장엄한 극장을[348] 사도는 '하나님의 지혜'라고 부른다. 처음에는 하나님을 바로 알기 위하여 이 극장을 바라보는 것만으로 충분했다. 그러나 우리가 악하여 더 이상 이런 식으로는 유익을 얻지 못하게 되었으므로 하나님은 우리를 다시 부르셔서 그리스도를 믿는 믿음에 이르도록 하신다. 이 믿음은 믿지 않는 사람들에게는 그 미련한 외양 때문에 거치는 것이 된다. 그러므로 우리는 우리에게서 멀어지셨던 우리의 창조자요 조성자이신 하나님께로 되돌아가기를 갈망한다면, 비록 십자가에 대한 설교가 사람의 천품에는 거리낀다고 하더라도, 그 설교를 겸손하게 받아들여 하나님이 다시금 우리 아버지가 되시도록 해야 한다.[349]

분명 첫 사람의 타락 이후, 중보자 없이는 하나님을 아는 어떤 지식도 구원에 이르는 열매를 맺지 못했다(롬 1:16; 고전 1:24).[350] 왜냐하면 "영생은 곧 유일

---

[347] Cf. *Institutio*, 2.6.4; 2.9.1.
[348] *Institutio*, 1.5.8; 1.6.2; 1.14.20.
[349] "Quanquam ergo humano ingenio non respondet praedicatio crucis, humiliter tamen eam amplecti oportet, si ad Deum opificem nostrum et fictorem, a quo sumus alienati, redire cupimus, ut nobis iterum pater esse incipiat."
[350] "Certe post lapsum primi hominis nulla ad salutem valuit Dei cognitio absque mediatore." 여기

하신 참 하나님과 그가 보내신 자 예수 그리스도를 아는 것이니이다"(요 17:3)라고 그리스도가 말씀하실 때, 그는 자기의 때뿐만 아니라 모든 시대를 포함시키고 계시기 때문이다. 따라서 오염된 자들과 믿지 않는 자들에게 가리지 않고 하늘을 열어 주는 자들의 태만함은 더욱 사악한 것이다. 성경에서 구원에 이르는 유일한 문이라고[351] 가르치는 그의 은혜가 없이는[352] 우리 중에 아무도 그리로 들어갈 수 없다(요 10:9).

그러므로 만약 누군가 그리스도의 이 말씀을 복음이 처음 선포될 때에만 해당하는 것으로 제한하려고 든다면 즉시 우리는 그것이 모든 세대와 모든 민족에게 일반적으로 적용되는 질서가 된다고 반박할 수 있다. 왜냐하면 하나님으로부터 떠나 있으며(엡 4:18), 저주받은(갈 3:10) 진노의 자녀들이라고(엡 2:3) 선언된 모든 자는 화목이 없이는 하나님을 기쁘시게 할 수 없기 때문이다.[353]

여기에 그리스도가 사마리아 여인에게 대답하신 말씀이 더해진다. "너희는 알지 못하는 것을 예배하고 우리는 아는 것을 예배하노니 이는 구원이 유대인에게서 남이라"(요 4:22). 이 말씀으로 주님은 모든 이방인의 종교는 거짓되다고 비난하실 뿐만 아니라 율법 아래에서 오직 선택된 백성에게만 그리스도가 약속되신 이유를 지적하기도 하신다. 그리고 그리스도를 바라보지 않고 드렸던 어떤 예배도 하나님을 기쁘시게 할 수 없었다는 사실을 깨닫게 하신다. 같은 의미에서 바울은 하나님이 없는 모든 민족은 생명의 소망을 빼앗겼다고 분명히 선포한다(엡 2:12). 태초에 그리스도 안에 생명이 있었으나(요 1:4) 모든 세상이 그것으로부터 떨어져 나와 죽게 되었다고 요한은 가르쳤다(참조. 요 1:10). 이제 우리는 그 원천으로 다시 돌아가야 한다. 그리스도는 우리를 용서하시는 분

서 사용된 "중보자 없이는"(absque mediatore)이라는 말이 *Institutio*, 2.6.2에 두 번 더 사용된다. 이 말은 *Institutio*, 2.7.12에도 나타난다. 그리고 같은 어의(語義)로 *Institutio*, 2.6.4에서 "그리스도 없이는"(absque Christo)이라는 말이 사용된다.

351) "unicam……ianuam qua in salutem ingredimur."
352) "absque eius gratia."
353) "non posse absque reconciliatione placere Deo, qui alienati sunt ab eo, et maledicti pronuntiantur ac filii irae." '중보자 없이는'(absque mediatore), '그분의 은혜가 없이는'(absque eius gratia), '화목이 없이는'(absque reconciliatione)이라는 말이 계속 사용되어 구원에 있어서의 중보자 그리스도의 필연성, 그를 믿는 믿음의 필연성, 구속주 하나님을 아는 지식의 필연성이 동시에 부각된다.

으로서, 자기가 "생명"(요 11:25; 14:6)이라 선포하신다.

의심할 바 없이 하늘의 유산은 오직 하나님의 자녀에게만 속한다(마 5:9-10). 그런데 독생자의 몸에 접붙임을 받지 않은 사람은 결코 그 자녀의 자리와 지위에 어울리지 않는다.[354] 요한이 명백히 증언하듯이, 그의 이름을 믿는 자들이 하나님의 자녀가 된다(요 1:12). 그러나 나의 의도는 그리스도를 믿는 믿음에 대해서 드러나게 다루는 데 있지 않으므로 여기에서는 지나가면서 언급하는 것으로 족하게 여긴다.

2. 구약 백성들이 믿은 기름부음 받은 자 중보자 그리스도

그리하여 하나님은 중보자가 없이는 결코 옛날 백성에게 용서를 베푸시지 않았을 뿐만 아니라 은혜의 소망도 주시지 않았다.[355]

구약의 신자들은 율법이 명령한 희생제물들을 통해서, 오직 그리스도가 성취하신 속죄 외에는 다른 어디에서도 구원을 찾아서는 안 된다는 사실을 분명하고도 공공연하게 배웠다.[356] 나는 이 부분에 대한 논의는 생략한다. 지금 내가 말하고자 하는 바는, 교회는 언제나 그리스도의 인격 가운데 자리를 잡고 있어야 복되고 가호(加護)가 넘치는 상태가 된다는 사실이다.

하나님은 아브라함의 자손 모두를 자기의 언약에 포함시키셨다(창 17:4). 이에 대해 바울은 그리스도가 모든 나라로 복을 받게 할 바로 고유한 그 "씨(자손)"라고(적용. 갈 3:16) 현명하게 논증했다. 그럼에도 불구하고 우리가 아는 바와 같이, 아브라함의 육체에 따라 태어난 모든 사람이 그 "씨"에 속한 것으로 여겨지지는 않았다. 굳이 이스마엘이나 다른 사람들에 대해서는 말할 것도 없이,

---

354) "Filiorum autem loco et ordine censeri minime consentaneum est, qui non insiti sunt in corpus unigeniti filii."

355) "Ac proinde veteri populo nunquam se Deus ostendit propitium, nec spem gratiae unquam fecit absque mediatore."

356) "sacrificia legis, quibus palam et aperte edocti fuerunt fideles: non alibi quam in expiatione, quae a solo Christo peracta est, quaerendam salutem esse."

어머니의 자궁에 함께 결합되어 있는 동안 하나는 선택되고 하나는 버림받은, 이삭의 두 아들 쌍둥이 에서와 야곱에게는 무슨 일이 일어났던가?(롬 9:11) 어찌하여 처음 난 자는 거부되고, 더 어린 자만 태어나면서부터 자격을 갖추게 되었는가? 도대체 무슨 연유로 다수가 유업을 받지 못하게 되었는가?

분명한 것은 아브라함의 씨는 무엇보다도 하나의 머리에 속한 것으로 헤아려진다는 점과 약속된 구원은 흩어진 것들을 모으는 직분을 맡으신 그리스도가 오시기까지 실현되지 않았다는 점이다. 이렇게 해서 선택된 백성을 자녀 삼으신 첫 번째 사건은 그리스도의 은혜에 달려 있었다.[357]

비록 모세의 글들 가운데 그리 명확한 말들로 표현되어 있지는 않지만, 이 사실이 모든 경건한 사람에게 일반적으로 알려져 있었음이 확실하다. 일례로 사람들 사이에 왕이 세워지기 전에 벌써 사무엘의 어머니 한나는 자기의 노래 속에서 경건한 자들이 누리는 복에 관해 말하고 있다. "여호와께서 자기 왕에게 힘을 주시며 자기의 기름부음을 받은 자의 뿔을 높이시리이다"(삼상 2:10). 이 말씀으로써 그녀는 하나님이 자기의 교회에 복을 주시리라는 사실에 대한 깨달음을 노래하고 있다. 조금 뒤에 계속되는 예언도 이에 부합한다. "내가 제사장을 세우리니 그가 나의 기름부음 받은 자 앞에서 행하리라"(적용. 삼상 2:35). 의심할 바 없이 하늘에 계신 우리 아버지는 그리스도의 살아 있는 형상이 다윗과 그의 후손들 가운데서 목도(目睹)되기를 원하셨다. 다윗은 경건한 자들이 하나님을 경외하기를 권하면서 "그의 아들에게 입맞추라"(시 2:12)라고 명령한다. 이는 "아들을 공경하지 아니하는 자는 아버지도 공경하지 아니하느니라"(요 5:23)라는 복음서의 말씀과 일맥상통한다.

따라서 비록 왕국이 열 지파의 반역으로 붕괴되었지만 하나님이 다윗과 그의 계승자들과 체결한 언약은 수립되어 있어야 했다. 그리하여 선지자는 이같이 말했다. "내가 내 종 다윗과 내가 택한 예루살렘을 위하여 이 나라를 다 빼

---

[357] "Patet igitur in uno praecipue capite censeri Abrahae semen; nec salutem promissam constare donec ad Christum ventum fuerit, cuius officium est quae dissipata erant colligere. Prima itaque electi populi adoptio a gratia mediatoris pendebat." 여기서 새 언약의 '머리'(caput)가 되시는 그리스도를 믿음으로 그의 의를 전가받아서 구원의 은총을 누리게 되는 택함 받은 언약의 자손들인 '아브라함의 씨'(Abrahae semen)에 속한 자들의 복에 대해서 말한다.

앗지 아니하고 한 지파를 네 아들에게 남겨 주리라"(적용. 왕상 11:13, 32). 이와 동일한 언약이 두 번, 세 번 반복된다. 또한 그것이, "내가 다윗의 자손을 괴롭게 할 것이나 영원히 하지는 아니하리라"(왕상 11:39)라고 분명히 선포된다. 조금 뒤에는, "여호와께서 그의 종 다윗을 위하여 예루살렘에서 그에게 등불을 주시되 그의 아들을 세워 예루살렘을 견고하게 하셨으니"(적용. 왕상 15:4)라고 전한다. 그리고 일이 파국에 치달았을 때에 또다시 말했다. "여호와께서 그의 종 다윗을 위하여 유다 멸하기를 즐겨하지 아니하셨으니 이는 그와 그의 자손에게 항상 등불을 주겠다고 말씀하셨음이더라"(왕하 8:19).

요약하면 다른 모든 사람은 멸망에 이르렀으나 다윗 홀로 택함을 받았다. 하나님의 기뻐하심이 오직 그에게 깃들었다. 다른 여러 곳에서 전하는 바와 같이, 하나님은 "실로의 장막과 요셉의 장막을 버리시고 에브라임 지파를 택하지 아니하시고"(적용. 시 78:60, 67), "유다 지파와 그가 사랑하시는 시온 산을 택하시며"(시 78:68), "그의 종 다윗을 택하셔서 그의 백성인 야곱, 그의 소유인 이스라엘을 기르게 하셨다"(적용. 시 78:70-71).

결국 하나님은 이렇듯 자기의 교회가 그 머리에 의존하여 건전하고 안전하게 유지되기를 원하셨다.358) "여호와는 그의 백성의 힘이시요 그의 기름부음 받은 자의 구원의 요새이시로다"(시 28:8)라는 다윗의 선포는 이러한 뜻을 담고 있다. 또한 "주의 백성을 구원하시며 주의 산업에 복을 주소서"(적용. 시 28:9)라는 간구가 바로 덧붙여진다. 이 말씀으로써 우리는 교회가 나눌 수 없는 끈으로 그리스도의 권위에 결속된 상태에 있다는 점을 주목하게 된다. "여호와여 구원하소서 우리가 부를 때에 왕이여 우리에게 응답하소서"(적용. 시 20:9)라는 말씀도 같은 의미로 주어진다. 이들 말씀들로써 시편 기자는 믿는 자들은 자기들이 왕의 보호 아래 숨어 있다는 확신을 가지고 하나님의 도우심에서 피난처를 찾았다는 사실을 분명히 가르치고 있다. 다음 시편에서도 우리는 동일한 가르침을 받는다. "여호와여 구원하소서 여호와의 이름으로 오는 자가 복이 있

---

358) "Denique sic ecclesiam suam servare voluit Deus, ut eius incolumitas et salus a capite illo penderet."

음이여"(적용. 시 118:25-26). 여기에서 우리는, 믿는 자들이 그리스도께로 돌이키도록 부름을 받는 것은 그들이 하나님의 손으로 베풀어지는 구원을 앙망하도록 하시기 위함이라는 사실을 뚜렷이 깨닫게 된다. 같은 뜻을 지닌 또 다른 기도가 다음과 같이 드려진다. 여기서는 전체 교회가 하나님의 자비를 간원하고 있는 모습이다. "주의 오른쪽에 있는 자 곧 주를 위하여 지켜 내신(힘 있게 하신) 인자에게 주의 손을 얹으소서"(적용. 시 80:17). 시편 기자는 모든 백성이 흩어진 것을 절규하면서도 그들이 유일한 머리 안에서 다시 회복될 것을 간청하고 있다.

백성은 포로로 잡혀가고, 땅은 황무하며, 외견상 모든 것이 파괴된 가운데, 예레미야는 교회에 닥친 재앙을 슬퍼하면서, 특히 왕국의 파멸로 인하여 믿는 자들에게 소망이 끊어진 것을 통탄해 한다. "우리 입의 호흡 곧 여호와의 기름 부으신 자가 우리의 죄에 빠졌음이여 우리가 그를 가리키며 전에 이르기를 우리가 그의 그늘 아래에서 이방인들 중에서 살겠다 하던 자로다"(적용. 애 4:20).

여기에서 하나님은 중보자가 없이는 인류를 용서하지 않으시며, 그리스도는 언제나 율법 아래에 살던 거룩한 조상들에게 그들의 믿음이 방향을 잡아야 할 목적이셨다는 점이 충분히 명료하게 드러나고 있다.[359]

3. 영원한 언약의 머리로서 오실 중보자 그리스도에 대한 예언들

우리가 보듯이, 비참한 일들 가운데서도 하나님의 위로가 약속될 때, 무엇보다도 교회의 해방이 절실하게 기술(記述)될 때, 그 확신과 소망의 기치(旗幟)가 그리스도 자신 안에서 미리 표상되어 있다.[360] "주께서 주의 백성을 구원하시

---

[359] "Hinc iam satis liquet, quia non potest Deus propitius humano generi esse absque mediatore, sanctis patribus sub lege Christum semper fuisse obiectum, ad quem fidem suam dirigerent." 여기서 하나님이 아브라함과 모세와 다윗 등 구약 백성과 맺은 은혜 언약이 예수 그리스도를 믿는 믿음에 따른 구원의 은혜를 약속하고 있음이 천명된다.

[360] "Porro ubi rebus afflictis solatium promittitur, maxime ubi describitur ecclesiae liberatio, fiduciae et spei vexillum in Christo ipso praefigitur."

려고 기름부음 받은 자를 구원하시려고 나오사"(합 3:13)라고 하박국은 전한다. 선지자들은 교회의 회복에 관한 언급을 할 때마다 백성을 환기시켜 영원한 왕국에 관하여 다윗과 체결된 약속을 떠올리게 한다(왕하 8:19). 이것은 전혀 놀라운 일이 아니다. 왜냐하면 그렇지 않다면 언약의 항존성(恒存性)은[361] 어디에도 존재하지 않게 될 것이기 때문이다.

이와 관련하여 이사야의 응수가 특히 눈에 띤다. 그는 예루살렘의 봉쇄를 걷어 내고 안전을 구현할 수 있는 방도를 담은 자기의 증언을 믿음이 없는 왕 아하스가 물리치는 것을 보았을 때, 마치 기다렸다는 듯이 메시아에 대한 예언으로 나아간다. "보라 처녀가 잉태하여 아들을 낳을 것이요"(사 7:14). 이로써 이사야는 비록 왕과 백성이 자기들의 사악함에 빠져서 자기들에게 부여된 약속을 거절했다고 하더라도, 비록 그들이 하나님에 대한 신앙을 요동치게 하려고 노력을 경주하고 있었다고 하더라도, 구속주가 자기의 때에 오실 것이라는 언약은 무효가 되지 않을 것이라는 사실을 우회적으로나마 제시하고 있다.

요컨대 모든 선지자의 변함없는 관심사는 하나님을 용서하시는 분으로 알리기 위해서 구속과 영원한 구원이 함께 자리 잡고 있었던 저 다윗의 왕국을 힘써 선포하는 데 있었다. 그리하여 이사야는 "내가 너희를 위하여 영원한 언약을 맺으리니 곧 다윗에게 허락한 확실한 은혜이니라 보라 내가 그를 만민에게 증인으로 세웠고"(사 55:3-4)라고 전한다. 실상 파괴의 참상을 겪고 있는 성도들에게는 하나님이 그들 자신의 간청을 들어주실 것이라는 증인의 중재 외에는 달리 소망이 없었다.

절망에 빠진 사람들을 일으켜 세우려고 예레미야는 동일한 방식으로, "보라 때가 이르리니 내가 다윗에게 한 의로운 가지를 일으킬 것이라……그의 날에 유다는 구원을 받겠고 이스라엘은 평안히 살 것이며"(렘 23:5-6)라고 전한다. 나아가 에스겔도, "내가 한 목자를 그들 위에 세워 먹이게 하리니 그는 내 종 다윗이라……나 여호와는 그들의 하나님이 되고 내 종 다윗은 그들 중에

---

361) "foederis stabilitas." 신구약에 있어서 그리스도를 믿음으로써 의롭다 여김을 받는 언약의 은혜가 동일하게 계속됨을 천명한다.

목자가 되리라……내가 또 그들과 화평의 언약을 맺고"(적용. 겔 34:23-25)라고 전한다. 동일한 선지자는 다른 곳에서 놀랄 만한 갱신에 관하여 선포한 이후, "내 종 다윗이 그들의 왕이 되리니 그들 모두에게 한 목자가 있을 것이라…… 내가 그들과 화평의 언약을 맺어 영원한 언약이 되게 하고"(겔 37:24, 26)라고 전한다.

지금 나는 많은 구절들 가운데 아주 조금만 덜어내서 다루고 있다. 왜냐하면 내가 원하는 것은 다만 독자들을 경계해서 모든 경건한 사람의 소망이 다름 아닌 오직 그리스도에게 있었다는 사실을 깨닫도록 하는 데 있기 때문이다. 또한 다른 선지자들도 위에 인용한 선지자들과 같은 입장이다. 호세아서에서는 "이에 유다 자손과 이스라엘 자손이 함께 모여 한 우두머리를 세우고"(호 1:11)라고 전한다. 그리고 "그 후에 이스라엘 자손이 돌아와서 그들의 하나님 여호와와 그들의 왕 다윗을 찾고"(호 3:5)라고 보다 분명한 설명을 이후에 한다. 선지자 미가 역시 백성의 귀환에 관하여 "그들의 왕이 앞서 가며 여호와께서는 선두로(즉 머리가 되셔서) 가시리라"(미 2:13)라고 그리듯이 표현한다. 동일한 취지로 아모스는 백성의 갱신을 예언하고자 원하여 "그 날에 내가 다윗의 무너진 장막을 일으키고 그것들의 틈을 막으며 그 허물어진 것을 일으켜서"(암 9:11)라고 전한다. 이는 "저 유일한 구원의 기치, 즉 그리스도 안에서 충만한 다윗 가문의 왕적 영광을 드높이 세우겠다."라는 말이다.

스가랴는 자기 시대에 그리스도가 나타나실 때가 더욱 가까워지자 "시온의 딸아 크게 기뻐하라 예루살렘의 딸아 즐거이 부를지어다 보라 네 왕이 네게 임하시나니 그는 공의로우시며 구원을 베푸시며"(슥 9:9)라고 더욱 공공연히 외쳤다. 이는 이전에 인용했던 시편의 구절과 상응한다. "여호와는……그의 기름 부음 받은 자의 구원의 요새이시로다……여호와여 구원하소서"(적용. 시 28:8-9). 여기에서 구원은 머리로부터 온 몸으로 퍼져 간다.[362]

---

362) "ubi salus a capite ad totum corpus extenditur." 새 언약의 머리이신 그리스도의 다 이루신 의가 신약 시대와 구약 시대를 불문하고 그 지체들인 택함 받은 하나님의 자녀들에게 전가됨을 뜻한다. 이 점에서 신구약의 "실체"(substantia)는 하나이다. Cf. *Institutio*, 2.10.2.

4. 아들을 믿음으로 아버지를 믿음

하나님은 이러한 예언들에 의해 가르침을 받은 유대인들이 자유를 찾기 위하여 눈을 바로 뜨고 그리스도를 직시하기를 원하셨다. 비록 그들은 아주 추하게 타락했지만 다음과 같은 일반적인 원리에 대한 기억을 여전히 지워 버릴 수 없었다. 즉 다윗에게 약속된 대로 하나님이 그리스도의 손을 통하여 교회의 해방자로 오실 것이라는 사실, 하나님이 자기의 택한 백성을 자녀로 삼으셨던, 거저 베푸시는 언약은 끝까지 견고할 것이라는 사실은 남아 있었다.[363]

이러한 뜻에서 예수님이 죽음을 얼마 앞두고 예루살렘으로 나아가실 때에 어린아이들의 입을 통하여 "호산나 다윗의 자손이여"(마 21:9)라는 노래가 울려 퍼졌다. 아이들이 노래했던 '호산나'라는 간구는 사람들에게 널리 알려져 있었음이 분명하다. 그 일반적인 용례에 따르면, 구속주가 오심이 하나님의 긍휼에 대한 유일한 보증이 된다는 뜻이다.[364]

이러한 이유로, 그리스도는 제자들이 분명하고 완전하게 하나님을 믿도록 하시려고 친히 "하나님을 믿으니 또 나를 믿으라"(요 14:1)라고 명령하셨다. 믿음은 그리스도로부터 아버지께로 올라간다는[365] 말이 맞다. 그럼에도 불구하고 요한은 여기서 믿음은, 비록 그것이 하나님을 의지하고 있다고 하더라도 그것을 견고한 터 가운데 붙들고 계시는 중보자 자신이 중재하지 않으시면[366] 곧 사라지고 만다는 의미로 이 말씀을 전한다. 이러한 중재가 없다면 하나님의 엄위는 너무나 높아서 사람들이 그곳까지 이를 수 없을 것이다. 사람들은 마치 땅 위를 기어 다니는 벌레와 다름없기 때문이다.

---

363) "His vaticiniis ita imbui voluit Deus Iudaeos, ut liberationis petendae causa, recta oculos ad Christum converterent. Nec vero quamvis turpiter degenerassent, potuit tamen aboleri memoria generalis illius principii, Deum per manum Christi, sicuti Davidi pollicitus fuerat, fore ecclesiae liberatorem; atque demum hoc modo firmum fore gratuitum foedus quo Deus electos suos adoptaverat."

364) "unicum sibi restare misericordiae Dei pignus in adventu redemptoris."

365) "a Christo fides ad patrem conscendit."

366) "nisi intercedat ipse medius."

이러한 이유로, 나는 하나님이 믿음의 대상이시라는[367] 일반적으로 통용되는 말을 인정은 하되 수정이 필요하다고 본다. 왜냐하면 그리스도는 "보이지 아니하시는 하나님의 형상이시요"(골 1:15)라고 의당 일컬어지기 때문이다. 이러한 호칭은 우리에게 경각심을 일깨워, 하나님이 그리스도 안에서 우리와 만나 주시지 않는 한 우리는 우리 자신에게 임한 구원을 알 길이 없다는 사실을 주지시킨다. 유대인들 가운데 서기관들은 거짓 주석을 달아 선지자들이 전해 준 구속주에 관한 말씀을 혼미하게 했다. 그럼에도 그리스도는 파괴의 참상을 치유하고 교회를 해방시키려면 중보자가 나타나시는 길 외에는 달리 방도가 없다는 사실을 마치 일반적인 합의로 받아들여진 것처럼 공공연히 주장하셨다. "그리스도는 율법의 마침이 되시니라"(롬 10:4)라는 바울의 가르침은[368] 마땅히 일반적으로 알려졌어야 함에도 그렇지는 않았다. 그래도 이는 율법과 선지자들로부터 분명히 드러난바, 참되고 확실하다.

믿음에 대해서는 아직 논하지 않았지만 다른 곳에서[369] 다루는 것이 적절하다고 생각되기에 여기서 더는 논하지 않도록 하겠다. 다만 독자들은 이 점에 대해서는 의견이 일치하기를 바란다. 즉 경건에 이르는 첫 번째 단계는 하나님이 자기의 영원한 나라의 기업으로 우리를 모으실 때까지 우리를 돌보시고, 통치하시고, 양육하신다는 사실에 있는바, 이로부터 앞서 우리가 말했던,[370] 그리스도가 없이는 하나님을 아는 구원의 지식이 없다는 사실이 분명해진다. 세상의 시초부터 다름 아닌 그리스도가 모든 택함 받은 사람이 자기를 바라보게끔, 그리고 자기에 대하여 확신하는 가운데 안식하게끔 그들 앞에 계셨던 것이다.[371]

이러한 의미에서 이레나이우스(Irenaeus)는 무한하신 아버지가 아들 안에서 유한하게 되신 것은 자기를 우리의 수준에 맞추셔서 우리의 마음이 자기의 무

---

[367] Cf. *Institutio*, 3.2.1-7.
[368] Cf. *Institutio*, 1.6.2; 2.7.2; 2.8.7; 3.2.6.
[369] Cf. *Institutio*, 3.2.
[370] *Institutio*, 2.6.1.
[371] "salvificam Dei cognitionem absque Christo non constare; ideoque ab exordio mundi ipsum fuisse propositum omnibus electis in quem respicerent, et in quo acquiesceret eorum fiducia."

한한 영광에 흡수되지 않도록 하시기 위함이라고[372] 쓰고 있다. 광신자들은 이를 고려하지 않고 유익한 문장을 왜곡시켜 불경한 광란놀음에 빠진다. 그들은 마치 그리스도 안에는 하나님의 전적인 완전함으로부터 흘러나온 어느 한 부분의 신성만 있다는 듯이 여긴다.[373] 진정 이레나이우스가 하고자 한 말은 하나님이 오직 그리스도 안에만 들어 계시다는 것이었다. "아들을 부인하는 자에게는 또한 아버지가 없으되"(요일 2:23)라는 요한의 말씀은 항상 참되었던 것이다.

비록 한때 많은 사람들은 자기들이 최고의 신을 하늘과 땅의 조성자로 예배드렸다고 자랑했지만, 그들에게는 중보자가 없었기 때문에 하나님의 자비를 맛볼 수 없었으며 그가 자기들에게 하나님이 되신다는 사실에 대해 감동을 받을 수도 없었다. 그들에게는 머리이신 그리스도가 계시지 않았으므로 하나님을 아는 지식이 곧 사라지고 말았다. 그리고 끝내 자기들의 무지를 폭로하며 조잡하고 더러운 미신들로 빠져들고 말았다. 마치 오늘날 투르크인들이 볼을 부풀리며 하늘과 땅의 창조자가 하나님이라고 선포하고 있지만, 그리스도를 미워하고 참 하나님의 자리를 우상으로 대체하고 있듯이 말이다.

---

[372] "patrem, qui immensus est, in filio esse finitum, quia se ad modulum nostrum accommodavit, ne mentes nostras immensitate suae gloriae absorbeat." Irenaeus, *Adversus haereses* IV. iv. 2 (MPG 7. 982; tr. ANF 1. 466). Quot. Battles tr., n. 14. 여기서 하나님의 아들의 성육신이 우리를 위하여 맞추어 주심(accommodatio divina, divine accommodation)이라고 말한다. Cf. *Institutio*, 1.13.1.

[373] 발랑틴 장틸(Valentine Gentile, 1520-1566)은 이레나이우스의 글을 언급하면서 성부를 "유일한 본질의 수여자"(solus essentiator)라고 자기의 입장을 합리화하려고 했다. CO IX. 395. Cf. *Institutio*, 1.13.23. Quot. Battles tr., n. 15.

DE COGNITIONE DEI REDEMPTORIS IN CHRISTO,
QUAE PATRIBUS SUB LEGE PRIMUM,
DEINDE ET NOBIS IN EVANGELIO PATEFACTA EST

제7장

율법은 그 자체 안에 구약 백성을 제한시키려는 것이 아니라 그리스도 안에 있는 구원의 소망을 그가 오실 때까지 함양시키려고 부여되었음

Legem fuisse datam,
non quae populum veterem in se retineret,
sed quae foveret spem salutis in Christo
usque ad eius adventum

1-2. 율법: 언약의 법으로서 경건하고 올바른 삶의 규범
3-5. 타락한 인류는 율법을 완수하여 율법의 의를 이룰 수 없음
6-13. 율법의 세 가지 용법
14-15. 그리스도의 은혜로 율법의 노예 상태에서 해방
16-17. 의식법에 따른 의식 자체는 폐지되었으나 그 뜻은 성취

1. 경건하고 올바른 삶의 규범으로서의 언약의 율법

아브라함의 죽음 이후 약 400년이 지나서 율법이 더해진 목적은(갈 3:17) 우리가 지금까지 계속해서 살펴보았던 것에 비추어 유추해 볼 때 택함 받은 백성을 그리스도로부터 떼어 놓으려는 것이 아니라 그들의 마음을 그가 오실 때까지 준비시키고 나아가 그를 향한 갈망에 불을 붙이며 그에 대한 기대를 확정시킴으로써 그가 오심이 더욱 지체되더라도 상심치 않게 하려 함이었다.

나는 율법이라는 이름이 경건하고 올바른 삶의 규범을 규정하는 십계명뿐만 아니라 모세의 손을 통하여 전하여 준 종교의 양식(樣式)을 뜻한다고 이해한다.[374] 모세가 입법자로 주어진 것은 아브라함의 자손에게 약속된 복을 지워 버리기 위함이 아니었다. 오히려 우리는 그가 여러 곳에서 유대인들로 하여금 자기들의 조상들과 체결되었으며 그들 자신이 상속자인 값없는 언약을 기억하

---

[374] "Legis nomine non solum decem praecepta, quae pie iusteque vivendi regulam praescribunt, intelligo, sed formam religionis per manum Mosis a Deo traditam." 칼빈은 율법의 본질을 '경건하고 올바른 삶의 규범'(regula vivendi pie iusteque, a rule of living piously and uprightly)으로 본다. 경건한 삶은 1-4계명에, 올바른 삶은 5-10계명에 더욱 관계된다. 칼빈의 이러한 율법관은 다음에도 나타난다. *Confession of Faith* (1536), in *Calvin: Theological Treatises*, tr. and annot. J. K. S. Reid (Philadelphia: Westminster, 1954), 26-27 (CO 9.694, 22.86); *The Catechism of the Church of Geneva* (1542/1545), in *Calvin: Theological Treatises*, 107 (CO 6.51-52); *Comm.*, Ex. 19:1-2 (CO 24.192); Mt. 5:19 (CO 45.172-173); Rom. 7:11 (CO 49.126).

도록 상기시키고 있음을 보게 된다. 마치 자기가 그 언약을 갱신하기 위하여 보냄을 받기라도 한 듯이![375)

이러한 사실은 의식(儀式)들로부터 가장 분명하게 드러난다. 사람들이 하나님과 화목하기 위하여 가축의 기름에서 취한 혐오스러운 악취를 봉헌하는 것보다 더 어리석고 하찮은 것이 어디 있겠는가? 혹은 그들이 자기들의 불결한 것들을 씻어 내려고 물과 피를 뿌리는 데 의지하는 것 역시 그렇지 아니한가? 이로 보건대 모든 율법적인 예배를 진리에 상응하는 그림자와 형상을[376) 담고 있는 것으로서 바라보는 것이 아니라 문자 그 자체로 바라보는 것은 아주 우스꽝스러운 일이 될 것이다. 그러므로 하나님이 모세에게 성소에 관계된 모든 것을 산에서 그에게 보여 주신 양식대로 만들라고 명령하시는 말씀을(출 25:40) 스데반의 설교와(행 7:44) 히브리서(히 8:5) 두 곳 모두에서 매우 깊이 고려하는 것은 일리가 없지 않다. 왜냐하면 만약 유대인들에게 그들이 어디로 향할 것인지 마음을 기울이게 하는 영적인 무엇이 없었다면 이방인들이 자기들의 허드렛일들에 쓸데없이 힘을 소진하게 되듯이 그들도 그렇게 했을 것이기 때문이다.

경건에 대한 열의에 진지하게 몰두하지 않는 세속적인 사람들은 결코 그런 복잡한 의식들에 대해서 듣는 것을 참지 못한다. 그들은 왜 하나님이 그런 의식들 덩어리로 옛날 백성을 괴롭히셨는지 의아해할 뿐만 아니라 그것들을 경멸하고 어린이의 유희인 것 마냥 조롱한다. 달리 말하면, 그들은 율법의 목적

---

375) 칼빈은 모세 오경 중 마지막 네 권을 한 권의 책으로 주석하고 출판하였다. *Mosis reliqui libri quauor in formam harmoniae*, 1563 (CO 24.1-25.416). 이는 다음 네 부분으로 이루어진다. 첫째, 율법의 서론: 출 20:1-2; 신 5:1-6; 4:20; 레 19:36-37; 20:8; 22:31-33를 중심으로 율법의 고귀함(dignitas)을 율법의 수여자이신 언약주 하나님의 사랑과 섭리에서 구한다. 특히 이곳에서 성도의 삶과 예배의 규범(regula vivendi et colendi)으로서 율법의 본질을 강조한다. 둘째, 율법(십계명) 해석: 두 돌판에 기록된 십계명에 대한 주석을 중심으로 하되(출 20:3-17; 신 5:7-21), 돌판에 나타나지는 않으나 십계명을 설명하기 위해서 하나님이 주신 말씀들을 함께 다룬다. 셋째, 십계명 보충(appendices): 첫 번째 판과 관련해서는 의식들과 예배 형식들을 다루고, 두 번째 판과 관련해서는 정치적이며 사법적인 규정들을 다룬다. 도덕법, 의식법, 재판법은 구별되지만 모두 올바르고 경건한 삶의 규범(regula vivendi iuste et pie)으로서 그것들의 궁극적인 목적은 동일함이 여기서 강조된다. 넷째, 율법의 목적(finis)과 용법(usus): 율법의 마침이자 완성으로서의 그리스도를 살펴보고, 율법의 삼중적인 용법을 다룬다. 그리스도가 율법의 실체(substantia)와 진리(veritas)가 됨을 강조하고, 율법의 마침이 율법이 폐하여졌음을 의미하는 것이 아니라 오히려 완전(perfectio)하게 되었음을 말하는 것이며, 그리스도가 율법의 의를 완성하심으로써 그의 영을 받아서 하나님의 자녀가 된 자들이 율법을 담대하게 지키고 살아갈 수 있는 은혜를 지시한다는 점을 부각시킨다.

376) "umbras et figuras quibus respondeat veritas."

에 대해서 주의를 기울이지 않는다. 만약 율법의 형상들이 그 목적으로부터 분리된다면[377] 필히 우리는 그 헛됨을 정죄해야 한다.

그러나 저 모형(模型)이[378] 보여 주는 바는 하나님이 자기를 예배하는 자들에게 희생제물들을 명령하신 것은 그들을 지상의 행사들로 분주하게 만드시려는 것이 아니라 그들의 정신을 더 위로 들어 올리시고자 함이었다는 것이다. 이 또한 그의 본성으로부터 분명히 도출될 수 있다. 왜냐하면 하나님의 본성은 영적이며, 영적인 예배 외에는 그에게 기쁨이 될 수 없기 때문이다.[379] 선지자들은 그 많은 말씀들로 이를 증언하며, 하나님 앞에서는 그 무엇보다 희생제물의 어떠함이 중요하다고 생각하는 유대인들의 어리석음을 비난한다. 그들이 이렇게 하는 것은 율법을 폄하하려는 어떤 계획을 심중에 지녔기 때문인가? 결코 그렇지 않다. 그들은 율법에 대한 참된 해석자들이기에 이런 방식으로 사람들의 눈을 목표로 향하게 함으로써 그들을 일반 사람들이 빠져 있는 오류로부터 건져 내고자 갈망했기 때문이다.

이제 유대인들에게 부여된 은혜로부터 확실히 추론할 수 있는 것은, 그리스도와 관련하여 율법은 헛되지 않았다는 사실이다.[380] 왜냐하면 그들을 자녀 삼으심의 목적은 그들이 하나님께 제사장 나라가 되게 하려는 데 있다고 모세가 그들에게 공포했기 때문이다(출 19:6). 만약 짐승들의 피보다 더 우수하고 더 위대한 화목(和睦)이 중재되지 않았다면 그들은 이를 얻을 수 없었을 것이다(히 9:12-14). 아담의 후손은 모두 죄에 속박된 채 타고난 오염을 지니고 태어나기 때문에 다른 곳으로부터 이렇게 뛰어난 선이 들어오지 않는데도 그들이 왕적 고귀함으로 고양되고 그 가운데 하나님의 영광의 동참자들이 된다면, 이보다 더 부적절한 것이 어디에 있겠는가? 자기들의 더러운 죄악들로 하나님 앞에서 혐오스러운 그들이 거룩한 머리 안에서 성별되지 않았다면 어떻게 제사장의 권리가 또한 그들 가운데 효과적으로 작용할 수 있었겠는가?

---

[377] "ad finem……si legales figurae separentur."
[378] "typus ille."
[379] "quia, ut spiritualis est, non alio quam spirituali cultu oblectatur."
[380] "legem Christo non fuisse vacuam."

이런 까닭에 베드로는 모세의 이 말씀을 절묘하게 바꾸어 유대인들이 율법 아래에서 맛보았던 은혜의 충만이 그리스도 안에서 나타났다고 다음과 같이 가르친다. "너희는 택하신 족속이요 왕 같은 제사장들이요"(벧전 2:9). 이렇게 어조를 뒤바꿈으로써 베드로는 복음을 통하여 그리스도의 현현에 대해 그들이 조상들보다 더 많은 것들을 얻었다는 사실을 드러내고자 했다. 왜냐하면 모든 사람에게 제사장과 왕의 영예가 부여된 것은, 중보자 자신을 의지하는 가운데 그들이 감히 자유롭게 하나님의 면전에 나아가도록 하기 위함이기 때문이다.

2. 그리스도의 은혜로 옷 입혀진 율법

논의를 계속하면서 우리는 여기서 다윗의 가문에 의해 종국적으로 수립된 왕국이 율법의 일부이며 모세의 경륜에 포함된다는 사실을 지적해야 한다. 이로부터 다윗의 후손 가운데뿐 아니라 레위 지파 전체 가운데도 그리스도가 마치 이중적 거울 앞에 놓인 대상물과 같이 고대 백성의 눈에 비쳤다는 사실이 뒤따른다. 왜냐하면 내가 앞서 말했듯이 죄와 죽음의 종들이 되었으며 자기들의 부패로 오염된 사람들은 다른 방식으로는 하나님의 면전에 왕들이나 제사장들로서 존재할 수 없었기 때문이다.

이에 비추어 볼 때, 바울이 전한 말씀은 지극히 참된 것으로 드러난다. 유대인들은 약속이 은혜로 주어지게 하는 씨(자손)가 오시기까지는 "초등 교사"(갈 3:24)의 보호 아래에 놓여 있는 형색이었다. 왜냐하면 그들은 아직 그리스도를 친밀하게 알지 못하여 어린아이들과 같은 연약함 가운데 하늘에 속한 것들에 대한 완전한 지식을 감당할 수 없었기 때문이다.

이러한 의식들이 어떻게 그들을 그리스도께로 인도했는지에 대해서는 앞에서 말하였다. 이는 선지자들의 증언들에 의해서 더 잘 이해될 수 있다. 우리가 보듯이, 그들은 하나님의 진노를 누그러뜨리기 위해서 날마다 새로운 희생제물들을 가지고 하나님께 나아가야 했지만, 이사야는 모든 범죄가 한 가지 희생제물로 속함을 받게 되리라는 약속을 선포했다(사 53:5). 다니엘도 이에 대해 같은 입장을 지녔다(단 9:26-27). 제사장들은 레위 지파로부터 지목되어 성소로 들어갔다. 그러나 오직 한 제사장을 일컬어 하나님이 엄숙한 맹세 가운데 "멜기세덱의 서열을 따라 영원한 제사장"(시 110:4; 참조. 히 5:6; 7:21)으로 선택하셨다고 한다. 그때에는 가시적인 기름부음이 있었지만, 다니엘은 환상 가운데 다른 종류의 기름부음이 있을 것이라고 선포했다(단 9:24). 너무 많은 예들을 다 살펴볼 것 없이, 히브리서 기자는 4장에서부터 11장에 이르도록 의식들은 그리스도가 오실 때까지는 아무것도 아니며 헛될 뿐이라고 매우 풍부하고 명확한 설명을 했다.381)

마찬가지로 십계명에 관해 우리는 "그리스도는 모든 믿는 자에게 구원을 이루기 위하여 율법의 마침이 되시니라"(롬 10:4)라는 바울의 충고에 붙들려야 한다. 또 다른 말씀에서는, 그리스도는 죽이는 조문 자체를 살리는 영이시라고 했다(고후 3:6, 17). 앞의 말씀이 뜻하는 바는, 그리스도가 값없이 의를 전가(轉嫁)해 주시고 중생(重生)의 영으로 그것을 부여하실 때까지는 계명으로 의를 가르치는 것은 헛되다는 사실이다. 그리하여 그리스도가 율법의 완성 혹은 마침이라고 합당하게 칭해진다.382) 왜냐하면 하나님이 우리에게 요구하시는 것이 무엇인지를 안다고 한들 그 참을 수 없는 멍에와 짐으로 수고하고 억눌림을 받는 자들을 그리스도가 구해 내지 않으셨다면 그 어떤 유익도 없을 것이기 때문이다.

다른 곳에서 바울은 "율법은 무엇이냐 범법하므로 더하여진 것이라"(갈 3:19)라고 가르쳤다. 이는 사람들이 정죄받는 것은 그들 자신의 책임이라는 사실을 일깨움으로써 그들을 겸손하게 하려 함이다. 진정 이것은 그리스도를 찾기 위한 참되고 유일한 준비가 된다. 이에 대해서 바울이 다양한 말씀을 통하여 가르치고 있는 여러 교훈들은 그것이 무엇이든 간에 서로 일치한다. 그는 율법의 행위를 통해 그 공로로 의를 얻는 것처럼 말하는 저 사악한 교사들과 다투

---

381) 여기서 그리스도가 자기 자신을 제물로 드리셔서 율법의 의를 다 이루시고 그것을 하나님의 백성에게 전가해 주심으로써 다스리시는, 레위 지파 아론의 반열에 속한 제사장이시자 유다 지파 다윗의 계보를 잇는 왕으로서 멜기세덱의 반열에 속한 왕-제사장 혹은 제사장-왕이시라는 것을 말함으로써, 율법의 의식 자체는 폐지되었으나 그 뜻은 완성되었음을 지적한다.

382) "frustra doceri iustitiam praeceptis, donec eam Christus et gratuita imputatione et spiritu regenerationis conferat. Quare merito Christum vocat complementum legis, vel finem."

는 과정에서 그들의 오류를 논박하기 위하여 벌거벗은 율법을 있는 그대로[383] 받아들일 수밖에 없는 때도 있었다. 율법은 값없이 자녀 삼으심의 언약으로 옷 입혀진 것이었음에도[384] 불구하고 이 경우에만 그러했던 것이다.[385]

3. 사람은 율법 준수로 그 완전한 의에 이를 수 없음

그러나 어찌하여 도덕법의 가르침을 받은 우리가 더욱 핑계치 못하게 되는지를 간략하게나마 알기 위해서는 우리에게 죄책을 불러일으켜 은총을 간구하도록 만드는 것이 무엇인지 살펴볼 필요가 있다.

진실로 우리는 율법 가운데서 의의 완전함을[386] 배우게 된다. 이로부터 율법에 대한 완전한 준수가 하나님 앞에서의 의라는 사실이 귀결된다. 분명 그렇게 해야 사람은 하늘 심판좌 앞에서 의롭다고 여겨지고 그렇게 헤아려질 것이다. 그러므로 모세는 율법을 공표한 후 지체하지 않고 하늘과 땅을 증인으로 삼아 자신이 이스라엘 앞에 "생명과 사망과 복과 저주를"(신 30:19) 두었음을 천명하였다. 주님에 의해 약속되었듯이, 율법에 대한 의로운 순종에는 구원의 영원한 보상이 기다린다. 우리는 이를 부인할 수 없다. 그럼에도 우리는 그 순종을 우리가 다 수행할 수 있는지 그리고 그것의 보상에 대한 확신을 우리가

---

383) "nudam legem praecise."

384) "gratuitae adoptionis foedere……vestita est." 여기서 '벌거벗은 율법'(lex nuda)과 '은혜로 옷 입혀진 율법'(lex gratia vestita)이 대조된다.

385) 칼빈은 율법의 본질을, 그리스도가 다 이루어 그 의를 전가해 주시는 '언약의 법'(lex foederis) 혹은 '은혜의 법'(lex gratiae)이라는 관점에서 성도의 삶의 규범이 된다고 파악한다. Cf. Hesselink, *Calvin's Concept of the Law*, 87–101; Byung-Ho Moon, *Christ the Mediator of the Law: Calvin's Christological Understanding of the Law as the Rule of Living and Life-Giving* (Milton Keynes, UK: Paternoster, 2004), 60–83; Doumergue, *Jean Calvin: Les hommes et les choses de son temps*, 6.181–204; Hugo Röthlisberger, *Kirche am Sinai: Die Zehn Gebote in der christlichen Unterweisung* (Zürich: Zwingli Verlag, 1965); Robert A. Gessert, "The Integrity of Faith: An Inquiry into the Meaning of the Law in the Thought of John Calvin," *Scottish Theological Journal* 13/3 (1960), 247–261; Jean Carbonnier, "Droit et Théologie chez Calvin," in *Johannes Calvin: Akademische Feier der Universität Bern zu seinem 400 Todestag*, ed. Hans Merz, et al. (Bern: Verlag Paul Haupt, 1965), 18–31; Daniel Augsburger, "Calvin and the Mosaic Law," Ph. D. dissertation, Strasbourg University, 1976.

386) "perfectionem iustitiae."

마땅히 품을 수 있는지 한 걸음 더 나아가 고찰해야 한다. 율법 준수에 부여되는 영생의 상급을 깨닫게 된다 하더라도 우리가 그 길로 영생에 이를 수 있는지 없는지를 마땅히 알 수 없다면 그것이 무슨 소용이 있겠는가?

이런 측면에서 율법의 연약함이 드러난다. 우리 가운데 그 누구도 율법을 온전히 준수한 자가 발견되지 않으므로 우리는 생명의 약속들로부터 제외되어 오직 저주로만 전락해 들어간다. 나는 무엇이 일어나는지에 관해서뿐만 아니라 무엇이 일어나야 하는지에 관해서도 말하고 있다. 율법의 가르침은 사람의 능력을 훨씬 넘어서는 것이므로, 실로 사람은 부가된 약속들을 먼 곳에서 지켜볼 뿐 그것들로부터 어떤 유익도 이끌어낼 수 없다. 그러므로 오직 다음 한 가지만 남는다. 사람은 구원의 소망이 끊긴 그 자신에게서 죽음이 임박해 있음이 확실하다고 생각하는 동안 그 약속들의 선으로부터 자기 자신의 비참함에 대한 더 나은 평가를 하게 된다.[387] 달리 말하면, 무서운 규정들이 우리 위에 드리워져서 단지 몇 사람뿐 아니라 모든 사람 하나하나를 옭아매어 억누른다. 그 규정들은 우리 위에 드리워져서 가혹함으로 우리를 재촉하므로 우리는 율법에서 더할 나위 없이 현존하는 죽음을 식별할 뿐이다.

4. 하나님의 선하심이 없다면 율법의 약속은 헛됨

따라서 단지 율법만을 고려하면[388] 우리 영혼은 낙담하고, 혼동에 빠지며, 좌절할 수밖에 없다. 율법으로부터 우리 모두는 정죄되었으며 저주받았다(갈 3:10).

율법은 정작 우리로 하여금 율법에 전념하는 자들에게 주어지는 복으로부터 전적으로 멀어지게 하고 있다. 그러면 당신은 주님이 이런 식으로 우리를 조롱하고 계신가 물을 것이다. 주님이 행복에 대한 소망을 보여 주시고, 그것에로 우리를 초대하시고 권고하시며, 그것이 우리에게 제시되어 있다고 증언하시지

---

387) "ab earum[promissionum] bono suam miseriam melius aestimet."
388) 이는 언약의 은혜가 없는 '벌거벗은 율법'(lex nuda)을 칭한다.

만, 그동안에도 그곳에 이르는 문이 닫혀 있어 그곳에 가닿을 수 없게 하신다면 그것이 조롱이 아니고 무엇이겠는가?

나는 대답한다. 비록 율법의 약속들은 조건적인 이상 율법에 대한 완전한 순종에 의지하고 있지만 그 어디에서도 이 완전한 순종은 발견되지 않는다. 그렇다고 할지라도 그 약속들이 헛되이 주어진 것은 아니었다. 왜냐하면 하나님이 값없는 선하심 가운데 우리의 행위를 보지 않으시고 우리를 받아 주심이 없다거나 우리가 복음을 통하여 우리에게 제시된 그 선하심을 믿음으로 받아들이지 않는다면 그것들이 우리에게 헛되며 효과가 없을 것이라는 사실을 우리가 배우게 될 때에 실로 그것들은 심지어 조건이 부착되어 있는 경우에도 그것들 자체의 효과에 있어서 부족함이 없기 때문이다. 왜냐하면 하나님은 우리에게 모든 것을 값없이 부여하시므로, 자기의 그 자애로우심의 정점 위에 이 선하심을 또한 부착시키고자 하시기 때문이다. 주님은 우리의 것이 반쯤 찬 순종이라고 배척하지 아니하시며 완성에 미치지 못한다고 불용(不容)하지 아니하신다. 그리하여 마치 우리가 율법적 약속들의 조건을 충족시키기라도 한 듯이 그 열매를 얻게 하신다. 우리는 이 문제를 믿음에 따른 칭의를 다루는 곳에서[389] 더 완전하게 논의하게 될 것이므로 현재로서는 더 이상 전개하지 않을 것이다.

5. 완전한 율법 준수는 불가능함

우리는 지금껏 율법 준수가 불가능함을 말하였다. 율법 준수의 불가능함은 히에로니무스의 서슴없는 저주를[390] 공공연히 받았던 바와 같이 일반 사람들에게 매우 불합리한 견해로 여겨지곤 했기 때문에, 우리는 몇몇 말로 설명하고 확정할 필요가 있다. 나는 히에로니무스가 어떻게 생각했는지에 대해서는 오래 지체하지 않고자 한다. 대신에 우리는 참된 것이 무엇인지를 탐구하도록 하

---

389) *Institutio*, 3.11.1-7.
390) Jerome, *Dialogue Against the Pelagians* I. 10; III. 3 (MPL 32. 525, 599). Quot. Battles tr., n. 5.

자. 여기서 나는 다양한 종류의 가능성을 놓고 우회적인 담화로 긴 시간을 보낼 생각이 없다. 나는 존재한 적이 없는 것과 하나님의 명령과 작정에 의해 가로막혀 끝내 존재할 수 없는 것을 '불가능한 것'이라고 부른다. 우리가 가장 오래된 기억을 되뇌어 보면서, "사망의 몸"(롬 7:24)을 입은 성도들 가운데 그 누구도 마음을 다하고, 정신을 다하고, 영혼을 다하고, 힘을 다하여 하나님을 사랑하는, 그 사랑의 목표에 가닿지 못하였다는 점과(참조. 막 12:30) 정욕으로 시달리지 않는 자가 아무도 없었다는 점을 나는 말하고자 하는 것이다. 누가 이에 대해 반박할 것인가?

실로 우리는 너무나 어리석은 미신에 빠져서, 성도들이 완전해야 한다는 그릇된 상상을 하고 있다. 과연 순수함에 있어서는 하늘의 천사들도 그들에 거의 비견되지 못할 것이다! 그러나 이는 성경에도 맞부딪히고 경험의 법칙에도 맞부딪힌다. 이후로도 몸덩어리를 풀어 없애지 않는 이상 참된 완전의 목표점에 도달할 자는 아무도 없을 것이다. 나는 또한 이를 말하고자 한다.

이에 대한 분명한 증언들이 성경에 충분히 많이 있다. "전혀 죄를 범하지 아니하는 의인은 세상에 없기 때문이라"(전 7:20; 참조. 왕상 8:46)라고 솔로몬이 말했다. 다윗도 "주의 눈앞에는 의로운 인생이 하나도 없나이다"(시 143:2)라고 말했다. 욥은 동일한 사실을 아주 많은 곳에서 확정했다(참조. 욥 9:2; 25:4). 바울은 가장 명확하게 이를 표현했다. "육체의 소욕은 성령을 거스르고 성령은 육체를 거스르나니"(갈 5:17). 율법 아래 있는 자들은 누구나 할 것 없이 다음과 같은 이유로 저주를 받았음이 증명된다. "기록된바 누구든지 율법 책에 기록된 대로 모든 일을 항상 행하지 아니하는 자는 저주 아래에 있는 자라"(갈 3:10; 참조. 신 27:26). 사도는 아무도 율법을 지킬 수 없음을 단지 넌지시 비추지 않고 공공연한 사실로 받아들였다. 우리는 마땅히 성경에 선포되어 있는 것은 무엇이든지 영구적이며 필요한 것이라고 여겨야 한다.

펠라기우스주의자들은 만약 신자들이 주의 은총을 얻어 수행할 수 있는 것 이상을 하나님이 요구하신다고 한다면 이는 그에게 불의가 된다고 하면서, 이러한 공교한 말로 아우구스티누스를 괴롭혔다. 그들의 모함을 피하기 위하여 아우구스티누스는, 여호와는 자기가 원하셨다면 죽어 없어질 사람을 천사의 순수함에로 고양시킬 수 있으셨을 것이나 자기가 성경에서 주장하셨던 것과 달리 행하지 않으셨을 뿐만 아니라 행하려고 하지도 않으셨다는 사실을 인정했다.[391] 나도 이를 부인하지 않는다. 다만 하나님의 진리에 배치되는 하나님의 권능을 상정하고 이를 관철시키고자 논쟁을 일삼는 것은 역겨운 일이라는 점을 부언하고자 한다. 만약 성경이 '존재하지 않을 것'이라고 선포하는 것은 '존재할 수 없다'고 말하는 어떤 사람이 있다면, 우리는 그 사람의 입장을 조롱거리로 치부해서 내팽개쳐서는 안 된다.

그러나 펠라기우스주의자들처럼 말씀 그 자체에 대해 논쟁하고자 한다면, 다음을 보라. 주님은 제자들이 "누가 구원을 얻을 수 있으리이까"(마 19:25)라고 물었을 때 "사람으로는 할 수 없으나 하나님으로서는 다 하실 수 있느니라"(마 19:26)라고 대답하셨다. 또한 아우구스티누스는 육체로 있는 동안 우리는 결코 법적으로 빚진 만큼의 사랑을 하나님께 돌려드릴 수 없다는 더할 나위 없이 강력한 논리를 펼친다. 그는 말한다. "사랑은 지식에 뒤따르는 것이므로 먼저 하나님의 선하심을 아는 지식을 충만히 가지지 않는 한 아무도 그를 완전히 사랑할 수 없다. 땅에서 나그네의 삶을 사는 동안 우리는 거울을 통하여 희미하게 본다(고전 13:12). 그러므로 우리의 사랑은 불안전하다는 결론이 나온다."[392]

이러하니 우리 본성의 무능함을 헤아려 볼 때 이 육신의 삶 가운데 있을 동안 율법의 완성은 불가능하다는 점에 이견을 갖지 말고 잠잠하도록 하자.[393] 바울은 다른 곳에서도 이를 같은 방식으로 보여 주고 있다(롬 8:3).

6. 의를 드러내어 불의를 정죄하는 율법의 첫 번째 용법

이 문제 전체를 더욱 잘 드러내기 위하여 우리가 '도덕법'이라고 부르는 것의

---

[391] Augustine, *On Man's Perfection on Righteousness* iii. 8 (MPL 44. 295; tr. NPNF V. 161); *On the Spirit and the Letter* xxxvi. 66 (MPL 44. 245f.; tr. NPNF V. 113f.). Quot. Battles tr., n. 6.

[392] Augustine, *On the Spirit and the Letter* xxxvi. 64f. (MPL 44. 242ff.; tr. NPNF V. 112f.); *On Man's Perfection in Righteousness* viii. 17ff. (MPL 44. 299ff.; tr. NPNF V. 164f.). Quot. Battles tr., n. 7.

[393] Cf. *Institutio*, 2.12.4; 3.4.27; 3.11.23.

기능과 용법을[394] 간략하게 순서별로 돌아보기로 하자. 내가 이해하는 바로는 그것은 세 부분으로 이루어진다.[395]

첫째 부분은 다음과 같다. 율법은 하나님의 의, 즉 하나님께 받아들여지는 유일한 의를 나타내는 동안 모든 사람을 각각 그들 자신의 불의에 따라 경고하고, 더욱 확실하게 들춰내며, 비난하며, 마지막으로 정죄한다.[396] 왜냐하면 사람은 자기애(自己愛)로 눈멀고 거기에 취해 있으므로 자기 자신의 연약함과 불순함에 대한 지식과 고백에 동시에 이르러야 하기 때문이다. 그가 만약 자기 자신의 헛됨에 대해 책망받지 않는다면 자기 자신의 힘을 과도하게 신뢰하여 우쭐거리게 될 것이며 자기 자신의 방식대로 자의적으로 그것을 측량하는 한 결코 그 변변찮음에 대해 의식할 수 없게 될 것이다. 그러나 그는 자기의 힘을

---

[394] "officium usumque."

[395] 이하 논의되는 율법의 세 가지 용법에 대해서 다음을 보라. Hesselink, *Calvin's Concept of the Law*, 219–262; "Christ, the Law, and the Christian: An Unexplored Aspect of the Third Use of the Law in Calvin's Theology," in *Reformatio Perennis: Essays on Calvin and the Reformation in Honor of Ford Lewis Battles*, ed. Gerrish, 11–26; Moon, *Christ the Mediator of the Law: Calvin's Christological Understanding of the Law as the Rule of Living and Life-Giving*, 235–243; Merwyn S. Johnson, "Calvin's Handling of the Third Use of the Law and Its Problems," in *Calviniana: Ideas and Influence of Jean Calvin*, ed. Schnucker, 33–50; Edward A. Dowey, "The Third Use of the Law in Calvin's Theology," *Social Progress* 49/3 (1958), 20–27; Ralph R. Sundquist, Jr., "The Third Use of the Law in the Thought of John Calvin," Ph. D. dissertation, Columbia University, 1970; Victor A. Shepherd, *The Nature and Function of Faith in the Theology of John Calvin* (Macon, GA.: Mercer University Press, 1983), 137–156. 칼빈이 회심 전에 쓴 작품으로 알려진 1532년의 세네카의 관용론 주석은 그의 법학자로서의 식견을 잘 보여 주고 있다. *L. Annei Senecae, Romani senatoris, ac philosophi clarissimi, libri duo de clementia, ad Neronem Caesarem: Ioannis Calvini Nouiodunaei commentariis illustrati* (CO 5.1–162). 여기서 칼빈은 형벌의 세 가지 용법을 논한다. 첫째는 기소된 사람을 '경고', '교정', '훈계'해서 개선시키는 것이다. 둘째는 악인을 벌함으로써 '모범'과 '실례'를 보여 다른 사람의 삶을 개선시키는 것이다. 셋째는 범죄자를 제거하여 사회를 안전하게 보호하는 것이다. 무엇보다 '개선시키는 것'(emendare)을 요체로 하는 첫째와 둘째 용법이 주목되는바, 칼빈이 말하는 율법의 세 번째 용법이 그 첫째와, 두 번째 용법이 그 둘째와 관련성이 있어 보인다. *Calvin's Commentary on Seneca's De Clementia*, tr., intro., and notes by Ford Lewis Battles and André Malan Hugo (Leiden: E. J. Brill, 1969), 125.14–16, 26–28, 37–126. Cf. Louise L. Salley, "A French Humanist's Chef–d'Oeuvre: The Commentaries on Seneca's *De Clementia* by John Calvin," *Renaissance Papers* (1968), 41–53.

[396] "ut dum iustitiam Dei ostendit, id est, quae sola Deo accepta est, suae unumquemque iniustitiae admoneat, certiorem faciat, convincat denique ac condemnet." 칼빈이 말하는 율법의 제1용법은 루터와 멜란히톤이 '신학적 용법'(usus theologicus)이라고 부르며 가장 주요하게 여기는 제2용법에 해당한다. 한편 칼빈이 말하는 제2용법을 그들은 제1용법이라고 부른다. Gerhard Ebeling, "On the Doctrine of the *Triplex Usus Legis* in the Theology of the Reformation," in *Word and Faith*, tr. James W. Leitch (London: SCM Press, 1963), 75–78.

율법의 어려움과 비교하게 되자마자 자기의 기세를 꺾는 무엇을 거기서 얻게 될 것이다. 왜냐하면 그가 이전에 어마어마한 것으로 여겼던 자기의 힘이 율법의 대단한 무게에 짓눌려 숨이 가쁘고, 다음으로는 비틀거리고 쓰러지려 하고, 끝내 넘어져 혼절하고 말 것이기 때문이다. 그러므로 율법이라는 선생에 의해[397] 가르침을 받은 자는 이전에 자기의 눈을 멀게 했던 오만을 깨뜨리게 된다.

마찬가지로 사람은 자기가 앓고 있는 교만이라는 또 다른 병으로부터 치유되어야 한다. 그는 그 자신의 판단에 서 있도록 허용되는 한, 위선을 의라고 가장할 것이고, 이에 만족하면서, 내가 모르는 위선적인 의들을 내세워 하나님의 은혜에 맞설 것이다. 그러나 그는 거짓된 의에 대한 억측을 제하여 낸 채 자기의 삶을 율법이라는 저울에 달아[398] 검사하지 않을 수 없게 되면 자기가 거룩함으로부터 무한히 멀어져 있을 뿐만 아니라 이전에는 자기를 더럽히지 않았다고 여겼던 무한한 악들이 자기를 가득 채우고 있다는 사실을 발견하게 될 것이다. 정욕의 악들은 너무나 깊고 너무나 꼬불꼬불한 후미진 곳에 숨어 있기 때문에 쉽게 사람의 시야를 가려 분간하지 못하게 한다. 그러므로 사도가 "율법이 탐내지 말라 하지 아니하였더라면 내가 탐심을 알지 못하였으리라"(롬 7:7)라고 말하는 데는 일리가 있다. 왜냐하면 율법이 탐심을 그 감추어진 곳에서 끄집어내지 않으면, 그것은 비참한 사람을 매우 은밀하게 파멸시킴으로써 그 치명적인 창을 의식도 하지 못하게 만들기 때문이다.

7. 율법은 하나님의 의를 드러냄으로써 우리의 불의를 정죄하나 이로써 율법의 가치를 떨어뜨리지는 않음

이와 같이 율법은 마치 어떤 거울과 같아서[399] 그 속에서 우리는 우리의 무능을 보고, 거기서 비롯된 불의를 보며, 마지막으로 이 둘로 인한 악의를 관조

---

[397] "legis magisterio."
[398] "ad legis trutinam."
[399] "instar est speculi cuiusdam."

한다. 이는 우리가 얼굴의 오점들을 거울에 비추어 보는 것과 같은 방식이다. 사람은 의를 좇는 능력이 결여되면 죄의 늪에 빠져 헤어 나올 수 없게 된다. 그리고 저주가 계속해서 죄를 따른다. 따라서 율법이 우리를 연루시켜 비난을 가하는 위반이 더 많아질수록 우리가 책임을 져야 할 심판도 그 만큼 더 엄중해진다.

사도가 전하는 말씀은 이에 부합한다. "율법으로는 죄를 깨달음이라"(롬 3:20). 여기에서는 단지 아직 중생하지 않은 죄인들이 경험하는 율법의 첫 번째 기능에 대해서만 지적되고 있을 뿐이다. "율법이 들어온 것은 범죄를 더하게 하려 함이라"(롬 5:20)라는 말씀도 이와 관련된다. 진노를 발하여 죽게 하는(롬 4:15) 죽음의 경륜이 율법으로부터 비롯된다(고후 3:7). 양심이 그 죄에 대해 더욱 명확하게 사로잡힐수록 불의도 그만큼 더해진다는 것은 의심할 여지가 없다. 왜냐하면 그럴 때에 입법자에 대한 오만함이 범법함에 더 첨가되기 때문이다. 그러므로 하나님의 진노를 무장시켜 죄인을 멸망에 이르게 하려고 율법이 자리하고 있다. 왜냐하면 율법은 그 자체만으로는 정죄하고, 저주하며, 파멸시키는 것 외에 아무것도 할 수 없기 때문이다. 아우구스티누스가 말하듯이 "만약 은혜의 영이 부존(不存)한다면 율법에는 오직 사람들을 죄인으로 삼아 죽이는 것만 현존(現存)한다."400)

이렇게 말하는 것은 율법에 불명예를 안기거나 어떤 면으로든 그 월등함을 폄하시키고자 함이 아니다. 진정 우리의 의지 전체가 제대로 형성되고 구성되어 율법에 순종하게 되면 오직 율법 그 자체에 대한 지식만 있어도 구원에 이르기에 충분할 것이다. 그러나 우리의 육체적이고 오염된 본성은 하나님의 영적인 율법과 사악하게 다투고 율법의 훈육에 의해서는 결코 교정되지 않기 때문에, 원래 적절하게 듣는 자들을 만나면 구원을 얻게 하려고 주어져 있었던 율법이 죄와 죽음의 계기가 되는 결과가 된다(참조. 롬 8:2).401) 우리는 모두 율법

---

400) "si desit spiritus gratiae, in hoc tantum adest ut reos faciat et occidat." Augustine, *On Rebuke and Grace* i. 2 (MPL 44. 917; tr. NPNF V. 472). Quot. Battles tr., n. 11.

401) "at quum natura nostra carnalis et corrupta cum spirituali Dei lege hostiliter pugnet, nec eius disciplina quidquam emendetur. superest ut lex quae in salutem (si auditores idoneos nacta fuisset) data erat, in peccati et mortis occasionem cedat." Ambrose, *De Jacobo et vita beata* I. vi. 21f. (MPL 14. 637). Quot. Battles tr., n. 12.

을 위반한 자들이라는 사실이 판명되었던바, 율법이 하나님의 의를 더 분명하게 드러낼수록 역으로 그것은 우리의 불의를 그만큼 더 많이 폭로하게 된다. 생명과 구원의 상급이 의에 달려 있음을 율법이 더 확실하게 확정할수록 그것은 불의한 자들의 멸망을 그만큼 더 확실하게 만든다. 이러한 율법에 대한 찬사들은 어느 한 부분도 율법에 대한 모욕을 담고 있지 않고 하나님의 자비하심에 대한 찬미를 더욱 빛나게 하는 데 매우 큰 작용을 한다. 이렇듯 우리가 우리 자신의 불의와 사악함 때문에 율법을 통하여 우리 앞에 놓인 복된 삶을 누리지 못하게끔 방해를 받게 된다는 사실이 분명히 드러난다. 그리하여 율법의 보조 없이 우리를 도와주시는 하나님의 은혜가 더욱 달콤하게 되고, 우리에게 그 은혜를 부여하시는 그의 자비가 더욱 아름답게 된다.[402] 이로부터 우리가 배우는 것은, 하나님은 반복해서 우리에게 복 주시며 새로운 선물들을 쌓아 주심에 있어서 결코 지치지 아니하신다는 사실이다.

8. 율법의 교훈을 통한 정죄로 말미암아 그리스도 안에서 은혜를 베푸시는 자비로운 하나님께로 도망침

우리 모두의 불의와 저주는 율법의 증언에 의해 확증된다. 그러나 우리가 율법으로 제대로 유익을 얻는 이상, 율법은 우리를 절망에 빠뜨리거나 우리의 마음을 낙심케 해서 낭떠러지로 곤두박질치게 하지 않는다.

유기된 자들이 이러한 방식으로 율법에 의해 검열을 받는 것은 확실하나, 이는 그들 마음의 완고함 때문에 초래된 것이 분명하다. 하나님의 자녀들에게 있어서는 율법에 대한 교양이 마땅히 다른 목적을 지녀야 한다. 사도는 진정 우리가 율법의 심판으로 정죄를 받고 있음을 증언한다. "이는 모든 입을 막고 온 세상으로 하나님의 심판 아래 있게 하려 함이라"(롬 3:19). 그럼에도 불구하고

---

[402] "Unde suavior redditur, quae sine legis subsidio nobis succurrit Dei gratia; et amabilior, quae illam nobis confert, misericordia." 이는 율법의 무용(無用)이나 폐지가 아니라, 율법의 정죄를 통하여서 무능과 부패를 깨달아 하나님의 전적인 은혜와 자비를 구하게 되는 것이 달콤하고 아름다움을 말한다.

동일한 사도는 다른 곳에서 다음과 같이 전한다. "하나님이 모든 사람을 순종하지 아니하는 가운데 가두어 두심은" 모든 사람을 파괴하거나 파멸에 이르게 하려는 것이 아니라 "모든 사람에게 긍휼을 베풀려 하심이로다"(롬 11:32). 본문이 의미하는 바는, 사람들은 자기들 자신의 능력에 대한 어리석은 편견을 버릴 때에 자기들이 오직 하나님의 손에 의해서 서고 존재한다는 것을 깨닫게 되어 벌거벗고 빈손인 채로 하나님의 자비로 도망가서 그것에 전적으로 자기를 의탁하고, 그것에 완전히 자기를 감추며, 의와 공로를 위하여 오직 그것 하나만을 붙잡게 된다는 것이다. 왜냐하면 누구든지 참 믿음으로 구하고 기대하는 자에게는 그리스도 안에서 하나님의 자비가 나타나기 때문이다. 율법의 교훈들 가운데, 하나님은 단지 우리 모두에게 결여된 완전한 의에 대해서 상급을 베푸시는 분으로만 나타나시지 않고, 그 반대로 범죄들에 대해서는 엄격한 심판자로도 자신을 드러내신다. 그러나 그리스도 안에서, 은혜와 온화하심이 충만한 하나님의 얼굴은 심지어 비참하고 가난한 죄인들을 향해서까지 빛난다.[403)]

9. 율법은 할 수 없는 것을 명령하여 우리의 연약함을 드러냄으로써 우리로 하여금 하나님의 은혜를 탄원하게 함

아우구스티누스는 하나님의 은혜를 탄원하는 유익에 대해서 종종 말한다. 예를 들면 그가 힐라리우스(Hilarius)에게 썼듯이 "우리는 연약하기 때문에 율법의 명령들을 행하고자 애쓸수록 그 아래에 매여 지쳐 간다. 그때 율법은 우리에게 지시하여 은혜의 도움을 간청하는 방법을 알게 한다."라고 했다. 또한 아셀리우스(Asellius)에게는 "율법의 유용함은 사람으로 하여금 자기의 연약함을 확신하게 하고 그를 움직여 그리스도 안에 있는 은혜의 약을 탄원하도록 하는

[403)] "Deus enim in legis praeceptis nonnisi perfectae iustitiae, qua nos omnes destituti sumus, remunerator, contra autem severus scelerum iudex apparet. In Christo autem facies eius gratiae ac lenitatis plena, erga miseros etiam ac indignos peccatores relucet." 칼빈은 창 15:6 설교에서 율법은 우리로 하여금 우리 자신에 대해 절망하게 함으로써 그리스도 안에서 구원을 찾게 한다고 전하는데, 이는 율법의 제1용법의 핵심을 설명한 것이다. *Serm.*, Gen. 15:6 (SC 11/2, 758).

데 있다."라고 했다. 또한 로마의 인노켄티우스(Innocentius)에게는 "율법은 명령하고 은혜는 행할 수 있는 힘을 공급해 준다."라고 했다. 발렌티누스(Valentinus)에게는 "하나님은 우리가 할 수 없는 것을 명령하셔서 우리가 그에게서 무엇을 구해야 하는지를 알게 하신다."라고 했고, "율법은 당신들을 죄인으로 삼고자 주어졌다. 그렇게 죄인들로 여겨진 당신들이 두려워하게 하시려고, 두려워하는 당신들이 관용을 구하게 하시려고, 그리고 당신들 자신의 힘을 뻔뻔스럽게 의지하지 않게 하시려고 말이다."라고 했으며, "율법이 주어진 것은 다음을 목적한다. 즉 위대한 체하는 당신을 하찮은 것으로 만드시려고, 당신들 스스로는 의에 이르는 힘을 지닐 수 없음을 설명하시려고, 그리고 이렇듯 무능하고 저급하고 빈곤한 당신들이 은혜로 도망치게 하시려고 말이다."라고 했다.

그 후에 아우구스티누스는 다음과 같이 하나님께 말씀드렸다. "주님, 그렇게 행하옵소서. 자비로우신 주님, 그렇게 행하옵소서. 이루어질 수 없는 것을 명령하옵소서. 오직 당신의 은혜로써 이루어질 수 있는 것을 명령하옵소서. 그리하여 사람들이 자기들의 힘으로 그것을 이룰 수 없으므로 모든 입이 막히고 아무도 그들 자신을 위대하게 보지 말게 하옵소서. 모든 사람이 작은 자들이 되게 하시고 온 세상이 하나님 앞에서 죄인인 것을 알게 하옵소서."404)

그런데 이 거룩한 사람은 『성령과 문자』(De Spiritu et littera)라는 이름의 작품에서405) 본 주제를 특정해서 다루고 있으므로 여기에서 내가 너무 많은 증언들을 쌓아 올리는 것은 어리석다 할 것이다.

그는 율법의 두 번째 유익에 대해서는 그리 의미심장하게 기술하지 않았는데, 그 이유는 그것이 첫 번째 가치에 의존하고 있다고 그가 알고 있었기 때문이거나, 그가 그것을 완전히 파악하고 있지 않았기 때문이거나, 그것의 정확한 어의를 분명하고 확실하게 충분히 표현할 말이 부족했기 때문일 것이다.

그러나 이러한 율법의 첫 번째 기능은 유기된 자들에게도 작용한다. 비록 그

---

404) 이 글들의 출처는 다음과 같다. Augustine, *Letters* clvii. 2. 9; cxcvi. 2. 6; clxxvii. 5 (MPL 33. 677, 893, 766; tr. FC 20. 325; 30. 336, 97); *On Grace and Free Will* xvi. 32 (MPL 44. 900; tr. NPNF V. 457); *On the Spirit and the Letter* xiii. 22 (MPL 44. 214f.; tr. NPNF V. 92); *Psalms*, Ps. 70. i. 19; 118. xxvii. 3 (MPL 36. 889; 37. 1581; tr. LF *Psalms* V. 434). Quot. Battles tr., n. 14.

405) MPL 44. 201-246 (tr. NPNF V. 83-114). Quot. Battles tr., n. 15.

들은 하나님의 자녀들에 있어서와 같이 육체를 죽인 후 속사람이 갱신되고 다시 피어오르는 정도까지 나아가지 않고 첫 번째 공포에 짓눌려 꼼짝달싹 못하고 절망에 빠져 있게 되나 그럼에도 불구하고 그들의 양심이 이런 소용돌이에 내몰려 고통을 받는다는 것은, 하나님의 심판이 공평하다는 사실을 선포하는 데 도움이 된다. 왜냐하면 그들은 하나님의 심판에 맞설 때에 때마다 기꺼이 그것을 우회하고자 갈망하기 때문이다. 그런데 그 심판이 아직 공공연히 드러나지 않았음에도 그들은 율법과 양심의 증언에 의해서 겁에 질려 응당 자기들 탓으로 돌려야 할 것이 무엇인지를 자기들 속에서 폭로하게 된다.

10. 형벌에 대한 두려움으로 외형적으로나마 죄를 억제하는 율법의 두 번째 용법

율법의 두 번째 기능은 적어도 형벌을 받으리라는 두려움을 일으켜 일부 사람들을 억제시키는 것이다. 그들은 율법에 있는 무서운 징계들에 관하여 듣고 강압을 느끼게 되지 않는다면 의로운 것과 올바른 것에 대해 아무 관심도 없는 자들이다.[406] 그들이 억제당하는 이유는 그들의 속마음이 설복되거나 정서적 감동을 받기 때문이 아니라 마치 굴레에 씌우는 것같이 외부적인 일로 그들의 손을 묶어,[407] 그렇게 하지 않으면 방자하게 탐닉에 빠질 그들 자신의 사악함을 내적으로 제지시키기 때문이다. 결과적으로 실로 그들은 더 나아지지도 않고 하나님 앞에서 더 의로워지지도 않는다. 다만 그들은 공포로 혹은 수치로 가로막혀 자기들의 마음에 품었던 것을 감히 실행하지도 못하고 자기들의 거센 육욕을 감히 불태우지도 못하는 것이다. 그렇지만 그들은 하나님에 대한 두

---

[406] "ut qui nulla iusti rectique cura, nisi coacti, tanguntur, dum audiunt diras in ea sanctiones, coerceantur saltem poenarum formidine."

[407] "tanquam iniecto fraeno, manus ab exteriori opere continent." 율법의 제2용법은 원인(cause)이 아니라 결과(effect)를 억제하는 데 관계된다. 즉 내적 변화가 아니라 "외부적인 활동"(exterior opus)만을 겨냥한다. Hesselink, *Calvin's Concept of the Law*, 245–251; Denis Müller, *Puissance de la Loi et limite du Pouvoir* (Paris: Éditions Michalon, 2001), 20–27.

려움과 복종에 이르기에 적합하게 지어진 마음을 가지고 있지는 않다. 반대로 그들은 더 많이 억제하면 할수록 내적으로 더욱 강렬하게 불붙고 타오르며 끓어서 이와 같은 율법의 공포가 장애가 되지 않는다면 무슨 일이든지 저지르고 어느 곳에든지 돌진할 준비가 되어 있다. 이뿐 아니라 그들은 지극히 악해서 율법 자체를 미워하고 율법의 제정자이신 하나님을 저주한다. 그리하여 심지어 가능하면 최선을 다해서 하나님을 제거하기를 원한다. 왜냐하면 그들은 하나님이 자기들에게 올바른 것을 행하라고 명령하실 때나 또는 자기의 엄위를 경멸하는 자들을 복수하실 때에 이를 참을 수 없기 때문이다.

여전히 중생하지 않은 사람들 모두는 자기들이 자원적으로 율법에 복종하도록 기꺼이 끌려가는 것이 아니라 거부하고 저항하는 가운데서도 격렬한 두려움으로 인하여 율법에 대한 열의를 갖게끔 이끌림 당한다는 사실을, 어떤 사람들은 한층 불분명하게 어떤 사람들은 한층 분명하게, 속으로 의식하게 된다.

그렇지만 이러한 강요되고 억압된 의라 하더라도 인간의 공적 공동체에는 필요하다.[408] 하나님은 소요가 일어나 모든 것이 혼란에 빠지는 일이 없도록 막으셔서 그 공동체의 평온을 지키신다. 만약 모든 사람에게 모든 것이 허용된다면 더할 나위 없이 큰 혼란이 일어나게 될 것이다. 심지어 하나님의 자녀들도 부름을 받기 전 성결의 영이 없이(참조. 롬 1:4) 육체의 어리석음 가운데 자유분방하게 행하는 동안에는 이 초등교육을 받는 것이 유익하다. 왜냐하면 하나님의 징벌에 대한 공포로 인하여 최소한 외적인 방자함이라도 억제하게 되는 동안에는 비록 여전히 길들여지지 않은 마음을 지니고 당시로는 아주 소소한 진보만 이루는 데 그칠지라도 의의 멍에를 짊어 맴으로써[409] 일정 부분 야성이 꺾이기 때문이다. 그러므로 그들은 그렇게 부름을 받게 될 때에 그 규율을 낯선 것이라고 여길 만큼 아주 우매하거나 무지하지는 않을 것이다.

내가 보기에, 아래에서 사도는 이러한 율법의 기능에 관하여 특별히 다루고 있는 듯하다. "율법은 옳은 사람을 위하여 세운 것이 아니요 오직 불법한 자와

---

408) "haec coacta expressaque iustitia necessaria est publicae hominum communitati."
409) "ferendo iustitiae iugo."

복종하지 아니하는 자와 경건하지 아니한 자와 죄인과 거룩하지 아니한 자와 망령된 자와 아버지를 죽이는 자와 어머니를 죽이는 자와 살인하는 자며 음행하는 자와 남색하는 자와 인신매매를 하는 자와 거짓말하는 자와 거짓 맹세하는 자와 기타 바른 교훈을 거스르는 자를 위함이니"(딤전 1:9–10). 여기에서 지적되는바, 율법은 고삐와 같아서 그것이 없이는 육체의 욕정이 무분별하게 끓어오르고 끝 간 데 없이 펴져 나가게 된다.

11. 율법은 성령으로 거듭나기 전의 사람들을 성령을 받아 참 경건에 이를 때까지 억제시킴

바울이 다른 곳에서 전하는 "율법이 유대인들에게 그리스도께로 인도하는 초등 교사가 되어"(적용. 갈 3:24) 410)라는 말씀은 율법의 두 가지 기능에 모두 적용된다. 이에 부응하여 율법이 그 가르침으로 그리스도께로 인도하는 두 가지 종류의 사람들이 있다.

그 첫 번째 종류에 속하는 자들에 대해서 이미 우리는 언급했다. 그들은 자기들의 덕성과 의에 대한 확신이 너무나 꽉 차 있어서 먼저 비워지기 전에는 그리스도의 은혜를 받아들이기에 적합하지 않다. 그러므로 율법은 그들이 자기들의 비참함에 대한 인식을 통하여 겸손에 이르게 함으로써 이전에는 부족함을 깨닫지 못했던 것을 추구하도록 준비시킨다.

그리고 자기 육체의 방종에 헐떡이다 넘어져 의에 대한 모든 열의를 완전히 내버린 두 번째 종류에 속하는 자들이 있다. 그들을 억제시키기 위해서는 굴레가 필요하다. 왜냐하면 하나님의 영이 아직 다스리지 않는 동안에는 육욕이 때때로 끓어올라 그것에 사로잡힌 영혼을 하나님을 망각하고 경멸하는 데로 가라앉혀 버릴 위험이 있기 때문이다. 만약 주님이 이러한 처방으로 길을 내지 않으시면 그렇게 될 것이다. 하나님은 자기 나라의 유업을 주시고자 지정하신

---

410) "legem fuisse Iudaeis paedagogum ad Christum."

자들을 즉시 중생시키지 아니하실 경우 자기의 방문 때까지는 율법의 사역을 통하여 그들을 두렵게 함으로써 지키신다(참조. 벧전 2:12). 이는 하나님의 자녀들에게 있어야 할 순결하고 순수한 두려움이 아니라 그들이 받아들일 분량에 맞추어 참 경건에 이르도록 가르치기에 유용한 두려움이다.

우리는 본 사안에 대한 너무나 많은 증거들을 가지고 있으므로 굳이 무슨 예를 들 필요가 전혀 없다. 어느 때이든지 한동안 하나님에 대한 무지 가운데 이리저리 방황했던 자들은 누구나 할 것 없이, 율법이 그들을 억제하여 하나님에 대한 어떤 두려움과 경의를 갖게 한 일이, 그들이 성령에 의해서 중생되어 마음으로 진정 하나님을 사랑하기 시작할 때까지 계속되었다는 점을 인정할 것이다.

12. 중보자를 통하여 신자들에게 가르침과 권고로 작용하는 율법의 세 번째 용법

세 번째 용법은 주요할 뿐만 아니라 율법의 고유한 목적에 더욱 가까운 것으로서 마음에 이미 하나님의 영이 살아서 다스리는 신자들에게서 그 자리를 가진다.[411] 그들은 비록 하나님이 자기의 손가락으로 그들의 마음에 쓰시고 새기신 율법을 가지고 있지만(렘 31:33; 히 10:16), 즉 성령의 지도로 감동을 받고 생기를 얻어 하나님께 순응하고자 갈망하지만, 여전히 율법 가운데 두 가지 면에서 유익을 얻는다.

---

411) "et praecipuus est, et in proprium legis finem propius spectat, erga fideles locum habet, quorum in cordibus iam viget ac regnat Dei spiritus." 신자들을 위한 율법의 용법을 가장 귀하게 여긴 칼빈과는 대조적으로 루터는 이를 인정하지 않았고 루터의 후예들은 이를 놓고 격렬한 논쟁을 벌였다. 결국 그들은 『아우크스부르크 신앙고백에 부치는 변증서』(*Apology to the Augsburg Confession*, 4.285)에서 확립된, "율법은 항상 정죄한다"(lex semper accusat)라는 말을 수록한다는 조건으로 제3용법을 명문화하는 데 합의하였다. *The Book of Concord*, tr. and ed. Theodore G. Tappert (Philadelphia: Fortress, 1959), 50. Cf. Wilfred Joest, *Gesetz und Freiheit: Das Problem des 'tertius usus legis' bei Luther und in der neutestamentlichen Paranese*, fourth ed. (Göttingen: Vandenhoeck & Ruprecht, 1968), 45–55; Ebeling, "On the Doctrine of the *Triplex Usus Legis* in the Theology of the Reformation," 62–78; Timothy J. Wengert, *Law and Gospel: Philip Melanchthon's Debate with John Agricola of Eisleben over Poenitentia* (Grand Rapids: Baker, 1997), 177–210.

율법은 그들이 자기들이 열망하는 주님의 뜻이 어떠한지를 날마다 더욱 잘 그리고 더욱 확실히 배우도록 해주고 그것을 이해하는 가운데 확정하게 해주는 최고의 기관(器官)이다. 이는 마치 마음의 열의를 다 쏟아 자기 주인의 처분에 자기를 맡기고자 이미 준비된 종이 누군가 있다고 하더라도 주인의 관습에 따르며 순응하기 위해서 그것을 더욱 세밀하게 탐구하며 지켜 나가야 하는 것과 흡사하다. 우리 가운데 그 누구도 이 필요로부터 벗어나지 못할 것이다. 왜냐하면 우리는 날마다 부여되는 율법의 교양으로 새로운 진보를 이루어 하나님의 뜻을 아는 더욱 순수한 지식에 이르게 되는바, 이것이 아무 효과가 없을 정도의 대단한 지혜에 통달한 사람은 여태껏 아무도 없었기 때문이다.

나아가 우리는 가르침뿐만 아니라 권고도[412] 필요하기 때문에 하나님의 종으로서 율법으로부터 그 유익도 취하게 될 것이다. 즉 율법을 빈번히 묵상함으로써 경성되어 순종에 이르고, 그 가운데서 강하여지며, 범법하도록 미끄러지게 하는 것으로부터 돌이키게 될 것이다. 이와 같은 방식으로 성도들은 자기를 압박해야만 한다. 그들이 아무리 성령을 좇아서 열성을 다하여 하나님의 의에 이르고자 애쓴다고 하더라도 항상 육체의 방만함이 짐이 되어 적절한 기민함을 지닐 수 없게 된다. 율법은 마치 게으르고 무기력한 당나귀를 자극하고 재촉하여 일을 하도록 다그치는 육체의 채찍과[413] 같다. 다시 말하면 영적인 사람이라 하더라도 아직 육체의 짐으로부터 자유롭지 못하기 때문에 율법은 그를 빈둥거리지 못하게끔 부단히 찌르는 가시로서[414] 존재한다.

다윗은 저 탁월한 찬사로 율법을 노래하면서 이 용법을 마음에 두고 있었음이 확실하다. "여호와의 율법은 완전하여 영혼을 소성시키며……여호와의 교훈은 정직하여 마음을 기쁘게 하고 여호와의 계명은 순결하여 눈을 밝게 하시도다……"(시 19:7-8). "주의 말씀은 내 발에 등이요 내 길에 빛이니이다"(시 119:105). 그리고 동일한 시편에 이와 관련된 다른 많은 구절이 있다(참조. 시 119:5). 이러

---

412) "non sola doctrina, sed exhortatione." '가르침'(doctrina)이 지식을 얻게 하는 이성 혹은 오성과 관계된다면, '권고'(exhortatio)는 행위로 나아가게 하는 의지와 관계된다.
413) "carni……flagrum."
414) "assiduus aculeus."

한 말씀들은 율법이 중생한 사람들에게 베푸는 용법이 어떤 것인지가 아니라 그것 자체가 사람에게 줄 수 있는 것이 무엇인지를 보여 주는 바울의 본문들과 상충되지 않는다. 다만 여기에서 선지자는 율법이 얼마나 많은 유용성을 지니고 있는지를 노래하고 있을 뿐이다. 여호와는 자기가 율법에 순종할 기민함을 내적으로 갈망케 하신 자들이 그것을 읽음으로써 교훈을 받게 하신다. 선지자는 교훈들뿐만 아니라 그것들에 수반된 은혜의 약속을 취한다. 오직 이 약속만이 쓴 것을 달게 만든다. 만약 율법이 단지 채찍을 가하고 두려움에 떨게 해서 영혼을 불안하게 하고 공포로 목을 죌 뿐이라면 그것보다 더 사랑스럽지 않은 것이 어디 있겠는가? 진정 다윗은 자기가 율법 안에서 중보자를 붙잡고 있었다는 사실과, 그가 없다면 어떤 즐거움도 달콤함도 없다는 사실을[415] 특별히 보여 준다.

13. 율법은 성도가 지상에서 수행해야 할 직분과 상응하는 삶의 규범을 드러냄

어떤 미숙한 사람들은[416] 무지하여 이를 식별하지 못하고 성급하게 모세 전체를 내던져 버리고 율법의 두 판과 작별을 고한다. 왜냐하면 그들은 그리스도인들이 죽음의 직분을(참조. 고후 3:7) 담고 있는 교리를 견지하는 것이 어울리지 않음이 자명하다고 여기기 때문이다.

---

[415] "sine quo[mediatore] nulla est oblectatio vel suavitas." 칼빈이 말하는 "달콤함"(suavitas, dulcedo)은 "사람이 할 수 없는 것"(quid non possint homines agere)일지라도 "해야 할 것"(quid debeant)을 명령하시되 친히 이루시는 중보자의 은혜를 칭한다. I. John Hesselink, "Calvin, Theologian of Sweetness," *Calvin Theological Journal* 37 (2002), 325-327.

[416] 자유주의자들(Libertines)과 아그리콜라(Johannes Agricola, 1494-1566)를 칭한다고 볼 것이다. 아그리콜라는 율법은 구약에 속하는 것이므로 그리스도인은 더 이상 그것을 지킬 의무가 없다고 하며 반율법주의(Antinomianism)를 표방하였다. 이런 입장과 멜란히톤의 입장이 충돌하여 1536년에 루터란 율법 논쟁이 야기되었다. 그 단초는 회개(poenitentia)에 대한 이해의 차이에 있었다. 멜란히톤은 1521년에 출판된 *Loci communes* 초판에서 보듯이 처음에는 율법의 제3용법에 대해서 부정적인 시각을 가졌으나 1535년 판에서는 완전히 돌아서서 그것을 옹호하는 입장으로 선회하였다. 아그리콜라는 자기의 입장을 극단화해서 심지어 율법의 제3용법에 부정적이었던 루터와도 결별하였다. Cf. Wengert, *Law and Gospel: Philip Melanchthon's Debate with John Agricola of Eisleben over Poenitentia*, 25-45, 67-75, 79-102, 156-169.

이러한 세속적인 견해가 우리의 마음으로부터 멀리 떨어지도록 하라. 왜냐하면 모세는 율법이 죄인들 가운데서는 죽음 외에 다른 어떤 것도 낳을 수 없지만, 성도들 가운데서는 더욱 뛰어나고 더욱 월등한 용법을 지니고 있어야 한다는 것을 훌륭하게 가르쳤기 때문이다. 그는 죽어 가면서 백성들에게 다음과 같이 공표했다. "내가 오늘 너희에게 증언한 모든 말을 너희의 마음에 두고 너희의 자녀에게 명령하여 이 율법의 모든 말씀을 지켜 행하게 하라 이는 너희에게 헛된 일이 아니라 너희의 생명이니"(신 32:46-47).

그 어떤 사람도 절대적인 의의 모범이[417] 율법 안에 드러나 있다는 것을 부인할 수 없다고 볼 때, 우리에게는 올바르고 의롭게 살아가는 삶의 규범이[418] 전혀 존재할 필요가 없거나 아니면 그것으로부터 떠나는 것이 불법이거나 할 것이다. 영구적이고 불변하는 삶의 규범은 여럿이 아니라 하나이다. 그러하므로 의인의 삶을 율법에 대한 계속적인 묵상으로 삼는 다윗의 말씀은(시 1:2) 단지 한 세대에만 관련되지 않고 세상 끝까지 각각의 모든 시대에 가장 온당하게 적용된다.

율법이 우리가 몸의 감옥에 갇혀 있는 동안에 수행할 수 있는 것보다 훨씬 더 엄격한 거룩함을 명령한다는 이유만으로 우리는 그것에 위협을 당하여 우회하거나 그것의 규정으로부터 도망쳐서는 안 된다. 왜냐하면 이제 율법은 지불이 완전히 되지 않으면 만족하지 않는 엄격한 징세관(徵稅官)으로서 우리에게 작용하지 않고 그것이 우리에게 권고하는 완전함 가운데 우리가 일생 동안 힘써 지향해야 할 목표를 우리에게 설명해 주기 때문이다. 이 점에 있어서 율법은 우리의 의무와 일치하는 만큼만 우리에게 유익하다. 이 싸움에서 지지 않는다면, 그것이 곧 우리가 잘하는 것이다. 진정 이 삶 전체가 달음질이다(참조. 고전 9:24-26). 우리가 그 경주로를 다 돌면, 주님은 지금 우리가 모든 열의를 다하여 멀리서 바라보며 내닫고 있는 목표를 우리에게 부여하셔서 우리가 그것을 얻도록 하실 것이다.

---

[417] "absolutum in ea iustitiae exemplar."
[418] "recte iusteque vivendi regulam."

14. 그리스도 안에서 불가침한 율법의 가르침과 권고

그러므로 율법은 이제 신자들에게 권고의 힘을 지닌다. 그것은 그들의 양심을 저주로 속박하지 않고 쉼 없이 그들을 내몰아 자기들의 나태함을 떨쳐 버리게 하며 그들을 꼬집어 자기들의 불완전함으로부터 깨어나게 한다. 그리하여 많은 사람들은 율법의 저주로부터의 이러한 자유를 적시하길 원하여 신자들에게는 율법이, 여기서 나는 여전히 도덕법에 대해서 말하고 있는바, 폐지되었다고 말하기도 한다.[419] 그러나 율법은 지금 다만 이전에 존재했던 것으로서는 신자들에게 존재하지 않을 뿐, 즉 더 이상 그들의 양심을 교란시키고 놀라게 해서 정죄하거나 파괴하지 않을 뿐, 여전히 신자들에게 올바른 것을 명령한다.

진정 바울은 어떤 모호함도 없이 분명히 이런 의미로 율법의 폐지에 관하여 가르친다(참조. 롬 7:6). 다음을 통하여 짐작할 수 있듯이 주님 역시 이를 선포하신 것으로 보인다. 만약 주님이 전하신 이러한 입장이 유대인들 가운데 널리 퍼져 있지 않았더라면 주님이 율법을 폐지하려 하신다는 편견도 그들 가운데 없었을 것이며 이에 대한 주님의 반박도 없었을 것이다(마 5:17). 이러한 오해가 어떤 구실도 없이 우연히 생겼다고는 볼 수 없는 노릇인바, 우리는 그것이 주님의 가르침에 대한 거짓 해석으로부터 기인했다고 믿어야 할 것이다. 이는 거의 모든 오류가 통상 진리로부터 기회를 잡는 것과 같다. 그러나 같은 돌에 걸려 넘어지지 않기 위해서 율법 가운데 폐지된 것과 여전히 견고하게 머물고 있는 것 사이를 정확하게 구별하도록 하자.

주님은 율법을 "폐하러 온 것이 아니요 완전하게 하려 함이라" 또 "천지가 없어지기 전에는 율법의 일점일획도 없어지지 아니하고 다 이루리라"(마 5:17-18)라고 증언하실 때, 그 자신의 오심으로 말미암아 그 무엇도 율법 준수로부터 감해지지 않을 것임을 충분히 확정하신다.[420] 마땅하게도 그가 오신 목적은 율

---

[419] Melanchthon, *Loci communes* (1521), ed. Engelland, pp. 120ff., 126f., 132ff.; tr. Hill, pp. 214ff., 220f., 229ff.; Zwingli, *Of True and False Religion* (CR Zwingli III. 710; tr. *Latin Works of Huldreich Zwingli*, ed. S. M. Jackson, III. 141). Quot. Battles tr., n. 21.

[420] 주님은 율법을 폐하신 것이 아니라 오히려 내적인 규범으로서 보편화시키셨다. Cf. Dieter Schellong, *Das evangelische Gesetz in der Auslegung Calvins* (München: Chr. Kaiser Verlag, 1968), 20-21; Hiltrud

법에 대해 위반한 것들을 치유하시는 데 있었다. 그러므로 그리스도를 통하여 율법의 가르침은 불가침한 것으로서 머문다. 율법은 가르침으로써, 훈계함으로써, 책망함으로써, 바르게 함으로써 모든 선한 일을 위하여 우리를 빚고 준비시킨다(참조. 딤후 3:16-17).[421]

15. 그리스도의 은혜로 폐하여진 것은 율법 자체나 그 권위가 아니라 죄로 인하여 야기된 율법에 대한 노예 상태임

그러나 바울이 전하는 저주에 관한 말씀들은 마땅히 규정 자체에 대한 것이 아니라 양심을 옥죄는 그것의 힘에만[422] 관련시켜야 한다. 율법은 가르칠 뿐만 아니라 그것이 명령하는 것을 독단적으로 강요한다. 만약 율법이 지켜지지 않는다면, 나아가 그 의무가 부분적으로라도 그친다면, 저주의 벼락이 내리치게 될 것이다. 그렇기 때문에 사도는 다음과 같이 말한다. "무릇 율법 행위에 속한 자들은 저주 아래에 있나니 기록된바 누구든지 율법 책에 기록된 대로 모든 일을 항상 행하지 아니하는 자는 저주 아래에 있는 자라 하였음이라"(갈 3:10; 신 27:26). 여기에서 '율법 행위에 속한 자들'은 자기들의 의를, 율법의 엄중함으로부터 풀려나게 하는 죄사함에 확립시키지 않는 사람들을 말한다. 그러므로 사도는 우리가 율법의 사슬 아래에서 비참하게 멸망하지 않으려면 그것으로부터 풀려나야 한다고 가르친다. 그러면 어떤 사슬로부터인가? 그것은 율법의 최고 권

Stadtland-Neumann, *Evangelische Radikalismen in der Sicht Calvins: Sein Verständnis der Bergpredigt und der Aussendungsrede* (Matth.10) (Neukirchen: Neukirchener Verlag, 1966), 11, 14.

421) "Manet igitur per Christum inviolabilis legis doctrina, quae nos docendo, admonendo, obiurgando, corrigendo, ad omne opus bonum formet ac comparet." 칼빈은 갈 3:19-20 설교에서 이러한 그리스도와 율법의 관계를 '율법의 중보자 그리스도'([Christ] le Mediateur de la Loy)라는 말로 표현한다. *Serm*., Gal. 3:19-20 (453, CO 50.543). 그리고 갈 3:19 주석에서는 그리스도가 "화목의 중보자"(mediator reconciliationis), "중재의 중보자"(mediator patrocinii), "가르침의 중보자"(mediator doctrinae)로서 율법의 의를 이루시고, 적용하시고, 깨닫게 하심으로써, 율법의 수여와 작용의 전 과정을 중보하심을 천명한다. *Comm*., Gal. 3:19 (CO 50.216-217). Cf. Moon, *Christ the Mediator of the Law: Calvin's Christological Understanding of the Law as the Rule of Living and Life-Giving*, 84-122.

422) "non ad institutionem ipsam……sed solum ad constringendae conscientiae vigorem."

리를 내세워 아무것도 사해 주지 않고, 어떤 위반에 대한 형벌도 방면하거나 눈 감아 주지 않으며, 엄격하고 괴로운 것들을 강요하는 사슬이 아니고 무엇인가?

이 저주로부터 우리를 구속하시려고 그리스도는 우리를 위해 저주를 받으셨다. "기록된바 나무에 달린 자마다 저주 아래에 있는 자라 하였음이라"(갈 3:13; 신 21:23). 이어지는 장에서 사도는 다음과 같이 가르친다. 그리스도가 율법에 속하신 것은(갈 4:4) "율법 아래에 있는 자들을 속량하시고", 동일한 뜻으로 계속되는바, "우리로 아들의 명분을 얻게 하려 하심이라"(갈 4:5). 이것은 무엇을 의미하는가? 그것은 우리의 양심을 묶어 죽음의 불안에 휘감기게끔 할 항구적인 노예 상태에 의해 우리가 속박당하지 않게 될 것이라는 뜻이다. 그렇다고 해도 다음 사실은 언제든 흔들림 없이 계속된다. 즉 율법의 권위로부터 나온 것은 그 무엇이라도 물리쳐서는 안 되며 언제나 변함없는 공경심과 복종심을 지니고 그것 자체를 받아들이는 것이 우리에게 합당하다.

16. 의식들은 그 몸인 그리스도의 오심으로 준수가 폐지되었으나 그 거룩성은 조금도 감해지지 않음

의식(儀式)들에 대한 논리는 이와는 다르다. 그것들은 효과가 없어지지 않았고 오직 사용이 폐지되었다.[423] 그리스도는 자기의 오심으로 의식들에 마침을 고하셨다. 그렇다고 해서 의식들의 거룩함은 그 무엇도 감하지 않으셨다. 오히려 의식들을 권하셨고 밝히 드러내셨다. 만약 그리스도의 죽음과 부활의 능력이 의식들 가운데 드러나지 않았다면 그것들은 구약 백성에게 단지 헛된 장관만을 보여 주었을 것이다. 이와 다름없이, 만약 그 의식들이 그치지 않았다면 오늘날 우리는 그것들이 제정된 목적을 분별할 수 없게 되었을 것이다.

그리하여 바울은 의식들의 준수가 헛될 뿐만 아니라 해롭다는 것을 증명하기 위하여 의식들은 "그림자"였고 "몸"(골 2:17)은 그리스도 안에서 우리를 위하

---

[423] "non effectu, sed usu solo fuerunt abrogatae."

여 존재한다고 가르친다. 본문을 통해 우리는 의식들이, 이미 숨김없이 자기를 현현하신 그리스도와 여전히 멀리 떨어진 채 그를 휘장에 감추어 표상할 때보다, 오히려 폐지됨으로써 진리가 더욱 빛난다는 것을 깨닫게 된다. 그리스도의 죽음에 의해서 "성소 휘장이 위로부터 아래까지 찢어져 둘이 되고"(마 27:51), 이는 이제 하늘의 선한 것들에 대한 살아 있고 분명한 형상이 빛으로 나타났음을 의미한다.

히브리서 기자가 말하듯이, 이전에는 그 형상이 단지 희미한 윤곽으로 드러나기 시작했을 뿐이다(히 10:1). "율법과 선지자는 요한의 때까지요 그 후부터는 하나님 나라의 복음이 전파되어"(눅 16:16)라는 그리스도의 말씀도 이에 부합된다. 이는 거룩한 선진들이 구원과 영생의 소망을 담은 선포를 박탈당했기 때문이 아니라 오늘날 우리가 완전한 빛 가운데 바라보는 것을 그들은 단지 멀리서 작은 그림자들을 통하여 응시했을 뿐이기 때문이다.[424]

세례 요한은 왜 하나님의 교회가 이 초보적 단계를 더 높이 넘어서야 했는지를 다음과 같이 설명한다. "율법은 모세로 말미암아 주어진 것이요 은혜와 진리는 예수 그리스도로 말미암아 온 것이라"(요 1:17). 진실로 비록 옛날에 속죄가 희생제물들을 통하여 약속되었으며 언약궤가 하나님의 부성적 호의에 대한 확실한 보증이었다고 할지라도 이 모든 것은 견고하고 영원한 영속성이 발견되는 그리스도의 은혜에 기초를 두지 않았다면 단지 그림자에 그치고 말았을 것이다.[425]

여기에서 다음이 확정된다. 비록 지금 율법적 예식들은 폐지되어 지켜지지 않지만 그것들의 마침을 통하여 그리스도의 오심 이전에 그것들의 유익이 얼마나 대단했는지 더욱 잘 인식된다. 그는 그 자신의 죽음으로 율법적 예식들의 사용을 폐함으로써 그것들의 힘과 효과를 인치셨던 것이다.[426]

---

424) "quia procul et sub umbraculis intuiti sunt duntaxat, quod hodie in plena luce conspicimus."
425) Cf. *Institutio*, 4.20.14.
426) "[Christus] qui usum tollendo vim et effectum sua morte obsignavit."

17. 성경은 단지 의식들의 폐지가 아니라 그리스도 안에서의 성취를 증언함

바울의 다음 말씀에 지적된 논리에는 다소 어려움이 없지 않다. "또 범죄와 육체의 무할례로 죽었던 너희를 하나님이 그와 함께 살리시고 우리의 모든 죄를 사하시고 우리를 거스리고 불리하게 하는 법조문으로 쓴 증서를 지우시고 제하여 버리사 십자가에 못 박으시고"(골 2:13-14). 본문은 율법의 폐지를 넓게 보아 이제 우리는 그 법조문과 무관하다고 말하는 듯하다. 본문이 단순히 도덕법을 지칭한다고 오해하는 사람들은 도덕법의 가르침이 폐지된 것이 아니라 용서 없는 엄정함이 폐지되었다고 해석하지만,[427] 그런 생각은 잘못이다.

다른 사람들은 바울이 전한 말씀들을 더욱 예리하게 검토한 후 그것들이 의식법의 고유한 특성들에 대해서 전한다고 받아들이는데, 그 근거로 바울에 의해 '법조문'이라는 말이 단지 한 차례만 사용된 것이 아님을 지적한다. 에베소서에서도 다음과 같이 일컫는다. "그는 우리의 화평이신지라 둘로 하나를 만드사……법조문으로 된 계명의 율법을 폐하셨으니 이는 이 둘로 자기 안에서 한 새사람을 지어"(엡 2:14-15).[428] 이 말씀이 의식들에 관계된다는 데에는 어떤 모호함도 없다. 왜냐하면 사도는 그것들이 유대인들과 이방인들을 나누는 담이라고 말하고 있기 때문이다(엡 2:14). 이런 이유로 나는 첫째 부류의 사람들이 둘째 부류의 사람들에 의해서 비난을 받는 것이 합당하다고 인정한다. 그러나 나에게는 후자에 속한 사람들 역시 사도의 정신을 아직 잘 설명하지 못하고 있다고 여겨진다. 왜냐하면 나는 위의 두 본문을 동시에 모든 점을 문제 삼아 비교하는 것은 어느 모로 보나 옳지 않다고 느끼기 때문이다.

바울은 에베소 사람들이 이스라엘의 연합체에 받아들여졌음을 확신시키고자 원하여, 한때 그들을 가로막던 장애가 제거되었음을 가르치고 있는데, 그

---

[427] Melanchthon, *Scripta exegetica*, on Col. 2:14 (CR Melanchthon XV. 1256); *Loci communes* (1521), on *De abrogatione legis*, ed. Engelland, pp. 132ff.; tr. Hill, pp. 221ff. Quot. Battles tr., n. 23.

[428] Bucer, *Metaphrases et enarrationes perpetuae epistolarum D. Pauli Apostoli* I, *ad Romanos*, Strasbourg, 1536, p. 205. Quot. Battles tr., n. 24.

장애는 다름 아닌 의식들이었다. 유대인들을 여호와께 성결케 했던 정결 예식과 희생제물들이 그들을 이방인들로부터 분리하였다는 것이다.

그러나 골로새서는 이보다 더 고상한 비밀을 다루고 있음을 누가 깨닫지 못하겠는가? 여기에서는 거짓 사도들이 열의를 다해 그리스도인들을 몰아가고자 했던, 모세의 율법에 대한 준수가 다툼거리가 된다. 이 논의는 사도에 의해 갈라디아서에서 더욱 깊게 다루어지는바, 그리하여 소위 원점으로 돌아가는데, 이곳에서도 그러하다. 만약 당신이 예식들에 관한 언급이 말씀에 나올 때 그것들을 지켜야 할 필요성 외에는 아무것도 고려하지 않는다면 그것들이 '우리를 거스르는 증서'라고 불리는 것이 무슨 의미가 있겠는가? 나아가 우리 구속의 요체가 거의 다 그것들이 "제하여졌다"(참조. 골 2:14)는 점에 달려 있다고 볼 수는 없지 않은가? 그러므로 사실 자체가 항변하듯이, 이와 관련하여 우리는 더욱 내적인 무엇을 깊이 숙고해야 한다.

나는 아우구스티누스가 어딘가에 가장 진실하게 저술한 것, 아니 사도의 분명한 말씀들로부터 길어낸 것이 참되다고 인정한다. 실로 유대인들의 의식들에는 죄행들에 대한 속죄보다 죄에 대한 고백이(히 10:1-18; 레 16:21) 존재하고 있었다는 사실이 참되다고 인정한다면[429] 나는 이 문제에 대해 진정한 이해에 이르게 되었다고 확신한다. 유대인들은 자기들 자신을 드리는 대신 정결례들을 드렸으니 그들이 희생제물들을 가지고 행한 것은 죽음의 죄책감을 고백하는 것 외에 무엇이 더 있었는가? 그들이 거룩하게 회복되는 의식들을 통하여 행한 것은 그들 자신이 더럽다는 것을 증언했던 것이 아니면 무엇이란 말인가? 그리하여 그들은 반복해서 자기들의 죗값과 불결 모두에 대한 '법조문'(χειρόγραφον)을 반복해서 갱신했던 것이다. 그러나 이러한 입증이 있었다고 해서 문제가 해결된 것은 아니었다. 그렇기 때문에 사도는 종국적으로 그리스도의 죽음이 중재함으로 구약 아래에서 계속되었던 범법들에 대한 대속이 완전히 수행되었다고 쓰고 있다(히 9:15-22). 그러므로 사도가 의식들은 그것들을 지키는 자들에게

---

[429] Augustine, *On the Merits and Remission of Sins* I. xxvii. 54 (MPL 44, 139; tr. NPNF V. 35). Quot. Battles tr., n. 26.

'거스르는 증서'라고 부른 것은 합당하다. 왜냐하면 그것들을 통하여 자기들의 저주와 부정(不淨)을 공공연히 인증하는 꼴이 되기 때문이다(히 10:3).

유대인들 역시 우리와 같은 은혜에 참여하는 자들이었음에 이견이 있을 수 없다. 왜냐하면 위의 말씀에서 사도는 구약 시대에 사용되어 그리스도의 영광을 희미하게 비춘 의식들과 그리스도를 구별하는바, 그들은 의식들 안에서가 아니라 그리스도 안에서 그 은혜를 얻게 되었기 때문이다. 의식들은 그것들 자체로 헤아려 본다면 사람들의 구원에 '거스르는 증서'[430]라고 불리는 것이 매우 합당하고 적절하다. 왜냐하면 그것들은 이른바 사람들의 의무를 입증하는 엄숙한 도구들과 같기 때문이다. 거짓 사도들이 다시금 기독교 교회를 의식 준수로써 속박하고자 원했을 때에 바울은 더욱 고상하게 그것들의 의미를 반복해서 전하였다. 바울은 정당한 이유를 들어, 골로새 사람들에게 그들이 이러한 방식으로 자기들을 방치하여 의식적인 법에 매이게 된다면 다시금 위험으로 전락하게 될 것이라고 경고했다(골 2:16-17). 왜냐하면 주님은 단번에 영원한 속죄를 이루신 가운데, 죄를 단지 인증만 할 뿐 아무것도 제할 수 없었던, 의식들에 대한 날마다의 준수를 폐지하셨기 때문이다.[431]

---

[430] "chirographa, hominum saluti contraria."
[431] "quatenus, peracta semel aeterna expiatione, quotidianas illas observationes abolevit; quae ad peccata consignanda tantum validae, ad eadem delenda nihil poterant."

DE COGNITIONE DEI REDEMPTORIS IN CHRISTO,
QUAE PATRIBUS SUB LEGE PRIMUM,
DEINDE ET NOBIS IN EVANGELIO PATEFACTA EST

제 8 장

도덕법 설명
Legis moralis explicatio

1-2. 십계명과 자연법
3-5. 율법의 절대적 의와 순종과 불순종에 따르는 복과 저주
6-12. 율법의 세 가지 해석 원리
13-50. 각 십계명 해석
51-55. 율법 전체의 목적: 하나님과 이웃에 대한 사랑
56-59. 스콜라주의자들이 '권고'와 '소죄' 개념의 오류

1. 십계명으로 내적인 법이 기록되게 하심

나는 여기에서 율법의 십계명을 간략하게 설명하는 것이 논지에 벗어날 것이라고 생각하지 않는다.[432] 그렇게 하면 내가 지금까지 다룬 다음 두 가지가 또한 더욱 분명해질 것이다.

첫째, 하나님이 한 번 명령하신 예배는 지금도 여전히 유효하다.

둘째, 유대인들은 율법을 통하여 참 경건의 도가 어떠해야 하는지를 배웠을 뿐만 아니라 스스로는 율법을 준수할 능력이 없음을 깨닫고 그것의 심판으로

---

[432] 칼빈은 1536년 『기독교 강요』 초판(*Christianae religionis institutio, totam fere pietatis summam, et quidquid est in doctrina salutis cognitu necessarium, complectens; omnibus pietatis studiosis lectu dignissimum opus, ac recens editum*, CO 1.9-252) 제1-3장에서 십계명(CO 1.31-42), 사도신경(CO 1.63-79), 주기도문(CO 1.90-99)을 차례로 다룬다. 같은 순서로 1537년 프랑스어(*Instruction et confession de foy dont on use en l'église de Genève*, CO 22.33-74)와 1538년 라틴어(*Catechismus, sive christianae religionis institutio, communibus renatae nuper in evangelio Genevensis ecclesiae suffragiis recepta, et vulgari quidem prius idiomate, nunc vero Latine etiam, quo de fidei illius sinceritate passim aliis etiam ecclesiis constet, in lucem edita, Ioanne Calvino autore*, CO 5.323-362) 제1차 신앙교육서에서 십계명(CO 22.38-44; 5.327-331), 사도신경(CO 22.52-59; 5.337-343), 주기도문(CO 22.62-67; 5.345-348)을 다룬다. 그러나 1542년 프랑스어(*Le Catéchisme de l'église de Genève, c'est a dire le Formulaire d'instruire les enfants en la chrestienté*, CO 6.1-134)와 1545년 라틴어(*Catechismus ecclesiae Genevensis, hoc est, formula erudiendi pueros in doctrina Christi*, CO 6.1-146) 제2차 신앙교육서에서는 사도신경(CO 6.13-44)이 앞서고 십계명(CO 6.51-76)과 주기도문(CO 6.91-106)이 순차적으로 이어진다.

말미암은 공포에 사로잡혀서 불가피하게 중보자께로 이끌림을 받게 되었다는 사실도 확정될 것이다.[433]

우리는 하나님을 아는 참 지식을 얻기 위하여 요구되는 것들 중에 핵심을 간략하게 설명하면서 우리가 하나님의 엄위에 압도되어서 그를 즉시 예배하게 되지 않고는 그의 위대함을 마음속에 품을 수 없다는 사실을 가르쳤다.[434] 우리는 우리 자신을 아는 지식을 다루면서 이를 주요한 주제로 부각시켰다. 즉 우리 자신의 덕성에 대한 모든 편견을 몰아내고, 우리 자신의 의에 대한 확신을 걷어 내며, 우리 자신의 지극한 빈곤을 인식함으로 양심이 꺾이고 분쇄되어 순수한 겸손과 우리 자신의 낮아짐을 배우자는 것이었다.[435]

주님은 이 두 가지 모두를 자기의 율법 가운데서 수행하신다.

첫째, 합법적인 명령권이 자기에게 있음을 항변하시면서 우리를 부르셔서 그의 신성을 경배하도록 하시고, 그 경배가 어디에 달려 있고 무엇으로 이루어져야 하는지를[436] 명령하신다.

둘째, 자기 의의 규범을 공표하시면서 우리의 무능과 불의를 모두 논박하신다. 왜냐하면 우리의 천성은 사악하고 변질되어서 항상 그의 올바름에 거스르고 우리의 재능은 약하고 선에 무기력하여 그의 완전하심에서 아주 동떨어져 있기 때문이다.

부연하자면 우리가 위에서 말한 바 있는 모든 사람의 마음속에 기록되고 마치 새겨진 것 같은 내적인 법은[437] 우리가 두 판으로부터 배워야 할 바 그 자체를 어떤 식으로든 우리에게 일러 준다.[438] 왜냐하면 우리의 양심은 우리가 의식 없이 영구적인 잠을 자도록 내버려 두지 아니하고 하나님께 진 우리의 빚이

---

[433] *Institutio*, 2.7.1-2.
[434] *Institutio*, 1.2.2.
[435] *Institutio*, 1.1.1-3; 2.1-6.
[436] "ad numinis sui reverentiam nos vocat, atque in quo sita ea sit et constituta." 여기서 '신성'으로 번역된 'numen'은 'divinitas'와 같은 뜻으로 사용된다.
[437] "lex……interior, quam omnium cordibus inscriptam et quasi impressam."
[438] *Institutio*, 2.2.22. Cf. *Institutio*, 4.20.16.

무엇인지 알려 주는 내부적 증인과 충고자가[439] 되어 선과 악의 차이를 우리 앞에 제시하고 우리의 의무가 이행되지 않을 때 우리를 정죄하기 때문이다.[440] 그러나 사람은 오류의 어둠에 휩싸여서 이러한 자연법을 통해서는 무엇이 하나님께 받아들여지는 예배인지 거의 알아볼 수 없게 된다.

분명 사람은 예배의 올바른 원칙으로부터 더없이 멀리 떨어져 있을 뿐만 아니라 교만과 야망에 심히 부풀어져 있고 맹목적 자기애(自己愛)에 너무나 깊이 빠져 있어서 여전히 자기를 직시할 수가 없다. 말하자면 사람은 자기를 굴복시키고 내던지며 자기의 비참함을 고백하는 것을 배우기 위하여 자기 속으로 내려갈 수 없다.

따라서 우리의 무기력과 우리의 오만 이 둘 모두로 인한 필요 때문에 주님은 우리를 위하여 성문법을[441] 제정하셔서 자연법에 있어서는 지극히 희미했던 것을 한층 분명하게 증언하심으로써, 우리의 무관심이 떨쳐졌을 때, 우리의 마음과 기억을 더욱 생생하게 자극시키고자 하셨다.

2. 본성의 정욕에 따른 필연적인 불순종이라고 해서 변명할 수 없음

그런데 우리가 율법으로부터 배워야 하는 것이 무엇인지를 이해하는 데는 그리 시간이 걸리지 않는다. 하나님은 우리의 창조주이시므로 응당 우리를 향하여 아버지와 주님의 자리에 앉으신다. 그런 까닭에 우리는 그에게 영광, 경배, 사랑, 경외의 빚을 지게 된다. 진정 우리는 그의 지시에 우리 자신을 묶어 놓고 그를 기쁘시게 하는 것에만 견고히 서 있어야 한다. 우리에게는 마음의 육욕이 충동하는 대로 어디든지 좇아갈 수 있는 권리가 없는 것이다. 그는 의와 정직함을 기뻐하시며 불의를 싫어하신다. 그렇기 때문에 우리는 불경건한

---

439) "intus testis sit ac monitrix eorum quae Deo debemus."
440) *Institutio*, 3.19.15.
441) "legem scriptam."

배은망덕에 빠져서 우리의 조성자로부터 떨어져 나가기를 원하지 않는다면 전체 삶 가운데서 의를 경작해 가야 할 필요가 있다. 그의 의를 우리 자신의 의보다 더 좋아할 때에만 그에게 합당한 경배를 보일 수 있다고 할진대, 그에 대한 유일한 합법적인 예배는 의, 거룩함, 순수함을 지키는 것이라고 할 것이다.

재력이 없다거나 그리하여 빚을 지불할 수 없을 정도로 도산했다거나 하는 가장된 변명을 하는 것은 허용되지 않는다. 하나님의 영광을 우리가 우리의 재능으로 측량하는 것은 마땅하지 않다.

우리가 누구이든지 간에 하나님은 언제나 그 자신과 동일하신 분으로서, 의의 친구이자 불의의 적으로서 머물러 계신다. 그는 우리에게 무엇을 요구하시든 간에 오직 올바른 것만 요구하시므로, 우리에게는 본성의 의무를 좇아 순종할 필연성이 남아 있는 것이다. 우리가 그것을 행할 수 없는 것은, 우리의 악으로 말미암아 그러한 것이다. 만약 죄가 지배하고 있는 우리의 정욕이(롬 6:12) 우리를 압도하고 가둠으로 말미암아 아버지에 대한 우리의 순종이 자유롭게 행해질 수 없다고 하더라도 그 필연성을 내세워 이를 변호할 명분이 우리에게는 없다고 할 것이다. 왜냐하면 그 악은 우리 안에 있으며, 우리에게 돌려져야 하기 때문이다.

3. 율법의 가르침으로 겸손하게 낮아져 하나님의 자비를 간구함

이렇듯 본 장에 이르도록 우리가 율법의 가르침으로 유익을 얻었으므로 우리는 이제 그것이 가르치는 대로 우리 자신 속으로 내려가야 한다. 이로부터 우리는 크게 두 가지를 떠올릴 수 있다.

첫째, 우리는 율법의 의와 우리의 삶을 비교해 봄으로써 우리가 얼마나 하나님의 뜻에서 멀어져 있는지를 배우게 된다. 이런 까닭에 우리가 그의 피조물들 가운데서 우리의 자리를 보유할 가치를 잃어버리게 되었으며 더욱이 그의 자녀들로서 헤아림을 받지 못하게 되었다.

둘째, 우리는 우리의 능력을 돌아보면서 그것이 율법의 요구를 다 충족시키는 데 미치지 못할 뿐만 아니라 아예 아무것도 존재하지 않는다는 사실도 배우게 된다. 여기에 필히 따르는 것은 우리 자신의 덕성에 대한 회의와 마음의 불안과 공포이다. 왜냐하면 양심은 불의의 무게에 짓눌려 즉시 하나님의 심판 앞에 서지 않고는 견딜 수 없기 때문이다. 진실로 죽음의 공포가 야기됨이 없이 하나님의 심판을 느낄 수는 없다. 마찬가지로 양심은 그 무능의 증거들로 강박되어 그 자체의 능력에 대한 깊은 절망에 빠져들지 않을 수 없다. 이 두 가지 모두의 영향으로 인해 겸손과 낮아짐이442) 생겨나게 된다.

이와 같이 사람은 자기의 불의로 말미암아 응당 자기에게 영원한 죽음이 임박하다는 것을 의식하게 되고 철저히 경악에 빠져서 구원의 유일한 피난처이신 하나님의 자비에로 회심하게 된다. 그리하여 사람은 자신이 율법에 대해 빚진 것을 다 지불할 능력이 없음을 깨닫고 자신에게 절망하면서 멈추어 서서 다른 곳으로부터 오는 도움을 간청하고 기다리게 된다.

4. 율법의 약속들과 위협들에 내포된 복들과 저주들

그러나 주님은 자기의 의에 대하여 이러한 경배를 얻게 되셨다고 해서 만족하지 않으신다. 또한 그는 우리의 마음을 의에 대한 사랑과 불의에 대한 미움으로 동시에 젖어 들게 하시려고 약속들과 위협들을443) 부가하셨다. 왜냐하면 우리 마음의 눈은 너무나 어두워져서 오직 선의 아름다움만으로는 감동을 받지 않으므로 가장 자비로우신 아버지가 우리에게 관용을 베푸셔서 상급의 감미로움으로 말미암아 우리가 그를 사랑하고 찾도록 이끄시기를 원하셨기 때문이다.

그러므로 그는 자기 안에 덕성들에 대한 상급들이 쌓여 있으며, 자기 계명들에 순종하는 자는 헛되이 행하게 되지 않으리라고 선포하신다. 역으로 그에게

---

442) "humilitatem ac deiectionem."
443) "promissiones ac minas."

있어서 불의는 가증스러울 뿐만 아니라 형벌을 면할 수도 없을 것이라고 공표하신다. 왜냐하면 그 자신이 자기의 엄위를 경멸하는 것들에 대해서 징벌하실 것이기 때문이다.

그리고 그는 모든 방면으로 우리를 격려하시기 위하여 자기 계명들을 지키는 자들에게는 그들의 순종에 대하여 현세의 삶의 복들과 영원한 복락을 모두 약속하시는 반면, 그것들을 위반하는 자들에게는 현세의 재앙들 못지않게 영원한 죽음의 형벌을 경고하신다. 왜냐하면 "사람이 이를 행하면 그로 말미암아 살리라"(레 18:5)라는 약속과 이에 상응하는 "범죄하는 그 영혼은 죽으리라"(겔 18:4, 20)라는 위협은 의심할 여지없이 결코 끝이 없는 미래의 불멸성 혹은 죽음에 관계되기 때문이다. 하나님의 인자하심이나 진노가 되새겨질 때마다 전자는 생명의 영원함에 후자는 영원한 멸망에 내포된다.

그러나 율법에는(레 26:3-39; 신 28장) 현세의 복들과 저주들에 대한 긴 목록444)이 열거되어 있다. 실로 율법의 제재들을 통하여서 불의를 용납하지 않으시는 하나님의 지극한 순수함이 입증되는 데 반해서 율법의 약속들을 통하여서 의를 지향하는 하나님의 지극한 사랑과 놀라운 선하심이 입증된다.

하나님은 가장된 의로써 사랑의 상급이 사취(詐取)되도록 내버려 두지 않으신다. 왜냐하면 우리 자신은 물론 우리에게 속한 모든 것이 그의 엄위에 빚지고 있으므로 그가 자기의 최고 권리로 우리에게 요구하시는 것은 무엇이든지 빚으로서 찾으시기 때문이다. 그러나 빚을 갚는 것에는 보상을 받을 가치가 없다. 그러므로 기꺼이 하는 것도 아니고 빚지지 않은 것들을 하는 것도 아닌 우리의 복종에 대해서 그가 상급을 주실 때 그것은 자기의 권리를 철회하시는 것이다.445)

이러한 약속들 자체가 우리에게 가져다주는 것이 무엇인지에 대해서는 어느 부분은 이미 말했고 다른 부분 또한 적절한 자리에서 더욱 분명하게 드러날 것

---

444) "benedictionum ac maledictionum longus……catalogus."

445) "Iure igitur suo decedit quum praemium proponit nostris obsequiis, quae non ultro ceu indebita exhibentur." 율법의 "달콤함"(suavitas)이 여기에 있다. Cf. *Institutio*, 2.7.12.

이다.446) 현재로서는 하나님이 율법 준수를 얼마나 기뻐하시는지를 더욱 분명하게 밝히기 위해서, 율법의 약속들에는 의에 대한 범상치 않은 칭찬이 따른다는 사실과 율법의 제재들에는 불의에 저주가 더함을 상기시켜 악행들의 유혹에 깊이 젖어 있는 죄인들이 자기들에게 준비된 심판을 잊어버리지 말게 하려는 목적이 있다는 사실을 견지하고 되돌아보게 하는 것으로 충분하다.

5. 율법이 가르치는 절대적 의는 항구적이므로 새로운 율법은 없음

한편 여호와는 완전한 의의 규범을447) 가르치시고자 그 모든 부분을 자기의 뜻에 돌리심으로써 순종보다 자기에게 더 잘 받아들여질 만한 것이 그 무엇도 없음을 지적하셨다. 우리는 변덕스러운 마음으로 하나님께 드릴 가치가 있다고 여기는 다양한 예배들을 꿈꾸고 그것들에 마음을 쏟는데 그럴수록 더욱 부지런히 이 사실에 주목해야 한다.

종교에 대한 이러한 불경한 욕구는 사람의 천성에 본성적으로 내재되어 있기 때문에448) 모든 세대를 통해 표명되어 왔으며 지금도 표명되고 있다. 왜냐하면 사람들은 항상 하나님의 말씀을 떠나 의를 갖추는 나름대로의 방식을 고안해 내는 데 즐거움을 느끼기 때문이다. 그리하여 일반적으로 선행이라고 여겨지는 것들 가운데 율법의 계명들은 아주 좁은 자리를 차지할 뿐, 거의 모든 공간이 헤아릴 수 없이 많은 사람의 교훈들로 채워진다.

모세가 율법을 공포한 이후 백성에게 다음과 같이 지시한 것이 이러한 방자함을 억제하려는 뜻이 아니고 무엇이겠는가? "내가 네게 명령하는 이 모든 말을 너는 듣고 지키라 네 하나님 여호와의 목전에 선과 의를 행하면 너와 네 후손에게 영구히 복이 있으리라"(신 12:28).

---

446) *Institutio*, 2.5.10, 12; 2.7.3-4; 3.17.1-3, 6-7.
447) "perfectae iustitiae regulam."
448) "haec irreligiosa religionis affectatio (quia humano ingenio naturaliter insita est)."

먼저 모세는 이스라엘 백성이 여호와께 받은 심판들, 의(義)들, 의식들이 모든 다른 나라 앞에서 그들의 지혜와 지식이 되었다고 증언한 후 다음과 같이 덧붙인다. "오직 너는 스스로 삼가며 네 마음을 힘써 지키라 그리하여 네가 눈으로 본 그 일을 잊어버리지 말라 네가 생존하는 날 동안에 그 일들이 네 마음에서 떠나지 않도록 조심하라 너는 그 일들을 네 아들들과 네 손자들에게 알게 하라"(신 4:9).

하나님은 이스라엘 사람들은 한 번 받은 율법 가운데 안식하지 않을 것이며 엄격히 제지되지 않는다면 그것에 덧붙여 새로운 의(義)들을 산출해 낼 것이라고 예지하셨음이 확실하다. 그는 이 율법에 완전한 의가 포함되어 있음을 선포하신다. 이 사실이 가장 강력한 억제책이 되어야 했음에도 그들은 엄금된 자기들의 무모함을 떨쳐 버리지 않았다.

우리는 어떤가? 확실히 동일한 말씀에 의해서 우리도 제지된다. 의심할 나위 없이 여호와가 자기의 율법을 의에 대한 절대적 가르침이라고 확정하심은 항구적으로 유효하다. 그러나 우리는 이에 만족하지 않고 선행들 위에 선행들을 꾸며내고 조작하려고 놀랄 만큼 애를 쓴다.

이러한 악을 치유하는 최고의 처방은 다음과 같은 생각을 변함없이 마음속에 새기는 것이다. 즉 율법이 우리에게 전해진 것은 하나님의 일이었다. 이를 통하여 그는 우리에게 완전한 의를 가르치고자 하셨다. 하나님의 뜻에 따른 규정에 의해 요구되는 것 외에 다른 의는 율법에서 가르쳐지지 않는다.

그러므로 하나님의 호감을 사려고 새로운 형태의 일들을 시도하는 것은 헛되다. 하나님에 대한 합법적인 예배는 오직 순종에 있기 때문이다.[449] 더욱이 하나님의 법 밖에서 헤매는, 선행에 대한 열의는 하나님의 참 의에 대한 참을 수 없는 오욕이다. 진정 참되게도 아우구스티누스 역시 하나님께 드려지는 순종을 때로는 모든 덕성의 어머니이자 보호자라고, 때로는 그것들의 기원이라고 불렀다.[450]

---

449) "cuius[Dei] legitimus cultus sola constat obedientia."
450) Augustine, *City of God* XIV. xii. (MPL 41. 420; tr. NPNF II. 272); *On the Good of Marriage* xxiii. 30 (MPL 40. 393; tr. NPNF III. 411); *Contra adversarios legis et prophetarum* I. xiv. 19 (MPL 42.

6. 입법자의 뜻에 따른 영적 해석

참으로 우리에게 여호와의 율법이 설명되고 난 후에야 내가 이전에 그것의 기능과 용법에 관하여 논했던 것이[451] 더욱 적절하고 유익하게 확정될 것이다. 그러나 개별 조항들을 다루기 전에 그것들이 어떻게 율법에 관한 보편적 지식을 형성시키는지 미리 알아볼 필요가 있다.[452]

첫째로, 율법을 통하여 외적인 정직함과 내적이고 영적인 의(義) 모두에 이르는 사람의 삶이 형성된다는 점을[453] 정립시키도록 하자. 아무도 이를 부인할 수 없음에도 불구하고 오직 소수만 합당하게 그것을 주목한다. 이는 그들이 입법자를 바라보지 않기 때문이다. 그의 고유한 성품에 의해 율법의 본성 또한 측량되어야 한다.[454]

만약 어떤 왕이 포고를 내려 간음이나 살인이나 도둑질을 금한다고 치자. 그렇다고 해서 단지 자기 마음속에 간음하거나 죽이거나 도둑질하고자 하는 정욕만을 품고 그런 행위들을 저지르지 않는 자는 징계에 매이지 않을 것이다. 나는 이를 인정한다. 달리 말하면, 입법자가 사람인 경우 그 용의주도함은 오직 외적인 시민국가의 영역에만 미치므로 실제 악행이 일어나지 않으면 그 규정들은 위반되지 않는다.

그러나 하나님의 눈을 그 무엇도 피할 수 없고, 하나님은 외적인 모양에 못지않게 마음의 순수함을 동일하게 돌아보시므로 간음과 살인과 도둑질의 금령 아래 육욕, 진노, 미움, 이웃의 소유를 탐함, 사기, 그리고 기타의 것들을 불허하신다. 그는 영적인 입법자이시므로 육체 못지않게 영혼에 대해서 말씀하신

---

613). Quot. Battles tr., n. 8.

[451] *Institutio*, 2.7.6–13.

[452] 이하에서 개진되는 율법 해석 원리에 칼빈의 법학 공부가 영향을 미쳤다고 보는 다음 글들이 있다. Michael L. Monheit, "Passion and Order in the Formation of Calvin's Sense of Religious Authority," Ph. D. dissertation, Princeton University, 1988, esp. 242–507; Patrick Le Gal, *Le droit canonique dans la pensée dialectique de Jean Calvin* (Fribourg Suisse: Éditons Universitaires, 1984), 89–161.

[453] "non ad externam honestatem modo, sed ad interiorem spiritualemque iustitiam, hominis vitam in lege informari."

[454] "a cuius[legislatoris] ingenio natura quoque legis aestimanda est."

다.[455] 즉 영혼에 속한 살인은 분노와 미움이고, 그 도둑질은 나쁜 욕심과 탐심이며, 그 간음은 육욕이다.

혹자는 사람의 법도 우연한 사건들이 아니라 계획과 의지에 관심을 갖는다고 말할 것이다.[456] 나도 이를 인정하지만, 그 계획과 의지가 바깥으로 드러나지 않는 경우에는 그렇지 않다. 사람의 법은 각각의 범죄가 어떤 마음에서 실행에 옮겨졌는지에 무게를 두지만 정작 감추어진 생각들에 대해서는 면밀히 조사하지 않는다. 그것은 사람이 손으로 악행을 저지르지 않으면 만족한다. 반면에 천상의 율법은 우리의 영혼에 부여된 것이므로 영혼의 의로운 준수를 우선적으로 요구한다.[457]

그러나 일반 사람들은 심지어 율법에 대한 경멸감을 굳게 숨기고 있는 때에 조차도 그것에 대한 모종의 준수를 위하여 제법 그들의 눈, 발, 손, 그리고 모든 부분의 몸을 사용할 태세를 갖춘다. 그러나 그동안 그들의 마음은 순종으로부터 전적으로 멀리 떨어진 곳에 머물러 있다. 그들은 하나님 앞에서 행하고 있는 자기들의 일을 사람들에게 제대로 숨길 수만 있다면 자기들이 방면될 것이라고 생각한다.

그들은 "살인하지 말라", "간음하지 말라", "도둑질하지 말라"라고 듣는다. 그들은 살인을 위하여 칼을 빼지 않는다. 그들은 자기들의 몸을 창녀들과 섞지 않는다. 그들은 다른 사람들의 재물에 손을 대지 않는다. 여기까지는 모든 것이 좋다. 그러나 그들은 모든 마음을 다하여 살인의 숨을 내쉬고, 육욕에 불타며, 눈을 흘기고 모든 사람의 재물을 바라보며 욕심으로 그것을 삼킨다. 이와 같이 그들에게는 율법에 가장 주요한 것이 결여되어 있다. 그러기에 나는 묻는다. 만약 그들이 입법자는 무시하고 오히려 그들 자신의 천성에 맞추어 의를 각색하고 있지 않다면 이렇듯 우둔한 어리석음이 생겨날 리 만무하지 않겠는가?

---

455) "Nam quum sit spiritualis legislator, animae non minus quam corpori loquitur."
456) Cf. Plato, *Laws* IX. 862 (LCL Plato, Laws II. 228f.). Quot. Battles tr., n. 10.
457) "quia animis nostris lata est lex coelestis, eorum coercitio ad iustam eius observationem in primis necessaria est."

이들에 맞서서 바울은 "율법은 신령한"(롬 7:14) 것으로서 영혼과 마음과 뜻을 다한 복종을 명령할 뿐만 아니라 육체의 모든 더러운 것이 씻겨 오직 영의 향기만이 나는 천사와 같은 순수함을 요구한다고 반박한다.

7. 최고의 율법 해석자 그리스도

우리는 이것이 율법의 의미라고 말할 때 우리로부터 나온 새로운 해석을 내놓는 것이 아니라 최고의 율법 해석자이신 그리스도를 458) 좇는 것이다. 바리새인들은 외부적인 행위로 율법에 거스르는 어떤 것도 범하지 않는 사람은 율법을 완성한다는 사악한 견해로 사람들을 물들였다. 그리스도는 가장 위험한 오류가 여기에 있다고 비난하시면서 여자에게 음란한 눈길을 주는 것이 간음이라고 선포하신다(마 5:28). 그는 "그 형제를 미워하는 자마다 살인하는 자니"(요일 3:15)라는 사실을 증언하신다. 왜냐하면 그는 영혼에 분노를 품는 자는 "심판을 받게 되리라"라고, 중얼거리거나 으르렁거리면서 누군가의 영혼을 해치는 의사 표시를 발하는 사람은 "공회에 잡혀가게 되고"라고, 비난과 저주로 공공연히 분노를 터뜨리는 사람은 "지옥불에 들어가게 되리라"(마 5:21-22)라고 말씀하시기 때문이다.

이러한 것들을 깨닫지 못하는 사람들은 그릇되게도 그리스도를 복음적인 율법의 수여자로서 모세의 율법의 부족한 부분을 보충하신 또 다른 모세라고 상상한다.459) 그리하여 복음적인 율법의 완전함이라느니, 그것이 옛날의 율법보다 훨씬 우월하다느니 하는 세간의 말이 사람들의 입에 오르내리는데,460) 이는 여러모로 가장 위험하다. 이후에 우리가 율법의 계명들의 요체를 모아서 함께 살펴볼 때에 이러한 입장이 하나님의 율법을 얼마나 저급하게 모욕하고 있는지 모세 자신을 통하여 드러날 것이다. 그것은 조상들의 성결이 위선으로부터

---

458) "Christum……optimum legis interpretem."
459) Cf. Calvin, *Concio Academica* (1533), OS 1.6.
460) Melanchthon, *Loci communes* (1521), ed. Engelland, p. 73; tr. Hill, p. 153. Quot. Battles tr., 11.

아주 멀리 떨어져 있지 않다고 암시하는 것이며, 우리로 하여금 유일하고 영구적인 의의 규범으로부터 떠나게 하는 것이다.

이러한 오류에 대해 반박하는 것은 너무나 용이하다. 그들의 생각과는 달리, 그리스도는 율법에 무엇을 더하신 것이 아니라 바리새인들의 거짓말들로 모호해지고 그들의 누룩으로 오염된 그것을 구해 내고 다시 깨끗하게 하셨다는 점에서 그것을 단지 회복시키셨을 뿐이기 때문이다(마 16:6, 11; 막 8:15).

8. 용어들의 한계를 넘어서는 제유법적 해석

둘째로, 우리에게 또 다른 규칙이 되는 것은 계명들과 금지들은 항상 용어들로 표현된 것 이상을 내포한다는[461] 사실이다. 그러나 우리는 이것을 임의로 조절해서 레스보스 섬의 자(尺)와 같이[462] 되도록 해서는 안 된다. 그렇게 하게 되면 그것을 기준으로 삼아 성경을 자의적으로 곡해하고 무엇이든 마음대로 골라 마음대로 만들어 버리게 된다. 그들은 이렇게 과도하고 마음껏 내닫는 자유로 어떤 사람들 가운데서는 율법의 권위를 깎아내리고 어떤 사람들 가운데서는 율법을 이해할 소망을 꺾어 버린다.

그러므로 가급적 우리는 우리를 하나님께 이르게 할 올바르고 견고한 계단들을 찾을 방법을 강구해야 한다. 우리는 해석이 용어들의 한계를 넘어서 어디까지 나아가야 하는지를 물어보아야 한다. 그리하면 하나님의 법에 사람의 용어들을 덧붙인 부록이 아니라 충실하게 복원된 입법자의 순수하고 본래적인 의미가[463] 드러날 것이다.

과연 거의 모든 계명 가운데 제유법이 뚜렷이 드러나므로 율법의 의미를 용어들의 협착한 공간 안에 한정시키고자 원하는 자는 조롱거리가 되어 마땅할

---

461) "plus inesse semper in praeceptis ac interdictis quam verbis exprimatur."
462) 레스보스 섬의 주물공들이 납으로 만들어 신축(伸縮)되게 해서 척도를 조작하는 데 사용했다는 자를 지칭한다. Cf. Aristoteles, *Nicomachean Ethics* V. 10. 1137b (LCL ed., pp. 314f.). Quot. Battles tr., n. 13.
463) "purum germanumque legislatoris sensum."

것이다. 그러므로 율법에 대한 온당한 해석은 용어들을 넘어 나아가야 한다는 것이 명백하다.464)

그러나 그 방식이 구체화되지 않는다면 얼마나 멀리까지 가야 할지 모호해질 것이다. 만약 계명의 이유에465) 주안점을 둔다면, 즉 왜 각각의 교훈이 우리에게 주어졌는지를 무게 있게 다룬다면, 그것이 최상의 방식이 될 것이라고 나는 생각한다. 예컨대 모든 계명은 혹은 명령하거나 혹은 금지한다. 이 두 가지 종류의 진리는 우리가 그 이유와 마찬가지로 목적을466) 깊이 숙고한다면 우리의 마음에 동시에 떠오르게 된다.

제5계명의 목적은 하나님이 영예를 부여하신 자들에게 영예가 돌려져야 한다는 데 있다. 하나님은 자기가 탁월함을 부여하신 자들을 공경하는 것을 올바르게 여기시고 기뻐하신다는 사실과 그들에 대하여 경멸을 퍼붓고 완고함을 보이는 것을 싫어하신다는 사실 이 두 가지가 이 계명의 실체이다. 첫째 계명의 이유는 오직 하나님만이 예배를 받으셔야 함에 있으므로(출 20:2-3; 신 6:4-5) 그 가르침의 핵심은 하나님이 참 경건, 즉 그의 신성에 대한 예배를 기뻐하시며 불경건을 미워하신다는 사실에서 찾아야 할 것이다.

지금까지 보았듯이, 우리는 각각의 계명들을 통하여 그것들이 무엇에 관계되는지를 살펴보아야 하며 그것들의 목적이 무엇인지를 찾아보아야 한다. 이는 그것들 가운데서의 입법자의 증언을 통하여 그가 좋아하시는 것이 무엇이고 싫어하시는 것이 무엇인지를 발견하게 될 때까지 계속되어야 한다. 그리고 이를 통하여 마지막에는, 하나님이 이것을 기뻐하신다면 그 반대는 미워하실 것이고, 이것을 미워하신다면 그 반대는 기뻐하실 것이며, 이것을 금하신다면 그 반대는 명령하실 것이라는 식의 반대추론을 이끌어 내야 한다.

---

464) "Sane adeo in omnibus fere praeceptis manifestatae sunt synecdochae, ut deridiculo iure sit futurus, qui legis sensum ad verborum angustias restringere velit. Ultra verba itaque progredi sobriam legis interpretationem palam est."
465) "ad praecepti rationem."
466) "finem."

9. 율법을 통한 금지는 악행의 제한에 그치지 않고 선행을 명령함

본 사안은 지금은 희미하게 거론될 뿐이지만 이후 계명들이 실제로 해석될 때 그 의미가 훨씬 더 분명해질 것이다. 그러므로 이에 대한 여기에서의 논의는 이 정도로 족하다고 할 것이다. 다만 위에서 언급한 마지막 논점에 대해서 우리는 증거를 들어 간략하게 확정할 필요가 있다. 그렇게 하지 않으면 이해가 되지 않거나 이해가 되더라고 처음에는 아마 불합리하게 보일 것이다.

선한 것이 명령될 때에 그것과 배치되는 악한 것이 금지된다는 사실에 대한 증거는 결코 부족하지 않을 것이고, 이를 인정하지 않는 사람은 아무도 없을 것이다. 악한 것들이 금지될 때에 그 반대의 의무가 명령된다는 사실 역시 통상의 판단을 하는 일반적인 사람이라면 주저함 없이 받아들일 것이다. 덕성들이 칭찬받을 때에 그것들과 상반되는 악행들은 저주를 받는다는 사실 또한 상식적이다.

그러나 우리에게 요구되는 것은 이러한 공식들이 일반적으로 의미하는 것 이상이다. 덕성이 악행에 상반됨에도 불구하고 사람들은 대체로 덕성을 악행에 대한 절제 정도로 해석한다. 그러나 덕성은 이에 그치지 않고 그 이상으로 악행에 상반되는 의무와 행위에까지 미친다고 우리는 말해야 한다.[467] 사람들은 일반적으로 "살인하지 말라"라는 계명의 뜻을 모든 사람에 대한 행악과 그것을 행하려는 육욕을 삼가는 것과 동일시한다. 그러나 그것은 이뿐만 아니라 우리가 우리 이웃의 삶을 위하여 할 수 있는 한 모든 도움을 베풀어야 한다는 것도 포함한다고 나는 말하고자 한다.

내가 논리에 맞지 않는 말을 하는 것이 아님은 다음 사실로 증명된다. 하나님은 불의한 일로 형제가 고난을 당하거나 걸려 넘어지게 되거나 하는 것을 금하시는데 이는 그가 형제의 삶이 우리에게 귀하고 값진 것이 되기를 원하시기

---

[467] "Contrariam enim vitio virtutem, fere interpretantur vitii ipsius abstinentiam; nos eam ultra procedere dicimus, ad officia scilicet factaque contraria." 다음은 칼빈이 비판하는 그릇된 견해를 담고 있다. Aquinas, *Summa Theol*. I. IIae. xcviii. 1. Quot. Battles tr., n. 14.

때문이다. 그래서 그는 금하시는 동시에 사랑의 의무를 요구하셔서 그것을 수행하는 가운데 우리가 형제의 삶을 보존하게끔 하신다. 이와 같이 우리는 계명이 그 목적을 통하여 우리가 행하여야 할 것이나 우리에게 금지된 것이 무엇인지에 대해 어떤 경우든 밝혀 준다는 사실을 항상 깨닫게 된다.

10. 가장 대표적인 악행을 적시하여 전체를 표상함

그러나 왜 하나님은 마치 반쪽 계명이라도 되듯이 그가 원하신 것을 분명히 표현하지 않으시고 제유법을 통하여 지시만 하셨는가? 다른 이유들이 보통 제기되고는 하지만 특별히 다음 한 가지가 무엇보다 나에게 만족스럽다. 왜냐하면 육체는 죄의 더러움을 보일 때만 지워 내려고 하고 항상 그럴듯한 변명들로 덮고 넘어갈 생각만 하기 때문이다. 그리하여 하나님은 모든 종류의 위반에 잠재해 있는 가장 끔찍하고 사악한 요소를 예를 들어 밝히 드러내시고 그것에 대하여 들은 우리의 지각들이 두려워 떨게 하심으로써 우리의 마음속에 모든 죄에 대한 혐오감이 새겨지게 하신다.

우리는 매우 자주 이를 잘못 받아들여서, 악행들을 판단할 때에 그것들이 숨겨질수록 더욱더 간과한다. 이러한 미혹으로부터 우리를 건져 내시고자 여호와는 모든 무리의 악행들을 몇몇으로 분류하시고, 그 각각의 항목을 우리에게 주지시키심으로써 그것들에 대한 자기의 혐오를 최상으로 우리에게 표상해 주신다.

예컨대 우리는 '진노'와 '미움'이라는 이름만이 들려질 때에는 그것들이 저주받아 마땅하다고까지는 생각하지 않는다. 그러나 그것들이 '살인'이라는 이름으로 금해질 때에는 그것들이 하나님 앞에서 얼마나 혐오스러운 것인가를 더 잘 이해하게 된다. 그의 말씀에 의하면, 그것들은 무서우리만큼 파렴치한 범죄의 수준에 들기 때문이다. 그리하여 우리는 그의 판단에 깊이 감동을 받아 이전에는 가볍게 보이던 죄행들의 위중함을 더 잘 헤아리는 데 익숙하게 된다.

11. 두 판에 새겨진 율법의 의미

셋째로, 우리는 두 판으로[468] 하나님의 법이 구분된 것이 무엇을 뜻하는지를 심사숙고해야 한다. 건전한 사람이라면 누구든지 본 사안에 대한 여러 차례의 관례적인 언급이 무모하게 주어진 것이 아님을 헤아리게 될 것이다. 아주 명백한 이유가 있기 때문에 우리는 본 사안에 대해 모호한 입장에 머물러서는 안 된다. 하나님은 자기의 법을 두 부분으로 나누시고 그것에 모든 의를 포함시키셨다. 첫 번째 부분은 특별히 그의 신성에 대한 예배에 관계되는 종교적인 의무에 돌려진다. 두 번째 부분은 사람들과 관계되는 사랑의 의무에 돌려진다.[469]

분명 의의 첫 번째 근본은 하나님에 대한 예배이다.[470] 이것이 전복되면 그 나머지 모든 부분은 마치 무너진 건물의 파편들과 같이 산산조각이 나서 분쇄되고 만다. 만약 당신이 하나님의 엄위를 해치는 불경건한 모독을 일삼아 그 영광을 약탈하고 있다면 비록 도둑질이나 강도로 사람들을 괴롭히지 않는다고 한들 도무지 그것을 무슨 의라고 칭할 수 있겠는가? 혹은 만약 당신의 저주로 하나님의 가장 거룩한 이름이 속되게 일컬어진다면 간음으로 몸을 더럽히지 않는다고 한들 그것을 의롭다고 할 것인가? 사람을 살해하지 않는다고 한들 하나님에 대한 기억을 말살하고 지워 버리려고 한다면 무슨 의가 있겠는가? 종교가 없이 의를 부르짖는다고 한들 헛될 뿐이다. 이는 마치 사지가 절단되고 목이 잘린 몸을 외양적으로 고상하다고 내보이는 것과 다를 바 없다. 종교는 몸의 주요한 부분일 뿐만 아니라 그 전부로 숨 쉬며 자라 가는 영혼이다. 하나님에 대한 경외가 없다면 사람들은 그들 가운데 공평과 사랑을 지켜갈 수 없을 것이다.[471]

---

468) 칼빈은 십계명 중에 제1-4의 하나님 사랑에 대한 계명들과 제5-10의 이웃 사랑에 대한 계명들을 하나님이 친히 율법을 기록하여 모세에게 주신 두 '돌판과(출 24:12; 고후 3:3 등) 동일시하는 전통적인 입장을 따른다. Quot. Battles tr., n. 15.

469) "In duas enim partes, quibus tota continetur iustitia, legem suam sic divisit Deus, ut priorem religionis officiis, quae peculiariter ad numinis sui cultum pertinent, alteram officiis caritatis quae in homines respiciunt, assignaverit."

470) "Primum sane iustitiae fundamentum est Dei cultus."

471) "Neque modo [religio] est praecipua ipsius pars, sed anima quoque, qua tota ipsa spirat et

그러므로 우리는 하나님에 대한 예배를 의의 시작이자 근본이라고[472] 부른다. 그것이 제거된다면 그들 가운데 추구되는 공평과 절제와 절조가 무엇이든 간에 하나님 앞에서는 어리석고 하찮을 따름일 것이다. 우리는 하나님에 대한 예배를 원천과 영이라고[473] 부른다. 왜냐하면 사람들은 그것을 통하여, 하나님을 옳고 그른 것을 가리는 심판자로 경배하면서, 서로 악을 행하지 않고 절조 있게 살아가는 것을 배우게 되기 때문이다.

따라서 하나님은 첫 번째 판에서 우리를 경건과 종교의 고유한 의무를 감당하도록 가르치시고 이를 통하여 자기의 엄위가 경배를 받게 하신다. 두 번째 판은 우리가 하나님의 이름을 경외하는 가운데 사람들의 사회에서 어떻게 처신을 해야 하는지를 규정한다.[474] 이와 같은 맥락에서 우리 주님은 복음서 저자들이 전하듯이 전체 율법을 두 가지 항목 아래 모두 모으셨다. 즉 우리는 마음을 다하고 목숨을 다하고 힘을 다하여 하나님을 사랑하고 이웃을 우리 자신과 같이 사랑해야 한다(눅 10:27; 마 22:37, 39). 당신이 깨닫게 되듯이 여기에서 주님은 모든 율법을 포함하는 두 부분 가운데 첫 번째 부분은 하나님께 향하도록 하시고 두 번째 부분은 사람들을 바라보게 하신다.

12. 십계명을 두 판으로 구분하는 법

참으로 모든 율법이 이 두 항목 아래 포함되어 있다. 그럼에도 우리 하나님은 모든 변명거리를 제하시려고, 우리가 하나님 자신에게 돌려야 하는 영예, 경외, 사랑에 관한 모든 것과 하나님이 자기 자신을 위하여 사람들을 향한 사랑에 관하여 우리에게 명령하시는 모든 것이 십계명을 통하여 더욱 완전하고

---

vegetatur; neque enim citra Dei timorem inter se homines aequitatem ac dilectionem servant."
[472] "Principium……et fundamentum iustitiae."
[473] "fontem et spiritum."
[474] "Proinde priore tabula ad pietatem et propria religionis officia, quibus maiestas sua colenda est, nos instituit; altera praescribit quomodo propter nominis sui timorem nos in hominum societate gerere debeamus."

명확하게 해석되기를 원하셨다. 계명들을 어떻게 구분할 것인지에 대해서 알려고 노력하는 것이 잘못되지는 않았지만 그것은 각 사람의 자유로운 판단에 맡겨 놓아야 할 사안이므로 자기 자신의 의견과 다르다고 해서 다투는 마음을 가져서는 안 된다. 다만 이 문제를 다룸에 있어서 우리가 필히 주목해야 할 한 가지는 우리의 독자들이 우리가 내세우려는 구분을 마치 최근에 고안된 새로운 것인 양 여겨 비웃거나 놀라서는 안 된다는 점이다.

율법이 열 가지 말씀으로 구분됨은 의심의 여지가 없다. 왜냐하면 이 사실은 하나님 자신의 권위에 의해 자주 확정되기 때문이다. 우리가 확실치 않게 여기는 것은 십계명의 수가 아니라 그것을 나누는 방식이다. 첫 번째 판에 세 계명을 할애하고 나머지 일곱을 두 번째 판에 돌리는 자들은 우상들에 관한 계명을 그 수에서 빼거나 최소한 그것을 제1계명 아래에 감춘다. 여호와가 그것을 별도의 자리를 마련해서 계명으로 부여하셨음에 대해서는 의심의 여지가 없다. 그러나 그들은 이러한 입장에 서서 어리석게도 이웃의 소유에 대하여 탐심을 갖는 것을 금하는 제10계명을 두 부분으로 합당치 않게 찢어놓는다.[475] 우리가 곧 살펴보겠지만, 계명들에 대한 그들의 이러한 구분법은 좀 더 순수한 시대에는 알려지지 않았던 것이다. 다른 자들은 우리와 다를 바 없이 처음 네 조항을 첫 번째 판으로 헤아리기는 하지만 제1계명의 자리에 계명이 없는 약속인 서론을 위치시킨다. 그러나 나는 어떤 명백한 논리가 있어 그것에 의해 설득당하기 전까지는 모세의 열 가지 말씀을 십계명으로 받아들인다. 나에게는 그것들이 가장 아름다운 순서로 배열된 것으로 보이기 때문이다. 그들의 의견을 다소 용납하고 받아들인다고 해도 나에게 더욱 그럴듯해 보이는 것은 그들이 말하는 제1계명은 전체 율법의 서론의 자리를 차지할 뿐 그 다음에 비로소 십계명이 따라야 할 것인바, 그 넷은 첫 번째 판, 그 여섯은 두 번째 판에 돌려져야 한다는 사실이다.

오리게네스는 자기의 시대에 이러한 구분을 소개하여 논쟁 없이 널리 수용

---

[475] 로마 가톨릭과 루터파 교회가 이를 따른다. Lombard, *Sentences* III. xxxiii. 1. 2 (MPL 192. 830f.); Melanchthon, *Loci communes* (1521), ed. Engelland, p. 46. Quot. Battles tr., n. 16.

되었다.[476] 아우구스티누스 역시 보니파키우스에게 보낸 편지에서 이 구분을 지지하면서 종교적인 순종으로 하나님을 섬길 것, 우상을 숭배하지 말 것, 여호와의 이름을 헛되이 여기지 말 것, 이 순서로 계명의 수를 매긴다. 예표적인 안식일의 계명에 대해서는 이것들에 앞서 별도로 언급했다.[477] 아우구스티누스는 다른 곳에서는 우리가 위에서 비판한 첫 번째 구분법을 마음에 들어 하기도 하나 그 이유가 매우 빈약하다. 3이라는 수는 삼위일체의 비밀을 가장 분명히 비추기 때문에 처음 세 가지를 한 항목으로 묶어야 한다는 것이다. 그러나 같은 곳에서 그는 다른 점들에 있어서는 우리의 구분법이 자기에게 더욱 잘 어울린다고 말한다.[478] 이 사람들 외에 마태복음에 관한 미완성된 작품의 저자도 우리의 입장에 선다.[479]

한편 요세푸스(Josephus)는 의심할 여지없이 그의 시대에 일반적으로 동의된 바에 따라 다섯 계명들을 각각의 판에 할당했다.[480] 이는 종교와 사랑의 구분을 혼란케 하는 발상으로 이성에 배치될 뿐만 아니라 마태복음에서 부모를 공경하라는 계명을 두 번째 판의 목록에 두신 주님의 권위와 다투는 것이다(마 19:19). 이제 우리는 자기 말씀들 가운데 말씀하시는 하나님 자신께 들도록 하자.

제1계명

"나는 너를 애굽 땅, 종 되었던 집에서 인도하여 낸 네 하나님 여호와니라 너는 나 외에는 다른 신들을 네게 두지 말라"(출 20:2-3).

---

476) Origen, *Homilies on Exodus* hom. viii. 3 (MPG 12. 355). Quot. Battles tr., n. 17.
477) Augustine, *Against Two Letters of the Pelagians* III. iv. 10 (MPL 44. 594; tr. NPNF V. 406). Quot. Battles tr., n. 18.
478) Augustine, *Letters* lv. 11 (MPL 33. 217; tr. FC 12. 276); *Sermons* xxxiii. 3 (MPL 38. 208). Quot. Battles tr., n. 19.
479) *Eruditi commentarii in Matthei Evangelium, opus imperfectum*. 저자가 알려지지 않은 이 글은 다음에 함께 수록되어 있다. Chrysostom, hom. xlix (MPG 56. 910). Quot. Battles tr., n. 20.
480) Josephus, *Antiquities of the Jews* III. v. 8. 101; III. vi. 5. 140 (LCL Josephus IV. 364f., 380f.). Quot. Battles tr., n. 21.

13. 입법자이신 '여호와'의 이름으로 논증되는 율법의 엄위

당신이 본문의 전반부를 제1계명의 일부로 삼거나 별도로 분리해서 읽거나 간에 그것이 전체 율법에 대한 일종의 서문이라는[481] 사실이 부인되지만 않는다면 나에게는 별 차이가 없다.

먼저, 율법을 제정함에 있어서 그것이 경멸당하고 곧 폐지되는 일이 없도록 주의해야 한다. 그러므로 하나님은 자기가 부여하시려는 율법의 엄위가 언제든 업신여김을 당하지 않도록 특별한 방안을 강구하시고 그것을 확정하기 위하여 다음과 같은 세 가지 논증을 사용하시는바, 순종의 필요성을 내세워 택함 받은 백성을 억제시키기 위해서 통치의 권세와 권리가 자기 자신에게 있음을 주장하시고, 은혜의 약속을 제시하심으로 그들이 은혜의 달콤함에 이끌려 거룩함에 대한 열의를 갖게 하시며, 유대인들을 향한 자기의 은총을 상기시키심으로 만약 그들이 자기의 선함에 반응하지 않을 경우에는 그들의 배은망덕을 책망하고자 하신다.

'여호와'라는 이름은 하나님의 통치와 합법적인 지배를 의미한다. 바울이 말하듯이 만물이 그로 말미암고 그 안에 있다면 그에게 모든 것을 돌리는 것이 합당하다고 할 것이다(롬 11:36). 그러므로 오직 이 말씀만 가지고서도 우리가 하나님의 엄위의 멍에 밑으로 들어가기에 충분하다. 왜냐하면 그가 없이 존재할 수 없는 우리가 그의 통치권을 벗어나기를 원한다면 그것은 기괴할 것이기 때문이다.

14. "나는 네 하나님 여호와니라"

하나님은 이 말씀으로 자기가 명령할 권리를 지니신, 우리가 복종해야 할 분이시라는 사실을 일깨워 주셨다. 그런 후 필연성으로만 사람들을 이끄시는 듯

---

[481] "vice prooemii cuiusdam esse in totam legem."

한 모습을 보이지 않으시려고 자기가 교회의 하나님이심을 선포하셔서 그들을 달콤함으로[482] 인도하신다. 왜냐하면 이러한 표현의 근저에는 "나는 그들의 하나님이 되고 그들은 내 백성이 될 것이라"(렘 31:33)라는 상호 관계가 놓여 있기 때문이다. 그리하여 그리스도는 아브라함, 이삭, 야곱의 불멸성을 여호와가 자신을 그들의 하나님으로 증언하셨다는 사실을 들어 확정하신다(마 22:32). 이는 마치 그가 다음과 같이 말씀하시는 것과 같다. "내가 너희를 나의 백성으로 고른 것은 현세의 삶 가운데 복 주기 위함일 뿐만 아니라 너희에게 또한 미래의 삶의 복을[483] 부여하기 위함이다."

이 말씀이 지향하는 목적은 율법을 다룬 여러 구절들을 통하여 입증된다. 우리가 보듯이, 여호와는 자기의 자비로 우리가 자기 백성의 무리 가운데 속한 자들로 헤아림을 받을 가치가 있게 하신다. "그는 우리를 택하여 자기 기업의 백성 곧 성민으로 삼으심으로써 우리가 그의 모든 계명들을 지키게 하셨다"(참조. 신 7:6; 14:2; 26:18-19). 그리하여 "내가 거룩하니 너희도 거룩할지어다"(레 11:46; 참조. 레 11:44; 19:2; 20:26)라는 권고가 주어진다. 진정 이 두 구절로부터 다음과 같은 선지자의 탄원이 비롯된다. "아들은 그 아버지를, 종은 그 주인을 공경하나니 내가 아버지일진대 나를 사랑함이 어디 있으냐 내가 주인일진대 나를 두려워함이 어디 있으냐"(적용. 말 1:6).

15. "너를 애굽 땅, 종 되었던 집에서 인도하여 낸"

이어서 하나님이 베푸시는 복을 상기하는 말씀이 뒤따른다. 이 말씀이 심지어 사람들 사이에서도 더할 나위 없이 경멸할 만한 악행으로 인식되는 배은망덕보다도 더 강력하게 우리의 마음을 움직여야 한다. 실로 그 당시 하나님은 자기가 근래에 이스라엘에게 베푸신 은총을 그들로 하여금 떠올리도록 하셨

---

482) "dulcedine."

483) Cf. *Institutio*, 2.10.10-23.

다. 그 은총의 경이로운 위대함은 영원히 기억되어, 그들의 후손에게도 효력을 미칠 만한 것이었다.

무엇보다도 그 은총은 현재를 위해서 가장 유익한 것이었다. 왜냐하면 여호와는 그 백성이 비참한 노예 상태로부터 해방되어 순종과 기민한 복종을 보이는 가운데 자기를 그들 자유의 조성자로서 예배드리게 하고자 뜻하시기 때문이다. 또한 그는 우리가 그 자신 한 분께만 계속해서 예배드리게 하시고자 자기를 여러 이름들로 드러내셔서 그것들로 자기의 거룩한 신성을 모든 우상과 만들어진 신들과 구별하신다. 앞에서 말했듯이, 우리는 헛됨에 쏠리는 성향이 무모함과 결합되어 있어서 하나님의 이름이 거론되면 즉시 마음속으로 어떤 어리석은 고안물에 빠져드는 것을 피할 수 없게 된다.[484] 그러므로 하나님은 이러한 악에 대한 처방을 내리길 원하셔서 자기의 신성을 확실한 이름들로 장식하시고, 말하자면 그렇게 우리 주변으로 울타리를 치셔서 우리가 이곳저곳으로 방황하지 않고 우리 자신을 위해 새로운 신을 무모하게 만들어 내지 못하게 하신다. 우리는 살아 계신 하나님을 저버리면 우상을 세우게 될 것이니 말이다.

이러한 이유로 선지자들은 하나님을 고유하게 지시하고자 원할 때마다 하나님이 자기를 이스라엘의 하나님으로 선포하신 표지들로 그에게 옷을 입힌다. 말하자면 마치 그것들 아래에 그를 국한시키듯이 한다. 왜냐하면 그가 "아브라함의 하나님"이나 "이스라엘의 하나님"(출 3:6)으로 칭해지실 때, 그가 예루살렘 성전에서(암 1:2; 합 2:20) "그룹 사이에"(시 80:1; 99:1; 사 37:16) 좌정하신다고 송축되실 때, 이러한 말씀들 그리고 유사한 다른 표현들은 하나님을 어느 한 곳이나 한 민족에게 묶지 않기 때문이다. 오히려 그것들이 주어진 목적은 하나님이 이스라엘과 맺으신 자기의 언약으로써[485] 자기를 표상하셨으므로, 그의 어떠하심에서 벗어나는 것은 결코 용납되지 않는다는 생각이 경건한 사람들에게서 떠나지 않게 하려 함이었다.

그렇지만 본문에서 구속(救贖)이 언급되는 것은 유대인들이 더욱 열성을 다하

---

484) *Institutio*, 1.4.3; 1.10-11.
485) "suo foedere, quod cum Israele pepigit."

여 그들 자신을 하나님께 드리도록 하기 위함이라는 사실을 우리 모두는 이견 없이 받아들여야 한다. 이런 점에서 하나님은 그 백성을 자기의 소유라고 확정적으로 공표하신다. 우리는 이 사실이 우리와 무관하다고 해서는 안 된다. 우리는 이스라엘 백성이 애굽에서 노예 상태로 속박받은 것을, 우리의 천상의 수호자가 자기 팔의 힘으로 우리를 자유롭게 하셔서 자유의 나라로 이끄시기까지 우리 모두가 사로잡혀 있는 영적인 유폐 생활의 모형이라고[486] 여겨야 한다. 옛날에 하나님은 흩어진 이스라엘 사람들을 모아 그의 이름을 예배하게 하시려고, 그들을 견딜 수 없을 만큼 압제한 바로의 지배를 깨뜨리셨다. 이와 같이 오늘날 하나님이 자기 백성이라고 인정하시는 자들은 모두 바로 아래에서의 육체적인 노예 상태로 예표된 마귀의 멸망의 권세로부터[487] 풀려나게 된다.

그렇기 때문에 모든 사람의 마음은, 지극히 높으신 왕으로부터 나온다고 일컬어지는 율법을 면밀히 살피는 일에 불타올라야 하며, 만물의 기원을 그에게 두어야 하듯이, 만물은 이제 목적을 그에게 맞추고 그에게로 방향을 잡아 나아가야 한다. 입법자를 영접하지 않아도 될 만큼 예속되지 않고 자유로운 사람은 아무도 없다고 나는 말하고자 한다. 모든 사람은 그의 계명들을 준수하는 가운데 자기들이 특별히 선택되었다는 사실을 배우게 된다. 그들은 그의 선하심으로부터 모든 선한 것의 부요함과 불멸하는 삶의 영광을 함께 기대한다. 그의 놀라운 능력과 자비로부터 그들은 자기들이 죽음의 구렁텅이에서 자유롭게 되었다는 것을 알게 된다.

16. "너는 나 외에는 다른 신들을 네게 두지 말라"

하나님은 자기의 율법의 권위를 위해 근간을 놓으시고 그 권위를 확립하신 후, 우리가 다른 신들을 그의 앞에 두지 말 것을 첫째 계명으로 공표하신다(출 20:3).

---

[486] "aegyptiacam Israelis servitutem typum esse spiritualis captivitatis in qua omnes vincti detinemur, donec brachii sui virtute liberatos in regnum libertatis nos coelestis vindex traducit."
[487] "ab exitiali diaboli potestate……quae illa[servitute] corporali adumbrata fuit."

이 계명의 목적은 여호와가 자기 백성 가운데 홀로 높이 드러나시고 자기의 법으로 그들을 견실하게 소유하시려는 데[488] 있다. 이를 이루시려고 그는 우리가 그의 신성의 영광을 감하거나 희미하게 하는 모든 불경건과 미신을 우리 자신에게서 멀리 몰아낼 것을 명령하신다. 또한 같은 이유로 그는 우리가 경건에 대한 참된 열의를 가지고 그를 예배하고 경배할 것을 지시하신다. 본 말씀의 단순함은 대략 그것을 반향한다. 왜냐하면 우리는 하나님을 소유하게 될 때 동시에 그에게 속한 것들도 품지 않을 수 없기 때문이다. 그러므로 우리가 다른 신들을 두는 것을 금하신 그의 뜻은 그에게 속한 고유한 것을 다른 무엇에게 돌려서는 안 된다는 데 있다.

우리는 헤아릴 수 없이 많은 것들을 하나님께 빚지고 있다. 그럼에도 그것들 중에 다음 네 가지 항목으로 언급하는 것이 어리석지만은 않다고 할 것이다. 경배, 확신, 기도, 감사함.[489]

나는 우리 각자가 하나님의 위대하심에 복종하는 가운데 우리 자신을 그에게 드리는 숭배와 예배를 '경배'라고 부른다. 여기에 양심의 영적인 복종이 부록과 같이 부가된다. 그렇기 때문에 나는 우리가 우리의 양심을 그의 율법에 복종시키는 것을 경배의 한 부분으로 삼는다. 이렇게 하는 것이 부질없지 않다. '확신'은 하나님의 덕성들을 인식하는 데서 비롯되는바, 지혜, 의, 권능, 진리, 선하심, 이 모두를 그에게 맡긴 채, 오직 그와 교통함으로써만 우리가 복되다는 사실을 요량하면서 그 안에서 얻게 되는 평정이다. '기도'는 우리가 어떤 곤궁에 내몰릴 때마다 그의 보살핌과 도움을 유일한 보루로서 받아들이고 의지하는 우리 마음으로부터 비롯된다. '감사함'은 우리가 모든 선한 것에 대한 찬양을 그에게 돌려드리게 하는 고마움이다.

여호와는 이 가운데 그 어떤 것도 쪼개서 자기 외에 다른 무엇에 돌리는 것을 용인하지 아니하신다. 그리하여 모든 것이 오직 그 자신에게 드려지게 하신다. 그러므로 다른 신을 금하는 것으로 충분하지 않을 것이다. 어떤 사악한 냉

---

[488] "quod Dominus in populo suo solus vult eminere, et iure suo potiri in solidum."
[489] "adorationem……fiduciam, invocationem, gratiarum actionem."

소주의자들은 모든 종교를 조롱하면서 총체적으로 냉시하고는 하지만 당신은 이와 같은 일을 삼가야 된다. 무엇보다 우리의 마음을 살아 계신 하나님께 쏟게 하는 참 종교가 앞서야 한다. 우리의 마음은 그를 아는 지식에 잠겨서 그의 엄위를 받아들이고, 경외하며, 예배하며, 그가 베푸신 선한 것들과 교통함에 애착을 지니며, 언제든 그의 도움을 찾으며, 그의 사역의 위대함을 인정하고 찬양으로 그것을 송축하는 것을 이 세상의 삶을 살아감에 있어서 모든 행실의 유일한 목표로 삼아야 한다. 그러므로 우리의 마음을 참 하나님으로부터 빼앗아 멀어지게 하는 사악한 미신을 조심해서 그것에 이끌려 이리저리 헤매며 다양한 신들 앞에 나아가지 않도록 하자. 그러므로 우리가 한 하나님께 만족할진대,[490] 우리가 앞에서 말했던 것을 기억하도록 하자. 우리는 모든 거짓 신을 내쫓아, 유일하신 하나님이 오직 자기 자신에게만 속한 것이라고 확정하시는 예배를 산산이 부수는 일이 없도록 해야 한다. 왜냐하면 그의 영광으로부터 한 조각의 파편이라도 취하여 그것을 훼손시키는 것은 불법이기 때문이다. 진정 그에게 고유하게 속한 모든 것은 그 속에 머물러 거하고 있어야 한다.[491]

이어지는 '나 외에는'(내 면전에, עַל־פָּנָי, coram facie mea)라는 어구는 본 계명에 대한 위반이 무엇보다 가증스러운 것임을 드러낸다. 하나님은 우리가 조작해 낸 것들을 그의 자리에 대신 세울 때마다 우리에게 질투하셔서 진노를 발하신다. 이는 마치 몰염치한 아내가 사통하는 자를 자기 남편의 눈 바로 앞에 끌어들여 그의 마음을 더 없이 괴롭히는 것과 다를 바 없다.

그러므로 하나님은 현존하는 자기의 능력과 은혜로 자기가 택한 백성을 친히 돌보신다고 증언하시면서 우선적으로 그들이 반역의 범죄를 짓지 않도록 막으실 뿐만 아니라 자기 자신이 그들의 불경에 대한 증인과 목격자가 되신다고 경고하신다. 이러한 무모함에는 불경건이 심히 더해진다. 사람들은 자기들이 하나님을 벗어남으로써 보란 듯이 하나님의 눈을 속일 수 있으리라고 판단

---

[490] *Institutio*, 1.13.1, 16, 20.
[491] *Institutio*, 1.12.3.

한다. 그러나 역으로 주님은 우리가 무엇을 수행하든, 무엇을 시도하든, 무엇을 만들어 내든, 모두 자기의 시야 속으로 들어온다고 선포하신다.

그러므로 주님이 우리의 종교를 인정해 주시기를 원한다면 양심을 깨끗이 하여 배교의 생각은 가장 은밀한 것조차도 버리도록 하자. 왜냐하면 주님은 자기 신성의 영광이 우리의 외적인 고백에뿐만 아니라 우리 마음의 가장 깊은 은밀한 곳이라도 감찰하는 그 자신의 눈에도 순전하고 부패하지 않은 것으로 남아 있기를 요구하시기 때문이다.

제2계명

"너를 위하여 새긴 우상을 만들지 말고 또 위로 하늘에 있는 것이나 아래로 땅에 있는 것이나 땅 아래 물 속에 있는 것의 어떤 형상도 만들지 말며 그것들에게 절하지 말며 그것들을 섬기지 말라"(출 20:4-5).

17. 하나님을 대체하는 가시적 형상들은 만들지도 말고 섬기지도 말라

이전 계명에서 여호와는 자신이 한 분 하나님이시고 그 외에 다른 신들은 생각해서도 안 되며 두어서도 안 됨을 선포하셨다. 이제 그는 자기가 어떤 하나님이신지와 어떤 종류의 예배로 영광을 받으셔야 하는지를 한층 더 분명히 밝히신다. 이를 알지 못하면 우리는 감히 그에게 육체적인 무엇을 돌리게 될 것이다.

이 계명의 목적은 하나님이 자기에게 드려지는 합법적인 예배가 미신적인 의식들로 더럽혀지지 않게 하시려는 데[492] 있다. 요컨대 하나님은 우리의 어리석은 마음이 그를 대체하는 것들을 터무니없이 상상하며 하찮은 육체적인

---

492) "quod superstitiosis ritibus legitimum sui cultum non vult profanari."

형식들을 섬기는 것으로부터 우리를 전적으로 돌이켜 물러나게 하신다. 그리고 자기에 의해 수립된, 자기에 대한 합법적인 예배, 즉 영적 예배에 대해서 우리에게 가르쳐 주실 뿐만 아니라 이에 대한 위반 중에 가장 추잡한 악은 외적인 우상 숭배라고 지적하신다.[493]

이 계명은 두 부분으로 이루어진다. 첫째 부분은 우리의 방자함을 억제시켜 불가해한 하나님을 우리의 지각들 아래에 종속시키거나 어떤 외양으로 그를 표상하는 일이 감히 우리에게 일어나지 않도록 한다. 둘째 부분은 우리가 종교라는 명분으로 어떤 형상들을 예배하는 것을 금한다. 여기에 속되고 미신적인 민족들이 모양을 만들어 내고는 하였던 모든 형상이 간략하게 열거된다. '하늘에 있는 것'은 해, 달, 다른 별들, 그리고 아마 새들을 칭하는 것으로 이해된다. 이는 마치 신명기 4장에서 하나님이 자기의 마음을 표현하시면서 새들과 별들의 이름을 함께 부르시는 것과 같다(신 4:17, 19). 어떤 분별력 없는 사람들이 이 표현을 천사들에게 적용하는 것을 보지 않았더라면 나는 이에 대해서 지적하지 않았을 것이다.[494]

그러므로 나는 나머지 부분을 넘어가고자 한다. 우리는 사람이 고안하는 하나님에 관한 가시적 형상들이 무엇이든 간에 그의 본성과 정면으로 충돌되므로 우상들이 중간에 끼어들자마자 참 종교가 부패하고 더럽혀진다는 것을 제1권에서 충분히 확실하게 배웠다.[495]

18. 우상 숭배에 대한 징계

이에 부가되는 징계는 우리의 게으름을 떨쳐 내는 데 적잖이 강력한 힘을 발휘하는 것이 분명하다. 그 경고는 다음과 같다. "나 네 하나님 여호와는 질투하는 하나님인즉 나를 미워하는 자의 죄를 갚되 아버지로부터 아들에게로 삼

---

493) 우상 숭배에 관한 전반적인 논의는 이미 다루었다. *Institutio*, 1.11-12.
494) Augustine, *City of God* XIX. xxiii (MPL 41. 654; tr. NPNF II. 415-418). Quot. Battles tr., n. 27.
495) *Institutio*, 1.11.2, 12.

사 대까지 이르게 하거니와 나를 사랑하고 내 계명을 지키는 자에게는 천 대까지 은혜를 베푸느니라"(출 20:5-6).

첫째, 여기에서 그는 마치 그 자신이 우리가 붙잡아야 할 유일하신 분이라는 사실을 말씀하고 계시는 듯하다. 우리가 이 점에 대한 인식에 이르도록 그는 자기가 자기의 권능이 멸시받고 폄훼당할 때에 형벌을 묻지 않고 그냥 넘어가시는 분이 아니라는 사실을 알게 하신다. 여기에서 우리는 '하나님'을 뜻하는 '엘'이라는 이름을 만나게 된다. 이 이름이 '힘'이라는 말에서 나왔음을 고려하면 내가 주목하는 본문의 뜻이 더욱 분명해진다. 그리하여 나는 이 부분을 이와 같이 번역하여 본문 가운데 주저 없이 소개한 것이다.

둘째, 그는 자기를 어떤 동등한 상대자도 인정하지 않는 '질투하는 분'이라고 부르신다.

셋째, 그는 자기의 엄위와 영광을 피조물들이나 새겨진 형상들에 돌리고자 하는 어떤 사람들에 맞서서 그것들을 확정하시려고 이와 같이 선포하신다. 이는 단지 간략하고 간단한 것이 아니라 자기 조상들의 불경건을 흉내 내는 자들이 될 것임이 분명한 그들의 자녀들과 손자들과 증손자들에게도 널리 미치는 징벌이 될 것이다. 마찬가지로 그는 또한 자기를 사랑하고 자기의 율법을 지키는 자들에게는 그들의 후손들에게까지 장구하게 자기의 자비와 선하심을 계속해서 보이실 것이다.

하나님은 매우 통상적으로 우리를 향하여 남편의 역을 감당하신다.[496] 우리는 하나님이 우리를 그 자신에게 묶는 연합을 통하여 교회의 품에 들어가게 된다. 이는 남녀가 거룩한 혼인을 하는 것과 같으며 상호 간의 서약에 기초해야 한다(엡 5:29-32). 그는 자기의 모든 의무를 신실하고 참되게 감당하시면서 우리 편에서의 사랑과 아내의 순결을 요구하신다. 그러므로 우리는 사탄에 굴복하여 우리의 영혼을 육체의 욕정과 더러운 욕구들에 내어 줌으로 오염시켜서는 안 된다. 하나님은 유대인들의 배교를 책망하시면서 그들이 염치를 버리고 간음들로 더러워졌다고 한탄하신다(렘 3장; 호 2:4-7; 참조. 사 62:4-5). 만약 아내의 마음

---

[496] "Personam mariti erga nos induere."

이 다른 상대에게 기울고 있음을 본다면 더 거룩하고 순결한 남편일수록 더 많이 진노할 것이다. 마찬가지로 진실함으로 우리에게 장가드신 주님은(호 2:19-20) 우리가 그와 맺은 거룩한 혼인의 순수함을 무시한 채 사악한 육욕들에 더럽혀질 때마다 더없이 불타는 질투를 우리를 향해 지니심을 증언하신다. 무엇보다 그는 우리가 그의 신성에 대한 예배를 다른 것에 돌리거나 어떠한 미신으로 더럽힐 때에 진노하신다. 왜냐하면 어느 경우든 예배는 지극히 온전해야 함이 마땅하기 때문이다.

이렇듯 우리가 다른 신들에 눈을 돌리는 것은 혼인 때 맺은 서약을 위반하는 것일 뿐만 아니라 다른 간부(姦夫)들을 끌어들여 혼인의 침상 자체를 더럽히는 것이다.

19. 삼사 대에 이르도록 죄를 갚으심

우리는 그가 "죄를 갚되 아버지로부터 아들에게로 삼사 대까지 이르게 하거니와"라고 하신 위협이 무엇을 뜻하는지 깨달아야 한다. 왜냐하면 다른 사람의 범죄 때문에 무죄한 자에게 벌을 가하는 것은 하나님의 의와 공평에 어울리지 않기 때문이다. 이에 대하여 또한 하나님은 아들이 아버지의 불의를 떠맡게끔 하지 않으실 것이라고 친히 확언하신다(겔 18:20). 그럼에도 조상들의 죄에 대한 벌이 미래의 세대로 연장된다는 본문의 어구가 수차 반복되는 것이 사실이다. 모세는 한층 더 자주 하나님을 향하여 "여호와라 여호와라 아버지의 죄악을 자식에게 갚아 삼사 대에 이르게 하리라"(민 14:18; 출 34:6-7)라고 말한다. 마찬가지로 예레미야는 "주는 은혜를 천만인에게 베푸시며 아버지의 죄악을 그 후손의 품에 갚으시오니"(렘 32:18)라고 말한다.

어떤 사람들은 이 어려움을 해결하고자 큰 부담을 안고 애를 쓰는 가운데 생각하기를 이는 단지 이 세상에서의 일시적인 형벌을 의미한다고 이해한다. 자녀들도 자기들의 구원을 위해서 종종 해를 받는 경우가 있을 수 있을 것이므로 그들이 자기 조상들의 범법들에 대한 책임을 감내하는 것은 불합리하지 않다는 것이다. 이는 실로 참되다. 우리가 보듯이, 이사야는 히스기야에게 그가 저지른 죄 때문에 그의 자손들이 왕국을 침탈당하고 잡혀서 유폐될 것이라고 선포했다(사 39:6-7). 바로와 아비멜렉의 가문들은 아브라함에게 끼친 해로 말미암아 고통을 당하였다(창 12:17; 20:3, 18). 그러나 이 점을 내세워서 우리의 현안을 풀려고 한다면 그것은 참된 해석이 아니라 오히려 회피에 가깝다. 왜냐하면 하나님은 여기에서와 다른 유사한 본문들을 통해서 현세의 삶에 국한되지 않는 그 너머의 더 중한 형벌을 선포하시기 때문이다.

그러므로 주님의 의로운 저주는 사악한 사람의 머리뿐만 아니라 그의 가족 전체 위에 무겁게 떨어진다고 이해되어야 한다. 저주가 몰아칠 때에 하나님의 영이 떠난 아버지에게서 기대할 수 있는 것은 가장 부끄러운 삶이 아니고 무엇이겠는가? 아버지의 불의 때문에 주님으로부터 버림받은 자녀가 똑같은 파멸의 길을 걷지 않겠는가? 결국 가증스러운 사람들의 저주받은 씨앗인 그 손자와 증손자도 그들의 뒤를 좇아 무모하게 돌진하지 않겠는가?

20. 자녀들에게 임하는 징벌은 궁극적으로 그들 자신의 죗값을 치르는 것이므로 하나님의 의에 배치되지 않음

먼저 이러한 징벌이 하나님의 의에 어울리지 않는지에 대해서 살펴보도록 하자. 만약 여호와가 자기의 은혜를 나누기에 적합하지 않다고 여기시는 사람들의 전체적인 본성이 저주받을 만할 것이라고 한다면 그들에게는 멸망이 준비되어 있음을 우리는 안다. 그럼에도 불구하고 그들은 하나님 편의 부당한 증오 때문이 아니라 그들 자신의 불의로 말미암아 멸망한다. 그들이 왜 다른 사람들과 같이 하나님의 은혜로 도움을 받아 구원에 이르지 못하느냐고 불평할 만한 근거가 어디에도 없다. 이러한 형벌은 사악하고 몰염치한 사람들에게 그들의 범죄들 때문에 부과되고 그 결과 여러 세대에 걸쳐 그들의 가문이 하나님의 은혜를 상실하게 되므로 누가 이처럼 완전한 의로운 징벌에 대해 비난을 가할 수 있겠는가?

그러나 다른 한편으로 여호와는 아버지의 죄에 대한 형벌이 아들에게 옮겨지지 않는다고 선포하신다(겔 18:20). 여기에서 논의되는 것에 주목하라. 많은 재난들로 오랫동안 끊임없이 어려움을 당해 온 이스라엘 사람들은 "아버지가 신 포도를 먹었으므로 그의 아들의 이가 시다"(겔 18:2)라는 속담을 중요하게 여기기 시작했다. 그들이 여기에서 뜻하는 바는 이렇다. 그들의 조상들은 형벌을 받아야 할 죄를 지었다. 이는 인정한다. 그러나 그들은 의롭고 그들에게는 형벌이 가당치 않다. 그러므로 그들에게 형벌이 임하는 이유는 다만 하나님의 엄중함이 제어될 수 없는 것이기 때문이 아니라 그의 분노가 달래질 수 없는 것이기 때문이다.

그러나 선지자는 그들에게 그렇지 않다고 선포한다. 왜냐하면 그들 역시 그들 자신의 악행들로 말미암아 징벌을 받는 것이기 때문이다. 의로운 아들이 사악한 아버지의 죗값을 지불하는 것은 하나님의 의에 부합되지 않는다. 본 계명의 징계를 이와 같이 여겨서는 안 된다. 주님이 사악한 가정으로부터 자기의 은혜, 진리의 빛, 구원에 이르는 다른 도움들을 거두실 때에 그 자손들은 그에 의해 눈이 멀고 버림을 당한 채 조상들의 전철을 밟게 된다는 점에서 조상들의 악한 행실들에 대한 하나님의 저주를 그들 자신이 받는다고 일컫는다. 그러나 그들 역시 이 땅에서의 현세적인 비참함에 종속되며 마지막에는 영원한 파멸에 이른다는 사실은 그들이 다른 사람들의 죄 때문이 아니라 그들 자신의 불의 때문에 하나님의 의로운 심판에 따른 형벌을 받는다는 것을 의미한다. 이것이 지금 논의하고 있는 사안에 대한 궁극적인 결론이 될 것이다.

21. 천 대에 미치는 하나님의 자비

한편 하나님의 자비가 천 대에 이르도록 널리 미칠 것이라는 약속이 부여된다(신 5:10; 렘 32:18). 이는 자주 나오는 성경 말씀과 부합하며 "너와 네 후손의 하나님이 되리라"(창 17:7)라는 교회와 맺은 엄숙한 언약 속에 심겨 있다. 이에 대해 솔로몬은 "의인의 후손에게는 그 조상이 죽은 후에 복이 있느니라"(적용. 잠 20:7)

라고 쓴다. 이것은 그들이 받은 거룩한 교육 때문만이 아니라, 분명 이 또한 적잖이 중요하지만, 하나님의 은혜가 경건한 자들의 가정들에 영원히 머물 것이라는 언약에 약속된 복 때문이다.497) 그러므로 놀라운 위로는 신자들에게, 끔찍한 고통은 불경건한 자들에게 따른다. 왜냐하면 만약 죽음 이후에 의에 대한 기억과 불의에 대한 기억이 모두 하나님께 남아 있어 그 각각에 대한 복과 저주가 후손들에게 넘칠 정도라면 그 행위자들인 그들의 조상들의 머리에는 그 영향이 훨씬 더할 것이기 때문이다.

그렇다고 해서 이는 불경건한 자들의 후손들이 선한 열매를 맺을 때가 있고 신자들의 후손들이 타락할 수도 있다는 사실과 배치되지 않는다. 왜냐하면 여기서 입법자는 자기의 선택을 무화시킬 수 있는 영구적인 규범을 만들고자 원하신 것이 아니었기 때문이다. 이것은 끝내 의로운 자들이 위로를 얻고 죄인들이 고통을 당하게 되는 징계로서 항상 제 기능을 다하는 것은 아니지만 그 자체만으로도 그저 헛되거나 아무 효과가 없지는 않다. 이로써 그 가치는 충분하다. 비록 많은 사람들이 이 땅의 삶이 끝날 때까지 죄에 대한 값을 치르지 않고 지나가지만 세상의 몇몇 악인들에게 가해지는 현세적인 형벌들은 죄를 미워하시는 여호와의 진노와 모든 죄인에게 언젠가 닥칠 심판에 대한 증언들이 된다.

이렇듯 여호와는 자기의 자비하심과 선하심 가운데 아버지의 은혜를 아들에게 베푸심으로써 이러한 복의 한 예를 제시하시면서 자기를 예배하는 자들을 향한 자기의 끊임없고 항구적인 은혜를 증거하신다. 그리고 여호와는 일단 아버지의 불의를 아들 안에서 찾으심으로써, 유기된 사악한 자들 모두에게 그들 자신이 범한 죄들에 따라 어떤 종류의 심판이 기다리고 있는지를 가르치셨다.

본문에서 여호와는 후자의 확실성에 대해서 특히 관심을 쏟으셨다. 겸해서 우리에게는 천 대에 미치도록 베풀어지는 자기의 자비가 단지 사 대로 지정된 징벌에 비해서 얼마나 광대한지 되새겨 주셨다.

---

497) "ob istam in foedere promissam benedictionem, quod Dei gratia in familiis piorum aeterna resideat."

제3계명

"너는 네 하나님 여호와의 이름을 망령되게 부르지 말라"(출 20:7).

22. 하나님의 이름에 대한 합법적인 사용

이 계명의 목적은 하나님이 뜻하셔서 우리가 그의 이름의 엄위를 거룩히 여기게 하시려는 데[498] 있다. 요컨대 그의 이름을 불손하거나 불경하게 대하여 더럽히는 일이 우리에게 있어서는 안 된다는 것이다. 우리는 종교적으로 숭배하는 마음으로 열의를 쏟고 주의를 다하여 그의 이름을 기려야 한다. 그러므로 우리는 마음과 언어를 적절하게 잘 갖춰서 드리는 경배와 매우 신중을 기하는 자세가 없이는 하나님 자신과 그의 비밀들에 관하여 아무것도 생각하지도 말하지도 말아야 하며 그의 사역들을 헤아림에 있어서 그 자신에게 영광이 되는 것 외에는 아무것도 마음에 담아서는 안 된다.

이와 관련하여 우리가 부지런히 돌아보아야 할 것을 다음 세 가지로 나눠 말하고자 한다.

첫째, 하나님에 대해서 마음으로 품고 입으로 내뱉는 것은 무엇이든지 그의 탁월하심을 나타내야 하고, 그의 거룩한 이름의 고상함과 어우러져야 하며, 마지막으로 그의 장엄하심을 높이 고양시켜야 한다.

둘째, 우리는 그의 거룩하신 말씀과 경배받아야 할 비밀들을 우리 자신의 야망이나 탐욕이나 유희를 위하여 헛되고 터무니없게 오용해서는 안 된다. 그 말씀과 비밀들에는 그의 이름의 고귀함이 새겨져 있으므로 우리는 언제나 그 영예와 가치를 귀중하게 여겨야 한다.

마지막으로, 비참한 처지에 놓인 사람들이 하나님을 거역하며 능욕을 일삼는 가운데 외치고는 하듯이 하나님의 사역들을 깎아내리거나 왜곡하는 일을 우리는 해서는 안 된다. 우리는 그에 의해서 행해진 것이라고 인식하는 모든

---

[498] "quod nominis sui maiestatem vult nobis esse sacrosanctam."

것에 대해서 말할 때에 지혜와 의와 선으로 가득한 찬미를 함께 드려야 한다. 그것이 하나님의 이름을 거룩하게 한다는 의미이다.

우리가 이와 달리 행하게 될 때 그의 이름은 헛되고 사악하게 오용되어 더럽혀질 것이다. 왜냐하면 하나님의 이름은 합법적으로 사용되도록 구별되어 있으므로 그렇지 못한 경우 다른 무슨 결과가 바로 뒤따르지 않는다 하더라도 그 존귀함이 훼손되어 경멸을 받을 만한 무엇으로 조금씩 변해 가기 때문이다.

이와 같이 하나님의 이름을 경망스럽게 입에 올리며 무분별하게 남용하는 것도 큰 악이거늘, 그의 이름으로 하여금 접신술(接神術), 음산한 마법, 불법적인 구마(驅魔), 그리고 다른 경건치 못한 주문들 등의 미신들을 섬기게 만든 자들이 행하듯이 그의 이름으로 역겨운 불법을 저지르는 것은 훨씬 더 큰 악이 된다. 무엇보다 본 계명은 맹세에 관해서 특별한 언급을 한다. 맹세를 하면서 여호와의 이름을 사악하게 오용하는 것이 최고 가증스러운 일이므로 그것을 더럽히는 모든 일을 전적으로 금하는 것이 더 낫다고 할 것이다(참조. 신 5:11). 여기에서 우리에게 명령되는 것은, 우리가 사람들 사이에서 지켜야 할 공평이 아니라 하나님에 대한 예배와 그의 이름에 대한 경배에 관계된다. 본 계명이 두 번째 판에 속하는 사랑의 의무에 관한 율법도 다룬다고 한다면 그것은 무익한 말을 반복하는 것에 불과하다. 사랑의 의무는 인간 사회를 해치는 거짓 맹세와 거짓 증언을 정죄하는 두 번째 판에 들어 있다. 앞에서 말했듯이 율법의 구분도 이것을 요구하고 있는데, 하나님이 율법을 두 판에 나누어 적절하게 배열하신 것은 아무런 까닭 없이 그렇게 하신 것은 아니기 때문이다. 결론적으로, 여기에서 하나님은 자기 자신의 권리를 확정하시고 하나님의 이름의 거룩함을 보호하실 뿐 사람들이 사람들에게 무엇을 해야 하는지에 대해서는 가르치지 않으신다.

23. 하나님을 불러 증인으로 삼는 합당한 맹세

우리는 우선 맹세가 무엇인지 말해야 한다. 그것은 우리의 말이 진리임을 확정하기 위한 증인으로서 하나님을 부르는 것499)이다. 하나님에 대한 공공연한 모독을 담고 있는 저주는 맹세로서 간주되기에 부적합하다.

이에 대한 입증이 적절히 이루어질 때 그것은 하나님에 대한 예배로서의 외양을 지님을 성경은 여러 구절을 통하여 보여 주고 있다. 예컨대 이사야는 앗수르 사람들과 애굽 사람들을 불러 이스라엘과 언약적 연합체로 삼고자 예언하면서 그들이 가나안 방언을 말하며 여호와의 이름으로 맹세할 것이라고 전한다(사 19:18). 즉 그들이 여호와의 이름으로 맹세하면서 종교에 대한 자기들의 고백을 드러낼 것이라는 말씀이다.

마찬가지로 그는 여호와의 나라의 확장에 대해서 말할 때에도 "자기를 위하여 복을 구하는 자는 신자들의 하나님을 향하여 복을 구할 것이요 땅에서 맹세하는 자는 신자들의 하나님으로 맹세하리니"(적용. 사 65:16)라고 전한다. 예레미야는 "그들이 내 백성의 도를 부지런히 배우며……내 이름으로 맹세하기를 자기들이 내 백성을 가르쳐 바알로 맹세하게 한 것같이 하면 그들이 내 집 가운데서 세움을 입으려니와"(적용. 렘 12:16)라고 전한다.

우리는 여호와의 이름을 불러 증언함으로써 그 자신을 우리의 독실함에 대한 증인으로 삼는다고 하는 것은 옳은 말이다.500) 왜냐하면 이와 같이 우리는 그가 영원하고 불변하는 진리이시라고 고백하고 그를 다른 모든 것보다 앞서 계시는 진리에 대한 합당한 증인이시자 감추인 것들로부터 진리를 밝게 드러내실 수 있는 유일하신 진리의 수호자로서 그리고 우리의 마음을 아시는 분으로서 찾기 때문이다(고전 4:5). 왜냐하면 사람들의 증언들이 없을 때, 특히 양심 가운데 감춰졌던 무엇이 주장되지 않을 수 없을 때, 우리는 우리의 증인이신 하나님께로 도망치기 때문이다.

이런 까닭에 여호와는 다른 신들로 맹세하는 자들에 대해서 혹독한 진노를 발하시고 그런 종류의 맹세는 공공연한 반역의 증거가 된다고 해석하신다. "네 자녀가 나를 버리고 신이 아닌 것들로 맹세하였으며"(렘 5:7). 그리고 그는

---

499) "Dei attestatio ad veritatem sermonis nostri confirmandam.

500) "Et merito nomen Domini in testimonium invocando nostram in ipsum religionem dicimur testari."

이러한 법법이 중대하다는 것을 형벌의 위협을 가하며 선포하신다. "여호와께 맹세하면서 말감을 가리켜 맹세하는 자들을 내가 멸절하리라"(적용. 습 1:4-6).

24. 여호와의 이름으로 하는 거짓된 맹세는 그를 욕되게 함

우리는 여호와가 자기의 이름으로 드려지는 예배 가운데 우리의 맹세가 있기를 원하신다는 것을 이곳에서 이해하게 된다. 그러므로 우리는 더 한층 주의를 다하여 우리의 맹세에 예배 대신에 오만이 들어오거나 경멸과 경시가 들어오거나 하게 해서는 안 된다. 그의 이름을 부르며 거짓으로 맹세하는 것은 그 뻔뻔함이 결코 사소하지 않다. 율법에서는 이를 "욕되게 하는 것"(적용. 레 19:12) 이라고 부른다. 여호와의 진리가 훼손될 때 그에게 남는 것이 무엇이란 말인가? 그때 그는 하나님이심을 그치게 될 것이다. 더구나 그를 거짓에 대한 동조자와 승인자로 삼게 될 때 참으로 그에게서 진리는 박탈되고 말 것이다.

그러므로 여호수아는 아간이 참된 것을 고백하기를 바라면서 "내 아들아 이스라엘의 여호와께 영광을 돌리라"(적용. 수 7:19)라고 말한다. 분명 본문은 여호와는 자기의 이름으로 위증이 행해진다면 가장 중대한 불명예를 안게 되실 것이라는 사실을 암시한다. 이는 전혀 의아하지 않다. 하나님의 거룩한 이름에 어떤 식으로든 거짓의 낙인을 찍는 것을 금하는 것은 우리를 통하여서 일어나는 일이 아니다. 요한복음에서 바리새인들이 하나님을 증인으로 부르는 방식을 보면(요 9:24) 통상적으로 어떻게 유대인들이 매번 사람을 세워 맹세를 시켰는지 분명히 드러난다. 성경에 사용된 다음 공식들은 우리에게 이를 주의하도록 가르친다. "여호와께서 살아 계심을 두고"(삼상 14:39), "하나님이 내게 벌을 내리시고 또 내리시기를 원하노라"(삼상 14:44; 참조. 삼하 3:9; 왕하 6:31), "내 심령으로 섬기는 하나님이 나의 증인이 되시거니와"(롬 1:9; 참조. 고후 1:23). 여기에서 암시되는 바는 우리에게 거짓이 있을 경우 하나님이 우리의 위증에 대한 보복자가 되어 주시기를 바라는 마음이 없다면 우리는 하나님을 불러 우리의 말에 대한 증인으로 삼을 수 없다는 것이다.

25. 무익한 맹세는 합당하지 않음

하나님의 이름이 참되기는 하나 무익한 맹세에 사용될 때 값싸고 천하게 된다. 그런 경우 그 이름이 헛되이 입에 오르기 때문이다. 그러므로 우리는 단지 위증을 금하는 것으로 충분하지 않고, 맹세를 하는 것이 육욕이나 쾌락을 위해서가 아니라 필요성의 동기에 의해서만 허용될 때 제대로 그 가치를 지닌다는 것을 기억해야 한다. 따라서 쓸데없는 것들에 맞추어 하는 맹세는 그 합법적인 용법에서 벗어난다. 실상 종교나 사랑을 위하여 하는 것 이외에는 다른 어떤 경우에도 필요성을 구실로 삼을 수 없다.

이 점에 있어서 오늘날 사람들은 아주 무절제하게 죄를 짓는다. 더욱 참을 수 없는 것은 관습을 빙자하여 그 죄를 범법으로 간주하지 않고 그저 좌시하여 왔다는 사실이다. 이는 하나님의 심판좌 앞에서 결코 사소한 죄가 아님을 분명히 헤아려야 한다. 하나님의 이름이 여기저기서 혼잡하게 더럽혀지고 있다. 사람들은 오랫동안 벌을 받지 않고 이 큰 비행(非行)을 저질러 왔으므로 그것을 악이라고 생각하지 않는다. 그러나 여호와의 계명은 변개되지 않는다. 그 징계는 확고히 계속되며 언젠가 그 효력을 나타낼 것이다. 이를 통하여 그의 이름을 헛되이 사용하는 자들에 대하여 어떤 특별한 징벌이 있을 것이라고 공포된다.

이 계명은 다른 측면에서도 범해지는바, 맹세에 있어서 하나님의 자리에 그의 거룩한 종들을 앉히고 그의 신성의 영광을 그들에게 돌리는 공공연한 불경건이 자행된다(출 23:13). 하나님은 특별한 계명을 통하여 우리가 그의 이름으로 맹세하게끔 명령하시며(신 6:13; 10:20), 특별한 금지를 통하여 우리가 다른 신들에게 맹세한다는 말이 들리지 않도록 막으신다(출 23:13). 마찬가지로 사도는 다음과 같이 기록함으로써 이를 분명히 증언한다. "사람들은 자기보다 더 큰 자를 가리켜 맹세하나니"(히 6:16). 하나님은 자기의 영광보다 더 큰 것을 가지지 아니하셨으므로 스스로 자기에게 맹세하셨다.

26. 헛되이 맹세하는 것을 금함

재세례주의자들은 맹세를 함에 있어서의 이러한 절제된 태도에 만족하지 않고 모든 맹세를 예외 없이 저주한다. 맹세에 대한 그리스도의 금지가 일반적이라는 명분에서이다. "나는 너희에게 이르노니 도무지 맹세하지 말지니……오직 너희 말은 옳다 옳다, 아니라 아니라 하라 이에 지나는 것은 악으로부터 나느니라"(적용. 마 5:34, 37; 참조. 약 5:12).[501]

그들은 이런 식으로 무모하게 그리스도를 공격하며, 그리스도가 마치 아버지의 작정들을 폐지하러 이 땅에 오시기라도 하신 듯이 억지 주장을 폄으로써 그를 아버지의 대적자로 만든다. 그런데 실상 영원하신 하나님은 율법 가운데서 맹세를 합법적인 일로 허용하실 뿐만 아니라, 이 사실만으로도 충분하지만, 필요성이 있는 경우 그것을 사용할 것을 명령하신다(출 22:10-11). 그러나 그리스도는 자기가 아버지와 하나이고(요 10:30), 아버지가 명령하신 것만 전하며(요 10:18), 자기의 가르침은 그 자신으로부터 온 것이 아니라고(요 7:16) 선포하신다. 그렇다면 어떻게 된 것인가? 그들은 하나님이 한때 사람들에게 품행의 기준으로 삼으라고 명령하였던 것을 이후에 금지하고 저주하신다고 하여 하나님을 그 자신과 모순되는 분으로 삼으려는 것인가?

그러나 그리스도의 말씀에 다소 난점이 있으므로 이에 대해 좀 더 시간을 쓰도록 하자. 우리는 그가 의도하시는 목적에 시각을 고정하고 그가 위의 본문을 통하여 하고자 하신 말씀의 뜻이 무엇인지에 마땅한 관심을 기울이지 않는다면 결코 진리를 얻을 수 없을 것이다. 그의 확고한 계획은 율법을 느슨하게 하거나 단단하게 하는 것이 아니라 그것에 대한 참되고 진정한 이해를 되살려 서기관들과 바리새인들의 거짓된 책략들로 인하여 아주 부패해 버린 것들을 돌이키는 데

---

[501] 칼빈은 다음의 글에서 이를 반박한다. *Vivere apud Christum non dormire animis sanctos qui in fide Christi decedunt (Psychopannychia)*, 1542; *Brieve instruction contre les erreurs de la secte commune des Anabaptistes*, 1544, article 7 (CO 7.92ff.; cf. OS III. 361). 츠빙글리(Zwingli, 1484-1531)도 다음 글에서 이를 반박한다. *In Catabaptistas strophas elenchus*, 1527 (Zwingli, Opera, ed. M. Schuler and J. Schulthess III. 406ff.; tr. S. M. Jackson, *Selected Works of Huldreich Zwingli*, "Refutation of Baptist Tricks," pp. 206ff.). Quot. Battles tr., n. 32.

있었다. 이 말씀을 바로 받아들이게 되면 우리는 그리스도가 모든 맹세가 아니라 오직 율법의 규범에 위배되는 것들만 저주하셨다는 것을 깨닫게 될 것이다.

여기에서 분명해지는 것은 그 당시 백성은 율법이 위증뿐만 아니라 공허하고 쓸데없는 맹세도 금하고 있음을 인식하고 있었음에도 불구하고 일반적으로 오직 위증만을 피하려고 했을 뿐이라는 사실이다. 이러한 오류를 염두에 두고서 율법에 대한 가장 확실한 해석자이신 그리스도는 거짓으로 맹세하는 것뿐만 아니라 맹세하는 것 자체를 악하다고 경고하시는 것이다(마 5:34). 어떻게 '맹세하는 것'조차 금하시는가? 이는 '헛되이 맹세하는 것'을 의미함이 분명하다.

재세례주의자들은 '도무지'라는 표현에 고집스럽게 천착해서 자기들의 주장이 더욱 설득력이 있다고 생각한다. 그러나 이는 '맹세하는 것'이라는 단어 자체가 아니라 다양한 맹세의 양식들을 부정적으로 지시하고 있다. 이러한 맥락에서 그들이 하나님의 이름을 입에 올리지 않는 이상 하늘과 땅을 가리켜 맹세하는 것은 문제가 없다고 여긴 것은 또 하나의 오류였다. 그러므로 주님은 가장 주요한 위반의 예를 이와 같이 적시하신 후 그들이 하나님의 이름을 짓누르고 하늘과 땅을 부르면서도 그 죄책을 회피하고자 내세우는 모든 변명을 잘라 버리신다. 여기에서 또한 우리가 주목해야 할 것은, 사람들은 하나님의 이름을 표현하지는 않지만 생명의 빛이나 그들이 먹는 떡이나 그들의 세례나 자기들을 향한 하나님의 후하심을 드러내는 다른 보증들을 가리켜 맹세를 할 때에 완곡하게 여러 형상들을 사용하고 있기는 하지만 하나님 자신을 가리켜 맹세하고 있다는 사실이다. 주님은 사람들에게 하늘과 땅과 예루살렘으로 맹세하는 것을 금하시는 말씀으로(마 5:34-35), 어떤 사람들이 그릇되게 생각하듯이 미신을 교정시키려고 하신 것이 아니라 한가하게 쓸데없는 간접적인 맹세를 하면서도 어떤 잘못도 깨닫지 못하는 자들의 악의에 가득 찬 궤변을 반박하려고 하신 것이다. 그들은 마치 하나님의 거룩한 이름을 아끼듯이 하고 있지만 그의 은총 하나하나에 실제로 그 이름이 모두 새겨져 있다.

또 다른 문제는 어떤 죽을 인생이나 죽은 사람이나 천사를 하나님의 자리에 두는 것이다. 이방 민족들 가운데는 왕에게 아첨하기 위하여 왕의 생명이나 재능을 두고 하는 혐오스러운 형태의 맹세가 고안되었다. 그러한 거짓된 신격화는 한 분 하나님의 영광을 흐릿하게 하고 감소시킨다.

그러나 우리가 하찮은 맹세를 할 때 하나님의 거룩한 이름을 사용하여 우리의 말을 확정하고자 하려는 의도 외에는 없다손 치더라도 그것이 간접적이라고 해서 하나님의 엄위가 손상을 입게 되지 않는 것은 아니다. 그리스도는 "도무지 맹세하지 말지니"라고 말씀하심으로써 이러한 방자함에 어떤 변명의 여지도 남기지 않으신다. 야고보는 동일한 의도를 가지고 지금 인용한 이 말씀을 반복한다(약 5:12). 이러한 무모함은 하나님의 이름에 대한 모독이 됨에도 불구하고 항상 세상에 널리 퍼져 왔다. 만약 당신이 '도무지'라는 말을 실체에 관련지어서, 맹세는 예외 없이 모두 불가한 것을 의미하는 것으로 해석한다면, 곧이어 더해지는 "하늘로도 하지 말라"라는 말씀과 "땅으로도 하지 말라"(마 5:34-35)라는 말씀을 어떻게 설명할 것인가? 결론적으로 주님이 반박하시며 거부하셨던 것은 맹세 자체가 아니라 유대인들이 자기들의 악을 감경시켜 준다고 생각하며 남발했던, 맹세를 빙자한 억지였음이 분명하다.

27. 적법적인 필요성을 채우는 사적인 맹세의 유효함

건전한 판단을 하는 사람들이라면 주님이 위의 말씀에서 비난하신 것은 단지 율법에 의해서 금지된 맹세들이라는 사실에 대해서 어떤 모호함을 느끼지 않을 것이다. 자기의 삶을 통하여 자기가 가르치신 완전함의 모범을 보이신 주님은 필요한 상황이 생기면 맹세하기를 주저하지 않으셨다. 모든 사안에 있어서 자기들의 스승에게 순종했다고 우리가 믿을 수 있는 제자들도 동일한 예를 따랐다. 만약 맹세하는 것이 전적으로 금지되었다면 누가 감히 바울이 맹세를 했을 것이라고 말할 것인가? 그러나 사정상 맹세가 요구되었을 때에 그는 지체 없이 맹세를 하였으며 때로는 심지어 저주까지 덧붙였다(롬 1:9; 고후 1:23).

그러나 아직 질문은 끝나지 않았다. 어떤 사람들은 공적인 맹세만 이 금지에서 제외된다고 생각한다. 예를 들어, 위정자에 의해서 수행되거나 요구되는 것, 조약을 체결할 때 왕들에 의해서 사용되는 것, 백성이 그들의 왕의 이름으로 하는 것, 병사가 군역의 의무로 하는 것 등이 이에 해당한다고 본다. 그들은 바울이 복음의 존귀함을 주장하기 위해서 한 것도 이 범주에 속한 것으로 본다(롬 1:9; 9:1-3). 이는 합당하다. 왜냐하면 사도들은 자기들의 직분을 감당함에 있어서 사적인 시민들이 아니라 하나님의 공적인 사역자들이기 때문이다.

진정 나는 한층 더 확고한 증언들로 지지를 받는 이런 것들이 가장 확실한 맹세들이라는 사실을 부인하지 않는다. 위정자는 의심스러운 사안들을 다룸에 있어 증인에게 맹세를 하도록 시킬 의무가 있으며, 증인은 맹세하에 이에 응할 의무가 있다. 사도는 사람들이 다투는 일들이 이런 처방으로 해결이 된다고 말한다(히 6:16). 이 계명으로 각자는 자기의 직분에 대한 확고한 인증을 받는다.

또한 우리는 고대의 이방 백성 가운데 공적이고 엄숙한 맹세가 종교적으로 장대하게 거행되고 있었음을 관찰할 수 있다. 반면에 무분별하게 행해진 통속적인 맹세는 하나님의 신성이 그 안에 들어가 있지 않다고 여겨져 그 가치가 매우 적거나 아예 없는 것으로 다루어졌다.

그러나 온당하게, 거룩하게, 정중하게 필요한 사안들에 대해 행해진 사적인 맹세들을[502] 저주하는 것에는 너무나 큰 위험이 도사리고 있다. 왜냐하면 그것들은 이성으로나 선례들로 지지를 받기 때문이다. 각 개인들 간에 중대하고 심각한 문제에 있어서 하나님을 심판자로 요청하는 것이 합법적일진대(삼상 24:12), 그를 증인으로 부르는 것은 더더욱 그러할 것이다. 당신의 형제가 당신의 불성실함을 비난한다고 치자. 당신은 사랑의 의무로 당신을 깨끗하게 하려고 애쓸 것이다. 그러나 어떻게 하더라도 그는 만족을 누릴 수 없을 것이다. 이 경우 만약 그의 완고한 악의 때문에 당신의 명성이 위험에 처하게 된다면 당신은 자기의 무죄함을 적절한 때에 드러내기 위하여 하나님의 심판을 적법하게 간구할 수 있을 것이다. 심판자와 증인이라는 말의 무게를 헤아려 볼 때 전자에 비해서 후자를 옹호하는 것이 한층 더 용이하다. 그러므로 나는 하나님을 증인이라고 부르는 것을 불법적이라고 주장하는 이유를 알 수가 없다. 이에 대한 예는 수없이 많다. 아브라함과 이삭이 아비멜렉과 한 맹세가 공적인 명분에 따른 것

---

[502] "privata iuramenta, quae sobrie, sancte, reverenter necessariis rebus adhibentur."

이라면(창 21:24; 26:31), 야곱과 라반은 각각 사인(私人)으로서 상호 맹세에 의하여 그들의 언약을 확정하였다(창 31:53-54). 보아스 역시 사인으로서 같은 방식으로 룻과 약속한 결혼을 확정하였다(룻 3:13). 오바댜는 사인으로서 의로운 사람이었으며 하나님을 두려워하는 사람이었다. 그는 맹세로써 무엇 때문에 자기가 엘리야를 감화시키고자 원하는지를 확정하였다(왕상 18:10). 그러므로 우리가 우리 자신의 맹세를 제어해서 그것이 무모하거나 무분별하거나 방자하거나 무익하지 않도록 할 뿐만 아니라 하나님의 영광을 확정적으로 선포하고 나아가 형제의 건덕을 진작시키는 의로운 필요성을 충족시키게 되는 것보다[503] 더 좋은 규범은 어디에도 없다.[504] 본 율법의 계명은 이를 지향하고 있다.

제4계명

"안식일을 기억하여 거룩하게 지키라 엿새 동안은 힘써 네 모든 일을 행할 것이나
일곱째 날은 네 하나님 여호와의 안식일인즉
너나 네 아들이나 네 딸이나 네 남종이나 네 여종이나 네 가축이나
네 문안에 머무는 객이라도 아무 일도 하지 말라
이는 엿새 동안에 나 여호와가 하늘과 땅과 바다와
그 가운데 모든 것을 만들고 일곱째 날에 쉬었음이라 그러므로 나 여호와가
안식일을 복되게 하여 그날을 거룩하게 하였느니라"(출 20:8-11).

28. 영적인 쉼의 의미

이 계명의 목적은 자신의 정서와 일에 대하여 죽은 우리가 하나님의 나라를

---

[503] "iustae necessitati serviant, ubi scilicet vel Domini gloria vendicanda, vel promovenda fratris aedificatio."
[504] Bucer, *In sacra quatuor Evangelia, enarrationes perpetuae* (Strasbourg, 1536), pp. 135ff. Quot. Battles tr., n. 35.

묵상하고 그가 제정하신 방식대로 그 묵상을 실천하도록 함에 있다.[505] 그러나 이 계명은 다른 계명들과는 구별되는 고유한 취지를 지니고 있으므로 일련의 조금 다른 해석이 요구된다.

초대 교회 교부들은 이 계명을 예표적이라고[506] 불렀다. 왜냐하면 그리스도가 오심으로 다른 형상들과 함께 폐지된 한 날을 외형적으로 섬기는 것을 이 계명이 포함하고 있다고 여겼기 때문이다.[507] 옳은 말이다. 그러나 이는 단지 사안의 절반만 다루고 있을 뿐이다. 그러므로 우리는 본 계명을 해석함에 있어서 그 뜻을 한층 더 깊이 반추해야만 한다. 그리고 내가 보기에 이 계명을 지키기 위해서 필요한 조건이 되는 다음 세 가지를 숙고해야 한다.

첫째, 일곱째 날의 안식 아래 천상의 입법자는 이스라엘 백성의 영적인 쉼을 묘사하고자 원하셨다. 이 쉼 가운데 신자들은 그들 자신의 일들을 그치고 하나님이 그들 자신 안에서 일하시게끔 맡긴다.[508]

둘째, 그는 한 날을 정하여 두심으로 그들이 모여 율법을 듣고 의식들을 거행하거나 적어도 그날을 그의 사역을 묵상하는 데 특별히 드려서 그것을 회고함으로써 경건에 이르는 훈련을 받게 되기를 원하셨다.

셋째, 그는 종들과 다른 사람들 아래에 있는 자들에게 쉼의 날을 베푸셔서 그들이 어느 정도 일의 면제를 받게 하시고자 마음을 기울이셨다.

---

[505] "ut propriis affectibus et operibus emortui regnum Dei meditemur, atque ad eam meditationem institutis ab ipso rationibus exerceamur."

[506] "Umbratile."

[507] Augustine, *Against Two Letters of the Pelagians* III. iv. 10 (MPL 44. 194; tr. NPNF V. 406); *Sermons* cxxxvi. 3 (MPL 38. 752). Quot. Battles tr., n. 36.

[508] "Voluit enim coelestis legislator sub diei septimi quiete populo Israel spiritualem requiem figurare, qua a propriis operibus feriari debent fideles, ut Deum in se operari sinant." 이와 같이 칼빈은 안식일의 본질을 '영적인 쉼'에서 찾는다. Cf. Richard Müller, *Adventisten-Sabbat-Reformation: Geht das Ruhetagsverständnis der Adventisten bis auf die Zeit der Reformation Zurück? Eine Theologiegeschichtliche Untersuchung* (Malmö, Sweden: GWK, 1979), 62-91; John H. Primus, "Sunday: The Lord's Day as a Sabbath—Protestant Perspectives on the Sabbath," in *The Sabbath in Jewish and Christian Traditions*, ed. Tamara C. Eskenazi (New York: Crossroad, 1991), 98-121; Richard B. Gaffin, "Calvin and the Sabbath," Th. M. dissertation, Westminster Seminary, 1962. 안식일에 대한 칼빈과 그의 동시대인들의 입장이 다음 글에 비교되어 있다. Daniel Augsburger, "Calvin and the Mosaic Law," Ph. D. dissertation, Strasbourg University, 1976, 248-284.

29. 여호와가 우리 가운데서 일하시게끔 우리의 일을 그치고 쉼

그럼에도 불구하고 많은 본문들을 통해서 이러한 영적인 안식의 예표가[509] 안식일에 있어서 첫 번째 자리를 차지한다는 사실을 우리는 배운다.

여호와가 여기에서보다 더욱 엄격하게 순종을 요구하신 계명은 거의 없었다(민 15:32-36; 참조. 출 31:13-17; 35:2). 여호와는 모든 종교가 전복되었다는 사실을 선지자들을 통해서 지적하고자 원하실 때 자기의 안식일이 오염되었고, 범해졌으며, 지켜지지 아니하였으며, 거룩하게 여겨지지 않았다고 한탄하신다. 마치 이에 대한 복종이 없다면 더 이상 자기를 영예롭게 하는 일이 남아 있을 수 없다는 듯이 말씀하시는 것이다(겔 20:12-13; 22:8; 23:38; 렘 17:21-22, 27; 사 56:2).

반면에 안식일 준수에는 놀라운 찬사가 따른다. 그러므로 신자들은 여러 말씀들 가운데서 안식일에 대한 계시를 가장 경이로운 것으로 평가했다. 느헤미야서에서 레위 사람들은 절기 때 모인 회중에게 다음과 같이 말하였다. "거룩한 안식일을 그들에게(조상들에게) 알리시며 주의 종 모세를 통하여 계명과 율례와 율법을 그들에게 명령하시고"(느 9:14). 여기에서 당신은 율법의 모든 계명 가운데서 안식일 준수가 특별히 귀중하게 여겨지고 있음을 보게 되는바, 그 모든 계명이 이 비밀의 존귀함을 드높이고 있는 것이다. 모세와 에스겔은 이에 대해서 가장 뛰어난 기술을 하고 있다. 출애굽기 말씀은 우리에게 다음과 같이 전한다. "너희는 나의 안식일을 지키라 이는 나와 너희 사이에 너희 대대의 표징이니 나는 너희를 거룩하게 하는 여호와인 줄 너희가 알게 함이라 너희는 안식일을 지킬지니 이는 너희에게 거룩한 날이 됨이니라"(출 31:13-14; 참조. 출 35:2). "이스라엘 자손이 안식일을 지켜서 그것으로 대대로 영원한 언약을 삼을 것이니 이는 나와 이스라엘 자손 사이에 영원한 표징이며"(출 31:16-17). 에스겔은 이를 더욱 상세하게 다루고 있지만 그 핵심은 위와 다를 바 없이 안식일은 이스라엘이 하나님을 자기들을 거룩하게 하시는 분으로 인식하게 되는 표징이라

---

[509] "spiritualis quietis adumbrationem." Cf. Augustine, *Against Two Letters of the Pelagians* III. iv. 10 (MPL 44. 194; tr. NPNF V. 406); *Sermons* ix. 3. 3; xxxiii. 3. 3 (MPL 38. 77, 208); *Letters* lv. 9. 17 (MPL 33. 212; tr. FC 12. 274). Quot. Battles tr., n. 37.

는 데 있다(겔 20:12).

성화(聖化)는 우리가 우리 자신의 의지에 있어서 죽는 것에 있다고 할진대, 본 계명과 관련하여 이에 가장 부합하는 유비가 외적 표징과 내적 실제 자체 사이에 나타난다. 우리는 하나님이 우리 안에서 일하시도록 전적으로 쉬어야 하고, 우리 자신의 의지를 양보해야 하며, 우리의 마음을 내려놓아야 하며, 모든 육체의 정욕을 내버려야 한다.[510] 요컨대 우리는, 사도가 또한 가르치듯이, 우리 자신의 천품에서 비롯된 모든 소임을 그침으로 우리 가운데서 일하시는 하나님을 모시고(히 13:21) 그 안에서 안식하도록 해야 한다(히 4:9).

30. 일곱째 날의 의미

유대인들에게는 칠 일 중에 한 날을 지키는 것이 영원한 쉼을 표상하였다.[511] 주님은 자기가 친히 보이신 모범으로 그들이 이를 더욱 종교적으로 섬길 것을 권하셨다. 그가 창조주를 본받으려고 하셨다는 것을 아는 것은 사람의 열의를 자극하는 데 범상치 않은 작용을 한다.

만약 누군가 성경에서 완전수라고 하는 일곱이라는 수에 어떤 감추어진 의미가 있는지 찾아보려고 하는 사람이 있다면 그것이 영구성을[512] 지시한다는 점에 착안하는 것이 사리에 맞을 것이다. 모세가 전한 말씀은 이를 지지한다. 그는 계속되는 낮과 밤들에 대해서 기술하고 난 후 "모든 일을 마치시고 그 날에 안식하셨음이니라"(창 2:3)라고 결론짓는다.

이 수가 지시하는 것이 무엇인지 다음과 같이 다른 방식으로도 풀어 볼 수 있을 것이다. 여호와는 마지막 날의 도래가 있기 전까지는 안식일이 결코 완성되지 않을 것이라고 분명히 지적하셨다. 우리는 이 땅에서 하나님 안에서 복된

---

510) "Si sanctificatio nostra propriae voluntatis mortificatione constat, iam se profert aptissima signi externi cum re ipsa interiori analogia. Quiescendum omnino est, ut Deus in nobis operetur; cedendum voluntate nostra, resignandum cor, abdicandae cunctae carnis cupiditates."

511) "Perpetuam istam cessationem Iudaeis repraesentabat unius diei ex septenis observatio."

512) "perpetuitatem."

쉼을 시작하고 날마다 새롭게 그 안에서 진보해 가지만 여전히 육체와의 계속적인 전쟁 가운데 있다. 그것은 "매월 초하루와 매 안식일"(사 66:23)에 관한 이사야서의 말씀이 성취될 때, 즉 하나님이 "만유의 주로서 만유 안에"(고전 15:28) 계시게 될 때 비로소 끝이 날 것이다.

이렇듯 여호와는 일곱째 날을 통하여 마지막 날에 있을 자기의 안식일의 완성을 자기 백성에게 그려 주신 듯하다. 이는 그들이 일생 동안 안식일을 끊임없이 묵상함으로써 그 완성을 갈망하게 하려 하심이다.513)

31. 안식일의 순수한 실체로서 실제이신 그리스도

어떤 사람이 일곱이라는 수에 대한 고찰이 너무나 까다롭다고 해서 싫어할지라도 그가 이에 대한 더 간단한 설명을 하면서 여호와가 어떤 날을 정하여 자기 백성이 율법의 가르침 아래 영적인 안식에 대한 끊임없는 묵상을 훈련받도록 하셨다고 주장하는 것을 나는 반대하지 않겠다. 이 외에도, 하나님이 일곱째 날을 지정하신 것은 혹은 그날로써 충분하다고 예견하셨기 때문이라고 하거나, 혹은 그가 자기 자신의 유사한 예를 제시하심으로써 백성을 더욱 자극하려고 하셨기 때문이라거나, 혹은 안식일이 제정된 것은 사람들이 그들의 창조주에게 순응하도록 만들려는 취지 외에는 없었다는 점을 최소한 경각시키기 위해서였다고 말하는 입장들도 있다. 그러나 우리의 수고에 대한 영원한 안식의 비밀이 흐트러지지 않고 묘사되어 있기만 하다면 별반 차이가 없다.

선지자들은 유대인들에게 반복해서 이를 상기시킴으로써 그들이 육체적인 활동을 다 끝냈다고 해서 할 일을 다한 것은 아니라는 점을 묵상하게 했다. 이미 인용한 구절들 외에도 당신에게는 이사야가 전하는 다음 말씀이 있다. "만약 안식일에 네 발을 금하여 내 성일에 오락을 행하지 아니하고 안식일을 일컬

---

513) Gregory the Great, *Moralia in Job* xxxv. 8. 15–17 (on Job 42:8) (MPL 76. 757ff.; tr. LF XXXI. 671ff.). Cf. Bucer, *In sacra quatuor Evangelia, enarrationes perpetuae*, pp. 299f. Quot. Battles tr., n. 38.

어 즐거운 날이라, 여호와의 성일을 존귀한 날이라 하여 이를 존귀하게 여기고 네 길로 행하지 아니하며 사사로운 말을 하지 아니하면 네가 여호와 안에서 즐거움을 얻을 것이라"(사 58:13-14).

그러나 의심할 여지없이 우리 주님이신 그리스도가 오심으로 이 계명의 의식적인 것은 폐지되었다. 왜냐하면 그 자신이 실제이시므로 그의 현존으로 모든 형상이 사라지기 때문이다. 그는 몸이시므로 그의 나타나심으로 그림자는 물러가게 된다. 그 자신이 안식일의 참된 완성이시라고 나는 말한다.514) 우리는 세례로 그와 함께 장사되었다. 그의 죽음에 접붙임을 받아 그와 하나가 된 우리는 또한 그의 부활에 연합한 자가 되어 새 삶을 살게 된다(롬 6:4-5). 그렇기 때문에 사도는 다른 곳에서 안식일은(골 2:16) "장래 일의 그림자이나 몸은 그리스도의 것"(골 2:17)이라고 기록한다. 즉 그리스도가 진리의 견실한 실체515) 이시라는 것이다. 바울은 본문에서 이를 잘 설명하고 있다. 이는 단지 한 날에 국한되지 아니하고 우리의 삶 전체 역정에 미친다. 이는 우리가 우리 자신에 대해서 완전히 죽고 하나님의 생명으로 충만해질 때까지 계속된다. 그러므로 그리스도인들은 날을 미신적으로 섬기는 것을 완전히 멀리해야 한다.516)

32. 품위와 질서를 유지하기 위하여 한 날을 정하여 지키게 하심

안식일에 대한 나머지 두 가지 이유는 옛날의 그림자들에만 해당하는 것이 아니라 모든 세대에 동일하게 적용되어야 한다. 비록 안식일은 폐지되었지만 그것은 여전히 우리 가운데 어떤 자리를 차지하고 있다. 지금도 우리는 정해진 날에

---

514) "Caeterum non dubium quin Domini Christi adventu, quod caeremoniale hic erat, abolitum fuerit. Ipse enim veritas est, cuius praesentia figurae omnes evanescunt; corpus, cuius aspectu umbrae relinquuntur. Ipse, inquam, verum sabbathi complementum."

515) "solidam veritatis substantiam."

516) 그러므로 주일을 지키는 것은 안식일의 폐지가 아니라 안식일의 본래의 뜻을 이루는 것이다. Cf. Léopold Schümmer, "Le Sabbat, le Dimanche: Un jour pour Dieu, un jour pour l'homme," *Revue Réformée* 45/181 (1994), 39-51.

말씀을 듣고, 신비한 떡을 떼며, 공적인 기도를 드리기 위해 모인다(참조. 행 2:42). 그리고 종들과 일꾼들의 일을 면하게 해 주어야 한다.517) 의심할 바 없이 여호와가 안식일의 계명을 통하여 마음에 두신 것은 이 두 가지를 모두 포함한다.

첫 번째에 대해서는 유대인들의 용례만 보더라도 충분한 증언들이 있다. 두 번째에 대해서는 모세가 신명기에서 그 이유를 다음과 같이 지적하였다. "네 남종이나 네 여종에게 너같이 안식하게 할지니라 너는 기억하라 네가 애굽 땅에서 종이 되었더니"(신 5:14-15). 또한 출애굽기에서는 다음과 같이 전한다. "네 소와 나귀가 쉴 것이며 네 여종의 자식과……숨을 돌리리라"(출 23:12). 이 두 가지가 유대인들 못지않게 우리에게도 적용된다는 것을 누가 부인할 것인가?

하나님의 말씀은 교회가 모임들을 가질 것을 우리에게 명령하며, 우리의 삶의 경험 자체가 그 모임들의 필요성에 대한 충분한 표지가 된다. 그렇다면 정한 날이 수립되어 있지 않으면 어떻게 그 모임들이 성사될 수 있겠는가? "모든 것을 품위 있게 하고 질서 있게 하라"(고전 14:40)라는 사도가 전하는 말씀을 우리 가운데 새겨야 한다. 만약 어떠한 정책과 규정이 없다면 품위와 질서를 유지하는 것이 불가능하게 될 것이며 그것들이 와해된다면 즉시 혼란과 파멸이 교회를 위협하게 될 것이다. 여호와가 안식일을 제정하심으로 유대인들에게 도움을 주신 그 동일한 필요성이 우리에게도 절실하다면 우리 가운데 그 누구도 그것이 우리와 무관하다고 핑계를 일삼아서는 안 된다. 왜냐하면 가장 슬기로우시며 가장 관용이 많으신 우리의 아버지가 유대인들 못지않게 우리의 필요성을 살피기 원하셨기 때문이다.

왜 우리는 날의 구별을 없애고 매일 모이지 않는지 당신은 물을 것이다. 진정 우리는 그렇게 할 수 없게끔 되어 있지 않은가? 영적인 지혜를 얻기 위해서는 날마다 어느 정도의 시간을 구별해 두어야 할 가치가 분명히 있다. 그러나 많은 사람들이 연약함으로 말미암아 매일 모임들을 갖는 것이 불가능하며, 사랑의 원칙이518) 그들에게 그 이상으로 요구하는 것을 허락하지 않는다면, 무슨

---

517) Bucer, *In sacra quatuor Evangelia, enarrationes perpetuae*, p. 300. Quot. Battles tr., n. 39.
518) "caritatis ratio."

이유로 우리는 하나님의 뜻에 의해 우리에게 부과되었음이 분명한 그 원칙을 수행하려 하지 않겠는가?

33. 주일이 제정된 이유

내가 이에 대해서 더 길게 논해야 한다고 보는 것은 오늘날 주일 때문에 적잖이 힘들어 하고 동요하는 영혼들이 있기 때문이다.[519] 그들은 그리스도인들이 어떤 날을 지키기 때문에 유대주의에 달라붙어 있다고 불평한다.

그러나 우리가 날을 지키는 것은 유대인들과 아주 다르기 때문에 유대주의 밖의 문제라고 나는 대답하고자 한다. 우리는 이로써 가장 까다로운 종교적 의식을 거행하고자 하는 것이 아니며 그것에 영적인 신비가 형상화되어 있다고 생각하지도 않는다. 우리는 그것을 교회의 질서를 유지하는 데 필요한 처방으로 받아들인다.[520]

바울은 이 날을 지키는 것으로 그리스도인들을 판단해서는 안 된다고 하면서 그것을 "장래 일의 그림자"(골 2:17)라고 부른다. 이러한 이유로 그는 자기가 갈라디아 사람들을 위하여 수고한 것이 헛될까 두려워한다. 그들은 여전히 날을 지키고 있었기 때문이다(갈 4:10-11). 그리고 그는 로마 사람들에게 한 날을 다른 날보다 낫게 여기는 것을 미신적이라고 선포한다(롬 14:5).

미쳐 날뛰는 사람들이 아니라면 사도가 말하는 '지키는 것'이 어떻게 이해되어야 하는지 깨닫지 못할 자가 과연 있겠는가? 사도가 상대하고 있는 자들은 그것의 목적이 정치적이고 교회적인 질서에 있다고 받아들이지 않았다. 그들은 단지 그것이 영적인 것들에 대한 그림자를 보유하고 있을 뿐이라고 여겨 그만큼 그리스도의 영광과 복음의 빛을 희미하게 가렸다. 그러므로 그들이 육체

---

519) 1537년 제네바에서 세례와 주일에 대한 논란이 일어난 적이 있었다. Cf. Herminjard, *Correspondence* IV. 270ff. Quot. n. 40.

520) "Non enim ut caeremoniam arctissima religione celebramus, qua putemus mysterium spirituale figurari; sed suscipimus ut remedium retinendo in ecclesia ordini necessarium."

적인 일들을 쉰 것은 그것들이 거룩한 열심과 묵상을 앗아가 다른 데 마음을 쏟게 한다고 여겼기 때문이 아니라 그렇게 함으로써 옛날에 조상들에게 맡겨진 비밀들을 자기들이 다시금 섬기게 될 것이라고 공상하였기 때문이다. 사도는 기독교 연합체의 평화를 지키기 위한 합법적인 선택을 비난한 것이 아니라 이렇듯 앞뒤가 맞지 않게 날을 구별하는 것에 대하여 비난한 것이었다고 나는 말하고자 한다. 사도가 세운 교회들 가운데서도 안식일이 이러한 목적을 좇아 보존되었다. 그는 고린도 사람들에게 예루살렘의 형제들을 돕기 위한 연보를 모으는 것을 안식일에 하라고 명령한다(고전 16:2).

만약 미신을 두려워한다면, 그리스도인들이 지금 지키고 있는 주의 날보다 유대인들의 제일(祭日)에 더 많은 위험이 있음을 알아야 한다. 유대인들의 종교적인 날들이 폐지된 것은 미신을 축출하는 데 유익했기 때문이며,[521] 또 다른 날이 지정된 것은 교회에 예의와 질서와 평화를 지키기 위하여 필요하였기 때문이다.

34. 안식일의 목적이자 완성으로서의 주일의 의미

그러나 옛날 사람들은 사려분별 없이 우리가 주일이라고[522] 부르는 날로 안식일을 대신한 것이 아니었다. 옛날의 안식일로 예표된 참된 안식의 목적과 완성이 주님의 부활에 있다.[523] 그리하여 그림자의 끝을 고한 바로 그날에 의해 그리스도인들은 더 이상 그림자 의식에 매달려 있어서는 안 된다는 경고를 받았다.

나 또한 '일곱'이라는 수에 교회를 묶어 예속시키고자 하지 않는다. 만약 미신이 없다고만 한다면 나는 교회들이 그들의 모임을 다른 엄숙한 날에 가지는

---

521) Cf. *Savoy Declaration* (1652): "안식일은 폐지되었다."
522) "dominicum……diem."
523) "verae illius quietis, quam vetus sabbathum adumbrabat, in resurrectione Domini finis sit ac complementum."

것을 정죄하지 않을 것이다. 만약 그들이 오직 훈육과 선한 질서를 지키는 것에만 관심을 갖는다면 그곳에는 미신이 없을 것이다.

요컨대 유대인들에게는 실제가 형상으로 전하여졌다면, 우리에게는 그림자 없이 진리가 맡겨진다.[524]

첫째, 우리는 우리의 일들로부터 벗어나 항구적인 안식을 일생 동안 묵상함으로써 주님이 자기의 영으로 우리 안에서 일하시게 해야 한다.[525]

둘째, 우리 각자는 개인적으로 틈이 날 때마다 하나님의 사역에 대한 경건한 성찰을 부지런히 하여야 한다. 또한 우리 모두는 말씀을 듣는 것과 성례 거행과 공기도를 드리기 위해 교회가 제정한 합법적인 질서를 일제히 지켜야 한다.

셋째, 우리는 우리에게 속한 자들을 비인도적으로 억압해서는 안 된다.[526]

이로써 이전 시대에 유대인들의 생각으로 세상을 물들게 했던 거짓 선지자들의 공허한 한담은 사라진다. 그들은 이 계명 가운데 오직 의식적인 부분만, 곧 그들의 말로 하면 일곱째 날에 대한 '지정'만 폐지되었고 도덕적인 부분은, 곧 일곱 날 중에 한 날을 지키는 것은 남아 있다고 주장했다.[527] 이는 단지 날을 바꿈으로써 유대인들을 모욕하는 것에 지나지 않을 뿐, 한 날에 동일한 거룩함을 돌리고자 하는 마음은 여전하다.

그렇다면 여전히 우리도 유대인들과 다름없이 동일한 의미를 날의 비밀에 부여하고 그것을 간직하게 될 것이다. 진정 우리는 이러한 가르침으로 그들이 얼마나 많은 이익을 취하고 있는지 알고 있다. 그들은 자기들의 법령에 매여서

---

[524] "ut sub figura Iudaeis tradebatur veritas, ita nobis sine umbris commendatur." 'veritas'는 '진리'라는 뜻과 '실재' 혹은 '실제'라는 뜻을 함께 지닌다. 특히 여기에서와 같이 구속사적 관점에서 예표와 실체의 관계를 말하거나 이후 『기독교 강요』 제4권 14-19장에서와 같이 성례론적 관점에서 표징과 실체의 관계를 말할 때는 '실제' 혹은 '실재로 번역하는 것이 합당하다. 그런데 'veritas'는 드러난 진리 혹은 구현된 진리로서의 '실재'를 뜻하므로, 그 어의상 '실제로 번역함이 타당하다.

[525] "ut perpetuum tota vita sabbatismum meditemur a nostris operibus, quo Dominus in nobis per suum spiritum operetur." 여기에서 보듯이, 칼빈은 '영적인 쉼'을 안식일의 본질로 여기는바, 주일은 안식일의 성취로서 그리스도의 영이 일하심으로써 우리가 '영적인 쉼'을 누리는 날이다.

[526] Cf. Cassiodorus, *Historia tripartita* IX. 38. 이는 다음에 실려 있다. Socrates, *Ecclesiastical History* v. 23 (MPL 69. 1153; MPG 67. 625f.; tr. NPNF 2 ser. II. 130). Quot. Battles tr., n. 42.

[527] Cf. Albertus Magnus, *Compendium veritatis theologicae* (Venice, 1485) V. 62; Aquinas, *Summa Theol*. I. IIae. c. 3 ad 2; II. IIae. cxxii. 4 ad 1. Quot. Battles tr., n. 43.

유대인들보다 세 배는 더 우둔하고 육체적인 안식일 미신을 지킨다. 이사야서에 말씀된 경고들이 그가 비난했던 동시대의 사람들에게 주어졌던 것과 마찬가지로 오늘날 그들에게도 적용된다(사 1:13-15; 58:13).

다만 우리는 다음과 같은 일반적인 가르침을 특별히 붙들어야 한다. 우리 가운데서 종교가 몰락하거나 쇠퇴하는 것을 막기 위하여 우리는 거룩한 모임들에 부지런히 참석하여, 하나님에 대한 예배를 더 잘 드릴 수 있도록 효과적으로 돕는 외적인 도움들을 누려야 할 필요가 있다.[528]

제5계명

"네 부모를 공경하라
그리하면 네 하나님 여호와가 네게 준 땅에서 네 생명이 길리라"(출 20:12).

35. 하나님이 영예를 부여하신 자들에 대한 복종이라고 넓게 해석함

이 계명의 목적은 여호와 하나님은 자기의 경륜이 보존되는 것을 마음에 들어 하시므로, 자기에 의해서 고위(高位)가 정해진 등급은 우리에게 불가침한 것이 되어야 함에 있다.[529] 요약하면 이렇다. 우리는 하나님이 우리 위에 두신 자들을 받아들여야 하며 영예와 순종과 감사, 이 모두로 그들에게 대해야 한다는 것이다. 이와 부합하게, 경멸이나 완고함이나 배은망덕으로 그들의 고귀함을 깎아내리는 것은 우리에게 금지된다. '영예'라는 말은 성경에서 다각적인 의미를 지니고 있다. 예컨대 "잘 다스리는 장로들을 배나 존경할 자(영예를 돌릴 자)로 알

---

[528] *Comm.*, Mk. 2:24 (CO 45.324): "안식일의 유일한 목적은 사람들이 자신을 거룩하게 해서 하나님 앞에 나아가고, 진실되고 신령한 예배를 드리며, 모든 세상일로부터 벗어나서 성회에 함께 참석하는 것이다."
[529] "quoniam Domino Deo suae dispositionis conservatio cordi est, ordinatos ab ipso eminentiae gradus oportere nobis esse inviolabiles."

되"(딤전 5:17)라고 말할 때 사도는 그들에게 합당한 경배뿐만 아니라 그들의 사역에 걸맞은 보수를 다루고 있다.

이 복종의 계명은 타락한 인류의 천품과 아주 강하게 맞부딪친다. 인간의 천품은 높은 지위를 얻고자 하는 욕구에 부풀어 올라 있어 자기를 낮추어 복종시키는 것을 더 없이 고통스러워한다. 그렇기 때문에 하나님은 윗자리에 있으면서도 본성상 가장 자애롭고 시샘은 가장 적게 받는 대상인 부모를 예로 제시하심으로써 좀 더 용이하게 우리의 마음이 부드러워지고 꺾여서 낮은 곳에 처하는 습성을 지닐 수 있도록 하셨다. 그러므로 주님은 가장 쉽게 참을 수 있는 이러한 복종을 사용하셔서 점차 우리를 모든 합법적 복종에 적응되도록 만드신다. 왜냐하면 복종의 논리는 모든 경우에 동일하기 때문이다. 실로 하나님은 윗자리에 두신 사람들에게 필요하다면 자기 이름을 공유하셔서 그 위치를 유지하게 하신다. '아버지'와 '하나님'과 '주'라는 칭호가 모두 주님에게만 유일하게 속한 것이었기 때문에, 우리가 그중 어떤 이름을 듣게 되더라도 그것을 지각함으로써 우리의 마음은 곧 그의 엄위에 사로잡히지 않을 수 없게 된다. 그러므로 하나님은 자기에 의해 이러한 칭호들에 동참자가 된 자들을 자기 광채의 어떤 불씨로 밝히심으로 그들 각자가 고유한 자리에서 구별되게 하신다. 그러므로 우리의 아버지이신 그 안에서 마땅히 우리는 신적인 어떤 것을 깊이 생각해 보아야 한다. 왜냐하면 그가 하나님의 이름을 지니는 것은 이유가 없지 않기 때문이다. 우리의 '왕'과 '주'가 되는 사람도 하나님과 교제하는 가운데 하나님의 영예에 얼마큼 동참한다.530)

36. 윗사람에게 마땅히 돌려야 할 영예에는 공경, 순종, 감사의 세 요소가 있음

그렇기 때문에 우리는 여호와가 여기에서 보편적인 법칙을 수립하셨다는 점

---

530) Cf. *Institutio*, 4.20.4.

을 의심해서는 안 된다. 즉 여호와가 임명하심으로 누군가 우리 위에 있다는 사실을 알게 될 때에 우리는 그에게 공경, 순종, 감사를 돌려야 하고, 그밖에도 우리가 그를 위하여 할 수 있는 것은 무엇이든 최선을 다해서 의무를 수행해야 한다. 그가 우리의 윗사람으로서 이러한 영예를 받을 가치가 있는지 없는지에 대해서는 아무 상관이 없다.

왜냐하면 하나님이 우리 위에 있게 하신 자들의 지위는 그들이 어떠하든지 간에 하나님의 섭리가 없이는 주어지지 않았을 것이기 때문이다. 이러한 섭리의 법칙에 따라[531] 입법자 자신은 우리가 그들을 공경하기를 원하셨다. 이러함에도 불구하고 그가 부모를 특별히 지명하여 윗사람들에 대한 공경을 우리에게 명령하신 것은 부모가 이 세상의 삶 속으로 우리를 데려왔기 때문이다. 자연 자체도[532] 어떤 방식으로 이를 우리에게 가르쳐 준다. 부모의 권세를 모욕하거나 그것에 완고히 맞섬으로 해치는 자들은 사람이 아니라 괴물이다. 그러므로 여호와는 자기들의 부모에게 거역하는 모든 자를 사형에 처하라고 명령하신다. 왜냐하면 자기들이 빛을 보도록 한 부모의 수고를 인정하지 않는 자들은 빛의 은총을 누릴 자격이 없기 때문이다.

우리가 지금까지 지적한 것이 분명히 참되다는 사실을 율법에 첨가된 다양한 말씀들이 증언한다. 이를 통해 우리는 부모에게 돌려야 할 영예에는 공경, 순종, 감사로 이루어진 세 부분이 있다는 것을 확인할 수 있다. 여호와는 아버지나 어머니를 저주하는 자는 죽이라고 명령하심으로써(출 21:17; 레 20:19; 잠 20:20) 그 첫 번째인 공경에 대해서 확정하신다. 여기에서 그는 멸시와 모욕을 징벌하신다. 그리고 불순종하고 반역하는 자녀들에게 죽음의 형벌을 공포하심으로써 그 두 번째인 순종에 대해서 확정하신다(신 21:18-21). 그 세 번째인 감사는 그리스도가 마태복음 15장에서 말씀하신 것과 관계된다. 우리의 부모에게 잘하는 것은 하나님의 계명에 속한다(마 15:4-6). 바울은 이 계명에 대해서 언급할 때마다 그것이 순종을 요구한다고 해석한다(엡 6:1-3; 골 3:20).

---

531) "cuius[providentiae] ratione."
532) "natura ipsa." 자연법을 칭한다.

37. 약속이 있는 첫째 계명

권유를 대신하여 약속이 부가된다. 이는 여기에서 우리에게 명령된 복종이 얼마나 하나님을 기쁘시게 하는 것인지를 더 잘 일깨워 주려는 것이다. 바울은 다음과 같은 말씀의 바늘로 우리의 무관심을 자극하여 깨친다. "이것은 약속이 있는 첫 계명이니"(엡 6:2). 왜냐하면 첫 번째 판에 이미 주어진 약속은 어느 한 계명에 고유하게 한정되지 않고 전체 율법에 미쳤기 때문이다.

이제 우리는 이를 다음과 같이 받아들인다. 여호와는 자기가 기업으로 약속하신 땅에 속한 이스라엘 사람들에게 특별히 말씀하셨다. 그 땅의 소유가 하나님의 선하심의 보증이었을진대, 여호와가 그 은총을 오랫동안 누릴 수 있는 장수를 부여하심으로써 자기의 은혜를 입증하고자 원하셨음을 의심해서는 안 된다. 그러므로 그 뜻을 다음과 같이 기술할 수 있다. "부모를 공경하라. 그리하여 너에게 베푸는 나의 은혜의 증언이 될 땅의 소유를 오랜 기간의 삶 가운데서 누리게 될 것이다."

나아가 신자들에게는 모든 땅이 복되므로 현세의 삶을 하나님이 베푸신 복에 속한 것으로 봄이 합당하다. 그러므로 현세의 삶을 얼마 동안 영위함이 우리에게는 하나님의 인자하심에 대한 증거가 됨이 분명하니, 이 약속 역시 우리에게 동일하게 적용된다. 왜냐하면 유대인들에게뿐만 아니라 우리에게도 장수가 그 자체로 복을 포함한다고 약속되지는 않았지만 경건한 자들에게는 그것이 하나님의 관용에 대한 징표와 같이 여겨져 왔기 때문이다.

그렇기 때문에 설혹 부모에게 순종하는 자녀의 생명이 성년기가 되기 전에 취해졌다고 할지라도, 이는 드문 일이 아니지만, 한 자락의 땅을 약속하신 자에게 백 자락을 헤아려 마련해 주시듯이 주님은 변개치 아니하시고 그의 약속을 덜함이 없이 지키신다. 모든 논의의 요점이 여기에 있다. 장수를 누리는 것이 하나님이 주신 복인 이상 우리는 그 약속을 받았으며, 그것이 하나님의 은혜의 증거인 이상 그것은 복이다. 그러나 하나님은 죽음을 통하여 이 복을 자기 종들에게 더 없이 풍부하고 더 없이 견고하게 증언하시고 그 실체 자체를 증명하신다.

38. 주 안에서 부모에게 순종하라

이에 더하여, 여호와는 자기 부모를 공경하라는 계명을 준수하는 고귀한 자녀들에게는 현세의 삶 가운데 복을 약속하시는 동시에 거역하고 불순종하는 모든 자녀에게는 피할 수 없는 확실한 저주가 임할 것임을 내비치신다. 이 계명이 확실히 수행될 수 있도록 그는 자기의 율법을 통하여 그들이 죽음의 심판에 속할 것이라고 선언하시며 또한 그들에게 그 형벌이 내리도록 명령하신다. 그들이 심판을 회피하면 하나님은 어떤 방식으로든 친히 보복을 가하신다. 우리는 얼마나 많은 사람들이 혹은 전쟁을 통하여 혹은 다툼을 통하여 죽으며 그 밖에 다른 여상치 않은 방식들로 몰락해 가는지를 알고 있다. 그들 자신 거의 모두가 이러한 위협이 헛되지 않음을 제시하는 증거가 된다. 어떤 사람들은 마지막 수명이 다할 때까지 형벌을 피할 것이다. 그러나 이 땅에서 살 동안 하나님의 복을 받지 못한 채 비참하게 시들어 가고 이후에 다가올 더 큰 형벌을 기다리게 된다. 실로 그들은 경건한 자녀들에게 약속된 복의 동참자들이 되기에는 너무나 멀리 떨어져 있다.

그러나 우리는 이 부분의 논의를 마치면서 부모에게 순종하라는 명령은 오직 "주 안에서"(엡 6:1) 주어진다는 사실을 또한 지적해야 한다. 이는 우리가 앞에서 기초를 다졌던 원리로부터 아주 분명히 밝혀진다. 부모는 그들과 자기의 영예를 함께 나누시는 주님이 세워 주신 높은 자리에 앉아 있다. 그러므로 그들에게 표하는 복종은 가장 높은 곳에 계셔서 존귀를 받으시는 아버지께 이르는 한 걸음이 되어야 한다.533) 그렇기 때문에 만약 부모들이 우리를 선동하여 율법에 대한 위반을 조장한다면 마땅히 우리는 그들을 부모와 같이 여겨서는 안 된다. 왜냐하면 그들은 우리를 참 아버지에 대한 순종으로부터 멀어지게 하는 외인들이기 때문이다.

우리는 왕들에게나, 상전들에게나, 다른 모든 윗사람에게도 이와 같이 행해

---

533) "Quae ergo submissio illis exhibetur, ad suspiciendum summum illum patrem gradus esse debet."

야 한다.[534] 그들의 월등함은 하나님의 숭고함에 의지하는 것으로서 우리를 그것에 이르도록 이끌 때에 가치가 있는 것이지, 위세를 부리며 하나님의 위엄을 끌어내리려고 한다면 그저 무가치하고 헛될 뿐이다.

제6계명

"살인하지 말라"(출 20:13).

39. 살인을 금함에 대한 광의적이고 적극적인 해석

이 계명의 목적은 여호와가 인류를 묶어 무언가 하나가 되게 하셨으므로 각자는 모든 사람의 안녕을 위하여 헌신해야 한다는 데 있다.[535] 요컨대 이웃의 몸에 상처를 입히는 폭력과 상해와 화(禍)는 무엇이든 우리에게 금지된다. 따라서 우리는 이웃의 생명을 구하는 데 도움이 되는 일은 무엇이든지 발견되는 대로 충실히 감당해야 한다는 명령을 받는다. 그들의 화평을 위하여(참조. 롬 14:19) 할 일이 있으면 그것이 무엇이든 돌보아야 한다. 그들에게 화가 되는 일은 무엇이든 막아야 한다. 만약 그들이 어떤 위험에 처하거든 도움의 손을 내밀어야 한다.

하나님이 입법자로서 이렇게 말씀하고 계심을 당신이 떠올린다면, 동시에 그가 이 규범으로 당신의 영혼을 다스리기 원하심을 생각해야 한다. 마음의 생각을 감찰하시고 무엇보다 그 마음에 머무르시는 분이 단지 육체만을 참 의로 가르치신다고 한다면 얼마나 어리석을 것인가. 그러므로 이 율법은 또한 내적 정서를 향하여 명령하여 마음의 살인을 금하고 형제의 생명을 보존하게 한다. 진정 살인은 손이 낳는 것이지만, 마음이 분노와 증오에 물들 때에 살인을

---

534) Cf. *Institutio*, 4.20.32.

535) "quoniam hominum genus unitate quadam Dominus devinxit, incolumitatem omnium unicuique debere esse commendatam."

잉태한다.536)

  당신이 형제를 미워할 때 그에게 해를 끼치려는 육욕이 불타지 않는지 살펴보라. 만약 당신이 그에게 화를 낼 수 없다면 그를 미워할 수도 없을 것이다. 왜냐하면 증오는 마르지 않는 분노에 다르지 않기 때문이다. 당신이 그렇지 않은 체하고 피하려고 얼버무려도 헛될 뿐이다. 분노나 증오가 있는 곳에는 악을 행하려는 정서가 있기 때문이다. 만약 당신이 이 주제를 피하려고 줄곧 애쓴다면 성령의 입은 이미 "그 형제를 미워하는 자는 살인하는 자니"(요일 3:15)라고 선포하고 있다. 주 그리스도의 입은 "형제에게 노하는 자마다 심판을 받게 되고 형제를 대하여 라가라 하는 자는 공회에 잡혀 가게 되고 미련한 놈이라 하는 자는 지옥불에 들어가게 되리라"(마 5:22)라고 선언한다.

40. 살인은 모든 사람에게 부여된 하나님의 형상과
     그것을 담고 있는 육체와 나아가서 영혼을 해치는 것

  성경은 본 계명이 기초하고 있는 이중적 공평을, 사람은 하나님의 형상이자 우리의 혈육이라는 점을 들어 말한다. 우리는 하나님의 형상을 해할 수 없으며 이웃을 거룩하게 여겨야 한다. 우리가 모든 인성을 벗어 버리고 살려는 마음을 갖지 않는 한, 우리는 이웃의 육체를 우리 자신의 육체와 같이 귀하게 여겨야 한다.

  우리는 다른 곳에서 어떻게 이런 권고가 그리스도의 구속과 은혜로부터 귀결되는지를 논하게 될 것이다.537) 주님은 사람에게 본성적으로 주어지는 것들로서, 그의 지키심을 간구하도록 이끄는 두 가지를 우리가 숙고하기를 원하셨다. 그것들은 사람 안에 새겨진 하나님의 형상을 공경하는 것과 하나님 안에 있는 우리의 혈육을 귀하게 여기는 것이다.538)

---

536) "Manus quidem homicidium parit, sed animus concipit, dum ira et odio inficitur."
537) *Institutio*, 3.7.2–7; 3.20.38, 45–46; 4.1.11–19; 4.14.9; 4.17.38–40.
538) "ut et suam imaginem in ipso impressam revereamur, et carnem nostram amplexemur."

그러므로 단지 피를 흘리는 것을 삼갔다고 해서 살인의 범죄를 피한 것은 아니다. 만약 당신이 행위로 누군가를 괴롭히거나, 무엇을 실행하려고 음모를 꾸미거나, 이웃의 안전과 배치되는 무엇을 하고자 서원과 계획을 품고 있다면 당신은 살인자로 여겨진다. 또한 만약 당신이 당신의 재능과 기회를 활용하여 이웃의 안전을 보살피고자 힘쓰지 않는다면 당신은 무시무시한 범법을 행하여 율법을 위반하고 있는 것이다. 몸의 안녕을 위하여도 이토록 심히 안타까워하거늘 여호와 앞에서 무한히 탁월한 영혼의 안전을 위하여 얼마나 많은 열의와 수고가 우리의 빚으로 남아 있다고 할 것인가?

제7계명

"간음하지 말라"(출 20:14).

41. 간음을 금함에 대한 광의적이고 적극적인 해석

이 계명의 목적은 하나님이 정숙과 순결을 사랑하시므로 우리가 모든 더러움을 멀리해야 한다는 데 있다.[539] 요컨대 우리는 육체의 추함이나 무절제한 욕정으로 더럽혀지는 어떠한 오염도 피해야 한다. 이는 우리가 삶의 모든 부분을 정결하게 절도를 가지고 제어해야 한다는 긍정적인 계명에 상응한다.[540]

하나님이 간음을 지명해서 금지하신 것은 모든 육욕이 이로 기울고 있으며 심지어 몸에 오욕의 낙인을 찍을 정도로 그 추함이 너무나 크고 현저하므로 이를 지적하여 우리가 모든 육욕을 혐오하는 데 이르게 하려 함이었다.

사람이 지음을 받았을 때의 법은 그가 혼자의 삶을 영위할 수 없으므로 자기와 하나가 되어 돕는 자와 함께 누리면서 살도록 함에 있었다(참조. 창 2:18). 그

---

[539] "quia pudicitiam et puritatem Deus amat, facessere a nobis omnem immunditiem oportere."
[540] "Cui respondet affirmativum praeceptum, ut caste et continenter omnes vitae nostrae partes moderemur."

런데 그는 죄의 저주 때문에 이러한 필요성에 더욱 매이게 되었다. 그러므로 여호와는 결혼을 제정하심으로 이 부분에 있어서 우리에게 충분한 도움을 베푸셨으며 또한 자기의 권위로 시작된 연합체를 친히 복 주심으로 거룩하게 하셨다. 이로부터 그 어떤 연합체도 결혼 외의 것은 하나님 앞에서 저주스러운 것이 된다는 사실과, 결혼의 연합체 바로 그것만이 필요를 채우는 처방으로서 우리가 무분별한 육욕에 빠지지 않게 하려고 정해졌다는 사실이 분명해진다. 그러므로 결혼 외에 남자가 여자와 동서(同棲)하는 것은 하나님의 저주 없이 가능하지 않다는 사실을 우리가 들을 때에 우리 자신을 속이지 말도록 하자.[541]

42. 차별적으로 부여되는 동정의 은사

그런데 하나님이 특별한 은혜로 자유롭게 하신 자들이 아니라면 우리는 우리 본성의 조건과 타락 이후에 불타오르는 육욕에 이중적으로 예속되어 여자와 결합하는 것을 갈구한다. 그러므로 각자는 자기가 받은 것이 무엇인지 살펴보아야 한다.

동정(童貞)은 경멸할 수 없는 덕성임을 나는 인정한다. 그러나 그것은 어떤 사람들에게는 거부되고 어떤 사람들에게는 받아들여지는데 단지 잠시 동안만 그러하다. 그러나 무절제로 고통을 겪고 몸부림을 이겨낼 수 없는 자들은 각자의 부르심에 따라 순결을 지키기 위해 결혼의 도움을 받아야 한다. 이 말을 받지 못하는 사람들이(마 19:11) 자기들의 무절조로 인하여 제공되고 용인된 처방에 의지하지 않는다면 그들은 하나님과 다투는 것이며 그분의 규율을 거부하는 것이다.

오늘날 많은 사람들이 잘못을 범하고 있는바,[542] 그 누구도 내게 하나님의 도우심을 얻어 스스로 모든 것을 할 수 있다고 소리치지 못하게 하라. 왜냐하

---

541) 다음 글에서 보듯이 칼빈의 결혼관은 적극적이면서도 엄격하다. *Projet d'Ordonnance sur les Mariages* (CO 10/1.33-44); *Quaestiones matrimoniales* (CO 10/1.231-244). 칼빈은 창 2:24의 결혼 명령을 "신성하고 불가분리 한 결혼의 연합을 규율하는 확실한 법"이라고 생각한다. *Comm*., Mt. 19:3 (CO 45.527).
542) Eck, *Enchiridion*, ch. xix (1542, fo. 129b). Quot. Battles tr., n. 48.

면 하나님은 자기의 길로 행하는 자, 즉 자기의 부르심을 좇아 행하는 자들만 도우시기 때문이다(참조. 시 91:1, 14). 하나님의 도우심을 무시하고 어리석고 무모하게 자기들의 필요를 극복하거나 모면하려고 애쓰는 자들은 자기들의 소명으로부터 아주 멀어져 있다.

주님은 절제가 하나님의 특별한 은사로서 교회의 몸 전체가 아니라 그 지체들 몇몇에게 차별적으로 부여되는 것이라고 단언하시고, 무엇보다 먼저 천국을 위하여 스스로 고자(鼓子)가 된 종류의 사람들을 확실히 구별하신다(마 19:12). 그러나 이렇듯 고자가 되는 것이 사람의 권세에 있다고 누군가 생각하는 일이 없도록 바로 앞 구절에서 모든 사람이 이 교훈을 받는 것이 아니라 오직 하늘로부터 "타고난"(마 19:11) 자라야 받는다고 지적하셨다. 그리고 이로부터 결론이 따른다. "이 말을 받을 만한 자는 받을지어다"(마 19:12). 바울은 다음과 같이 이를 훨씬 더 분명하게 기록한다. "각각 하나님께 받은 은사가 있으니 이 사람은 이러하고 저 사람은 저러하니라"(고전 7:7).

43. 결혼의 명령

우리는 위에서 분명한 선포를 통하여, 비록 열의와 노력을 최대한 기울여 열망한다고 해도 모든 사람에게 독신의 정절을 지킬 수 있는 은사가 부여된 것은 아니라는 사실과 여호와는 특별한 은혜로 그것을 오직 어떤 사람들에게만 부여하셔서 그들이 주의 일을 계속해서 더 잘 준비할 수 있게 하신다는 사실을 알게 되었다. 만약 우리가 삶의 방식을 우리 능력의 분량에 맞추지 않는다면 우리는 하나님과 그에 의해서 정해진 본성에 맞서 다투고 있는 것이 아니겠는가? 여기에서 주님은 간음을 금지하시는 가운데 이에 부응하게 순결과 정숙을 우리에게 요구하신다. 그것을 지킬 수 있는 방도는 하나밖에 없으니 각자가 자기를 자기의 잣대로 측정해야 한다.543) 어떤 사람도 자기에게는 결혼이 무익하

---

543) Cf. Horace, *Epistle* I. vii. 98 (LCL ed., Horace, *Satires, Epistle, and Ars Poetica*, pp. 302f.). Quot.

거나 헛된 무엇일 뿐이라고 무모히 경멸하지 말게 하라. 어떤 사람도 아내 없이 살 수 없는 한, 독신을 갈구하지 못하게 하라. 또 독신 가운데 있는 사람은 육체의 평온과 편의를 추구하지 말게 하고, 결혼의 고리로부터 자유로우니 더욱 신속하고도 준비를 잘 갖춰서 모든 경건의 의무를[544] 감당하게 하라.

그리고 이러한 복은 얼마 동안만 부여되는 사람들이 많으므로 그들 각자가 독신을 지키기에 적합한 한에서만 결혼을 단념하게 하라. 만약 그가 자신의 능력으로 육욕을 길들일 수 없게 되면 주님이 이제는 결혼의 필요성을 부과하셨다는 사실을 인정하게 하라. 사도는 다음과 같이 명령하면서 이를 논증한다. "음행을 피하기 위하여 남자마다 자기 아내를 두고 여자마다 자기 남편을 두라"(고전 7:2). 또한 "만일 절제할 수 없거든" 주 안에서 "결혼하라"(고전 7:9).

여기에서 사도가 뜻하는 바는 다음과 같다.

첫째, 남자들의 대부분은 무절제의 악에 매여 있다.

둘째, 이렇게 매인 남자들에게는 예외 없이 불결에 맞서 싸우기 위하여 유일한 처방을 피난처로 삼으라는 명령이 떨어진다.

그러므로 만약 무절제한 자들이 이러한 방식으로 자기들의 연약함을 치유하는 것을 무시한다면 그들은 사도의 이 명령에 복종하지 않은 죄를 또한 범하는 것이 된다. 누군가 여자와의 접촉이 없다고 하더라도 그 마음속에서 육욕이 불타오르고 있는 한, 그가 마치 불결의 비난이 자기에게는 불가하기라도 하듯이 자랑하지 못하게 하라. 왜냐하면 바울은 정숙을 육체의 정절이 결합된 영혼의 순결이라고 정의하기 때문이다.

그는 말한다. "시집가지 않은 자와 처녀는 주의 일을 염려하여 몸과 영을 다 거룩하게 하려 하되"(고전 7:34). 이와 같이 그는 위에서 언급한 교훈을 논리적으로 확정하고 창기와 창녀와 합하여 몸을 더럽히는 것보다 아내를 두는 것이 더 낫다고 말할 뿐만 아니라(참조. 고전 6:15-18) "정욕이 불같이 타는 것보다 결혼하는 것이 나으니라"(고전 7:9)라고도 말한다.

Battles tr., n. 49.

[544] "ad omnia pietatis officia."

44. 부부간에 요구되는 영혼과 육체의 정숙

결혼한 부부는 자기들의 연합체가 주님의 복으로 말미암은 것이라고 인정할진대, 그 결합을 절도 없고 방종한 육욕으로 더럽혀서는 안 된다는 충고 또한 받아들일 것이다. 비록 결혼의 영예가 무절제의 수치를 덮는다고 하더라도 그 충동이 멈추지 않고 계속되어서는 안 된다. 그러므로 결혼한 자들이 자기들에게는 모든 것이 가능하다고 판단하는 일이 없도록 하자. 각 남편은 자기의 아내를 단정하고 절도 있게 대하고 각 아내도 자기의 남편에게 그러해야 한다. 그들이 이와 같이 행하면서 결혼의 존귀함과 절조에 무가치한 것은 아무것도 받아들이지 않게 하자. 왜냐하면 주 안에서 맺어진 결혼은 그것에 걸맞은 절도와 단정함을 [545] 추구하면서 극단적인 음란에 빠져들지 않는 것이 마땅하기 때문이다. 암브로시우스는 이러한 몰염치에 대하여 엄격하나 합당한 선고를 내린다. 그는 결혼 생활에서 수치나 영예에 대해서는 아무 관심도 없는 자를 아내와 간음하는 자라고 불렀다. [546]

마지막으로 우리는 간음을 정죄하시는 이 입법자가 누구신지 생각해 보도록 하자. 그는 자기 권리로 마땅히 우리 전부를 소유하시므로 영혼과 마음과 몸의 순전함을 우리에게 요구하신다. 그러므로 그는 우리가 간음을 행하는 것을 금지하시는 동시에 우리가 사치스런 몸치장과 음란한 몸짓과 더러운 말로 정숙한 다른 사람들에게 덫을 놓는 것을 금하신다. 아켈라우스(Archelaus)가 도를 넘는 향락적이고 호화로운 옷을 입은 청년에게, 우리가 바라보는 하나님은 우리의 영혼이나 몸의 어느 부분이든지 오염이 되는 것을 전적으로 싫어하시기 때문에, 음란한 부분이 어느 곳인지는 문제가 되지 않는다고 말한 것은[547] 적절하다. 하나님이 여기에서 정숙을 권하고 계심을 기억함으로 이에 대한 의심을 없애도록 하자. 여호와는 우리에게 정숙을 요구하시므로 그것을 거역하는 것은 무엇이든 정죄하실 것이다. 이로 보건대, 만약 당신이 순종을 갈망한다면

---

545) "ad modum et modestiam."
546) Augustine, *Against Julian* II. vii. 20 (MPL 44. 687; tr. FC 35. 79). Quot. Battles tr., n. 50.
547) OS III. 383, note 2. Quot. Battles tr., n. 51.

당신의 마음이 사악한 욕정으로 속에서 불타지 않게 하고, 당신의 눈이 부패한 정서로 음란해지지 않게 하며, 당신의 몸을 꾸며 음탕하게 되지 말며, 당신의 혀가 더러운 말을 함으로써 당신의 마음에 그런 생각이 일어나게 하지 말며, 당신의 목구멍이 무절제하게 타오르지 않게 하라. 이런 종류의 모든 악은 정절의 순결을 물들이는 오점과 같기 때문이다.548)

제8계명

"도둑질하지 말라"(출 20:15).

45. 도둑질을 금함에 대한 광의적이고 적극적인 해석

이 계명의 목적은, 하나님은 불의를 혐오하시므로 우리는 각자에게 속한 것을 각자에게 돌려야 한다는 데 있다(롬 13:7).549) 요컨대 우리는 타인에 속한 것들을 탐내는 것이 금지될 뿐만 아니라 나아가 모든 사람이 각자 자기 자신의 소유물을 지킬 수 있도록 충실히 도와주는 일을 감당하게끔 명령을 받는다.

우리는 누구든 각자가 소유하고 있는 것은 우연한 기회에 오지 않았으며 지극히 높으신 만유의 주님이 나눠 주셨기 때문이라고550) 생각해야 한다. 그렇기 때문에 우리가 악한 계교를 부려 누군가로부터 그의 재산을 취했을 때는 필히 하나님의 경륜에 대한 기만이 일어난다.

이러한 도둑질에는 여러 종류가 있다. 다른 사람의 재물을 위력을 사용해서

---

548) 다음은 결혼과 이혼과 간음에 대한 칼빈의 입장을 다룬다. Robert M. Kingdon, *Adultery and Divorce in Calvin's Geneva* (London: Harvard University Press, 1995); John Witte Jr., "Between Sacrament and Contract: Marriage as Covenant in John Calvin's Geneva," *Calvin Theological Journal* 33 (1998), 9-75.

549) "quoniam abominationi est Deo iniustitia, ut reddatur unicuique quod suum est."

550) "unicuique evenisse quod possidet, non fortuita sorte, sed ex distributione summi rerum omnium Domini."

막무가내로 약탈하는 강도, 속임수를 사용해서 그렇게 하는 사악한 사기, 외양상 권리를 수행하는 것 같지만 그것을 수단으로 삼아 다른 사람의 재물을 빼앗는 아주 교활한 편취, 좋은 말로 꾀어 남의 재물을 선물이라는 구실로 등치는 것 등이다.

도둑질의 종류를 너무 길게 헤아리는 것은 여기서 멈추도록 하자. 우리가 알고 있듯이, 이웃의 소유와 돈을 취하고자 궁리하여 만들어 낸 이러한 계교들은 사랑의 진지함에 따른 것이 아니라 속이거나 어떤 식으로 남에게 해를 끼치고자 하는 욕망에서 비롯되므로 모두 도둑질로 여겨져야 한다. 아마 그들은 이웃의 재물을 법정에서 얻을 수도 있을 것이다. 그렇다고 해서 하나님이 달리 심판하지는 않으신다.

확실히 하나님은 어떤 간교한 사람이 덫을 놓아 더 단순한 마음을 지닌 사람을 유인하여 마침내 그 그물에 걸리게 하는 교묘한 사술을 지켜보신다. 그는 더욱 힘센 사람들이 더 약한 사람을 억누르고 짓밟을 때에 그 무정하고 비인도적인 법들을 지켜보신다. 그는 교활한 자가 소위 미끼를 던져 낚시 고리에 사려가 깊지 못한 사람을 낚아챌 때에 그 꾐을 지켜보신다. 이 모든 것은 인간의 심판을 피해 갈 뿐만 아니라 인간에게 인식되지도 않는다.

이러한 불의는 돈이나 재화나 땅뿐만 아니라 각자의 권리도 그 대상으로 삼아 자행된다. 왜냐하면 만약 우리가 이웃 사람들에게 마땅히 행하여야 할 의무를 등한시한다면 우리는 그들의 재화를 사술로 취하는 것이 되기 때문이다.[551]

만약 게으른 대리인이나 관리인이 주인의 재산을 탕진하거나, 가정의 일을 제대로 돌보지 않거나, 맡겨진 재물을 불의하게 낭비하거나 사치스럽게 낭비한다면, 만약 종이 주인을 조롱하거나, 그의 은밀한 일들을 폭로하거나, 그의 생명이나 재화와 관련하여 배신을 한다면, 만약 주인이 집안에 있는 자기 수하들을 비인도적으로 학대한다면, 이 모든 일은 하나님 앞에서 도둑질로 여겨진다. 왜

---

[551] "Suo enim bono proximos fraudamus, si denegamus officia quibus erga eos obstringimur." Cf. Bucer, *Das ihm selbs* (Traité de l'amour du prochain) (1523); French tr. H. H. Strohl (Paris, 1949), pp. 55f.; English tr. P. T. Fuhrmann, *Instruction in Christian Love*, p. 40. Quot. Battles tr., n. 53.

냐하면 자기의 소명에 따라 다른 사람에게 빚진 직무를 수행하지 않는 자는 다른 사람에게 속한 것을 자기가 쥐고 있거나 자기의 것으로 삼고 있기 때문이다.

46. 하나님이 제정하신 이웃에 대한 의무를 수행하지 않는 것은 도둑질

만약 우리가 우리의 몫에 만족하면서 정직하고 합법적인 이익만을 남기려고 열심을 다한다면 우리는 이 계명을 올바르게 지키는 것이다. 우리가 만약 불의로 남을 해치면서 부유하게 되려고 하지 않는다면, 만약 이웃의 재화를 빼앗아 우리 자신의 소유를 불리려고 궁리하지 않는다면, 만약 잔인하게 타인의 피를 뽑아 부를 축적하려고 애쓰지 않는다면, 만약 우리의 탐욕을 채워 주고 우리의 방탕을 만족시킬 수 있는 것이면 무엇이든지 수단이 바르든 그르든 모든 곳으로부터 미친 듯이 긁어모으려고 하지 않는다면, 우리는 이 계명을 올바르게 지키는 것이다.

한편 우리의 목표는 다음과 같아야 할 것이다. 가능한 한 우리는 모든 조언과 도움을 다하여 모든 사람이 그들 자신에게 속한 것을 지켜 나갈 수 있도록 충실히 보살펴 주도록 하자.[552] 만약 우리가 믿을 수 없고 거짓을 일삼는 자들과 일을 해야 한다면 그들과 상대해서 다투기보다 우리 자신의 것을 무언가 포기하려고 준비하도록 하자. 이뿐 아니라 어려운 일들에 짓눌려 있다고 여겨지는 사람들의 곤궁함을 함께 나누고 그들에게 없는 것을 우리의 부요함으로 채워 주도록 하자.

마지막으로 각자가 어느 정도 의무를 수행해야 자기가 진 빚을 갚을 수 있는지 깨닫게 하고 그 빚을 충실히 다 갚게 하자.[553] 이런 이유로 인해 백성은 자기들의 통치자들을 영예롭게 여기고, 변함없는 마음으로 그들의 통치를 받아들이

---

[552] "omnes quoad licet consilio atque ope fideliter in retinendis suis iuvare."

[553] "unusquisque quatenus ex officio aliis sit obligatus, ac quod debet, bona fide persolvat."

며, 법과 명령에 복종하며, 하나님의 마음을 노엽게 하지 않는 일이라면 무엇이든 거절하지 말아야 한다(롬 13:1-7; 벧전 2:13-17; 딛 3:1). 또 통치자들이 그들 자신의 일반 백성을 돌보고, 공공의 평화를 지키며, 선을 보호하며, 악을 벌하게 하자. 그리하여 그들이 최고의 재판관이신 하나님께 자기들의 임무를 상세히 보고라도 하는 듯이 모든 것을 하게 하자(참조. 신 17:19; 대하 19:6-7; 히 13:17).

교회의 일꾼들이 구원의 교훈을 더럽히지 않고(참조. 고후 2:17) 순수하고 흠 없이 하나님의 백성에게 전하는 가운데 말씀의 사역을 충실히 이행하게 하자. 그리고 그들이 가르침을 통해서뿐만 아니라 삶의 모범을 통해서도 백성을 교육하게 하자. 말하자면 선한 목자가 양들을 이끌듯이 교회 일꾼들이 앞장서게 하자(참조. 딤전 3장; 딤후 2, 4장; 딛 1:6-9; 벧전 5장). 한편 백성의 편에서는 교회의 일꾼들을 하나님의 사자와 사도로 받아들이고 최고의 선생이신 주님이 그들을 마땅히 여겨 부여하신 영예를 그들에게 돌리며 그들의 삶에 필요한 것들을 제공하게 하자(마 10:10-15; 롬 10:15; 15:15-16; 고전 9장; 갈 6:6; 살전 5:12; 딤전 5:17-18).

부모들은 하나님이 맡기신 자기들의 자녀들을 양육하고, 다스리며, 가르치게 하되, 그들을 노하게 하거나 그들이 자기들에게 반항하게 될 만큼 가혹하게 대하지 말고(엡 6:4; 골 3:21) 부모들의 본연의 모습에 걸맞게 온화함과 관대함으로 그들을 기르고 감싸게 하자. 우리가 위에서 말했듯이, 자녀들은 자기들의 부모에게 순종을 빚지고 있다. 젊은 사람들이 노년 세대를 공경하게 하자. 여호와는 노년 세대에게 영예가 돌려지기를 원하신다. 또한 노인들은 젊은이들을 거칠게 큰소리로 꾸짖기보다 엄격하기는 하나 그것을 부드러움과 편안함으로 조절하여 한층 뛰어난 자기들의 슬기와 경험으로 그들을 이끌게 하자.

종들이 마치 하나님을 섬기듯이 단지 눈에 들기 위한 것이 아니라 마음으로부터 우러나오는 부지런하고 유순한 복종을 자기들의 주인들에게 보이게 하자. 또 상전들이 괴팍하고 완고한 자세로 종들을 대하거나 지나친 난폭함으로 그들을 경악에 빠뜨리거나 그들이 모욕당하지 않게 하자. 오히려 상전들이 종들을, 서로 사랑하고 인간적으로 대해야 하는 그들의 형제들로, 하늘에 계신 주님 아래서 함께 종 된 자들로 인정하게 하자(참조. 엡 6:5-9; 골 3:22-25; 딛 2:9-10; 벧전 2:18-20; 골 4:1; 몬 1:16).

부연하자면, 이를 위하여 우리 각자가 자기의 지위와 자리에서 자기 이웃에 빚진 것이 무엇인지 돌아보고 그 빚진 것을 갚도록 하자.[554] 그뿐 아니라 우리는 항상 입법자를 마음에 담고, 사람들은 다른 사람들의 편의와 복리를 보호할 뿐만 아니라 증진시키기 위하여 애써야 한다는 규범이 우리의 손뿐만 아니라 마음을 향하여 제정되었음을 아는 지식에 이르도록 하자.[555]

제9계명

"네 이웃에 대하여 거짓 증거하지 말라"(출 20:16).

47. 이웃에 대한 거짓 증언을 금함에 대한 광의적이고 적극적인 해석

이 계명의 목적은 진리이신 하나님이 거짓말을 혐오하시므로 우리는 서로 간에 속임이 없이 진리를 키워 가야 한다는 점에 있다.[556] 요컨대 거짓 중상이나 무고로 다른 사람의 이름을 욕되게 하지도 말고, 거짓으로 그의 재산을 축내지도 말며, 한마디로 제어되지 않는 악담과 몰염치로 그에게 상처를 주지 말자는 것이다. 이러한 금지에는 우리가 진리를 주장하는 사람이라면 누구든지 가능한 한 충실하게 도와서 그의 이름과 그에게 속한 것들의 순전함을 보호해야 한다는 명령이 결합되어 있다. 여호와는 이 계명의 의미를 출애굽기 23장의 다음 말씀에서 분명히 표명하려고 하신 듯이 보인다. "너는 거짓된 풍설을 퍼뜨리지 말며 악인과 연합하여 위증하는 증인이 되지 말며"(출 23:1). 또한 "거짓 일을 멀리 하며"(출 23:7). 여호와는 다른 구절들을 통하여서는 무고하는 것과

---

554) "modum quisque reputet, quid in suo ordine ac loco proximis debeat, et quod debet solvat."
555) "referenda semper mens ad legislatorem; ut animis perinde ac manibus regulam hanc noverimus constitui, quo aliorum commodis atque utilitatibus et tuendis et promovendis studeant."
556) "quoniam mendacium Deus (qui veritas est) exsecratur, veritatem sine fuco esse inter nos colendam."

사람들 가운데서 수군거리며 험담하는 것을 거짓말로 여겨 금하시며(레 19:16) 또한 형제를 속이지 말라고 우리에게 경고하신다(레 19:11).

이 두 가지 모두는 특별한 계명들을 통하여 금지된다. 여호와는 이전 계명들로써 잔인함과 불결과 탐욕을 멀리하게 하셨듯이 여기서는 거짓을 금하시는 것이 의심할 바 없이 확실하다.

우리가 바로 위에서 지적했듯이 본 계명은 두 부분으로 이루어진다. 악의를 가지고 사악하게 비방함으로써 이웃 사람들의 명예를 훼손하는 것이 그 첫째이며, 거짓말과 함께 심지어 악담을 일삼아 그들의 재화를 빼앗는 것이 그 둘째이다. 이 두 가지를 엄숙한 사법적 증언에 관련되는 것으로 이해하거나 사적인 대화 속에 은연중에 드러나는 증언에 관련되는 것으로 보거나 간에 아무 차이가 없다. 왜냐하면 언제나 하나님은 여러 가지 종류의 악들 중에서 현저히 드러나는 가장 수치스러운 악을 견본으로 삼아 제시하심으로써 그 나머지를 동일한 범주 아래에 들게 하시기 때문이다.

그러나 본 계명에서 다루는 것은 중상과 사악한 험담들에 넓게 미치되 그것들 중에서 이웃을 불의하게 해치는 경우에 국한된다고 보는 것이 더욱 일반적인 정서에 가닿을 것이다. 위증은 법정에서의 거짓 증언에 항상 포함되는바, 그것이 하나님의 이름을 더럽히거나 해칠 때에는 제3계명에 속하는 사안이 된다. 우리는 이에 대해서 이미 충분히 다루었다.

그러므로 제9계명은 우리의 혀가 진리를 선포하면서 우리 이웃 사람들의 명성과 복리 두 가지 모두를 섬길 때 합법적으로 준수되는 것이다.[557] 이렇게 하는 것이 공평하다는 것은 더할 나위 없이 분명하다. 만약 선한 이름이 어떤 보화보다 더 가치가 있다고 한다면(잠 22:1) 한 사람의 재산을 빼앗는 것보다 그의 이름의 순전함을 훼손하는 것이 더욱더 해로울 것이다. 그러나 재물을 약탈함에 있어서 때때로 우리는 손으로 하는 것 못지않게 거짓 증언으로 그것을 낚아챈다.

---

[557] "legitima praecepti observatio est, ut lingua in asserenda veritate, proximorum tum bonae famae, tum utilitatibus serviat."

48. 이웃의 선한 이름을 입으로뿐만 아니라 마음으로도 지킴

그렇지만 우리는 거만하게 평온을 가장하면서 이곳저곳에서 반복해서 이러한 죄를 짓고 있으니 얼마나 놀라운 일인가! 실로 이 질병으로 심한 고생을 당하지 않는 사람은 거의 없다. 우리는 다른 사람들의 악을 속속들이 파고들 때나 발고(發告)할 때에 어떤 독성 있는 달콤함을 즐긴다. 대체로 많은 경우 거짓말을 하고 있지 않다는 사실을 내세워 적당한 변명거리를 삼으려고 생각하지 말자. 진정 형제의 이름이 거짓말로 말미암아 추락되는 것을 막고자 하는 사람은 진리에 저촉되지 않는 한에 있어서 그 이름이 더럽혀지지 않고 보존되기를 또한 바랄 것이다. 그가 하는 일은 단지 거짓말로부터 한 사람의 이름을 보호하는 데 그친다고 생각할지 모르나 그 일을 하고 있음은 사실 그 자신에게 그것이 위탁되었음을 암시한다. 이 일이 하나님의 관심사라는 사실 자체만으로 우리는 우리 이웃의 선한 이름을 안전하게 지키도록 자극을 받게 된다.

그러므로 욕설은 의심할 바 없이 모든 곳에서 정죄를 받게 된다. 여기에 우리가 욕설이라고 이해하는 것은 징계를 하기 위한 비난도 아니고 악을 치유하기 위한 처방으로 주어지는 정죄나 사법적 비판이 아니다. 그것은 다른 죄인들을 공포로 몰아넣고자 계산된 공적인 교정이 아닐뿐더러 무지로 인해서 위험에 처하지 않으려면 사전에 경고를 받아야 할 필요가 있는 자들 앞에서 폭로하는 것도 아니다. 우리가 말하고 있는 욕설은 혐오스러운 중상(中傷)으로서 악의와 몰염치한 비방으로부터 나온다. 진실로 이 계명은 농담을 한다는 구실로 정중함을 가장하면서 신랄한 가시를 품은 조롱을 일삼는 것을 우리에게 금하는 데까지 미친다. 자기들의 재기(才氣)에 대하여 칭찬을 받고자 목말라 하는 어떤 자들이 이런 일을 한다. 그들은 이러한 무례함으로 때때로 자기 형제들에게 심각한 상처를 입혀 수치와 슬픔을 당하게 한다.

이제 자기의 권리로 우리의 혀 못지않게 우리의 귀와 마음도 다스리시는 입법자에게 눈을 돌려 보자. 그러면 타인에 대한 중상을 듣고자 애타는 것이나 오만불손하게 사악한 판단을 내리고자 나서는 성향조차 똑같이 금지된다는 사실을 분명히 보게 될 것이다. 왜냐하면 혀로 험담을 하는 병을 미워하시는 하나님이 마음속의 악의는 부인하지 아니하신다면 이는 앞뒤가 맞지 않기 때문이다.

그러므로 만약 우리 안에 하나님에 대한 참된 경외와 사랑이 있다면, 가능하고 유익하며 사랑이 미치는 한 우리의 혀나 우리의 귀를 욕설과 신랄한 풍자에 내주지도 말고 우리의 마음에 그릇된 의심이 담기도록 내버려 두지도 말자. 반면에 우리는 모든 말과 행위에 대한 공평한 해석자로서 우리의 판단, 우리의 귀, 우리의 혀 가운데 그들의 명예가 온전히 순박하게 지켜지도록 하자.558)

제10계명

"네 이웃의 집을 탐내지 말라 네 이웃의 아내나 그의 남종이나 그의 여종이나 그의 소나 그의 나귀나 무릇 네 이웃의 소유를 탐내지 말라"(출 20:17).

49. 이웃에 대한 탐심을 금함에 대한 광의적이고 적극적인 해석

이 계명의 목적은 하나님이 우리의 영혼 전체가 사랑의 정서에 사로잡히길 원하시기 때문에 우리는 우리 마음에서 사랑에 배치되는 정욕을 몰아내야 한다는 데 있다.559) 요컨대 우리의 마음이 기울어져 다른 사람에게 해를 끼치고자 하는 탐심을 갖도록 충동하는 어떤 생각도 우리에게 틈타지 못하게 하라는 것이다. 이와 상대되는 반대편의 교훈이 있으니, 무엇이든 우리가 마음에 품거나 심사숙고하거나 뜻하거나 도모하고자 하는 것은 우리 이웃의 선과 편의에 연결되어야만 한다는 것이다.

그런데 여기에 우리에게 닥치는, 보기에 크고 곤란한 어려움이 있다. 우리는 앞에서 '간음'과 '도둑질'이라는 말들에는 간음을 하고자 하는 육욕과 남을 해

---

558) "aequi erga omnium dicta et facta interpretes, tum iudicio, tum auribus, tum lingua salvum illis suum honorem candide servemus."

559) "quoniam totam animam dilectionis affectu possideri vult Deus, omnem adversam caritati cupiditatem ex animis excutiendam."

하고 속이려는 계획이 포함된다고 말하였다. 만약 이것이 사실이라면 이웃의 재물을 탐내는 것을 금하는 계명 이후에 별도로 우리에게 주어진 것이 쓸데없이 보일 수도 있다.

그러나 의도와 정욕을 구별함으로써560) 즉시 우리에게 놓인 이 어려움이 풀리게 될 것이다.561) 의도는 우리가 지금까지의 계명들을 다룰 때에 말했듯이 마음을 육욕에 매고자 할 때 일어나는 의지의 고의적인 동의562)이다. 그러나 욕정은 공허하고 사악한 대상들에 의해 마음이 찔리거나 간지럽힘 당하기만 해도 그러한 고의나 동의가 없이 존재할 수 있다.563) 이전의 계명들에서 주님은 사랑의 규범이 우리의 의지, 우리의 열의, 우리의 행위를 지시하도록564) 명령하셨다. 이제 그는 우리 마음속의 생각들이 동일한 것을 지향하도록 지도하셔서 하나도 사악해지거나 뒤틀려지거나 하지 않을 뿐만 아니라 그 마음이 다른 곳으로 끌려가지도 못하게 하신다. 그가 우리의 마음이 분노, 미움, 간음, 거짓에 기울거나 끌려가지 못하도록 막으셨듯이 이제 그것들이 자극을 받는 것조차 금하신다.

50. 영혼에 있어서의 탐심을 금함과 함께 사랑을 명령함

그가 이토록 대단한 올바름을 요구하시는 것은 이유가 없지 않다. 영혼의 모든 권능이 사랑에 사로잡혀 있어야 한다는 것을 누가 부인할 수 있겠는가? 진정 만약 영혼이 사랑의 목표에서 벗어나 있다면 누가 그것을 죽었다고 인정하

---

560) "distinctio inter consilium et concupiscentiam." 'consilium'은 '의중' 혹은 '계획', 나아가 '경륜'으로 번역할 수도 있다.
561) Cf. *Institutio*, 2.2.24; 3.3.11-13; 4.15.11-12.
562) "deliberata voluntatis consensio."
563) "Cupiditas citra talem et deliberationem et assensionem esse potest, quum animus vanis perversisque obiectis pungitur modo et titillatur." 여기서 '욕정'(cupiditas)이 '정욕'(concupiscentia)이라는 말 대신에 사용된다.
564) "voluntatibus, studiis, operibus caritatis regulam praeesse hactenus Dominus." 이러한 점에서 칼빈은 '사랑의 규범'(regula caritatis)을 "율법의 일반적인 명령"(generale praeceptum legis)이라고 부른다. *Comm.*, Mt. 5:43 (CO 45.187-188).

지 않겠는가? 그런데 당신의 형제를 무시하고 당신 자신만을 위하여 살려고 애쓰는 것이 아니라면 어떻게 당신의 형제를 정죄하고자 하는 욕망들이 당신의 마음에 파고들겠는가? 당신의 마음 전체가 사랑에 잠겨 있다면 그 마음 한 조각도 이러한 것들을 거침없이 상상해 내지는 못할 것이다.

어떤 사람은 하릴없이 마음의 주변을 배회하다가 사라지곤 하는 환상을 마음에 그 자리를 두고 있는 탐심으로 여겨서는 안 된다고 주장할 것이다. 나는 이에 대답한다. 여기에서 문제가 되는 환상은 우리의 마음을 차지하는 동시에 우리의 마음을 탐욕으로 물어뜯고 내려치는 종류의 것을 칭한다. 우리가 원하는 것이 무엇이든지 우리 마음속에 떠오를 때에 우리의 마음은 흥분하여 들뜨게 된다.

그러므로 하나님은 놀라운 사랑의 향기를 명령하셔서 그 한 조각도 탐심으로 인하여 방해를 받지 못하게 하신다. 그는 놀라울 정도로 평정한 마음을 요구하시며, 사랑의 율법에 어긋나는 것을 충동하는 것이면 작은 바늘의 끝만큼도 허용하지 않으신다. 나의 입장이 진중한 동의를 얻기에 부족하다고 당신이 생각하지 않기를 원한다. 이 계명을 이해하도록 처음으로 나에게 길을 연 사람은 아우구스티누스였다.565)

주님의 계획은 무엇이든 사악한 정욕을 금지하는 데 있다. 그럼에도 그는 거짓된 형상으로 즐거움을 가장하며 가장 강력하게 우리를 사로잡는 것들을 예로 들어 제시하셨다. 이렇듯 그는 우리의 정욕을 자극하여 미쳐 날뛰게 하는 모든 것을 제거해 내심으로 아무것도 정욕을 위하여 남겨 두지 않으신다.

보아라, 여기에 두 번째 판이 있다! 그것은 하나님을 위하여 우리가 사람들에게 빚진 것을 광범위하게 가르친다. 모든 사랑의 논리는 하나님을 깊이 생각하는 것에 의지한다.566) 그러므로 당신의 가르침이 하나님을 향한 경외와 경배를 그 근본으로 하지 않는다면 당신은 이 판에서 제시된 모든 의무를 헛되게 이해하게 될 것이다.

---

565) Augustine, *On the Spirit and Letter* xxxvi. 64-66 (MPL 44. 242ff.; tr. NPNF V. 112ff.). Quot. Battles tr., n. 55.

566) "a cuius[Dei] consideratione pendet tota caritatis ratio."

내가 돕지 않더라도 현명한 독자는 탐심을 금하는 것을 명령하는 한 계명을 사악하게 쪼개어 그곳에서 두 계명을 찾는 사람들을[567] 올바로 판단할 수 있을 것이다. "탐내지 말라"는 말씀이 두 번 반복되었다는 것이 나의 입장을 반박할 수 없다. 왜냐하면 "집"을 언급한 후에 그는 그것에 속한 부분들을 "아내"로 시작하여 열거하고 있기 때문이다. 여기에서 본 계명 전체를 하나로 읽어야 한다는 사실이 아주 분명해진다. 히브리인들도 이와 같이 올바르게 보고 있다.

요컨대 하나님은 우리에게 훼손시키거나 속여서 빼앗고자 하는 육욕으로부터뿐만 아니라 우리의 마음을 교란시키는 가장 사소한 탐심으로부터도 다른 사람의 소유가 안전하고 더럽혀지지 않도록 보존하라고 명령을 내리신다.

51. 율법 전체의 목적: 하나님에 대한 사랑과 이웃에 대한 사랑

지금까지의 논의에 비추어 볼 때 율법 전체가 무엇을 지향하는지를 판단하는 것은 이제 어렵지 않을 것이다. 그것은 의의 완성에 이르도록 하나님의 순결을 모범으로 삼아 사람의 삶을 형성하는 데[568] 있다. 왜냐하면 하나님이 자기의 성품을 율법에 기술해 놓으셨으므로 그곳에 명령된 것을 무엇이든지 행위들로써 표상하는 자는 자기의 삶 가운데 이른바 하나님의 형상을 표현하게 될 것이다.

그렇기 때문에 모세는 이스라엘 사람들에게 율법의 핵심을 상기시키고자 원하여 다음과 같이 말하였다. "이스라엘아 네 하나님 여호와께서 요구하시는 것이 무엇이냐 곧……여호와를 경외하여 그의 모든 도를 행하고 그를 사랑하며 마음을 다하고 뜻을 다하여……규례를 지킬 것이 아니냐"(신 10:12-13). 모세는 율법의 목표를 지적해야 할 때마다 그들에게 동일한 생각을 노래하는 것을

---

[567] Cf. *Institutio*, 2.8.12.

[568] "in iustitiae complementum: ut hominis vitam ad divinae puritatis exemplar formet."

그치지 않았다. 여기에 율법의 가르침이 지향하는 바가 있으니, 삶의 거룩함을 통해 사람을 그 자신의 하나님께 결합시키는 것과, 모세가 다른 곳에서 말했듯이, 사람을 하나님께 부착시키는 것이다(참조. 신 11:22 혹은 30:20). 그런데 거룩함의 완성은 이미 열거한 두 가지 항목으로 이루어진다. "너는 마음을 다하고 뜻을 다하고 힘을 다하여 네 하나님 여호와를 사랑하라"(신 6:5; 참조. 신 11:13). "네 이웃 사랑하기를 네 자신과 같이 사랑하라"(레 19:18; 참조. 마 22:37, 39).

먼저, 실로 우리의 영혼이 전적으로 하나님에 대한 사랑으로 가득 차는 것이다. 이로부터 이웃에 대한 사랑이 직접 흘러나온다. 이것이 사도가 "이 교훈의 목적은……선한 양심과 거짓이 없는 믿음에서 나오는 사랑이거늘"(딤전 1:5)이라고 기록할 때 보여 주고자 한 것이다. 당신은 양심 그리고 거짓이 없는 믿음이 어떻게 머리에 위치해 있는지 보고 있다. 달리 말하면, 여기에 사랑이 연원하는 참 경건이 있다.

그러므로 율법은 단지 사람들이 초학(初學)을 시작할 때 배우는 의의 근본과 기원을 가르칠 뿐이고 참된 목표인 선행에 이르도록 지도하지는 않는다고 누군가 믿고 있다면 이는 오류를 범하는 것이다. 왜냐하면 당신은 모세와 바울의 본문들에서 표현된 것을 뛰어넘는 완전성을 바랄 수 없기 때문이다. 하나님을 경외하는 것, 영적으로 예배드리는 것, 계명들에 순종하는 것, 여호와의 길의 올바름을 따르는 것, 마지막으로 순수한 양심과 진지한 믿음과 사랑에 대한 배움에 만족하지 않는 사람이 있다면 도대체 그는 어디로 나아가기를 원하는 것인가?

이러한 해석을 통하여 확정되는 바는 율법의 계명들이 면밀히 살펴서 찾아내고자 하는 것은 모든 경건과 사랑의 의무[569]라는 것이다. 단지 건조하고 무미한 원리들만을 따르는 자들은 마치 율법이 하나님의 뜻을 절반만 가르치고 있기라도 하듯이 사도가 증언한 그 목적을 전혀 올바로 견지하고 있지 않다.

---

[569] "omnia pietatis et dilectionis officia."

52. 성경에서 때때로 두 번째 판의 계명들만 언급하는 이유

그러나 그리스도와 사도들은 율법의 요체를 설명하면서 때때로 첫 번째 판을 빼놓고 다루기 때문에 많은 사람들은 이를 오해하여 두 번째 판의 말씀을 첫 번째 판에도 적용시키려고 한다. 마태복음에서 그리스도는 "정의와 긍휼과 믿음"을 "율법의 더 중한바"(마 23:23)라고 부르신다. 내가 보기는 '믿음'이라는 말로 그리스도는 사람들을 향한 성실을 지칭하고 있음이 분명하다. 그러나 어떤 사람들은 그 본문을 전체 율법에 확장시키려고 하나님을 향한 경건의 표현이라고 해석한다.[570]

확실히 이 해석은 어리석다. 왜냐하면 그리스도는 여기에서 사람들이 그들 자신을 의롭다고 증명해야 할 일들에 대해서 말씀하고 계시기 때문이다. 이 점을 주목하게 되면 우리는 왜 그리스도가 다른 본문에서 우리가 영생에 들어가기 위하여 지켜야 할 계명들이 무엇인지 묻는 청년에게(마 19:16-17) 다음과 같은 말씀으로만 대답하시는지에 대한 의구심을 떨쳐 버리게 될 것이다. "살인하지 말라, 간음하지 말라, 도둑질하지 말라, 거짓 증언하지 말라, 네 부모를 공경하라, 네 이웃을 네 자신과 같이 사랑하라"(마 19:18-19; 참조. 출 20:12-16). 주님이 이와 같이 두 번째 판만 거론하신 것은, 당시 사람들의 첫 번째 판에 대한 순종은 대체로 마음의 정서에 따르거나 의식(儀式)들을 통하여 행해졌던바, 마음의 정서는 드러나지 않았고 의식들은 위선자들이 줄곧 몰두한 것들이었기 때문이다. 그러나 두 번째 판에 속한 사랑의 일들은 우리가 그것들 자체로 순수한 의를 증언하게 되는 것들이다.

선지자들도 매우 자주 이렇게 말씀들을 전하므로 그것들에 아주 정통하지 않는 독자라고 하더라도 이를 낯설어 하지 않는다. 거의 모든 때에 선지자들은 사람들을 권고하여 회개에 이르게 할 때에 첫 번째 판을 빼고 믿음, 정의, 긍휼, 그리고 공평을 촉구한다. 이러한 방식으로 그들은 하나님에 대한 경외를 제외시키지 않고 표징들로써 하나님 경외에 대한 진지한 증명을 요구한다.

---

570) Melanchthon, *Annotationes in Evangelium Matthaei* (1523), fo. 46a. Quot. Battles tr., n. 57.

그들이 율법의 준수에 대해서 말할 때에 주로 두 번째 판에 착념하고 있었다는 사실은 잘 알려져 있다. 왜냐하면 그곳에 의와 순전함에 대한 열의가 가장 분명하게 나타나기 때문이다. 내가 말하고 있는 것을 입증하지 못할 사람은 없을 것이므로 이에 관한 본문들을 다 열거할 필요는 없다(참조. 사 1:17).

53. 하나님에 대한 예배와 경외와 믿음은 이웃에 대한 사랑과 분리되지 않음

그러나 당신은 "의의 본질은 경건함으로 하나님을 영화롭게 하는 것보다 사람들에게 무죄하게 사는 데 있는가?"라고 물을 것이다. 결코 그렇지 않다. 그러나 여호와를 진지하게 두려워하지 않는 사람은 누구나 매사에 다른 사람을 슬기롭게 사랑할 수 없을 것이기 때문에, 사람을 사랑하는 것 또한 경건의 확증이571) 된다.

그뿐 아니라 여호와는 우리에게서 나온 어떤 선한 행실도 그 자신에게 돌려지지 않을 것을 아시고 선지자들을 통해서 이를 증언하게 하셔서 우리가 하나님에 대한 의무를 다하는 데 그치지 않고 이웃에게 선행을 베푸는 데 이르도록 하신다(참조. 시 15:2-3).

그렇기 때문에 사도가 성도들의 완전함은 사랑에 자리하고 있다고 말하는 데는 마땅한 이유가 있다(엡 3:19; 1:5; 골 3:14). 또한 다른 곳에서 사도는 "남을 사랑하는 자는 율법을 다 이루었느니라"(롬 13:8)라는 말씀과 "온 율법은 네 이웃 사랑하기를 네 자신같이 하라 하신 한 말씀에서 이루어졌나니"(갈 5:14)라는 말씀을 더하면서 사랑을 율법의 완성이라고 적절하게 칭한다. 이는 다름 아닌 그리스도 자신이 "무엇이든지 남에게 대접을 받고자 하는 대로 너희도 남을 대접하라 이것이 율법이요 선지자니라"(마 7:12)라고 말씀하시면서 주신 가르침과 다르지 않다. 율법과 선지자들은 믿음과 하나님에 대한 합법적인 예배에

---

571) "pietatis approbatio."

속한 모든 것을 첫 자리에 두고 사랑을 그것들에 부속하는 자리에 세운다. 이에 비추어 볼 때 여기에서 주님이 뜻하시는 바는, 율법이 단지 사람들을 향하여 정의와 공평을 지키도록 우리에게 명령하는 경우에도 우리가 그 명령에 순종함으로써 하나님에 대한 경건한 경외심을, 그것이 아무리 작다고 하더라도, 증언하는 훈련을 받도록 하는 데 있다.

54. 이웃을 내 자신같이 사랑함

그러므로 여기서 우리는 흔들림이 없어야 한다. 우리의 삶은 모든 면에서 우리의 형제들에게 가장 유익할 때 하나님의 뜻과 율법의 교훈에 최고로 순응하게 될 것이다.

전체 율법 가운데 한 음절도 자기의 유익을 위해서 행하거나 행하지 말아야 할 것들을 규정하고 있는 사람의 법에 대해서는 할애되어 있지 않다. 사람들은 태어나면서부터 의로운 삶을 사는 것보다 자기애(自己愛)에 지나치게 기울어져 있음이 분명하다.[572] 그들은 진리로부터 아무리 많이 벗어나더라도 언제나 자기애를 굳게 지킨다. 그러므로 이미 과도한 이러한 사랑을 증가시키거나 나아가 불태우기 위하여 율법이 필요한 것은 결코 아니다.[573] 분명 우리는 계명들을 지키려면 우리 자신을 사랑할 것이 아니라 하나님과 이웃을 사랑해야 하며, 가장 뛰어나고 거룩한 삶을 살려면 가능한 한 자기 자신을 위하여 애쓰며 사는 것을 줄여야 한다. 오직 자기 자신을 위해서 살고 열심을 내며 오직 자기 자신에 속한 것들을 위해서 생각하고 추구하는 사람보다 더 악하고 불의한 삶을 사는 사람은 결코 아무도 없다.[574]

---

572) Cf. *Comm.*, Is. 11:9 (CO 36.243-244).
573) Augustine, *On Christian Doctrine* I. xxiii-xxvi (MPL 34. 27ff.; tr. NPNF II. 528f.). Quot. Battles tr., n. 58.
574) 루터도 이와 동일한 입장을 표명한다. *Short Exposition of the Decalogue, the Apostles' Creed, and the Lord's Prayer*, 1520 (*Werke* WA VII. 214; tr. B. L. Woolf, *Reformation Writings of Martin Luther* I. 82f.); *Betbüchlein*, 1522 (*Werke* WA X. ii. 388). Quot. Battles tr., n. 59.

참으로 여호와는 우리가 얼마나 더 많이 마음을 기울여 이웃에 대한 사랑을 실천해야 하는지를 표현하시기 위하여(레 19:18) 우리의 자기애로 그것을 측정하셨다. 왜냐하면 그가 사용하실 수 있는 것으로서 자기애보다 더 거세거나 더 강력한 정서는 어디에도 없기 때문이다. 실로 이 표현이 무엇을 의미하는지 신중하게 고찰해야 한다. 왜냐하면 주님은 어떤 궤변론자들이 어리석게 몽상하듯이 자기애(τῇ φιλαυτίᾳ)를 첫째 자리에 앉히시고 둘째 자리에 사랑을 할당하시는 것이 아니라 본성상 우리가 우리 자신을 향하여 느끼는 사랑의 정서를 다른 사람들을 향한 사랑의 정서와 그 자리를 바꾸시는 것이다. 그러므로 사도는 "사랑은……자기의 유익을 구하지 아니하며"(고전 13:5)라고 전한다.

규율되는 것은 언제나 그 규범 자체보다 열등하다는 궤변론자들의 논리에[575] 머리털만큼의 가치도 부여해서는 안 된다. 주님은 자기애에 관한 규범을 세우셔서 타인을 향한 사랑이 우리 자신을 향한 사랑에 종속되지 않도록 하시며, 본성적 타락으로 인하여 흔히 우리 자신 안에 머물러 있을 뿐인 사랑의 정서가[576] 이제는 다른 사람에게로 확산되어서 우리가 우리 자신을 위해 쏟는 기민함, 열정, 염려를 모자람 없이 우리의 이웃에게 베풀어야 한다는 사실을 보여 주신다.

55. 인류 전체가 이웃

그런데 그리스도는 사마리아인의 비유에서 "이웃"(눅 10:36)이라는 말은 심지어 '이웃'이라고 부르기에 가장 먼 사람도 누구든 함의하고 있음을 보여 주셨다. 우리는 밀접한 관계에 있는 사람들에게만 사랑의 계명을 국한시키려 해서는 안 된다. 우리와 가장 가깝게 연결된 사람일수록 누구이든 간에 더욱 친밀히 도와야 할 의무가 우리에게 있음을 나는 부인하지 않는다. 이렇듯 인성의 법칙

---

[575] Cf. Lombard, *Sentences* III. xxviii. 1; xxix. 1 (MPL 192. 814f.); Aquinas, *Summa Theol*. II. IIae. 26. 4. 5. Quot. Battles tr., n. 61.

[576] "amoris affectus."

이[577] 작용하므로 사람들은 혈연, 친분, 이웃이라는 고리로 더 밀접하게 연결될수록 더 많은 의무를 서로가 함께 분담해야 한다. 이는 결코 하나님을 거역하는 것이 아니다. 오히려 그의 섭리는 어느 모로 보나 우리가 그렇게 되도록 붙들어 맨다. 그러나 우리는 전체 인류를 향한 예외 없는 사랑이라는 한 가지 정서로 서로 포용해야 한다고 나는 말하고자 한다. 이런 점에서 이방인과 헬라인, 가치 있는 자와 가치 없는 자, 친구와 적 사이에 어떤 구별도 없다. 왜냐하면 모든 사람은 그들 자신 안에서가 아니라 하나님 안에서 헤아려져야 하기 때문이다.[578] 이러한 직관을 도외시하게 되면 우리는 많은 오류에 연루될 것이다. 이는 전혀 놀라운 일이 아니다.

그러므로 만약 우리가 참된 사랑의 길을 어김없이 가려면 우리는 먼저 눈을 사람이 아니라 하나님께 돌려야 한다. 사람을 보게 되면 사랑보다 미움을 더 많이 낳게 된다. 그러나 하나님은 우리가 그를 향해 품고 있는 사랑이 모든 사람에게 미치게 하라고 명령하신다.[579] 그리하여 우리는 하나님을 사랑하기 때문에 사람이 어떻든 간에 사람을 사랑해야 한다는 근본이 수립되는 것이다.

56. 하나님의 계명은 그 어떤 것도 스콜라주의자들이 말하는 '권고'가 아님

"네 원수에게 보복하지 말고 그를 사랑하라." 이는 옛날에 유대인들에게 부여된 계명들로서 지금은 모든 그리스도인에게 일반적으로 알려지게 되었는데, 스콜라주의자들은 이것을 복종하건 안 하건 자유인 '권고'로[580] 교묘히 바꾸어 버렸다. 이 얼마나 해로운 무지요 악의란 말인가! 더 나아가 그들은 이에 대한 필수적인 복종을 수사(修士)들에게 짐 지우고는 그들이 자발적으로 이 '권고'에

---

577) "humanitatis ratio."
578) Cf. *Institutio*, 3.7.4-7.
579) "amorem, quem sibi deferimus, ad universos homines diffundi iubet."
580) "consilia……quibus parere vel non parere liberum esset."

매여서 이를 준수한다는 한 가지 점에 있어서 단순한 그리스도인들보다 더욱 의롭다고 했다. 그들은 이를 율법으로 받아들이지 않는 이유를, 그것이 너무나 힘겹고 중하게 보이는바, 특히 은혜의 법 아래에 있는 그리스도인들에게 그러하기 때문이라고 지적한다.[581]

이런 식으로 감히 그들은 이웃을 사랑하라는 하나님의 영원한 율법을 감히 폐지하려고 하는가? 그런 구별이 율법의 어느 한 지면에라도 나타나는가? 오히려 한층 더 많은 곳에서 우리가 원수를 사랑해야 한다고 가장 엄격하게 요구하고 있지 않는가?

배고파하는 원수를 먹이고(잠 25:21), 그의 소유인 소와 나귀가 길을 잃게 되면 다시 바른 길로 돌아가게 하며, 그것들이 진 짐이 너무 무거우면 도와주라 한 것은(출 23:4-5) 계명이 아니고 무엇인가? 우리의 원수에게 속한 짐승들에게는 은혜를 베풀면서 원수 그 자신에게는 어떤 자애도 미치지 않게 할 것인가? 이게 가당한가? "원수 갚는 것이 내게 있으니 내가 갚으리라"(히 10:30; 참조. 신 32:35). 이것이 주님의 영원하신 말씀이 아닌가? 이는 다른 곳에서 더욱 분명하게 표현되어 있다. "원수를 갚지 말며 동포를 원망하지 말며"(레 19:18). 그들이 이런 말씀들을 율법에서 지워 버리게 하든지 아니면 여호와를 입법자로 인정하든지 하게 하자. 그리고 이것들이 '권고'에 속한다고 거짓말하지 못하게 하자.

57. 하나님의 은혜는 계명을 전제하는 것이지 '권고'에 따르는 것이 아님

어리석은 말들로 감히 조롱을 일삼는 이러한 궤변은 도대체 무엇인지 나는 묻고자 한다. "너희 원수를 사랑하며 너희를 박해하는 자를 위하여 기도하라. 너희를 저주하는 자를 위하여 축복하라. 이같이 한즉 하늘에 계신 너희 아버지

---

[581] Cf. Aquinas, *Summa Theol*. I. IIae. cviii. 4; II IIae. clxxxiv. 3; clxxxvi; Melanchthon, *Loci communes* (1521), ed. Engelland, p. 118. Quot. Battles tr., n. 63.

의 아들이 되리니"(마 5:44-45; 눅 6:27-28 두 구절을 합해서 적용). 누가 크리소스토무스와 함께 이 말씀들은 의무를 부과하는 것들로서, '권고'가 아니라 명령이라는, 필연적이고 확실한 논리적 귀결에 이르지 않겠는가?582) 우리가 하나님의 자녀들의 수에서 내침을 당한다면 더 이상 무엇이 남겠는가?

그러나 그들의 입장에 서게 되면, 수사들만이 하늘 아버지의 자녀들이 될 것이며 그들만이 하나님을 감히 아버지라 부르며 기도하게 될 것이다. 그렇다면 교회에는 무슨 일이 일어날 것인가? 의당 교회도 이방인과 세리의 무리에 들지 않겠는가? 왜냐하면 그리스도는 "너희가 너희를 사랑하는 자를 사랑하면 칭찬받을 것이 무엇이냐 이방인과 세리도 이같이 아니하느냐"(마 5:46-47; 18:17; 눅 6:32 세 구절을 합해서 적용)라고 말씀하셨기 때문이다. 그들의 논법에 따르면 천국의 기업이 우리에게서 사라질 것이며 우리에게 그리스도인이라는 이름이라도 남아 있으면 그나마 괜찮다고 해야 할 것이다.

아우구스티누스의 논지는 이에 못지않은 확고함이 있다. "주님은 우리에게 간음을 금하실 때 친구의 아내와 다를 바 없이 원수의 아내도 손을 대지 못하도록 우리를 막으신다. 또 도둑질을 금하실 때 우리가 무엇이라도 훔치는 것을 허용하지 아니하신다. 그것이 친구의 것이든 원수의 것이든 마찬가지이다."583) 바울은 "도둑질하지 말라"와 "간음하지 말라"는 두 계명을 사랑의 규범으로 귀속시킨다. 그뿐 아니라 그것들이 "네 이웃을 네 자신과 같이 사랑하라"(롬 13:9)라는 계명에 포함된다고 가르친다. 여기에서 바울이 율법에 대한 거짓 해석자가 아닌 것이 분명한 이상, 친구를 사랑하듯이 원수를 사랑해야 한다는 계명이 율법으로부터 필히 추론된다.

그렇기 때문에 하나님의 자녀들이면 누구나 메게 되는 멍에를 방자하게 벗겨 내버리는 자들은 자기들 스스로가 사탄의 자녀들임을 폭로하고 있는 것이다. 아마 당신은 널리 퍼져 있는 이런 독단이 그들의 어리석음에서 비롯되는지 아니면

---

582) Chrysostom, *De compunctione cordis* I. 4 (Chrysostom, *Opera*, Paris, 1834, I. 157; MPG 47. 399f.); Chrysostom, *Adversus oppugnatores vitae monasticae* III. 14 (MPG 47. 372ff.). Quot. Battles tr., n. 64.

583) Augustine, *On Christian Doctrine*, I. xxx. 32 (MPL 34. 31; tr. NPNF II. 531f.). Quot. Battles tr., n. 65.

몰염치에서 비롯되는지 의아해하게 될 것이다. 교부들 모두는 이런 것들이 순수한 계명들이라는 사실을 확실하게 선포한다. 심지어 그레고리우스(Gregorius) 시대에도 그의 확고한 주장이 분명히 밝혀주듯이, 이에 대한 의심이 없었다. 그는 이러한 것들이 계명들이라는 사실에는 어떤 논쟁의 여지도 없다고 생각했다.[584]

그들은 그리스도인들에게 지어진 짐이 너무나 무거워 감당할 수 없다고 합리화를 하니 얼마나 어리석은가? 마치 마음을 다하고 목숨을 다하고 힘을 다하여 하나님을 사랑하는 것보다 더 어려운 어떤 것을 우리가 생각할 수 있기라도 하듯이! 이 율법과 비교해 볼 때 모든 것이, 그것이 원수를 사랑해야 한다는 것이든 마음속에서 복수하고자 하는 욕심을 버려야 한다는 것이든 간에, 이보다는 쉽다.

확실히 모든 율법은 우리의 연약함에 비추어 너무나 벅차고 어려워서 우리는 그것의 가장 작은 한 획에도 이를 수 없다(참조. 마 5:18; 눅 16:17). 주님이 계셔서, 우리는 그 안에서 능력을 가지고 행한다. 그가 명령하시는 것을 주시게끔 하자. 그리고 그가 원하시는 것을 명령하시게끔 하자.[585]

그리스도인들이 은혜의 법 아래에 있다는 것은 법 없이 고삐가 풀린 채 방황하지 않고 그리스도 안에서 접붙임 되어서 그의 은혜에 의해서 율법의 저주로부터 자유롭게 되며 그의 영에 의해서 율법을 마음속에 새기게 되는 것을 의미한다(렘 31:33).[586] 바울은 이 은혜를 그 고유한 의미에 있어서가 아니라 그가 이에 대조시키고 있었던 하나님의 율법에 빗대어 "법"(롬 8:2)이라고 불렀던 것이다. 이렇게 볼 때 스콜라주의자들은 "법"이라는 이름으로 아무것도 아닌 것을 철학화 하고 있는 것이다.

---

[584] Gregory the Great, *Homilies on the Gospels* ii. 27. 1 (MPL 76. 1206). Quot. Battles tr., n. 66.
[585] "det ille quod, iubet, et iubeat quod velit." Augustine, *Confessions* X. xxix. 40; xxxi. 45 (MPL 32. 796, 798; tr. LCC VII. 225, 228): "Da quod iubes et iube quod vis"(당신이 명령하시는 것을 주시옵소서. 그리고 당신이 원하시는 것을 명령하시옵소서); *On Grace and Free Will* xv. 3 (MPL 44. 899; tr. NPNF V. 456f.); *On the Perseverance of the Saints* xx. 53 (MPL 45. 1026; tr. NPNF V. 347); *On the Spirit and the Letter* xiii. 22 (MPL 44. 214; tr. NPNF V. 92). Cf. *Institutio*, 2.5.7. Quot. Battles tr., n. 67.
[586] "Sub lege gratiae esse Christianos, non est effraenate sine lege vagari, sed Christo insitos esse, cuius gratia a legis maledictione liberi sint, et cuius spiritu legem habeant in cordibus inscriptam."

58. 모든 죄의 삯은 사망이므로 스콜라주의자들이 말하는 '소죄'는 논할 가치가 없음

그들의 논법에 따르면 자기들이 '용서받을 죄'(小罪, peccatum veniale)라고 부르는 것에는 첫 번째 판을 은밀하게 어기는 불경건이나 마지막 계명에 대한 직접적 위반이 포함된다. 그들은 이를 오랫동안 마음속에 고착되어 있지 않는, 고의적인 동의가 없는 욕정이라고[587] 정의한다.[588]

그러나 율법에서 요구되는 것들이 마음속으로 스며들지 않고서는 그들이 칭하는 '용서받을 죄'만큼의 흠결도 일어날 수 없을 것이라고 나는 말한다. 우리는 "다른 신들을 네게 두지 말라"라는 명령을 받았다. 우리의 마음이 의혹의 산물들로 말미암아 침잠하게 되어 다른 곳을 돌아보게 될 때, 그 마음에 고유하게 임하는 복을 다른 곳에서 찾고자 하는 갑작스런 욕정이 엄습할 때, 이렇듯 순간적인 충동들이 솟아나 어떤 유혹이라도 곧 받아들이게 되는 곳이 영혼의 빈 공간이 아니면 어디겠는가?

더 이상 논의를 길게 끌지 않기 위해서 "너는 마음을 다하고 뜻을 다하고 힘을 다하여 네 하나님 여호와를 사랑하라"라는 명령을 우리가 받았음을 상기하자. 영혼의 모든 힘을 다하여 하나님을 사랑하고자 하지 않는다면 우리는 이미 율법에 대한 순종을 포기한 것이다(참조. 막 12:30).[589] 우리의 양심에 하나님의 나라를 거역하는 적들이 일어나 그의 법령들에 위배되는 일들을 한다면 그것이 하나님의 보좌가 우리의 양심에 확고하게 세워지지 않았다는 증거가 된다.

우리는 마지막 계명이 이에 해당한다는 것을 이미 설명하였다.[590] 어떤 욕망이 우리의 마음을 자극했다면 우리는 이미 탐심이라는 죄를 지은 자들이 되며 동시에 율법의 위반자들로 확정된다.[591] 왜냐하면 주님은 다른 사람에게 손해

---

[587] "cupiditatem sine deliberato assensu, quae non diu cordi insideat."
[588] Aquinas, *Summa Theol*. I. IIae. lxxiv. 10; cf. III. iv. 28. Quot. Battles tr., n. 68.
[589] "Nisi ergo omnes animae potentiae in Dei amorem intenduntur, iam discessum est a legis obedientia." Cf. *Institutio*, 2.7.5.
[590] *Institutio*, 2.8.49–50.
[591] "Pupugit nos animi aliquod desiderium? iam concupiscentiae rei tenemur, ac simul constituimur

를 끼치는 무슨 일을 고의로 도모하거나 음모를 꾸미는 것뿐만 아니라 심지어 탐심에 자극을 받아 불타는 것조차 금하시기 때문이다. 참으로 하나님의 저주는 항상 율법의 위반을 위협하여 제지한다. 우리의 탐심은 아무리 가볍다고 하더라도 죽음의 심판을 면할 구실을 찾을 수 없다.

아우구스티누스가 말했듯이, 죄를 헤아릴 때에 "거짓 저울을 끄집어내서 우리가 좋은 대로 무게를 달지 말도록 하자. 우리가 좋은 대로, 우리 자신의 의견을 좇아, 이것이 무겁다, 이것이 가볍다 하지 말도록 하자. 다만 성경이라는 하나님의 저울을 주님의 보고에서 끄집어내서 무엇이 더 무거운지 달아보도록 하자. 아니 달지 말고, 주님이 이미 다신 것을 인정하도록 하자."592)

이 문제에 대해서 성경은 무엇을 말하는가? 바울은 "죄의 삯"을 사망이라고 부를 때(롬 6:23) 이러한 혐오스러운 구별이 자기에게 알려지지 않았음을 보여 주고 있다. 우리는 부당하게 위선에 기울어져 있으므로 우리의 게으른 양심을 달래려고 이러한 완화제를 붙이는 일이 결코 있어서는 안 된다.

59. 모든 죄는 죽을 죄이므로 '대죄'를 특정하는 것은 광란임

그들은 다음 그리스도의 말씀이 뜻하는 것이 무엇인지를 곰곰이 생각해 보아야 할 것이다. "누구든지 이 계명 중의 지극히 작은 것 하나라도 버리고 또 그같이 사람을 가르치는 자는 천국에서 지극히 작다 일컬음을 받을 것이요"(마 5:19). 감히 율법에 대한 위반을 가볍게 보아 그것이 죽음에 해당할 정도는 아니라고 보는 그들은 이러한 사람들의 수에 들지 않겠는가? 진정 그들은 율법이 무엇을 명령하는지가 아니라 명령하시는 분이 누구신지에593) 중점을 두었어야 했

---

legis transgressores."

592) "sed afferamus stateram divinam de scripturis sanctis, tanquam de thesauris dominicis, et in illa quid sit gravius appendamus; imo non appendamus, sed a Domino appensa recognoscamus." Augustine, *On Baptism, Against the Donatists* II. vi. 9 (MPL 43. 132; tr. NPNF IV. 429). Quot. Battles tr., n. 70.

593) "non simpliciter quid praecipiatur, sed quisnam sit ille qui praecipit."

다. 왜냐하면 하나님이 명령하신 율법에 대한 사소한 위반일지라도 그것은 하나님의 엄위를 실추시키기 때문이다.

하나님이 율법에 자기의 뜻을 드러내셨으므로 율법에 배치되는 것은 무엇이든지 하나님을 거역하게 될 것이다. 그들은 하나님의 진노가 너무 약해서 죽음의 형벌이 즉시 초래되지 않는다고 공상하고 있는가? 무의미한 궤변들로 명확한 진리를 흐리지 않고 하나님의 음성을 듣고자 마음을 쏟는 사람들에게는 다음과 같은 하나님의 선포가 자기들에게 임한 것이다. 그는 "범죄하는 그 영혼은 죽으리라"(겔 18:4, 20)라고 말씀하셨다. 바로 앞에서 인용한 "죄의 삯은 사망이요"(롬 6:23)라는 말씀도 같은 맥락이다. 그들은 부정할 수 없으니 죄라고 인정은 하지만 그것이 '죽을 죄'(大罪, peccatum mortale)는 아니라고 주장한다. 그러나 그들은 지금까지 도가 지나치도록 이러한 몰상식에 탐닉해 왔으므로 그들에게 최소한 한 순간이라도 다시금 돌이켜 배울 기회를 주도록 하자. 그러나 그들이 계속해서 그 광란에서 벗어나지 않는다면 그들에게 작별이 고해져야 할 것이다. 하나님의 자녀들은 모든 죄가 '죽을 죄'라는 사실을 견지하도록 하자. 왜냐하면 죄는 하나님의 뜻에 대한 반역으로서 필히 그의 진노를 유발하며, 죄는 율법에 대한 위반으로서 그것에 따라서 하나님의 진노가 예외 없이 공포되기 때문이다.

성도들의 죄가 용서받을 만한 것이 되는 것은 그들 자신의 본성 때문이 아니라 그들이 하나님의 자비로 은총을 얻기 때문이다.

DE COGNITIONE DEI REDEMPTORIS IN CHRISTO,
QUAE PATRIBUS SUB LEGE PRIMUM,
DEINDE ET NOBIS IN EVANGELIO PATEFACTA EST

제9장

그리스도는
율법 아래의 유대인들에게도
알려지셨으나 오직 복음에
분명히 제시되셨음

Christum,
quamvis sub lege Iudaeis cognitus fuerit,
tamen in evangelio
demum exhibitum fuisse

1-2. 구약과 신약에 계시된 동일하신 중보자 그리스도의 복음
3-5. 복음: 그리스도가 율법의 실체로서 율법의 약속을 성취하심

1. 동일하신 그리스도가 옛날에는 그림자로 지금은 빛으로 나타나심

이미 옛날에 하나님이 속죄와 희생제물들을 통하여 자기를 아버지로 입증하시고[594] 자기를 위하여 택한 백성을 성별하신 것은 헛되지 않았다. 왜냐하면 그때 벌써 그는 지금 완전한 광채 가운데 우리에게 나타나시는 것과 동일한 형상에 따라 의심할 나위 없이 알려지셨기 때문이다. 따라서 말라기는 유대인들에게 자기의 죽음 후에 선지자 직분의 단절이 있을 것이므로 모세의 율법에 주의를 기울이고 그것에 대한 열심을 다하는 가운데 끝까지 참으라고 명령하고 난 다음에 "공의로운 해가 떠올라서"(말 4:2)라고 바로 선포한다. 이 말씀으로 선지자는, 율법은 경건한 자들을 오실 그리스도에 대한 대망 가운데 붙잡아 두는 효과적인 작용을 함에도 불구하고 그의 강림으로 그들이 훨씬 더 큰 빛을 소망하게 될 것임을 일깨워 준다.[595]

그렇기 때문에 베드로는 지금은 복음에 의하여 밝히 드러난 "이 구원에 대하여" "선지자들이 연구하고 부지런히 살펴서"(벧전 1:10)라고 전한다. 그리고 "이

---

[594] Cf. *Institutio*, 1.6.1-4.
[595] Cf. *Institutio*, 2.10.3; 2.11.4.

섬긴 바가 자기를 위한 것이 아니요" 자기 시대를 위한 것도 아니며 "너희를 위한 것임이" 복음을 통하여 "계시로 알게 되었나니"(벧전 1:12)라고 전한다. 이러한 것들에 대한 가르침이 구약 백성에게 무용했다거나 선지자들 자신을 위하여 아무 이익이 없었다거나 해서가 아니라, 하나님이 그들의 손을 통하여 우리에게 전해 주신 보화를 그들이 소유하는 데까지 이르지 못했기 때문이다. 오늘날에는 그들이 증언한 은혜가 우리의 눈앞에 친숙하게 놓여 있다. 그들은 이것을 단지 조금만 맛보았을 뿐이나 우리에게는 그 열매가 더욱 풍성하게 부여되어 있다.[596]

그리하여 그리스도는 모세가 자신에 대해 증거했다고 선포하시면서도(요 5:46), 우리가 유대인들보다 훨씬 더 많이 받은 은혜의 분량을 찬미하는 의미에서 제자들에게 다음과 같이 말씀하셨다. "너희가 보는 것을 보는 눈은 복이 있도다 너희의 듣는 것을 듣는 귀는 복이 있도다 많은 선지자와 임금이 너희가 보는 바를 보고자 하였으되 보지 못하였으며 너희가 듣는 바를 듣고자 하였으되 듣지 못하였느니라"(눅 10:23-24; 마 13:16-17 두 구절을 합해서 적용).

하나님이 보기 드물게 귀한 경건을 지녔던 거룩한 족장들보다 우리를 더 낫게 여기셨다는 사실이 복음적 계시에서 적잖게 예찬되고 있다. 이러한 생각과 조금도 부딪힘이 없는 구절이 있는데, 그것은 아브라함이 그리스도의 때를 보

---

[596] "quum eam[gratiam] modice delibaverint, uberior nobis offertur eius fruitio." 복음과 율법의 관계에 대한 칼빈의 이해는 신구약이 "실체"(substantia)는 동일하나 "경륜"(administratio)이 다양할 뿐이라고 보는 그의 언약관(*Institutio*, 2.10.2; 2.11.10)과 밀접한 관계가 있다. Cf. Hesselink, *Calvin's Concept of the Law*, 155-215, 222-230, 251-253; "Law and Gospel or Gospel and Law? Calvin's Understanding of the Relationship," in *Calviniana: Ideas and Influence of Jean Calvin*, ed. Schnucker, 13-32; "Luther and Calvin on Law and Gospel in Their Galatians Commentaries," *Reformed Review* 37/2 (1984), 69-82; Edmond Grin, "L'unité des deux Testaments selon Calvin," *Theologische Zeitschrift* 17 (1961), 175-186; Paul Wernle, *Der evangelische Glaube nach den Hauptschriften der Reformatoren*, vol. 3, *Calvin* (Tübingen: J. C. B. Mohr, 1919), 4-23; Andrew J. Bandstra, "Law and Gospel in Calvin and in Paul," in *Exploring the Heritage of John Calvin*, ed. David E. Holwerda (Grand Rapids: Baker, 1976), 11-39; John H. Leith, "Creation and Redemption: Law and Gospel in the Theology of John Calvin," in *Marburg Revisited: A Re-examination of Lutheran and Reformed Traditions*, ed. Paul C. Empie and James I. McCord (Minneapolis: Augsburg Publication, 1966), 141-152. 칼빈과는 달리 율법을 본질상 정죄의 법으로 보는 루터와 루터파 신학자들은 복음을 율법의 성취라기보다 폐지로 보는 경향이 강하다. Cf. Thomas A. McDonough, *The Law and the Gospel in Luther: A Study of Martin Luther's Confessional Writings* (Oxford: Oxford University Press, 1963), 26-38; Werner Elert, *Law and Gospel* (Philadelphia: Fortress, 1967), 1-13.

고 즐거워했다는 말씀이다(요 8:56). 비록 아주 멀리 떨어져 있는 것을 보았기 때문에 그 시야가 한층 희미했을지라도 아브라함은 선한 일이 일어나리라는 소망에 대한 확신을 지니고 있었다.

그리고 "본래 하나님을 본 사람이 없으되 아버지 품속에 있는 독생하신 하나님이 나타내셨느니라"(요 1:18)라는 세례 요한이 전한 말씀은 이전에 죽었던 경건한 자들을 제외시키지는 않지만, 그들의 처지를 우리의 처지와 비교함으로써, 그들이 단지 그림자로 언뜻 보았던 비밀들이 그리스도의 인격 가운데 빛나는 지성과 빛의 연합체에서 우리에게 명백하게 보이게 되었음을 가르친다.

히브리서 기자는 이를 분명하게 설명한다. "옛적에 선지자들을 통하여……여러 모양으로 우리 조상들에게 말씀하신 하나님이……지금은 아들을 통하여 우리에게 말씀하셨으니"(적용. 히 1:1-2).

오늘날 우리에게 "하나님 아버지의 영광의 광채시요 그 본체의 형상"이신 독생자(적용. 히 1:3)가 옛날에 유대인들에게도 알려지셨다. 그가 옛 시대에 그들을 해방시킨 지도자이셨다고 전하는 바울의 말씀을(참조. 고전 10:4) 우리는 앞에서 인용하였다.

바울이 다른 곳에서 전하는 다음 말씀도 참되다. "어두운 데에 빛이 비치라 말씀하셨던 그 하나님께서 예수 그리스도의 얼굴에 있는 하나님의 영광을 아는 빛을 우리 마음에 비추셨느니라"(고후 4:6).

하나님이 이러한 자기 형상 가운데 나타나셨을 때, 말하자면 그는 자신을 가시적으로 드러내신 것이다. 반면에 그 이전에 보인 그의 모양은 희미하고 그림자 같은 것이었다.

지금 한낮인 여기에 있으면서도 눈이 먼 자들의 배은망덕과 타락은 무엇보다 수치스럽고 가증하지 않은가? 과연 그들은 자기 마음이 사탄으로 말미암아 어둡게 되어, 가리는 수건이 없이는 복음 가운데 빛나는 그리스도의 영광을 볼 수 없을 것이라고 바울은 말한다(고후 3:14-15; 참조. 고후 4:4).

2. 복음, 그리스도 안에서 제시된 은혜의 공표

그런데 나는 복음을 그리스도의 비밀에 대한 확실한 선포라고[597] 받아들인다.[598] 바울은 복음을 "믿음의 교리"(참조. 딤전 4:6)라고 부른다. 율법 도처에 주어지는 죄사함의 약속들은 모두, 이를 통해서 하나님은 사람들을 자기와 화목하게 하시는바, 복음의 일부분으로 여겨진다는 사실을 물론 나는 인정한다. 왜냐하면 바울은 믿음을, 구원이 행위로 추구될 경우 양심의 옥죔과 괴롭힘을 당하게 되는 공포와 대조시키기 때문이다.

이로 미루어 볼 때 '복음'이라는 말은 광의로 하나님이 옛날에 족장들에게 베푸셨던 자비와 부성적(父性的) 호의에 대한 증언들을[599] 포함한다. 그러나 그 탁월함으로 인하여 이 말은 그리스도 안에 제시된 은혜의 공표를[600] 지칭한다고 나는 말하고자 한다. 이는 일반적으로 받아들이는 용례일 뿐만 아니라 그리스도와 사도들의 권위에 의지하고 있다(마 4:17, 23; 9:35). 그러므로 그리스도가 하나님 나라의 복음을 선포하셨다는 사실이 그 자신에게 돌려지는 것이 옳다. 과연 마가는 자기의 복음서 서문을 다음과 같이 시작한다. "예수 그리스도의 복음의 시작이라"(막 1:1). 이와 같이 충분하고도 남을 만큼 잘 입증된 사안을 더 많은 본문들을 모아 재차 설명할 필요는 없을 것이다.

"그리스도의 나타나심으로 말미암아……복음으로써 생명과 썩지 아니할 것을 드러내신지라"(적용. 딤후 1:10). 이 말씀을 통하여 바울은 하나님의 아들이 육신을 입으실 때까지 족장들이 죽음의 흑암 가운데 갇혀 있었다는 사실을 지적하고자 한 것이 아니라, 복음에는 영예로운 특권이 있다는 사실을 강조하고자 한 것이다.

---

[597] "pro clara mysterii Christi manifestatione."
[598] 칼빈에 따르면, 복음은 "타락한 세상을 새롭게 하시기 위해서 육체 가운데 계시된 하나님의 아들의 현존(praesentia)에 관한 엄숙한 선포"일 뿐만 아니라 "그리스도가 중보자의 사역을 행하심(defunctum)"에 대한 복된 소식이며, "그리스도의 나심, 죽음, 부활은 구원의 전체 개요를, 실로 그 무엇보다도 구원의 질료(materia)를 그 속에 포함하고 있다." Comm., "The Theme of the Gospel of Jesus Christ," 1.xi-xii (CO 45.2). Cf. Serm., Jn. 1:1 (CO 47.467-468); Comm., Acts 1:1 (CO 48.1-2).
[599] "quae olim testimonia Deus misericordiae suae paternique favoris patribus dedit."
[600] "ad promulgationem exhibitae in Christo gratiae."

즉 하나님은 새롭고 비상한 종류의 사신(使臣)인(참조. 고후 5:20) 복음을 통하여 자기의 약속을 성취하셨다는 사실과 그 약속의 실제가 아들의 인격 안에 존재한다는 사실을 가르치고자 하신 것이다. 신자들은 하나님의 모든 약속은 그리스도 안에서 "예"와 "아멘"(고후 1:20)이 된다는 바울이 전하는 말씀이 참되다는 사실에 언제나 익숙해 있다. 왜냐하면 그 약속이 그들 자신의 마음에 인침되었기 때문이다(고후 1:22).

그럼에도 불구하고 그리스도가 우리의 구원을 위하여 자기의 육체 가운데서 성취하시고 생생하게 제시하신 모든 부분에 마땅히 새롭고 특별한 찬사가 돌려져야 한다. 이후에 너희들이 "하늘이 열리고 하나님의 사자들이 인자 위에 오르락내리락 하는 것을 보리라"(요 1:51)라는 주님의 말씀을 보자. 여기에서 주님은 족장 야곱의 환상에서 보인 사닥다리를 넌지시 비추시는 데 그치는 듯하지만(창 28:12), 실은 하늘 문이 열리고 우리 각자가 그곳으로 들어가게 되는 자신의 강림이 얼마나 뛰어난 일인지를 그 표지로써 드러내고자 하신다.

3. 율법 아래서의 약속과 복음 아래서의 약속은 그리스도 안에서 하나임

그러나 우리는 세르베투스(Servetus)의 마귀적인 공상을 조심하여야 한다. 그는 그리스도의 은혜의 위대함을 찬양하고자 원하여, 마지못해 그렇게 원하는 척하면서, 약속들을 마치 율법과 함께 동시에 끝나기라도 한 것처럼 전체적으로 폐기시킨다. 그는 복음에 대한 믿음이 있기만 하면 일시에 모든 약속의 완성이 우리에게 부여되기라도 하듯이 그럴듯한 외양을 취한다.[601] 마치 우리와 그리스도 사이에 아무 구별도 없다는 듯이! 나는 그리스도가 우리 구원의 요체 그 전부를 어떤 것도 남김없이 성취하셨다고 앞서 일깨운 적이 있었다. 그러나 이는 우리가 이미 그리스도에 의해 분여된 은총을 모두 소유하고 있다는 것을

---

601) Servetus, *Christianismi restitutio* (1553), pp. 294, 324, 601 (Epistolae ix). Quot. Battles tr., n. 4.

추론할 근거가 되지는 못한다. 마치 바울이 우리 구원이 소망 가운데 감추어졌다고 전하는 말씀이(골 3:3; 참조. 롬 8:24) 그릇되기라도 하듯이!

실로 나는 우리가 그리스도를 믿음으로써, 그것과 동시에 죽음에서 생명으로 옮겨진다는 것을 인정한다. 그러나 우리는 이와 함께 요한의 말씀을 기억해야 한다. "우리가 지금은 하나님의 자녀라……아직 나타나지 아니하였으나……우리가 그와 같을 줄을 아는 것은 그의 참모습 그대로 볼 것이기 때문이니"(요일 3:2). 그러므로 비록 그리스도가 복음 안에서 우리에게 영적인 은총의 현세적 충만을 부여해 주실지라도, 그렇게 누림은 우리가 썩을 육체를 벗어 버리고 우리에 앞서 가신 그리스도의 영광으로 변화될 때까지 줄곧 소망의 보호 아래 감추어져 있을 것이다.

한편 성령은 우리가 약속들에 의지하도록 명령하시는데, 성령의 권위에 통제를 받는 우리는 저 불결한 개가 짖는 소리를 무엇이든 다 침묵시켜야 한다. 이에 대한 증인인 바울은 "경건은……금생과 내생에 약속이 있느니라"(딤전 4:8)라고 전하고, 자기가 "그리스도의 사도"가 된 것이 "그 안에 있는 생명의 약속대로"(적용. 딤후 1:1) 된 것이라고 자랑하며, 우리가 옛날의 성도들에게 부여된 것과 동일한 약속을 가지고 있다고 깨우치며(고후 7:1; 참조. 고후 6:16-18), 우리가 "약속의 성령"(엡 1:13)으로 인침을 받은 것을 최고의 복이라고 확정적으로 믿는다. 우리는 오직 그 자신의 약속들로 옷 입으신 그리스도를 영접할 때에만 그리스도를 즐거워할 수 있다. 이로써 그리스도가 실로 우리 마음에 내주하시게 된다(참조. 엡 3:17). 이제 우리는 비록 주님과 따로 떨어져 있지만 믿음으로 행하고 보는 것으로 행하지 않는다(고후 5:6-7).

이렇게 볼 때, 하늘 생명의 완전함에 속한 모든 것을 그리스도 안에서 소유하고 있다는 사실과 그럼에도 믿음은 보이지 않는 선한 것들을 보게 되는 것이라는 사실(참조. 히 11:1) 이 두 가지가 서로 매우 잘 조화를 이룬다. 다만 우리는 약속들의 본성 혹은 특성에 차이가 있다는 점에 주목해야 한다. 즉 율법이 모형들 아래에 예표한 것을 복음은 손가락으로 가리킨다.

4. 복음은 율법과 다른 구원의 질서를 제시하지 않음

그러므로 여기에서 행위의 공로를 값없는 의의 전가와 비교하는 것과 전혀 다를 바 없이 율법을 복음과 비교하는 자들의 오류가[602] 또한 논박된다. 실로 이것은 결코 버려서는 안 되는 반립(反立)이다. 왜냐하면 바울은 '율법'이라는 말로 올바른 삶의 규범을 의미하는 경우가 많은바, 하나님은 그 규범으로써 자기에게 속한 것을 요구하시고, 모든 부분에서 전적으로 자기에게 복종하지 않으면 삶의 소망이 전혀 없게 하시며, 아주 조금만 어긋남이 있어도 저주를 더하시기 때문이다. 바울은 율법에 대해 이렇게 전하면서, 우리는 그 누구도 율법을 준수해서 보상을 약속받을 정도가 되지 못하기 때문에 값없이 은혜로 하나님을 기쁘시게 하며 은총을 통해 의롭다 여김을 받는다고 주장한다. 그러므로 바울이 율법의 의와 복음의 의를 서로 대조시키는 것은 정당하다(롬 3:21-22; 갈 3:10-12).

그러나 복음이 전체 율법을 계승한 것은 구원의 다른 질서를 부여하는 방식으로 이루어지지 않았다. 오히려 복음은 율법이 약속한 모든 것이 유효함을 인준하고 증명하였으며 그림자들에 몸을 결합시켰다.[603] 그리스도가 "율법과 선지자는 요한의 때까지요"(눅 16:16; 참조. 마 11:13)라고 말씀하신 것은 족장들을 율법의 종들이 벗어날 수 없는 저주에 매이게 하시려는 뜻이 아니라 그들이 단지 초보적인 것들로 훈련을 받았으며 복음적 교리의 높이에 미치지 못하고 그보다 훨씬 밑에 머물고 있었다는 사실을 지시하시고자 한 것이었다. 그리하여 바울은 복음을 "모든 믿는 자에게 구원을 주시는 하나님의 능력"(롬 1:16)이라고 부른 후 곧이어 "율법과 선지자들에게 증거를 받은 것"(롬 3:21)이라고 덧붙인다. 그리고 동일한 서신의 말미에서 "예수 그리스도를 전파함은 영세 전부터 감춰진 비밀이 이제 나타내신 바 된 것"이라고 가르치면서 그것이 "선지자들의 글로 말미암아 된 것"(적용. 롬 16:25-26)이라는 설명을 덧붙임으로 그 성격을 규정하고 있

---

[602] "eorum error, qui legem nunquam aliter evangelio conferunt, quam operum merita gratuitae imputationi iustitiae."

[603] "Sed non ita successit evangelium toti legi, ut diversam rationem salutis afferret: quin potius ut sanciret ratumque esse probaret quidquid illa promiserat et corpus umbris adiungeret." Cf. *Institutio*, 2.7.14-16; 2.8.28-29.

다. 이로부터 추론할 수 있는 것은, 온전한 율법에 관한 한, 복음은 오직 선포의 명확성에 있어서만 그것과 다를 뿐이라는 사실이다.[604]

그러나 그리스도 안에서 우리에게 제시된 측량할 수 없는 은혜의 풍성함 때문에 그의 강림으로 인해 하나님의 천국이 이 땅 위에 세워졌다고 합당하게 일컬어질 수 있다(참조. 마 12:28).

5. 세례 요한의 사역

세례 요한은 율법과 복음 사이에 서서 양쪽 모두에 관련된 중간적 직분을 지녔다. 그는 그리스도를 "하나님의 어린양"(요 1:29)이시며 죄를 속하는 희생제물이라고 불렀다. 그리하여 복음의 요체를 제시했다. 그러나 그는 마침내 부활에서 빛난 저 비교할 수 없는 능력과 영광에 대해서는 드러내서 말하지 않았다. 그리스도는 요한이 사도들과 같지 않다고 하신다. 그 의미가 다음에 나타난다. "여자가 낳은 자녀들 중에 요한보다 큰 이가 없도다 그러나 천국에서는 극히 작은 자라도 그보다 크니라"(적용. 마 11:11). 여기서 주님은 사람들의 인격을 칭찬하는 것이 아니라 요한을 다른 모든 선지자보다 뛰어난 자리에 세우신 후에(마 11:9) 복음의 선포를 가장 높은 지위로 격상시키신다. 다른 곳에서 우리가 보게 되듯이 그 선포는 천국을 통하여 표시된다.

그런데 요한은 자기 자신이 단지 "소리"(요 1:23; 참조. 사 40:3)일 뿐이라고 대답한다. 자기가 마치 선지자들보다 아래에 있듯이 하는 것이다. 이렇게 말하는 것은 가장된 겸손을 보이려 함이 아니라 자기는 고유한 사자(使者)의 직분을 위임받지 않았으며, 말라기가 "보라 여호와의 크고 두려운 날이 이르기 전에 내

---

604) "ubi de tota lege agitur, evangelium respectu dilucidae manifestationis tantummodo ab ea differre." 칼빈에 따르면, 율법은 그 실체이자 몸이신 그리스도의 진리를 함의하며(*Comm.*, Jn. 1:17, CO 47.18), 율법의 완전한 의는 그리스도의 복음에 의해서 드러난다(*Comm.*, Mt. 5:21, CO 45.174). 그리스도는 율법의 의를 다 이루셔서 그 의의 전가로 새 백성을 세우실 뿐만 아니라(*Comm.*, Rom. 10:4-5, CO 49.196-198) "종교의 모든 상태를"(totum religionis statum) 회복시켜 "입법자의 계획과 목적을"(legislatoris consilium et finem) 성취하신다(*Comm.*, Mt. 5:17, 19, CO 45.170, 172-173). 여기서 언급된 '온전한 율법' (lex tota)은 '벌거벗은 율법'(lex nuda)과 대조되는, '은혜로 옷 입혀진 율법'을 의미한다. Cf. *Institutio*, 3.7.2.

가 선지자 엘리야를 너희에게 보내리니"(말 4:5)라고 한 예언에서 보듯이, 단지 시중드는 직분을 감당할 뿐이라는 사실을 가르치기 위함이다. 실제로 그가 땅에서 행한 사역의 전체 역정은 그리스도를 위하여 제자들을 준비하는 데 있었다. 심지어 그는 이사야서의 말씀을 빌어(사 40:3) 그 일이 하나님에 의해서 자기에게 명령된 것이라는 점을 증명한다. 이러한 뜻에서 그리스도는 그를 "켜서 비추이는 등불"(요 5:35)이라고 부르신다. 왜냐하면 아직 완전한 낮이 밝지 않았기 때문이다.

그렇다고 해서 이러한 사실이 요한이 복음 선포자의 수에 드는 것을 가로막지는 못한다. 왜냐하면 그는 이후에 사도들에게 계승된 것과 동일한 세례를 주었기 때문이다(요 1:33). 그러나 요한이 시작한 것이 사도들에 의하여 더욱 자유롭게 발전적으로 수행되어 완성에 이르게 된 것은 그리스도가 하늘 영광으로 취해지신 이후였다.

제10장

구약과 신약의 일치성
De similitudine veteris et novi testamenti

1-6. 구약과 신약의 실체는 그리스도로서 동일하나 경륜이 다양함
7-22. 구약의 믿음의 백성도 언약의 은혜인 영생과 영적인 복을 누림

1. 신구약의 일치성과 차이성을 함께 고찰

지금까지 거론한 것들에 비추어 이제 우리는 창세 이후로 하나님께 택함을 받아 그의 백성의 무리에 속한 모든 사람이 동일한 율법과 우리 가운데 두루 작용하는 동일한 교리의 고리에 의해서 그와 언약을 맺게 되었다는 사실을 분명히 알 수 있다.[605] 우리는 주의를 집중해서 이에 대한 입장을 흔들림 없이 견

---

[605] "quoscunque ab initio mundi homines Deus in populi sui sortem cooptavit, eadem lege atque doctrinae eiusdem quae inter nos viget vinculo fuisse ei foederatos." 아담의 불순종 이후 모든 인류는 원죄에 속하고 그 죄책(reatus)으로 인하여 사망의 형벌에 처해지고 오염(corruptio)으로 인하여 전적으로 무능하고 전적으로 부패하게 되어서 그 누구도 하나님 앞에서 선을 행함으로 영생에 이르는 언약의 당사자가 될 수 없게 되었다. 그리하여 하나님은 예수 그리스도를 믿는 믿음을 조건으로 아무 공로 없이 구원에 이르게 되는 은혜 언약을 체결하셨다. 이는 예수 그리스도가 모든 의를 다 이루셔서 그 의를 값없이 전가해 주시는 새 언약의 예표로서, 아담의 타락 이후 하나님이 노아, 아브라함, 이삭, 야곱, 모세 등 그의 백성의 대표와 맺은 모든 언약이 이에 속한다. Cf. E. H. Emerson, "Calvin and Covenant Theology," *Church History* 25 (1956), 136-144; Anthony A. Hoekema, "The Covenant of Grace in Calvin's Teaching," *Calvin Theological Journal* 2/2 (1967), 133-161; M. Eugene Osterhaven, "Calvin on the Covenant," *Reformed Review* 33 (1979-1980), 136-149; Lillback, *The Binding of God: Calvin's Role in the Development of Covenant Theology*, 126-209; James B. Torrance, "The Concept of Federal Theology—Was Calvin a Federal Theologian?" in *Calvinus Sacrae Scripturae Professor: Calvin as Confessor of Holy Scripture*, ed. Neuser, 15-40; Stephen Edmondson, *Calvin's Christology* (Cambridge: Cambridge University Press, 2004), 40-88. 웨스트민스터 신앙고백서 제7장 3조에서는 은혜 언약을 다음과 천명하고 있다. "타락으로 말미암아 사람은 그 언약(행위 언약)으로 생명을 얻기에는 무능하게 되었다. 그리하여 주님은 통상 은혜 언약(Foedus Gratiae)이라고 불리는 두 번째(secundum) 언약을 기꺼이 수립하시고, 그를 믿는 믿음을 그 가운데 요구하시면서 예수 그리스도로 말미암은 생명과 구원을 거저 부여하셔서 죄인들이 구원받게 하셨다. 생명에 이르도록 작정된 모든 사람들에게 자신의 영을 부어 주심으로 그들이 뜻을 다하여, 능히 믿게

지해야 한다. 이로부터 알 수 있듯이 구약의 족장들은 우리와 함께 이러한 연합체를 이루어 같은 기업을 잇는 상속자들이 되었으며 동일한 중보자의 은혜로 같은 구원을606) 함께 소망하였음에도 불구하고 그들의 처지는 우리와 너무나 달랐다. 나는 이를 부록으로 첨가하여 다루고자 한다.

그러나 이를 규명하고자 우리가 모은 율법과 선지자들의 증언들은 하나님의 백성이 종교와 경건에 관한 어떤 다른 규범을 가진 적이 한 번도 없었음을 명확하게 알려준다. 그런데도 저술가들은 구약과 신약의 차이에 관해서 긴 논쟁을 일삼는다. 그리하여 독자에게 날카롭게 파고드는 일말의 근심을 야기한다. 그러므로 이 문제를 더욱 상세하고 정확하게 논의하기 위하여 주제를 특정하여 별도의 장으로 다룸이 마땅하다.

기괴한 악한인 세르베투스와 광란에 빠진 어떤 재세례주의자들의 분파는 이스라엘 사람들을 단지 돼지 떼에 불과하다고 여기고 여호와가 그들에게 이 땅에서는 비옥해지는 먹이를 주셨지만 하늘 영생의 소망은 그 어떤 것도 주시지 않았다고 주장하니,607) 그렇지 않았더라도 더 없이 우리에게 유익했을 이 일이 이제는 하지 않으면 안 될 일이 되었다.

그러므로 우리는 이 전염성 강한 오류로부터 사람들의 마음을 멀어지게 하고, 구약과 신약의 차이점에 관해 언급할 때에 그 즉시 일어나곤 하는 모든 어려움을 그들로부터 제거하도록 하자. 그리고 여호와가 그리스도의 강림 전 옛날에 이스라엘 사람들과 맺으신 언약과 이제 그리스도가 나타나신 후에 우리와 체결하신 언약이 지닌 서로 간의 일치점과 차이점을 잠깐 살펴보도록 하자.

하시면서 그리하셨다." Schaff, *The Creeds of Christendom*, 3.617. 다음은 유럽 대륙과 영국과 스코틀랜드에 있어서의 칼빈의 언약 신학의 계승과 심화에 대해서 다룬다. Heppe, *Reformed Dogmatics*, 281–300, 371–409; John W. Beardslee III, ed., and tr., *Reformed Dogmatics* (New York: Oxford University Press, 1965); R. T. Kendall, *Calvin and English Calvinism to 1649* (New York: HarperSanFrancisco, 1978); Richard A. Muller, *Christ and the Decree: Christology and Predestination in Reformed Theology from Calvin to Perkins* (Grand Rapids: Baker, 1986).

606) "eiusdem mediatoris gratia communem salutem."
607) Servetus, *Christianismi restitutio* (1553), pp. 322, 324; Cf. pp. 233, 237ff., 305, 314, 321–326. Quot. Battles tr., n. 2.

2. 구약과 신약은 실체에 있어서는 하나이며 동일하나 경륜에 있어서는 다양함

실로 한마디 말로 이 두 가지 모두가 설명된다. 모든 족장과 맺은 언약은 실체 그리고 그 자체에 있어서 우리와 맺은 언약과 아무것도 다르지 않고 전적으로 하나이며 동일하다. 그렇지만 경륜에 있어서는 다르다.[608] 그런데 이렇게 너무 간단하게 다룬다면 아무도 이에 대한 확실한 이해에 이를 수 없으므로 논의를 더 진행하려면 더욱 상세한 설명이 필요하다. 그런데 구약과 신약의 일치성 나아가 하나임을 보여 주려고 이미 고찰했던 것들을 개별적으로 새로 다룰 필요까지는 없다. 아직까지는 때가 일러 다루지 않았던, 다른 곳에서 언급되어야 할 것들을 여기에서 함께 섞어서 다루는 것도 부적절하다.

여기서는 세 가지 항목들이 특히 주장되어야 한다.

첫째, 우리는 유대인들이 끝내 이루려고 열망한 목표가 육체적인 풍요함이나 행복에 있지 않았다는 사실을 견지하도록 하자. 오히려 그들은 선택된 자들로서 불멸에 대한 소망을 가지게 되었고, 이 자녀 삼으심(收養)에 대한 믿음이 전해진 말씀들에 의해서, 율법에 의해서, 선지자들에 의해서 그들에게 확실하게 되었다.[609]

둘째, 그들이 주님과 화목하게 된 언약은 자기들의 어떤 공로에 의해서가 아니라 오직 자기들을 부르시는 하나님의 자비에 의해서 지탱되었다.

셋째, 그들은 그리스도를 중보자로 여겼고 그렇게 알고 있었다. 그들은 그리스도를 통하여 하나님과 결합되었으며 하나님의 약속에 동참하는 자들이 되었다.[610]

---

[608] "Patrum omnium foedus adeo substantia et re ipsa nihil a nostro differt, ut unum prorsus atque idem sit. Administratio tamen variat." 신구약의 '실체'(substantia)는 그리스도로서 동일하나 '경륜'(administratio, oeconomia, dispensatio)이 서로 다를 뿐이다. 이는 개혁신학자들이 언약 신학을 전개하는 데 있어서 첫째 원리가 된다. H. H. Wolf, *Einheit des Bundes: Das verhältnis von Alten und Neuen Testament bei Calvin* (Neukirchen Kr. Moers: Buchhandlung des Erziehungsvereins, 1958).

[609] Cf. *Institutio*, 2.7.1.

[610] 그리스도의 중보가 신구약에 모두 미침을 칼빈은 여러 곳에서 강조한다. *Comm.*, Ex. 3:2 (CO 24.35–36); Is. 19:20 (CO 36.344); Mt. 1:23 (CO 45.69); Jn. 5:46 (CO 47.129); 16:23–24 (CO 47.367–369); Heb. 8:5

추측컨대 이 가운데 둘째 항목은 아직 충분한 숙지가 되지 않았으리라 여겨지므로 적절한 곳에서[611] 자세한 설명이 필요할 것이다. 그곳에서 우리는 선지자들이 선포한 다수의 분명한 증언들을 가지고 여호와가 지금까지 자기의 백성에게 복 주시거나 약속하신 모든 것은 순전히 자기의 선하심과 관대하심에서 비롯되었음을 확정하게 될 것이다. 셋째 항목에 대해서 우리는 이미 관계된 여러 곳에서 명확한 예증들을 제시하면서 다룬 바 있었다. 또한 첫째 항목도 다루지 않은 채 그냥 지나치지는 않았다.

3. 복음에 대한 약속들이 율법에 인친 바 된 것처럼, 구약도 미래의 불멸하는 삶을 지향함

우리의 대적자들이 특별한 명분을 내세워 가장 첨예하게 우리와 논쟁을 일삼고자 하는 것이 첫 번째 항목이므로, 여기서는 이를 더욱 자세히 주목하여 설명하고자 한다. 그러나 설명에 어떤 부족한 부분이라도 있게 되면 논의를 계속 전개하면서 그것을 보충하거나 적절한 곳에서 새로운 항목으로 그것을 첨가하여 다루거나 하는 방식으로 할 것이다. 사도는 "이 복음은 하나님이 선지자들을 통하여……성경에 미리 약속하신 것이라"라고 전하면서 자기가 정해진 때에 선포한 것은 "그의 아들에 관하여"(롬 1:2-3)였다고 함으로써 위의 세 가지에 대한 우리의 모든 의심을 확실히 제거한다. 마찬가지로 그가 전하는 말씀에 따르면 율법과 선지자들은 복음 자체를 통하여 가르쳐지는 믿음의 의에 대한 증인들이 된다(롬 3:21).

참으로 복음은 사람들의 마음을 현세의 삶에 대한 즐거움에 제한시키지 않고 그들을 들어 올려 불멸에 대한 소망으로 나아가게 한다. 그것은 그들을 땅에 있는 달콤한 것들에 매이게 하지 않고 하늘에 간직된 소망을 알려줌으로써,

---

(CO 55.99); *Serm.*, Mt. 26:36-39 (CO 46.846); 26:67-27:10 (CO 46.886); Gal. 3:13-14 (CO 50.515, 518); 3:15-18 (CO 525-534).

[611] *Institutio*, 3.15-18.

말하자면 그들을 그쪽으로 옮겨 가게 한다. 다른 곳에서 바울은 이를 다음과 같이 정의한다. "너희도……복음을……믿어 약속의 성령으로 인치심을 받았으니 이는 우리 기업의 보증이 되사 그 얻으신 것을 속량하시고"(엡 1:13-14). 또한 "이는 그리스도 예수 안에 있는 너희의 믿음과……성도에 대한 사랑을 들었음이요 너희를 위하여 하늘에 쌓아 둔 소망으로 말미암음이니 곧 너희가 전에 복음 진리의 말씀을 들은 것이라"(골 1:4-5). 또한 "이를 위하여 우리의 복음으로 너희를 부르사 우리 주 예수 그리스도의 영광을 얻게 하려 하심이니라"(살후 2:14).

그러므로 복음은 "구원의 말씀"(행 13:26), "믿는 자에게 구원을 주시는 하나님의 능력"(롬 1:16), "천국"(마 3:2; 13장)이라고 불린다. 복음의 교리는 영적인 것이며 썩지 아니하는 생명을 소유하는 데 이르는 길을 여는 것일진대, 그것의 약속과 선포를 받은 자들이 영혼의 돌봄을[612] 도외시하거나 무시하고 맹목적으로 날뛰는 야수들과 같이 몸의 즐거움을 추구하려고 들 것이라고 생각하지 말자.[613]

율법과 선지자들에 의해 인침을 받은 복음에 관한 약속들이 새로운 백성을 위하여 의도되었다는 참람한 말을 아무도 못하게 하자.[614] 사도는 복음이 율법에 약속되었다고 전한 후 곧 "우리가 알거니와 무릇 율법이 말하는 바는 율법 아래에 있는 자들에게 말하는 것이니"(롬 3:19)라고 덧붙였다. 나는 본문이 다른 논의에 관계된 것이라는 점을 인정한다. 그러나 율법이 가르치는 것은 무엇이든지 실제로 유대인들에게 고유하게 관계된다고 사도가 말했다고 해서 그가 몇 구절 앞에서 율법에 약속된 복음에 관하여 확정한 것을(롬 1:2; 참조. 롬 3:21) 생각하지 못할 정도로 망각했다고 볼 수는 없다. 오히려 그는 복음에 대한 약속들이 율법에 포함되어 있다고 말하면서, 구약이 현저히 미래의 삶을 향하고 있었다는 사실을 더할 나위 없이 분명히 증거하고 있다.

---

612) "animae cura."

613) 재세례파는 이를 빌미로 삼아서 비난을 일삼는다.

614) Servetus, *Dialogorum de Trinitate libri duo: De justitia regni Christi* (1532) I. 1, 4, fo. C 7a, D 16 D 2a (tr. E. M. Wilbur, *The Two Treatises of Servetus on the Trinity*, pp. 225, 230f.). Quot. Battles tr., n. 5.

4. 구약도 그리스도 안에서 하나님의 자비로 부여되는 영생을 목적으로 함

같은 논법으로부터 구약은 하나님의 값없는 자비를 근거로 세워졌으며 그리스도의 중재에 의해 확정되었다는 사실이[615] 귀결된다. 왜냐하면 복음적 설교도 죄인들이 의롭다 함을 얻는 것이 그들 자신의 공로가 아니라 하나님의 부성적인 관대하심으로 말미암는다고 선언하기 때문이며, 그것의 전체 요체가 그리스도 안에서 요약되기 때문이다.

그러므로 누가 감히 유대인들을 그리스도로부터 분리시키려 할 것인가? 우리는 그리스도가 유일한 근본이 되시는 복음의 언약이 그들과 체결되었다고 듣고 있지 않는가? 우리가 듣는 바대로 경륜상 믿음의 의의 교리가 적용된 그들을 누가[616] 감히 값없는 구원의 선물로부터 소외시키려고 하는가?

이 분명한 문제에 대해서 너무 오랫동안 논쟁할 필요 없이 우리에게는 깊이 새겨지는 주님의 말씀이 있다. "아브라함은 나의 때 볼 것을 즐거워하다가 보고 기뻐하였느니라"(요 8:56). 이곳에서 그리스도가 아브라함에 대해서 증언하신 것이 믿음의 백성 가운데 보편적이었음을 사도는 다음 말씀에서 보여 준다. "그리스도는 어제나 오늘이나 영원토록 동일하시니라"(히 13:8). 여기에서 말씀되는 것은 단순히 그리스도의 영원한 신성이 아니라 항구적으로 드러난 그의 능력에 관계된다.

그러므로 복된 동정녀와 스가랴는 모두 그들의 노래에서 그리스도 안에 계시된 구원을 여호와가 옛날에 아브라함과 족장들에게 하신 약속들의 제시라고 말한다(눅 1:54-55, 72-73). 만약 여호와가 자기의 기름부음 받은 자 그리스도를 제시하심으로써 자기가 옛날 사람들에게 한 맹세를 이루신 것이라면 구약은 항상 그리스도와 영생에 목적이 있었다고 말할 수밖에 없을 것이다.[617]

---

615) "et gratuita Dei misericordia constitisse, et Christi intercessione fuisse confirmatum."
616) Servetus, *Dialogorum de Trinitate libri duo: De justitia regni Christi* (1532) III. 3, fo. E 2a (tr. Wilbur, *The Two Treatises of Servetus on the Trinity*, pp. 243ff.). Quot. Battles tr., n. 6.
617) Cf. Irenaeus, *Against Heresies* IV. ix. x (MPG 7. 996-1000; tr. ANF 1. 472ff.); Augustine, *On the Morals of the Catholic Church* xxviii. 56-58 (MPL 32. 1333; tr. NPNF IV. 56f.). 다음 역시 같은 입장을

5. 구약 성례들은 그리스도를 의미로서 제시함

나아가 사도는 이스라엘 사람들이 언약의 은혜에 있어서뿐만 아니라 성례들의 의미에 있어서도 우리와 다를 바 없다고 여긴다. 옛날에 이스라엘 사람들이 성경에 따라서 징계로서 받은 형벌들의 예들을 사도가 열거하고 있는 목적은, 고린도 사람들이 유사한 죄를 범하지 못하도록 막기 위함이었다. 그리하여 그는 다음을 전제로 삼아 순서별로 논의를 전개한다.

우리에게는 이스라엘 사람들이 겪었던 하나님의 징벌로부터 우리 자신을 건져 낼 어떤 특권도 없다. 그러므로 우리는 어떤 명분으로도 이에 대해 항변할 수 없다. 왜냐하면 여호와는 그들에게도 동일하게 복을 주셨을 뿐만 아니라 동일한 징표들을 통해서 자기의 은혜를 베푸셨기 때문이다(참조. 고전 10:1-6, 11).

이는 그가 마치 다음과 같이 말하는 듯하다. "만일 당신이 인침을 받은 세례와 당신이 날마다 받는 성찬이 모두 놀라운 약속들을 지니고 있으므로 당신이 이제 위험으로부터 벗어나 있다고 확신해서 하나님의 선하심을 경멸하고 방자하게 너스레를 떨고 있다면, 그러한 징표들이 부족하지 않았던 유대인들에게 하나님이 자기의 엄격한 심판들을 내리셨다는 것을 당신은 인식해야만 할 것이다. 그들은 바다를 가로지름 가운데 그리고 태양의 불타는 열기로부터 자기들을 보호해 준 구름 속에서 세례를 받았다."

우리와 맞서는 자들은 그 가로지름을 육적 세례라 칭하고 그것이 우리의 영적 세례와 어느 정도는 상응한다고 주장한다. 그러나 만약 그것이 참되다고 받아들여진다면 사도의 논거는 설득력을 잃게 될 것이다. 왜냐하면 여기서 바울은 그리스도인들이 세례의 특권을 내세워 자기들이 유대인들보다 우월하다고 생각하는 것을 막으려는 데 뜻이 있기 때문이다(고전 10:2). 바로 이어지는 말씀도 이런 억지에 굴복하지 않는다. "다 같은 신령한 음식을 먹으며 다 같은 신령한 음료를 마셨으니"(고전 10:3-4). 사도는 본문이 그리스도를 언급한다고 해석한다.[618]

견지한다. Bucer, *Metaphrases et enarrationes perpetuae epistolarum D. Pauli Apostoli*, 1536, p. 159. Quot. Battles tr., n. 7.

[618] Bucer, *Metaphrases et enarrationes perpetuae epistolarum D. Pauli Apostoli*, p. 158. Quot. Battles

6. 만나가 제시하는 의미는 참된 양식인 그리스도의 몸

우리와 맞서는 자들은 바울의 이러한 입장을 깨뜨리려고 그리스도가 하신 "너희 조상들은 광야에서 만나를 먹었어도 죽었거니와"(요 6:49)와 "내 살을 먹는 자는 영원히 죽지 아니하리라"(적용. 요 6:54)라는 말씀을 근거로 든다. 이 두 본문을 조화시키는 데에는 아무 어려움이 없다.

왜냐하면 여기에서 주님은 자기의 말씀을 듣고 있는 자들이 음식으로 각자의 배를 채우려고 애쓰기는 하나 정작 영혼의 참된 양식에 대해서는[619] 무관심했으므로, 그들이 받아들여 속에 담을 만한 수준에 맞추어 말씀하셨기 때문이다. 특별히 그들의 지각에 가닿게 하시려고 만나와 자기의 몸을 비교하셨던 것이다. 그들이 그리스도께 무슨 기적을 행하시도록 요구한 것은 이를 통하여 그가 자기의 능력을 증명하시고 자기에게 고유한 권위를 얻기를 바랐기 때문이다. 마치 모세가 광야에서 하늘로부터 만나를 내리게 해서 취했던 기적을 행했듯이 하라는 것이었다.

그러나 그들에게는, 만나가 백성을 고통스럽게 했던 육체적인 배고픔을 채워 주는 처방[620] 외에는 다른 무엇으로도 이해되지 않았다. 그들은 바울이 관심을 가졌던 저 한층 더 깊은 비밀 속으로[621] 파고들어 가지는 않았다. 그러므로 그리스도는 그들이 자기들의 조상이 모세를 통하여 받게 된 것이라고 전했던 것보다 얼마나 더 큰 은총을 자기 자신에게 기대해야 하는지를 보여 주시려고 그렇게 비교하여 말씀하셨던 것이다. 여호와가 자기의 백성이 광야에서 굶어 죽지 않게 하시려고 모세를 통하여 하늘 양식을 내려 주심으로 그들이 단기간 동안 지탱되도록 하신 일을 위대하고 기억에 새길 만한 것으로 여길진대, 불멸을 주는 양식은 그것보다 얼마나 더 위대한지를 생각하라.

---

tr., n. 9.
619) "verum animae cibum."
620) "carnalis inediae……remedium."
621) "ad mysterium illud sublimius." '성례'를 칭하는 'sacramentum'은 '비밀'(mysterium)을 뜻한다. Cf. *Institutio*, 3.14.2.

이제 우리는 왜 주님이 만나의 주요한 것은 제외하시고 단지 그것의 가장 저급한 효용성만 지적하셨는지를 깨닫게 된다. 그것은 유대인들이, 만나를 처방으로 삼아 백성의 필요를 채움으로 그들을 구출한 모세를 주님과 맞세우려는 함정을 만들고 있었기 때문이다. 이를 간파하시고 주님은 훨씬 더 우월한 은혜를 베푸시는 분으로서 그들이 유일하게 대단하다고 여겼던 백성의 육체적 양육이 하찮게 여겨져야 마땅하다고 대답하시는 것이다.

바울은 여호와가 하늘로부터 만나를 비와 같이 내려 주신 것은 단순히 그들을 먹여 배를 채우려 하심이 아니라 일종의 영적인 비밀을 나눠 주심으로 우리가 그리스도 안에서 누리는 영적인 소생을 미리 보여 주려 하심이었음을[622] 알고 있었다(고전 10:1-5). 그리하여 그는 이 점을 무시하기는커녕, 가장 가치 있는 것으로 간주했던 것이다. 이로부터 우리는 여호와가 지금 우리에게 부여하시는 것과 동일한 영원한 하늘 생명에 대한 약속을 유대인들에게도 공유되게 하셨을 뿐만 아니라 그것을 참된 영적인 성례들로써 인치셨다고 확실하고도 분명하게 결론지을 수 있다. 아우구스티누스는 자기의 작품 『마니주의자 파우스투스에 대한 반박』(Contra Faustum Manichaeum)에서 이 문제에 대해서 광범위하게 다루고 있다.[623]

7. 구약 백성도 말씀을 통하여 영생의 복을 누림

생각건대 독자들은 우리가 율법과 선지자들로부터 증언들을 취하여, 그리스도와 사도들을 통해 우리에게 전해진 영적인 언약이[624] 족장들에게도 공유되었다는 사실을 증명해 주기를 더 원할 것이다. 나는 더욱 기꺼이 그들의 바람에 부응하도록 할 것이다. 그래서 우리에게 대적하는 자들을 더욱 확실하게

---

622) "spiritualis quoque mysterii loco dispensasse, ad figurandam quae in Christo habetur spiritualem vivificationem."

623) Augustine, *Reply to Faustus the Manichaean* XV. 11; XIX. 16 (MPL 42. 314, 356; tr. NPNF IV. 219, 244). Quot. Battles tr., n. 10.

624) "spirituale foedus."

논박하여 이후로는 이 문제를 구실로 삼지 못하도록 할 것이다.

나는 다음과 같이 한 증거를 예시함으로 논의를 시작하고자 한다. 재세례주의자들은 몰염치하게도 이를 헛되다고 볼 뿐만 아니라 거의 조롱거리로 여길 것이라고 나는 알고 있다. 그럼에도 가르침받을 만하고 건전한 사람들에게는 이것보다 가치가 더한 것은 어디에도 없다. 마땅히 나는 하나님의 말씀 속에 모든 사람의 영혼을 살리는 생명의 작용이 있음을 인정한다. 물론 이는 하나님이 그 말씀에 참여하도록 허락하신 자들에게 국한되지만 말이다.

하나님의 말씀은 "항상 있는" "썩지 아니할 씨"(벧전 1:23)이다. 이러한 베드로의 말씀은 언제나 유효하다. 사도는 이 같은 사실을 이사야의 말씀으로부터 추론한다(벧전 1:25; 사 40:8). 옛날에 하나님은 유대인들을 이 거룩한 고리로 그 자신 속에서 하나로 연결되게 하셨으므로 그들을 따로 구별해 영생의 소망을 갖게 하셨음에 대해서는 의심의 여지가 없다.

나는 그들이 말씀을 영접하여 하나님께 더욱 가까이 묶이게 되었다고 말하는데, 이는 하늘과 땅과 세상의 모든 피조물 가운데 퍼져 있는 일반적인 교통의 이치를 제시하고자 함이 아니다. 왜냐하면 그러한 방식으로는 만물 각각을 본성의 수준에서 살려내기는 하지만 부패의 위급함으로부터는 건져 낼 수가 없기 때문이다. 나는 여기에서 경건한 사람들의 영혼을 조명하여 하나님을 아는 지식에 이르게 할 뿐만 아니라 어떤 면에서는 그들을 하나님과 하나가 되게 하는 특별한 이치에 대해서[625] 말하고 있다.

아담, 아벨, 노아, 아브라함, 그리고 다른 족장들은 이러한 말씀의 조명으로 하나님께 붙들려 있었다. 그러므로 나는 일말의 의심도 없이 그들이 하나님의 영원한 나라에 들어갔다고 말한다. 왜냐하면 그들에게는 영생의 복이 없다면 존재할 수 없는 하나님에로의 견실한 동참이 있었기 때문이다.

---

[625] "istam specialem [rationem] qua piorum animae et illuminantur in Dei notitiam, et illi quodammodo copulantur."

8. 여호와를 자기 하나님으로 삼는 백성의 복을 동일하게 누림

그러나 이것이 아직도 다소 불명확하게 보이는가? 그렇다면 언약의 공식 그 자체로 넘어가서 다루도록 하자. 왜냐하면 그것은 유순한 천품을 지닌 사람들을 만족시킬 뿐만 아니라 그것을 반박하려고 드는 자들의 무지를 넉넉하게 증명해 줄 것이기 때문이다.

여호와는 항상 자기 종들과 언약을 맺으실 때 "나는……너희의 하나님이 되고 너희는 내 백성이 될 것이니라"(레 26:12)라고 말씀하신다. 선지자들 또한 이 말씀에 생명과 구원과 모든 지극한 복이 모두 포함되어 있음을 설명하곤 한다. 다윗이 "여호와를 자기 하나님으로 삼는 백성은 복이 있도다"(시 144:15), "하나님의 기업으로 선택된 백성은 복이 있도다"(시 33:12)라고 자주 선포하는 데에는 이유가 없지 않다. 실로 그것은 하나님이 땅에 속한 행복을 주시기 때문이 아니라 그가 백성으로 취하신 자들을 죽음으로부터 건져 내시고 자기의 영원한 자비를 베푸셔서 항구적으로 지키시기 때문이다. 다른 선지자들도 이 같은 말씀을 전한다. "여호와 나의 하나님……우리가 사망에 이르지 아니하리이다"(합 1:12), "여호와는 우리에게 율법을 세우신 이요 여호와는 우리의 왕이시니 그가 우리를 구원하실 것임이라"(사 33:22), "이스라엘이여 너는 행복한 사람이로다 여호와의 구원을 너같이 얻은 백성이 누구냐"(신 33:29).

그러나 괜한 일로 애쓸 필요 없이 선지자들이 반복해서 전하는 다음 충고에 주목하자. 여호와가 우리의 하나님이 되시는 이상 우리는 무엇 하나 부족한 것 없이 모든 선의 풍성함이나 구원의 확신을 누리게 된다. 진정 그러하다! 만약 하나님의 얼굴이 비치는 순간 그 얼굴이 구원의 가장 확실한 보증이 된다면, 하나님이 어떤 사람에게 그의 하나님으로서 나타나실 때에 동시에 자기의 구원의 보고를 그에게 열어 주시지 않겠는가?

모세가 증언하였듯이, 여호와는 우리 가운데 거하시어 우리의 하나님이 되신다(레 26:11). 그러나 우리는 하나님의 이런 현존을 누릴 때, 동시에 생명을 소유하지 않을 수 없다. 더 이상 무엇을 표현할 필요 없이 "나는 너희의 하나님이 되리니"(출 6:7)라는 말씀으로써 그들은 영적인 생명에 대한 충분히 분명한 약속을[626] 가지게 되었다. 왜냐하면 그는 그들의 몸만 위하시지 않고 특히 그들의 영혼을 위한 하나님이 되시겠다고 선포하셨기 때문이다. 거듭 말하지만 영혼은 의를 통하여 하나님과 결합되어 있지 않다면 그로부터 소외되어 죽음 가운데 머물게 될 것이다.[627] 이 결합은 현존하게 되는 동시에 영구적인 구원을 수반할 것이다.

9. 구약 백성 역시 죽음 후에도 계속되는 영원한 복을 소망함

이에 더하여 여호와는 자기가 그들의 하나님이셨다는 사실을 증언하셨을 뿐만 아니라 언제나 그들의 하나님이실 것이라고 약속하셨다. 이렇게 하심으로 그들의 소망이 현재의 복을 누리는 데 그치지 않고 영원까지 확장되도록 하셨다. 확언컨대 많은 말씀들을 통하여 알 수 있듯이 미래의 삶이 어떠할 것인지에 대한 지식이 당시 그들에게도 있었다. 하나님이 결코 자기들을 내버려 두지 않으신다는 생각으로 신자들은 현재의 재난들뿐만 아니라 후대의 재난들 가운데서도 하나같이 위로를 받았다.

참으로 이제 위에서 말한 둘째 항목의 약속에 있어서 하나님은 자기의 복이 당대의 그들에게만 미치는 것이 아니라 지상의 삶을 넘어서까지 펼쳐진다는 것을 훨씬 더 분명하게 확정하신다. "내가……너와 네 후손의 하나님이 되리라"(창 17:7). 만약 하나님이 죽은 자들의 후손에게 복을 주심으로 죽은 자들을 향한 자기의 인자하심을 선포하고자 하셨다면, 그 죽은 자들 자신에게는 이보다 훨씬 더한 호의를 베풀고자 하시지 않았겠는가? 하나님은 사람들과 다르시다. 사람들은 친구들을 향한 사랑을 그들이 죽으면 거두고 그들의 자식들에게 옮긴다. 왜냐하면 그들이 선을 베풀고자 원했던 사람들을 향한 의무가 있었다

---

[626] "satis claram habebant vitae spiritualis promissionem in his verbis: sum Deus vester." 언약의 열매(fructus)인 영생(vita aeterna)은 하나님의 자녀로서 하나님과 영원히 함께 사는 것이다.

[627] "nisi per iustitiam Deo coniunctae, ab ipso alienae in morte manent." 하나님을 떠나는 것, 하나님으로부터 소외되는 것이 영적 죽음(mors spiritualis)이다.

하더라도 죽음으로 말미암아 그것을 수행할 기회가 없어졌기 때문이다. 그러나 하나님의 자애는 죽음으로 가로막히지 않는다. 결단코 그는 죽은 자들로부터 자기의 자비의 열매를 철회하지 않으시고 그들을 위해 "천 대까지"(출 20:6) 베푸신다. 이렇듯 눈에 띠게 분명한 증거를 통하여 여호와는, 죽음 후에도 의식되는 자기의 선하심의 위대함과 부요함이 얼마나 대단한지를 그들이 찬미하게 되기를 원하셨는데, 왜냐하면 그 선하심이 그들의 후손들에게 흘러넘치리라고 말씀하셨기 때문이다. 여호와는 그때 이 약속의 진리를 인치셨고 그 약속을 제시하셨다. 그리고 자기를 "아브라함의 하나님, 이삭의 하나님, 야곱의 하나님"(출 3:6)이라고 부르셨다. 그들의 죽음 후 오랜 시간이 지났건만 왜 자기를 그렇게 칭하셨는가? 만약 그들이 죽은 후에 소멸되었다면 이는 분명 어리석은 이름이 아니었겠는가? 그것은 마치 "나는 존재하지 않는 자들의 하나님"이라고 말씀하시는 것과 무엇이 달랐겠는가?

따라서 복음서 기자들은 사두개인들이 이 한 가지 논증으로 인해 그리스도로부터 압박을 당했다고 전한다(마 22:23-32; 눅 20:27-38). 사두개인들은 죽은 자들의 부활에 대해서 증언한 사람이 모세였다는 점에서 이를 부인할 수 없었던 것이다. 확실히 이는 그들이 모세 자신에게서 "모든 성도가 여호와의 수중에 있다"(신 33:3 칼빈의 의역)라는 것을 배웠기 때문이다. 이로부터 쉽사리 미루어 알 수 있는 바는, 죽음과 생명의 재판관이신 하나님이 받아들여 자기의 교육, 후견, 보호 아래에 두신 자들은 실로 죽음 후에도 소멸되지 않는다는 사실이다.

10. 지상의 행복에 안주하지 않고
　　그 너머의 삶을 바라보게 하는 계속적인 훈련

이제 이 논쟁의 주요한 논점에 대해서 고찰하도록 하자. 옛날에 여호와의 가르침을 받은 신자들이 그들을 위한 더 좋은 삶이[628] 다른 곳에 있다고 의식하

---

[628] "meliorem……vitam."

게 되어 땅에서의 삶은 무시한 채 그 이후의 삶만 묵상하였는가? 아니면 그렇지 않았는가?629)

먼저, 하나님이 그들에게 부과하신 삶의 조건은 계속적인 훈련이었다.630) 이 훈련을 통해 그들은 만약 그들이 이 세상의 삶에 있어서만 행복하다면 그 어느 누구보다도 가장 비참한 사람들이 되리라는 점을 깨달았을 것이다.

아담은 빼앗겨 버린 행복에 대한 기억만으로도 가장 불행하였음에도 쓰라린 수고 가운데서도 자기의 필요를 간신히 채워 갈 뿐이었다. 하나님의 저주로 말미암아 비천하게 내몰리는 것이 마치 손으로 하는 수고만으로는 부족하다는 듯이(창 3:17) 그나마 자기에게 남아 있는 위로 가운데서도 극한 슬픔을 받아들여야 했다.

그의 두 아들 가운데 하나가 다른 하나에 의해서 사악하게 살해되는 일이 발생했다(창 4:8). 그가 남아 있는 아들에 대해 반감을 갖고 경악한 것은 당연했다. 아벨은 꽃피는 한창 때에 잔인하게 목숨을 잃었는데 이를 통해 인간 참상의 본을 보여 주었다.

온 땅이 안전하다 하면서 즐기고 있을 때에 노아는 인생의 좋은 시기를 바쳐 큰 노동 가운데 방주를 건조하였다(창 6:22). 그는 이로써 죽음을 피했지만, 그 수고는 백 번의 죽음보다도 더 큰 아주 힘든 어려움을 초래하였다. 게다가 10개월 동안 그에게 있어서 방주는 무덤과 같았다.631) 그 오랫동안 동물들의 배설물에 거의 잠기다시피 했으니 이보다 더 불쾌한 것이 있을 수 없었다. 그는 그 대단한 어려움을 모면했지만 새로운 일로 슬픔을 당하였다.

그는 자기 아들에게 조롱당하는 처지에 놓인 자기의 모습을 깨닫게 되었고, 하나님의 크신 복을 받아 대홍수에서도 안전했던 그 아들을 자기 입으로 저주하는 자리에 내몰리게 되었다(창 9:24-25).

---

629) Cf. *Institutio*, 3.9-10.
630) "quae divinitus iniuncta illis fuit vivendi conditio, assiduum erat exercitium."
631) Cf. *Serm*., Is. 24:21-22 (SC 2,376).

11. 현세의 고난을 이겨낸 아브라함의 믿음

만약 우리가 아브라함의 믿음을 바라본다면 실로 그는 십만에 버금가는 사람들의 존경을 받아야 한다. 그의 삶은 신앙의 최고 규범을[632] 우리 앞에 제시한다. 우리도 하나님의 자녀가 되려면 그의 족속으로 여겨져야 한다(창 12:3). 아브라함은 모든 신자의 아버지가 되었지만(참조. 창 17:5) 정작 그들 가운데 마지막 한 끄트머리에 있는 구석진 자리도 차지하지 못할 처지였다. 이보다 더 불합리하게 여겨지는 일이 또 있을 수 있겠는가? 그러나 그를 그 수에 들지 않도록 해서는 안 됨은 물론 심지어 최고 영예스런 등위에서도 그를 제외해서는 안 된다. 만약 그렇게 한다면 전체 교회가 말소되고 말 것이다.

이제 그의 삶의 경험들에 대해서 생각해 보자. 그는 처음에 하나님의 명령으로 부름을 받았을 때(창 12:1) 사람들이 삶의 으뜸가는 달콤함이라고 여기는 본토와 부모와 친구들을 빼앗긴다. 이는 마치 여호와가 정해진 계획에 따라 그에게서 삶의 모든 즐거움을 고스란히 탈취해 가시려는 듯이 보인다. 거주하라고 명령받은 그 땅에 이르자마자 기근으로 인해 그곳을 벗어날 수밖에 없게 된다(창 12:10). 도움을 찾아 도망간 곳에서는 자기를 안전하게 보호하기 위해 자기 아내의 몸을 팔아야 할 만큼 궁지에 처한다(창 12:11-20). 아마 이는 무수한 죽음보다도 더 냉혹한 일이었으리라. 이후 자기의 거주지로 돌아왔으나 또다시 기근으로 그곳으로부터 내쳐진다. 만약 당신이 사는 곳에서 수시로 배고픔을 겪어야 하는 형편에 처하여 급기야 그곳을 벗어나지 않고서는 먹을 것이 없어 죽을 수밖에 없게 된 경우라면 과연 이를 무슨 행복이라고 할 수 있겠는가? 같은 궁지에 내몰려 아비멜렉의 땅에서도 자기의 목숨을 보전하는 값으로 아내를 내놓아야 할 형편에 처하게 된다(창 20:1-18).

아무 확신도 없이 수년간 이곳저곳을 배회하는 동안 계속되는 자기 종들의 다툼 때문에 자기 아들과 같이 귀하게 여겼던 조카를 떠나보내고 만다(창 13:5-9). 의심할 여지없이 이 이산(離散)으로 인해 수족이 잘려나가는 것과 같은 단절을

---

[632] "in optimam credendi regulam."

겪었을 것이다. 얼마 후에 자기 조카가 적들에 의해 포로로 잡혔다는 소식을 듣는다(창 14:14-16). 가는 곳마다 자기가 온갖 힘을 다해 수고해서 판 우물들의 물을 마실 수도 없게 할 만큼 극히 야만스런 이웃들을 마주친다. 그랄 왕이 먼저 그런 비행을 저지르지 않았다면 그로부터 사용권을 되찾는 일도 없었을 것이다(창 21:25-31).

노년에 이르러 심히 쇠약한 가운데 있게 되지만 여전히 자기에게는 자식이 없음을 보게 된다(창 15:2). 이는 그 세대에 속한 사람에게는 가장 불행하고 쓰라린 일이었다. 마침내 소망과는 달리 이스마엘을 낳게 되나(창 16:15) 이로 말미암아 많은 대가를 치르게 된다. 사라는 마치 아브라함이 여종의 교만을 부추겨 가정불화의 원인을 제공하기라도 한 듯이 그를 비난하여 지치게 했다(창 16:5).

마침내 이삭이 태어난다(창 21:2). 그러나 이에도 대가가 따랐으니 첫째 아들 이스마엘은 쫓겨나 거의 적대시될 정도로 버림받게 되었기 때문이다(창 21:9-21). 이삭이 홀로 남았을 때 노령으로 쇠약해진 이 선한 사람에게 의지가 되었는데, 얼마 지나지 않아 그를 제물로 바치라는 명령을 받게 된다(창 22:1-2). 아버지가 자기 아들을 죽이는 것보다 더 황망한 일을 사람의 마음으로 생각이나 할 수 있겠는가? 만약 이삭이 병으로 죽었다고 하더라도 누가 아브라함을 가장 비참한 노인이라고 여기지 않았겠는가? 그런데 웃음을 주는 아들을 얻고 이제 그 아들로 말미암아 아들을 잃는 슬픔을 당하게 되니 그 슬픔이 어찌 두 배가 되지 않겠는가? 그런데 아들이 자기 아버지의 손으로 죽게 된다면 그것은 어떤 종류의 재난보다 더한 재난이 아니겠는가?

요컨대 아브라함은 전 생애의 역정에 있어서 내침을 당하고 고통을 겪었으니, 만약 누군가 삶의 참상의 본을[633] 화판에 그리려고 한다면 아브라함보다 더 적합한 경우를 어디에서도 찾을 수 없을 것이다.

그 많은 큰 폭풍들이 있었음에도 아브라함이 그것들을 물리치고 안전하게 목적지에 가닿았다고 해서 그가 완전히 불행한 삶을 산 것은 아니었다고 말하는 사람이 없게 하자. 우리는 무한한 고난을 겪으며 오랫동안 온갖 수고를 다

---

633) "exemplar calamitosae vitae."

하고 있는 사람을 일컬어 복된 삶을 영위하고 있다고 말하지 않는다. 나쁜 것들을 의식함 없이 현존하는 선한 것들을 평온하게 누리는 것이 복된 삶인 것이다.

12. 이삭과 야곱의 험악한 지상의 삶 가운데서의 믿음

이삭은 보다 덜 나쁜 일들을 당하였다. 그렇지만 최소한의 인생의 달콤함조차 거의 맛보지 못했다. 땅 위에서 사람을 복되게 놔두지 않는 고난들을 그 자신 역시 경험한다. 기근이 가나안 땅으로부터 그를 몰아낸다(창 26:1). 그의 품에서 아내를 빼앗기게 된다(창 26:7-11). 이웃들이 누차 그를 괴롭히고 모든 수를 써서 압력을 가하고 물 때문에 싸울 수밖에 없는 지경에 이르게 된다(창 26:12-22). 가정에서는 며느리들이 큰 말썽거리가 된다(창 26:34-35). 아들 간의 분쟁으로 괴롭힘을 당한다(창 27:41-45). 이로 인해 큰 화가 미치지 않도록 방비하기 위해 자기가 축복한 아들을 도망치게 할 수밖에 없다(창 28:1, 5).

야곱은 극단적인 불행을 보여 주는 가장 두드러진 본이[634] 된다. 형의 위협으로 인한 두려움 때문에 가장 힘든 어린 시절을 집에서 보내고 끝내 그 형에게 굴복할 수밖에 없게 된다(창 27:41-45). 부모와 출생지를 떠나 도망치게 되었을 때 그 추방의 쓰라림 외에도 그의 외삼촌 라반에게서 더할 나위 없이 불친절하고 비신사적인 대우를 받는다(창 29:15-20). 가장 고되고 잔인한 종살이가 7년간 지속되었지만 그것으로도 충분하지 않았다(창 29:20). 또 사악한 속임수로 아내에 관하여 사기를 당하게 된다(창 29:23-26). 둘째 아내를 얻기 위해 새로운 종살이를 겪어야 했다(창 29:27). 그 자신이 불평하고 있듯이, 종일 태양의 열로 바싹 타고 밤새 잠 못 들고 서리와 추위로 고통을 당하게 된다(창 31:40). 이 심히 험난한 20년의 삶을 견뎌 내는 동안 날마다 장인의 부당한 대우로 상처를 입게 된다(창 31:41). 그리고 자기의 가정도 조용하지 않았다. 아내들이 미움과 분쟁과 시기로 서로 반목하고 거의 흩어지다시피 된다(창 30:1-24).

---

[634] "extremae infelicitatis insigne……exemplar."

고향으로 돌아가라는 명령을 받고도 마치 불명예스럽게 도망치듯이 출발해야만 했다(창 31:17-22). 그래도 자기 장인의 사악함을 피할 수 없었으니 뒤쫓아 온 그의 모욕과 욕설로 괴로움을 당하게 된다(창 31:23-30).

그리고 곧 훨씬 더 잔인한 어려움을 감수하게 된다. 자기의 형에게 가까이 왔을 때 잔인하고 적의에 찬 사람만이 음모를 꾸밀 수 있는 그런 죽음들이 자기 앞에 널브러질 것을 미리 보게 된다. 그러므로 에서가 오는 것을 기다리는 동안 경악스런 두려움으로 인해 측량할 수 없을 만큼의 고통을 당하고 마음이 갈기갈기 찢어지게 된다(창 32:7, 11). 에서를 보고 절반은 죽은 사람으로 자기 형의 발 앞에 엎드려 몸을 굽힌다. 감히 자기가 바랐던 것보다 더 유순한 형의 모습을 의식하게 된 후에야 그렇게 하지 않는다(창 33:1-4).

또 처음으로 그 땅에 들어갈 때 자기가 가장 귀한 사랑을 쏟았던 아내 라헬을 잃는다(창 35:16-20). 이후, 라헬에게서 얻어 나머지 아들들보다 더 사랑한 아들이 야생 짐승에게 물려 몸이 찢겼다는 소식을 듣는다(창 37:31-32). 아들의 죽음 때문에 슬픔에 압도된 채 오랜 통곡 후에 어떤 위로도 완강히 거절하고 자기에게 나아올 길은 다 닫아 걸고 무덤 속으로 내려가 그 아들에게 이를 때까지 슬퍼하면서 살겠다고 선포한다. 한편 그러는 동안 자기의 딸이 사로잡혀 강간을 당했고(창 34:2, 5), 자기의 아들들이 자기에 대한 무모한 보복을 감행한다(창 34:25). 그리하여 그 나라의 모든 거주민에게 미움거리가 되고 상존하는 살해의 위협이 가해진다(창 34:30). 이 모든 일들이 얼마나 불안과 슬픔과 신음을 낳는 큰 원인들이 되었겠는가?

게다가 첫째 아들 르우벤의 극악한 범죄가 뒤따른다. 이보다 더 심각한 일이 어찌 일어날 수 있겠는가?(창 35:22) 아내가 더럽혀지는 것은 최고의 재난에 드는 것으로 간주된다. 그 범죄가 자기 아들에 의해서 행해진다면 무슨 말을 더 할 수 있겠는가? 그 이후 얼마 지나지 않아 근친상간으로 가족이 또다시 더럽혀진다(창 38:18). 이렇게 치욕스런 경험을 많이 하게 되면 아주 강하고 굴할 줄 모르는 마음이라도 재난들로 인해 갈가리 찢어질 수밖에 없게 될 것이다.

삶의 끝자락에 다다랐을 때 자기와 가족의 기근을 이겨 내려고 방도를 모색하던 중 새로운 재난의 소식에 충격을 받게 된다. 아들 가운데 또 하나가 감옥에 갇혔다는 것을 알게 된 것이다. 그를 되찾아 오기 위해서 자기의 유일한 바람(所願)인 베냐민을 다른 사람들의 관리하에 맡길 수밖에 없도록 강요받게 된다(창 42:34, 38).

이렇듯 나쁜 일들이 무더기로 몰아닥치는데 어떻게 한 순간이라도 평온히 숨을 내쉴 수 있으리라 생각이나 할 수 있었겠는가? 그리하여 자기에 대한 최고의 목격자인 바로에게 지상에서의 자기의 날은 짧았으나 험악했다고 증언했다(창 47:9). 계속되는 비참한 일들로 자기 삶을 보냈다고 선포하고 여호와가 자기에게 약속하신 번성을 느꼈는지에 대해서는 절대적으로 부인했다. 그러므로 야곱은 적대적이고 배은망덕하게 하나님의 은혜를 평가한 자였거나 아니면 지상에서 비참한 삶을 살았노라고 솔직하게 공표한 자였거나 할 것이다. 그의 주장이 참될진대, 이로부터 귀결되는바, 그는 땅의 것들에 자신의 소망을 두지 않았다.[635]

13. 거룩한 조상들도 죽음 후의 열매를 바라봄

만약 이 거룩한 조상들이 하나님의 손으로부터 복된 삶을 대망했다면, 물론 이는 의심할 바 없는데, 그들은 그것이 지상의 삶에 있어서의 복과는 다른 복이라고 생각했을 뿐만 아니라 그렇게 깨달았을 것이다. 사도는 매우 뛰어나게 이 사실을 보여 주고 있다. "믿음으로 아브라함은……그가 이방의 땅에 있는 것같이 약속의 땅에 거류하여 동일한 약속을 유업으로 함께 받은 이삭 및 야곱과 더불어 장막에 거하였으니 이는 그가 하나님이 계획하시고 지으실 터가 있는 성을 바랐음이라……이 사람들은 다 믿음을 따라 죽었으되 약속을 받지 못하였으되 그것들을 멀리서 보고 환영하며 또 땅에서는 외국인과 나그네임을 증언하였으니 그들이 이같이 말하는 것은 자기들이 본향 찾는 자임을 나타냄이라 그들이 나온바 본향을 생각하였더라면 돌아갈 기회가 있었으려니와 그들

---

[635] Cf. *Institutio*, 3.22.6.

이 이제는 더 나은 본향을 사모하니 곧 하늘에 있는 것이라 이러므로 하나님이 그들의 하나님이라 일컬음 받으심을 부끄러워하지 아니하시고 그들을 위하여 한 성을 예비하셨느니라"(히 11:8-10, 13-16).

만약 그들이 땅에서는 구현될 소망이 전혀 없는 약속들을 그것들이 다른 곳에서 이루어질 것이라고 기대를 함이 없이 계속 추구하고 있었다면, 그들은 나무 그루터기보다도 더 무딘 사람들이 아니었겠는가? 여기에서 바울은 모세가 또한 그렇게 하듯이(창 47:9), 그들이 이 땅의 삶을 나그네의 삶이라고 칭하고 있음을 무엇보다 중요하게 여기고 그것을 이치에 닿게 주장하고 있다. 만약 그들이 가나안 땅에서 나그네들이며 거류민들에 불과했다면, 그들을 그 땅에서 아브라함의 상속자들이 되게 하시겠다는 여호와의 약속은 어디에 있는가? 그들은 가나안 땅에서 무덤 외에는 "발붙일 만한 땅"(행 7:5)도 얻지 못했다. 이로써 그들은 자기들이 죽음 후에 약속의 열매를 받고자 소망했다는 것을 증언했다. 여기에서 우리는 야곱이 그곳에 묻히는 것을 귀하게 여겨 그의 아들 요셉에게 그 약속을 맹세하게 해서 매이게 한 이유와(창 47:29-30), 요셉이 자기의 뼈가 언젠가 수 세대가 지나 흙이 된 오랜 후에 그곳으로 옮겨지기를 바란 이유를 발견하게 된다(창 50:25).

14. 죽음에는 생명의 시작이 있음

마지막으로, 족장들은 모든 열의를 다하여 이 땅의 삶을 살아갔으되 앞에 놓인 미래의 삶의 복을[636] 바라보고 그렇게 했다는 사실이 분명히 확립된다. 야곱은 더 고상한 복을 지향했기 때문에 장자의 권리에 그토록 마음을 쏟았고 그렇게 큰 위험이 있었음에도 그것을 추구하였다. 그것이 남긴 것은 추방과 거의 그렇게 될 뻔했던 부자관계의 단절일 뿐 선한 것은 전혀 없었다(창 27:41). 마지막 숨을 내쉬며 그는 자기가 뜻한 의도가 있었음을 선포했다. "여호와여 나는

---

[636] "futurae vitae beatitudinem."

주의 구원을 기다리나이다"(창 49:18). 자기가 마지막 숨을 내쉬고 있음을, 즉 죽어 가고 있음을 알게 된 상태에서 죽음 가운데 새로운 삶의 시작이 있다는 사실에 대한 인식이 없었다면, 과연 그가 기다리고 있었던 구원은 무엇이겠는가?

왜 우리는 거룩한 자들과 하나님의 자녀들을 향하여 논쟁을 일삼고 있는가? 그들과는 달리 진리를 공격하려는 자조차도 이와 유사한 이해에 이르지 않았던가? 발람이 "나는 의인의 죽음을 죽기 원하며 나의 종말이 그와 같기를 바라노라"(민 23:10)라고 말했을 때 다윗이 이후에 선포한 "그의 경건한 자들의 죽음은 여호와께서 보시기에 귀중한 것이로다"(시 116:15) 그러나 "불경건한 자들의 죽음은 매우 악하도다"(적용. 시 34:21)라는 말씀의 뜻과 다른 무엇을 전하고자 했던 것은 아니잖은가? 만일 죽음이 최후의 경계와 목표라면[637] 죽음에는 의로운 자와 불경건한 자를 구별하는 어떤 표지도 존재할 수 없을 것이다. 그러나 죽음 이후 그들 각각에게 남아 있는 다양한 것들로 그들은 서로 간에 구별된다.

15. 다윗이 고백하는 여호와의 영원한 복

우리는 아직 모세 이후로는 나아가지 않았다. 우리에 맞서는 자들은 모세가 감당한 직분은 단지 육체적인 백성에게 땅의 기름짐과 만물의 풍부함을 약속함으로써 하나님을 예배하도록 이끄는 일을 수행했을 뿐이라고 주장한다. 그러나 우리에게는 부여된 빛을 자발적으로 나서서 피하지 않는 이상 영적 언약에 대한 분명한 선포가 이미 존재한다. 만약 우리가 선지자들에게 나아간다면, 그들 안에서 영생과 그리스도의 나라가 완전한 광채로 계시될 것이다.

우선, 다른 선지자들보다 시기적으로 앞서는 다윗은 하늘 비밀들을 그들보다 더욱 희미하게 하나님의 경륜의 순서에 따라 예표하였다. 그럼에도 그는 아주 명료하고 확실하게 자기가 전한 모든 말씀이 그 목표로 향하도록 하였

---

[637] "ultima linea et meta." Cf. Horace, *Epistles* I. xvi. 79 (LCL ed., Horace, *Satires, Epistles, and Ars Poetica*, p. 356). Quot. Battles tr., n. 12.

다.638) 다음 본문에서는 그가 지상에서 거주하는 것을 어떻게 평가하는 지에 대해 증언하고 있다. "나는 주와 함께 있는 나그네이며 나의 모든 조상들처럼 떠도나이다"(시 39:12). "사람은……모두가 허사뿐이니이다 진실로 각 사람은 그림자같이 다니고"(시 39:5-6). "주여 이제 내가 무엇을 바라리요 나의 소망은 주께 있나이다"(시 39:7). 진정 지상에는 견고하거나 안정적인 것이 아무것도 없음을 인정하면서 하나님에 대한 확고한 소망을 변함없이 붙들고 있는 자는 자기 행복이 다른 곳에 맡겨져 있음을 묵상한다.

다윗은 신자들에게 참된 위로를 돌리려고 원할 때마다 매번 이 묵상을 되새겨 그들이 돌이키게끔 했다. 다른 본문에서 그는 인간의 삶의 단명함과 흘러가는 덧없는 형상에 대해 말한 후 "여호와의 인자하심은 자기를 경외하는 자에게 영원부터 영원까지 이르며"(시 103:17)라고 덧붙인다. 이는 그가 시편 102편에서 말한 것과 유사하다. "주께서 옛적에 땅의 기초를 놓으셨사오며 하늘도 주의 손으로 지으신 바니이다 천지는 없어지려니와 주는 영존하시겠고 그것들은 다 옷같이 낡으리니 의복같이 바꾸시면 바뀌려니와 주는 한결같으시고 주의 연대는 무궁하리이다 주의 종들의 자손은 항상 안전히 거주하고 그의 후손은 주 앞에 굳게 서리이다 하였도다"(시 102:25-28). 설혹 하늘과 땅이 소멸한다고 해도 경건한 자들이 여호와 앞에서 요동치지 않고 견실하게 머문다면 그들의 구원은 하나님의 영원성과 결합되어 있을 것이다.

그러나 이러한 소망은 이사야가 밝힌 여호와의 약속에 의지하지 않는 한 결코 온전할 수 없다. "하늘이 연기같이 사라지고 땅이 옷같이 해어지며 거기에 사는 자들이 하루살이같이 죽으려니와 나의 구원은 영원히 있고 나의 공의는 폐하여지지 아니하리라"(사 51:6). 여기에 의와 구원에 돌려지는 항구성이 있다. 이는 그것들이 여호와의 수중에 영원히 머물러 있다는 점에서가 아니라 사람들에 의해서 그렇게 경험된다는 점에서 그러하다.

---

638) "ita pro ordine divinae dispensationis coelestia mysteria obscurius quam illi adumbravit, quanta tamen perspicuitate ac certitudine ad eum scopum omnia sua dirigit."

16. 경건한 자들의 번성과 고난이 지닌 현세 너머의 의미

다윗은 시편의 여러 본문에서 신자들의 번성을 노래하고 있는데, 이 번성은 하늘 영광의 현시에 돌려지지 않는다면 달리 이해될 방도가 없을 것이다. 다음이 그 본문들이다. "그(여호와)가 성도의 영혼을 보전하사 악인의 손에서 건지시느니라"(적용. 시 97:10). "의인을 위하여 빛을 뿌리고 마음이 정직한 자를 위하여 기쁨을 뿌리시는도다"(시 97:11). 또 "그(의인)의 의가 영구히 있고 그의 뿔이 영광 중에 들리리로다"(시 112:9). "악인들의 욕망은 사라지리로다"(시 112:10). 또 "진실로 의인들이 주의 이름에 감사하며 정직한 자들이 주의 앞에서 살리이다"(시 140:13). 또한 "의인은 영원히 기억되리로다"(시 112:6). 또한 "여호와께서 그의 종들의 영혼을 속량하시나니"(시 34:22).

이처럼 여호와는 종종 자기 종들이 불경건한 자들의 육욕에 괴롭힘을 당하게 하실 뿐만 아니라 찢기고 멸망당하도록 허용하신다. 불경건한 자들은 거의 별과 같이 빛나게 하시나 선한 자들은 어둠과 불결함 가운데 시들어가도록 내버려 두신다. 그들에게 자신의 얼굴을 비추어 즐겁게 하사 평온 가운데 오랫동안 기쁨을 누리도록 하시지 않는 것이다. 그렇기 때문에 심지어 다윗조차도 신자들이 눈을 사물의 현재 상태에 고착시키게 되면 아주 심각한 유혹에 마음이 격동되어 마치 하나님이 무죄한 사람들에게 베푸시는 은혜도 없고 상급도 없는 듯한 생각에 이른다는 점을 숨기지 않는다. 이렇듯 불경건한 자들은 극히 번성하고 번창하는 반면, 경건한 자들의 무리는 불명예, 빈곤, 모욕, 그리고 모든 종류의 십자가에 억눌리게 된다. 다윗은 다음과 같이 전한다. "나는 거의 넘어질 뻔하였고 나의 걸음이 미끄러질 뻔하였으니 이는 내가 악인의 형통함을 보고 오만한 자를 질투하였음이로다"(시 73:2-3). 이렇게 기술한 후에 다음의 말씀으로 결론을 맺는다. "내가 어쩌면 이를 알까 하여 생각한즉 그것이 내 영혼에 심한 고통이 되었더니 하나님의 성소에 들어갈 때에야 그들의 종말을 내가 깨달았나이다"(적용. 시 73:16-17).

17. 마음을 들어 올려 현세 후에 뒤따르는 새로운 삶을 바라봄

그러므로 우리는 다윗의 고백을 통하여 구약의 거룩한 족장들은 하나님이 자기 종들에게 하시는 약속을 이 세상에서 거의 혹은 아예 이루시지 않는다는 사실에 대해서 무지하지 않았음을 배우도록 하자. 그러므로 그들은 하나님의 성소를 향하여 자기들의 마음을 들어 올려 현세의 삶의 그림자에 묻혀 드러나지 않는 것이 그곳에 숨겨져 있음을 발견하였다. 하나님의 최후의 심판이 그곳에 있었다. 그들은 자기들의 눈으로 그것을 분별할 수는 없었지만 믿음으로 그것을 이해하는 것으로 만족하였다.[639] 이러한 확신에 의존해서 그들은 세상에서 무슨 일이 일어나든지 간에 하나님의 약속이 성취될 시간이 도래할 것이라는 점에 대해서 의심하지 않았다.

이는 다음 말씀들이 증언하는 바와 같다. "나는 의로운 중에 주의 얼굴을 뵈오리니……주의 형상으로 만족하리이다"(시 17:15). 또한 "나는 하나님의 집에 있는 푸른 감람나무 같음이여"(시 52:8). 또한 "의인은 종려나무같이 번성하며 레바논의 백향목같이 성장하리로다 이는 여호와의 집에 심겼음이여 우리 하나님의 뜰 안에서 번성하리로다 그는 늙어도 여전히 결실하며 진액이 풍족하고 빛이 청청하니"(시 92:12-14). 조금 앞에서 그는 말했다. "여호와여……주의 생각이 매우 깊으시니이다……악을 행하는 자들은 풀같이 자라고 다 흥왕할지라도 영원히 멸망하리이다"(적용. 시 92:5, 7).

이 세상의 면면이 하나님 나라의 현현으로 뒤바뀔 때가 아니라면 언제 신자들의 멋과 아름다움이 드러나겠는가? 그들은 눈을 들어 시선을 영원성에 맞출 때 현존하는 재난의 일시적인 어려움을 멸시하고 두려움 없이 다음과 같은 말씀을 쏟아내게 될 것이다. "주께서 의인의 죽는 것을 영원히 허락하지 아니하시리로다……악인들로 파멸의 웅덩이에 빠지게 하시리이다"(적용. 시 55:22-23). 이 세상 어디에 악인들을 삼키는 영원한 파멸의 웅덩이가 있는가? 오히려 그

---

[639] "atque ideo animos ad Dei sacrarium sustulisse, in quo reconditum habebant, quod in praesentis vitae umbra non apparet. Hoc erat ultimum Dei iudicium, quod quum oculis minime cernerent, fide contenti erant intelligere."

들의 행복이 다음 말씀에 헤아려지고 있지 않은가? "그들의 날은 많은 쇠약함 없이 잠깐 사이에 끝난다"(적용. 욥 21:13). 성도들의 그 위대한 안정성은 어디에 있는가? 다윗 자신이 모든 곳에서 한탄하듯이, 그들은 심히 요동치고 극히 짓눌리며 쇠잔해져 있지 않는가? 즉 다윗은 자기의 눈앞에 바다의 조수보다도 더 요동이 심한 다변하는 세상의 시류를 두지 않고 오히려 여호와가 언젠가 심판하시는 자리에 앉으셔서 하늘과 땅의 영구적인 체질을 확정하시면서 행하실 일을 바라보고 있지 않는가?

시편 기자는 이를 다른 본문에서 뛰어나게 기술하고 있다. "어리석은 자들은 자기의 재물을 의지하고 부유함을 자랑하는도다 그러나 그 아무도 우월함이 더하여 자기의 형제를 구원하지 못하며 그를 위한 속전을 하나님께 바치지 못할 것은……그러나 지혜 있는 자도 죽고 악하고 어리석은 자도 함께 망하며 그들의 재물은 남에게 남겨 두고 떠나는 것을 보게 되리로다 그러나 그들의 속생각에 그들의 집은 영원히 있고 그들의 거처는 대대에 이르리라 하여 그들의 토지를 자기 이름으로 부르도다 사람은 존귀하나 장구하지 못함이여 멸망하는 짐승같도다 이러한 그들의 생각은 어리석음의 극을 달림에도 그 후손은 이를 신속하게 본받는도다 그들은 양의 무리와 같이 스올에 모이게 되리니 사망이 그들을 다스릴 것이라 빛이 일기 시작하면 정직한 자들이 그들을 다스리리니 그들의 아름다움은 소멸하고 스올이 그들의 거처가 되리라"(적용. 시 49:6-7, 10-14).

이렇듯 미끄러져 나가 증발해 버리고 마는 세상에 속한 좋은 것들에 의지하는 어리석은 자들에 대한 조롱이 일차적으로 보여 주는 것은, 지혜로운 자들은 먼 곳에서 다른 행복을 추구해야 한다는 사실이다.

실상 다윗은 사악한 자들이 망하여 소멸된 이후에 경건한 자들의 나라가 일어나 현존할 것이라고 하여 부활의 비밀을 더 한층 분명하게 밝히고 있다. 우리가 "빛이 일기 시작하면"[640](적용. 시 49:14; 참조. 시 30:5)이라고 부르는 것은 현세의 끝에 뒤따르는 새로운 삶에 대한 계시가 아니고 무엇이겠는가?

---

640) "lucis exortum."

18. 의인들의 마지막 출구는 영원한 생명과 구원

신자들이 비참함에 대한 위로와 고난에 대한 처방으로 삼아 온 생각이 여기에서부터 생겨난다. "그(여호와)의 노여움은 잠깐이요 그의 은총은 평생이로다"(시 30:5). 어떻게 그들이 거의 삶 전체를 통하여 겪어 온 고난을 일순간에 끝낼 수 있었겠는가? 그들이 하나님의 인자하심을 거의 맛보지 못했다고 한다면 어떻게 항구적으로 그것을 바라볼 수 있었겠는가? 만약 그들이 땅에 붙들려 있었다면 그들은 이와 같은 것을 전혀 발견할 수 없었을 것이다. 그러나 그들은 하늘을 쳐다보았기 때문에 성도들이 "잠시" 십자가를 통하여 여호와로부터 훈련을 받으나 거기에는 "영원한 자비"(사 54:7-8)가 있음을 미루어 알게 되었다. 반면에 한 날 동안 꿈같이 행복했던 악인들에게는 영원하고 끝이 없는 멸망이 있으리라고 그들은 미리 바라보았다.

다음 말씀이 이를 전한다. "의인을 기념할 때에는 칭찬하거니와 악인의 이름은 썩게 되느니라"(잠 10:7). "그의 경건한 자들의 죽음은 여호와께서 보시기에 귀중한 것이로다"(시 116:15). "죄인들의 죽음은 가장 악한 것이로다"(적용. 시 34:21). 또한 사무엘을 통하여 "그가 그의 거룩한 자들의 발을 지키실 것이요 악인들을 흑암 중에서 잠잠하게 하시리니"(삼상 2:9)라고 전하고 있다.

이러한 본문들은 고대의 조상들이, 성도들은 아무리 다양한 어려움에 둘러싸여 시달린다고 하더라도 마지막 출구를 생명과 구원에서 찾았던 반면, 불경건한 자들의 길은 유쾌하나 조금씩 죽음의 심연에 빠져 들어가게 됨을 알고 있었음을 보여 준다. 그리하여 그들은 불경건한 자들의 죽음을 "할례받지 않은 자의 죽음"[641](겔 28:10; 참조. 겔 31:18; 32:19-21)이라고 불렀다. 이는 그들이 부활의 소망에서 끊어졌음을 의미한다. 다윗은 이를 가장 심한 저주로 생각했다. "그들을 생명책에서 지우사 의인들과 함께 기록되지 말게 하소서"(시 69:28).

---

[641] "exitium incircumcisorum." 여기서 '죽음'으로 번역된 'exitium'은 단지 '죽음'(mors)이 아니라 '멸절'을 뜻한다.

19. 욥이 바라본 죽음 이후의 불멸성

그러나 다른 어떤 본문들보다 더 인상적인 것은 욥의 다음 말씀이다. "내가 알기에는 나의 대속자가 살아 계시니 마지막 날에 내가 땅에서 다시 살아날 것이라……내가 나의 육체 가운데 나의 구세주 하나님을 보리라 나의 이 소망이 나의 가슴에 남으리라"(적용. 욥 19:25-27).

어떤 자들은 자기들의 명민함을 과시하고자 이는 마지막 부활이 아니라 욥이 하나님이 자기를 더욱 인자하게 대하여 주실 것을 기대한 그 첫째 날을 뜻한다고 생트집을 잡는다.642) 나는 이를 일부분 인정한다. 그렇다고 하더라도 원하건 원하지 않건 그들은 만약 욥의 생각이 땅에 머물러 있었다면 이렇듯 고상한 소망에 미치지 못했을 것이라는 사실을 받아들여야 한다. 진정 우리는 그가 눈을 들어 미래의 불멸성을 바라보고 있었다는 점을 인정해야 한다. 왜냐하면 그는 심지어 자기가 무덤에 누워 있는 동안에도 자기의 대속자가 함께 계시게 될 것을 바라보았기 때문이다. 오직 현세의 삶만을 생각하는 자들에게 죽음이란 과연 마지막 절망이다.643) 그러나 그것이 욥의 소망을 끊어낼 수는 없었다. 그는 말했다. "그가 나를 죽이실지라도 나는 그에게 여전히 소망을 두노라"(적용. 욥 13:15).

어떤 성가신 자도 여기에는 몇몇 사람들이 한 말들이 있을 뿐이므로 그것들을 가지고 유대인들이 그러한 가르침을 고수하고 있었다는 사실을 증명하기에는 부족하다며 나에게 소란을 떨지 못하게 하라. 나는 이에 대해서 한꺼번에 답할 것이다. 이 몇몇의 사람들이 위의 본문들을 통하여 드러낸 것은 오직 우월한 천성을 지닌 자들만이 개별적이며 사적으로 인정하게 될 어떤 감추어진 지혜가 아니었다. 오히려 그들은 성령에 의해서 일반 사람들을 가르치는 교사들로 임명되어 공히 가르쳐져야 할 하나님의 비밀들을 널리 선포하여 그것들이 그의 백성을 위한 신앙의 원리들이 되도록 해야 했다.

---

642) 영혼 수면설을 주장한 재세례파를 지칭한다. Cf. *Institutio*, 3.25.4.

643) "oculos in futuram immortalitatem sustulisse, qui sibi vel in sepulcro iacenti redemptorem affore conspexerit. Siquidem de praesenti tantum vita cogitantibus mors extrema est desperatio."

그러므로 유대인의 교회에 영적인 삶에 대한 분명하고 명확한 교훈을 조목조목 논증해 주신 성령의 공적인 말씀들을 듣게 될 때 그 말씀들을 통하여 단지 땅과 땅 가운데 있는 재물들과 관련된 육체적인 언약만이 대변될 뿐이라고 주장하는 자들의 완고함을 우리는 참을 수 없다.

20. 선지자들은 현세의 것들로써 미래의 영적 삶을 표상함

후기 선지자들에게로 내려오면 우리는 더욱 자유롭게 이른바 우리 터를 걷게 된다. 다윗과 욥과 사무엘을 통하여 핵심 사안을 정복하는 데 어떤 어려움도 겪지 않은 우리에게 있어서 선지자들을 다루는 것은 한층 더 쉬운 일임에 틀림없다. 여호와는 자기의 자비의 언약에 따라서 경륜을 베푸시는바, 시간의 흐름에 따라 그 언약이 완전히 제시되는 날이 가까이 다가올수록 날마다 더 분명한 계시를 더하셨다.[644] 우리가 보듯이, 처음에는 약한 불꽃과 같이 구원의 첫 번째 약속이 아담에게 주어졌다(창 3:15). 그리고 그 불꽃이 더욱 크게 타오르게 됨에 따라 빛이 더해져 충만해지고 더 많이 발산되어 그 광선이 더욱 넓게 퍼지게 되었다. 마침내 모든 구름이 사라지자 의의 태양이신 그리스도가 온 땅에 충만히 비취게 되었다(참조. 말 4:2). 우리는 우리가 주장하는 논점을 증명하기 위하여 선지자들의 도움을 구할 때 그들이 이를 거절하지 않을까 두려워할 필요는 없다.

나는 우리 앞에 거대한 숲을 이룬 자료들이 어른거리는 것을 본다. 그것들을 제대로 다루려면 통상 정해진 방식에 따른 시간 이상으로 오랫동안 지체해야 할 것이다. 왜냐하면 그것은 큰 책 분량이 될 것이기 때문이다. 그러나 내가 그 숲에 흔적을 남겨 길을 표시해 두었으므로 여간한 분별력을 지닌 독자라면 걸려 넘어지지 않고 앞으로 나아가 원하는 곳에 이르게 될 것이다. 그러므로 이

---

[644] "Hanc enim oeconomiam et hunc ordinem in dispensando misericordiae suae foedere tenuit Dominus, ut quo propius, temporis progressu, ad plenam exhibitionem accedebatur, ita maioribus in dies revelationis incrementis illustraret."

렇게 여겨 나는 현재로서는 불필요한 장광설(長廣舌)을 피하고자 한다.

그럼에도 나는 나의 독자들이 잊지 말고 내가 이전에[645] 그들의 손에 쥐어 준 열쇠로 문을 열고 그들의 길을 가라고 사전에 경고하고자 한다. 즉 선지자들이 매번 신실한 백성의 복을 상기시켜 주지만 현세의 삶 가운데서 그 자취조차도 거의 분간하기 어려울 때에는 다음과 같은 상이점을 도피처로 삼게 하라. 선지자들은 하나님의 선하심을 그의 백성에게 더욱 잘 권하기 위해 일시적인 혜택들을 이른바 그 자취들을 통해 예표하였다. 그러나 그들이 그런 초상을 그린 것은 그 백성의 마음을 땅 위로 곧 이 세상의 초등 학문과(참조. 갈 4:3) 멸망해가는 세대 위로 들어올리고자 했기 때문이다. 그 그림은 필시 그들을 자극하여 미래의 영적 삶의 복을[646] 생각하도록 하였다.

21. 에스겔의 환상을 통한 이스라엘의 회복 그 이상의 예언

우리는 한 예를 드는 것으로 한정할 것이다. 이스라엘 사람들이 바벨론으로 옮겨졌을 때 그들은 그 흩어짐이 죽음과 매우 흡사하다고 여겼다. 그리하여 그들의 회복에 대하여 에스겔이 예언한 것을 한낱 우화와 같이 여겼다. 그들에게서 이런 그릇된 견해를 버리게 만드는 것은 어려운 일이었다. 왜냐하면 그들은 선지자의 선포를 문자 그대로 그저 썩어 가는 시체가 다시 살아나는 것으로 이해했기 때문이다. 여호와는 심지어 이러한 역경조차도 자기가 베푸시는 복을 가로막을 수 없음을 증명하시기 위하여 그 선지자에게 마른 뼈가 가득한 들판의 환상을 보이셨는데, 이를 통하여 오직 자기의 말씀의 능력으로 그 뼈들에게 성령과 생기가 역사하게끔 하신다는 사실을 나타내셨다(겔 37:1-14). 실로 이 환상은 그 당시의 불신앙을 바로 잡는 역할을 했을 뿐만 아니라 여호와의 능력이 그 백성을 돌이키는 것 이상의 것에 미친다는 사실을 유대인들의 뇌리에 새겨

---

[645] Cf. *Institutio*, 2.9.1-4.

[646] "futurae ac spiritualis vitae felicitatem."

주었다. 그 능력은 단지 한 번의 명령으로 이 말라 흐트러진 뼈들에 즉시 생명을 부여할 수 있었기 때문이다.

그렇기 때문에 당신은 에스겔이 전하는 말씀을 이사야서의 다음 본문과 적절하게 비교할 수 있을 것이다. "주의 죽은 자들은 살아나고 그들의 시체들은 일어나리이다 티끌에 누운 자들아 너희는 깨어 노래하라 주의 이슬은 푸른 초장의 이슬이니 너희는 거인들의 땅을 파멸로 끌어내리리라 내 백성아 갈지어다 네 장막에 들어가서 네 문을 닫고 분노가 지나기까지 잠깐 숨을지어다 보라 여호와가 그의 처소에서 나오사 땅의 거민의 죄악을 벌하실 것이라 땅이 그 위에 잦았던 피를 드러내고 그 살해 당한 자를 다시는 덮지 아니하리라"(적용. 사 26:19-21).

22. 미래의 불멸을 예언하는 다른 말씀들

만약 누군가 다른 모든 본문을 이런 식의 잣대로 획일화 해서 다루려고 한다면 그것은 불합리할 것이다. 왜냐하면 어떤 본문들은 하나님의 나라에서 신자들을 위하여 준비된 미래의 불멸을 아무 숨김도 없이 밝히 보여 주기 때문이다. 우리는 그중 몇 구절들은 이미 인용해서 다루었고 나머지 대부분도 같은 의미를 지닌다. 그중 특별히 두 본문을 여기에서 언급하고자 한다. 첫 번째는 이사야가 전하는 말씀이다. "내가 지을 새 하늘과 새 땅이 내 앞에 항상 있는 것같이 너희 자손과……항상 있으리라……여호와가 말하노라 매월 초하루와 매 안식일에 모든 혈육이 내 앞에 나아와 예배하리라 그들이 나가서 내게 패역한 자들의 시체들을 볼 것이라 그 벌레가 죽지 아니하며 그 불이 꺼지지 아니하여 모든 혈육에게 가증함이 되리라"(사 66:22-24).

다른 본문은 다니엘이 전하는 말씀이다. "그때에 네 민족을 호위하는 큰 군주 미가엘이 일어날 것이요 또 환난이 있으리니 이는 개국 이래로 그때까지 없던 환난일 것이며 그때에 네 백성 중 책에 기록된 모든 자가 구원을 받을 것이라 땅의 티끌 가운데에서 자는 자 중에서 많은 사람이 깨어나 영생을 받는 자도 있겠고 수치를 당하여서 영원히 부끄러움을 당할 자도 있을 것이며"(단 12:1-2).

23. 구약 백성에게도 그리스도 안에서 영적이고 영원한 삶을 약속함

이제 우리가 논의할 두 가지가 남아 있다. 즉 구약의 조상들은 그리스도를 그들 언약의 보증으로 여겼다는 점과 그들이 그 자신에게 미래의 모든 복에 대한 확신을 두었다는[647] 점이다. 이 두 가지는 논쟁의 여지가 적고 명확함이 한층 더하므로 나는 그것들을 증명하려고 괜한 수고를 하지 않겠다. 그러므로 우리는 마귀의 어떤 사술로도 침범할 수 없는 다음 사실을 흔들림 없이 견지하도록 하자.

구약 혹은 옛 언약은 여호와가 이스라엘 백성과 체결하신 것으로서 땅의 것들에 한정되지 않았으며 영적이고 영원한 삶에 대한 약속을[648] 담고 있었다. 이 대망이 그 언약에 실제로 동의한 자들 모두의 마음에 새겨져 있어야 했다. 그러나 이를 멀리 떠나 불건전하고 위험한 입장이 대두되었으니, 여호와가 유대인들에게 약속하신 바는, 혹은 그들이 스스로 추구한 바는, 다름 아닌 가득 채운 배, 육체의 즐거움, 부를 번성시키는 것, 외적 권능, 자식의 다산, 그리고 자연인이 가치 있게 여기는 모든 것이라는 주장이다. 이런 위험하고 불건전한 생각들은 물리쳐야 한다. 주님이신 그리스도는 오늘날 그를 따르는 자들에게 "아브라함과 이삭과 야곱과 함께……앉으려니와"라고 하신 "천국"(마 8:11)을 약속하신다. 베드로는 동시대를 살았던 유대인들이 "선지자들의 자손이요 또 하나님이 너희 조상과 더불어 세우신 언약의 자손"(행 3:25)이었으므로 복음의 은혜를 상속한 자들이라고 공표했다.

주님은 이를 단지 말씀으로만 증언하시지 않고 행위로도 입증하셨다. 주님은 부활하실 때에 많은 성도들이 그의 부활에 동참하는 자가 되는 자격을 갖추게 하셨고 그 성(예루살렘)에서 그를 보게 하셨다(마 27:52-53). 여기에서 주님은 영원한 구원의 획득을 위하여 자기가 행하셨거나 고난 당하셨던 것은 무엇이

---

[647] "Christum in foederis sui pignus habuisse, atque in ipso omnem benedictionis fiduciam reposuisse."

[648] "spiritualis aeternaeque vitae promissionem."

든지 우리에게와 마찬가지로 구약의 신자들에게도 속한다는 확실한 보증을 제시하셨다. 참으로 베드로가 증언하듯이 그들은 동일한 믿음의 영을 부여받아 우리와 다를 바 없이 그 영으로 말미암아 거듭나 생명에 이른다(행 15:8). 마치 불멸의 불꽃같이 우리 안에 계신 성령은 이런 이유로 "우리 기업의 보증"(엡 1:14)으로서 구약의 신자들 안에도 같은 방식으로 계신다고 다른 본문에서 일컬어진다. 그렇다면 우리가 어찌 감히 그들에게서 생명의 기업을 빼앗을 수 있겠는가?

더욱 놀랍게도 옛날에 사두개인들은 부활과(마 22:23; 행 23:8) 영혼의 실체 모두를, 이 두 가지가 이다지도 분명한 성경의 증언들로써 인침이 되었음에도 불구하고, 부인하는 어리석음에 빠져 있었다.

오늘날도 유대 민족 전체는 기름부음 받은 자 메시아의 지상 왕국을 기다리고 있지만, 그들이 복음을 거부하게 됨으로 형벌을 받을 것이라는 오래 전의 예언이 성경에 없었더라면, 그들의 우둔함은 사두개인들의 어리석음에 못지않게 경악스러웠을 것이다. 하나님은 하늘의 빛을 거절하고 자기 자의로 어둠을 속으로 끌어들여 뒤집어쓰는 자들의 마음을 의로운 심판으로 쳐서 눈멀게 하시기를 기뻐하셨다. 그러므로 그들은 끊임없이 모세에 대해서 읽고 그의 글들을 깊이 묵상하지만 그것을 가로막고 가리는 천 때문에 그의 얼굴로부터 비치는 빛을 식별할 수 없게 된다(고후 3:13-15). 그러므로 모세의 얼굴은 고개를 돌려 그리스도를 향할 때까지 그들에게 가려진 채로 숨겨져 있을 것이다.[649] 그들은 지금 가능한 한 모세의 얼굴을 그리스도로부터 분리시켜 떼어 놓으려고 온갖 열의를 다 쏟고 있는 것이다.

---

649) "ita [vultus Mosis] manebit illis obtectus ac involutus, donec ad Christum convertatur."

DE COGNITIONE DEI REDEMPTORIS IN CHRISTO,
QUAE PATRIBUS SUB LEGE PRIMUM,
DEINDE ET NOBIS IN EVANGELIO PATEFACTA EST

제11장

구약과 신약의 차이점
De differentia unius testamenti ab altero

1-12. 구약과 신약의 경륜에 있어서의 차이점 다섯 가지
13-14. 구약과 신약의 경륜에 있어서의 하나님의 맞추어 주심

1. 첫 번째 차이: 옛날에는 땅에 속한 소유를 통하여 하늘의 기업을 바라봄

그렇다면 어떻게 된 것인가? 당신은 물을 것이다. 구약과 신약에는 아무 구별도 남아 있지 않는가? 성경에서는 그 많은 본문들이 둘 사이에 확연히 다른 점들이 있음을 알려 주고 있는데, 이는 어찌 된 것인가?

성경 가운데는 우리가 상기해야 할 차이들이 있음을 기꺼이 인정하지만, 그렇다고 해서 그 무엇도 이미 확정된 하나됨을 일탈할 정도는 아니다. 이 점은 우리가 그것들에 대해서 순차적으로 다룰 때에 분명해질 것이다.

나에게 주목되거나 기억되는 주요한 차이는 네 가지가 있다. 만약 누군가 다섯 번째를 더하길 좋아한다면, 결코 거부하지 않을 것이다. 내가 말하고자 하는 것은 그리고 내가 보여 주리라 약속하는 것은, 이 모든 차이는 실체가 아니라 경륜의 방식에[650] 관계된다는 사실이다. 이러한 논법에 따르면 구약과 신약의 약속들이 동일한 것으로 남는 데다 그 약속들의 동일한 근본을 그리스도로 삼는 데 있어서 어떤 장애도 일으키지 않을 것이다.

그 첫 번째 차이는 다음과 같다. 여호와는 옛날에도 자기 백성이 하늘 기업

---

650) "ad modum administrationis potius quam ad substantiam."

에 정신을 집중하고 마음을 높은 곳에 두기를 원하셨음에도 불구하고, 그들을 이 소망 가운데 더 잘 자라게 하시려고 그들이 땅에 있는 혜택들 아래에서 그 기업을 보고, 말하자면 맛보게끔 제시하셨다. 그러나 이제는 복음을 통하여 미래의 삶의 은혜가 더욱 명백하고 분명하게 계시되었으므로 여호와는 이스라엘 사람들에게 사용하셨던 열등한 훈련방식을 제하여 버리시고[651] 우리의 마음이 그 은혜를 직접적으로 묵상하게끔 지도하셨다.

이 하나님의 계획에 주의를 기울이지 않는 자들은 옛 백성이 육신에 약속된 선한 것들 너머로 더 높이 나아가지 못했다고 생각한다. 그들은 가나안 땅이 하나님의 율법을 숭상하는 자들에게 마련된, 탁월할 뿐만 아니라 실로 유일한 상급이라고 매우 자주 지칭되는 것을 듣는다. 그들은 여호와가 자기 율법을 어긴 자들에 대하여 가장 가혹한 징벌을 내리실 때는 그들을 이 땅의 소유로부터 축출해서 낯선 지역에 흩어지게 하신다고 듣는다(참조. 레 26:33; 신 28:36). 모세에 의해서 선포된 축복과 저주 각각에 대한 거의 전부가 여기로 귀속됨을 그들은 본다. 그들은 이를 증거로 삼아 어떤 의심도 없이 다른 백성들과는 달리 유대인들이 선택된 것은 그들 자신을 위해서가 아니라 다른 사람들을 위한 것이었다고, 즉 기독교 교회가 외적인 형체를 통해서 영적인 사안들에 대한 증거들을 분별하게 하려 함이었다고 확정한다.

그러나 때때로 성경이 알려 주는 바는 하나님은 이 땅에 속한 모든 혜택을 유대인들에게 베푸시면서 그들을 자기 자신의 손으로 이끄심으로 하늘에 속한 것들에 대한 소망에 이르게 하신다는 것이다. 그러므로 이런 경륜을 헤아리지 않는 것은 미숙함의 극치, 말하자면 우둔함의 극치라고 할 수 있다.

이런 유의 사람들의 수준에 걸맞게 우리는 다음과 같이 논박한다. 그들은 이스라엘 사람들에게는 가나안 땅의 소유가 최고의 복이자 궁극적인 복이었으며, 그리스도의 계시 이후에는 그 땅이 하늘 기업을 표상했다고 가르친다.[652] 그러나 이와는 상반되게도 이스라엘 사람들은 자기들을 위하여 하늘에 준비되

---

651) "omisso inferiori……exercitationis modo."
652) Servetus, *Dialogorum de Trinitate libri duo: De justitia regni Christi* (1532) I, fo. D 16 (tr. Wilbur, *The Two Treatises of Servetus on the Trinity*, p. 230). Quot. Battles tr., n. 2.

었다고 믿었던 미래의 기업을 자기들이 누렸던 땅에 속한 소유를 통하여 거울을 들여다보듯이 직관했다고[653] 우리는 주장한다.

2. 초등 학문 아래에 있던 구약 성도들에게 주신 지상의 복은 불멸하는 하늘 상급을 바라보게 하는 모형

이는 바울이 갈라디아서에서 한 비유를 보면 더욱 분명해진다. 그는 유대 민족을 아직 스스로를 돌보기에는 부적합하여 후견인이나 초등 교사에게 위탁하여 그들의 후견 하에 둔 어린 상속자에[654] 비유한다(갈 4:1-2). 바울은 이 비유를 특히 의식들에 관련시키고 있다. 그렇지만 그것을 지금 여기에서도 가장 유용하게 적용시킬 수 있다. 그 무엇도 이를 가로막지는 못한다. 그 논법은 다음과 같다. 동일한 기업이 그들과 우리를 위하여 지정되었다. 다만 그들은 아직 그것을 획득하고 다룰 능력을 지닌 세대에 이르지 못하였다. 동일한 교회가 그들 가운데 있었다. 그러나 아직 그들은 어린이 세대에[655] 속해 있었으며 초등 학문 아래에 매여 있었다.

그러므로 여호와는 그들에게 영적인 약속들을 숨김없이 있는 그대로 주신 것이 아니라 땅에 속한 것들을 예표로 삼아 함께 주셨다. 그리하여 아브라함, 이삭, 야곱, 그리고 그들의 후손들을 불멸의 소망을 누리게끔 취택하셨을 때 그들에게 가나안 땅을 기업으로 약속하셨다. 그 땅은 그들이 소망 가운데 종국적으로 지향하는 목적지가 아니었으며, 그들이 그것을 바라봄으로써 참된 기업, 곧 아직 그들에게 드러나지 않은 기업에 대한 소망에 이르도록 그들 자신을 훈련시키고 확정시키기 위하여 약속된 것이었다. 그리고 그들이 유혹을 물리칠 수 있게끔 더 우월한 약속을 부여하셔서 그 땅이 하나님이 베푸시는 최고

---

653) "in terrena qua fruebantur possessione, velut in speculo, futuram, quam sibi in coelis praeparatam crederent, haereditatem esse intuitos."

654) "haeredi parvulo, qui ad se regendum nondum idoneus, tutoris aut paedagogi, cuius custodiae commissus est."

655) "aetas……puerilis." Cf. *Institutio*, 1.11.3; 2.9.3.

의 혜택이 아니었음을 입증하셨다.

우리가 보듯이, 아브라함은 땅의 약속을 받을 때에 그저 게으르게 앉아 있도록 허용된 것이 아니라 그의 마음이 여호와로 인하여 들어 올려져 더 큰 약속을 바라보게 된다. 그리고 다음 말씀을 듣는다. "아브라함아 나는 네 보호자요 지극히 큰 상급이니라"(적용. 창 15:1). 여기서 우리는 아브라함의 마지막 상급이 오직 여호와께 있음을 보게 된다. 그가 추구한 것은 이 세상의 초등 학문에 속하여 일시적이고 빨리 지나가는 상급이 아니라(참조. 갈 4:3) 소멸하지 않는 상급이다. 그때 여호와가 더하신 땅의 약속은 단지 하나님의 자애의 징표와 하늘 기업의 모형이었다.

성도들은 그들 자신의 말로 이에 대한 경험을 전한다. 다윗은 임시적인 복으로부터 저 궁극적이고 최종적인 복에 도달한다. 그는 다음과 같이 전한다. "내 마음과 내 육체는 주를 사모하여 쇠약하나 하나님은……영원한 분깃이시라"(적용. 시 73:26; 참조. 시 84:2). "여호와는 나의 산업과 나의 잔의 소득이시니 나의 분깃을 지키시나이다"(시 16:5). "여호와여 내가 주께 부르짖어 말하기를 주는 나의 소망이시요 살아 있는 사람들의 땅에서 나의 분깃이시라"(적용. 시 142:5).

감히 이와 같이 말하는 자들은 그들이 자기들의 소망 가운데 세상과 현세의 모든 선한 것을 초월해 있음을 분명히 고백하고 있다.

그러나 선지자들은 한층 자주 그들이 여호와로부터 받은 모형 아래 오는 세대의 복을 기술한다. 이런 의미에서 우리는 다음 본문들을 이해해야 한다. "정직한 자는 땅을 (기업으로) 차지할 것이나"(적용. 잠 2:21) "악인은 땅에서 끊어지겠고"(잠 2:22; 참조. 욥 18:17). 이사야서의 본문들(참조. 사 35:10; 52:1-2; 60:4-9; 62장)을 통해 우리는 예루살렘에 각종 재물들이 넘치고 시온에 모든 것이 차고 넘친다는 말씀을 읽게 된다. 이 모든 것은 우리의 나그네 땅이나 지상의 예루살렘에만 특별히 적용되어서는 안 되며 신자들의 참된 모국, "여호와께서 복을 명령하셨나니 곧 영생이로다"(시 133:3)라는 말씀이 응하는 저 하늘 도성에 돌려져야 한다.

3. 이 땅에서의 육체적 형벌도 영원한 심판을 표상

우리가 읽기로, 구약 아래의 성도들이 오늘날 우리에게 마땅한 그 이상으로 이 땅의 소멸하는 삶과 그 복들을 높이 평가한 이유가 여기에 있다. 비록 그들은 자기들이 마치 경주가 끝나듯이 그곳에서 멈추게 되지는 않을 것이라고 잘 알고 있었지만, 하나님의 은혜를 그 자체로 헤아릴 때보다 그 자취들이 주는 달콤함에 의해서 한층 더 마음이 사로잡혀 있었다. 왜냐하면 여호와가 그들에게 새겨주신 것들이 하나님의 은혜의 자취들이 되어 그들을 그들의 연약함의 척도에 따라 훈련시킬 것이라는 점을 인식하고 있었기 때문이다. 그런데 여호와는 신자들을 향한 자신의 자애를 현세의 선한 것들로 입증함에 있어서 이러한 모형들과 징표들로 영적인 행복을 예표하시는 한편, 유기된 자들에게 임할 그 자신의 심판에 대한 증거들을 육체적인 형벌들로 부여하셨다. 이렇듯 하나님의 혜택들이 이 땅의 것들로 더욱 현저하게 드러났듯이 그의 형벌들도 그러하였다.

무지한 자들은 형벌들과 상급들 사이의, 내가 일컫는바, 유비와 이른바 상응 관계를 고려하지 않고 그 대단한 변화가 하나님께 있다고 하면서 놀란다. 옛날에는 모든 인간의 범법에 대해서 엄격하고 가공스러운 형벌들로 즉시 대처하셨던 분이 이제는 이전에 품으셨던 진노하시던 정서를 거두시고 훨씬 더 유하고 드물게 형벌을 내리시는 듯이 보인다는 것이다. 이런 까닭으로 심지어 그들은[656] 마니주의자들과 같이[657] 구약과 신약의 신들이 다르다고 공상하기에 이른다.

그러나 내가 지적했던 하나님의 경륜에 마음을 쏟는다면 우리는 이러한 의구심들을 손쉽게 몰아낼 수 있을 것이다. 그는 자기 언약을 여전히 휘장에 가린 채 이스라엘 백성에게 부여하신 동안에는 미래에 있을 영원한 행복의 은혜

---

[656] Servetus, *Dialogorum de Trinitate libri duo: De justitia regni Christi* (1532) III, fo. D 8a-b (tr. Wilbur, *The Two Treatises of Servetus on the Trinity*, pp. 240f.). Quot. Battles tr., n. 4.

[657] 이에 대한 비판은 다음을 보라. Augustine, *On the Morals of the Catholic Church* x. 16 (MPL 32. 1317; tr. NPNF IV. 46). Quot. Battles tr., n. 4.

를 땅에 속한 혜택들로써, 그리고 영적인 사망의 엄중함을 육체적인 형벌들로써 예시하고 표상하기를 원하셨다.

4. 두 번째 차이: 형상과 그림자를 통하여 구약에 예표된 것의 실체이자 몸이신 그리스도가 신약에 제시됨

구약과 신약의 두 번째 차이는 형상들에 있다. 즉 구약은 실제가 부재하는 가운데 몸 대신에 오직 형상과 그림자만 보여 준 반면, 신약은 현존하는 진리의 몸 자체를 제시하고 있다.658) 이 차이는 신약과 구약이 대조되는 곳에는 어디든지 언급되어 있으나 그것에 대한 좀 더 상세한 논의는 다른 어느 곳보다 히브리서에서 발견된다.659)

그곳에서 사도는 모세의 율법에 대한 준수를 폐하게 되면 그것과 함께하는 종교 전체도 필히 파멸되고 만다고 생각하는 자들을 반박하고 그 오류를 비판하기 위해서 선지자 다윗이 그리스도의 제사장직에 관하여 예언한 것을 받아들인다(시 110:4; 히 7:11). 왜냐하면 그리스도께 영원한 제사장직이 맡겨졌으므로, 날마다 한 제사장이 다른 제사장을 계승했던 그런 제사장직은 폐지된 것이 확실하기 때문이다(히 7:23). 사도는 이 새로운 제사장직의 제정이 작용하는 것은 그것이 맹세로 수립되었기 때문이라고 증명하고(히 7:21) 제사장직이 이렇게 옮겨짐에 따라 (구약에서 신약으로) 언약 또한 변화되었다고 덧붙이며(히 8:6-13) 율법이 그 연약함으로 말미암아 완전에 이를 수 없기 때문에 이러한 변화가 필요했다고 선포한다(히 7:19).

그리고 이후 이 연약함이 어떠한지 다룬다. 율법은 육체적이고 외적인 의를 지녔지만 그것을 숭상하는 자들을 양심상 온전하게 할 수는 없었다(히 9:9). 왜냐하면 짐승의 희생제물들로는 죄를 지워낼 수도 참된 거룩함을 이룰 수도 없

---

658) "in figuris; quod illud, absente veritate, imaginem tantum et pro corpore umbram ostentabat; hoc praesentem veritatem et corpus solidum exhibet."
659) Cf. *Institutio*, 2.9.4.

었기 때문이다. 그러므로 그는 다음과 같은 결론에 이른다. "율법은 장차 올 좋은 일의 그림자일 뿐이요 참 형상이 아니므로"(히 10:1). 곧 율법의 직분은 다름 아닌 복음에 제시된 더 좋은 소망에 이르는 서론의 역할을 하는 데 있었다는 것이다(시 110:4; 히 7:11, 19; 9:9; 10:1).

여기서 우리는 율법의 언약과 복음의 언약을, 그리고 그리스도의 사역과 모세의 사역을 어떻게 비교해야 할지 고찰해 보아야 한다. 왜냐하면 만약 그 비교가 약속들의 실체와 관련된다면 구약과 신약 사이에는 큰 괴리가 존재하게 될 것이기 때문이다. 그러나 이에 대한 질문의 실상은 우리를 다른 방향으로 이끄는바, 우리는 그곳으로 나아가 진리를 발견하도록 해야 한다.

그러므로 영원하고 결코 소멸되지 않는 것으로서 한 차례 제정된 언약을 이 과정에서 설명하도록 하자. 언약이 최종적으로 확정되고 비준되는 율법의 완성은 그리스도이시다. 이러한 확정을 기다리는 동안 여호와는 말하자면 그 확정에 대한 엄숙한 징표들로서 모세를 통하여 의식들을 명령하셨다.[660] 율법에 규정된 의식들이 그리스도께 길을 내주어야 하는지에 대해 논쟁이 일어났다.

그런데 의식들은 단지 언약에 부수하는 것들이거나 더하여지고 덧붙여진 것들, 즉 일반적으로 칭하듯, 장식품들에 불과함에도 불구하고 언약의 경륜을 이루는 도구들이므로 '언약'이라는 이름을 지니게 된다. 다른 성례들에도 동일한 이름이 주어지는 것과 같은 이치이다. 요컨대 이런 점에서 우리가 '구약'이라고 부르는 것은 의식들과 제사들로 이루어진 언약을 확정하는 엄숙한 질서를 뜻한다.

이 질서를 넘어서지 않고 그 안에 머물러 있는 이상 여기에는 어떤 견실한 것도 근저에 놓일 수 없다. 그러므로 사도는 이것이 폐지되고 박탈되어 더 나은 언약의 보증이시며 중보자이신[661] 그리스도께 자리를 넘겨드려야 한다고 강조한다(참조. 히 7:22). 왜냐하면 더 나은 그 언약으로 그리스도를 통하여 영원

---

[660] "Illius[foederis] complementum, unde tandem habet ut statum ratumque sit, Christus est. Talis confirmatio dum exspectatur, caeremonias Dominus per Mosen praescribit, quae sunt velut solennia confirmationis symbola."

[661] "testamenti sponsori ac mediatori."

한 거룩함이 택함 받은 자들에게 단번에 부여되었고 율법 아래 남아 있었던 하나님을 거역하던 것들이 도말되었기 때문이다.

당신이 더 선호한다면, 다음과 같이 받아들이면 될 것이다. 여호와의 옛 언약은 그림자와 같고 의식들에 대한 비효과적인 준수로 뒤덮인 것으로서 유대인들에게 부여되었던바, 확고하고 실체적인 확정에 기반을 두기에 이르기까지 이른바 미결상태로 남아 있었다는 점에서 일시적이었다. 그것은 그리스도의 피로 성결하게 되고 견고하게 세워진 후에야 비로소 새롭고 영원한 언약이 되었다.[662] 그리하여 그리스도는 성찬에서 자기 제자들에게 잔을 주시면서 "이 잔은 내 피로 세우는 새 언약이니"(눅 22:20)라고 부르셨다. 이 말씀이 제시하듯이, 하나님의 언약은 그리스도 자신의 피로 인침을 받았을 때 비로소 그 자체의 진리에 서서 새롭고 영원한 언약이 되었다.

5. 초등 교사의 훈육을 거쳐 그리스도의 복음에 이름

그러므로 사도가 어떤 의미에서 유대인들이 그리스도가 육체로 제시되시기도 전에 율법의 초등 학문에 의해서 이미 그에게로 이끌림을 받게 되었다고 말했는지(갈 3:24; 참조. 갈 4:1-2) 분명해진다. 사도 역시 그들은 하나님의 자녀들이자 상속자들이었으나 아직 어린 시절을 보내고 있었기 때문에 초등 교사의 후견을[663] 받아야 했다고 고백한다. 그러므로 의의 태양이 떠오르기 전에는 계시의 광채가 아직 대단하지 않았으며 이해의 명료함도 없었다고 보는 것이 타당하다. 그러므로 여호와가 그들에게 자기 말씀의 빛을 나눠주셨음에도 불구

---

[662] "vetus fuisse Domini testamentum, quod umbratili et inefficaci caeremoniarum observatione involutum tradebatur; ideoque temporarium fuisse, quia veluti in suspenso erat, donec firma et substantiali confirmatione subniteretur. Tum vero demum novum aeternumque factum fuisse, postquam Christi sanguine consecratum stabilitumque fuit." 여기서 그리스도가 언약의 '중보자'(mediator)와 '보증'(sponsor)이 되셔서 다 이루신 '새롭고 영원한 언약'(testamentum novum aeternumque) 이전에 하나님이 구약의 자기 백성과 체결하신 모든 은혜 언약을 '옛 언약'(vetus testamentum)이라고 부른다.

[663] "propter pueritiam sub paedagogi custodia."

하고 그들은 여전히 그것을 멀리서 희미하게 보았을 뿐이다.

그리하여 바울은 이렇듯 미약한 이해를 "어렸을 동안"(갈 4:1)이라는 말로 지시한다. 여호와의 뜻은 그의 백성이 어렸을 때 이 세상의 초보와 가벼운 관례를 훈육을 위한 규범으로 삼아 그들을 훈련시키는 데 있었다. 이는 그리스도가 빛을 발하실 때까지 계속되었다. 왜냐하면 그를 통하여 신자들의 지식이 성숙해졌기 때문이다(참조. 엡 4:13).[664]

그리스도 자신이 다음과 같이 말씀하시면서 이러한 구별을 드러내셨다. "율법과 선지자는 요한의 때까지요 그 후부터는 하나님 나라의 복음이 전파되어"(눅 16:16; 참조. 마 11:13). 율법과 선지자들은 그 당시의 사람들에게 무엇을 가르쳤는가? 옛날에 그들은 언젠가는 분명히 드러날 지혜를 먼저 맛보게 했으며 멀리 떨어져 반짝이는 것을 미리 가리켰다. 그러나 하나님의 나라는 그리스도를 손가락으로 지시하여 드러낼 수 있게 되었을 때 마침내 열리게 되었다. 그 안에서 "지혜와 지식의 모든 보화가"(골 2:3) 계시되었으며 그것들에 의해서 우리는 거의 하늘 지성소 바로 그곳까지 다다르게 된다.

6. 구약의 성도는 믿음과 지식이 아무리 뛰어나더라도 초등 학문에 위탁됨

기독교 교회에 있어서 뛰어난 믿음으로 아브라함에 필적할 사람은 거의 아무도 없다는 사실과 선지자들은 성령의 능력에 있어서 탁월하여 그것을 통하여 심지어 오늘날도 전 세상을 조명하고 있다는 사실로 인하여 이 입장이 방해를 받는 것은 아니다. 여기에서 우리는 여호와가 몇몇에게 베푸신 은혜가 어떠했는지가 아니라 그가 자기 백성을 가르치심에 있어서 어떤 일반적인 경륜을 따르셨는지에 관하여 묻고자 한다. 심지어 이는 다른 사람들을 넘어서는 특별

---

[664] "quam elementis huius mundi et externis observatiunculis, tanquam regulis puerilis disciplinae, voluit Dominus exerceri, donec effulgeret Christus, per quem fidelis populi cognitionem adolescere oportebat."

한 통찰력을 부여받은 선지자들의 가르침에서도 볼 수 있다. 왜냐하면 심지어 그들의 선포는 아주 멀리 떨어진 사물들과 같이 희미할 뿐만 아니라 모형들로써 봉해져 있기 때문이다. 게다가 그들의 월등한 지식이 아무리 놀라운 것이었다고 하더라도 백성의 공통 초등 학문에 필수적으로 위탁된 그들 역시 어린아이들로 여겨져야 한다. 결론적으로 그 세대의 모호함에 어떠한 영향도 받지 않았을 만큼 명쾌한 식별력을 지닌 사람은 당시에 아무도 없었다.

그렇기 때문에 그리스도는 다음과 같이 말씀하셨다. "많은 선지자와 임금이 너희가 보는 바를 보고자 하였으되 보지 못하였으며 너희가 듣는 바를 듣고자 하였으되 듣지 못하였느니라"(눅 10:24). 이러하므로 "너희 눈은 봄으로, 너희 귀는 들음으로 복이 있도다"(마 13:16). 진정 이 특권으로 말미암아 그리스도의 현존이 우리 가운데 힘 있게 작용하여 하늘 비밀들에 대한 더욱 분명한 계시가 그것으로부터 임하게 되었다. 우리가 이전에 베드로전서로부터 인용했던 말씀이 여기에 또한 적용된다. 선지자들에게 드러난 대로 그들의 섬긴 바가 우리 세대에 비할 바 없이 유익하다는 것이다(벧전 1:12).

7. 세 번째 차이: 율법과 복음 각각의 고유한 기능을 차별화시켜 옛 언약과 새 언약을 대조

여기에서 나는 세 번째 차이를 다룬다. 이는 예레미야로부터 취한 것이다. 그가 전하는 말씀은 이렇다. "여호와의 말씀이니라 보라 날이 이르리니 내가 이스라엘 집과 유다 집에 새 언약을 맺으리라 이 언약은 내가 그들의 조상들의 손을 잡고 애굽 땅에서 인도하여 내던 날에 맺은 것과 같지 아니할 것은 내가 그들을 다스렸어도 그들이 내 언약을 깨뜨렸음이라……그러나……내가 이스라엘 집과 맺을 언약은 이러하니 곧 내가 나의 법을 그들의 속에 두며 그들의 마음에 기록하여……내가 그들의 죄악을 속하리라 그들이 다시는 각기 이웃과 형제를 가르치지 아니하리라 이는 작은 자로부터 큰 자까지 다 나를 알기 때문이라"(적용. 렘 31:31-34).

이 말씀을 가지고 사도는 율법과 복음을 비교하는 일을 확립하고자 한다. 율법은 문자적이라고, 복음은 영적인 교리라고 부르면서, 율법은 돌판들 위에 새겨진 것으로, 복음은 사람들의 마음에 기록된 것으로 일컫는다. 율법은 죽음의 선포, 복음은 생명의 선포, 율법은 저주, 복음은 의의 선포이다. 율법은 무화(無化)될 것이나, 복음은 영속한다(고후 3:6–11).[665]

사도는 선지자의 마음을 설명하려는 의도가 있었으므로 복음과 율법의 의미를 이해하기 위해서는 그중에 하나와 관련된 말씀들만 고찰해 보면 된다. 그러나 이 둘 사이에는 다소간의 차이가 있다. 사도는 선지자보다 율법에 대해 더욱 반감 어린 말을 한다. 이는 단순히 율법 자체에 관계해서 그런 것이 아니라 협잡꾼들인 어떤 율법 예찬론자들이(legis κακόξηλοι) 의식들에 대한 뒤틀린 열의를 가지고 복음의 명료성을 희미하게 했기 때문이다. 그들의 오류와 어리석은 마음 자세가 바울을 자극하여 율법의 본성에 대한 논의가 있게 된 것이다. 이 점에 착안해 우리는 바울에게 특별한 점이 무엇인지를 주목하도록 해야 한다.

그러나 예레미야와 바울 둘 모두는 옛 언약과 새 언약을 서로 대조하면서 비교하고 있으므로 율법을 다루되 그것에 고유한 것 외에는 아무것도 고려하지 않고 있다. 예컨대 율법이 처처에 포함하고 있는 자비에 대한 약속들은 다른 데서 받아들인 것들이기 때문에 율법의 순수한 본성에 관해서만 말할 때에는 율법에 속한 현안으로 헤아려지지 않는다. 그들이 율법에 대하여 인정하는 것은 오직, 올바른 것을 명령하고 불법을 금하며, 의를 숭상하는 자들에게는 상급을 공포하고 범법하는 자들에게는 형벌로 위협하는, 그러나 동시에 모든 사람에 본성상 내재해 있는 마음의 사악함은 변화시키거나 교정시키지 않는 기능뿐이다.

---

[665] "ut illam vocaret literalem, hoc spiritualem doctrinam; illam diceret fuisse deformatam in tabulis lapideis, hoc fuisse cordibus inscriptum; illam esse praedicationem mortis, hoc vitae; illam damnationis, hoc iustitiae; illam evacuari, hoc permanere."

8. 새 언약은 옛 언약보다 은혜가 더 풍성함

이제 이러한 사도의 비교적 고찰을 한 조목씩 설명해 보자. 구약은 문자적이라 하는데, 성령의 작용이 없이 공표되었기 때문이다. 신약은 영적이라고 하는데, 여호와가 사람들의 마음에 영적으로 새겨 기록하셨기 때문이다(고후 3:6). [666)]
두 번째 대조는 첫 번째 대조에 대한 선포와 같다. 구약은 죽음을 낳는데, 전체 인류를 저주로 휘감아 봉쇄해버리는 것밖에 달리 아무것도 할 수 없기 때문이다. 신약은 생명의 기관(器官)인데, 사람들을 저주로부터 해방시켜서 하나님의 은혜를 받도록 회복시키기 때문이다(고후 3:6).

구약은 저주의 사역인데, 아담의 모든 후손을 불의를 행한 범죄자로 책망하기 때문이다. 신약은 의의 사역인데, 우리가 의롭다 칭함을 받는 하나님의 자비가 계시되기 때문이다(고후 3:9).

마지막 대조는 의식법에 관계시켜야 한다. 왜냐하면 구약은 현재(顯在)하지 않는 것들에 대한 형상을 담고 있으므로 시간이 흐르면 파괴되어 사라질 수밖에 없었기 때문이다. 반면에 복음은 몸 그 자체를 제시하므로 확고하며 영구적인 안정성을 보유하고 있다(고후 3:10-11).

실로 예레미야는 심지어 도덕법조차도 약하고 깨어지기 쉬운 언약이라고 부른다(렘 31:32). 여기에는 또 다른 이유가 있으니, 배은망덕한 백성의 갑작스런 반역으로 인해 그것이 곧 파기되고 말았기 때문이다. 그러나 이런 위반에 대한 비난은 그 백성에게 돌려져야 할 것이었으므로 언약에 책임을 묻는 것은 적절할 수 없다. 그러나 의식들은 그것들 자체의 연약함 때문에 그리스도의 강림에 따라 폐지되었으므로 그 연약함의 원인을 그것들 속에 내적으로 가지고 있었다.

우리는 문자와 영의 차이에 착념해서 여호와가 유대인들에게 율법을 주신 일이 무익했으며 그들 중 아무도 그에게 회심한 자가 없었다고 추측해서는 안 된다. 단연코 이러한 비교를 감행한 것은 은혜의 풍성함을 찬미하고자 함이었

---

666) "Vetus testamentum literale est, quia sine spiritus efficacia promulgatum; novum spirituale, quod Dominus hominum cordibus spiritualiter insculpsit."

다. 입법자이신 그 동일하신 분이 마치 새로운 인격을 입기라도 하신 듯이 복음적 선포에 영예를 부여하신 것이었다. 그가 모든 백성 가운데서 모으셔서 자기 교회의 교제에 들어가게 하신 사람들의 무리, 곧 복음의 선포를 통하여 그의 영으로 중생된 사람들을 생각하라. 그렇다면 우리는 옛날에 이스라엘에는 하나도 없다고 할 수 있을 만큼 오직 소수의 사람만이 마음의 정서와 뜻을 기울여 여호와의 언약을 받아들였다고 말하게 될 것이다. 그렇지만 만약 지금과 비교하지 않고 그들 자신만을 헤아린다면 그 수는 많았다고 할 것이다.

9. 네 번째 차이: '예속 언약'과 '자유 언약'

네 번째 차이는 세 번째 차이로부터 나타난다. 성경은 구약을 사람들의 영혼에 두려움을 낳는 "예속 언약"[667]이라고, 신약을 그들을 들어 올려 확신과 평정에 이르게 하는 "자유 언약"[668]이라고 부른다.

같은 맥락에서 바울은 로마서 8장에서 다음과 같이 전한다. "너희는 다시 무서워하는 종의 영을 받지 아니하고 양자의 영을 받았으므로 우리가 아빠 아버지라고 부르짖느니라"(롬 8:15).

히브리서의 말씀도 이에 관계되는 것으로 여겨진다. 신약의 신자들은 "만질 수 있고 불이 붙는 산과 침침함과 흑암과 폭풍"이 있는 곳에 이른 것이 아니었다. 그곳에서는 들리는 것과 보이는 것이 모두 공포를 일으켜 마음을 소스라치게 한다. 그곳에서는 끔찍한 소리가 울릴 때 하나 없이 모두가 그것을 듣지 않기를 간청하게 된다. 심지어 모세 자신도 그곳을 심히 두려워하였다. 그러나 우리가 "이른 곳은 시온 산과 살아 계신 하나님의 도성인 하늘의 예루살렘"(히 12:18-19, 21-22)이었다.

바울은 이를 우리가 인용했던 로마서에서 간략하게 다루나 갈라디아서에서

---

[667] "[testamentum] servitutis."
[668] "[testamentum] libertatis."

더욱 상세히 설명한다. 여기에서는 아브라함의 두 아들이 다음과 같이 비유로 해석된다. 여종 하갈은 이스라엘 사람들이 율법을 받은 시내 산의 모형이다. 자유로운 여자 사라는 복음이 흘러나오는 하늘의 예루살렘의 형상이다. 하갈의 후손은 예속 가운데 태어나 결코 기업에 이르지 못했다. 사라의 후손은 자유롭게 태어나 기업에 합당하게 되었다. 마찬가지로 율법을 통해 우리는 예속에 처하게 되었으나 오직 복음을 통해 중생되어 자유에 이르게 되었다(갈 4:22-31).

요컨대 구약은 공포와 전율로 양심을 때렸으나 신약의 은총은 사람들을 구원해서 기쁨에 이르게 한다. 구약은 양심을 예속의 굴레에 묶어 꼼짝 못하게 했으나 신약은 그 너그러움으로 그것을 해방시켜 자유에 이르게 한다.[669]

그러나 이스라엘 사람들 가운데 거룩한 족장들은 우리와 동일한 믿음의 영을 부여받았음이 분명하므로 우리와 동일한 자유와 기쁨에 동참하는 자들이 되었다고 반박하는 자들이 혹 있다면 우리는 다음과 같이 대답하도록 하자. 이 두 가지 모두 율법으로부터 말미암은 것은 아니었다. 그러나 율법을 통하여 노예 상태에 짓눌릴 뿐만 아니라 양심의 불안으로 쇠진해감을 느꼈을 때 족장들은 도피처를 찾아 복음으로 도망쳤다. 그러므로 그들이 저 악한 것들로부터 방면된 것은 구약의 일반 율법을 넘어서는 신약의 특별한 열매였다.

게다가 그들은 이러한 자유와 확신의 영을 부여받아 율법으로 인한 두려움과 예속을 어느 한 부분도 경험하지 않았다고 주장한다면 우리는 이를 인정할 수 없다. 왜냐하면 그들은 복음의 은혜를 통하여 받아들인 특권을 아무리 많이 누렸다고 한들 여전히 일반 사람들과 동일한 것들을 준수하는 고리에 매여 그것들의 짐을 져야하는 노예의 처지에 놓여 있었기 때문이다.

참으로 그들은 의식들을 꼼꼼히 준수해야 하는 의무에 매여 있었다. 그 의식들은 초등 학문에 속한 것들로서 예속을 상징하였다(참조. 갈 4:2-3). 또 법조문에 쓴 증서(골 2:14)로써[670] 그들은 자신들의 죄의 책임을 고백하였으나, 그 증서는 그들을 의무로부터 풀려나게 하지는 못했다. 그러므로 주님이 당시 이스

---

669) "vetus testamentum pavorem ac trepidationem incussisse conscientiis; novi beneficio fieri ut in laetitiam solvantur."

670) Cf. *Institutio*, 2.7.17.

라엘 사람들을 대하였던 일반적인 경륜을 고려해 볼 때 우리 이전에 있었던 그들은 예속과 두려움의 언약하에[671] 있었다고 일컬어지는 것이 타당하다.

10. 율법의 희미한 경륜과 복음의 명료한 경륜

우리가 언급했던 나중의 세 가지 비교들은[672] 율법과 복음에 관한 것들이다. 그것들을 통하여 우리는 율법이 '구약'이라는 이름으로, 복음이 '신약'이라는 이름으로 제시됨을 보았다. 첫 번째 비교는 율법 이전에 공포된 약속들도 그 안에 포함하고 있으므로 그 범위가 더 확장된다.

그러므로 아우구스티누스는 이러한 약속들을 '구약'이라는 이름에 포함되는 것으로 여겨서는 안 된다고 말한다. 이와 관련하여 그는 최고의 식견을 보여 준다. 그는 지금 우리가 가르치고 있는 것과 같은 맥락에서 구약을 은혜와 자비의 말씀과 구별하는 자들로서 예레미야와 바울을 언급하고 있다. 그리고 그들이 전한 본문들을 다루면서 다음을 적절하게 보충한다. 하나님에 의해서 중생하여 "사랑으로써 역사하는 믿음"(갈 5:6)을 가지고 계명들에 순종하는 "약속의 자녀"(롬 9:8)는 창세 이후로 새 언약에 속하였다. 그들의 순종은 육체적이고 지상적이며 일시적인 것들이 아니라 영적이고 천상적이며 영원히 선한 것들에 대한 소망 가운데 행해졌다. 그들은 특별히 중보자를 믿었다. 그들은 그를 통하여 성령이 경륜을 행하심으로 자기들이 선을 행하게 되며 죄를 지을 때마다 용서를 받게 된다는 사실을 의심하지 않았다.[673]

내가 확정하고자 하는 바가 바로 이 점에 있다. 성경이 상기시키듯이 창세 이후로 하나님의 특별한 택하심을 받은 모든 성도는 우리와 동일한 복을 받아 영원한 구원에 함께 동참하는 자들이 되었다. 그런데 다음에 우리와 아우구스

---

[671] "sub servitutis ac timoris testamento."
[672] 두 번째에서 네 번째까지의 비교를 칭한다.
[673] Augustine, *Against Two Letters of the Pelagians* III. iv. 6–12, esp. 11 (MPL 44. 591–597; tr. NPNF V. 346–351). Quot. Battles tr., n. 14.

티누스의 분석에는 차이가 있다. 우리는 "율법과 선지자는 요한의 때까지요 그 후부터는 하나님의 나라의 복음이 전파되어"(눅 16:16)라는 그리스도의 말씀에 따라 복음의 명료성과 그것에 앞선 말씀의 한층 더 희미한 경륜을 서로 구별한다. 한편 아우구스티누스는 율법의 무능함과 복음의 견실함을 단순히 갈라놓을 뿐이다.674)

여기에서 우리는 또한 거룩한 족장들과 관련해서 다음과 같은 사실에 주의를 기울여야 한다. 그들은 옛 언약 아래에 살았으나 그곳에 붙들려 있지 않고 항상 새 언약을 열망하였으며 그리하여 그것과의 확실한 교제를 받아들이게 되었다.675) 사도는 현재의 그림자에 만족하고 마음을 그리스도를 향하여 펼쳐 가지 않는 자들을 눈멂과 저주에 속한다고 정죄한다. 다른 사안들은 언급하지 않더라도 도살된 짐승으로부터 죄 속함을 소망하는 것보다 더 눈이 먼 공상이 어디 있겠는가? 혹은 외면에 물을 뿌려 영혼의 정화(淨化)를 추구한다면 그것도 마찬가지 아닌가? 혹은 마치 하나님이 의식들에 의해 크게 즐거워지기라도 하시듯이 그 차가운 것들로 하나님을 진정시키기를 원한다면 그렇지 않겠는가? 그리스도에 대한 아무 관심도 없이 율법 준수에만 매달려 있는 자들은 이 모든 부조리에 빠져들게 되는 것이다.

11. 다섯 번째 차이: 이스라엘로부터 모든 민족에로 은혜의 언약이 확산됨

다섯 번째 차이점을 덧붙일 수 있는데, 그 차이점은 그리스도의 강림 때까지 여호와가 한 민족을 별도로 나누어 자기 은혜의 언약을 그 민족에게 국한하셨다는 사실에 기초하고 있다. 모세는 말한다. "지극히 높으신 자가 민족들에게

---

674) "nostra······inter evangelii claritatem, et obscuriorem quae praecesserat verbi dispensationem distinguit; altera simpliciter legis debilitatem secernit ab evangelii firmitudine."

675) "ita sub veteri testamento vixisse, ut non illic restiterint; sed aspirarint semper ad novum, adeoque certam eius communionem amplexi sint."

기업을 주실 때에, 아담의 자손을 나누실 때에……여호와의 분깃은 자기 백성이라 야곱은 그가 택하신 기업이로다"(적용. 신 32:8-9). 다른 곳에서 그는 자기 백성에게 다음과 같이 말한다. "하늘과……땅과 그 위의 만물은 본래 네 하나님 여호와께 속한 것이로되 여호와께서 오직 네 조상들을 기뻐하시고 그들을 사랑하사 그들의 후손인 너희를 만민 중에서 택하셨음이 오늘과 같으니라"(신 10:14-15).

그러므로 여호와는 자기 이름에 대한 지식을 누릴 자격이 그 백성에게만 있다고 여기셨다. 마치 모든 사람 중에서 그들만이 자기에게 속한 듯이 말이다. 그는 자기 언약을 말하자면 그들의 가슴에 깃들게 하셨고 자기 엄위의 현존을 그들에게 나타내셨으며 그들에게 모든 특권을 부어 주셨다. 그러나 여기서는 다른 복들은 제외하고 문제가 되는 한 가지만 다루도록 하겠다. 여호와는 자기 말씀으로 그들과 교통하시면서 그들을 자기에게 단단히 묶으셔서 그들이 자기를 그들의 하나님이라고 일컫고 섬기게끔 하셨다.

반면에 그는 "모든 민족으로" 마치 그들이 자기와 아무런 관계도 없는 듯이 "자기들의 길들을 가게 방임하셨다"(적용. 행 14:16). 그들이 앓고 있는 죽음에 이르는 병을 치료할 유일한 처방이 될 것임이 분명한 자기 말씀에 대한 선포를 그들에게는 부여하지 아니하셨다. 그때 이스라엘은 여호와의 사랑스런 아들이었고 다른 민족들은 외인들이었다. 이스라엘은 아신 바 되어 받아들여져 믿음을 얻고 후견을 누렸으나 다른 민족들은 그들의 어둠에 버려진 채 있게 하셨다. 이스라엘은 하나님에 의해 거룩하게 되었으나 다른 민족들은 속화되었다. 이스라엘은 하나님의 현존으로 영예를 누렸으나 다른 민족들은 그에게 가까이 나아가는 모든 길이 차단되었다.

그러나 모든 것을 회복시키시려고 정하신 "때가 차매"(갈 4:4) 그리스도는 자기를 하나님과 사람들 사이의 화목자로 제시하셨다. 그리고 그토록 오랫동안 하나님의 자비를 이스라엘의 경계 안에 가두어 두었던 "담"(엡 2:14)을 허셨다. "먼 데 있는 너희에게 평안을 전하시고 가까운 데 있는 자들에게 평안을 전하셨으니"(엡 2:17), 이는 그들이 하나님과 화목하게 되는 동시에 한 백성으로 연합하게 하셨기 때문이다(엡 2:16). 그러므로 이제 헬라인과 유대인(갈 3:28), 할례와 무할례를(갈 6:15) 서로 나눌 어떤 명분도 없다. "그리스도는 만유시요 만유 안에 계시니라"(골 3:11). "내가 이방 나라를 네 유업으로 주리니 네 소유가 땅 끝까지 이르리로다"(시 2:8). "그가 바다에서부터 바다까지와 강에서부터 땅 끝까지 다스리리니"(시 72:8; 참조. 슥 9:10).

12. 이제 이방인들을 유대인들과 동등하게 부르심

그러므로 이방인들을 부르심은 구약에 대한 신약의 우월성을 예증하는 가장 깊이 새길만한 표다. 이는 앞에서 선지자들의 매우 분명한 말씀들 다수를 통하여 입증되었다. 그러나 그 완성은 메시아의 나라가 임할 때까지 연기되는 방식으로 그렇게 되었다. 실로 그리스도도 자기의 선포 초기부터 당장 이방인들을 부르시는 데까지 나아가지는 않으셨다. 그는 우리를 위한 대속의 모든 일을 완전히 다 마치시고 자기 비하의 마지막 시간에 이르도록 줄곧 그것을 연기하셨다. 그는 아버지로부터 "모든 이름 위에 뛰어난 이름"을 받으셨다. 그 이름 앞에 모든 무릎이 꿇게 되었다(빌 2:9-10).

이런 이유로 아직 그때가 다 차지 않았으므로 그는 가나안 여자에게 "나는 이스라엘 집의 잃어버린 양 외에는 다른 곳으로 보내심을 받지 아니하였노라"라고 말씀하셨다(마 15:24). 그리고 그는 사도들이 그들의 첫 번째 사명을 나설 때 이스라엘의 경계를 벗어나는 것을 허락하지 않으셨다. 그는 말씀하셨다. "이방인의 길로도 가지 말고 사마리아인의 고을에도 들어가지 말고 오히려 이스라엘 집의 잃어버린 양에게로 가라"(마 10:5-6).

그러나 성경의 많은 증언들은 이방인들을 부르심을 밝히 드러내었다. 그럼에도 불구하고 사도들은 그 일을 수행하려고 했을 때 그 부르심이 새롭고 이례적인 것으로 보여서 마치 기이한 일이라도 되는 양 움츠렸다. 그들은 마침내 떨림 가운데 그 일을 시작했지만 이의가 없지 않았다.

이는 결코 놀랍지 않다. 그토록 많은 세대를 지나오는 동안에 다른 모든 민족 가운데서 오직 이스라엘만을 따로 뽑으셨던 여호와가 갑자기 계획을 바꾸시고 그것을 폐기하신 것처럼 보였으니 이성적으로 볼 때 도무지 이치에 맞지 않았기 때문이다. 실로 이에 대한 예언들이 미리 주어졌다. 그러나 사람들은 그 예언들이 자기들의 눈에 너무나 새로운 것을 펼쳐보였기 때문에 그것에 주의를 기울일 때마다 놀라지 않을 수 없었다. 미래에 이방인들을 부르심에 대한 이러한 증거들을 하나님이 옛날에 주셨지만 그 당시 사람들의 마음을 힘 있게 움직이기에는 충분하지 않았다. 이렇듯 그는 매우 소수의 사람들을 부르시고 그들을 접붙이시는 방식으로 아브라함의 가족에 속하게 하심으로 그들을 자기 백성에 더하셨다.

그러나 이제 이방인들은 자기들에 대한 이러한 공적인 부르심으로 인해 유대인들과 동등하게 되었을 뿐만 아니라 말하자면 죽은 유대인들의 자리를 대신하게 되었음이 분명해졌다. 그 이전에는 하나님이 교회의 몸으로 받아들인 모든 외국인이 유대인들과 결코 동등한 적이 없었다. 그러므로 바울은 이 큰 비밀이 "만세와 만대로부터 감추어졌던 것"(골 1:26; 참조. 엡 3:9)이라고 적절하게 선포하고 천사들에게도 놀라운 일이라고 전한다(참조. 엡 3:10; 벧전 1:12).

13. 다양한 세대에 맞추어 주신 하나님의 경륜

지금까지 나는 이 넷 혹은 다섯 항목들로써 구약과 신약의 차이 전체를 간단한 방식의 가르침을 좇아 충실히 잘 설명하였다고 생각한다. 그러나 어떤 사람들은 교회를 다스림에 있어서의 변화, 다양한 방식의 가르침, 예식들과 의식들의 그 많은 변경에 대해서 계속해서 조롱을 일삼고 있으므로[676] 우리는 다른 사안들로 넘어가기 전에 먼저 이에 대한 답을 해야 한다. 그러나 그들이 하는 반박들은 정확한 논의를 필요로 할 만큼 그리 확고하지 않으므로 그저 간단하게 다루면 될 일이다.

그들은 영구히 자기 자신에게 스스로 올바르신 하나님이 한때 명령하시고 권하셨던 것을 이후에 부인하셨다고 할 만큼 그렇게 큰 변화를 참으신다면 이

---

[676] 재세례파를 칭한다고 여겨진다.

는 합당하지 않다고 말한다.

  나는 이에 대해서 대답한다. 하나님이 각각 유익하다고 생각하신 바대로 다양한 세대에 다양한 양상으로 맞추어 주셨다고 해서, 그 이유만으로 그를 가변적이라고 판단할 수는 없다.[677] 만약 농부가 자기 가정을 위하여 겨울에는 어떤 일들을 하고 여름에는 다른 일들을 한다고 해서 우리는 그 이유로 그를 일관성이 없다고 비난하거나 그가 자연의 영구적 질서와 버무려진 농사의 올바른 규범을 어기고 있다고 생각해서는 안 될 것이다.

  같은 논법으로, 만약 집안의 가장이 자기 자녀들을 영아 때는 이 방식으로, 유아 때는 저 방식으로, 청년 때는 또 다른 방식으로 가르치고 다스리고 인도한다고 해서 우리는 그런 이유로 그를 변덕스럽다고 부르거나 그가 자기 목적을 포기하고 있다고 말해서는 안 된다. 이럴진대 왜 우리는 시대의 다양성을 적절하고 어울리는 표지들로 구별하신 하나님을 불일치의 표지로 낙인찍고자 하는가?

  나중에 든 이 비유에 우리는 완전히 만족하여야 한다. 바울은 유대인들을 어린아이들로, 그리스도인들을 청년들로 비유한다(갈 4:1-7). 하나님이 유대인들에게는 그들의 연령에 어울리는 초등교육에 국한해서 가르치신 데 반하여 우리에게는 더욱 확고하고 이른바 더욱 어른스러운 훈육으로 훈련시키셨다고 해서 그를 불규칙적이라고 할 수 있겠는가?

  하나님의 불변성은 그가 모든 세대를 통하여 같은 가르침을 전하셨고, 처음부터 명령하신 자기 이름에 대한 예배를 계속해서 요구하셨다는 사실에서 빛난다. 그가 외적인 양식과 방식을 바꾸셨다는 것이 그가 자기 자신을 변화에 종속시키고 계심을 보여 주는 것은 아니다. 오히려 그는 자기 자신을 다양하고 가변적인 사람들의 수준에 맞추어 주셨던 것이다.[678]

---

[677] "non propterea mutabilem iudicari Deum debere quod diversis saeculis diversas formas accommodaverit."

[678] "hominum captui, qui varius ac mutabilis est, eatenus se attemperavit." 칼빈은 하나님의 맞추어 주심을 말할 때 'accommodare'와 'attemperare'를 같은 뜻으로 사용한다.

14. 표징은 다르나 실체는 동일함

그러나 그들은 응수한다. 하나님이 그렇게 존재하도록 원하지 않으셨다면 어디로부터 이러한 다양성이 생겨났겠는가? 하나님은 그리스도의 강림 이후와 같이 처음부터 어떤 형상도 없이 분명한 말씀들로만 영생을 계시하시고, 몇몇 분명한 성례들로 자기 백성을 교훈하시며, 성령을 부여하시며, 자기의 은혜를 온 땅에 두루 퍼지게 할 수는 없으셨는가? 이는 마치 하나님이 처음부터 그렇게 하실 수 있었으나 너무 늦게 세상을 창조하셨다고 하거나 괜히 겨울과 여름, 낮과 밤을 번갈아 있게 하셨다고 하면서 그와 다투는 것과 다를 바 없다. 그러나 우리는 하나님에 의해 행해진 것은 무엇이든, 우리가 그 원인을 알지 못하는 경우가 잦더라도, 지혜롭고 의롭게 이루어진 것이라는 사실을 의심하지 말자. 이는 모든 경건한 자가 의식해야 할 바이다. 하나님은 우리에게는 숨겨져 있으나 자기 계획에 대해서는 이유를 갖고 계심을 인정하지 않는다면 그것은 우리가 너무나 교만한 소치이다.[679]

그러나 그들은 하나님이 옛날에는 자기를 기쁘게 했던 짐승의 희생제물들과 레위 지파의 제사장직에 속한 모든 기구를 이제는 경멸하고 혐오하시니 놀랍지 않은가? 라고 응수한다. 마치 이러한 외적이며 쉬 없어지는 것들이 하나님을 기쁘시게 하고 어떤 식으로든 그의 마음을 사로잡기라도 하듯이!

이미 앞에서 말했듯이,[680] 하나님은 이 가운데 어느 것도 자기 자신을 위해서 행한 적이 없으시며 그 모든 것을 사람들의 구원을 위하여 마련하셨다. 만약 한 의사가 최고의 방식으로 젊은이의 병을 치료하고, 동일한 사람이 이후에 늙게 되어 그에게 다른 치료법을 사용한다고 해서 우리는 그 의사가 이전에 자기를 기쁘게 했던 의술을 포기했다고 말할 것인가? 그렇지 않다. 그는 변함없이 그 의술을 고수하는 가운데 각 세대에 맞는 치료법을 염두에 두는 것이다.[681]

---

679) Cf. *Institutio*, 1.16.9; 1.17.2.
680) 앞의 제5, 13절을 칭한다.
681) 앞의 제13절과 여기에서 칼빈은 구약과 신약의 경륜의 다양함을 하나님의 맞추어 주심(accommodatio

이렇듯 옛날에는 현재(顯在)하지 않으시는 그리스도를 표상하고 그가 오실 것을 선포하기 위하여 어떤 표징들이 필요했다. 그러나 지금은 제시되신 그를 표상하기 위하여 다른 표징들을 사용하는 것이 마땅하다. 그리스도의 강림 이후 하나님의 부르심은 모든 백성을 통하여 이전보다 더욱 넓은 곳까지 이르렀고 성령의 은혜는 더욱 풍성하게 퍼져 갔다.

하나님이 자기의 손과 의지로 자기의 은혜를 베푸시는 자유로운 경륜을 이루어 가시고 자기가 원하시는 나라들에 빛을 비추신다고 해서 과연 누가 그것을 가당치 않다고 할 것인가? 자기가 원하시는 곳들에서 자기 말씀의 선포를 진작시키신다고 해서 그리할 것인가? 자기가 원하시는 방법과 정도로 자기의 가르침이 진행되고 계승되게 하신다고 해서 그리할 것인가? 세상이 배은망덕하므로 그의 이름을 아는 지식을 자기가 원하시는 만큼의 세대 동안 빼앗으시고 원하시는 때에 자기의 긍휼에 따라 그것을 다시 회복시키신다고 해서 그리할 것인가?

우리는 이러한 것들을 불경건한 사람들이 단순한 마음을 지닌 사람들을 내몰아 그들 가운데 하나님의 의나 성경에 대한 신빙성에 대한 의심을 불러일으키는 지나치게 욕된 무고라고 본다.

---

divina)에 비추어 설명한다. Cf. Wright, "Calvin's Pentateuchal Criticism: Equity, Hardness of Heart, and Divine Accommodation in the Mosaic Harmony Commentary," 37–50; "Accommodation and Barbarity in John Calvin's Old Testament Commentaries," 413–427.

DE COGNITIONE DEI REDEMPTORIS IN CHRISTO,
QUAE PATRIBUS SUB LEGE PRIMUM,
DEINDE ET NOBIS IN EVANGELIO PATEFACTA EST

제12장

그리스도는 중보자의 직분을 성취하시기 위하여 사람이 되셔야 하셨음

Christum,
ut mediatoris officium praestaret,
oportuisse fieri hominem

1-3. 창세 전에 작정되신 참 하나님과 참 사람이신 중보자 그리스도
4-7. 신성과 인성의 두 본성에 따른 그리스도의 중보를 거부하는 자들

1. 신인 양성의 중보의 필연성

진정 우리에게 우리의 중보자가 되실 분이 참 하나님과 참 사람이셨음은 매우 중요한 일이었다.[682] 그 필연성에 대한 질문이 있을 것이나, 이는 단순한 필연성이나 사람들이 일반적으로 칭하듯이 절대적인 필연성이 결코 아니었다. 우리가 말할 수 있는 것은, 그것이 인류의 구원이 놓여 있는 하늘의 작정으로부터[683] 흘러나왔다는 사실이다.

가장 자비로우신 우리의 하나님은 우리를 위하여 최선의 것을 수립하셨다.

---

[682] "Iam magnopere nostra interfuit, verum esse et Deum et hominem qui mediator noster futurus esset." Cf. Edmondson, *Calvin's Christology*, 182–219.

[683] "De necessitate⋯⋯non simplex⋯⋯vel absoluta⋯⋯ex coelesti decreto." 이 땅에 오실 중보자는 참 하나님이시며 참 사람이셔야 했다. 이는 삼위일체 하나님이 창세전에 구속자를 성자로, 구속 방식을 대속으로, 구속 백성을 택함 받은 백성으로 정하셨음에 따른 것이었다. 이러한 구원 협약(consilium salutis)을 대부분 개혁신학자들은(Francis Turretin, Heinrich Heppe, Herman Witsius, Herman Bavinck, Charles Hodge, A. A. Hodge, William G. T. Shedd, Geerhardus Vos 등) 화란의 언약 신학자 콕세이우스(Johannes Cocceius, 1603–1669)의 용례를 좇아 구속 언약(pactum salutis)이라고 부르지만, 이는 또 다른 언약으로 볼 것이 아니라 구약 시대에 체결된 모든 은혜 언약과 중보자 그리스도가 친히 당사자와 보증이 되셔서 그것들을 성취하신 새 언약의 영원한 기초라고 여겨야 한다. Cf. Francis Turretin, *Institutes of Elenctic Theology*, 3 vols., tr. George Musgrave Giger, ed. James T. Dennison, Jr. (Presbyterian and Reformed Publishing, 1994), 12.2.1–14; Bavinck, *Reformed Dogmatics* 3.212–216; Hodge, *Systematic Theology*, 2.359–361; J. van Genderen and W. H. Velema, *Concise Reformed Dogmatics*, tr. Gerrit Bilkes and Ed M. van der Mass (Phillipsburg, NJ: P&R Publishing, 2008), 200–208.

우리의 불의가 우리와 하나님 사이에 마치 구름과 같이 끼여 전적으로 우리를 하늘 나라로부터 멀어지게 했으니(사 59:2), 하나님께 속한 사람이 아니라면 아무도 평화를 회복시키는 중재자가 될 수 없었다. 과연 누가 그에게 나아갈 수 있겠는가? 아담의 후손 중에 그렇게 할 자가 누가 있겠는가? 단지 모든 사람은 주님의 면전에서 자기들의 조상인 아담과 마찬가지로 두려움에 떨고 있을 뿐이었다. 그렇다면 그렇게 할 어떤 천사라도 있는가? 천사들에게는 오히려 머리가 필요했다.684) 천사들은 오직 그 머리에 결속되어 자기들의 하나님께 견고하고 흩어짐 없이 붙어 있었다(엡 1:22; 골 2:10). 그렇다면 어떻게 되는가? 분명 만약 하나님의 위엄 자체가 우리에게 내려오지 않았더라면 개탄스러운 일이 우리에게 있었을 뿐이었으리라. 왜냐하면 올라간다는 것이 우리에게는 어울리지 않기 때문이다.

따라서 하나님의 아들이 우리를 위하여 "임마누엘" 즉 "우리와 함께 계시는 하나님"(적용. 사 7:14; 마 1:23)이 되셔야 했다. 실로 이 법칙에 따라 그의 신성과 사람들의 본성이 상호적인 결합 가운데 서로 견고해졌다.685) 이러한 일이 없었다면 우리는 하나님이 우리와 함께 거하실 소망을 가질 수 없었을 것이다. 왜냐하면 하나님과 우리 사이에 긴밀함이 없지는 않으나 충분할 만큼 가깝지는 않으며, 하나님과 우리 사이에 닮음이 없지는 않으나 충분할 만큼 견고하지는 않기 때문이다. 우리의 불결함과 하나님의 완전한 정결함 사이에는 얼마나 요원한 간격이 있는가! 비록 사람이 모든 오점으로부터 자기를 순전하게 지켰다

---

684) 다음은 그리스도가 '천사들의 머리'(caput angelorum)이심에 대해서 다룬다. *Comm.*, Gen. 18:2 (CO 23.251); 20:7 (CO 23.290); 28:12 (CO 23.391); Ex. 23:20 (CO 24.251); Josh. 5:13, 14 (CO 25.463-464); 1Cor. 10:9 (CO 45.459); Heb. 1:5 (CO 55.15).

685) "ut mutua coniunctione eius divinitas et hominum natura inter se coalescerent." 이는 신자가 그리스도의 신성을 취해서 신이 된다는 식의 신화(神化, deificatio)가 아니라 그리스도의 의의 전가로 그리스도와 하나가 되는 연합의 법적적 은혜를 지칭한다. Gannon Murphy, "Reformed Theosis?" *Theology Today* 65/2 (2008), 192-199, 211-212; Julie Canlis, "Calvin, Osiander, and Participation in God," *International Journal of Systematic Theology* 6/2 (2004), 172-177, 182-183; Mark A. Garcia, "Imputation and the Christology of Union with Christ: Calvin, Osiander, and the Contemporary Quest for A Reformed Model," *Westminster Theological Journal* 68/2 (2006), 219-251, 특히 222-226. 이러한 입장은 트리엔트 회의(Council of Trient, 1545-1563)에 대한 칼빈의 반박문에도 핵심 논제로 제시된다. Craig B. Carpenter, "A Question of Union with Christ? Calvin and Trent on Justification," *Westminster Theological Journal* 64/2 (2002), 374-380.

고 하더라도 그의 상태는 중보자가 없이 하나님께로 나아갈 수 있을 정도로 고상하지는 않았을 것이다.686) 하물며 처참하게 파멸되어 죽음과 지옥에 던져졌고, 수많은 얼룩으로 더럽혀졌으며, 자기의 추태로 뒤범벅이 되었으며, 모든 저주에 짓눌린 사람에게 무슨 소망이 있겠는가?

바울이 그리스도를 중보자로 다루면서 다음과 같이 그가 사람이심을 분명히 상기시킨 것은 이유가 없지 않다. "하나님과 사람 사이에 중보자도 한 분이시니 곧 사람이신 그리스도 예수라"(딤전 2:5). 바울은 여기에서 '하나님'이라고 말할 수도 있었다. 아니면 '하나님'이라는 이름을 언급하지 않았듯이 최소한 '사람'이라는 이름도 생략할 수 있었다. 그러나 사도의 입을 통해서 말씀하시는 성령은 우리의 연약함을 알고 계셨으므로 가장 적절한 때에 가장 유익한 처방을 사용하셨다. 성령은 하나님의 아들을 우리로부터 나온 한 분으로 친근하게 우리 가운데 세우셨다. 그리하여 도대체 어디에서 중보자를 찾아야 할 지, 그에게 나아가려면 어떤 길을 택해야 할 지 우왕좌왕하지 않게 하셨다. 성령은 그를 '사람'이라고 부르신다. 그리고 우리가 육체 가운데 계시는 그에게 다가갈 수 있고 그를 만질 수 있다고 가르치신다.

더욱 자세하게 설명된 다음 말씀을 통하여 성령은 동일한 것을 지적하신다. "우리에게 있는 대제사장은 우리의 연약함을 동정하지 못하실 이가 아니요 모든 일에 우리와 똑같이 시험을 받으신 이로되 죄는 없으시니라"(히 4:15).

2. 우리의 것을 취하시고 자기의 것을 우리의 것으로 삼으심

중보자가 성취하셔야 할 것이 얼마나 범상치 않은 일이라는 것을 우리가 염두에 둔다면 이러한 사실은 더욱 명확해질 것이다. 중보자의 직무는 사람의 아들로부터 하나님의 아들을, 그리고 게헨나(지옥)의 상속자들로부터 천국의 상

---

686) "Quamvis ab omni labe integer stetisset homo, humilior tamen erat eius conditio quam ut sine mediatore ad Deum penetraret."

속자들을 만드는 것이었다. 하나님의 아들 자신이 사람의 아들이 되셔서 우리의 것을 취하심으로 자기의 것을 우리에게 옮기시고 본성상 자기에 속한 것을 은혜로 우리의 것으로 삼아주지 않으셨다면,687) 과연 누가 이 일을 할 수 있었겠는가?

오직 우리는 이러한 보증에 의지해서 우리 자신이 하나님의 자녀라는 사실을 확신한다. 왜냐하면 본성상 하나님의 아들이신 분이 우리의 몸으로부터 몸을, 우리의 육체로부터 육체를, 우리의 뼈로부터 뼈를 취하여 자기에 맞게끔 조성하셔서 우리와 동일한 분이 되고자 하셨기 때문이다(창 2:23-24; 엡 5:29-31). 그는 자기에게 고유한 것을 우리에게 주시기 위해서, 그리고 하나님의 아들이자 사람의 아들로서 자기가 우리와 같아지시기 위해서 우리의 고유한 본성을 기꺼이 취하셨다.688) 이렇듯 그는 "내가 내 아버지 곧 너희 아버지, 내 하나님 곧 너희 하나님께로 올라간다"(요 20:17)라고 말씀하시면서 자기의 입으로 저 거룩한 형제적 사랑을 보여 주셨다.

이러한 점에 비추어 볼 때, 하늘 나라의 기업이 우리에게 부여되어 있다는 점은 의심할 여지가 없다. 왜냐하면 홀로 모든 기업을 지니고 계신 하나님의 독생자가 우리를 자기의 형제들로 삼으셨기 때문이다. "자녀이면 또한 그리스도와 함께한 상속자니"(롬 8:17).

이러한 이유로 우리의 중보자가 되실 분은 무엇보다 마땅히 참 하나님이시며 참 사람이셔야 했다. 죽음을 삼키는 것은 그에게 속하였다. 생명이 아니라면 누가 이를 행할 수 있었겠는가? 죄를 이기는 것은 그에게 속하였다. 의 자체가 아니라면 누가 이를 행할 수 있었겠는가? 세상과 공중의 권세를 잡은 자를 무너뜨리는 것은 그에게 속하였다(참조. 엡 2:2; 골 1:13). 세상과 공중보다 더 뛰어난 능력이 없다면 누가 이를 행할 수 있었겠는가? 그런데 하나님의 수중이 아니라면 누구의 수중에 생명과 의, 그리고 하늘의 권능과 권세가 있겠는

---

687) "sic nostrum acciperet ut transferret ad nos suum, et quod suum erat natura." 앞의 제1절에서 보았듯이, 이는 신화(神化)를 의미하지 않는다.

688) "Quod nobis proprium erat suscipere gravatus non est, ut vicissim ad nos pertineret quod proprium ipse habebat; atque ita in commune ipse nobiscum et filius Dei esset et filius hominis." 이 역시 신화를 의미하지 않는다.

가? 그러므로 가장 자비로우신 하나님이 우리가 구원받기를 원하셔서 독생자의 인격 안에서 자기 자신을 우리의 구속주로 삼으셨다(롬 5:8).[689]

3. 인성에 따라서 죽음을 죽으시고 신성에 따라서 죽음을 죽이심

우리가 하나님과 화목에 이르기 위하여 고려해야 할 둘째 사항은 자기의 불순종으로 말미암아 타락한 사람은 순종을 묘약으로 삼아 그것에 맞서야 하며, 하나님의 판결을 이행해야 하며, 죄에 따르는 형벌을 치러야 한다는 사실에 있다. 그러므로 우리 주님은 아담의 자리에서 하나님께 복종하기 위해 참 사람으로 나타나셨고, 아담의 인격을 입으셨고, 그의 이름을 취하셨다. 이는 우리의 육체를 하나님의 의로운 심판을 위한 무름의 값으로 제시하시면서, 우리가 마땅히 받아야 할 죄의 값을 우리와 동일한 육체 가운데서 지불하시고자 함이었다. 요컨대 하나님으로서 홀로 죽음을 겪을 수 없고 사람으로서 홀로 그것을 이길 수 없기 때문에, 인간의 본성에 하나님의 본성을 연합하셔서 인성의 연약함으로는 자기를 내어 주사 죄를 속하고자 하셨으며, 신성의 능력으로는 우리를 위해 죽음과 씨름하면서 승리를 얻고자 하셨다.[690] 그러므로 그리스도로부터 그 자신의 신성 혹은 인성을 벗겨 내려 하는 자들은 실상 그의 엄위하심을 저주하고

---

689) "Sese ergo clementissimus Deus in persona unigeniti redemptorem nostrum fecit, dum nos redemptos voluit." 하나님은 삼위일체이시므로 아버지는 아들을 주심으로 자기 자신을 주셨다. 그리하여 아들의 인격 안에서 자기 자신을 구속주로 삼으셨다. 이 일이 성령의 역사로 아들 안에서 아버지의 택함을 받은 백성에게 일어났다. 이렇듯 구원은 삼위일체 하나님께 고유한 일이다.

690) "Prodiit ergo verus homo, Dominus noster, Adae personam induit, nomen assumpsit, ut eius vices subiret patri obediendo, ut carnem nostram in satisfactionis pretium iusto Dei iudicio sisteret; ac in eadem carne poenam quam meriti eramus persolveret. Quum denique mortem nec solus Deus sentire, nec solus homo superare posset, humanam naturam cum divina sociavit, ut alterius imbecillitatem morti subiiceret, ad expianda, peccata alterius virtute luctam cum morte suscipiens nobis victoriam acquireret." 여기서 '무름의 값'(pretium satisfactionis)을 치르기 위하여 중보자가 신성과 인성의 참 하나님이시자 참 사람이심이 필연적임을 천명한다. 주로 'satisfactio'를 '만족'으로 번역하나, 신학적 용례로는 그 일차적 어의(語義)인 값을 지불하는 것, 즉 배상(賠償), 보상(補償), 속상(贖償) 등으로 번역되어야 한다. '무르다'(נאל)라는 말의 명사형으로서, '기업 무를 자'(נאל)이신 그리스도를 지시하는 '무름'(גְּאֻלָּה)에 이 모두가 함의되어 있다(룻 2:20; 3:9, 12; 4:4, 6, 14; 레 25:23–28). 문병호, 『기독론』(서울: 생명의 말씀사, 2016), 956–976.

있거나 그의 인자하심을 퇴색시키고 있거나 한 것이다. 한편 이에 못지않게, 그들의 위해(危害)는 사람들의 믿음을 약화시키거나 전복시키는 데까지 이르는데, 이는 이러한 기초에 의지하지 않는 한 믿음이 올바로 설 수 없기 때문이다.

덧붙여 고려할 것은, 하나님이 율법과 선지자들을 통하여 약속하셨던 저 구속주는 마땅히 대망(待望)되어야 하실 분으로서 아브라함과 다윗의 아들이셔야만 했다는 사실이다. 이로부터 경건한 심령을 가진 사람들은 다윗을 거쳐 아브라함에 이르는 계보를 통하여 그의 기원을 바라봄으로써 숱한 예언 가운데 찬미되었던 기름부음 받은 자 곧 그리스도가 바로 이 땅에 오신 그 예수시라는 사실을 더욱 확실하게 인정하게 되는 또 다른 유익을 얻게 된다.

무엇보다 우리는 우리가 앞서 설명했던, 우리와 그리스도의 공통된 본성이 우리가 하나님의 아들과 하나가 되는 연합체의 보증이라는 사실, 우리의 육체를 입으신 그리스도가 죄와 죽음을 함께 굴복시키심으로써 승리와 개선(凱旋)을 우리의 것으로 삼으셨다는 사실, 그리스도가 우리로부터 취하신 육체를 희생제물로 드리심으로 속죄가 이루어져 우리의 죄과가 도말되고 아버지의 공의로우신 분노가 잦아들게 되었다는 사실을 [691] 견지해야 한다.

4. 성육신의 목적: 대속을 통하여 화목을 이루심

주의를 다하여 부지런히 이러한 것들을 반추하는 사람은 경박한 영혼들과 허영을 탐하는 사람들이 잘 걸려드는 모호한 사변들을 물리치는 데 주저함이 없을 것이다. 그중 하나는 비록 인류 구속을 위한 처방이 필요 없었다고 하더라도 그리스도는 사람이 되었을 것이라는 궤변이다. [692]

---

[691] "communem naturam pignus esse nostrae cum filio Dei societatis; carne nostra vestitum debellasse mortem cum peccato, ut nostra esset victoria et triumphus noster; carnem quam a nobis accepit, obtulisse in sacrificium, ut facta expiatione reatum nostrum deleret, et placaret iustam patris iram."

[692] Osiander, *An filius Dei fuerit incarnandus, si peccatum non introiuisset in mundum* (1550), K 2a, 2b; Servetus, *Christianismi restitutio: De regeneratione superna* I, pp. 370, 382. Quot. Battles tr., n. 3.

진실로 나는 천사들과 사람들이 태초의 창조 질서와 순전한 본성의 상태를 유지하고 있었다고 하더라도 그리스도는 그들의 머리로서 그들 위에 장(長)으로 임명되셨다는 사실을 인정한다. 이것이 바울이 그를 "모든 피조물보다 먼저 나신 이"(골 1:15)라고 부르는 까닭이다. 그러나 참으로 모든 성경이 그를 구속주가 되시기 위하여 육체를 입으셨다고 단언하고 있으므로 그 이상의 또 다른 명분이나 또 다른 목적을 상상하는 것은 매우 어리석은 일이다.

그리스도가 처음부터 약속되신 목적인 타락한 세상을 회복시키고 멸망의 구렁텅이에 빠진 사람들을 건져 내고자 하신 것은 충분히 알려져 있었다. 이렇듯 율법 아래에서 그리스도의 형상이 제물들 가운데 드러났다. 이를 바라봄으로써 구약의 신자들은 하나님이 그리스도의 속죄를 통하여 자기들과 화목하게 되심으로 자기들에게 인자를 베푸시리라는 소망을 지녔다.

모든 세대에 있어서 심지어 율법이 아직 공표되지 않았을 때에도 중보자는 피 없이는 약속되지 않으셨다.[693] 그러므로 그는 사람들의 더러움을 씻어 내기 위하여 하나님의 영원한 계획에 의하여[694] 지정되셨다는 사실을 우리는 확실히 되새겨야 한다. 왜냐하면 피가 뿌려지는 것이 속죄제물의 표징이기 때문이다(참조. 히 9:22).[695] 그리하여 선지자들은 그리스도에 관해서 선포하면서 그가 하나님과 사람들의 화목자가 되실 것이라고 약속하였다. 모든 증언 가운데서 무엇보다도 먼저 우리는 저 유명한 이사야의 증언을 떠올린다. "그는 백성의 죄악 때문에 하나님의 손으로 맞으셔야 했다. 그리하여 평화의 징계가 자신 위에 머물게 되었다"(적용. 사 53:4-5). 그는 자기 자신을 희생제물로 드리신 제사장이 되셔야 했다(히 9:11-12). "그가 채찍에 맞음으로 다른 사람이 나음을 받았다." 모든 사람은 "다 양 같아서 그릇 행하여 각기 제 길로 갔거늘", 하나님은 그가 그들의 "죄악"(적용. 사 53:5-6)을 지고 고통을 당하시는 것을 즐거워하셨다. 하나님의 작정에 따라서 그리스도 자신이 죄인들에게 도움을 베푸실 분으로 지

---

[693] "saeculis omnibus, etiam lege nondum promulgata, nunquam sine sanguine promissus fuerit mediator."
[694] "aeterno Dei consilio." 창세전 삼위일체 하나님의 '구원 협약'을 뜻한다.
[695] "quia piaculi signum est sanguinem fundi."

목되셨다는 이러한 말씀들을 듣고서도 그 한도를 뛰어넘게 되면 누구라도 어리석은 호기심에 과도하게 매몰되고 말 것이다.

이제 그리스도가 친히 나타나셔서 자기가 오신 이유가 하나님의 마음을 누그러뜨려 사망으로부터 생명으로 우리를 모으시는 데 있다고 선포하셨다. 사도들도 그에 관하여 동일한 사실을 증언하였다. 사도 요한은 "말씀이 육신이 되어"(요 1:14)라고 가르치기 전에 인간의 반역을 먼저 기사로 다룬다(요 1:9-11). 무엇보다도 먼저 우리는 그리스도 자신이 자기의 직분에 대해서 하신 다음 말씀을 경청해야 한다. "하나님이 세상을 이처럼 사랑하사 독생자를 주셨으니 이는 그를 믿는 자마다 멸망하지 않고 영생을 얻게 하심이라"(요 3:16). 또한 "죽은 자들이 하나님의 아들의 음성을 들을 때가 오나니 곧 이때라 듣는 자는 살아나리라"(요 5:25), "나는 부활이요 생명이니 나를 믿는 자는 죽어도 살겠고"(요 11:25). 또한 "인자가 온 것은 잃은 자를 구원하려 함이니라"(참조. 마 18:11). 또한 "건강한 자에게는 의사가 쓸 데 없고"(마 9:12). 이와 관련된 모든 구절들을 다 언급하려 들면 끝이 없을 것이다.

사도들은 일치된 마음으로 우리를 이 샘으로 다시 돌아오도록 부른다. 만약 그리스도가 우리를 하나님과 화목하게 하려고 오시지 않았다면, 그의 제사장 영예는 분명 땅에 떨어지고 말았을 것이다. 왜냐하면 제사장은 하나님과 사람들 사이를 중재하기 위한 중보자로 세워져야 하기 때문이다(히 5:1). 또한 그렇게 하지 않으셨다면, 그는 우리의 의가 될 수 없으셨을 것이다. 왜냐하면 하나님이 우리의 죄를 우리에게 돌리지 않으시도록 하기 위하여 그가 우리를 위한 희생제물이 되셨기 때문이다(고후 5:19). 마지막으로 그렇게 하지 않으셨다면, 성경이 그를 영화롭게 묘사하고 있는 모든 찬미가 그에게서 벗겨져 나갈 것이다. 이뿐 아니라 "하나님이 자기 아들을 죄 있는 육신의 모양으로 보내어 율법으로는 불가능한 요구를 이루어지게 하려 하심이니라"(적용. 롬 8:3-4)라는 바울의 말씀도 땅에 떨어지고 말 것이다. 또한 사도 바울이 다른 곳에서 그리스도가 구속주이신 한, 이 거울에는 사람들을 향한 하나님의 인자하심과 무한한 사랑이 "나타나"(참조. 딛 2:11) 있다고 가르친 말씀 역시 설 수 없게 될 것이다.

결론적으로 성경이 모든 곳에서 지시하는 바에 따르면, 하나님의 아들이 우리의 육체를 취하기를 원하셨으며 또한 아버지로부터 그러한 명령을 받아들이신 유일한 목적은 친히 희생제물이 되셔서 아버지가 우리를 너그럽게 보시도록 하는 데 있었다. 이같이 그리스도가 고난을 받고 그의 이름으로 회개가 전파될 것이라고 기록되었다(적용, 눅 24:46-47). "나는 나의 양을 위하여 목숨을 버리노라. 이로 말미암아 아버지께서 나를 사랑하시느니라. 이 계명은 내 아버지에게서 받았노라"(적용, 요 10:15, 17-18). "모세가 광야에서 뱀을 든 것같이 인자도 들려야 하리니"(요 3:14). 또한 "아버지여 나를 구원하여 이때를 면하게 하여 주옵소서. 그러나 내가 이를 위하여 이때에 왔나이다. 아버지여 아들을 영화롭게 하옵소서"(적용, 요 12:27-28; 참조, 요 17:1, 5)라고 다른 곳에서 전한다.

여기에서 그리스도는 자기가 육체를 취하신 이유가 우리의 죄들을 없애기 위해서 희생제물과 속죄제물이 되시기 위함이라는 사실을 분명하게 지시한다. 같은 방식으로 사가랴는 그리스도가 이 땅에 오신 것이 "죽음의 그늘에 앉은 자에게"(눅 1:79) 빛을 비추시겠다고 하신 족장들과의 약속에 부합한다고 공표하였다. 우리는 이 모든 말씀이 하나님의 아들과 관련해서 선포되었다는 사실을 기억한다. 바울은 다른 곳에서 "그 안에는 지혜와 지식의 모든 보화가 감추어져"(골 2:3) 있으며, 그를 제외하고는 자기가 아는 것은 아무것도 없다는 것을 자랑한다고(고전 2:2) 증언한다.[696]

5. 타락이 없었어도 성육신이 있었을 것이라는 오지안더의 견해 비판

위에서 살펴본 모든 말씀은 저주받은 사람들을 구속하신 그리스도를 증언하고 있다. 그 어떤 말씀도 죄가 없이 평안히 살고 있는 사람들에게 사랑을 베푸

---

[696] 그리스도는 참 하나님이시자 참 사람으로서 자기 자신을 '제물'(sacrificium)과 '속죄제물'(piaculum)과 '희생제물'(victima)로 드리심으로써 우리를 위한 속죄(expiatio)와 용서(propitiatio)와 화목(reconciliatio)을 이루셨다. 속죄는 죄의 값을 치름이고, 용서는 아버지의 너그럽게 보심이며, 화목은 아버지와 더불어 교제하고 교통하는 것이다.

시기 위해서 그리스도가 육신을 입으셨다고 가르치지는 않는다. 만약 누군가 697) 이러한 잘못된 견해를 지지하고 있다면 내가 해 줄 대답은 간단하다. 성령은 구속과 성육신 이 두 가지가 하나님의 영원한 작정에 의하여 698) 함께 연결되어 있다고 선포하신다. 그러므로 그리스도가 우리와 동일한 본성의 동참자로서 우리의 대속자가 되셨다는 사실에 대해서 장황하게 묻는 것은 온당치 않다. 왜냐하면 어떤 것을 더 많이 알고자 하는 욕망으로 자기 기분을 채우는 사람은 하나님의 불변하는 결정에 대해서 만족하지 못하고, 심지어 우리 대속의 값으로 드려진 그리스도에 대해서도 만족할 수 없다는 속내를 드러내기에 이르기 때문이다.

참으로 바울은 자기가 어떤 목적으로 보냄을 받았는지를 설명할 뿐만 아니라 위로 예정의 고상한 비밀에 이르고, 사람의 천성적인 오만과 욕구는 적절하게 억제한다. 아버지는 "그 기쁘신 뜻대로"(엡 1:5) "창세전에 그리스도 안에서 우리를 택하사"(엡 1:4) 우리가 "그가 사랑하시는 아들 안에서"(적용. 엡 1:6) 받아들여지고 "그의 피로 말미암아 속량"(엡 1:7)을 얻게 하셨다. 여기에서 분명 아담의 타락이 시간상 하나님의 작정에 앞선 것으로 전제되지 않는다. 하나님은 나타난 것을 창세전에 정하셨다. 하나님이 인류의 비참함을 고치고자 원하신 것은 시간이 시작되기 전이었다. 699) 이와 더불어 만약 우리의 대적자들이 이러한 하나님의 계획이 그 자신에 의해 예견되었던 인류의 파멸에 터 잡고 있었

---

697) *An filius dei fuerit incarnandus, si peccatum non introiuisset in mundum*(만약 죄가 세상에 들어오지 않았더라면 하나님의 아들이 성육신해야 했을까)라는 글을 1550년에 발표한 안드레아스 오지안더(Andreas Osiander, 1498-1552)를 칭한다. 오지안더는 사람이 처음에 부여받은 미완(未完)의 '본질적 의'(iustitia essentialis)를 '그리스도의 형상'이라고 부르고, 그 의를 완성하기 위하여 죄와 무관하게 그리스도의 성육신이 필요하다고 주장한다. 그리스도는 의를 다 이루시고 전가해 주시는 분이 아니라 본질적 의를 지닌 사람이 그 의를 완성시켜 가는 과정에서 바라보아야 할 모범에 불과하다고 여긴다. 이러한 오지안더의 입장에 대한 칼빈의 비판은 우리가 이미 보았던, 하나님의 형상을 다룰 때, 성육신을 다루는 이곳, 그리고 이신칭의를 논할 때 집중된다. Cf. *Institutio*, 1.5.3; 3.11.5-6.

698) "aeterno Dei decreto."

699) "Hic certe non praesupponitur Adae lapsus quasi tempore superior; sed quid ante saecula statuerit Deus ostenditur, quum mederi vellet humani generis miseriae." 학자들은 이를 칼빈이 타락 전 예정설(supralapsarianism)에 서 있음의 전거로 삼고 이러한 입장이 테오도르 베자(Theodore Beza, 1519-1605)에 의해서 체계화된 것으로 여긴다. Joel R. Beeke, "Did Beza's Supralapsarianism Spoil Calvin's Theology?," *Reformed Theological Journal* 13 (1997), 58-60; Bavinck, *Reformed Dogmatics*, 2.364-365; Berkhof, *Systematic Theology*, 115-116; Heppe, *Reformed Dogmatics*, 147-148.

는 사실을 받아들이기를 거부한다면, 이에 대한 응수로 다음과 같은 점을 지적하는 것으로 충분히 족할 것이다. 즉 하나님이 자기의 은밀한 작정에 따라서 그리스도에 관하여 예정하신 것700) 그 이상의 질문을 제기하거나 그 이상의 지식을 추구하려는 모든 사람은 새로운 그리스도를 조작해 내기 위해서 불경건한 만용을 부리며 무모하게 돌진하고 있을 뿐이라는 것이다.

바울은 이렇듯 그리스도의 고유한 직분에 관해서 적절한 논의를 진행한 이후, 에베소 교인들이 깨닫게 하는 영을 받아서(엡 3:14-17) "그 너비와 길이와 높이와 깊이가 어떠함을" 즉 "모든……지식에 넘치는 그리스도의 사랑"(엡 3:18-19)이 어떠함을 깨닫게 해 달라고 합당한 기도를 드린다. 이는 마치 그리스도에 관한 말이 나올 때마다 화목의 은혜로부터 한 치라도 떠나서는 안 된다는 울타리를 우리의 마음속에 일부러 치는 것과 같다. 이러한 맥락에서 우리는 "미쁘다 이 말이여 그리스도께서 죄인을 구원하시려고 임하셨다"(적용. 딤전 1:15)라는 바울의 증언을 받게 된다. 나는 기꺼이 이 말에 동의한다. 다른 곳에서 동일한 사도는 복음을 통하여 지금 우리에게 선포된 은혜는 "영원 전부터 그리스도 예수 안에서 우리에게 주신"(딤후 1:9) 것이라고 가르친다. 마지막에 이르도록 계속해서 이 은혜 가운데 머물고자 하는 것이 나의 결심이다.

오지안더(Osiander)는 이런 겸손을 떠나 과도한 자기주장을 펼친다. 불행하게도 그는 몇몇 소수의 사람들이701) 지나치면서 슬쩍 다룬 적이 있는 이 문제를 다시 끄집어내어 소요를 일으킨다. 그는 아담이 타락하지 않았더라도 하나님의 아들이 육체 가운데 나타나셨을 것이라는 자기 주장을 받아들이지 않는 사람들을 파렴치한이라고 몰아세운다. 그러면서 성경의 어떤 증언도 자기의 이런 발상을 반박하고 있지 않다고 발뺌을 한다. 그러나 바울이 그리스도가 성취한 구원에 관하여 말하면서, "어리석은 변론을 피하라"(적용. 딛 3:9)라고 단호한 명령을 내린 것이 그릇된 호기심에 재갈을 먹인 것이 아니고 무엇이겠는가?

---

700) "de Christo……quam Deus arcano suo decreto praedestinavit."

701) 오지안더는 헤일즈의 알렉산더(Alexander, 1183경-1245)와 둔스 스코투스(Duns Scotus, 1266-1308)보다 조반니 피코 델라 미란돌라(Giovanni Pico della Mirandola, 1463-1494)를 거론한다. *An filius Dei fuerit incarnandus, si peccatum non introiuisset in mundum* (1550), fo. A 4a-B 1a. Quot. Battles tr., n. 6.

어떤 사람들은 자기들의 알량한 명철을 과시하려고 도가 지나친 광기에 사로잡혀 있다. 그들은 심지어 하나님의 아들이 나귀의 본성을 취하고 오실 수 있는가에 관한 질문을 던지기에 이르렀다. 경건한 사람이라면 누구라도 이런 흉측한 말이 혐오스럽다고 배척할 것이다. 그러나 오지안더라면 어떻겠는가? 그는 아마 성경 어디에서도 이 말을 특정해서 논박하고 있지 않다는 구실을 달 것이다. 마치 바울이 나귀를 구원의 창시자로 인정하기라도 했듯이! 바울이 누군가? 그는 "그리스도가 십자가에 못 박히신 것 외에는"(고전 2:2) 어떤 값진 것도, 어떤 고귀한 것도 알 가치가 없다고 하지 않았던가? 또 다른 곳에서 바울은 그리스도가 아버지의 영원한 계획에 따라서 모든 것을 하나로 모으시는 머리로 정해지셨다고(엡 1:10, 22) 선포하고 있다. 어떻게 이런 사도가 그리스도를 아무 구속의 역할도 위탁받지 않았던 다른 사람으로서 인정할 수 있었겠는가?

6. 사람은 누구의 형상에 따라 창조되었는가?

그러나 오지안더가 원리라고 자랑하고 있는 것은 너무나 보잘것없다. 오지안더는 사람이 장차 오실 그리스도를 모범으로 삼아 빚어졌으므로 하나님의 형상으로 창조되었다고 주장한다. 아버지가 육체로 옷 입히실 것을 미리 작정하신 그리스도께 맞추어 사람이 지음을 받았다는 것이다. 이러한 입장을 견지하면서 오지안더는 만약 아담이 순전한 처음 천성으로부터 추호도 타락하지 않았다고 하더라도, 그리스도는 사람이 되셨을 것이라고 추론한다.

건전한 판단력을 갖춘 사람이라면 누구나 할 것 없이 이것이 얼마나 하찮고 그릇된 발상인지를 단번에 알 수 있을 것이다. 그런데도 오지안더는 하나님의 형상을, 하나님의 영광이 아담에게 장식된 놀라운 선물들 가운데 빛났다는 사실로써뿐만 아니라 하나님이 아담 안에 본질적으로 거주하셨다는 사실로써도 파악한 최초의 사람이 바로 자기라고 생각하고 우쭐댄다.[702]

---

[702] "quod scilicet non solum in dotibus eximiis, quibus ornatus fuerat, relucebat Dei gloria, sed essen-

나는 아담이 하나님과 결합되어 있었던 동안에는 하나님의 형상을 지니고 있었다는 사실을 인정한다. 하나님의 형상은 진실하고 고귀한 완전한 존엄성을 뜻한다. 그럼에도 불구하고 이런 형상의 자취는 하나님이 아담에게 새겨주신, 모든 생물보다 뛰어난 우월함의 표지들로부터 찾아야만 한다고 본다. 예외 없이 모든 사람은 그리스도가 이미 그때에도 하나님의 형상이셨다는 사실을 인정한다. 아담에게 새겨진 탁월함은 무엇이든지 그가 독생하신 아들을 통하여 자기를 지으신 창조주의 영광에 머물게 되었다는 사실로부터 기인했다.

이런 까닭에 사람은 "하나님의 형상대로"(창 1:27) 지음을 받았다. 창조주 하나님은 자기의 영광을 마치 거울로 보듯이 사람 가운데서 보기를 원하셨다. 아담은 독생하신 아들의 은총으로 말미암아 이러한 수준에 오르는 영예를 누렸다.[703]

나는 또 하나님의 아들 자신이 사람들에게뿐만 아니라 천사들에게도 동일한 머리였다는 사실을 여기에 덧붙임으로써, 아담에게 부여된 존엄성이 천사들에게도 속하였음을 지적하고자 한다. 천사들이 "하나님의 아들들"(적용. 시 82:6)이라는 말씀을 들으면서도 아버지와 닮은 어떤 속성들이 그들에게 부여되어 있다는 사실을 부정한다면 합당치 않을 것이다.

하나님은 자기의 영광이 사람들 가운데서뿐만 아니라 천사들 가운데서도 표상되고 그들의 본성 각각에 드러나기를 원하신다. 그럼에도 오지안더는 천사들은 그리스도의 형상을 지니지 않았기 때문에 사람들보다 경시를 받았다고 허튼소리를 무식하게 지껄인다. 왜냐하면 하나님을 닮지 않았다면 천사들은 하나님에 대한 현존적 직관을 계속해서 즐길 수 없었을 것이기 때문이다. 같은 취지에서 바울은 사람들이 천사들과 연합하여 서로 하나의 머리 아래 견고하게 결속하게 되면 "하나님의 형상을 따라 새롭게 하심을 입게 된다"(적용. 골 3:10)라고 가르친다. 결론적으로 우리는 그리스도를 믿을진대, 하늘로 영접될 때에

---

tialiter in eo habitabat Deus."

703) "Ac Christum quidem iam tunc fuisse imaginem Dei uno consensu fatentur omnes; et proinde quidquid excellentiae insculptum ipsi Adae fuit, inde manasse quod per unigenitum filium ad opificis sui gloriam accederet. Ad imaginem ergo Dei conditus est homo, in quo suam gloriam creator ipse conspici quasi in speculo voluit."

천사와 같은 모양을 취하게 될 것이다(마 22:30). 이것이 우리의 마지막 복이 될 것이다.

만약 하나님의 형상을 대표하는 원래의 모범이 사람이신 그리스도 안에 있었다고 추론하는 오지안더를 허용하게 된다면, 누구든지 그와 동일한 논법을 빌미로 삼아, 하나님의 형상이 천사에게도 속하니 그리스도는 천사의 본성을 나누어 가졌어야 할 것이라고 주장하려 들 것이다.

7. 무엇을 위하여 하나님의 아들이 사람이 되셨는가?

따라서 만약 하나님이 자기의 마음속에 성육신하실 아들에 관한 확고하고 변함없는 작정을 가지고 계시지 않았었더라면 하나님은 거짓말쟁이가 되실 수도 있었을 것이라는 오지안더의 두려움에는 아무 근거도 없다. 왜냐하면 만약 천사들과 마찬가지로 하나님을 닮아 있었던 아담의 순전함이 파괴되지 않았었더라면 하나님의 아들이 천사나 사람이 되실 필요가 없었을 것이기 때문이다.

오지안더는 하나님이 자기의 변함없는 계획에 따라 사람을 창조하시기 전에 그리스도를 구속주가 아니라 첫 번째 사람으로[704] 나시게끔 작정하셨다고 주장한다. 하나님이 그렇게 하시지 않았었더라면 그리스도는 단지 타락한 인류를 회복시키기 위한 우연한 목적을 이루기 위하여 나시게 되셨을 것이며 그 결과 아담의 타락한 형상으로 창조되셨을 것이라고 추론한다. 이러한 두려움 역시 근거가 없고 불합리하다. 어찌하여 오지안더는 성경이 극명하게 가르치고 있는 "그는 모든 일에 우리와 똑같으나 죄는 없으시니라"(적용. 히 4:15)라는 말씀 앞에 두려워 떨고 있는가? 누가는 오히려 그리스도가 구속주로 오셨다는 점을 들어 주저함 없이 그를 아담의 소생이라고 여기고 있지 않는가?(눅 3:38)

그리스도에게 작정된 인간의 조건이 아담의 후손을 멸망의 폐허로부터 일으켜 세우기 위한 것이 아니라면 왜 바울이 그를 "둘째 사람"(고전 15:47)이라고 불

---

704) "non ut redemptor, sed ut primus homo."

렀겠는가? 만약 그리스도가 인간의 조건을 취한 것이 창조보다 앞섰다면 마땅히 그는 '첫 사람'이라고 불렸어야 할 텐데 말이다. 오지안더는 하나님이 그리스도를 사람으로서 미리 아신 바 되었으므로 이 모범에 따라(ad hoc exemplar) 사람들이 형성되었다고 의연하게 주장한다. 그러나 바울은 그리스도를 '둘째 사람'이라고 부르면서 본성을 처음 질서로 돌이키도록 개혁해야 할 필연성을 야기하는 패역을 사람의 태초 기원과 그리스도로 말미암아 우리가 누리게 되는 회복 사이에 위치시킨다. 동일한 원인에서 하나님의 아들이 사람이 되셨다는 사실이 귀결된다.705)

반면에 오지안더는 만약 아담이 순수하게 존속했다면 그동안 그는 그리스도의 형상이 아니라 자기 자신의 형상으로 존재했을 것이라는 사악하고 무모한 추론을 한다. 그러나 나는 하나님의 아들이 육신을 입지 않으셨다 하더라도 하나님의 형상은 사람의 육체와 영혼 가운데 빛났을 것이라고 역으로 대답한다. 이 빛이 비췸으로 그리스도가 진정한 머리시며 만물 위에 수위권(首位權)을 지니고 계신다는 사실이 언제나 드러났다.706) 오지안더는 소란을 떨며 만약 하나님이 심지어 아담의 죄가 없었더라도 자기 아들을 육체로 옷 입히기로 정하지 아니하셨더라면 천사들은 그들의 머리를 잃어버리고 말았을 것이라며 간교한 풍설을 퍼뜨린다. 그러나 이는 잠시 횡행할 뿐 헛되이 사라지고 말 것이다.

참으로 오지안더는 정상적인 사람이라면 결코 용납할 수 없는 어떤 입장을 자기의 것으로 취하는 과도한 무모함을 드러낸다. 오지안더는 그리스도가 사람인 한에 있어서만, 그를 통치자로 여기고 즐거워하는 천사들에게 수위권을 행사하게 된다고 주장한다. 그러나 바울의 말씀들로부터 명료하게 도출되는 다음 사실들은 이러한 주장과 정면 배치된다.

첫째, 그리스도는 영원한 하나님의 말씀이신바, "모든 피조물보다 먼저 나신 이"(골 1:15)시다. 이는 그가 창조되었거나 피조물들 가운데 하나로 헤아려져

---

705) "Paulus autem secundum Adam nominans, inter primam hominis originem et restitutionem quam per Christum consequimur, mediam statuit defectionem, ex qua naturae in pristinum ordinem reformandae necessitas. Unde sequitur, eandem filio Dei nascendi fuisse causam, ut homo fieret."
706) "etsi nunquam induisset carnem Dei filius, fulgebat nihilominus et in corpore et in anima eius imago Dei; in cuius radiis semper apparuit, Christum esse vere caput, et primatum tenere in omnibus."

야 했기 때문이 아니라, 아름다움의 극치가 아로새겨진 태초 세상의 순전한 상태는 그리스도 외에 다른 기원을 가지고 있지 않았기 때문이다.

둘째, 그리스도는 사람이 되신바, "죽은 자들 가운데서 먼저 나신 이"(골 1:18)셨다. 여기에서 사도는 간결한 한 본문으로 우리가 고려해야 할 두 가지, 아들이 만물을 창조하셨으므로 천사를 주재하신다는 사실과(골 1:16) 그리스도가 우리를 위한 구속주의 삶을 시작하시려고 사람이 되셨다는 사실(골 1:14)을 제시한다.

동일한 무식함이 그리스도가 사람이 되지 않으셨다면 사람들은 왕이신 그를 잃어버리게 되었을 것이라는 오지안더의 말에서도 발견된다. 마치 영원하신 하나님의 아들이 천사들과 사람들을 모아서 자기의 하늘 영광과 생명에 동참하는 연합체를 형성하셨고 그들 위에 수위권을 가지고 계셨더라도 사람의 육체를 입지 않으신 채 그렇게 하셨다면 하나님의 나라가 설 수 없었기라도 하듯이! 오지안더는 그리스도가 육체 가운데 나타나지 않으셨다면 교회에는 머리가 없었을 것(ἀκέφαλον)이라는 거짓 원리에 매양 현혹되어 있거나 자기를 현혹시키고 있거나 한다. 천사들이 자기들의 머리를 즐거워했듯이, 어찌 그리스도가 자기의 신적인 능력으로 사람들을 하늘에 모아 그들이 천사들과 동일한 삶을 누릴 수 있을 때까지 다스리고 자기의 몸에 하듯이 자기의 영의 은밀한 능력으로 먹이고 기를 수 없으셨겠는가?

오지안더는 지금까지 내가 논박해 온 세상의 노래들을 가장 확고한 신탁들이라고 여긴다. 그는 자기 자신의 사변들이 풍기는 달콤함에 취해서 아무것도 아닌 쓸데없는 것에 어리석은 찬미들을 쏟아내곤 한다. 위의 논의 이후 오지안더는 스스로 '아담의 예언'이라고 칭한, 아담이 아내를 보았을 때 "이는 이제 내 뼈 중의 뼈요 살 중의 살이라"(적용. 창 2:23)라고 한 말을 더욱 확고한 한 증거로 제시한다. 그러나 무슨 근거로 이 말이 예언이 되는지 오지안더는 밝혀야 할 것이다. 마태복음에서 그리스도가 동일한 말씀을 하나님께 돌리고 있다는 점에서인가? 그렇다면 하나님이 사람들을 통해서 하신 말씀은 무엇이든지 모종의 예언을 포함하고 있다고 해야 하지 않겠는가? 그러니 오지안더로 하여금 율법의 교훈 하나하나에서 예언 한 가지씩을 찾아내도록 해 볼 일이다. 율법은 분명 그 저자이신 하나님으로부터 나온 것이니 말이다.

여기서 우리가 한 가지 더 고려할 것은 이 말에 대해서 그리스도가 문자적 의미에 머무셨다고 해서 마치 천하고 속되셨던 것처럼 여겨서는 안 된다는 사실이다. 왜냐하면 그리스도는 여기서 자기가 귀하게 삼으신 교회와의 신비한 연합에 대해서가 아니라 오직 결혼의 성실 의무에 대해서만 논하고 계시기 때문이다(마 19:4-6). 이러한 취지로 그리스도는 하나님이 남자와 여자가 한 몸이 될 것이라고 선포하심으로써 누구도 끊을 수 없는 이 고리를 누구든지 이혼을 빌미로 끊으려고 들지 말도록 하셨다는 사실을 가르치신다. 만약 오지안더가 이 단순함을 단지 멸시거리에 불과할 뿐이라고 여긴다면, 그가 그리스도를 아버지의 말씀을 좀 더 정교하게 해석하여 제자들을 신비로 이끌지 못하셨다는 점을 들어서 비난하도록 놔둘 일이다.

나와 마찬가지로 바울도 오지안더의 광란을 인정하지 않는다. 바울은 우리가 그리스도의 살 중의 살이라고 전하면서(엡 5:30-31) 곧바로 "이 비밀이 크도다"(엡 5:32)라는 표현을 덧붙인다. 여기에서 바울은 아담이 하와에게 한 말의 뜻이 무엇인지를 설명하려고 하지 않고, 우리를 그리스도와 하나 되게 만드는 거룩한 결합을 결혼이라는 형상과 모양으로 조명하려고 한다. 바울이 전하는 말씀들이 이러한 의도를 반향(反響)하고 있다. 우리가 보듯이, 바울은 "나는 그리스도와 교회에 관해서 말하노라"(적용. 엡 5:32)라는 말씀을 통하여 우리가 갖춰야 할 바람직한 안목을 제시하면서, 육체적인 결혼의 규범을 넘어서는 그리스도와 교회의 영적인 결합의 심오한 비밀을 부각시키고 있다. 이렇듯 오지안더의 헛된 주장은 곧 사라지고 만다. 그러므로 나는 폐기된 쓰레기와 같은 이런 것들에 대한 논의가 필요치 않다고 생각한다. 왜냐하면 지극히 짧은 이곳에서의 논박만으로도 그의 모든 헛됨이 여실히 드러날 것이기 때문이다.

진실로 다음 말씀의 견실함은 하나님의 자녀들을 풍부하게 먹이고도 남는다. "때가 차매 하나님이 그 아들을 보내사 여자에게서 나게 하시고 율법 아래에 나게 하신 것은 율법 아래에 있는 자들을 속량하려 하심이라"(적용. 갈 4:4-5).

제13장

그리스도는 인간 육체의 참 실체를 입으셨다
Christum veram humanae carnis substantiam induisse

1–2. 중보자 그리스도의 인성
3–4. 동정녀 마리아의 몸에서 인성을 취하신 성령 잉태

1. 우리의 죄를 사하시기 위하여 우리와 동일한 사람이 되심

그리스도의 신성은 분명하고 확고한 증언들로써 이미 다른 곳에서 입증되었다.707) 그러므로 지금 여기서 또다시 그것을 논한다는 것은, 내가 그릇되지 않다면, 공연할 뿐이다. 이제 우리에게 남은 것은 우리의 육체를 입으신 그리스도가 어떻게 중보자의 역할을 완수하셨는지를 살펴보는 일이다. 중보자의 인성에 관한 진리를 거부하는 공격이 일찍이 마니주의자들과708) 마르키온주의자들에709) 의해서 감행되었다. 마르키온주의자들은 그리스도의 몸이 단지 환

---

707) *Institutio*, 1.13.7-13.

708) *Institutio*, 1.13.1.

709) 마르키온(Marcion, 85경-160경)은 소아시아 폰투스 사람으로 로마에서 가르쳤다. 그는 구약을 부정하고 사복음서 중에서 누가복음만을 인정했으며 그것도 처음 두 장과 3장 앞부분은 아예 삭제했다. 그리고 바울의 신학만을 정통으로 여겨 복음서의 정경성조차도 바울의 권위에 의지해서 논하였다. 그는 영지주의적 이원론에 서서 그리스도의 육체를 부인하는 가현설(Docetism)을 주장하였다. 다음에 마르키온에 대한 아우구스티누스의 반박이 나타난다. *Sermons* lxxv. 7-9 (MPL 38. 477; tr. NPNF VI. 338f.). Quot. Battles tr., n. 2. 칼빈의 시대에 마르키온 사상으로 문제가 된 것은 뮌스터에서의 재세례파의 몰락 이후 화란에서 이를 재건한 메노 시몬스(Menno Simons, 1496-1561)였다. 그는 예수의 참 인성을 부인하였는데, 예수는 마리아에게서(*of* Maria) 나신 것이 아니라 마리아 안에서(*in* Maria) 나신 분으로서 천상의 몸을 지니셨다고 주장했다. 이와 관련된 대표적인 글은 *Complete Works of Menno Simons*, ed. J. C. Wenger, tr. L. Verduin, pp. 419-454, 783-943에 각각 수록된 *Brief and Clear Confession* (1544)과 *The Incarnation of Our Lord* (1554)가 있다. Quot. Battles tr., n. 2. 칼빈은 이를 반박하며 1558년에 다음 글을 썼다. *Contra Mennonem* (CO 10a. 167-176). Cf. Hans J. Hilerbrand, "Menno Simons, Sixteenth Century Reformer," *Church History* 31/4 (1962), 387-399.

영(幻影)에[710] 불과하다고 공상했으며, 마니주의자들은 그가 천상의 육체를[711] 부여받았다고 몽상했다.

수많은 성경의 증언들은 확고하게 이 두 입장을 모두 거부한다. 왜냐하면 은총은 하늘의 씨나 사람의 정령(精靈)이 아니라 아브라함과 야곱의 씨에 약속되어 있으며(창 12:3; 17:2, 7; 18:18; 22:18; 26:4), 영원한 보좌는 공중에 떠돌아다니는 사람이 아니라 다윗의 아들과 그 몸의 소생에게 약속되어 있기(시 45:6; 132:11) 때문이다. 그리하여 육체 가운데 자기를 드러내신 그리스도는 "아브라함과 다윗의 자손"(마 1:1)이라고 불리신다. 이는 그가 공중에서 창조된 후 처녀의 자궁으로부터 나셨기 때문이 아니라, 바울이 해석하듯이 "육신으로는 다윗의 씨로부터 나셨기"(적용. 롬 1:3) 때문이다.

같은 의미로 동일한 사도는 다른 곳에서 그리스도가 유대인들로부터 난 후손이었다고 가르친다(롬 9:5). 주님이 '사람'이라는 이름에 만족하지 않으시고, 자기를 또한 '사람의 아들'(인자)이라고 연속해서 칭하시는 이유는 진실로 자기가 사람의 씨로부터 지음을 받은 사람이시라는 사실을 더욱 분명하게 표현하고자 원하시기 때문이다.

성령이 자주 그토록 많은 도구들을 통해서, 그토록 부지런하고도 단순하게, 이 사실을 있는 그대로 숨김없이 선포해 오셨으므로, 지금도 감히 이러한 거짓말을 퍼뜨리고 다닐 만큼 무례한 사람들이 있을 것이라고 누가 생각이라도 할 수 있겠는가? 그럼에도 되도록 많은 증언들을 쌓아 두고 싶거든 우리의 수중에 다른 증언들이 제시되어 있으니 그렇게 하라. "하나님이 그 아들을 보내사 여자에게서 나게 하시고"(적용. 갈 4:4)라는 바울의 말씀은 그중 하나이다.

수많은 증언들이 그가 굶주림, 목마름, 추위, 그리고 우리 본성에 속한 다른 여러 연약함을[712] 지니셨다는 사실을 알려준다. 우리는 그중 일부를 택하여 우리의 마음이 확신 가운데 설 수 있도록 도움을 얻어야 한다. 한 말씀에 따르면, 결단코 그리스도는 천사들의 본성을 취하시려고 자기의 고귀한 영예를 그들에

---

[710] "spectrum."
[711] "coelesti carne."
[712] "aliisque naturae nostrae infirmitatibus."

게 부여하신 적이 없다(히 2:16). 오히려 그는 우리의 본성을 취하심으로써, "혈과 육을 지니시고 죽음을 통하여 죽음의 세력을 잡은 자를 멸하시려"(적용. 히 2:14) 하셨다. 다른 말씀에 따르면, 우리는 그와 교제하는 은혜로 말미암아 그의 형제들로 여겨진다(히 2:11). 또 다른 말씀에 따르면, 그가 자비롭고 신실한 중재자가 되시기 위해서 우리의 형제들과 같이 되심이 마땅했다(히 2:17). 곧 "우리에게 있는 대제사장은 우리의 연약함을 동정하지 못하실 이가 아니요"(히 4:15).

이와 유사한 말씀들이 더 있다. 우리가 조금 전에[713] 다루었던 것은 바울이 분명하게 선포하고 있는, 세상의 죄가 우리의 육체 가운데서 속(贖)하여져야 했다는 사실과 일치한다(롬 8:3).

이러하므로 아버지가 그리스도께 주신 것은 무엇이든지 우리에게 속한 것이 확실하다. 왜냐하면 그는 관절들을 상합(相合)시켜 온 몸을 하나로 연합시키는 머리이시기 때문이다(엡 4:16). 성령이 그에게 한량없이 주어져(요 3:34) 우리가 다 그의 충만한 데서 받게 되었다는(요 1:16) 말씀은 오직 이러한 뜻으로만 읽을 수 있을 것이다. 하나님이 우연의 선물로써 자기의 본질에 풍부한 채움을 받으셔야 한다는 발상보다 더 부조리한 것이 과연 어디에 있겠는가? 그리스도는 또 다른 곳에서 "그들을 위하여 내가 나를 거룩하게 하오니"(요 17:19)라고 친히 말씀하심으로 동일한 뜻을 드러내고 계시지 않는가?

2. 그리스도의 육체를 환영이나 천상의 것으로 보는 마르키온과 마니의 후예들 비판

우리의 대적자들은 자기들의 입장이 그릇됨에도 불구하고 그것을 확정하고자 위에 인용한 구절들을 심각하게 왜곡한다. 그들은 내가 그들과 반대 입장에 서서 개진했던 것들을 쓸데없는 궤변들로 무마시키려고 시도한다. 그러나 그 효과는 전무하다. 마르키온은 바울이 다른 곳에서 전하는 그리스도가 "사람들

---

[713] *Institutio*, 2.12.3.

과 같이 되셨고……사람의 모양으로 나타나사"(빌 2:7-8)라는 말씀을 근거로 삼아 그가 육체 대신에 환상을714) 입으셨다고 상상하는바, 사도가 여기에서 의도하고 있는 것을 전혀 올바르게 헤아리지 못하고 있다. 왜냐하면 사도가 가르치기를 원하는 것은 그리스도가 어떤 종류의 육체를 취하셨는지가 아니라 그리스도가 의당히 자기의 신성을 보여 주실 수 있었음에도 불구하고 자기가 비천하고 경멸받는 사람에 속하였다는 것 외에는 아무것도 드러내지 않으셨다는 사실이기 때문이다.

사도는 우리가 그리스도를 모범으로 삼아서 복종에 이르도록 권고하기 위하여 그리스도는 하나님이셨으며 자기의 영광이 즉시 세상에 나타나도록 하실 수 있었지만 자기의 권리를 포기하시고 자원해서 자기를 비우셨다는 사실을715) 보여 준다. 그는 종의 형체를 입으셨으며, 그 낮아지심에 만족하셨으며, 자기의 신성이 육체의 옷에 숨겨지는 고난을 당하셨다(빌 2:5-7).716) 분명 여기에서 바울은 그리스도가 누구이셨는지가 아니라 어떻게 처신하셨는지를 가르치고 있다.

더구나 이 전체 문맥을 통해 우리는 그리스도가 참 인성 가운데서 자기를 비우셨다는 것을 쉽게 추론할 수 있다. "사람의 모양으로 나타나사"(빌 2:8)라는 말씀이 한동안 하나님의 영광이 찬란히 빛나지 않고 단지 사람의 외양만 천하고 저급한 조건 가운데 드러났다는 사실 외에 무엇을 의미하겠는가? "육체로는 죽임을 당하시고 영으로는 살리심을 받으셨으니"(벧전 3:18)라는 베드로의 말씀은 하나님의 아들이 연약한 인성 가운데 계시지 않으셨다면 전혀 사리에 맞지 않을 것이다. 바울은 그리스도가 육체의 연약함으로 고난을 받으셨다고 선포함으로써(고후 13:4) 이를 더욱 분명하게 설명한다. 또한 그리스도가 자기를 비우신 후에 새로운 영광을 취하셨다는 말씀이 뚜렷이 증언된다(빌 2:9-11). 이는 그의 높아지심에 해당한다. 육체와 영혼이 부여된 사람에게가 아니라면 이 말

---

714) "phantasma."

715) "potuisse mundo gloriam suam conspicuam statim proponere; cessisse tamen iure suo, et sponte se ipsum exinanisse."

716) "carnis velamine suam divinitatem abscondi passus est."

씀은 도무지 어울릴 수가 없었을 것이다.

마니(Mani)는 성경에서 그리스도가 하늘로부터 내려오신, 하늘에 속한 둘째 사람이라고 일컬음을 받는다고 하면서(고전 15:47) 공중의 몸[717]이라는 개념을 고안해 낸다. 그러나 여기서 사도 바울이 소개하고 있는 것은 그리스도의 몸이 지니고 있는 천상적 본질이 아니라 그리스도가 부어 주시는, 우리를 살리는 영적인 힘[718]이다. 우리가 보듯이, 베드로와 바울은 이 힘을 그리스도의 육체로부터 분리한다. 이 점에 비추어 오히려 이 말씀은 정통 신학자들 가운데 널리 퍼져 있었던 그리스도의 육체에 관한 교리를 지지하는 놀라운 버팀목이 되었다.

만약 그리스도가 우리와 동일한 하나의 육체적 본성을 지니고 있지 않으셨다면 바울이 그토록 힘주어 추구한, "만약 그리스도가 다시 살아나셨으면 우리도 다시 살아나리라. 만약 우리가 다시 살아나는 일이 없으면 그리스도 역시 다시 살아나지 않으셨으리라"(적용. 고전 15:12-20)라는 말씀의 논법이 무의미했을 것이다. 옛 마니주의자들이나 최근 그들의 제자들은 자기들에게 쏟아지는 이러한 비웃음을 하나라도 모면해 보려고 애쓰지만 아무 소용이 없다.

그리스도는 사람들에게 약속되었다는 점에 있어서만 '인자'라고 일컬어진다는 그들의 시시덕거림은 해묵은 도피처를 찾는 행각에 불과하다.[719] 왜냐하면 인자를 참 사람이라고[720] 부르는 것이 공공연한 히브리 어법이기 때문이다. 의심할 바 없이 그리스도는 자기의 언어에 속한 이 어휘를 기억하고 계셨다. 그뿐 아니라 재론의 여지없이 아담의 후손이라는 말도 모든 사람에게 같은 뜻으로 이해되고 있다.

너무 멀리 나갈 것 없이, 사도들이 그리스도에게 맞추어 적용한 시편 8편 "사람이 무엇이기에 주께서 그를 생각하시며 인자가 무엇이기에 주께서 그를 돌보시나이까"(시 8:4; 히 2:6)라는 말씀만으로도 아주 충분하다. 이런 형상으로

---

717) "aereum……corpus."

718) "neque……essentiam corporis coelestem……sed vim spiritualem, quae a Christo diffusa nos vivificat."

719) Cf. Augustine, *Against Faustus* ii. 4; v. 4 (MPL 42. 211, 222; tr. NPNF IV. 157, 168f.). Quot. Battles tr., n. 4.

720) "filium hominis verum hominem." Cf. *Institutio*, 2.14.6.

그리스도의 참 인성이 표현되고 있다. 비록 그리스도는 사람인 아버지로부터 직접 나신 것이 아니었지만, 그의 기원은 아담으로부터 흘러나왔다. 내가 앞에서 인용했던, 그리스도는 자녀들을 모아서 하나님께 복종하게 하시려고 "혈과 육에 속하였다"(적용. 히 2:14)라는 말씀은 이 외에 다른 뜻으로는 존재할 수 없게 될 것이다. 이런 말씀들을 통해서 그리스도가 그의 본성에 있어서 우리와 한 몸이자 우리의 형제자매가 된다는 사실이 어김없이 수립된다. 이와 동일한 뜻으로 "거룩하게 하시는 이와 거룩하게 함을 입은 자들이 다 하나에서 난지라"(적용. 히 2:11)라는 말씀이 주어진다.

본문이 문맥상 본성의 연합체를[721] 제시하고 있음이 곧 이어지는 "그러므로 형제라 부르시기를 부끄러워하지 아니하시고"(히 2:11)라는 말씀으로 밝혀진다. 이 말씀이 있기 전에 성도들이 하나님께 속한다는 말씀이 있었다는 점을 감안한다면, 이토록 비할 바 없는 존귀함에 어찌 수치의 명분이 깃들어 있을 수 있겠는가? 그렇기 때문에 그리스도가 자기의 한량없는 은혜 가운데 더러운 자들과 무지한 자들을 자기에게로 모으시기를 "부끄러워하지 아니하시고"(히 2:11)라고 말씀되어 있지 않는가?

그럼에도 불구하고 이러한 방식에 따르면 불경한 자들도 그리스도의 형제들이 될 것이라고 반박하는 그들의 헛됨을 말해서 무엇 하겠는가! 우리가 알고 있는 바는 하나님의 자녀는 육체와 피로써가 아니라(요 1:13) 믿음을 통하여 영으로 난다는 것이다. 이렇듯 오직 육체만으로 형제적 결합이 이루어지는 것은 아니다. 사도가 그리스도와 함께 하나가 되는 영예를 그와 함께 "한 근원에서" 난(히 2:11) 신자들에게만 돌린다고 해서, 불신자들을 동일한 근원으로부터 태어날 수 없다고 배제하는 것이 육체에 따른 것은 아니다.

여기에서 보듯이, 그리스도가 우리를 하나님의 자녀 삼으시려 사람이 되셨다고 우리가 말할 때, 이는 모든 사람 누구에게나 적용되는 말은 아니다. 왜냐하면 그렇게 되기 위해서는 믿음이 중간에 개입해서 우리를 그리스도의 몸에

---

[721] "ad naturae societatem."

영적으로 접붙여야 하기 때문이다.722)

심지어 그들은 '맏아들'이라는 이름으로 시비꺼리를 삼는 미련함을 보인다. 그리스도가 "형제 중에 맏아들"(롬 8:29)이 되시기 위하여 바로 태초의 때에 아담으로부터 나셔야 했다는 것이 그들의 구실이다. 장자의 신분은 나이가 아니라 영예의 수준과 능력의 탁월함에723) 있음에도 불구하고 말이다!

그들은 그리스도가 인류를 은혜 가운데 받아들이셨기 때문에 천사들이 아니라 사람의 본성을 취하셨다고(히 2:16) 주절대는데, 이는 더할 나위 없는 눈속임이다. 사도는 그리스도가 우리에게 부여하신 영예를 드높이기 위하여 우리를 이 부분에 있어서 우리보다 뒤떨어진 천사들과 비교하고 있기 때문이다.

만약 우리가 "여자의 후손은 뱀의 머리를 상하게 할 것이요"(적용. 창 3:15)라는 모세의 증언을 있는 그대로 곰곰이 판단해 본다면, 이러한 논쟁은 완전히 사라지고 말 것이다. 본문은 그리스도 한 분이 아니라 전체 인류와 관계되는 말씀이다.724) 우리에게 주어지는 승리는 그리스도에 의해서 쟁취되어야 했으므로 하나님은 여자의 후손이 마귀를 압도하리라는 말을 일상적인 언어로 선포하신 것이다. 이로부터 우리는 그리스도가 인류로부터 나셨다는 결론에 이르게 된다. 하나님이 친히 위로의 말씀을 하와에게 주신 것은 그녀로 하여금 비탄에 사로잡히지 않고 참 소망 가운데 일으켜 세우기 위해서였다. 이것이 하나님의 계획이었다.

---

722) "quia fides media interponitur, quae nos in Christi corpus spiritualiter inserit."

723) "ad gradum honoris et virtutis eminentiam."

724) "Neque enim de uno duntaxat Christo illic sermo habetur, sed de toto humano genere." Cf. *Comm.*, Gen. 3:15 (CO 23.70-71). 이러한 해석은 루터란 신학자 아이기디우스 훈니우스(Aegidius Hunnius, 1550-1603)가 다음 책에서 칼빈을 유대주의자로 몰아세우는 빌미를 제공한다. *Calvinus Iudaizans* (Wittenberg: Vidua Mattaei Welaci, 1593), cols. 655c-656d. 이와 대척점에 서서 개혁신학자 다비드 파레우스(David Pareus, 1548-1622)는 다음 글에서 칼빈의 글을 조목조목 거론하면서 훈니우스를 공격하였다. *In Quartam Explicationum Catecheticarum Partem, De Gratitudine, Praefatio, in Miscellanea Catechetica* (Johannes Tornaesius, 1622), 177-193. Cf. Moon, *Christ the Mediator of the Law: Calvin's Christological Understanding of the Law as the Rule of Living and Life-Giving*, 139-144. Ken Schurb, "Sixteenth-Century Lutheran-Calvinist Conflict on the Protevangelium," *Concordia Theological Quarterly* 54/1 (1990), 44-45.

3. 동정녀 마리아의 몸으로부터 나심

우리의 대적들은 어리석고도 불순하게도 그리스도를 아브라함의 씨앗이며 다윗의 몸에서 나온 열매라고 부르는 증언들을 풍유에 연관시킨다. 만약 '씨'라는 명칭이 풍유적으로 주어졌다면 바울은 아브라함의 자손들 가운데 구속주가 없고 오직 한 분 그리스도만이 계시다고 어떤 비유도 들지 않고 분명하게 주장하는 자리에서(갈 3:16) 이에 관하여 침묵을 지키고만 있지 않았을 것이다.

그들은 그리스도가 "다윗의 혈통"(롬 1:3)이라고 불렸던 것은 단지 그리스도가 약속되었으며 마침내 자기의 때에 드러나셨다는 점에서만 그러하다고 구실을 둘러대는데 다 그만그만한 허튼소리다. 본문에서 바울은 그리스도를 '다윗의 혈통'이라고 명명한 후 바로 이어서 '육신으로는'이라고 덧붙임으로써 그리스도의 (인간) 본성을 확실하게 지정한다.

이와 동일한 의미로, 바울은 로마서 9장에서 그리스도를 "찬양을 받으실 하나님"이라고 부른 후 "육신으로 하면"(롬 9:5) 그리스도가 유대인들에게서 나셨다는 말씀을 별도로 덧붙이고 있다. 만약 그리스도가 진실로 '다윗의 씨'로부터 나시지 않았다면 어찌 그리스도가 다윗의 태중의 열매라는 말이(눅 1:42) 유효하겠는가? 또한 "네 몸의 소생을 네 왕위에 둘지라"(시 132:11)라는 약속이 무슨 의미가 있겠는가?(참조. 삼하 7:12; 행 2:30)

실로 우리의 대적들은 마태가 언급하고 있는 그리스도의 계보에 대하여 유치한 궤변을 일삼고 있다. 마태는 이 계보를 기록하면서 마리아의 조상들이 아니라 요셉의 조상들을 염두에 두는데(마 1:16), 이는 마리아가 요셉과 동일한 가문에서 태어났다는 것이 충분히 드러나 그 당시 사람들에게 잘 알려져 있었으므로 요셉의 태생이 다윗의 씨로부터였다는 것을 보여줌으로써 충분하다고 여겼기 때문이다.

누가는 그리스도가 구원의 조성자로서 모든 사람에게 공통된 조상인 아담으로부터 나셨기 때문에(눅 3:38), 그리스도에 의해서 도입된 구원이 모든 인류에게 공통된 것이라고 가르치면서 훨씬 더 이를 강조하고 있다. 이 계보를 읽고 나는 그리스도가 처녀에게서 나신 한에 있어서 다윗의 혈통이라고 불리신다는 사실 외에는 그 무엇도 결코 떠 올릴 수 없다고 고백한다.725) 그러나 새로운 마르키온주의자들은726) 아주 거만을 떨면서 자기들의 잘못에 덧칠을 하려고 그리스도는 아무것도 없는 데서 그의 몸을 취하셨다고727) 입증하려 들거나 여자들에게는 씨가 없다(ἀσπόρους)고728) 강변하려 든다. 이렇듯 그들은 본성의 원리마저도 전복시키고 있다.

이러한 논쟁은 신학적 논제가 될 수 없다. 그들이 내세우는 논리들은 허망할 뿐이어서 그것들의 허위를 지적하는 데는 별다른 수고가 필요치 않다. 지금 나는 철학과 의술에 속한 것들을 다루고자 하지 않으므로, 여기에서는 그들이 성경을 거들먹거리며 반대하는 것들, 예컨대 아론과 여호야다가 유다 지파에 속한 아내들을 취하였다고 했는데(출 6:23; 대하 22:11) 만약 혈통을 잇는 씨가 여자 속에 있었다고 친다면 당시의 지파 구별에 혼동이 있지 않았겠냐는 그들의 억지를 논박하는 일로 족하다. 충분히 잘 알려진 바대로 정치적 계통으로 말하자면 가계(家系)는 남자의 씨로부터 판단된다. 그러나 남자에게 성적 우위가 있다고 하더라도 여자의 씨가 출생에 협력하는 것을 부정할 수는 없다.

이러한 해법은 모든 계보에 적용된다. 종종 성경은 사람들의 족보를 열거하면서 오직 남자들의 이름만을 부른다. 그러므로 여자들은 아무것도 아니라고 해야 하는가? 그렇지 않다. 명명된 남자들의 이름 속에는 여자들이 포함되어 있다는 사실은 어린아이들도 알고 있다.

이렇듯 가족의 이름이 항상 남자들의 수중에 있기 때문에 여자들은 그들의 남편의 아이를 낳는다고 일컬어진다. 이러한 지위가 남자의 성적 우위에 돌려지므로 후손들은 아버지의 조건에 따라서 고귀함과 천함이 헤아려진다. 다만 이와는 달리, 법률가들에 따르면 노예제에 있어서는 출생이 어머니의 태를 좇

---

725) "Fateor equidem ex genealogia non aliter colligi Christum esse filium Davidis, nisi quatenus ex virgine progenitus est."
726) "novi Marcionitae." 메노 시몬스의 추종자들을 칭한다.
727) "Christum de nihilo corpus sumpsisse."
728) "mulieres contendunt esse ἀσπόρους." 메노 시몬스는 생식에 있어서 여자는 수동적인 역할을 할 뿐 남자가 진정한 근원이라고 주장하였다. 같은 내용이 *Complete Works of Menno Simons*에 수록된 *Reply to Gellius Faber* (1554), p. 768과 *Reply to Martin Micron* (1558), pp. 849f., 886-892, 906에도 나온다. Quot. Battles tr., n. 5.

아간다고 한다.729) 이로부터 우리는 어머니의 씨로부터 자식이 번성한다는 사실을 마땅히 상기해야 할 것이다. 예로부터 어머니를 자식을 낳은 "생산자"730)라고 부르는 것은 열방의 공통된 관습이었다.

하나님의 율법도 이와 일치한다. 그렇지 않다면 외삼촌과 생질녀를 혈족으로 여겨 그들의 결혼을 금지한 것이 부당했으리라. 또 한 남자가 한 배에서 난 누이라도 그 누이가 다른 아버지로부터 났으면 취할 수 있었으리라(레 18:6-18). 나는 수동적인 힘을 여자들에게 돌려야 한다는 것을 인정하면서도, 남자들에 관해서 선포된 것과 동일한 것이 여자들에게도 차별 없이 적용된다고 대답하고자 한다. 왜냐하면 그리스도 자신이 '여자를 통하여'가 아니라 '여자로부터' 났다고731) 말씀되어 있기 때문이다(갈 4:4).

이들 가운데 어떤 무리는 몰염치하게도, 그러면 그리스도가 처녀의 생리 때 생긴 씨로부터 생식되셨다고 말하기를 우리가 원하는 것은 아닌지 아주 뻔뻔스럽게 묻는다.732) 나는 그들에게 그리스도가 그의 어머니의 피와 함께 자라지 않았다는 말인지 되묻고자 한다. 누가 이를 부정할 수 있겠는가?

그러므로 우리는 마태의 말씀을 통하여 라합으로부터 난 보아스의 경우에서와(마 1:5) 다름없이 그리스도가 마리아로부터 나셨기 때문에 그가 그녀의 씨로부터 출생하셨다고733) 쉽게 결론을 내릴 수 있다. 여기에서 마태는 처녀를 그리스도가 그것을 통하여 흘러나왔던 도관(導管)과 같이734) 기술하고 있지 않다. 오히려 마리아를 '통하여' 다윗의 씨'로부터' 그리스도가 나셨다는 이 놀라운

---

729) Justinian, *Institutes* I. 3, 4; *Digest* I. v. 5, 2 (*Corpus iuris civilis: Institutiones et Digesta*, ed. P. Krueger [*Inst.*, p. 2; Dig., p. 35]; tr. J. B. Moyle, *The Institutes of Justinian* (5th ed., pp. 6f.); tr. C. H. Monro, *The Digest of Justinian* I, pp. 24f.). Quot. Battles tr., n. 6.

730) "genitrices."

731) "Neque……factus per mulierem, sed ex muliere."

732) 메노 시몬스를 칭한다. Cf. *Reply to Martin Micron* (1558), in *Complete Works of Menno Simons*, pp. 896, 908. Quot. Battles tr., n. 8.

733) "quia ex Maria genitus est Christus, procreatum esse ex eius semine."

734) "quasi canalem describit, per quem fluxerit Christus." 영지주의자인 발렌티누스(Valentinus, 100-160/180)는 예수의 참 인성을 부인하며 그가 마리아에게서(ἐκ) 나신 것이 아니라 단지 마리아를 통하여(διά) 나셨을 뿐이라고 주장하였다.

출생 방식을 통상적 출생의 방식과 구별하고 있는 것이다.735) 이런 뜻에서 이삭이 아브라함으로부터, 솔로몬이 다윗으로부터, 요셉이 야곱으로부터 태어난 질서대로, 그리스도가 어머니로부터 태어났다고 말씀되고 있다. 복음서 기자가 말씀의 배열을 이렇게 구성하면서 그리스도가 마리아로부터 나셨다는 한 가지 사실에 만족한 것은 그리스도가 자기의 기원을 다윗에게서 찾으셨다는 사실을 증명하기를 원하였기 때문이다. 이로부터 우리는 마태가 마리아는 요셉과 같은 혈족이었다는 사실을 사람들이 의심의 여지없이 받아들였다고 여겼다는 결론에 이르게 된다.

4. 죄 있는 육신의 모양으로 죄 없이 거룩하게 나심

그들이 우리를 짓누르려고 저지르는 어리석은 짓들은 유치한 험담들로 꽉 차 있다. 그들은 만약 그리스도가 자신의 기원을 사람들에게서 취하셨다면, 그것은 수치스럽고 욕된 일이 될 것이라고 여기는데, 이는 아담의 모든 후손이 예외 없이 죄 아래에 매일 수밖에 없다는 일반적인 법칙으로부터 그리스도만이 제외되실 수 없기 때문이라는 것이다.

그러나 우리가 읽는 바울의 말씀에 담겨 있는 아래 대구는 일거에 이 어려운 매듭을 풀어준다. "그러므로 한 사람으로 말미암아 죄가 세상에 들어오고 죄로 말미암아 사망이 들어왔나니……한 사람의……의로운 행위로 말미암아 은혜가 넘쳤느니라"(적용. 롬 5:12, 18, 15). 또 다른 대구도 이와 일치한다. "첫 사람은 땅에서 났으니 흙에 속하고 생명이 있는 자이거니와 둘째 사람은 하늘에서 났으니 하늘에 속하셨느니라"(적용. 고전 15:47). 또한 다른 곳에서 사도는 그리스도가 "율법의 요구를 이루시려고" "죄 있는 육신의 모양으로"(적용. 롬 8:3-4) 보내심을 받았다고 동일하게 가르친다.

---

735) "hunc mirificum generandi morem a vulgari discernit, quod per eam ex semine Davidis genitus fuerit Christus."

그리하여 바울은 죄악과 부패가 없으신 참 사람[736] 그리스도를 일반인의 신분과 아주 명민하게 구별시킨다. 그러나 그들은 만약 그리스도가 모든 더러운 것으로부터 깨끗하고, 성령의 은밀한 역사로 마리아의 씨로부터 나셨다면, 여자의 씨가 아니라 오직 남자의 씨만 불순할 것이라고 유치하게 시시덕거린다.

우리가 그리스도를 모든 죄로부터 깨끗하신 분으로 삼는 것은 그가 남자와 동침이 없는 어머니로부터 나셨기 때문이 아니라, 성령에 의해서 거룩하게 되셔서 그 나심이 타락 전의 아담이 순종하였다면 얻게 될 순수함과 순전함을 지니고 있었기 때문이다.[737] 이것이 우리에게 여전히 작용하고 있는 어김없이 확고한 진실이다.

성경이 그리스도의 순수함에 대하여 우리를 권고할 때마다, 그것은 참 인성을 지시한다. 왜냐하면 하나님을 순수하다고 말하는 것은 그저 공연할 뿐이기 때문이다. 요한복음 17장에서 말하는 거룩함도 신성과 관련해서는 자리할 곳이 없다(요 17:19).

그리스도에게 아무 오염도 미치지 않았다고 하더라도, 우리는 아담의 씨가 이중적이라고 공상해서는 안 된다. 왜냐하면 사람의 출생은 그 자체로는 아무 흠과 악이 없으며, 단지 아담의 타락 사건으로 말미암아 우발적인 불순 상태에 놓이게 되었기 때문이다. 따라서 순전함을 회복하셔야 할 그리스도가 모든 사람이 일반적으로 지닌 부패성에서 제외되셨다고 해서 놀라운 일이 아니다.

우리에게 대적하는 사람들은 만약 하나님의 말씀이 육신을 입으셨다면 그는 지상의 육체라는 좁은 감옥에 갇혀 계셨을 것이라고 앞뒤가 안 맞는 말을 거침없이 내뱉는다. 이는 그 자체로 그들의 후안무치를 드러내고 있을 뿐이니, 말씀의 측량할 수 없는 본질이 인간의 본성과 연합하여 한 인격을 이룬다고 해서 우리는 그가 그 속에 갇혀 계신다고 공상하지 않는다.

---

[736] "absque vitio et corruptela verus homo."

[737] "Neque enim immunem ab omni labe facimus Christum, quia tantum ex matre sit genitus absque viri concubitu, sed quia sanctificatus est a spiritu, ut pura esset generatio et integra, qualis futura erat ante Adae lapsum."

놀랍도다, 하나님의 아들이 하늘에서 내려오셨지만 하늘을 떠나지 않으셨도다! 놀랍도다, 그가 언제나 처음과 같이 우주에 편만하신 채로, 처녀의 태중에 계시고자, 지상에 다니시고자, 십자가에 달리시고자 원하셨도다![738]

---

738) "etsi in unam personam coaluit immensa verbi essentia cum natura hominis, nullam tamen inclusionem fingimus. Mirabiliter enim e coelo descendit filius Dei, ut coelum tamen non relinqueret; mirabiliter in utero virginis gestari, in terris versari, et in cruce pendere voluit, ut semper mundum impleret, sicut ab initio." 여기에 '소위 초칼빈주의'(the so-called extra Calvinisticum)로 대변되는, 중보자 그리스도의 신인 양성의 위격적 연합에 대한 칼빈의 입장이 가장 전형적으로 표현되어 있다. 칼빈은 성찬에 있어서의 그리스도의 현존을 설명하면서, 성육신 이후 그리스도는 신성과 인성 가운데 계시는 참 하나님이시자 참 사람이시므로 인성에 따라서 하나님의 우편이라는 어느 곳을 떠나지 않고 계시면서도 신성에 따라서 순전히 초(超)육체적으로(etiam extra carnem) 모든 곳에 영적 그러나 실제적인 현존(praesentia spiritualis sed realis)을 하신다고 주장한다. 그리스도가 "어디에나 전적(全的)으로 그러나 전부(全部)로는 아닌 현존"(totus ubique sed non totum, the presence of the whole Christ but not wholly)을 하신다는, "totus [sed] non totum" 원리가 이를 말해 준다. 여기에서 'totus'는 위격을 칭하고, 'totum'은 본성을 칭한다. 다음에서 칼빈은 이를 분명하게 개진한다(*Institutio*, 4.17.30). "그러므로 그리스도 전체가 모든 곳에 계시므로 우리의 중보자는 항상 자기에게 속한 자들과 함께 현존하시고, 성찬에서 특별한 방식으로 자기를 제시하신다. 그럼에도 불구하고 전체가 현존하시되, 전부가 현존하는 것은 아니다(totus adsit, non totum). 위에서 말한 바와 같이, 그리스도는 심판을 위하여 나타나실 때까지 자기의 육체 가운데서 하늘에 속하여 계시기 때문이다."; *Last Admonition to Joachim Westphal*, in *Tracts and Treatises on the Doctrine and Worship of the Church*, tr. Henry Beveridge (Grand Rapids: Eerdmans, 1958, rep.), 2.418, 457 (CO 9.195, 223). Cf. David E. Willis, *Calvin's Catholic Christology: The Function of the So-Called Extra Calvinisticum in Calvin's Theology* (Leiden: E. J. Brill, 1966), 29-33, 44-49, 67-73, 82-83; Heiko A. Oberman, "The 'Extra' Dimension in the Theology of Calvin," in *The Dawn of the Reformation: Essays in Late Medieval and Early Reformation Thought* (Grand Rapids: Eerdmans, 1986), 239-258; Alexandre Ganoczy, *Ecclesia Ministrans: dienende Kirche und kirchlicher Dienst bei Calvin* (Freiburg: Herder, 1968), 45-61; Stefan Scheld, *Media Salutis: Zur Heilsvermittlung bei Calvin* (Stuttgart: Franz Steiner Verlag, 1989), 28-41; Peterson, *Calvin's Doctrine of the Atonement*, 11-17; Jan Rohls, *Reformed Confessions: Theology from Zurich to Barmen*, tr. John Hoffmeyer (Louisville: Westminster/John Knox, 2000), 102-117.

제14장

두 본성이 중보자의 인격을 형성하는 방식
Quomodo duae naturae mediatoris efficiant personam

1-3. 두 본성 한 인격의 위격적 연합과 두 본성의 속성의 교통
4-8. 두 본성의 위격적 연합을 거부하고 혼합과 분리를 주장하는 자들

1. 한 인격 가운데 양성의 속성 교통

나아가 "말씀이 육신이 되어"(요 1:14)라는 구절을 말씀이 육신으로 변했다거나 육신과 혼잡하게 섞였다고 이해해서는 안 될 것이다. 오히려 그것이 의미하는 바는, 하나님의 아들이신 말씀이 처녀의 자궁을 자기가 거주할 성전으로 정하셨기 때문에 실체의 혼합에 의해서가 아니라 하나인 인격 가운데서 사람의 아들이 되셨다는[739] 사실에 있다. 우리는 그리스도의 신성이 그의 인성에 결합되고 연합될 때, 두 본성의 순수한 특성이 유지되면서 그 두 본성으로부터 한 그리스도가 세워진다고[740] 주장한다.[741]

---

[739] "non confusione substantiae, sed unitate personae." 여기서 '실체'(substantia)는 '본성'(natura)을 의미한다.

[740] "Siquidem ita coniunctam unitamque humanitati divinitatem……ut sua utrique naturae solida proprietas maneat, et tamen ex duabus illis unus Christus constituatur." 여기서 한 인격에 두 본성이 각각의 특성을 유지한 채 연합되어 있음을 말한다.

[741] 여기에서 천명되고 이하 본 장 끝까지 개진되는 중보자 그리스도의 신인 양성의 위격적 연합에 대한 칼빈의 입장은 칼케돈 신경(Symbolum Chalcedonense)의 조목들 거의 다 반영하고 있다. 451년 칼케돈 회의는 당대에 논쟁거리가 되었던 유티케스(Eutyches, 389-456)를 정죄하는 데 그치고 않고 이미 니케아, 제1차 콘스탄티노폴리스, 제1차 에베소 회의에서 천명되었던 아리우스(250경-336경), 아폴리나리우스(?-390), 네스토리우스(Nestorius, 386-450)에 대한 정죄를 확인했다. 그리하여 중보자 그리스도의 신격과 인성이 확정되고 신성과 인성이 "혼합 없이, 변화 없이, 분할 없이, 분리 없이"(ἀσυγχύτως, ἀτρέπτως, ἀδιαιρέτως, ἀχωρίστως [inconfuse, immutabiliter, indivise, inseparabiliter]) 한 위격 가운데 연합되어 있다는 소위 칼케돈 공식이 수립되었다. 그 전문은 다음과 같다. "우리는 거룩한 교부들의 뒤를 따라 모든 사람들이 한 마

만약 이렇듯 심오한 비밀과 흡사한 것을 인간사(人間事)에서 발견할 수 있다고 친다면, 그 가장 적합한 유비는 우리가 영혼과 육체의 두 실체로 이루어졌다고 보는 사람일 것이다. 그렇다고 하더라도 사람을 구성하는 두 실체 중에 어느 편도 자기의 본성에 고유한 특성을 보유하지 못할 만큼 다른 편과 섞이지는 않는다는 사실을 주목해야 한다. 왜냐하면 영혼은 육체가 아니며, 육체는 영혼이 아니기 때문이다. 도무지 육체에 어울릴 수 없는 것이 따로 영혼에 속한다고 일컬어진다. 그리고 도무지 영혼에 어울리지 않는 것이 따로 육체에 속한다고 일컬어진다. 또한 따로 영혼에만 받아들여질 수도 없고 따로 육체에만 받아들여질 수도 없는 것이 적합하다고 여겨질 때에는 따로 사람 전체에 속한다고 일컬어진다.

요컨대 이 마지막 경우 마음에 고유한 것들이 육체에, 육체에 고유한 것들이 영혼에 돌려진다. 그럼에도 불구하고 영혼과 육체로 이루어진 사람은 하나이지 다수가 아니다. 참으로 이러한 어법이 뜻하는 바는, 사람에게는 결합된 두 실체로 이루어진 한 인격이 존재하고, 한 인격을 구성하는 두 가지 서로 다른 본성들이 그 속에 존재한다는 사실이다.[742]

음으로 한 동일하신 아들이 우리의 주 예수 그리스도시라고 고백하도록 가르친다. 동일하신 분이 신성에 있어서 완전하시고 동일하신 분이 인성에 있어서 완전하시며, 동일하신 분이 참 하나님이시고 이성적인 영혼과 육체로 이루어진 참 사람이시며, 동일하신 분이 신성에 따라서 성부와 동일본질이시고, 인성에 따라서 우리와 동일본질이시며, 모든 것에 있어서 우리와 같으시되 오히려 죄는 없으시며, 실로 창세전에 신성에 따라서 아버지에게서 나셨고, 후일에 동일하신 분이 우리와 우리의 구원을 위하여 인성에 따라서 하나님의 어머니 동정녀 마리아에게서 나셨으며, 한 동일하신 그리스도, 아들, 주, 독생하신 분이 두 본성에 있어서 혼합 없이, 변화 없이, 분할 없이, 분리 없이 인식되어야 한다. 연합으로 인하여 양성의 구별이 없어진 것이 아니라, 오히려 각 성의 특성이 온전히 보존되어, 한 인격과 한 위격에로 함께 작용하며, 두 인격으로 나눠지거나 분할되지 않는다. 이전에 선지자들과 예수 그리스도 자신이 그에 관하여 우리에게 가르치시고 교부들의 신경이 우리에게 전하여 준 바와 같이, 한 동일하신 분이 독생하신 아들이요, 말씀이신 하나님이시요, 주 예수 그리스도이시다." Schaff, *The Creeds of Christendom*, 2.62–63; 문병호,『기독론』, 195-196.

742) 중보자 그리스도의 위격에 있어서의 신인 양성의 연합을 영혼과 육체의 인간의 구조와 유비하는 것은 아우구스티누스에서 자주 볼 수 있다. Augustine, *Sermones* clxxxvi (MPL 38. 999); *Enchiridion* xi. 36 (MPL 40. 250; tr. LCC VII. 361f.). Quot. Battles tr., n. 3. 핫지 역시 영혼과 육체의 유비를 자주 사용한다. Hodge, *Systematic Theology*, 2.378–379. 그러나 오웬은 이 유비의 사용에 대해서 매우 부정적이다. John Owen, "Χριστολογια: or, A Declaration of the Glorious Mystery of the Person of Christ—God and Man," in *The Works of John Owen*, vol. 1. *The Glory of Christ* (Edinburgh: Banner of Truth Trust, 1965, rep.), 228–229. 칼빈은 『기독교 강요』에서 단 한 차례 여기에서만 이 유비를 언급한다. 그렇다고 해서 이들 중 그 누구도 중보자 그리스도의 위격에 있어서의 신인 양성의 연합과 사람을 구성하는 영혼과 육체의 결합을 어느 한 부분이라도 실체적으로 동일시하지는 않는다.

성경은 때로는 오직 인성에만 관련시켜야 할 것들을, 때로는 신성에만 고유하게 작용하는 것들을, 때로는 양성에 모두 포함되나 따로 각각의 본성에 충분히 적합하지 않은 것들을, 모두 그리스도께 돌린다. 성경은 그리스도 안에 있는 두 본성의 결합을 아주 세밀하게 묘사하여 수시로 그것들을 서로 교통시키기도 한다.743) 옛사람들은 이를 비유로 들어 "속성 교통"(ἰδιομάτων κοινωνία)이라 일컬었다.744)

2. 성경에 증언된 속성 교통의 다양한 양상

이러한 사실들이 인간에 의해서 고안되지 않았다는 점이 자주 마주치는 다

---

743) "Attribuunt illi interdum quae ad humanitatem singulariter referri oporteat, interdum quae divinitati peculiariter competant; nonnunquam quae utramque naturam complectantur, neutri seorsum satis conveniant." 나사로를 살리신 후 주님이 하신 "아버지여 내 말을 들으신 것을 감사하나이다"라는 말씀을 칼빈은 다음과 같이 주석한다. *Comm.*, Jn. 11:41 (CO 47.269): "그리스도는 사람의 능력에 자신을 맞추어 주셔서 자신의 신성을 숨김없이 내세우시면서 하나님께 속한 모든 것을 자신의 것이라고 주장하실 때도 있고 사람의 특성을 지니심에 만족하시면서 신성의 모든 영광을 아버지께 돌리실 때도 있다."

744) 칼빈은 중보자 그리스도의 인격에 있어서의 신인 양성의 위격적 연합에 따른 신성과 인성의 속성 교통이 위격 안에서(in), 위격을 통하여(through), 위격에로(unto), 간접적으로(indirecte, indirectly), 성경의 말씀에 따라 '축자적(逐字的, verbal)으로, 인성과 신성의 고유한 속성이 모두 한 위격에 돌려지는 방식으로 일어난다는 입장에 서 있다. Cf. Doumergue, *Jean Calvin: Les hommes et les choses de son temps*, 4.214–223; Joseph N. Tylenda, "Calvin's Understanding of the Communication of Properties," *Westminster Theological Journal* 38/1 (1975), 54–65. 개혁신학자들은 이러한 칼빈의 입장을 더욱 체계적으로 심화시켰다. Cf. Turretin, *Institutio Theologiae Elencticae*, 13.8.1–42; Heppe, *Reformed Dogmatics*, 439–444; Hodge, *Systematic Theology*, 2.392–394; Peter Martyr Vermigli, *Oxford Treatise and Disputation on the Eucharist*, 1549, tr. Joseph C. McLelland (Kirksville, MO: Sixteenth Century Essays & Studies, 2000), 50–58, 66–69, 74–75; 문병호, 『기독론』, 708–710, 715–723, 730–758. 그리스도의 대속의 의가 객관적으로, 택함 받은 사람 모두를 구원하는 실제적인 값이 되는 것도 이러한 속성 교통의 관점에서 이해된다. Robert A. Peterson, *Calvin's Doctrine of Atonement* (Phillipsburg, NJ: Presbyterian and Reformed Publishing, 1983), 11–26; Henri Blocher, "The Atonement in John Calvin's Theology," in *The Glory of Atonement: Biblical, Historical & Practical Perspectives*, ed. Charles E. Hill and Frank A. James III (Downers Grove, IL: IVP, 2004), 279–303. 반면 루터파는 이러한 교통이 신성과 인성의 직접적 교통을 통해 '실제적 교환'(a real exchange)으로 일어난다고 본다. Gerhard O. Forde, "The Work of Christ," in *Christian Dogmatics*, vol. 2, ed. Carl E. Braaten and Robert W. Jenson (Philadelphia: Fortress Press, 1984), 53; Willis, *Calvin's Catholic Christology*, 8–25; Gottfried W. Locher, "The Shape of Zwingli's Theology: A Comparison with Luther and Calvin," *Pittsburgh Perspective* 8 (1967), 17–19, 25–26; 문병호, 『기독론』, 710–715, 723–727.

수의 성경 구절들에 의해서 증명되지 않는다면 매우 설득력이 떨어질 것이다.[745]

그리스도가 "아브라함이 나기 전부터 내가 있느니라"(요 8:58)라고 그 자신에 대해서 하신 말씀은 인성과는 아주 동떨어진 것이었다. 나는 이 말씀을 사악하게 왜곡시키고 있는 거짓 영들의 비웃음을 모르지 않는다. 그들은 그리스도가 아버지의 계획과 경건한 사람들의 마음 가운데 구속주로서 예지되셨다는 점에서 모든 세대보다 앞서 계셨다고 일컬어진다고 에두른다. 그러나 그리스도는 자기가 육신으로 드러나신 날을 자기의 영원한 본질과 분명히 구별하시고, 고대로부터 아브라함보다 뛰어난 권세가 자기에게 있음을 확실히 나타내신다. 의심할 바 없이 여기에서 그리스도는 자신의 신성에 고유한 것이 자기에게 속함을 주장하고 있다.

바울은 그리스도에 대해서 "모든 피조물보다 먼저 나신 이로서 그가 만물보다 먼저 계시고 만물이 그 안에 함께 섰느니라"(적용. 골 1:15, 17)라고 선포한다. 또한 그가 전하는 바에 따르면, 그리스도는 창세전에 이미 아버지 앞에서 영화로우셨으며(요 17:5), 아버지와 하나가 되어 언제나 함께 일하신다(요 5:17). 이러한 사실은 도무지 사람에게는 어울리지 않는다. 그러므로 여기에 제시된 말씀들과 그와 유사한 말씀들은 오직 그리스도의 신성에만 고유하게 적용됨이 확실하다.[746]

반면에 그리스도는 아버지의 "종"(사 42:1)이라고 불리신다. 그는 "지혜와 키가 하나님과 사람 앞에서 자라 갔다"(적용. 눅 2:52)라고 일컬어지신다. 그는 자기의 영광을 구하지 아니하시고(요 8:50), 마지막 날을 모르시며(막 13:32; 마 24:36),

---

745) 여기에서 칼빈은 위격적 연합에 따른 신성과 인성의 교통을 성경의 가르침에 충실히 따르는 '축자적 교통'(communicatio verbalis)이라고 여긴다. Archibald M. Hunter, "Calvin as a Preacher," *Expository Times* 30/12 (1919), 563. 칼빈은 성경의 참 의미(혹은 본래적 의미)는 성경 자체에서 주어진다고 본다. T. H. L. Parker, *Calvin's New Testament Commentaries* (Edinburgh: T.&T. Clark, 1993, 2nd ed.), 93–108; David L. Puckett, *John Calvin's Exegesis of the Old Testament* (Louisville: Westminster John Knox Press, 1995), 52–81. 그러므로 성경 언어에 충실하였다. John D. Currid, *Calvin and the Biblical Language* (Ross-shire, UK: Mentor, 2006), 31–43.

746) 첫 번째 속성의 교통 형태로서 성경에 성육신한 그리스도에 대해 '신성에 따라서'(κατὰ τὴν θεότητα, secundum deitatem)만 기록된 말씀도 신인 양성의 위격적 연합의 관점에서 읽어야 한다는 것이다.

스스로 말씀하지 아니하시며(요 14:10), 자기의 뜻을 행하지 않으신다(요 6:38). 그는 사람들에게 보여지셨고 만져지셨다고 말씀한다(눅 24:39). 이 모든 것은 오직 인성에만 속한다. 그리스도가 하나님이신 한, 그는 어떤 경우에도 자라실 수 없으며, 자기의 이름으로 모든 일을 다 이루시며, 어떤 것도 그로부터 감추어지지 않으며, 자기의 뜻에 따른 의지적 결단으로 모든 일을 행하시고, 보여지지도 만져지지도 않으시기 때문이다. 그럼에도 불구하고 그리스도는 위의 말씀들을 따로 자기의 인성에 돌리지 않고 중보자의 인격에 부합한다고 여겨 자기 자신 안에서 받아들이신다.747)

속성 교통 혹은 특성의 교통은748) "하나님이 자기 피로 자신의 교회를 사셨다"라는(적용. 행 20:28) 말씀과749) "영광의 주가 십자가에 못 박히셨다"(적용. 고전 2:8)라는 말씀에 잘 나타난다. "생명의 말씀을 만진 바라"(적용. 요일 1:1)라고 전하는 요한의 말씀에도 그러하다. 분명 하나님은 피가 없으시고, 고통을 겪지 않으시고, 손으로 만져질 수 없는 분이시다. 그러나 참 하나님이시요 참 사람이신 그리스도가 십자가에 달리셔서 자기의 피를 쏟으셨으므로 그의 인성 가운데 수행된 일들이 그의 신성으로 옮겨지는데 신성에 고유하지 않다고 해서 논리에 어긋나지는 않음이 분명하다.750)

유사한 예로 요한은 "하나님이 자신의 목숨을 우리를 위해 버리셨다"라고 가르친다(적용. 요일 3:16). 여기에서도 신성과 교통되는 인성의 속성이 있다. 그리스도는 또한 여전히 땅에 사시면서, "하늘에 계신 인자 외에는 하늘에 올라간 자가 없느니라"(요 3:13)라고 말씀하셨다. 분명히 그때 사람으로서 그리스도

---

747) "Neque tamen haec humanae tantum suae naturae seorsum adscribit, sed in se ipsum recipit, quasi mediatoris personae conveniant." 두 번째 속성의 교통 형태로서 성경에 성육신하신 중보자 그리스도에 대하여 '인성에 따라서'(κατὰ τὴν ἀνθρωπότητα, secundum humanitatem)만 기록된 말씀도 신인 양성의 위격적 연합의 관점에서 읽어야 한다는 것이다.

748) "Communicatio autem idiomatum sive proprietatum."

749) Cf. *Comm.*, Acts 20:28 (CO 48, 469): "Sicuti hoc loco sanguinem Deo tribuit Paulus: quia homo Iesus Christus, qui suum pro nobis sanguinem fudit, etiam Deus erat. Haec loquendi figura veteribus dicta est idiomatum communicatio, quod naturae unius proprietas alteri aptetur."

750) "Deus certe nec sanguinem habet, nec patitur, nec manibus tangi potest; sed quoniam is qui verus erat Deus et homo, Christus, sanguinem suum pro nobis crucifixus fudit, quae in humana eius natura peracta sunt, ad divinitatem improprie, licet non sine ratione, transferuntur."

는 자기가 취했던 육체 가운데 하늘에 계시지 않으셨다. 그러나 그 자신이 동일하신 분으로서 하나님이시자 사람이셨으므로 양성의 연합에 따라서 한 성에 속한 것을 다른 성에 주신 것이다.751)

3. 신성과 인성을 동시에 아우르는 말씀들

그리스도의 양성을 동시에 아우르는 구절들은 요한복음에 한없이 많이 펼쳐져 있다.752) 그것들은 그리스도의 참 실체를 가장 명확하게 설명하고 있다. 그곳에서 독자들이 읽게 되는 것은 다음에서 보듯이 신격이나 인성에 특별히 한정되지 않고 그 둘을 동시에 포함한다.

그가 죄를 사하시고(요 1:29) 원하시는 자들을 다시 살리시며 의와 거룩함과 구원을 부여하시는 권세를 아버지로부터 받으셨다는 말씀, 그가 산 자들과 죽은 자들을 심판하는 재판관으로 임명되셔서 아버지와 동일한 영예를 받으신다는 말씀(요 5:21-23), 마지막으로 그리스도를 "세상의 빛"(요 8:12; 9:5), "선한 목자"(요 10:11, 14), 유일한 "문"(요 10:9), "참 포도나무"(요 15:1)라고 명명하는 말씀이 그 예들이다. 이런 종류의 특권들이 하나님의 아들이 육신 가운데 나타나셨을 때에 부여되었다. 비록 그리스도 자신이 천지가 지어지기 전에 아버지와 한 분으로서 함께 이것들을 보유하고 계셨다고 하더라도, 그 방식과 양상은 동일하지 않았다. 어떠한 경우든 이것들은 단지 사람에 불과한 자에게는 주어질 수 없었다.

우리는 그리스도가 심판을 다 행한 후에는 나라를 아버지 하나님께 바치시리라는(고전 15:24) 바울의 말씀을 동일한 뜻으로 받아들여야 한다. 진정 하나님

---

751) "quia ipse idem erat Deus et homo, propter duplicis naturae unionem alteri dabat quod erat alterius." 세 번째 속성의 교통 형태로서 성경에 성육신한 그리스도에 대하여 '신성에 따라서'와 '인성에 따라서' 주어와 술어 등이 서로 다른 본성의 속성에 따라서 기록된 말씀도 신인 양성의 위격적 연합의 관점에서 읽어야 한다는 것이다.

752) 네 번째 속성의 교통 형태로서 성경에 성육신한 그리스도에 대하여 기록된 말씀이 그 개념상 신성과 인성의 양성적 중보를 전제하는 경우에도 신인 양성의 위격적 연합의 관점에서 읽어야 한다는 것이다.

의 아들의 나라는 어떤 시작도 없었으며, 절대로 끝도 없을 것이다. 육체의 비천함 아래에 자기를 감추시고 자기를 비우신 그리스도는 엄위의 존영을 내려놓으시고 종의 형체를 취하셔서(빌 2:7) 아버지에 대한 자기의 순종을 나타내셨다(빌 2:8). 그리고 이러한 복종을 다 이루신 후에 마침내 "영광과 존귀로 관을 쓰셨다"(적용. 히 2:9). 그리고 최고의 권세로 높아지셔서 그 앞에 "모든 무릎을 꿇게 하셨다"(적용. 빌 2:10). 그때에 그는 자기의 이름과 영광의 면류관 그리고 아버지로부터 받았던 모든 것을 아버지께 복속시켜서 하나님이 만유 안에 만유가 되게 하실 것이다(고전 15:28). 만약 아버지가 그리스도의 손을 통하여 우리를 다스리고자 하지 않으셨다면 무슨 목적으로 그에게 권세와 통치권을 주셨겠는가? 그리스도가 아버지 우편에 앉아 계신다는 말씀도 같은 의미로 이해된다(막 16:19; 롬 8:34). 그러나 이러한 다스림은 우리가 신성의 가시적 현존을 직관하며 즐길 때가 되면 끝이 난다.

옛 사람들은 중보자의 인격에 아무런 관심도 기울이지 않았고, 요한복음에서 읽을 수 있는 거의 모든 가르침의 진정한 뜻을 퇴색시켰으며, 스스로 그들 자신을 수많은 올가미에 얽어매었는데,753) 여기는 그들이 범한 이런 오류를 변명하는 자리가 아니다. 다만 우리는 중보자의 직분을 다루는 말씀들이 단순히 신성이나 인성 중에 어느 한 성을 일컫는 것이 아니라는 사실을 참다운 이해에 이르는 열쇠로 삼도록 하자!754)

---

753) 유티케스(Eutyches)를 위시한 단성(單性)론(Monophysitism)을 추종하는 자들을 일컫는 듯하다. Cf. Cyril of Alexandria, *Expositio in Evangelium Johannis*, John 5:19; 5:30; 8:28 (MPG 73. 757f., 386ff., 832ff.). Quot. Battles tr., n. 6.

754) 칼빈은 다음 글에서, 반(反)삼위일체론에 서서 그리스도의 인성에 따른 중보만을 인정한 폴란드의 조르지오 브란드라타(Giorgio Blandrata, 1515-1585)와 이탈리아 만토바 출신으로서 로마 가톨릭에서 루터파로 개종하고 독일 쾨니히스베르크에서 활동한 프란체스코 스탄카로(Francesco Stancaro, 1501-1574)를 반박한다. *Responsum ad quaestiones Georgii Blandratae*, 1558 (CO 9.325-332); *Responsum ad fratres Polonos, quomodo mediator sit Christus, ad refutandum Stancaro errorem*, 1560 (CO 9.337-342); *Ministrorum ecclesiae Genevensis responsio ad nobiles Polonos et Franciscum Stancarum Mantuanum de controversia mediatoris*, 1561 (CO 9.349-358). 이 글들에 대한 논의와 그것들의 영어 번역이 다음에 실려 있다. Joseph N. Tylenda, "The Warning that Went Unheeded: John Calvin on Giorgio Biandrata," *Calvin Theological Journal* 12 (1977), 24-62 (영역, 54-62); "Christ the Mediator: Calvin versus Stancaro," *Calvin Theological Journal* 8/2 (1973), 5-16 (영역, 11-16); "The Controversy on Christ the Mediator: Calvin's Second Reply to Stancaro," *Calvin Theological Journal* 8/1 (1973), 131-157 (영역, 146-157). 삼위일체론을 부인하고 칼빈과 대척점에 섰던 사람들에 관해서는 *Institutio*,

그리스도는 그 자신이 세상의 심판관으로 오실 때까지 우리를 우리의 연약함의 수준에 맞추어 아버지께 결합시키시면서 다스리실 것이다. 그러나 우리가 하늘의 영광에 참여하는 자들로서 하나님을 계신 그대로 보게 될 때가 되면, 그때 중보자의 직분을 다 수행하신 그리스도는 아버지의 대사(大使)를 그만두실 것이며, 그가 창세전에 누리셨던 저 영광에 만족하실 것이다.

그리고 '주'라는 이름은 그것이 하나님과 우리 사이의 중간 위치를 지칭한다는 측면에 있어서 오직 그리스도의 인격에만 고유하게 속하게 된다. "한 하나님이 계시니 만물이 그에게서 났고 한 주가 계시니 만물이 그로 말미암아 있느니라"(적용. 고전 8:6)라는 바울의 말씀은 이에 부합한다. 즉 우리가 그의 신적인 엄위를 얼굴과 얼굴을 맞대고 보게 될 때까지 아버지는 그에게 일시적인 통치권을 위탁하셨다. 그때 통치권을 아버지께 되돌려드림으로써 그의 엄위는 감해지기는커녕 더욱 또렷하게 도드라질 것이다. 또한 하나님은 더 이상 그리스도의 머리가 되지 않으실 것이다(고전 11:3). 왜냐하면 지금은 그리스도 자신의 신격이 어떤 너울에 가려져 있는 것 같으나 그때에는 그 신격이 그 자체로 빛을 발하게 될 것이기 때문이다.[755]

4. 양성의 분리도 혼합도 아님

만약 독자들이 지혜롭게 활용하기만 한다면 이러한 고찰은 여러 난제들을 하나라도 더 많이 해결하는 데 상당히 유익할 것이다. 무식한 사람들은 차치하

1.13.2, 5에서 다루었다.

[755]) 이곳과 *Institutio*, 2.15.3, 5에 비추어서, 우리는 칼빈이 마지막 때에 아들이 아버지께 복종하신다는 말씀을(고전 15:28) 아들의 왕권이 끝난다는 것이 아니라 아들의 신인 양성의 중보에 따른 은혜의 통치가 삼위일체 하나님의 직접적 신적 통치로 바뀐다는 것으로 이해하고 있다는 사실, 마지막 때에 있을 아버지에 대한 아들의 복종은 인성에 따른 것일 뿐, 그때에도 신성에 따라서는 그 어떤 종속도 있을 수 없고 핫지가 말하는 "아들로서의 아들의 종속이 아니라 신인으로서의 아들의 종속"만이 있을 뿐이라고 여기고 있다는 사실, 이런 맥락에서 "그[그리스도]의 나라는 끝이 없다"(οὗ τῆς βασιλείας οὐκ ἔσται τέλος, cujus regni non erit finis)라는 콘스탄티노폴리스 신경(381)을 받아들이고 있다는 사실을 알게 된다. Schaff, *The Creeds of Christendom*, 2.57; Berkhof, *Systematic Theology*, 407-410; Charles Hodge, *An Exposition of the First Epistle to the Corinthians* (Grand Rapids: Eerdmans, 1959), 333-334.

더라도 꽤 배워 영 일자무식은 아닌 사람들조차 그리스도에게 적용되는 듯이 보이기는 하나 그의 신성이나 인성 어디에도 특별히 맞아떨어지지 않는 이런 종류의 구절들을 얼마나 심각하게 왜곡하는지 그저 놀라울 따름이다. 이는 그 표현들이 하나님과 사람으로서 나타나신 그리스도의 인격과 그의 중보자로서의 직분 모두에 어울리지 않는다고 그들이 여기기 때문이다. 이렇듯 심오한 비밀들에 대한 독실한 탐구가 신중한 해석자의 손을 통하여 그것들의 가치에 걸맞게 이루어질 때, 그 많은 구절들은 서로 간에 가장 아름다운 조화를 이루게 될 것이다.756) 여기에는 어떤 이견도 있을 수 없다.

그러나 광란에 빠져 미쳐 날뛰는 자들이 기세등등하게 소요를 일으키는 것은 그 무엇으로도 억제할 수 없다. 그들은 신성을 제거하기 위해서 인성의 속성들에 집착하고, 인성을 제거하기 위해서 신성의 속성들에 집착한다.757) 또한 양성 모두를 제거하기 위해서 양성 모두에 결합되어 있으므로 양성 중에 어디에도 적합하지 않다고 일컬어지는 속성들에 집착하고 있다. 참으로 이들에 따르면, 그리스도는 하나님이시므로 사람이 아니시고, 사람이시므로 하나님이 아니시라고 주장하는 것이나, 그는 사람이시고 하나님이시므로 사람도 아니시고 하나님도 아니시라고 주장하는 것과 무엇이 다른가?

그러므로 하나님과 사람으로서 비록 연합되었으나 혼합되지는 않는 두 본성들로 이루어지신 그리스도는 비록 그의 인성 때문은 아니지만 심지어 인성에 따라서도 우리의 주이시며 참 하나님의 아들이시다.758)

그러므로 "이중적 그리스도"를759) 날조해서, 그리스도의 양성을 구별시키기보다 오히려 분리시키기 원했던 네스토리우스(Nestorius)의 오류는 멀리 내버려야 한다. 우리는 성경이 이를 분명한 목소리로 반박하고 있음을 알 수 있다. 성

---

756) Augustine, *Enchiridion* xi. 36 (MPL 40. 250; tr. LCC VII. 361f.). Quot. Battles tr., n. 8.

757) Servetus, *De Trinitatis erroribus* I, fo. 2bff.; II, fo. 58ab (tr. Wilbur, *The Two Treatises of Servetus on the Trinity*, pp. 6-11, 90ff.); *Dialogues on the Trinity* I, fo. A 6b-7b (tr. Wilbur, *The Two Treatises of Servetus on the Trinity*, pp. 195ff.).

758) "Christum ergo, ut Deus est et homo, unitis, licet non confusis, naturis constans, Dominum nostrum verumque Dei filium esse constituimus, etiam secundum humanitatem, etsi non ratione humanitatis."

759) "duplicem Christum."

경은 "하나님의 아들"(적용. 눅 1:32)이라는 이름을 처녀에게서 나신 분께 부여하고, 처녀 자신을 "우리 주의 어머니"(적용. 눅 1:43)라고 부른다.760)

한편 우리는 유티케스(Eutyches)의 광기를 조심해야 한다.761) 그렇지 않으면 인격의 하나임을 설명하려다가 양성 모두를 파괴하고 말 것이다. 우리는 그리스도의 신성을 인성과 구별하는 많은 증언들을 이미 인용했다. 그뿐 아니라 최고로 헐뜯기 좋아하는 사람들의 입이라도 막을 수 있는 다른 많은 증언들이 성경 여기저기에 존재한다. 조금 후에762) 나는 그들의 허구를 더욱 효과적으로 부셔 없앨 몇몇 증언들을 덧붙일 것이다. 지금으로서 우리에게는 만약 신성이 자기의 몸 안에 구별되게 거주하지 않았다면 그리스도는 자기의 몸을 성전이

---

760) 네스토리우스(Nestorius, 386-450)는 중보자 그리스도의 인격에 있어서 신성과 인성의 '위격에 따른 연합'(ἕνωσις καθ᾽ ὑπόστασιν) 곧 위격적 연합(unio hypostatica)을 부인하고 위격(ὑπόστασις)과 본성(φύσις)을 혼동하여 두 본성의 연합을 양 위격의 연합과 같이 여겼다. 그리하여 마리아가 완전한 인성을 지닌 참 사람 곧 독자적인 기체(基體, suppositum)를 지닌 한 사람을 잉태하고 낳았다고 보고, '태어난 [주님의] 인성과 관련하여' 그녀를 '하나님의 말씀의 어머니' 곧 '하나님의 어머니'(Θεοτόκος)라고 불러서는 안 되며, 이런 의미에서 '그리스도의 어머니'(Χριστοτόκος)라고 부를 수 있을 뿐이라고 주장하였다. "The First Letter of Nestorius to Celestine," in Edward Rochie Hardy, ed., *Christology of the Later Fathers* (Philadelphia: Westminster Press, 1954), 348. 아타나시우스(Athanasius, 292-373), 오리게네스(Origenes, 184/185-253/254), 예루살렘의 키릴로스(Kyrillos, 313-386), 알렉산드리아의 키릴로스(Kyrillos, 376경-444) 등 초대 교회 교부들이 마리아를 'Θεοτόκος' 곧 '하나님의 어머니'(μήτηρ τοῦ Θεοῦ, Mater Dei, Dei Genetrix, Deipara)라고 부른 것은 하나님의 아들이 마리아로부터 나왔다는 것이 아니라 성육신한 아들과 영원하신 하나님의 아들의 '관계'를 표현하기 위해서였다. 동일한 뜻에서 칼케돈 신경은 '인성에 따라서'(κατὰ τὴν ἀνθρωπότητα)라고 한정하면서 "주님이 '하나님의 어머니'(τῆς θεοτόκον) 동정녀 마리아에게서 나셨다."라고 고백하였다. Aloys Grillmeier, *Christ in Christian Tradition*, vol. 1, *From the Apostolic Age to Chalcedon* (451), tr. John Bowden (Atlanta: John Knox Press, 1975), 454, 457, 504, 518. 한편 다음 글에서 저자는 칼빈이 네스토리우스를 배척했지만 안디옥 학파의 영향을 많이 받아서 신성과 인성의 긴밀성을 강조하는 대신에 성령의 역사로 인한 인성의 독자성을 강조했다고 주장한다. Johannes L. Witte, "Die Christologie Calvins," in *Das Konzil von Chalkedon: Geschichte und Gegenwart*, ed. Alois Grillmeier (Würzburg: Echter-Verlag, 1954), 510-511, 515-516.

761) 유티케스(Eutyches, 389-456)는 "나는 우리의 주가 연합 전에는 두 본성 가운데 계셨으며 연합 후에는 한 본성이셨다"(ex duabus naturis fuisse Dominum nostrum ante adunationem; post adunationem vero unam naturam)라고 주장하였다. "Dilectissimo Fratri Flaviano Leo," in *The Oecumenical Documents of the Fatih: The Creed of Nicaea. Three Epistles of Cyril The Tome of Leo. The Chalcedonian Definition*, ed. T. Herbert Bindley (London: Methuen & Co, 1906, 2nd ed.), 196. 마치 신성과 인성이 제3의 단성의 존재 곧 '육화 된 한 본성'(μία φύσις σεσαρκωμένη)이 되기라도 한 것처럼 여겼던 것이다. 유티케스의 사상은 448년 콘스탄티노폴리스 회의에서 정죄되었고 최종적으로 451년 칼케돈 회의에서 이단으로 확정되었다. Herbert M. Relton, *A Study in Christology: The Problem of the Relation of the Two Natures in the Person of Christ* (London: Society for Promoting Christian Knowledge, 1917), 30.

762) 뒤의 제6-8절을 칭한다.

라고 부르지 않으셨을 것이라는(요 2:19) 단 한 구절로 충분할 것이다.

이러한 이유로 에베소 회의에서 네스토리우스가 그랬던 것처럼, 유티케스는 이후 콘스탄티노폴리스 회의와 칼케돈 회의에서 마땅하게 정죄를 받았다. 왜냐하면 그리스도 안에 있는 양성을 혼합시키는 것은 분리시키는 것 못지않게 용납할 수 없는 일이었기 때문이다.

5. 아들의 영원한 나심과 역사적인 위격적 연합

그런데 우리 시대에 이들 못지않은 치명적 괴물인 세르베투스(Michael Servetus)가 등장했다. 그는 하나님의 아들을 하나님의 본질, 영혼, 육체, 그리고 창조되지 않은 세 요소를 섞어서 날조해 낸 헛것이라고 가정했다.[763]

무엇보다도 세르베투스는 그리스도가 처녀의 자궁에서 성령으로 나셨다는 이유 외에는 어떤 이유로도 하나님의 아들이라는 사실을 인정하지 않는다.[764] 또한 두 본성의 구별을 폐지시키고, 그리스도는 하나님과 사람이 섞인 혼합물이기 때문에 하나님으로도, 사람으로도 여겨질 수 없다는 서술을 늘어놓는다. 전체적으로 그의 궤변은 그리스도가 육체 가운데 현시되시기 전에는 오직 그림자 같은 형상들만[765] 하나님 안에 존재했으며, 그것들의 실제나 결과는 이 땅에 오시는 영예를 누리도록 정해져 있었던 말씀이 진실로 하나님의 아들로

---

[763] Servetus, *Christianismi restitutio, De Trinitate, dial*. II, pp. 250f. Quot. Battles tr., n. 12. 이러한 세르베투스의 사상에 그리스도의 신성을 부인하는 유대주의 단일신론이 큰 영향을 미쳤음이 학계에 주장된다. Cf. Jerome Friedman, *Michael Servetus: A Case Study in Total Heresy* (Genève: Droz, 1978); "Michael Servetus: the Case for a Jewish Christianity," *Sixteenth Century Journal* 4/1 (1973), 87–110; "Servetus and the Psalms: The Exegesis of Heresy," in *Histoire de l'exégèse au XVIe siècle: texts du colloque international tenu à Genève en 1976*, ed. Olivier Fatio and Pierre Fraenkel (Genèva: Droz, 1978), 164–178; Louis Israel Newman, *Jewish Influence on Christian Reform Movements* (New York: Columbia University Press, 1925), 511–519.

[764] 세르베투스의 반(反)삼위일체론은 중보자 그리스도의 신인 양성의 위격적 연합에 대한 곡해로부터 비롯되었다. Cf. Moon, *Christ the Mediator of the Law: Calvin's Christological Understanding of the Law as the Rule of Living and Life-Giving*, 130–139.

[765] "umbratiles tantum fuisse in Deo figuras."

존재하시기 시작했을 때 비로소 드러나게 되었다는 점에 착안하고 있다.

그러나 우리는 처녀에게서 나신 중보자는 본래 하나님의 아들이시라고 고백한다. 사람이신 그리스도는 하나님의 독생자이시며 하나님의 독생자로 불리시는 존귀함을 지니셨다. 만약 이 존귀함이 이 땅에 오신 그리스도께 돌려지지 않았다면 그는 하나님의 측량할 수 없는 은혜의 거울이 되실 수 없었을 것이다. 그러나 그동안 확고하게 유지되어온 교회의 정의(定義)에 따르면, 창세전에 아버지로부터 나신 말씀이 '위격적 연합'으로 인성을 취하셨으므로 그리스도는 하나님의 아들이시라고 766) 여겨진다.

옛사람들은 두 본성으로 한 인격을 구성하는 것을 "위격적 연합"이라고 767) 불렀다. 이 용어는 하나님의 아들이 육체 가운데 내주하셨으므로 동일한 분이 사람은 아니셨다고 망상을 일삼았던 네스토리우스의 광기를 물리치기 위하여 만들어졌다.

세르베투스는 우리가 영원한 말씀이 육신을 옷 입기 전에 이미 하나님의 아들이셨다고 말함으로써 하나님의 아들을 이중적으로 만들고 있다고 비난한다. 768) 마치 우리가 육신 가운데 나타나신 분 외에 다른 누구를 지칭하고 있기라도 하듯이 말이다. 사람이 되시기 전에 하나님이셨던 그리스도가 어찌 새로운 하나님으로서 존재하기를 시작하실 수 있었겠는가?

하나님의 아들이 육신으로 나타나셨으나 영원한 나심으로 인하여 769) 언제나 아들로서 존재하셨다는 우리의 주장도 전혀 부조리한 것이 아니다. 마리아를 향한 천사의 말은 이를 암시한다. "너로부터 나실바 거룩한 이는 하나님의 아들이라 일컬어지리라"(적용. 눅 1:35). 이는 율법 아래에서는 다소 희미하였던 아들의 이름이 널리 퍼져 도처에 알려지게 되었다고 선포하는 것과 같다. 우리가 이제는 그리스도를 통하여 하나님의 자녀가 되었으므로 자유롭고 담대하게

---

766) "Dei filium, quia sermo ante saecula ex patre genitus, unione hypostatica naturam humanam susceperit."

767) "unio hypostatica……quae personam unam constituit ex naturis duabus."

768) Servetus, *De Trinitatis erroribus* I. 54ff., fo. 38a ff. (tr. Wilbur, *The Two Treatises of Servetus on the Trinity*, pp. 59ff.). Quot. Battles tr., n. 14.

769) "ab aeterna genitura."

"아빠 아버지"(롬 8:14-15; 갈 4:6)라고 부르짖을 수 있다는 바울의 말씀은 이에 대한 대답이 된다.

옛날 거룩한 조상들도 하나님의 자녀들에 속한 것으로 여겨지지 않았던가? 실로 그들도 이 권리에 의지해서 하나님을 아버지라고 부르며 간원했다. 그러나 하나님의 독생자가 세상으로 오신 후, 하늘의 부성(父性)이 더욱 명확하게 두루 알려지게 되었다. 그리하여 바울은 이 특권을 말하자면 그리스도의 나라에 속한 것으로 여긴다.

그러므로 우리는 하나님이 독생자와 관련해서만 천사들이나 사람들에게 아버지가 되셨다는 사실, 특별히 자기들의 사악함으로 말미암아 하나님과 적대적이 된 사람들은 그리스도가 본성상 하나님의 아들이시므로 거저 베푸신 자녀 삼음으로 말미암아 자녀들이 되었다는 사실을 흔들림 없이 붙들어야 한다. 이러한 은혜는 하나님이 자기 자신과 더불어 작정하신 자성(子性, 아들이심)에 따른 것이었다. 세르베투스는 이를 극렬하게 반대하지만 거기에는 아무런 근거도 없다.

왜냐하면 여기서 문제가 되는 것은 속죄를 표상하는 짐승의 피와 같은 형상의 문제가 아니기 때문이다. 진정 그들이 하나님의 자녀들이 될 수 있었던 것은 머리 되신 분에 기초한 자녀 삼음이 있었기 때문이다. 그러므로 지체들에게 공통된 자녀 삼음을 그 머리로부터 잘라내는 것은 합당하지 않다. 좀 더 나아가 고찰해 본다면, 성경은 천사들의 그 대단한 고귀함이 미래에 있을 구속에 달려 있지 않았음에도 불구하고 그들을 "하나님의 아들들"(적용. 시 82:6)이라고 부르는데, 이는 순서상 필히 그리스도가 천사들보다 앞서 계셔서 그들을 아버지께로 이끄셔야 했기 때문이다.

나는 이를 인류에게 적용하고자 재차 간략하게 언급한다. 천사들과 사람들은 태초 그들의 시작에서부터 하나님이 그들 모두의 아버지가 되신다는 조건 하에 지음을 받았다. 따라서 그리스도가 머리이자 모든 피조물보다 먼저 나신 첫 열매로서 언제나 만물 가운데 수위권(首位權)을 지니고 계셨다는[770] 바울의

---

770) "semper Christum fuisse caput et primogenitum omnis creaturae, ut primatum in omnibus teneret."

말씀이(골 1:15-18) 참되다면, 그는 또한 창세전에 하나님의 아들이셨다고 추론하는 것이 합당하다고 나는 생각한다.

6. 그리스도의 자성: 하나님의 아들이심과 사람의 아들이심

그러나 만약 그리스도의 자성(子性, 아들이심)[771]이라고 부르고자 하는 것이 그가 육체 가운데 드러나셨을 때부터 비로소 시작되었다고 한다면 그는 또한 인성과 관련해서도 (하나님의) 아들이셨다는 논리적 귀결이 뒤따를 것이다. 세르베투스와 그와 유사한 광란에 빠져 있는 사람들은[772] 육체 가운데 나타나신 그리스도가 하나님의 아들이셨던 것은 육체가 없이는 그에게 이 이름이 어울릴 수 없었기 때문이라고 주장한다. 그리스도는 양성 모두에 따라서 그리고 양성 모두와 관련해서 아들이시라고 주절대는 그들이 이제 자기들의 입장에 대해서 나에게 대답하게 하라.

바울은 이들의 입장과는 전혀 동떨어지게 가르친다. 그리스도가 인간의 육체 가운데 '아들'이라고 불리시는 것은 오직 자녀 삼음과 은혜로 말미암아서만 자녀들이 되는 신자들의 경우와는 다르다. 그리스도는 참되신, 본성적인, 따라서 유일하신[773] 아들이시다. 그는 이 표지에 의해서 다른 모든 사람과 구별되신다. 하나님은 새로운 생명으로 거듭난 우리가 '자녀들'이라는 이름에 합당하다고 여기신다. 그러나 '참되고 독생하신 아들'이라는 이름은[774] 그리스도 한 분 외에는 부여하지 않으신다. 우리가 선물로 받은 것을 그리스도는 본성적으로 소유하고 계신다. 그렇지 않다면 어찌하여 수많은 형제들 가운데 그만을 유일한 '아들'이라고 일컫겠는가?[775]

---

[771] "filiatio."
[772] Cf. *Institutio*, 1.13.2, 5.
[773] "verum et naturalem, ideoque unicum."
[774] "nomen veri et unigeniti."
[775] 여기서 칼빈은 영원하신 하나님의 아들이 인성을 취하심(assumptio)과 그 아들의 은혜로 신자들이 자녀가 됨(adoptio)을 분명히 구별하고 있다.

우리는 이 영예를 중보자의 전체 인격에까지 776) 확장시킨다. 그는 처녀에게서 나시고 십자가에서 자기를 아버지께 희생제물로 드리신 참되고 고유하신 본래 하나님의 아들이시다. 바울이 "자신이 복음을 위하여 택정함을 입었으니 이 복음은 하나님이 선지자들을 통하여 그의 아들에 관하여 미리 약속하신 것이라 그의 아들에 관하여 말하면 육신으로는 다윗의 혈통에서 나셨고 능력으로 하나님의 아들로 선포되셨으니"(적용. 롬 1:1-4)라는 말씀으로 가르치고자 하는 바는 그리스도의 신격에 관련된다. 이것이 육신 자체가 아니라 다른 무엇에 달려 있다는 것을 표현하고자 한 것이 아니라면, 왜 바울이 그리스도를 육신에 따라서는 다윗의 아들이라고 뚜렷이 지명하면서도 그가 하나님의 아들로 선포되셨다는 사실을 별도로 거론하였겠는가? 같은 취지로 바울은 다른 곳에서 "그가 육신의 약하심으로 고난당하셨으나 영의 능력으로 부활하셨다"(적용. 고후 13:4)라고 전하면서 양성을 서로 구별한다.

그러므로 그들은 그리스도가 '다윗의 아들'이라고 불리시는 명분을 자기의 어머니로부터 취하셨듯이 '하나님의 아들'이라고 불리시는 명분을 자기의 아버지로부터 취하셨다는 사실과, 자성은 인성과 다른 무엇이며 인성과 구별되는 무엇이라는 사실을 777) 어김없이 인정해야 한다.

성경은 여러 곳에서 이중적인 이름으로 그리스도를 지칭하여, 어떤 때는 하나님의 아들, 어떤 때는 사람의 아들이라고 부른다. 두 번째 이름에 관한 논쟁은 어떤 경우든 불가하다. 왜냐하면 아담의 혈통으로부터 나셨다는 이유로 그리스도를 '사람의 아들'(인자)이라고 부르는 것은 히브리어의 통상적인 용례이기 때문이다. 또 다른 측면에서, 나는 그리스도가 '하나님의 아들'이라고 불리시는 것은 자기의 신격과 영원한 본질 때문이라고 주장한다. 왜냐하면 그가 '하나님의 아들'이라고 불리는 것을 그의 신성에 돌리는 것이 그가 '사람의 아들'이라고 불리는 것을 그의 인성에 돌리는 것 못지않게 적절하기 때문이다. 778)

---

776) "ad totam mediatoris personam."

777) "sicuti a matre accepit cuius causa filius Davidis vocatur, ita a patre habere cuius causa sit filius Dei, idque ab humana natura aliud esse ac diversum."

778) "quia non minus consentaneum est ad divinam naturam referri quod vocatur Dei filius, quam ad humanam, quod vocatur filius hominis."

요약하면 내가 인용했던, "육신으로는 다윗의 혈통에서 나셨고⋯⋯능력으로 하나님의 아들로 선포되셨으니"(롬 1:3-4)라는 말씀을 통하여 바울이 전하고자 한 바는779) 그가 다른 곳에서, "육신으로 하면" 유대인들의 계통을 잇는 그리스도가 "세세에 찬양을 받으실 하나님이시니라"(적용. 롬 9:5)라고780) 가르친 것과 다르지 않다. 이 두 말씀 모두는 서로 짝을 이루고 있는 양성의 구별에 대해 주목하고 있다. 그렇다면 과연 무슨 권리로 그들은 신성에 관하여 하나님의 아들이신 분이 또한 육체에 따라서 사람의 아들이시라는 사실을 부인할 수 있겠는가?

7. 영원하신 하나님의 아들 그리스도가 육체에 따라서 나타나심

그들은 하나님이 자기 아들을 아끼지 않으셨다고 일컬어진다는 사실과(롬 8:32) 처녀에게서 나실 그 자신이 "지극히 높으신 이의 아들"(눅 1:32)이라고 불리실 것이라고 천사가 예언했다는 사실을 들어서 자기들의 오류를 변명하려고 소란스럽게 억지주장을 펼친다.781) 온갖 교만을 떨며 쓸데없는 반론을 제기하는 데 시간을 낭비하고 있는 그들로 하여금 잠시 우리와 함께 자기들의 논증이 가치가 있는지 돌아보게 하자.

만약 잉태되신 분이 "아들"(눅 1:31)이라고 불리신다는 이유로 하나님의 아들은 그가 잉태될 때부터 비로소 존재하기 시작하셨다고 결론짓는 것이 정당하다고 친다면, 자기들의 손으로 만진바 된 분이 "생명의 말씀"(요일 1:1)이라고 요한이 전하고 있다는 이유로 말씀은 육체 가운데 나타나신 때로부터 존재하기

---

779) *Comm.*, Rom. 1:3 (CO 49.15): "만약 우리가 그리스도 안에서 구원을 발견하고자 한다면 그 안에서 두 가지를 찾아야 한다. 신성과 인성이 그것들이다. 그의 신성은 그의 인성에 의해서 우리에게 교통되는 능력, 의, 생명을 지니고 있다. 그러므로 사도는 그리스도가 육체 가운데 사람이 되셨다는 사실과 그 육체 가운데 자기 자신을 하나님의 아들로 나타내셨다는 사실, 이 두 가지 모두를 전함으로써 복음의 총체를 분명히 천명하고 있다."

780) 칼빈은 이를 "육신으로는 유대인으로 난 그리스도가 영원히 송축받는 하나님"(Christus ex Iudaeis secundum carnem qui Deus est in saecula benedictus)이심을 드러내심으로써 그리스도의 '영원한 영광'을 노래한다고 주석한다. *Comm.*, Rom. 9:5 (CO 49.174).

781) Servetus, *De Trinitatis erroribus* I. 9, fo. 6a (tr. Wilbur, *The Two Treatises of Servetus on the Trinity*, pp. 11f.). Quot. Battles tr., n. 16.

시작하셨다고 그들이 추론하는 것도 정당할 것이다. 선지자의 다음 말씀도 유사하게 읽힌다. "베들레헴 에브라다야 너는 수천의 유다 족속 중에 작을지라도 나의 백성 이스라엘을 다스릴 자가 네게서 내게로 나실 것이라 그의 나오심은 상고에, 영원에 있느니라"(적용. 미 5:2; 마 2:6). 만약 그들의 논법에 따른다면, 이 구절은 어떻게 해석되어야 마땅한가?

나는 이미 우리가 이중의 그리스도를 날조해 낸 네스토리우스를 결단코 지지하지 않는다고 증언한 바 있다. 우리의 교리에 따르면, 우리로부터 취하신 육체 가운데 계신 그리스도는 하나님의 독생자이시기 때문에 우리를 그 자신과 형제적으로 결속된, 하나님의 자녀들로 삼으셨다. 아우구스티누스는 그리스도가 사람으로서는 다 채울 수 없었던 영예를 획득하셨기 때문에 하나님의 놀랍고 특별한 은혜를 비추는 밝은 거울이 되신다고 우리에게 사려 깊은 충고를 한다.[782] 그리스도는 하나님의 아들로서 심지어 자궁에서부터 육체에 따라서 이러한 월등함으로 장식되셨다.[783]

그렇다고 해서 우리는 그의 인격의 하나임 가운데서 그의 신격에 고유한 것이 제거되는 혼합이 일어날 것이라고 상상해서는 안 된다. 영원하신 하나님의 말씀과 그리스도이신 분의 두 본성이 한 인격으로 연합되었기 때문에 그가 다양한 관점에 따라 어떤 때는 하나님의 아들로, 어떤 때는 사람의 아들로 불리시는 것과 다름없이 다양한 방식으로 하나님의 아들이라고 불리시는 것은 전혀 그릇되지 않다.[784]

그리스도가 육체 가운데 나타나시기 전에는 오직 형상으로만 하나님의 아들이라는 이름으로 불리셨다는 세르베투스의 또 다른 비방은 더 이상 우리를 당황하게 만들지 않는다. 왜냐하면 비록 그리스도에 관한 당시의 기술(記述)이 더 희미하기는 했지만, 그는 영원하신 아버지로부터 나신 말씀이시므로 영원하

---

[782] Augustine, *City of God* X. xxix. 1 (MPL 41. 308; tr. NPNF II. 199). Quot. Battles tr., n. 17.

[783] "Hac igitur praestantia etiam secundum carnem ab utero ornatus fuit Christus, ut filius Dei esset."

[784] "Nec vero magis absurdum est aeternum Dei sermonem, et Christum, unitis in unam personam duabus naturis, vocari diversis modis Dei filium, quam secundum varios respectus nunc filium Dei, nunc filium hominis dici." 여기서 위격적 연합에 따른 신성과 인성의 속성의 교통이 뚜렷이 천명된다. 이는 다음에 대한 반박이다. Servetus, *Christianismi restitutio*, pp. 577ff. Quot. Battles tr., n. 18.

신 하나님이셨다는 사실, 그는 육체 가운데 나타나신 하나님이시므로 이 이름이 그가 취하셨던 중보자의 인격에 꼭 맞아떨어졌다는 사실, 하나님은 자기가 모든 종족과 후손에게 이름을 주시는(엡 3:14-15) 통로로 삼으신 아들과의 상호 관계가 없었다면 처음부터 아버지라고 불리지 않으셨을 것이라는 사실이 모두 이미 분명하게 증명되었기 때문이다. 이로부터 우리는 교회 가운데 이 이름이 널리 알려지기 전인 율법과 선지자들 아래에서도 그는 하나님의 아들이셨다고 즉시 추론하게 된다.

설령 솔로몬이 하나님의 무한한 심원함에 관해서 선포하면서 전한 "가능하거든 그의 이름이 무엇인지, 그의 아들의 이름이 무엇인지 말하라"(적용. 잠 30:4)라는 한 말씀을 놓고 그들이 시비를 일으킨다고 치자. 그러나 이는 하나님 자신과 마찬가지로 그의 아들도 이해할 수 없다는 사실을 확정할 뿐이다. 논쟁을 즐기는 사람들에게는 이 증언의 무게가 충분치 않으리라는 것을 내가 모르는 바 아니다. 만약 이 구절이 그리스도가 사람이 되신 것을 제외하고는 그를 하나님의 아들이라는 사실을 부인하는 자들이 사악한 조소꾼들이라는 사실을 밝혀내지 못한다면, 나는 이 구절에 크게 매달리지 않을 것이다.

그뿐 아니라 가장 오래된 저술가들은 누구나 할 것 없이 나와 동일한 입장에 서서 감히 이레나이우스와 테르툴리아누스(Tertullianus)를 우리의 반대편에 세우려는 자들의 무례함이 우매할 뿐만 아니라 혐오스럽다는 사실을 한 목소리와 한 마음으로 숨김없이 증언했다. 이 두 저술가들은 모두 하나님의 아들은 비가시적이셨으나 가시적으로 나타나셨다고 고백하고 있다.[785]

---

785) Servetus, *De Trinitatis erroribus* II. 5, fo. 48ab (tr. Wilbur, *The Two Treatises of Servetus on the Trinity*, pp. 76ff.); Tertullian, *Against Praxeas* ii, iii, xv (MPL 2. 156-159; CCL II. 1178ff.; E. Evans, *Tertullian's Treatise Against Praxeas*, text, p. 107; tr. p. 151; tr. ANF III. 598, 610f.); Irenaeus, *Against Heresies* III. xvi. 6; III. xxi. 10 (MPG 7. 925, 954f.; tr. ANF I. 442, 454). Cf. CO VIII. 507ff., 522, 535, 574; IX. 394ff. Augustine, *On True Religion* xvi. 30 (MPL 34. 134f.; LCC VI. 239); *John's Gospel* iii. 18 (MPL 35. 1403; tr. NPNF VII. 24); *Against the Letter of Manichaeus Called Fundamental* xxxvii. 42 (MPL 42. 202; tr. NPNF IV. 198); *On the Trinity* II. ix. 15 (MPL 42. 854f.; tr. NPNF III. 44). Quot. Battles tr., n. 20.

8. 새로운 유티케스인 세르베투스

세르베투스는 아마도 다른 사람들은 동의하려 들지 않았을 무서운 전조(前兆)들을 더미로 쌓아 올렸다. 그렇지만 만약 당신이 오직 육체 가운데서만 하나님의 아들을 인정하는 사람들을 더 가까이에서 꿰뚫어본다면 그들이 그리스도를 하나님과 하나님의 아들이라고 인정하는 것은 그가 동정녀의 자궁에서 성령으로 잉태되었다는 이유 외에는 없다는 사실을 깨닫게 될 것이다. 그들과 다를 바 없이 옛날에 마니주의자들은 "하나님이 그들에게 생명의 호흡을 불어넣으셨다"(적용. 창 2:7)라는 말씀을 읊조리면서 하나님으로부터의 유전(遺傳)으로 말미암아[786] 사람은 영혼을 가지게 된다고 기만을 일삼았다. 세르베투스를 추종하는 사람들은 '아들'이라는 이름에 아주 끈덕지게 집착함으로써 본성들의 구별에 관해서는 아무런 여지도 남겨 두지 않는다. 그들은 사람인 그리스도가 하나님의 아들이 되신 것은 인성에 따라서 하나님으로부터 나셨기 때문이라고 두서없이 허튼소리를 지껄인다. 그리하여 솔로몬이 말하는 지혜의 영원한 나심이(잠 8:22-31)[787] 무시되고, 중보자 속에 신격이 존재할 명분이 없어지며, 사람의 자리가 단지 환영(幻影)으로[788] 대체된다.

세르베투스가 자기 자신과 어떤 사람들을 현혹시킨 천박한 사술들에 대해서 반박하는 것은 정말 유익할 것이다. 경건한 독자는 이를 예로 삼아 교훈을 얻어 신중하고 겸비하게 자기를 억제할 수도 있을 것이다. 그러나 나에게는 이 일이 공연하게 여겨진다. 왜냐하면 나는 이미 별도의 책에서[789] 동일한 주제를 다루었기 때문이다. 전체 핵심은 이렇다. 세르베투스에 의하면, 하나님의 아들은 태초부터 하나의 관념이었으며, 심지어 그때에도 그는 하나님의 본질적인 형상인 사람이 되도록 이미 예정되셨다는 것이다. 세르베투스는 외적인 광채가 빛나지 않는 말씀은 어떤 말씀도 인정하지 않는다. 그리스도의 나심에

---

786) "ex traduce Dei." Cf. *Institutio*, 1.13.1; 1.15.5; 2.1.7.
787) "aeterna sapientiae genitura."
788) "spectrum."
789) *Defensio orthodoxae fidei de sacra Trinitate* (1554) (CO 8.457-644). Quot. Battles tr., n. 21.

대한 그의 해석은, 태초부터 아들을 낳으시고자 하는 뜻이 하나님 안에서 배태되었으며, 그것이 실행됨으로써 창조 자체에까지 펼쳐졌다고 말한다. 이러한 취지에서 그는 하나님이 눈에 보이지 않는 말씀과 성령을 육체와 영혼으로 배분하셨다는 논거를 들면서 성령을 말씀과 혼합시킨다. 요컨대 그는 그리스도의 나심을 그리스도에 대한 공상(空想)으로790) 대체한다. 한때 그림자와 같은 외양을 통하여 아들이셨던 분이 마침내 말씀을 통하여 나셨다고 말하면서 그는 말씀에 씨앗의 역할을 부과한다.791)

이렇게 보면 돼지들과 개들도 하나님의 말씀이라는 원래의 씨앗으로 창조되었기 때문에 하나님의 아들들이라는 결론이 도출된다. 세르베투스는 창조되지 않은 세 요소를 한데 섞어 그리스도를 주조(鑄造)함으로써 그를 하나님의 본질로부터 나신 분으로 만들려고 한다. 그리스도가 이런 방식으로 처음 나신 분이 되셨기 때문에, 그와 동일한 본질적 신성이 심지어 돌 하나에도 그 고유한 수준에 따라 존재한다고 상상한다. 그러면서도 이로 말미암아 자기가 그리스도에게서 신격을 벗겨 내려 한다는 오해를 받지 않으려고, 그의 육체는 하나님과 동일본질(ὁμοουσίον)이며, 육체가 하나님으로 변함으로써 말씀이 사람이 되셨다고 선언한다. 이러한 입장에 따르면, 그리스도는 그의 육체가 하나님의 본질로부터 발생해서 신격으로 변화되지 않았다면 하나님의 아들로 받아들여질 수 없게 된다.792) 이렇듯 세르베투스는 말씀의 영원한 위격을 무(無)로 돌아가게 하고, 구속주로 약속된 다윗의 아들을 우리에게서 앗아간다. 실로 그가 누차 반복하는 바에 따르면, 아들은 지식과 예정에 의해서 아버지로부터 나셨으나, 처음에는 세 요소 가운데 하나님 앞에서 빛났으며, 이후에는 세상의 첫 번째 빛(창 1:3) 가운데와 구름과 불기둥 가운데(출 13:21) 나타났던 저 물질로부터 마침내 사람이 되셨다.793)

---

790) "figuratio."
791) "qui tunc per speciem umbratilis fuit filius, eum tandem esse genitum dicit per sermonem, cui seminis partes attribuit."
792) "Ita dum Christum apprehendere non potest filium Dei, nisi eius caro ex Dei essentia prodierit, et in deitatem fuerit conversa."
793) 다음은 이를 세르베투스의 '영-범신론적 말씀-영 기독론'(spiritualistisch-pantheistische Verbum-Spiritus

여기에서 세르베투스가 얼마나 빈번하게 부끄러운 자기모순에 빠져들고 있는지를 언급하는 것은 너무 지루한 일일 것이다. 건전한 독자는 이와 같이 간략하게 정리된 글을 통하여 이 불결한 개의 음흉한 계교들로 말미암아 구원의 소망이 아주 사라지게 되었다는 결론에 이르게 될 것이다. 왜냐하면 만약 육체가 신성 그 자체라고 한다면, 그것은 신성의 전(殿)이기를 그치게 될 것이기 때문이다. 두 말할 필요도 없이 오직 아브라함과 다윗의 씨에서 나셔서 육체에 따라서 참 사람이 되신 분만이 우리의 구속주가 되실 수 있다. 세르베투스는 "말씀이 육신이 되어"(요 1:14)라는 요한의 말씀을 사악하게 왜곡하여 자기의 기초로 삼고 있다.794) 이 말씀은 네스토리우스의 오류를 거부할 뿐만 아니라 고대의 유티케스가 그 조성자가 되는 이러한 불경스러운 허구를 결코 지지하지 않는다. 이 복음서 저자의 유일한 목적은 두 본성 가운데 인격의 하나임을795) 선포하는 데 있었던 것이다.796)

Christologie)이라고 칭하며 비판한다. Ernst Wolf, "Deus Omniformis: Bemerkungen zur Christologie des Michael Servet," in *Theologische Aufsätze: Karl Barth zum 50. Geburstag, ed. Ernst Wolf* (München: Chr. Kaiser Verlag, 1936), 464.

794) 그리스도의 신성을 부인하는 이러한 입장이 다음에 뚜렷이 나타난다. Servetus, *Christianismi restitutio*, 578, 92f., 679f., 205f., 591f., 683, 164, 202f., 355, 145, 159, 162, 269, 263, 590, 150, 680, 683, 205, 250, 159, 119f., 265f. Quot. Battles tr., n. 23.

795) "personae unitatem asserere in duabus naturis."

796) 앞의 제4절에서 이를 다루었다.

제15장

그리스도가 아버지로부터
보냄을 받으신 목적과
그가 우리에게 베푸신 것이
무엇인지를 알기 위해서는
무엇보다도 그 안에서
선지자직, 왕직, 제사장직
세 가지를 살펴보아야 함

Ut sciamus quorsum missus fuerit Christus a patre,
et quid nobis attulerit, tria potissimum spectanda in eo esse,
munus propheticum, regnum et sacerdotium

1-2. 중보자 그리스도의 선지자직
3-5. 중보자 그리스도의 왕직
6. 중보자 그리스도의 제사장직

1. 선지자로 오실 메시아에 관한 예언

아우구스티누스는 비록 이단들이 그리스도의 이름을 선포하기는 하지만 그들과 경건한 사람들 사이에는 공통된 기반이 없으며 그 이름은 오직 교회의 고유한 소유로만 남아 있다고 합당한 주장을 한다.[797] 만약 우리가 그리스도에게 속한 것들이 무엇인지를 부지런히 살펴본다면 우리는 이단들 가운데는 실체 자체가 아니라 단지 이름으로만 그리스도가 존재한다는 사실을 발견하게 될 것이다.

비록 오늘날 '하나님의 아들, 세상의 구속주'라는 소리가 교황주의자들의 입 속에서 메아리치기는 하지만, 그들은 공허한 이름을 내세워 헛된 구실을 삼는 데 만족하여, 그리스도에게서 그의 능력과 고귀함을 벗겨 내는 일을 하고 있을 뿐이다. 참으로 그들에게는, "머리를 붙들지 아니하는지라"(골 2:19)라는 바울의 말이 꼭 어울린다.

그러므로 믿음이 그리스도 안에서 견고한 구원의 질료를 발견하고 흔들림 없이 그 속에 머물기 위해서는, 아버지에 의해서 그에게 부과된 직분이 세 부분으로 이루어진다는 다음 원리가 수립되어야 한다. 왜냐하면 그는 선지자이

---

[797] Augustine, *Enchiridion* i. 5 (MPL 40. 233; tr. LCC VII. 339). Quot. Battles tr., n. 1.

자, 왕이자, 제사장으로서 주어지셨기 때문이다.798) 이러한 이름들은 인식은 하되 그 목적과 용법을 아는 지식에 미치지 못한다면 거의 아무런 유익도 없을 것이다. 예컨대 교황의 권세 아래에 있는 사람들도 그것들을 입에 올리기는 하지만 다만 냉랭하고 별 뜻 없이 그리할 뿐이다.799) 왜냐하면 그들은 그 칭호 각각 자체에 무슨 의미가 담겨있는지를 알지 못하기 때문이다.

우리가 앞에서 말한바,800) 하나님이 자신의 백성들에게 끊임없이 선지자들을 파송하심으로써 구원을 위해 충분하고도 유용한 교리가 그들에게 핍절되지 않도록 해 주셨음에도 불구하고, 경건한 사람들의 마음은 오직 메시아의 도래에 의해서만 완전한 지혜의 빛을 소망할 수 있다는 신념에 젖어 있었다. "메시아 그가 오시면 모든 것을 우리에게 가르쳐 주시리이다"(적용. 요 4:25)라는 저 여인의 말 가운데 나타나듯이, 참 종교가 전혀 알려져 있지 않았던 사마리아 사람들에게까지 이러한 일에 대한 기대감이 스며들어 갔다. 또한 유대인들은 성급한 마음속의 예단(豫斷)이 아니라 확실한 말씀의 가르침을 받고서 이것을 믿었다. 이사야서의 다음 구절은 어느 것보다 유명하다.

"보라 내가 그를 만민에게 증인으로 세웠고 만민의 인도자와 명령자로 삼았나니"(사 55:4). 같은 방식으로 이미 다른 곳에서 이사야는 그를 "위대한 지혜의 사자(使者) 혹은 해석자"(적용. 사 9:6; 28:29; 참조. 렘 32:19)라고 불렀다.

---

798) 칼빈은 1539년 제2판 『기독교 강요』(CO 1.513-514)에서 중보자 그리스도의 선지자, 제사장, 왕의 삼중직(munus triplex)을 처음으로 언급했다. 그 이전의 1536년 초판 『기독교 강요』(CO 1.69)와 제1차 신앙교육서(CO 5.338)에서는 왕과 제사장 직분만 논했다. 그러나 삼중직을 체계적으로 상세하게 다룬 것은 1559년 최종판 『기독교 강요』에서부터였다. 다음은 중보자 그리스도의 삼중직에 대한 칼빈의 이해를 다룬다. Klauspeter Blaser, *Calvins Lehre von den drei Ämtern Christi, Theologische Studien* 105 (Zürich: EVZ Verlag, 1970), 7-23; J. F. Jansen, *Calvin's Doctrine of the Work of Christ* (London: James Clarke & Company, Ltd., 1956), 20-38; Edmondson, *Calvin's Christology*, 89-181. 이러한 칼빈의 입장이 개혁신학자들과 개혁파 신경에 계승되었다. Turretin, *Institutes of Elenctic Theology*, 14.5-18; Heppe, *Refomed Dogmatics*, 452-487; Hodge, *Systematic Theology*, 2.459-609; Bavinck, *Reformed Dogmatics*, 3.364-368; Westminster Confession, 8장; Westminster Larger Catechism, 43-45문답; Westminster Shorter Catechism, 24-26문답.

799) Cf. Aquinas, *Summa Theol*. III. xxii. 2: "그러므로 다른 사람들로 말하면 누구는 입법자요, 누구는 제사장이요, 누구는 왕이지만, 모든 은혜의 원천이신 그리스도 안에는 이 셋 모두가 일치한다." Quot. Battles tr., n. 3.

800) *Institutio*, 2.6.2-4.

이러한 이유로 사도는 복음 교리의 완전함을[801] 찬미하면서 "옛적에 선지자들을 통하여 여러 부분과 여러 모양으로 우리 조상들에게 말씀하신 하나님이"(히 1:1)라고 먼저 전한 후, "이 모든 날 마지막에는 아들을 통하여 우리에게 말씀하셨으니"(히 1:2)라고 이어서 덧붙인다. 선지자들에게 공통된 직분은 소망 가운데 교회를 붙들고 동시에 그것을 중보자가 오실 때까지 떠받치는 일이었으므로, 포로기에 그들이 흩어졌을 때 성도들은 자기들이 마땅히 누려야 할 은총을 빼앗겨 버렸다고 불평했다는 말씀을 우리는 읽게 된다. "우리의 표적은 보이지 아니하며 선지자도 더 이상 없으며 이런 일이 얼마나 오랠는지 우리 중에 아는 자가 없나이다"(시 74:9).

그러나 이제 그리스도가 더 이상 멀리 떨어져 계시지 않게 되셨으므로 "환상과 예언을 인치는"(적용. 단 9:24) 시간이 다니엘에게 확정적으로 알려졌다. 그리하여 여기에 선포된 예언에 확고한 권위가 수립되었을 뿐만 아니라, 성도들이 모든 계시의 충만함과 끝맺음이 이루어질 때가 임박했음을 인식하고 평정심을 잃지 않고 한동안 선지자들이 없더라도 살아갈 수 있게 되었다.

2. 그리스도를 떠나서는 유익한 지식이 없음

나아가 우리는 이 세 가지 직분이 그리스도라는 칭호에 관계된다는 점을 주목해야 한다. 우리는 율법 하에 제사장들과 왕들뿐만 아니라 선지자들도 거룩한 기름으로 기름부음을 받았다는 사실을 알고 있다. 이로부터 널리 알려진 메시아라는 이름이 약속된 중보자에게 맡겨졌다.

내가 다른 곳에서 제시했듯이, 나는 그리스도가 특별히 왕권과 관련해서 또 왕권 때문에 메시아라고 일컬어진다고 인정한다. 그럼에도 불구하고 그가 선지자로서, 그리고 제사장으로서 기름부음을 받았다는 것은 고유한 영역을 점하고 있으며, 우리는 이 사실을 무시해서는 안 된다. 선지자 직분에 관해 이사

---

[801] "perfectionem doctrinae evangelicae."

야는 다음의 말씀 가운데 분명히 선포하고 있다. "주 여호와의 영이 내게 내리셨으니 이는 여호와께서 내게 기름을 부으사 겸비한 자에게 소식을 전하게 하려 함이라 나를 보내사 마음이 상한 자를 고치며 포로 된 자에게 자유를 선포하며 은혜의 해를 선포하여……"(적용. 사 61:1-2; 눅 4:18). 우리는 그리스도가 성령으로 기름부음을 받아서 아버지의 은혜의 전령(傳令)과 증인이[802) 되셨다는 것을 안다. 이는 일반적인 방식을 따른 것이 아니었다. 왜냐하면 그는 그와 유사한 직분을 맡은 나머지 교사들과는 구별되시기 때문이다.

우리가 주목해야 할 점은, 그리스도는 가르치는 역할을 감당하시려고 단지 그 자신이 기름부음을 받으셨을 뿐만 아니라 복음이 계속적으로 선포되는 일에 성령의 능력이 나타나게 하시려고 자기의 몸 전체로 기름부음을 받으셨다는 사실이다.[803) 진정 그가 선포하셨던 완전한 가르침으로[804) 말미암아 모든 예언이 끝나게 되었다. 이것은 어김없이 확실한 사실이다. 그러므로 복음에 만족하지 않고 어떤 외적인 것을 더하여 꿰매 붙이는 자들은 그리스도의 권위를 실추시키는 것이다. 하늘로부터 천둥쳤던 "이는 내 사랑하는 아들이니 너희는 그의 말을 들으라"(마 17:5; 3:17)라는 음성은 만물의 질서를 초월하는 고유한 특권으로 그를 끌어올렸다. 그리고 요엘이 "너희 아들들이 장래 일을 말할 것이며 너희 딸들이 환상을 볼 것이며……"(욜 2:28)라고 선포했던 것과 같이, 이후 이 기름부음이 머리 그 자체로부터 지체들에게로 퍼져 갔다.

그러나 바울은 다소 다른 어의(語義)로 그리스도가 우리에게 우리의 지혜로 주어지셨다는 말씀과(고전 1:30) "그 안에는 지혜와 지식의 모든 보화가 감추어져 있느니라"(골 2:3)라는 말씀을 전한다. 즉 그리스도 밖에는 습득할 만한 가치가 있는 지식이 아무것도 없으며, 그가 누구신지를 믿음으로 감지하는 사람은 누구나 할 것 없이 하늘 은총의 무한함을 이미 다 포용하고 있다는 것이다. 이

---

802) "ut praeco et testis……gratiae patris."

803) "non sibi modo unctionem accepisse, ut fungeretur docendi partibus; sed toti suo corpori, ut in continua evangelii praedicatione virtus spiritus respondeat." 여기에서 그리스도의 선지자직이 '가르침'(doctrina)과 '선포'(praedicatio)에 모두 미침이 천명된다. 가르치는 교회(ecclesia docens, teaching church)와 선포하는 교회(ecclesia praedicens, preaching church)로서의 교회의 당위가 이로부터 연원한다.

804) "perfectione doctrinae."

런 이유로 바울은 다른 곳에서 "내가 예수 그리스도와 그가 십자가에 못 박히신 것 외에는 아무것도 알지 아니하기로 작정하였음이라"(고전 2:2)라고 말했다. 이것은 지극히 참되다. 왜냐하면 복음의 단순함을 805) 넘어가는 것은 불법이기 때문이다. 그리스도 안에 있는 고상한 선지자적 품격이 우리를 이끌어 복음의 요체를 806) 아는 데 이르게 한다. 그것은 그가 우리에게 전하여 주신 완전한 지혜의 모든 조목을 807) 내포하고 있다.

3. 그리스도의 왕권의 영원함

이제 왕권을 다룰 차례다. 독자들은 먼저 이것이 영적인 본성을808) 지녔다는 사실에 대해서 권고를 받을 필요가 있다. 그렇게 하지 않는다면 자칫 이에 대한 논의가 허황하게 될 것이다. 왜냐하면 이러한 논의로부터 우리는 그리스도의 왕권의 전체적인 힘과 영원함에 대해서뿐만 아니라 그것의 가치가 무엇이고 그것이 우리에게 무엇을 베푸는지에 대해서도 추론할 수 있기 때문이다. 영원함에 대해서 말하자면, 다니엘서에서는 천사가 그것을 그리스도의 인격에 돌리고 있으며(단 2:44), 누가복음에서는 천사가 그것을 백성의 구원에 합당하게 적용시키고 있다(눅 1:33).

우리가 보듯이, 영원함은 이중적일 뿐만 아니라 두 가지 방식으로 수립되어야 한다. 한편으로는 교회의 몸 전체에 관한 것이요, 다른 한편으로는 그 교회의 지체 각각과 관한 것이다. 시편이 전하는 다음 말씀은 전자를 지칭하는 것으로 여겨야 한다. "내가 나의 거룩함으로 한 번 맹세하였은즉 다윗에게 거짓말

---

805) "evangelii simplicitatem." 이는 보혜사 성령의 임재로 택함 받은 백성은 누구나 복음을 듣고 받아들여 구원에 이르게 됨을 뜻한다.
806) "in summa doctrinae."
807) "omnes perfectae sapientiae numeros." 이는 보혜사 성령의 임재로 그리스도의 대속의 의가 성도의 구원 전 과정에 있어서 완전한 진리로 역사함을 뜻한다.
808) "spiritualem……naturam." 이는 그리스도의 대속의 의의 전가로 세워진 신자들의 연합체(몸, societas)로서의 교회의 특성을 뜻한다.

을 하지 아니할 것이라 그의 씨가 장구하고 그의 왕위는 해같이 내 앞에 있으며 달같이 영원히 견고하게 되리니 궁창의 확실한 증인이 되도다"(적용. 시 89:35-37). 의심할 바 없이 여기에서 하나님은 자기 아들의 손을 통하여 자기가 교회의 보호자와 수호자가 되실 것을 약속하신다.809) 이 예언의 진리는 오직 그리스도 안에서만 발견된다. 왜냐하면 그 왕위는 솔로몬의 죽음 후 곧바로 왕국의 대부분에서 위신이 떨어졌으며, 한 사인(私人)에게로 넘어가서 다윗의 가문을 치욕스럽게 했으며(왕상 12장), 그 이후 점차 축소되어서 아주 슬프고도 부끄러운 결말로 막을 내리고 말았기 때문이다(왕하 24장).

"누가 그의 세대에 대하여 말하리요"(사 53:8)라는 이사야의 외침은 같은 뜻을 담고 있다. 여기에서 선지자는 그리스도가 죽음으로부터 살아남으셔서 자기와 자기의 지체들을 하나로 묶으실 것이라고 선포하고 있기 때문이다. 그러므로 우리는 그리스도가 영원한 권세로 무장하고 계시다고 들을 때마다, 그 보살핌으로 말미암아 교회의 항구성이810) 안전하게 지탱된다는 것을 기억하도록 하자. 이렇듯 교회는 끊임없이 괴롭히는 격렬한 소요 가운데서나 무수한 재난의 위협이 가해지는 심각하고 무서운 폭동 가운데서도 안전하게 유지되는 것이다. 다윗은 하나님과 그의 기름부음 받은 자의 멍에를 벗겨 내려고 애쓰는 적들의 무례함을 비웃으면서, "군왕들과 백성이 헛되이 소란을 떨고 있도다 하늘에 계신 이는 강하셔서 그들의 격동을 넉넉히 분쇄하시거늘"(적용. 시 2:2, 4)이라고 전한다. 또한 사람들에게 교회의 항구적인 존속을 확신시키면서 교회가 억눌리는 일이 일어날 때마다 선한 소망을 갖도록 용기를 북돋워주고자 한다. 그리하여 다른 곳에서 "내가 네 원수들로 네 발판이 되게 하기까지 너는 내 오른쪽에 앉아 있으라"(시 110:1)라는 말씀을 하나님을 대신해서 전하고 있다. 본문은 아무리 많고 강한 적들이 교회를 전복시키려고 음모를 꾸민다고 하더라도 자기의 아들을 영원한 왕으로 세우신 하나님의 불변하신 작정을 압도할 능력이 그들에게는 충분하지 않다고 우리에게 교훈한다. 이로부터 마귀는 세상

---

809) "promittat Deus se per manum filii sui aeternum fore ecclesiae praesidem ac defensorem." 이는 하나님의 섭리의 '손'(manus)이 교회에 영원히 미침을 뜻한다.
810) "ecclesiae perpetuitatem."

의 모든 도구를 다 가져도 그리스도의 영원한 보좌에 토대를 둔 교회를 절대로 파괴할 수 없다는 사실이[811] 뒤따른다.

이제 이것이 우리 각자에게 적용되는 특별한 예를 살펴본다면, 우리는 마땅히 동일한 '영원함'이 우리를 일깨워 그 복된 불멸을 소망하는 데까지 이르도록 해야 한다.[812] 왜냐하면 우리가 아는 바와 같이 지상적인 것은 무엇이나 세상에 속하고 일시적이며 심지어 아주 공허하기 때문이다. 따라서 그리스도는 우리의 소망을 하늘까지 끌어올리시려고 "내 나라는 이 세상에 속한 것이 아니니라"(요 18:36)라고 선포하신다. 요컨대 우리 중 누구든지 그리스도의 나라가 영적이라는 말을 듣거든 그 말의 감동에 따라 더 나은 삶의 소망에로 나아가도록 하자. 그리고 지금 그 나라가 그리스도의 손에 의해[813] 보호되고 있으므로, 오는 세대에 맺힐 이러한 은혜의 충만한 열매를 기대하도록 하자.[814]

4. 영의 선물들을 채워 주심으로써 다스리심

위에서 말했던 바와 같이 그리스도의 왕권이 영적이라는 사실에 대한 깨달음이 없다면 우리는 그것의 힘과 유용함을 감지할 수 없을 것이다. 이는 십자가 아래서 싸우며 살아가야 하는 전 생애의 역정(歷程) 동안 우리의 조건이 모질고 비참하다는 사실에서 매우 분명해진다. 만약 지상의 삶의 수준을 넘어서는 그 이상의 열매가 존재하지 않는다면, 우리가 천상의 왕의 권세 아래로 모인다는 것이 무슨 유익이 있겠는가? 참으로 그리스도 안에서 우리에게 약속된 행복은 그것이 무엇이든 우리가 즐겁고 평온한 삶을 영위하고, 소유가 번창하

---

[811] "fieri non posse ut diabolus cum toto mundi apparatu ecclesiam unquam deleat, quae in aeterno Christi solio fundata est."

[812] "eadem illa aeternitas in spem beatae immortalitatis erigere nos debet." 여기에서 교회의 '영원함'(aeternitas)과 성도의 '불멸'(immortalitas)을 연결 지음으로써 구원의 지평이 교회와 성도에 맞닿아 있음을 환기시킨다.

[813] "Christi manu." '그리스도의 손'(manus Christi)이 위에 언급한 하나님의 섭리의 손이다.

[814] Cf. *Institutio*, 3.9–10.

고, 모든 화(禍)로부터 안전하고, 일상적으로 육신이 갈구하는 환락을 풍부하게 누리는 등 외적인 편의에 있지 않고, 천상의 삶에만 고유하게 존재한다는 사실을 알아야 한다.815)

세상에서는 한 백성이 번영하고 흡족한 상태에 이르려면, 한편으로는 모든 재화가 풍부하고 국내적으로 평안해야 하며, 다른 한편으로는 외부의 침공에 맞서서 그들을 안전하게 지켜 내는 강력한 방어태세를 갖추어야 한다. 마찬가지로 그리스도는 영혼을 영원히 구원하기 위하여 필요한 모든 것으로 자기의 백성을 넘치게 채우시고, 그들을 능력으로 강화시키셔서 적들의 영적인 공격에 불요불굴하게 맞서도록 하신다.

이로부터 우리는 하나님은 자기 자신이 아니라 우리를 위하여 우리를 안팎으로 다스리신다는 사실을 유추할 수 있다. 이 다스리심을 통하여 하나님은 우리에게 유익하다고 여기시는 성령의 선물들을 부여하셔서 우리가 가지지 못한 것들을 채워 주신다. 이러한 첫 열매들로 말미암아 우리는 우리가 완전한 복락에 이르게끔 하나님과 실제로 결합되어 있다는 사실을 지각하게 될 것이다. 또한 우리는 그의 영의 능력에 의지해 우리가 언제나 마귀 즉 세상의 어떠한 종류의 화(禍)라도 물리치는 승리자가 될 것이라는 사실을 의심하지 않을 것이다. 이것이 그리스도가 하나님의 나라는 우리 안에 있으므로 볼 수 있게 임하지 않을 것이라고 대답하신(눅 17:20-21) 의미이다.

아마도 그리스도가 그 자신을 사람들이 하나님의 지고한 복을 자기를 통하여 소망해야 하는 왕이라고 인정하셨기 때문에, 바리새인들은 조롱을 일삼는 가운데 그에게 그 자신을 드러내는 표징들을 내어놓으라고 요구하였을 것이다. 그러나 그는 그들에게 어리석은 허세에 머물지 말고 각자의 양심을 들여다보라고 명령하셨다. 왜냐하면 "하나님의 나라는……성령 안에 있는 의와 평강과 희락"(롬 14:17)이기 때문이다. 만약 그가 그렇게 하지 않으셨다면, 그들은 태연하게 더더욱 지상으로만 쏠리고 말았을 것이다. 이러한 말씀들을 통하여 우리는 그리스도의 나라가 우리에게 주는 것이 무엇인지를 배우게 된다. 그 나라

---

815) *Institutio*, 3.9-10.

는 이 땅에 속한 것이거나 육체적인 것이 아니어서 부패할 염려가 없으며, 영적인 것으로서 우리를 영원한 생명에 이르기까지 줄곧 끌어올릴 것이다.[816]

이로 말미암아 우리는 우리의 왕은 우리가 전쟁을 다 마치고 승리의 부름을 받을 때까지 결단코 우리를 버려두시지 않고 우리에게 필요한 것들을 도우실 것이라는 한 가지 사실에 만족하면서, 고통, 굶주림, 추위, 경멸, 치욕, 그리고 다른 여러 괴로움 아래에 놓여 있는 이 생명을 끝까지 참을성 있게 영위하게 될 것이다(참조. 고후 4:8-12). 왜냐하면 그리스도의 통치 법칙은 무엇이든지 그가 아버지께 받은 것을 우리와 함께 나누시는 데 있기 때문이다.[817] 왜냐하면 지금 그는 우리를 자기의 권능으로 무장시키시고 훈련시키시며, 자기의 아름다움과 장엄함으로 장식하시며, 자기의 부요하심으로 부요하게 하시기 때문이다. 여기에서 우리에게 더할 나위 없는 자랑거리가 넘치며, 두려움 없이 마귀 및 죄와 죽음과 맞서 싸우게 되는 확신이 솟아오른다. 요컨대 우리는 그리스도의 의로 옷 입고[818] 세상의 모든 모욕을 담대하게 물리치게 된다. 그리고 그가 자기의 선물로 우리를 후하게 채우시듯이, 이에 보답하여 우리도 그의 영광을 위하여 열매를 맺게 된다.

5. 아들을 통한 아버지의 왕권 수행

그러므로 우리를 위하여 주어진 그리스도의 왕적 기름부음 받으심은 기름으로나 향료가 섞인 향유로 된 것이 아니었다. 그럼에도 그가 하나님의 기름부음 받은 자 즉 '그리스도'라고 불리시는 것은 "지혜와 총명의 영이요 모략과 권능

---

816) "quia [Christi regnum] non terrenum est vel carnale, quod corruptioni subiaceat, sed spirituale, ad aeternam nos usque vitam attollit."

817) "Quia talis est regnandi ratio ut communicet nobiscum quidquid accepit a patre." 여기서 그리스도의 왕권은 그가 다 이루신 의를 우리의 것으로 삼아 주심에 있음이 천명된다. 즉 그의 제사장직은 자신을 제물로 아버지께 '올려 드리심'이며 그의 왕직은 보혜사 성령을 부어 주셔서 제물로 드려지신 자신을 우리에게 '내려 주심'임을 나타낸다.

818) "iustitia eius vestiti."

의 영이요 여호와를 경외하는 영"이 그 위에 "강림"(적용. 사 11:2)하셨기 때문이다. 이것은 시편이 그가 자기의 동료들보다 뛰어나도록 부음을 받으셨다고 전하는 "즐거움의 기름"(시 45:7)이다. 왜냐하면 만약 그 자신 안에 이러한 월등함이 없었다면 우리 모두는 빈곤하고 굶주리게 되었을 것이기 때문이다.

위에서 말했던바, 819) 이로써 그리스도는 사사로이 자기 자신이 채움을 받으려고 하시지 않았으며, 오히려 굶주리고 목마른 자들에게 자기의 부요함을 부어 주시고자 하셨다. 아버지는 아들에게 "성령을 한량없이 주심이니라"(요 3:34)라고 하는데 그 이유가 다음과 같이 설명되고 있다. "우리가 다 그의 충만한 데서 받으니 은혜 위에 은혜러라"(요 1:16). 그리고 이 샘으로부터 그의 후하심이 흘러나오는데 바울은 이를 "성도들 각 사람에게 그리스도의 선물의 분량대로 은혜를 주셨나니"(적용. 엡 4:7)라고 언급한다. 이 말씀들은 내가 위에서 말했던 것을 충분하고도 남을 만큼 확증해 준다. 즉 그리스도의 나라는 지상의 환락이나 허세가 아니라 성령 안에 존재하므로 우리가 그것에 동참하려면 이 세상을 버려야 한다는 것이다.

이러한 거룩한 기름부음에 대한 가시적인 표상이 그리스도의 세례 때 성령이 그 위에 비둘기같이 내려와 머무시는 동안 드러나게 되었다(요 1:32; 눅 3:22). 성령과 그 선물들을 "기름부음"(요일 2:20, 27)이라는 말로 지정하는 것이 새롭다거나 불합리하다고 여겨져서는 안 된다. 왜냐하면 이것 외에는 달리 우리가 생장(生長)해 갈 길이 없기 때문이다. 특별히 천상의 생명과 관련해서 성령이 우리에게 스며들어오지 않으신다면 우리에게는 한 방울의 기력도 얻을 수 없다. 왜냐하면 성령이 그리스도 안에 자리를 정하시고 그곳으로부터 우리가 심히 필요로 하는 천상의 보화를 우리에게로 풍부하게 흘러내리시기 때문이다. 성도들은 자기들이 섬기는 왕의 권능으로 말미암아 패배당하지 아니하며, 그의 영적 보화로 자기들을 가득 채우게 된다. 그리하여 그리스도인들이라고 합당하게 일컬어진다.

"그 후에는……그가……나라를 아버지 하나님께 바칠 때라"(고전 15:24)라는

---

819) 위의 2절을 칭한다.

바울의 말씀은 우리가 말했던[820] 그리스도의 나라의 영원함에 절대로 배치되지 않는다.[821] "아들 자신도 복종하게 되리니 이는 하나님이 만유 안에 만유가 되시려 하심이라"(적용. 고전 15:28)라는 말씀도 마찬가지다. 바울은 여기에서 오직 저 완전한 영광 가운데 있는 나라의 경영이 지금의 그것과는 다를 것이라는 사실만을 묘사하고 있다.

아버지는 모든 권세를 아들에게 주셔서 아들의 손을 통하여 우리를 다스리시고, 기르시고, 붙드시고, 자기의 후견 아래 보호하시고, 도우시고자 하셨다.[822] 그리하여 우리가 하나님에게서 멀어져 배회하는 얼마동안 그리스도가 중보자로서 중재하심으로써 우리를 조금씩 이끌어 하나님과 공고한 결합에 이르도록 하신다.

그리스도가 아버지의 오른편에 앉아 계시다고 말하는 것은 그를 모든 통치권을 자기 수중에 두신 아버지의 대사(大使)[823]라고 부르는 것과 조금도 다를 바 없음이 분명하다. 왜냐하면 하나님은 그리스도의 인격 가운데서 말하자면 중보적으로[824] 교회를 다스리시고 돌보시기를 원하시기 때문이다. 그리하여 바울은 또한 에베소서 1장에서 그리스도가 아버지의 "오른편"에 앉혀지셨으므로 "그의 몸"인 "교회의 머리"(엡 1:20-23)가 되신다고 설명한다.

바울이 다른 곳에서 가르치는 다음 말씀도 같은 뜻을 담고 있다. "하나님이 그에게 모든 이름 위에 뛰어난 이름을 주사……모든 무릎을 예수의 이름에 꿇게 하시고 모든 입으로……하나님 아버지께 영광을 돌리게 하셨느니라"(빌 2:9-11). 이를 통하여 바울은 우리가 지니고 있는 현재의 연약함에 필요한 그리스도의 나라의 질서를 더불어 찬미하고 있다. 그리고 이로부터, 그때에는 교회를 수호하는 그리스도의 역할이 완수될 것이므로 하나님 자신이 스스로 교회의 유

---

820) 위의 3절을 칭한다.
821) *Institutio*, 2.14.3.
822) "Dedit enim pater omnem potestatem filio ut per eius manum nos gubernet, foveat, sustentet, sub eius tutela nos protegat, nobisque auxilietur." 이렇듯 중보자를 통한 하나님의 통치는 본질상 아들의 것을 우리에게 베푸심에 있다.
823) "patris legatus."
824) "mediate."

일한 머리가[825] 되시리라고 합당하게 추론하고 있다. 같은 이유로 성경은 여러 곳에서 그리스도를 "주"라고 부른다. 왜냐하면 아버지는 이 법칙에 따라서 아들을 우리 위에 장(長)으로 세우심으로써 그를 통한 자기의 통치를 수행하시기 때문이다. 비록 많은 통치자들이 세상에서는 칭송을 받지만(참조. 고전 8:5), "우리에게는 한 하나님 곧 아버지가 계시니 만물이 그에게서 났고 우리도 그 안에 있고 또한 한 주 그리스도께서 계시니 만물이 그로 말미암고 우리도 그로 말미암아 있느니라"(고전 8:6)라고 바울은 전한다.

이로부터 이사야가 자기의 입을 통하여 선포했던 "왕"이시자 교회의 "율법을 세우신 이"(사 33:22)는 바로 동일하신 하나님 자신이라고 합당하게 추론할 수 있다. 비록 아들은 어디에서나 자기가 지닌 권세는 무엇이든지 다 아버지의 은총이며 선물이라고 부르시지만, 그것은 그 자신이 하나님으로서 다스리신다는 것을 의미할 뿐이다. 이렇듯 그가 중보자의 인격을 입으신 것은 아버지의 품과 불가해한 영광을 떠나 내려오셔서 우리에게 더욱 가까이 다가오시기 위함이었다.[826] 이보다 더욱 합당한 이유는 우리 모두가 한 마음으로 하나로 묶여 굴복하고, 또한 할 수 있는 열성을 다 기울여 아버지의 지시에 순종하도록 하신 데 있다.

이제 그리스도는, 기꺼이 자원해서 자기를 복종시키는 경건한 사람들을 위해 왕과 목자의 직분을[827] 하나로 결합시키셨다. 그런데 이와 함께 우리는 "네가 철장(鐵杖)으로 그들을 깨뜨림이여 옹기장이의 질그릇같이 부수리라"(적용. 시 2:9)라는 말씀을 듣는다. 그리고 "뭇 나라의 심판자가 오셔서 땅을 시체로 가득하게 하시고 자신을 거역하는 머리를 쳐서 깨뜨리시며"(적용. 시 110:6)라는 말씀도 듣는다. 오늘날 우리는 이 일에 대한 모종의 증례를 여럿 알고 있다. 그러나 완전한 증거는 마지막 심판에 의해서 드러나게 될 것이다. 그 심판은 그리스도의 나라에 속한 마지막 행위로서 헤아려짐이 마땅할 것이다.

---

825) "unicum ecclesiae caput."
826) "quia ideo mediatoris induit personam ut e sinu patris et incomprehensibili gloria descendens ad nos appropinquaret."
827) "regis et pastoris officia." 이렇듯 칼빈은 중보자 그리스도의 왕직을 본질상 목자직과 연결시켜 다룬다.

6. 제사장이시자 제물이 되신 그리스도의 중재

이제 제사장직의 목적과 실행과 관련하여 그리스도가 자기의 거룩하심으로 하나님을 우리와 화해시키시는 순수하고 흠 없는 중보자가 되신다는 사실을 간단하게나마 다루어야 한다.828) 하나님은 자신의 공의로운 저주로 우리가 자기에게로 나아가는 것을 가로막고 계시며, 재판관의 직분을 가진 분으로서 우리에게 격노하고 계신다. 그러므로 하나님의 진노를 누그러뜨리고 우리를 향한 그의 호의를 얻어 내려면 제사장의 속죄제사가 필히 중재해야 한다. 그리하여 그리스도가 이 직무를 완수하기 위해서 희생제물과 함께 중보자로서 나타나셔야 했다. 왜냐하면 율법 아래에서 제사장이 피가 없이 성소에 들어가는 것은 불법이었기 때문이다(히 9:7).

성도들이 알아야 할 것은 비록 제사장이 중재자로서 중간에 서 있다고 하더라도 죄를 사함 받지 않고서는 하나님의 노여움을 풀게 할 수 없다는 사실이다(레 16:2-3). 사도는 히브리서 7장에서 거의 10장 마지막까지 이 사안에 대해서 길게 논의하고 있다. 사도의 주장을 요약하면, 그리스도가 자기의 죽음을 희생제물로 삼아 우리의 죄과를 도말하고 죄에 대한 값을 무르시지 않으셨다면(히 9:22) 제사장으로서의 영예는 그에게 어울리지 않았을 것이라는 사실이다.

후회가 없으신 하나님은 자기의 뜻을 드러내신, "너는 멜기세덱의 서열을 따라 영원한 제사장이라"(시 110:4; 히 5:6; 7:15)라는 말씀에서 자기의 엄숙한 맹세가 얼마나 중요한 것인지를 잘 깨우쳐 준다. 의심할 여지없이 하나님은 자기가 아신 바대로 우리 구원의 근본 요체가 축을 삼고 돌게 되는 저 머리를 제정하기를 원하셨다.829) 왜냐하면 위에서 언급한 바와 같이, 만약 우리의 제사장이 죄를 정결하게 씻어 냄으로써 우리를 거룩하게 하시고, 우리의 더러운 죄악과 악행으로 말미암아 가로막혀 있는 하나님의 은혜를 취하여 주시지 않는다면,

---

828) Cf. *Institutio*, 4.18.2-7.
829) "Sancire enim haud dubie voluit caput illud, in quo praecipuum salutis nostrae cardinem verti sciebat."

우리 자신이나 우리의 기도가 하나님께로 다가갈 길이 결단코 열리지 않을 것이기 때문이다.

이와 같이 우리는 그리스도의 죽음으로부터만 그의 제사장직의 효력과 유익이 우리에게 미치기 시작한다는 사실을 발견하게 된다. 여기에 그리스도는 영원한 중재자이시며 그의 비호(庇護)로 말미암아 우리가 호의를 얻게 된다는 사실이 뒤따른다.830) 이로부터 기도의 확신뿐만 아니라 평안함이 경건한 양심에 솟아난다. 하나님의 부성적인 관용에 잠겨 안전하게 보호를 받고, 중보자를 통하여 거룩하게 된 것은 무엇이든지 하나님을 기쁘시게 한다는 사실에 감화되어 있는 한 그렇게 된다.

참으로 율법 아래에서 하나님은 가축들 중에 희생제물을 삼아 자기에게 드릴 것을 명령하셨지만, 그리스도 안에서는 이전과 아주 다른 새로운 질서가 존재하게 되었는데, 그것은 곧 동일한 분이 제사장으로서 제물이시라는831) 것이다. 이는 우리의 죗값을 치르기에 적합한 무름이 달리 없었으며, 독생자를 하나님께 바칠 만큼의 가치가 있는 대단한 영예를 지닌 어떤 사람도 찾을 수 없었기 때문이다.

이제 그리스도는 제사장의 인격을 지니시고 영원한 화목의 법에 따라 아버지가 우리에게 호의를 베푸시고 용서하시는 분이 되도록 하실 뿐만 아니라 우리를 말할 수 없는 영예의 연합체로 이끌어 들이신다(계 1:6).832) 그리하여 우리가 우리 안에서는 오염되었으나 그리스도 자신 안에서는 제사장들이 되어 우리 자신과 우리에게 속한 모든 것을 하나님께 바치게끔 하실 뿐만 아니라, 우리가 바치는 기도와 찬미의 희생제물들이 하나님께 가닿아 그의 눈앞에서 받을 만하고 향기로운 것들이 되도록 우리가 하늘 성소로 자유롭게 들어가게 하신다. 이것이 곧 그리스도가 "그들을 위하여 내가 나를 거룩하게 하오니"(요 17:19)라고 말씀하신 의미이다. 왜냐하면 그리스도가 자기의 거룩하심에 잠긴 우리

---

830) "Hinc sequitur aeternum esse deprecatorem, cuius patrocinio favorem consequimur."
831) "idem esset hostia qui sacerdos."
832) "Iam sacerdotis personam sustinet Christus, non modo ut aeterna reconciliationis lege patrem nobis faventem ac propitium reddat, sed etiam ut nos asciscat in societatem tanti honoris." 여기서 제사와 기도를 드리는 제사장의 2대 직분이 천명된다.

를 그 자신과 함께 아버지께 바치는 한에 있어서, 그렇지 않다면 아버지 앞에서 악취나 풍기고 있을 우리가 순수하고 정결할 뿐만 아니라 심지어 거룩하게 드려져 그의 기쁨이 되기 때문이다.

그렇기 때문에 성소가 기름부음을 받으리라는 천사의 말이 다니엘에게 주어졌다(단 9:24). 이는 '그림자가 흩어진 이후에 그리스도의 인격 가운데 제사장 직분이 분명하게 나타나리라.'라고 하는 것과 같다. 우리는 이 기름부음과 그 당시 통용되었던 저 그림자와 같은 예표적인 기름부음 사이의 대조를 주목해야 한다.

그리스도의 제사장 직분에 만족하지 못하고 감히 그를 또다시 제물로 바치고자 뛰어드는 자들의 공상은 한층 더 역겹다. 그들은 미사를 그리스도의 제사로 여겨 날마다 이를 교황권 아래에서 시도하고 있다.[833]

---

[833] 로마 가톨릭은 모든 의를 다 이루셔서 더 이상 제사가 필요 없게 하신 그리스도의 은혜를 도외시하고 여전히 미사를 공로로 여기고 제사로 드린다. *Institutio*, 4.18.1-7.

제16장

그리스도의 죽음과 부활과 승천, 그가 구속주의 역할을 완수하셔서 우리를 위하여 구원을 획득하신 방식

Quomodo redemptoris partes impleverit Christus,
ut nobis salutem acquireret;
ubi de morte et resurrectione eius agitur,
et in coelum ascensu

1-4. 그리스도의 대리적 무름에 따른 속죄와 용서와 화목
5-7. 죽음의 값을 무르는 그리스도의 죽음과 장사되심
8-12. 지옥강하로 표현되는 영혼의 극심한 고통을 당하심
13-16. 그리스도의 부활과 승천과 재위
17-18. 그리스도의 재림과 마지막 심판
19. 구원의 전 과정에 역사하는 그리스도의 다 이루신 의의 조목

1. 그리스도는 값을 무르고 우리를 사신 구속주로서 구원주이심

지금까지 그리스도에 대해서 우리가 말했던 것은 다음 한 가지에 돌려져야 한다. 즉 우리 안에서 저주받고, 죽고, 파멸한 우리는 그리스도 자신 안에서 의, 자유, 생명, 그리고 구원을 찾아야 한다는 것이다. 우리가 베드로가 전하는 저 유명한 말씀에서 배우게 되듯이 말이다. "천하 사람 중에 구원을 받을 만한 다른 이름을 우리에게 주신 일이 없음이라"(행 4:12). "예수"라는 이름은 무모하게, 혹은 우연한 사건으로, 혹은 사람들의 의사(意思)로 그에게 떠맡겨진 것이 아니라, 최고의 작정을 실어 나르는 전령인 한 천사에 의해서 하늘로부터 베풀어진 것이었다(눅 1:28-33). 그 이름이 주어진 이유가 이어서 덧붙여졌다. "이는 그가 자기 백성을 그들의 죄에서 구원할 자이심이라"(마 1:21; 눅 1:31). 우리는 이미 다른 곳에서834) 간단하게 언급한 이 말씀의 내용을 주목해야 한다. 즉 구속주의 직무가 그에게 부과되어서 그는 우리의 구주가 되셨다는 사실이다.

그렇지만 만약 그가 우리를 줄곧 이끄셔서 구원의 마지막 목표에 이르도록 계속적인 진보를 이루게 하지 아니하신다면 여전히 우리의 구원은 사지가 잘

---

834) *Institutio*, 2.6.1.

린 불구와 같이 불완전하게 될 것이다.[835] 따라서 우리가 아주 조금이라도 그에게서 벗어나자마자 그에게 견고하게 자리 잡고 있는 우리의 구원은 점차 사라지고 말 것이다. 누구든지 그 안에서 머물러 쉬지 않는 사람은 자원해서 자기 자신으로부터 모든 은혜를 걷어 내게 된다. 저 유명한 베르나르두스의 권고는 기억해야 할 가치가 있다. "예수의 이름은 빛일 뿐만 아니라 또한 양식이다. 그것은 또한 기름이다. 그것이 없다면 영혼의 모든 양식은 고갈될 것이다. 그것은 소금이다. 그것의 조미(調味)가 없다면 우리에게 차려진 모든 것은 맛이 없을 것이다. 마지막으로 그것은 입 속의 꿀, 귀 속의 가락, 가슴속의 환호이자 의약이다. 이 이름이 울리지 않는다면 논의되는 어떤 것도 무미건조할 뿐이다."[836]

여기에서 마땅히 우리는 어떻게 구원이 그리스도 자신에 의해서 우리에게 초래되었는지를 부지런히 심사숙고해야 한다. 그리하여 그리스도 자신이 구원의 조성자시라는 사실에 감화를 받을 뿐만 아니라 우리 믿음의 견고한 버팀목이 되기에 충분한 것들을 포용하면서, 이모저모로 우리를 그에게서 갈라놓을 수 있는 것들은 무엇이든지 배척하는 데 이르러야 한다. 누구라도 자기 안으로 침잠해서 자기가 누구인지 진지하게 생각하게 될 때마다 자기를 향하여 하나님이 분노와 적개심을 품고 계신다는 사실을 지각하게 될 것이다. 그러므로 그는 하나님의 분노를 누그러뜨릴 수 있는 방식과 방법을 애타게 찾아야 하는데, 이는 무릎을 요구한다. 여기에 필요한 것은 일반적인 확실성이[837] 아니다. 왜냐하면 하나님의 진노와 저주는 죄인들에게 밀려와 그들의 죄책이 지불될 때까지는 언제나 압박을 가하기 때문이다. 하나님은 의로운 재판관이시므로 자기의 법이 침해되는 것을 아무런 징벌 없이 그냥 보고만 계시지 않는다. 그는 보복의 군장을 꾸리고 계시는 것이다.

---

835) "Interea tamen mutila esset redemptio, nisi per continuos progressus ad ultimam usque salutis metam nos perduceret."

836) Bernard, *Sermons on the Song of Songs* xv. 6 (MPL 183. 340f.; tr. S. J. Eales, *Life and Work of St. Bernard* IV. 83f.). Quot. Battles tr., n. 3.

837) "vulgaris······certitudo."

2. 그리스도 안에서 화목하게 된 하나님의 반목

그러나 더 멀리 나아가기 전에 우리는 잠시 머물러 다음을 살펴보아야 한다. 과연 자기의 자비로 우리보다 앞서 행하시는 하나님이 그리스도를 통하여 우리와 화목하시기 전까지는 줄곧 우리와 반목하셨다는 것이 가당한가? 하나님이 미리 거저 베푸시는 호의로[838] 우리를 마음에 품지 않으셨다면, 어떻게 독생자 안에서 자기의 사랑에 대한 특별한 보증을 우리에게 주셨겠는가? 여기에 외견상 일종의 모순이 나타나므로 나는 이 매듭을 풀어보려고 한다.

성령은 대체로 다음과 같은 방식으로 성경 가운데 말씀하신다. "하나님은 그리스도의 죽음으로 말미암아 은혜로 회복되기 전까지는 사람들과 원수가 되셨다"(적용. 롬 5:10). "그들은 그의 희생제물로 말미암아 자기들의 불법을 속량받기 전까지는 저주 아래에 있었다"(적용. 갈 3:10, 13).

달리 말해서 "그 자신의 몸을 통하여 하나로 결합되도록 받아들여지기 전까지는 하나님으로부터 분리되어 있었다"(적용. 골 1:21–22). 이런 종류의 언사들은 그리스도 밖에 있을 때에 우리의 조건이 얼마나 비참하고 파국적인지를 우리가 더욱 잘 이해할 수 있도록 우리의 지각에 맞추어진[839] 것들이다. 왜냐하면 만약 하나님의 진노와 보복, 그리고 영원한 죽음이 우리에게 몰려들어 왔다는 사실이 명백한 말씀들을 통하여 언급되지 않았다면, 우리는 우리가 하나님의 자비가 없었으면 얼마나 비참했는지를 눈곱만치도 인정하지 않았을 것이며 자유의 은총을 별로 가치 없는 일로 과소평가했을 것이기 때문이다.

예를 들자면, 어떤 사람이 이런 말을 들었다고 하자. "만약 당신이 아직 죄인이었을 때에 하나님이 당신을 미워하시고 배척하셨다면, 당신에게 마땅한바, 무서운 파멸이 당신을 기다리고 있었을 것이다. 그러나 하나님은 스스로 원하셔서 거저 베푸시는 자기의 너그러움으로[840] 은혜 가운데 당신을 붙드시고 자기로부터 당신이 멀어지도록 내버려 두지 않으셨으므로, 그 위험으로부터 이

---

838) "gratuito favore."
839) "ad sensum nostrum……accommodatae."
840) "sponte ac gratuita sua indulgentia."

렇듯 당신을 자유롭게 하셨다."

그렇게 하면, 그 사람은 실로 마음에 감동을 받아 자기가 얼마나 하나님의 자비에 크게 빚지고 있는지를 어느 정도 지각하게 될 것이다. 또한 그 사람이, 성경이 가르치듯이, 자기가 죄로 인하여 하나님에게서 멀어졌으며, 진노의 상속자였으며, 영원한 저주의 죽음에 매여 있었으며, 구원의 모든 소망에서 제외되었으며, 하나님의 모든 은총 밖에 있었으며, 사탄의 노예였으며, 죄의 멍에 아래에 있는 포로였으며, 무서운 파멸에 이르도록 정해졌으며, 이미 그 파멸에 연루된 존재라는 말을 듣게 하자.

그리고 이즈음에 그리스도가 그의 중재자로서 중재하셨으며, 하나님의 의로운 심판으로 모든 죄인에게 임박한 형벌을 친히 받아들이시고 지불하셨으며, 죄인들로 하여금 하나님께 미움을 받게 만들었던 모든 악한 것을 자기의 피로 속하셨다는 사실, 그가 제물이 되셔서 하나님 아버지께 죄의 값을 다 무르기에 합당한 제사가 드려졌다는 사실, 그가 중재자가 되셔서 하나님의 진노가 누그러뜨려졌다는 사실, 그가 기초가 되셔서 그 위에 하나님과 사람들 사이의 화평이 수립되었다는 사실, 그가 고리가 되셔서 하나님의 자애가 사람들에게 계속 베풀어졌다는 사실을 듣게 하자. 그렇게 하면, 그 사람은 더 깊은 감동을 받아 자기가 구출되었던 재난이 얼마나 대단했는가를 아주 생생하게 잘 그릴 수 있지 않겠는가?

요약하면 우리의 마음은 먼저 하나님의 진노에 대한 두려움과 영원한 죽음에 대한 공포로 말미암아 충격을 받고 겁에 질리게 되지 않는 이상 하나님의 자비 가운데서 우리의 생명을 충분히 열정적으로 부여잡을 수도 없고 합당한 감사를 드리면서 받아들일 수도 없기 때문에, 우리는 거룩한 교리로 배움을 얻어 그리스도가 계시지 않는다면 하나님은 어느 모로 우리를 대적하는 자리에서 계시고 그의 손은 우리를 파멸에 이르게 하려고 무장되어 있다는 사실을 분별하게 되고, 오직 그리스도 안에서 하나님의 선하심과 부성적 사랑을 부여안게 된다.

3. 그리스도 안에서 선행(先行)하는 하나님의 사랑

비록 이것이 우리의 연약한 이해력을 고려한 진술이기는 하지만, 그것에는 거짓됨이 없다. 왜냐하면 최고의 의(義)가 되시는 하나님은 우리 모두 안에 보이는 불법을 사랑하실 수 없기 때문이다. 우리는 모두 우리 안에 하나님의 미움을 받아 마땅한 무엇을 가지고 있다. 우리의 부패한 본성과 이에 따르는 타락한 삶이라는 점에서 보면, 우리 모두는 실제로 하나님에게 골칫거리요, 그의 목전에 피고인이며, 지옥의 저주로 떨어지게끔 태어났다. 그러나 여호와는 우리 안에 있는 자기의 것을 잃어버리길 원치 아니하시며, 여전히 자기의 인자하심을 드러내셔서 사랑하고자 하시는 무엇을 찾으신다. 아무리 우리가 우리의 죄악으로 말미암아 죄인들이 되었다고 하더라도 우리는 여전히 그의 피조물들로 남아 있다. 아무리 우리가 죽음을 우리 자신에게로 끌어들였다고 하더라도 여호와는 우리가 생명에 이르도록 우리를 지으셨다. 그렇기 때문에 우리를 향하여 순전히 거저 베푸시는 사랑으로[841] 우리를 은혜 가운데 받아들이시려고 하신다.

그러나 의와 불법 사이에는 영원히 화해될 수 없는 반목이 있으므로, 우리가 죄인으로 머물러 있는 동안에는 하나님이 우리 전부를 받으실 수 없는 노릇이다. 그러므로 하나님은 알력이 되는 모든 것을 우리에게서 제거해 내신 후 우리를 완전히 자기와 화해시키기 위하여, 그리스도의 죽음 가운데 제시된 속죄로 우리 안에 있는 악한 것은 무엇이든지 다 지워 내신다. 그리하여 이전에는 더럽고 불순했던 우리가 그의 목전에 의롭고 거룩하게 나타나게 하신다. 이렇듯 하나님 아버지는 자기의 사랑으로 앞질러 행하셔서, 먼저 그리스도 안에서 우리와 화목을 이루신다. 참으로 그가 먼저 우리를 사랑하셨기 때문에(요일 4:19), 이후 우리를 그 자신과 화목하게 하신다. 그러나 그리스도가 자기의 죽음으로 우리를 도우시기 전까지는 하나님의 분개를 일으킬만한 불법이 우리 안에 머물러 있기 때문에 우리는 하나님 앞에서 저주와 정죄를 받는다. 오직 그리스도

---

841) "mera et gratuita nostri dilectione."

가 우리를 하나님과 하나가 되게 하실 때에만 우리는 하나님과 충만하고 확고한 결속을[842] 누리게 된다.

따라서 만약 하나님이 우리를 선히 여기시고 용서하신다는 것을 마음에 확실하게 새기고자 한다면, 우리는 마땅히 우리의 눈과 마음을 오직 그리스도께만 고정시켜야 한다. 왜냐하면 오직 그리스도 자신을 통하여서만 죄가 우리에게 전가되는 것을, 즉 하나님의 진노를 함께 초래하는 죄의 전가를 실제로 모면할 수 있기 때문이다.

4. 옛 교회의 증언

이러한 이유로 바울은 "창세전에" 우리를 품어주신 하나님의 사랑이 "그리스도 안에서"(엡 1:4-5) 확정되었으며 그 기초가 수립되었다고 말한다. 이러한 사실은 명확하며 성경의 가르침에 일치한다. 그리고 하나님이 독생자를 죽음에 내어 주심으로 우리를 향한 자기의 사랑을 선포하셨던 데 반해서(요 3:16) 우리가 그리스도의 죽음으로 다시금 은혜로 돌이키시기 전까지는 우리와 원수가 되셨다고(롬 5:10) 전하는 본문들과 최상의 조화를 이룬다.

그러나 이러한 사실을 더욱 확고한 것으로 받아들이기 위하여 옛 교회의 증언을 필요로 하는 사람들에게 나는 바로 이 점에 대해서 가르치고 있는 아우구스티누스의 한 문장을 인용하고자 한다. "하나님의 사랑은 불가해하고 불변하다. 그가 우리를 사랑하기 시작하신 것은 우리가 그의 아들의 피를 통하여 그와 화목하게 된 때부터가 아니었다. 그는 세상이 조성되기 전에 우리를 사랑하셨다. 그리하여 우리가 도무지 무엇이 되기도 전에 우리 역시 그의 독생자와 함께 자녀들이 되게 하셨다. 그러므로 우리가 그리스도의 죽음을 통하여 화목하게 되었다는 사실을 두고 마치 아들이 우리를 그와 화목하게 하셨으므로 그때 비로소 그가 자기가 미워하셨던 자들을 사랑하기 시작하셨다는 것처럼 받

---

[842] "plenam······firmamque cum Deo coniunctionem."

아들여서는 안 된다. 오히려 우리는 죄 때문에 우리가 적의를 가졌던, 우리를 사랑하시는 분과 이미 화목하게 되었다. 내가 진실을 말하고 있는지를 사도가 입증할 것이다. '우리가 아직 죄인 되었을 때에 그리스도께서 우리를 위하여 죽으심으로 하나님이 우리에 대한 자기의 사랑을 확증하신다'(적용. 롬 5:8)라고 그는 전한다. 그러므로 하나님은 심지어 우리가 그에 대항하여 적의를 드러낼 때나 불법을 자행할 때에도 우리를 향하여 사랑을 지니고 계셨다. 이와 같이 하나님은 우리를 미워하셨을 때에도 놀라운 신적인 방식으로 심지어 우리를 사랑하셨다. 왜냐하면 그가 미워하신 것은 자기가 지은 바 되지 않았던, 우리의 어떠함이었기 때문이다. 그러나 우리의 불법이 그의 작품 모든 부분을 다 소멸시키지는 않았으므로, 그는 우리 각자 안에 있는 우리가 지어낸 것을 미워하셨지만 동시에 그가 지으신 것을 어떻게 사랑하실 것인지를 아셨다."[843] 이것이 아우구스티누스의 말이다.

5. 전 생애의 순종을 통한 대속
   빌라도 아래에서 징계받으심

그런데 어떤 사람은 묻기를, 어떻게 그리스도가 죄를 물리치신 후에 우리와 하나님 사이의 반목을 걷어 내셨는지, 그리고 어떻게 의를 획득하셔서 하나님을 우리에게 호의를 베푸시고 자비로우신 분이 되게 하셨느냐고 한다. 이에 대해 우리는 그가 자신의 순종의 역정(歷程)을 통해[844] 우리를 위하여 이 일을 성취하셨다는 일반적인 대답을 할 수 있다. 이것은 바울의 증언에 의해서 확정된다. "한 사람이 순종하지 아니함으로 많은 사람이 죄인 된 것같이 한 사람이 순종하심으로 많은 사람이 의인이 되리라"(롬 5:19). 과연 다른 곳에서 사도는 우리를 율법의 저주로부터 구출해 내는 은총의 원인이 그리스도의 전체 삶에

---

843) Augustine, *John's Gospel* cx. 6 (MPL 35. 1923f.; tr. NPNF VII. 411).

844) "obedientiae suae cursu."

미치는 것으로 여긴다. "때가 차매 하나님이 그 아들을 보내사 여자에게서 나게 하시고 율법 아래에 나게 하신 것은 율법 아래에 있는 자들을 속량하려 하심이라"(적용. 갈 4:4-5).

이와 마찬가지로 또한 세례를 받으실 때 그리스도는 자기가 순종하는 마음으로 아버지의 명령을 수행하심으로써 의의 한 부분을 성취하셨다고 선포하셨다(마 3:15). 요컨대 종의 신분을 입으신 때로부터 그리스도는 우리를 구속하시려고 해방의 값을 치르기 시작하셨다.

그렇지만 구원의 방식을 더욱 확실하게 정의하기 위하여 성경은 이것을 그리스도의 죽음에 독특하고 고유한 것으로 돌린다. 친히 그리스도는 "자기 목숨을 많은 사람의 대속물로 주려 함이니라"(마 20:28)라고 선언하시며, 바울은 "우리가 범죄한 것 때문에 그가 죽으셨다"(적용. 롬 4:25)라고 가르친다. 또한 세례 요한은 그리스도 자신이 "하나님의 어린양"이셨기 때문에 "세상 죄를 지고 가기 위하여"(적용. 요 1:29) 오셨다고 외쳤다. 또 다른 곳에서 바울은 "우리가 그리스도 안에 있는 속량으로 말미암아 값없이 의롭다 하심을 얻은 자 되었으니 이는 그가 자신의 피로써 화목자로 세워지셨기 때문이다"(적용. 롬 3:24-25)라고 했고, 또한 "우리가 그의 피로 말미암아 의롭다 하심을 받았으니 더욱 그의 죽음으로 말미암아 화목하게 될 것이니"(적용. 롬 5:9), "(하나님이) 죄를 알지도 못하신 이를 우리를 대신하여 죄로 삼으신 것은 우리로 하여금 그 안에서 의가 되게 하려 하심이라"(고후 5:21)라고 전했다. 그 목록이 끝이 없을 것이므로, 나는 모든 말씀을 다 좇아가려고 하지 않는다. 앞으로 많은 말씀들이 고유한 순서에 따라 각각의 위치에서 인용되어져야 할 것이다.

이러한 이유로 사도들의 신앙의 고백, 이른바 '사도신경'에는 그리스도의 탄생에서부터 죽음과 부활에 이르는 흐름이 최상의 순서로 배열되어 있다. 그곳에는 구원의 완전한 요체가 존재한다.[845] 그렇다고 해서 그리스도가 일생 동안 수행하신 나머지 부분의 순종을 제외해서는 안 된다.

---

845) "in symbolo fidei quod apostolicum vocant, optimo ordine statim a natalibus Christi fit transitus ad mortem et resurrectionem, ubi perfectae salutis summa consistit."

바울은 그 시작으로부터 끝에 이르는 모든 것을 다음과 같이 포함시키고 있다. "오히려 자기를 비워 종의 형체를 가지사……아버지께 죽기까지 복종하셨으니 곧 십자가에 죽으심이라"(적용. 빌 2:7-8).

과연 죽음 자체에서도 그의 자발적인 순종은 첫 번째 자리를 차지한다. 왜냐하면 자원해서 드려지지 않는 희생제물은 의를 이루는 어떤 효력도 나타낼 수 없었기 때문이다. 그래서 주님은 "양을 위하여 목숨을 버리노라"(요 10:15)라고 자기에 대해서 증언하시면서, "이를 내게서 빼앗는 자가 있는 것이 아니라"(요 10:18)라고 현명하게 덧붙이신다. 같은 뜻으로 이사야는 "털 깎는 자 앞에서 잠잠한 양같이"(사 53:7; 행 8:32)라고 전한다. 복음서에 기록된 역사(歷史)는 그가 나아가서 병사들을 맞이하셨으며(요 18:4) 변호도 없이 자신을 재판에 넘기기 위해 빌라도 앞에 서셨다고 언급한다(마 27:12, 14). 실로 이는 투쟁이 없이 된 것이 아니었다. 왜냐하면 그는 우리의 연약함을 취하고 계셨으며, 이러한 방식으로 그가 자기의 아버지께 순종을 보이셨다는 사실이 입증되었어야 했기 때문이다. 그리고 여기에 우리를 향한 비교할 수 없는 사랑을 보여 주는 범상치 않은 표본이[846] 있었다. 즉 그는 극악한 공포와 씨름하셨고, 잔인한 고문 가운데서도 우리를 보살피시기 위해서 자신에 대한 모든 관심을 내버리셨던 것이다.

참으로 이것이 우리가 견지해야 할 사실이다. 즉 그리스도가 자신의 고유한 정서를 포기하신 채 하나님의 뜻에 복종하고 전부를 맡기지 않으셨다면, 하나님께 합당한 제물로 드려지실 길이 달리 없었을 것이다. 사도는 저 시편의 증언(시 40:7-8)을 이 사안에 맞게 적절하게 인용하고 있다. "율법 책에 나를 가리켜 기록한 것과 같이, 하나님이여 내가 주의 뜻을 행하고자 하나이다. 내가 원하나이다. 주의 법이 나의 심중에 있으니, 그때에 내가 말하기를 보시옵소서 내가 왔나이다"(적용. 히 10:7, 9). 또 다른 점에 있어서, 죄가 속해지는 희생제물과 씻음이 없다면 두려움에 떨고 있는 양심이 평온을 찾을 길이 없으므로, 우리는 마땅히 그 길로 이끌림을 받아야 한다. 우리를 위한 생명의 질료(質料)가

---

[846] "non vulgare……amoris erga nos incomparabilis specimen."

그리스도의 죽음에 자리 잡고 있으니 말이다.847)

그런데 우리의 죄책으로 말미암은 저주가 하나님의 하늘 법정에서 우리를 기다리고 있기 때문에, 제일 먼저 유대의 총독 본디오 빌라도 앞에서의 정죄가 (사도신경에) 언급된다. 그리하여 우리에게 책임이 있었던 형벌이 의로운 분에게 떠맡겨졌다는 사실이 가르쳐진다. 우리는 하나님의 무서운 심판을 피할 수 없었다. 이로부터 우리를 구출하기 위해서 그리스도가 유한한 사람 앞에서, 심지어 악하고 추한 사람 앞에서, 저주를 받으며 참으셨다. '총독'이라는 칭호는 역사에 대한 믿음의 공고함을 입증하게 해 줄 뿐만 아니라 이사야가 가르친 다음 말씀을 배우게끔 표현된 것이다. "우리의 평화를 위한 징계가 그 위에 임하였고, 그가 채찍에 맞으므로 우리는 나음을 받았도다"(적용. 사 53:5).

우리의 저주를 가져가기 위해서 그가 무슨 죽음이든 아무렇게나 죽는 것으로는 충분하지 않았다. 우리의 구속의 값을 무르시기 위해서는 죽음의 종류가 선택되어야 했다. 즉 그 죽음 안에서 그는 우리의 정죄를 자기에게 옮기시는 동시에 죄의 값을 자신에게 지우심으로써 우리를 해방시키는 그런 죽음을 택하셔야 했다.848) 만약 그가 강도들에 의해서 목이 잘려 죽었거나 예기치 않게 폭도들에 의해서 돌에 맞아 죽었다면, 그런 종류의 죽음에는 어떤 모양의 무릎도 존재하지 않았을 것이다. 그러나 그가 피고로 법정 앞에 불려 세워져 여러 증언들을 내세운 심문과 협박을 당하고, 담당하는 재판관의 입을 통하여 죽음의 선고를 받게 될 때, 우리는 이 증거들을 통해서 그 자신이 죄인과 악한(惡漢)의 역할을 감당하고 계신다는 사실을 깨닫게 된다.

우리는 여기서 선지자들이 예언을 통하여 선포했으며 우리에게 놀라운 믿음의 위로와 확정을 가져다주는 두 가지를 주목해야 한다. 한편으로 우리는 그

---

847) "in morte Christi statuitur nobis vitae materia." 그리스도 자신 및 그의 순종이 구원의 의로서 대속의 값이 된다. 즉 구원의 질료인이다. *Institutio*, 2.17.2.

848) "quo redemptioni nostrae satisfaceret, genus mortis deligendum fuit, in quo et damnationem ad se traducens, et piaculum in se recipiens, utroque nos liberaret." 이는 아담의 최초의 죄가 전적 무능과 전적 부패의 오염(corruptio)뿐만 아니라 사망의 형벌의 죄책(reatus)에 모두 미친다는 원죄의 직접 전가설에 기초한(Cf. *Institutio*, 2.1.10), 그리스도의 대속이 당하신 순종(obedientia passiva)과 행하신 순종(obedientia activa) 모두에 미쳐 칭의와 성화의 전 구원 작정에 살아남과 살아감의 은혜의 값으로 작용한다는 직접 전가설에 부합한다. Cf. 문병호, 『기독론』, 837-898, 972-985.

리스도가 재판관의 자리로부터 죽음으로 내쳐지셨으며 강도들 사이에서 십자가에 달리셨다고 들을 때에, 우리는 이를 복음서 기자에 의해서 인용된, "그가 범죄자 중 하나로 헤아림을 받았음이니라"(사 53:12; 막 15:28)라는 예언의 완성으로 여긴다. 왜 그러한가? 왜 그가 의인이나 무죄한 사람의 자리에서가 아니라 죄인의 자리에서 죽음에 넘겨지셨는가? 이는 그가 무죄 때문이 아니라 죄 때문에 죽음을 맞이해야 했기 때문이다.

다른 한편으로 우리는 동일한 입으로 그가 저주받기도 하셨고 방면(放免)되기도 하셨다고 들을 때, 빌라도가 예수의 무죄에 대한 공공연한 증언을 수차례 할 수밖에 없도록 내몰렸음에 비추어(마 27:23), 다른 선지자가 전하는 "내가 빼앗지 아니한 것도 물어 주게 되었나이다"(시 69:4)라는 말씀을 떠올리게 된다.

이렇듯 그리스도 안에 죄인과 행악자(行惡者)의 신분이 표상되어 있다는 것을 우리는 직시하도록 하자. 그렇게 한다면 그의 빛나도록 순수한 무죄함에서 그가 자신의 고유한 죄가 아니라 타인의 죄를 대신 지셨다는 사실이 동시에 분명해질 것이다.849) 그는 본디오 빌라도 아래서 고난을 받으셨으며, 그 총독의 엄숙한 선고에 따라서 범죄자들 중의 하나로 간주되었다. 그렇지만 그는 범죄자가 아니었다. 그 총독 자신이 "나는 그에게서 아무 죄도 찾지 못하였노라"(요 18:38)라고 확정하는 동시에 그가 의롭다고 선포한 것이다. 여기에 우리를 위한 무죄 방면(無罪放免)이 있다.

형벌의 노예가 된 우리를 묶고 있던 죄책이 하나님의 아들의 머리로(사 53:12) 옮겨졌다.850) 무엇보다도 으뜸으로 우리는 이 대신갚음에851) 착념해야 한다. 그렇지 않다면 하나님의 아들이 그 자신에게로 옮기신 하나님의 공의로운 보복이 마치 아직도 우리 위에 임박해 있기라도 하듯이, 우리는 전 생애 동안 두려워하고 근심하게 될 것이기 때문이다.

---

849) "relucente innocentia, conspicuum simul fiet, alieno potius quam proprio scelere gravatum."

850) "Haec nostra absolutio est quod in caput filii Dei translatus est reatus, qui nos tenebat poenae obnoxios."

851) "compensatio."

6. 십자가에 달리심: 우리 죄의 값을 무르심

이와 더불어 그리스도의 죽음의 양상 자체에 두드러진 비밀이 넘친다. 십자가는 인간적 견해에 있어서뿐만 아니라 하나님의 법의 작정에 있어서도 저주스러운 것이었다(신 21:23). 그리스도는 십자가에 달리실 때에 자기를 저주에 묶으셨다. 우리의 불법으로 인하여 우리를 기다리고 있던, 아니 우리를 드리우고 있던 모든 저주로부터 우리가 구출되기 위해서는 그 저주가 그리스도께로 옮겨져야 했다. 이것이 또한 율법 가운데 예표(豫表)되었다.[852] 우리가 보듯이, 죄 때문에 드려진 희생제물들과 속죄제물들이 본래 죄 자체를 의미하는 히브리어 단어인 '아쉐모트'(אשמות)로 불렸다. 이 이름을 이렇게 바꾸어 사용하면서 성령은 그것이 뜻하는 바가 흡사 죄의 짐인 저주를 취해서 지고 가는 '정결제물들'(καθαρμάτων)과 다를 바 없다는 점을 드러내고자 하셨다. 모세의 희생제사법 가운데 형상적으로 표현되어 있었던 바로 그것이 형상들의 원형이신 그리스도 안에서 제시된다.[853] 정당한 속죄를 이행하기 위하여 그는 자기의 생명을 '아쉠'(אשם) 즉 죄를 무르는 제물로(사 53:5, 10) 내맡기셨다. 바로 이 제물 안에서 이른바 더러운 것들이 잘려나가고 우리의 오점과 형벌이 더 이상 우리에게 전가되지 않게 된다.[854]

사도는 다음과 같이 가르치면서 바로 이 사실을 더욱 공공연하게 선포하고 있다. "아버지가 죄를 알지도 못하신 이를 우리를 대신하여 죄로 삼으신 것은 우리로 하여금 그 안에서 하나님의 의가 되게 하려 하심이라"(적용. 고후 5:21). 모든 악으로부터 지극히 순수하신 하나님의 아들이 우리가 저지른 불법의 수

---

852) "Maledicta crux erat, non humana tantum opinione, sed divinae legis decreto. In eam ergo dum tollitur Christus, maledictioni se obnoxium facit. Atque ita factum oportuit, ut omni exsecratione, quae propter iniquitates nostras nos manebat, vel potius nobis incumbebat, eximeremur, dum in eum traducitur. Quod etiam in lege adumbratum fuit." 중보자 그리스도가 죄인의 자리에서 저주의 죽음을 죽으심으로써 다 이루신 구원의 의의 전가로 택함 받은 하나님의 자녀가 구원을 얻게 되는 대리적 속죄가 창세전 삼위일체 하나님의 구원 협약에 따른 것이며 율법에 예표된 것이라는 사실이 여기서 천명된다. 여기에 나오는 'maledictio'와 'exsecratio'는 '저주'라는 동일한 뜻을 지닌다.

853) "in Christo figurarum archetypo exhibetur."

854) "macula et poena nobis desinat imputari." 이는 앞의 5절에서 언급한 직접 전가설에 해당한다.

치와 모욕을 입으셨다. 그리고 그 대신에 자기의 순수함으로 우리를 싸매셨다. 우리가 보듯이, 이와 동일한 시각을 가졌던 사도는 죄를 다루면서 하나님이 자기 아들의 "육신에 죄를 정하사"(적용. 롬 8:3)라고 전한다. 이와 같이 아버지는 죄의 저주가 그리스도의 육체 속으로 옮겨졌을 때 죄의 힘을 소멸시키셨다.[855]

이 말씀은 그리스도가 죄를 무르는 제물로서 죽음 가운데 아버지께 드려지셨으므로 그의 희생으로 배상금이 완전히 지불되어 이제 우리는 하나님의 진노를 두려워하는 일을 그쳐야 한다는 사실을 지적한다.[856] 그리하여 선지자가 전하는 "여호와께서는 우리 모두의 죄악을 그에게 담당시키셨도다"(사 53:6)라는 말씀이 뜻하는 바가 분명해진다. 즉 그리스도는 죄악의 불결함을 경결하게 하시려고 전가의 옮겨 받음을 통하여[857] 그 죄악을 뒤집어쓰셨다는 것이다. 사도가 증언하듯이, 그가 못 박히신 십자가가 바로 이러한 일의 징표가 된다. "그리스도께서 우리를 위하여 저주가 되사 율법의 저주에서 우리를 속량하셨으니 기록된바 나무에 달린 자마다 저주 아래에 있는 자라 하였음이라 이는 그리스도 안에서 아브라함의 복이 이방인에게 미치게 하려 함이라"(적용. 갈 3:13-14; 신 21:23). 베드로는 같은 관점에서, "그가 나무에 달려 우리 죄를 담당하셨으니"(벧전 2:24)라고 가르쳤다. 왜냐하면 바로 그 저주의 징표로부터 우리는 우리를 짓누르고 있던 짐이 그에게 떠맡겨졌다는 사실을 더욱 뚜렷하게 이해하게 되기 때문이다.

그렇지만 우리는 그리스도 자신이 그 저주 아래로 들어가셨다고 이해해서는 안 된다. 오히려 그리스도가 저주 아래로 들어가심으로써 그는 그 저주의 능력 전체를 깨뜨리시고 부수시고 흩으셨던 것이다. 이로부터 믿음은 그리스도가 당하신 저주 안에서 무죄 방면을, 그리스도가 당하신 정죄 안에서 은총을 붙잡는다.[858] 적절하게도 바울은 그리스도가 십자가에서 일구어내신 승리

---

855) "Siquidem peccati vim abolevit pater, quum in Christi carnem translata fuit eius maledictio."
856) "Christum patri fuisse in morte pro victima satisfactoria immolatum, ut peracta per eius sacrificium litatione, iram Dei iam horrere desinamus."
857) "per translatitiam imputationem."
858) "Proinde fides in Christi damnatione absolutionem, benedictionem in maledictione apprehendit."

를 아주 장엄하게 선포하고 있다. 마치 수치가 가득한 십자가가 변하여 승리의 전차라도 되었다는 듯이! 바울이 "그리스도가 우리를 거스르는 법조문으로 쓴 증서를 십자가에 못 박으시고 통치자들을 폐하여 드러내어 구경거리로 삼으시고"(적용. 골 2:14-15)라고 전하는 이유가 여기에 있다. 이는 놀랄 일이 아니다. 왜냐하면 다른 사도가 증인이 되어 전하듯이, 그는 "영원하신 성령으로 말미암아 자기를 드린 그리스도"(적용. 히 9:14)이시기 때문이다. 이로부터 만물의 본성에 있어서의 저 본성의 변화가 초래되었다.

그러나 이것들이 우리의 가슴속에 확고하게 뿌리내리고 깊이 머물러 있게 하려면 우리의 마음속에 희생제물과 씻음이 항상 새겨지게 해야 한다. 왜냐하면 그리스도가 희생제물이 되지 아니하셨다면 우리는 그가 우리의 '대속, 속전, 화목'(ἀπολύτρωσιν καὶ ἀντίλυτρον καὶ ἱλαστήριον)이시라는 것을(눅 21:28; 롬 3:24; 골 1:14; 딤전 2:6; 히 9:5; 11:35) 확실히 믿을 수 없었을 것이기 때문이다. 그렇기에 성경에서 구속의 방식을 나타낼 때마다 매번 피에 관한 언급이 있는 것이다. 그런데 그리스도가 뿌리신 피는 배상금의 가치가 있었을 뿐만 아니라 우리의 더러움을 씻어 내는 대야의 작용도 하였던 것이다(참조. 엡 5:26; 딛 3:5; 계 1:5).[859]

7. 죽으시고 장사되심

사도신경에는 "그가 죽으셨고 장사되셨다."라는 부분이 뒤따른다. 여기서 우리는 우리의 구속의 값을 지불하시기 위하여 모든 곳에서 그리스도가 어떻게 자기 자신을 우리의 자리에 세우셨는지를[860] 다시금 보게 된다. 죽음은 우리를 붙들어 그것의 멍에에 메이게 했다. 그리스도는 죽음으로부터 우리를 구원하시기 위하여 우리를 대신해서 죽음의 권세에 자기를 내주셨다. 이러한 이해 가운데 사도는 "그가 모든 사람을 위하여 죽음을 맛보려 하심이라"(히 2:9)라

---

859) "Quanquam non modo ad litationem valuit effusus Christi sanguis, sed lavacri etiam vice fuit, ad sordes nostras purgandas."

860) "quomodo in vicem nostram ubique se supposuerit ad solvendum nostrae redemptionis pretium."

고 기록한다.

그는 죽음으로써 우리가 죽지 않도록 하셨다. 혹은 같은 말이지만, 그는 자기의 죽음으로써 우리의 생명을 구속하셨다.861) 여기에 그가 우리와 다른 점이 있다. 이른바 그는 죽음이 자기를 들이마시도록 허용하셨다. 이는 죽음에 삼킴을 당하셔서 어쩔 수 없이 그 소용돌이에 휘감기시려는 것이 아니라 오히려 우리가 곧바로 삼킴을 당할 수밖에 없었던 죽음을 삼키시기 위해서였다(벧전 3:22). 그는 죽음이 자기를 굴복시키도록 허용하셨다. 이는 그것의 권세에 억눌리시기 위해서가 아니라, 우리에게 내리 닥쳐 이미 짓눌린 우리를 향해 개가를 부르고 있는 그 죽음의 권세를 깨뜨리시기 위해서였다. 요컨대 "죽음을 통하여 죽음의 세력을 잡은 자 곧 마귀를 멸하시며 또 죽기를 무서워하므로 한평생 매여 종노릇 하는 자들을 놓아주려 하심이니"(적용. 히 2:14-15). 이것이 그의 죽음이 우리에게 가져다 준 첫 번째 열매이다.

진정 두 번째 열매는 우리가 그의 죽음에 동참함으로써 그것이 지상에 속한 우리의 지체들을 죽여 이후로는 제 기능을 발휘할 수 없도록 하거나, 우리의 옛 사람을 죽여 더 이상 무성해질 수도 결실을 맺을 수도 없도록 하는 데862) 있다.

그리스도의 장사도 여기에 적용된다. 즉 우리 자신이 그 장사에 참여하는 자들로서 죄에 대하여 장사된다. 사도는 "우리가 그리스도의 죽으심과 같은 모양으로 연합한 자가 되었다"(적용. 롬 6:5), "그와 함께 장사되어 죄에 대하여 죽었다"(적용. 롬 6:4), "그의 십자가로 말미암아 세상이 우리에 대하여 못 박히고 우리가 또한 세상에 대하여 그러하니라"(적용. 갈 2:19; 6:14), "우리가 그와 함께 죽었다"(적용. 골 3:3)라고 가르친다. 여기에서 사도는 우리가 그리스도의 죽음의 모범을 본받도록 권면할 뿐만 아니라, 그리스도의 죽음에는 모든 그리스도인 가운데 드러나야만 할 그리스도와 함께 죽는 효과가 내재해 있다고 선포한다. 즉 모든 그리스도인은 그리스도의 죽음을 무용하고 무익한 것으로 만들기를 원치 않는다면 그와 함께 죽어야 한다는 것이다.

---

861) "Moriendo enim effecit ne moriamur, vel (quod idem est) morte sua vitam nobis redemit."

862) "quod participatione sui membra nostra terrena mortificat, ne suas in posterum actiones exerceant; veteremque nostrum hominem enecat, ne posthac vigeat ac fructificet."

그러므로 그리스도의 죽음과 장사에는 우리에게 유익한 이중적인 은총이 주어진다. 우리가 예속되었던 죽음으로부터의 해방 그리고 우리의 육체를 죽이는 것이863) 그것이다.

8. 지옥 강하와 사도신경

여기서 우리는 그리스도의 지옥에 내려가심(지옥 강하, 地獄降下)을 빠뜨려서는 안 된다. 이는 구속의 효과를 논하는 데 있어서 적잖이 중요한 사안이다. 우리가 사도신경에서 읽게 되는 이것은 고대의 문서들에 포함되어 있는 한 토막의 문구로서 한동안 교회에서는 그렇게 많이 사용되지 않았던 것으로 여겨진다.864) 그렇다고 하더라도 교리의 요체를 다룸에 있어서 반드시 이 문구를 다

---

863) "liberatio a morte cui mancipati eramus et carnis nostrae mortificatio." 이 두 가지는 앞에서 말한 두 가지 열매와 다를 바 없이, 옛사람이 죽고 새사람이 사는 생명과 거룩한 삶을 사는 생활에 미치는 칭의와 성화의 이중적 은혜(duplex gratia)에 상응한다.

864) 지금까지 알려진 바로는 지옥 강하가 사도신경에 나타나는 것은 동방과 서방을 통틀어서 4세기 중후반이 처음이다. 그 당시나 그 이후에도 모든 교회가 이를 받아들인 것은 아니며, 그렇게 고백하는 경우에도 그 뜻에 대한 이해는 다양했다. 종교 개혁자들이 작성한 신앙교육서(Catechismus)에는 십계명과 주기도문과 함께 사도신경이 중요하게 다루어졌는데 지옥 강하도 포함되었다. 로마 가톨릭이나 루터파나 동방 교회와는 달리 개혁신학자들 중에는 주님이 죽음 후 지옥에 실제로 내려가셨다고 보는 경우는 거의 없다. 툴레틴은 개혁신학자들 중 칼빈, 베자, 다나에우스(Danaeus, 1530-1595), 우르시우스(Ursius, 1534-1583) 등은 영적 고통 혹은 지옥과 같은 고통을 겪으셨다는 의미로, 잔키우스(Zanchius, 1516-1590), 피스카토르(Piscator, 1546-1625), 피에리우스(Urbanus Pierius, 1546-1616) 등은 매장과 사흘간 죽음 가운데 계심과 동일한 의미로 본다고 말한다. Turretin, *Institutes of Elenctic Theology*, 13.16.1. 하이델베르크 신앙교육서 제44문답은 지옥 강하의 고백이 죽음과 장사에 뒤따르는 이유에 대해서 "나의 주 그리스도가 그의 영혼으로 십자가에서와 그 이전에 겪으신 형언할 수 없는 고뇌, 참상, 공포로써 우리를 지옥의 고뇌와 고통에서 구원하셨다는 사실"(mein Herr Christus habe mich durch seine unaußsprechliche Angst, Schmerzen und Schrecken, die Er auch an seiner Seele am Creuz und zuvor erlitten, von der höllischen Angst und Pein erlöset)을 환난에 처해 있는 자에게 확신시키기 위함이었다고 천명하고 있다. Schaff, *The Creeds of Christendom*, 3.321. 웨스트민스터 대요리문답 제50문답은 지옥 강하에 대해서 다음과 같이 다룬다. "문: 그리스도의 죽음 후 그의 비하는 어디 가운데 있었는가? 답: 그리스도의 죽음 후 그의 비하는 그의 장사되심, 사흘째 계속해서 죽은 자의 상태로 죽음의 권세 아래에 계심 가운데 있었다. 이는 다음과 같은 말로 달리 표현되어 왔으니, 그는 지옥에 내려가셨다"(Christ's humiliation after his death consisted in his being buried, and continuing in the state of the dead, and under the power of death till the third day; which hath been otherwise expressed in these words, He descended into hell). 여기에서 보듯이 지옥 강하는 지옥에 내려가셨음이 아니라 죽음 가운데 계심 곧 죽음의 고통을 겪으심을 뜻한다. Free Presbyterian Publicaions, ed., *Westminster Confession of Faith* (Glasgow: Free Presbyterian Publications, 1994),

루어야 한다. 왜냐하면 거기에는 가장 주요한 사안에 관한 유용하고도 결코 무시해서는 안 될 비밀이 담겨 있기 때문이다. 참으로 옛날에도 몇몇 사람들은 이 고백을 빠뜨리지 않았다. 이로부터 우리가 추측할 수 있는 사실은, 이 문구가 일정 시간이 지난 후에 조문으로 삽입되었으며 즉시가 아니라 점차로 교회에 익숙해졌다는 사실이다.

모든 경건한 사람의 공통된 의식(意識)에 따라 이것이 채택되었다는 것은 논쟁의 여지가 없이 확실하다. 비록 해석은 다양하더라도 자기들의 작품들을 통하여 그리스도의 지옥 강하를 상기하지 않았던 교부들은 아무도 없었기 때문이다. 그러나 혹은 누구에 의해서, 혹은 언제 처음으로 이것이 삽입되었는지를 묻는 것은 거의 중심적인 논의점이 되지 못한다.

사도신경을 다루면서 우리가 더욱 주목해야 할 점은 그것이 모든 세목(細目)을 담고 있는 완전하고 절대적인 신앙의 요체로서 우리에게 존재하며 그것 안에는 하나님의 가장 순수한 말씀에서만 구할 수 있는 무엇이 새겨져 있다는 사실이다.865) 자기들의 괴팍함 때문에 지옥 강하를 사도신경에 속한 것으로 인정하지 않는 사람이 있다 하더라도, 우리 구속의 요체를866) 이루는 데 있어서 그것이 얼마나 대단한 위치를 차지하는지 곧 분명해질 것이다. 이 문구를 제외한다면 그리스도의 죽음이 주는 유익 중에 많은 부분을 잃어버리게 될 것이다.

반면에 어떤 사람들은, 이 조항에 새로운 다른 내용이 없고, 그리스도의 장

152-153. 개혁신학자들도 이러한 입장을 견지해서, 지옥 강하를 중요한 고백으로 여기되 공간적인 이동으로 보지 않고 영적인 극심한 고통당하심, 죽음으로 지옥의 형벌에 대한 값을 치르심에 따른 교회에 대한 돌봄과 경륜 등으로 이해한다. Bavinck, *Reformed Dogmatics*, 3.415-417, 427-428; Hodge, *Systematic Theology*, 2.616-620; John S. Feinberg, "1Peter 3:18-20, Ancient Mythology, and the Intermediate State," *Westminster Theological Journal* 48/2 (1986), 335-336; Wayne A. Grudem, "He Did Not Descend Into Hell: A Plea for Following Scripture Instead of the Apostles' Creed," *Journal of the Evangelical Theological Society* 34/1 (1991), 109-112. 이러하므로 지옥 강하는 성경적 근거가 없을 뿐만 아니라 주님이 이 땅에 오신 목적과도 무관하므로, 고백할 필요가 없을 뿐 아니라, 신앙고백의 조항으로 둘 필요도 없다는 입장이 개진되기도 한다. Randall E. Otto, "Descendit in Inferna: A Reformed Review of a Creedal Conundrum," *Westminster Theological Journal* 52/1 (1990), 150; Michael D. Williams, "He Descended into Hell? An Issue of Confessional Integrity," *Presbyterion* 25/2 (1999), 90; Grudem, "He Did Not Descend Into Hell: A Plea for Following Scripture Instead of the Apostles' Creed," 113.

865) "ut plena et numeris omnibus absoluta fidei summa nobis constet, in quam nihil ingeratur nisi ex purissimo Dei verbo petitum."

866) "ad redemptionis nostrae summam."

사에 대해서 한 말을 단지 다른 말로 반복하는 것뿐이라는 견해를 피력하기도 한다.[867] 그들은 성경에서 '지옥'이라는 단어가 자주 '무덤' 대신에 나타난다고 생각한다. 나는 그들이 이 단어의 의미에 관하여 내세우는 것이 참되다고 인정한다. 드물지 않게 지옥은 무덤으로 받아들여지기 때문이다. 그러나 그들의 입장을 반박하는 두 가지 이유가 너무나 설득력이 강하여 내가 단연코 그들의 입장에 동의할 수 없게끔 만든다.

전혀 어렵지 않은 사안이 쉽고도 분명한 말들로 논증되었음에도 불구하고 이를 선포하기는커녕 이말 저말 모호하게 둘러대면서 재차 문제점을 지적하는 것은 얼마나 무모한 노릇이었겠는가?

첫째, 동일한 대상을 표현하는 두 말이 함께 연결되어 있을 때에 언제든지 뒤에 따라오는 말은 앞에 나오는 말에 대한 석의(釋義)가 되어야 한다. 만약 누군가 "그리스도는 장사되셨다."라는 말이 "그리스도가 지옥에 내려가셨다."라는 말을 뜻한다고 말한다면, 도대체 이는 어떤 종류의 석의에 속하는 것인가?

둘째, 우리 신앙의 주요한 조목들이 가능한 한 최소의 단어로 간단하게 정리되어 있는 이 요강에 이런 종류의 공연한 반복이 은근슬쩍 들어 올 수 있었을 성싶지 않다고 본다. 누구든지 이 사안을 조금 더 면밀히 탐구해 본다면 쉽게 나에게 동의하게 될 것이라는 점을 나는 의심하지 않는다.

9. 내려가심이 아니라 그의 영의 능력이 먼저 죽은 자들에게도 작용함

다른 사람들은 이를 달리 해석해서, 그리스도가 율법 아래에서 죽었던 조상들의 영혼들에게로 내려가셔서 구속이 성취되었다는 소식을 선포하시고 그들을 그들이 갇혀서 억류되었던 감옥에서 빼내셨다고 한다.[868]

---

[867] Cf. Bucer, *Enarrationes in Evangelia*, 1536, pp. 511f. Quot. Battles tr., n. 18.
[868] Aquinas, *Summa Theol*. III. lii. 5. Quot. Battles tr., n. 19.

그들은 어리석게도 이에 대한 증언을 "그가 놋문과 쇠빗장을 깨뜨리셨음이로다"(적용. 시 107:16)라는 시편의 말씀과 "그가 갇힌 자들을 물 없는 구덩이에서 놓았나니"(적용. 슥 9:11)라는 스가랴의 말씀으로부터 이끌어 낸다. 그러나 시편 기자는 아주 먼 이방 나라들 가운데서 감옥에 던져진 자들의 해방에 관해서 예언한 것이고, 스가랴는 그의 백성이 내몰렸던 바벨론의 참사를 깊고 마른 구덩이와 심연에 비유하는 동시에 모든 교회의 구원이 깊은 하계(下界)로부터 풀려나는 것이라고 가르친 것이다.

누가 그랬는지 나는 모르지만, 어느 후대 사람이 그 장소를 지하라고 생각해서 "림보"(limbus)라는 이름을 붙였다.[869] 그러나 위대한 저자들이 이 이야기를 하고 오늘날 또한 많은 사람들이 잇달아 그것이 진리라고 변호하지만,[870] 그것은 단지 이야기에 불과할 뿐이다. 죽은 사람들의 영혼들을 감옥에 유폐시킨다는 발상은 유치하다. 그리스도의 영혼이 그들을 해방시키려고 그곳에 내려가는 것이 도대체 무슨 소용이 있었겠는가?

이와 관련하여 나는 그리스도가 자기의 영(聖靈)의 능력으로 그들에게 비추셔서 그들이 오직 소망으로만 맛보았던 은혜가 그때 비로소 세상에 제시되었음을 깨닫게 되었다는 점을 기꺼이 인정한다.[871] 아마 이런 방법으로 베드로의 다음 말씀을 풀어낼 수 있을 것이다. "그가 또한 가서 망대-일반적으로 '옥'이라고 번역- 에 있는 영들에게 선포하시니라"(적용. 벧전 3:19). 여기 문맥은 우리로 하여금 그때보다 이전에 죽었던 성도들이 우리와 함께 이러한 은혜에 참여하는 자들이 되었다는 사실을 깨닫도록 한다. 본문에서 베드로는 그리스도의 죽음의 힘을 확장시켜, 그것이 심지어 죽은 자들에게도 도달하였으므로, 경건한 영혼들은 자기들이 간절히 기다렸던 그의 방문이 눈앞에 현존하는 것을 보는

---

[869] Aquinas, *Summa Theol.* III. Supplementum lxix. 4-7. Quot. Battles tr., n. 20.

[870] Cf. Irenaeus, *Against Heresies* IV. ii; V. xxxi (MPG 7. 976ff., 1068ff.; tr. ANF I. 463f., 504f.); Servetus, *Christianismi restitutio*, pp. 621f. (CO VIII. 682f.); Peter Martyr Vermigli, *Loci communes* III. xvi. 8. Quot. Battles tr., n. 21.

[871] Cf. Zwingli, *Exposition of the Faith* (Zwingli, *Opera*, ed. Schuler and Schulthess, IV. 49; tr. LCC XXIV. 252); Vermigli, *Loci communes* III: "Simple Exposition of the Articles of the Creed" 20 and III. xvi. 8-25 (1576 ed., pp. 476, 814-825). Quot. Battles tr., n. 22.

즐거움을 누렸다고 했다. 반면에 이로써 유기된 자들에게는 그들이 모든 구원으로부터 배제되었다는 사실이 더욱 분명하게 드러났다. 그러나 베드로가 명확하게 말하지 않는다고 해서 마치 경건한 자들과 불경건한 자들 사이에 어떤 구별도 존재하지 않는 듯이 서로 함께 뒤섞는 것은 받아들일 수 없다. 오직 여기에서 베드로가 가르치고자 한 것은, 양편 모두에게 그리스도의 죽음에 대한 공통된 의식(意識)이 함께 있었다는 사실이다.

10. 죽음의 고통을 감당하심

그러나 사도신경과는 별도로 우리는 그리스도의 지옥 강하에 관한 더 확실한 설명을 추구해야 한다. 그 설명이 하나님의 말씀에서 비롯될 때 우리에게 거룩하고 경건한 것이 될 뿐만 아니라 충만하게 넘치는 놀라운 위로가 된다.

만약 그리스도가 단지 육체적인 죽음만을 죽으셨다면 그 어떤 것도 이루어지지 않았을 것이다. 그의 사역의 가치는, 그가 하나님의 엄격한 보복을 겪으셨다는 사실과 동시에 그에 의해서 하나님의 진노에 대한 중재와 하나님의 의로운 심판에 대한 무름이 있게 되었다는 사실 모두에 미친다. 그렇기 때문에 심지어 그는 지옥의 군대와 영원한 죽음의 공포를 상대로 마치 손을 내밀어 샅바를 맞잡듯 씨름을 하지 않을 수 없었다.[872]

우리가 앞서[873] 선지자의 말씀을 인용하면서 언급했듯이, 그리스도에게 우리의 평화를 위한 징계가 임하였고, 그리스도가 우리의 죄악 때문에 아버지로부터 매를 맞고 우리의 연약함 때문에 상하셨다(사 53:5). 이 말씀을 통하여 선지자는 그리스도가 우리를 위한 후견인이자 보증인으로서 범죄자들을 대신하여 피고와 다를 바 없이 굴복하심으로 그들에게 요구되었던 모든 형벌을 다 치르시고 그 값을 모두 지불하셨다는 사실을 제시한다. 다만 오직 한 가지 예외

---

[872] 칼빈은 지옥 강하에 대한 자신의 입장을 『영혼 수면설 반박』(Psychopannychia)에서 처음으로 개진한다. CO 5.224. Cf. Tavard, *The Starting Point of Calvin's Theology*, 60, 108, 126.

[873] 앞의 5절을 칭한다.

가 있었으니, 그리스도는 "사망의 고통에 매여 있을 수 없으셨다"(적용. 행 2:24). 그러므로 그리스도가 지옥에 내려가셨다고 일컬어지실진대, 진노하신 하나님이 범죄자들에게 가하시는 죽음을 그리스도가 겪으셨다는 점에서 그렇다는 데는 전혀 놀랄 것이 없다.

이에 대해서 장사에 앞섰던 죽음을 장사에 뒤따르게 함으로써 사도신경의 순서를 뒤바꿔놓았다고 말하는 사람들의 이의(異議) 역시 너무나 하찮고 터무니없다. 왜냐하면 사도신경은 그리스도가 사람들의 눈앞에서 무슨 고난을 당하셨는지를 먼저 설명하고 이어서 그가 하나님 면전에서 겪으셨던 저 보이지 않고 이해할 수 없는 심판을 적절하게 다룸으로써 그리스도의 몸이 대속의 값으로서 넘겨지셨다는 사실뿐만 아니라 그리스도가 저주받고 버림받은 인간의 무서운 고통들을 영혼으로 겪으심으로써 더욱 대단하고 뛰어난 어떤 값으로서 넘겨지셨다는 사실을874) 우리로 하여금 배우게 하기 때문이다.

11. 죽음의 고통과 싸우시고 이기심

이런 의미에서 베드로는 "그리스도가 사망의 고통에서 풀려 부활하셨으니 이는 그가 그 고통에 매여 있거나 정복당할 수 없었기 때문이다"(적용. 행 2:24)라고 전한다. 베드로는 단지 죽음이라고만 부르지 않고 죽음의 기원인 하나님의 저주와 분노가 낳는 고통에 하나님의 아들이 휘말렸다고875) 표현한다. 마치 놀이하듯이 편안하게 죽음의 짐을 지는 일이 일어났다면 얼마나 사소한 노릇이었겠는가? 그러나 그가 지극히 죽음을 두려워하기는 하셨으나 그로부터 도망치지 않으셨다는 사실이 그의 무한한 자비의 참된 표본이 되었다.

의심할 바 없이 사도는 히브리인들에게 보내는 서신에서 다음과 같이 쓰면

---

874) "aliud maius et excellentius pretium fuisse, quod diros in anima cruciatus damnati ac perditi hominis pertulerit."

875) "filium Dei implicitum fuisse doloribus exprimit, quos parit maledictio et ira Dei: quae origo mortis est."

서 동일한 것을 가르치기를 원한다. "그리스도는 그의 두려움으로 말미암아 들으심을 얻었느니라"(적용, 히 5:7). 다른 사람들은 본문의 '두려움'을 '경외' 혹은 '경건'이라고 옮기는데 사안 그 자체에서뿐만 아니라 말하는 양식에 있어서도 분명히 나타나듯이 이는 아주 적절치 못하다.

진정 그리스도는 눈물과 심한 통곡으로 간구하시는 가운데 그의 두려움으로 말미암아 들으심을 얻게 되신다. 죽음을 면하기 위해서가 아니라 죄인으로서 그것에 삼켜지지 않으시기 위해서 그는 기도하신다. 왜냐하면 그곳에서 그는 우리의 인격을 입고 계셨기 때문이다.

확실히 하나님으로부터 버림을 받아 그로부터 소외된다고 느끼는 것보다 더 경악스러운 심연을 상상하는 것은 불가능하다. 당신이 부르짖기는 하나 들으심을 받지 못하게 될 때, 그 형국은 마치 하나님 자신이 당신의 파멸을 모의(謀議)라도 하고 계시는 듯하다.

우리는 그리스도가 얼마나 낙심하셨는지를 그가 몰아치는 깊은 번민 가운데 "나의 하나님 나의 하나님 어찌하여 나를 버리셨나이까"(시 22:1; 마 27:46)라고 절규하도록 내몰리셨던 것을 통해서 보게 된다. 어떤 사람들은 그리스도가 이 말씀으로써 그 자신의 의식(意識)이 아니라 다른 사람들의 소견을 표현하고 계셨다고 설명하는데[876] 이는 어불성설이다. 왜냐하면 그의 음성은 그의 가장 내밀한 마음의 고통으로부터 뿜어져 나온 것이라고[877] 보는 것이 타당하기 때문이다.

그러나 우리가 말하고자 하는 바는, 하나님이 그에게 적대적이셨거나 진노하셨다는 사실이 결코 아니다. 어떻게 하나님이 자기의 마음에 기쁨을 지니시고 사랑하시는 아들에게(마 3:17) 적의를 가지실 수 있었겠는가? 어떻게 그리스도 자신이 아버지께 진노의 대상으로 여겨지시면서 그분의 마음을 누그러뜨리도록 다른 사람들을 위한 중재를 하실 수 있었겠는가? 우리는 그리스도가 하나님의 손에 맞고 고난을 당하시면서(사 53:5) 진노하심 가운데 징벌하시는 하

---

[876] Cyril, *De recta fide, Oratio* ii. 18 (MPG 76. 1555ff.). Quot. Battles tr., n. 27.
[877] "ex intimi animi angore deductam fuisse."

나님에 관한 모든 표징을 경험하셨으므로 하나님의 엄정함의 무게를 짊어지셨다고 말한다. 이러한 취지로 힐라리우스(Hilarius)는 그의 내려가심으로 말미암아 우리가 궁극적으로 얻게 되는 것은 죽음이 팔려나가 정복되었다는 사실에 있다고 추론한다.

다른 곳에 표명된 힐라리우스의 견해 역시 우리와 다르지 않다. "십자가, 죽음, 지옥이 우리의 생명이다." 또한 다른 곳에서, "하나님의 아들은 지옥에 계시고 사람은 하늘로 돌아가게 된다."[878] 이 승리의 열매를 상기시키면서 동일한 사도는 "죽기를 무서워하므로 한평생 매여 종노릇 하는" 자들을 "놓아주려"(히 2:15) 하심이라고 선포하고 있다. 그러니 무슨 이유로 내가 사사로운 개인의 증언을 인용할 것인가?

그리스도는 모든 유한한 인생 하나하나를 끊임없이 괴롭히고 억압하는 본성적인 두려움을 이기셔야 했다. 그런데 그것과 싸우는 길 외에는 이 일이 일어날 방도가 없었다. 참으로 그리스도의 고민은 일상적이지 않았으며 사소한 이유로 말미암아 생겨난 것이 아니었다. 이 사실은 아래에서 곧 더욱 분명하게 드러날 것이다.

이렇듯 마귀의 권세, 죽음의 공포, 지옥의 고통과 직접 맞붙어 싸우심으로 그리스도는 그것들에 대해서 승리를 쟁취하시고 개선하셨다(참조. 히 2:14-15). 그리하여 우리의 왕이 죽음 가운데 삼키신 그것들을 우리가 더 이상 무서워하지 않도록 하셨다(벧전 3:22).[879]

---

[878] Hilary, *On the Trinity* IV. xlii; III. xv (MPL 10. 128, 24; tr. NPNF 2 ser. IX. 84, 66). Quot. Battles tr., n. 28.

[879] 칼빈은 1542년과 1545년에 프랑스어와 라틴어로 출판된 제2차 신앙교육서 제65문답에서 동일한 입장을 나타낸다. "문: 그의 지옥에 내려가심에 대해서 부가된 것은 무슨 뜻을 지니는가?(Quod de eius ad inferos descensu mox adiectum est, quem sensum habet) 답: 그는 육체로부터의 영혼의 분리인 일반적인 죽음을 겪으셨을 뿐만 아니라 베드로가 전하는(행 2:24) 죽음의 고통도 겪으셨다는 것입니다. 진정 나는 지옥에 내려가심이라는 말을, 그의 영혼이 옥죔을 당한 극심한 괴로움이라고 이해합니다"(Eum non communem tantum mortem fuisse perpessum, quae est animae a corpore separatio: sed etiam dolores mortis, sicut Petrus vocat. Hoc autem nomine horribiles angustias intelligo, quibus eius anima constricta fuit). CO.6.30.

12. 주님의 영혼의 고난에 대한 오해들

여기에 협잡꾼들이[880] 있는데 그들은 배우지 못했다고는 하나 무지함보다는 오히려 사악함에 충동되어 내가 그리스도를 거슬러 심각한 불의를 행하고 있다고 떠벌린다. 왜냐하면 그들은 그리스도가 자신의 영혼의 구원과 관련해서 두려워하신다는 것이 도무지 말이 되지 않는다고 여기기 때문이다. 이뿐 아니라 그들은 더욱 극심한 중상을 거침없이 쏟아놓는데, 내가 하나님의 아들에게 믿음과는 배치되는 절망을 돌리고 있다는 것이다.

먼저 이들은 복음서 기자들이 그렇게 공공연히 선포하고 있는 그리스도의 두려움과 공포에 대해서 사악한 논쟁을 조장하고 있다. 죽음의 시각이 임박하기 전에 그는 심령이 괴로웠으며(요 13:21) 고민에 사로잡히셨다. 그리고 죽음에 맞닥뜨려지셨을 때에는 더욱 격렬하게 무서워 떨기 시작하셨다(마 26:37). 마치 여기에 가식이 있었다는 듯이 그들은 말하는데, 이는 아주 야비한 회피일 뿐이다. 그러므로 암브로시우스가 제대로 가르치고 있듯이[881] 십자가를 부끄러워하지 않는 이상 우리는 그리스도의 슬픔을 자신 있게 고백해야 한다. 참으로 그리스도의 영혼이 형벌에 참여하지 않았다면 그는 우리의 몸만을 위한 구속주가 되셨을 것이다.[882] 그는 쓰러져 누워 있었던 우리를 일으키시기 위하여 씨름을 하셔야 했다. 이 부분에 있어서 우리가 아무리 찬미하여도 충분치 않은 그의 선하심이 빛난다.

그가 스스로 우리의 연약함을 지시기를 성가시게 여기지 않으셨다고 해서, 한 점이라도 그의 하늘 영광에서 빗나가는 일이 일어나는 것은 아니다. 이로부터 또한 사도가 우리에게 제시하는, 우리의 근심과 슬픔에 대한 위로가 솟아난다. 이 중보자는 우리를 도우시기 위하여 불쌍한 자들에게 더욱 가까이 하셔서 우리의 비참함을 무릅쓰고 우리의 연약함을 경험하셨다(히 4:15).

---

880) 지옥 강하를 그리스도가 죽음의 고통으로써 대속의 값을 치르신 것으로 여기는 칼빈에 대하여 반박한 카스텔리오(Sebastian Castellio, 1515-1563) 등을 칭한다고 볼 것이다.
881) Ambrose, *Exposition of Luke's Gospel* x. 56-62 (MPL 15. 1910ff.). Quot. Battles tr., n. 30.
882) "Et sane nisi poenae fuisset particeps anima, corporibus tantum fuisset redemptor."

그들은 그 자체로서 악한 무엇을 그리스도께 돌리는 것이 합당하지 않다고 구실을 둘러댄다. "(그리스도는) 모든 일에 우리와 똑같이 시험을 받으신 이로되 죄는 없으시니라"(히 4:15)라고 하시면서 두 가지를 함께 조화롭게 하시는 하나님의 영보다 자기들이 더욱 지혜롭다는 듯이! 결코 그리스도의 연약함이 우리를 놀라게 할 이유가 될 수 없다. 왜냐하면 그는 강박(强拍)이나 필연(必然)에 내몰려서가 아니라 우리를 향한 순수한 사랑과 자비에 이끌려 자기를 복종시키셨기 때문이다.

그렇다고 해서 그가 우리를 위해서 자원해서 당하신 모든 고난은 그의 능력을 하나도 약화시키지 않았다. 이 험담꾼들은 다음 한 가지에 속고 있다. 그들은 그리스도가 순종이라는 한계 안에 자기를 제한시키고 계셨을 뿐 그의 연약함은 어떤 악도 흠도 없이 순수하고 자유로운 것이었다는 사실을 깨닫지 못하고 있다. 우리의 모든 정서는 뒤얽힌 충동으로 말미암아 도를 지나친다. 이는 본성의 타락으로 말미암아 절제를 보일 수 없기 때문이다. 그들은 이러한 한 뼘 잣대로 하나님의 아들을 무모하게 측량하고 있다. 그러나 그리스도는 순전하셨으므로 그의 모든 정서에 있어서 과도함을 억제하는 절제가 왕성하셨다. 그리하여 그는 우리와 다름없이 슬픔, 두려움, 공포심 가운데 계실 수 있었으나(참조. 히 2:17), 이 표지로 인해서 우리와 구별되셨다.

이러한 논점에 압도당한 그들은 급기야 또 다른 비방으로 뛰어넘어간다. 비록 그리스도가 죽음을 두려워하셨다고 하더라도, 하나님의 저주와 진노에 대해서는 자기가 안전하다는 사실을 알고 계셨으므로 하나님의 저주와 진노를 무서워하지 않으셨다는 것이다. 그러나 그리스도가 범상한 무리의 사람들보다 더욱 유약하고 세심하셨던 것이 얼마나 영예로운지 경건한 독자들이 깊이 숙고하게 하라! 강도들과 어떤 악한(惡漢)들은 교만하게도 죽음으로 돌진한다. 많은 사람들은 교만한 마음을 품고 죽음을 경멸한다. 어떤 사람들은 유유히 죽음을 받아들인다. 그러나 하나님의 아들은 이러한 죽음에 대한 공포로 말미암아 충격을 받으시고 거의 실색(失色)하는 데 이르셨다. 도대체 어떤 면에서 이것이 그의 불변성과 위대함에 부합하는가? 앞으로 닥칠 극렬한 형벌 때문에 그리스도의 얼굴로부터 핏방울이 흘러내렸다(눅 22:44). 이는 보통 사람들에게 기이

한 일로 여겨질 수 있었다. 그러나 그리스도는 다른 사람들이 이 광경을 눈 속에 담지 못하도록 하시면서 은밀한 곳에서 자기의 탄식을 아버지께 올려드리셨다. 의심할 나위 없이 하늘로부터 천사들이 내려와서 여태껏 보지 못한 위로로써 그를 일으켜 세워야 했음이 마땅했다(눅 22:43). 내가 말했던 바와 같이, 만약 주님이 일반적인 죽음의 공포로 인한 고통이 너무나 심하여 피로 된 땀을 쏟으셨고 천사들이 앞에 나타나지 않았다면 회복되실 수 없을 정도였다면 그 유약함이야말로 얼마나 부끄러운 것이었겠는가? 도대체 무슨 일이 있었던 것인가?

저 세 번 반복된 "내 아버지여 만일 할 만하시거든 이 잔을 내게서 지나가게 하옵소서"(마 26:39)라는 기도는 믿지 않는, 영혼의 고초에서 나온 것으로서[883] 그리스도가 일반적인 죽음 그 이상의 무엇과 더욱 거칠고 지난(至難)한 싸움을 벌이셨다는 것을 보여 주지 않는가?

내가 다투고 있는 이 사기꾼들은 사람들이 알지 못하는 것들에 대해서 주절대고 있다는 사실이 이로부터 분명해진다. 참으로 그들은 우리가 하나님의 심판으로부터 구원받았다는 것이 무엇이고, 그로 말미암아 어떤 역사가 일어나는지에 대해서 결코 진지하게 생각하지 않는다. 그러나 우리의 지혜는 우리의 구원이 얼마나 많이 하나님의 아들에게 빚지고 있는지를 지각하는 데 있다.

그런데 만약 누군가 여기에서 그리스도가 죽음을 면하게 해 달라고 기도하셨을 때 지옥에 내려가신 것은 아닌지 혹 묻는다고 치자. 나는 이 기도가 그가 피고인으로서 우리를 위하여 하나님의 법정에 서실 것을 아셨을 때 얼마나 끔찍하고 무서운 고통을 당하셨는지를[884] 우리가 추론할 수 있는 단초(端初)가 된다고 대답하고자 한다.

비록 그리스도의 영의 신적인 힘이 얼마동안 감춰져 육체의 연약함에 자리를 내주었다고 하더라도, 우리가 알아야 할 것은 고통과 두려움을 의식하는 데서 비롯되는 이러한 시험은 믿음과 배치되는 것이 아니었다는 사실이다. 이러

---

883) "ex incredibili amaritudine animi profecta."
884) "quam diros et horribiles cruciatus perpessus fuerit."

한 방식으로 베드로의 설교를 통해 전해진 "그가 사망의 고통에 매여 있을 수 없었음이라"(적용. 행 2:24)라는 말씀이 성취되었다. 마치 자기가 하나님으로부터 버림을 받은 듯이 느끼는 가운데서도 그에게는 하나님의 선하심에 대한 신뢰에 추호의 흔들림도 없으셨기 때문이다. 이는 격렬한 고통을 앞두고 "나의 하나님, 나의 하나님, 어찌하여 나를 버리셨나이까"(마 27:46)라고 외치신 저 유명한 기도가 가르치는 바와 다르지 않다. 비록 한계를 넘는 고통을 당하고 계시는 가운데서도 그는 자기를 버리셨다고 외치신 분을 자기의 하나님이라고 부르시지 않는가!

여기서 단의론자라고 불리는 사람들뿐만 아니라 아폴리나리우스(Apollinarius)의 오류가 반박된다. 아폴리나리우스는 그리스도께서는 영혼 대신에 영원한 영이 있었으므로 그는 단지 절반의 사람에 불과하셨다고 공상했다.[885] 마치 그가 아버지께 복종하심 없이 우리의 죄를 속하실 수 있었기라도 하듯이! 그러나 영혼 가운데서가 아니라면 과연 어디에 정서와 의지가 존재하는가? 우리가 알기로 그의 영혼은 우리의 정서와 의지가 두려움을 깨뜨려 버리고 평강과 쉼을 얻을 수 있을 만큼 그토록 몸부림을 쳤다.

단의론자들을[886] 반박하는 입장에 서서 우리는 그리스도가 그때 신성에 따라서 원하셨던 것을 사람으로서는 원치 않으셨다는 사실을 발견하게 된다. 그리스도가 우리가 말했던 두려움을 그 반대의 정서를 가지고 이기려고 하셨다는 점에 대해서는 넘어가도록 하자. 다음 말씀이 외관상 모순처럼 여겨지는 것을 숨길 수 없다. "아버지여 나를 구원하여 이때를 면하게 하여 주옵소서 그러나 내가 이를 위하여 이때에 왔나이다 아버지여, 아버지의 이름을 영광스럽게

---

885) 아폴리나리우스(?-382)는 성육신하신 그리스도의 인성을 부인하였다. 그는 사람은 영(πνεῦμα, νοῦς), 혼(ψυχή), 육(σῶμα)으로 이루어지나, 그리스도는 그 가장 고상한 부분인 영이 로고스 즉 말씀으로 대체되었다고 여겼다. 그는 다음과 같이 말한다. "그리스도는 사람이 아니라 사람과 같다(οὐκ ἄνθρωπος, ἀλλ᾽ ὡς ἄνθρωπος). 왜냐하면 그의 가장 고상한 부분에 있어서 사람과 동일본질이 아니시기 때문이다." "Fragments," 9, in Hans Lietzmann, *Apollinaris von Laodicea und seine Schule: Texte und Untersuchungen* (Tübingen: J. C. B. Mohr [Paul Siebeck], 1904), 206.

886) 단의론자(單意論者, Monothelita)들은 성육신한 그리스도의 신성과 인성의 두 본성은 인정하나 의지(θέλημα)는 하나라고 보았다. 이들은 681년에 개최된 제3차 콘스탄티노폴리스 회의(Council of Constantinopolis) 제13회기에서 배척되었다.

하옵소서"(요 12:27-28). 그러나 이러한 곤혹스런 상황 가운데서도 우리가 우리 자신을 억제시키려고 극도로 애쓸 때에 보이는 내적 방종 같은 것은 전혀 존재하지 않았다.

13. 그리스도의 부활의 의의와 열매

이어서 죽은 자들로부터의 부활이 뒤따른다. 그리스도의 십자가, 죽음, 장사에는 단지 연약함만이 드러나므로 이 모든 것을 뛰어 넘어서야만 완전한 힘을 얻어 믿음이 회복된다. 그러므로 부활이 없다면 우리가 지금까지 말한 것은 불구의 몸과 같이 될 것이다. 우리는 그리스도의 죽음에서 완전한 구원을 누리게 되었다. 왜냐하면 그리스도의 죽음을 통하여 우리가 하나님과 화목할 뿐만 아니라 그의 의로운 심판이 무름을 받게 되었고, 저주가 걷히게 되었고, 형벌이 모든 값을 치르게 되었기 때문이다. 그렇다고 하더라도 우리에게는 그의 죽음이 아니라 그의 부활을 통한 거듭남으로 말미암아 "산 소망"(벧전 1:3)이 있게 되었다. 왜냐하면 그가 다시 살아나심으로써 죽음을 이기신 저 승리자로 나타나셨던 것과 같이, 죽음에 대한 우리 믿음의 승리는 그 자체로 오직 그의 부활에만 존재하기 때문이다.

이것이 무엇을 의미하는지 바울의 말이 더욱 잘 표현해 주고 있다. "그는 우리가 범죄한 것 때문에 죽으셨으며 또한 우리를 의롭다 하시기 위하여 살아나셨느니라"(적용. 롬 4:25). 이는 마치 "그의 죽음으로 말미암아 죄가 제거되었으며, 부활로 말미암아 의가 다시 살아났으며 회복되었다."라고 말하는 듯하다. 만약 그 자신이 죽음에 항복하셨다면 어떻게 그가 죽음으로써 우리를 죽음으로부터 자유롭게 하실 수 있었겠는가? 만약 그가 전쟁에서 패배하셨다면 어떻게 우리에게 승리를 가져다주실 수 있었겠는가?

그러므로 우리는 다음과 같이 그리스도의 죽음과 부활로 우리 구원의 질료를 나눈다. 전자를 통해서 죄가 소멸되고 죽음이 사라졌으며, 후자를 통해서 의가 회복되었으며 생명이 세워졌으므로, 후자의 은총으로 말미암아 전자에

속한 고유한 능력과 효과가 우리에게 나타나게 된다.[887]

같은 취지로 바울은 바로 이 "부활" 가운데 그리스도가 "하나님의 아들로 선포"(롬 1:4)되셨다고 공언한다. 왜냐하면 그가 자기의 신성을 비취는 맑은 거울이자 흔들림 없는 우리 믿음의 버팀목이 되는 하늘 권능을 보이신 것이 비로소 그때였다고 여기기 때문이다. 다른 곳에서 바울은 "그가 육신의 약하심으로 고난을 받으셨으나 영의 능력으로 부활하셨다"(적용. 고후 13:4)라고 가르친다. 같은 의미로 또 다른 곳에서는 완전함에 관하여 논하면서 "내가 그와 그 부활의 권능을 알고자 하여"라고 전한 후 "그 죽음과 하나가 됨"(적용. 빌 3:10)이라고 덧붙인다.

베드로가 전하는 다음 말씀도 이에 아주 잘 부합한다. "하나님이 그를 죽은 자 가운데서 살리시고 그에게 영광을 주심으로써 우리의 믿음과 소망이 하나님께 있게 하셨느니라"(적용. 벧전 1:21). 이 말씀은 그리스도의 죽음에 의지해서 지탱되는 믿음은 요동칠 수밖에 없다는 것이 아니라, 우리를 믿음 아래에 보호하시는 하나님의 능력이 부활 그 자체에 최고로 드러난다는 것을 적시하고자 주어진 것이다.

이로부터 우리는 그리스도의 죽음만이 언급될 때에도 그 가운데 그의 부활에 속한 고유한 특성이 동시에 망라된다는 점을 매번 기억하도록 하자. 동일한 제유법이 또한 '부활'이라는 말에도 적용된다. 즉 죽음에 대한 언급 없이 부활만이 따로 다루어질 때에도 매번 우리는 죽음에 고유하게 존재하는 것을 함께 끌어들이도록 하자.[888]

그러나 그가 다시 살아나심으로써 승리의 면류관을 얻으셔서 부활과 생명이 존재하게 되었으므로, "만일 그리스도의 부활이 우리의 마음에 새겨지지 않는다면 믿음이 폐하여지며 복음이 헛되고 거짓될 것이요"(적용. 고전 15:17)라

---

887) "Quare sic salutis nostrae materiam inter Christi mortem et resurrectionem partimur, quod per illam peccatum abolitum et mors exstincta, per hanc iustitia reparata et erecta vita: sic tamen ut huius beneficio vim efficaciamque suam illa nobis proferat."

888) 부활은 십자가에서 시작된 것을 완성하며, 십자가가 생명에 이르는 구원의 문이 됨을 계시한다. Cf. Paul van Buren, *Christ in Our Place: The Substitutionary Character of Calvin's Doctrine of Reconciliation* (Edinburgh: Oliver and Boyd, 1957), 81, 84.

고 바울은 온당하게 주장한다. 그가 다른 곳에서 저주의 공포에 맞서는 그리스도의 죽음을 자랑한 후, "진정 죽으신 바로 그가 부활하셨으니 이제 그는 하나님 앞에서 우리를 위한 중보자로 나타나시는 자니라"라고(롬 8:34) 덧붙여 말하는 것은 이를 확증하기 위해서이다.889)

우리는 앞에서890) 우리가 우리의 육체를 죽이는 것이 그리스도의 십자가에 참여하는 데 달려 있다고 설명했다. 그렇듯이 부활로부터도 그것에 걸맞은 또 다른 열매를 얻게 된다는 사실을 이제 이해해야 한다. "만일 우리가 그의 죽으심과 같은 모양으로 접붙임을 받았으면 또한 그의 부활에 참여하는 자들로서 새 생명 가운데 걷게 되리라"(적용. 롬 6:4-5)라고 사도는 말한다. 같은 취지로 다른 곳에서는 우리가 그리스도와 함께 죽었다는 사실로부터(골 3:3) 땅 위에 있는 우리의 지체들을 죽여야 한다는(골 3:5) 논거를 이끌어 내며, 또한 우리가 그리스도와 함께 부활했다는 사실로부터 우리가 찾아야 할 것은 '땅의 것'이 아니라 "위의 것"(골 3:1-2)이라는 점을 추론하고 있다. 이러한 말씀들을 통하여 우리는 살아나신 그리스도의 본에 따라 새 생명을 추구하도록 초대를 받을 뿐만 아니라 그의 능력으로 거듭나서 의에 이르게 되도록 가르침을 받는다.891)

이와 더불어 우리는 또한 부활의 세 번째 열매를 얻는다. 그것은 우리가 우리 자신들의 부활에 대하여 마치 공인된 보증을 받듯이 확신하게끔 되는 데 있다. 이것이 마땅한 것은 그리스도의 부활이 우리 부활의 가장 확실한 기초가 되기 때문이다. 이에 관하여 사도는 고린도전서 15장에서 더욱 풍부하게 논의하고 있다.892)

어떠한 경우든 우리가 주목해야 할 것은 "그가 죽은 자들로부터 부활하셨다."라고 불리신다는 사실이다. 이 말에 죽음과 부활의 진리가 모두 표현되어 있다. 이는 그가 여느 사람들이 자연적으로 죽는 죽음과 동일한 죽음을 당하

---

889) 이렇듯 부활의 첫째 열매는 옛사람이 죽고 새사람이 사는 것이다. 즉 새 생명을 얻는 것이다.
890) 앞의 7절을 칭한다.
891) 이렇듯 부활의 둘째 열매는 거듭난 자로서 땅의 것이 아니라 위의 것을 추구하며 사는 것이다. 즉 새 생활을 얻는 것이다.
892) 이렇듯 부활의 셋째 열매는 그리스도의 부활로 우리의 부활을 확신하는 것이다. 즉 그리스도의 부활을 우리 부활의 보증으로 삼는 것이다.

셨으며, 우리와 동일한 죽어 없어질 육체를 취하시고 그 가운데서 불멸을 받아들이셨다고 말하는 것과 다르지 않다.893)

14. 승천: 영적 현존을 통한 실제적 통치의 시작

승천은 부활에 아주 긴밀하게 연결되어 있다. 이제 그리스도는 유한한 인간 생명의 저급하고 비천한 상태와 십자가의 치욕을 벗어 버린 채 부활하심으로 자기의 영광과 능력을 더욱 완전하게 비추기 시작하셨다. 그렇지만 자기의 승천의 때가 이르러서야 비로소 자기의 나라를 실제로 창건하셨다.894) 사도는 "그가 하늘에 오르신 자니 이는 만물을 충만하게 하려 하심이라"(적용. 엡 4:10)라고 가르치면서 이를 우리에게 보여 준다. 외견상 모순이 있어 보임에도 불구하고 사도는 여기에 아름다운 일치가 있음을 일깨워 준다. 왜냐하면 그리스도는 지상에 머무실 동안에는 천한 육체의 거처에 제한되었던 자기의 현존을 우리에게 더욱 유익한 것이 되게 하시려고 우리를 떠나셨기 때문이다.895)

그리하여 요한은 "누구든지 목마르거든 내게로 와서……"(요 7:37)라는 저 유명한 초청에 대해 말한 후, "예수께서 아직 영광을 받지 않으셨으므로 성령이 아직 성도들에게 주어지지 아니하였더라"(요 7:39)라고 첨가한다. 또 주님 자신이 이를 제자들에게 입증하셨다. "내가 떠나가는 것이 너희에게 유익이라 내가 떠나가지 아니하면 성령이 오시지 아니할 것이요"(적용. 요 16:7). 주님은 자기의 육체적 부재에 대해 제자들을 위로하셨고, 자기가 그들을 고아와 같이 내버려 두지 아니하실 것이라는 말씀과 자기가 볼 수는 없을지라도 더욱 잘 받아들일 수 있는 방식으로 그들에게 다시 오실 것이라는 말씀을 하셨다(요 14:18-19; 16:14).

---

893) "et eandem, qua caeteri homines naturaliter defunguntur, mortem obiisse, et in eadem, quam mortalem susceperat, carne immortalitatem recepisse."

894) "sua tamen demum in coelum ascensione regnum suum vere auspicatus est." 이렇듯 승천은 통치의 시작을 뜻한다.

895) "ut praesentia esset utilior, quae in humili carnis domicilio se continebat quantisper in terris versatus est."

그때에 그들은 더욱 확실한 경험을 통해서 그리스도가 지니신 권능과 그가 행하시는 권세가 성도들이 은총의 삶을 살아갈 뿐만 아니라 복된 죽음을 죽는 데 있어서도 충분하다는 가르침을 받았다. 진정 우리는 그리스도가 그때에 자기의 영을 얼마나 더 많이 풍부하게 부어 주셨는지, 그 자신의 나라가 얼마나 더욱 웅장하게 펼쳐졌는지, 자기의 백성을 도울 뿐만 아니라 원수를 물리치시기 위하여 얼마나 더 많은 권세를 높이 들어 사용하셨는지를 보게 된다.

그러므로 하늘로 들림을 받으신 그가 자기의 육체의 현존을 우리들 위로 들어내어 가신 것은(행 1:9) 여전히 지상에서 나그네의 삶을 살아가고 있는 신자들과 더 이상 함께 계시지 않겠다는 뜻이 아니라, 오히려 이와 같이 하심으로써 더욱 긴밀하게 현존하는 자기의 능력으로 하늘과 땅을 모두 다스리고자 하신 것이었다. 더욱이 그리스도는 자기의 이 승천으로 자기가 세상 끝까지 우리와 함께 있을 것이라는 약속을 성취하셨다. 자기의 몸이 모든 하늘 위로 들려진 것 같이 그의 능력과 작용은 하늘과 땅의 모든 경계를 넘어 퍼지고 확산되었다.[896]

나는 이를 나의 말보다 아우구스티누스의 다음 말로 설명하기를 더 원한다. "그리스도는 자기의 죽음을 통하여 아버지의 우편으로 가실 것이었다. 그곳으로부터 산 자들과 죽은 자들을 심판하러 오시고자 하였기 때문이다. 건전한 교리와 신앙의 규범에 따르면 육체적 현존 가운데 이 일이 있어야 할 것이었다. 왜냐하면 그는 승천 이후에 그들과 함께 영적 현존 가운데 계시고자 오실 것이었기 때문이다."[897]

그는 또한 다른 곳에서 이를 더욱 풍부하고 명확하게 거론한다. "표현할 수 없고 보이지 않는 은혜에 따라서 그가 말씀하신 것이 성취되었다. '볼지어다

---

[896] "In coelum ergo sublatus corporis sui praesentiam e conspectu nostro sustulit; non ut adesse fidelibus desineret, qui adhuc in terris peregrinarentur, sed ut praesentiore virtute et coelum et terram regeret. Quin potius quod pollicitus est, se futurum nobiscum usque ad consummationem saeculi, id sua hac ascensione praestitit; qua ut corpus supra omnes coelos elevatum est, ita virtus et efficacia ultra omnes coeli ac terrae fines diffusa propagataque est." 여기서 승천하신 그리스도가 신인 양성의 위격적 연합 가운데 신성에 따라서 모든 곳에 계시며 인성에 따라서 하나님의 보좌 우편에 현존하심으로써 다스리심을 말한다. Cf. *Comm.*, Mt. 26:26-29; Mk. 14:22-25; Lk. 22:17-20 (CO 45.704-711); *Serm.*, Mt. 28:1-10 (CO 46.951-954); Acts 1:1-4, 6-8, 9-11 (CO 48.588-589, 612-614, 619-621).

[897] Augustine, *John's Gospel* lxxviii. 1 (MPL 35. 1835; tr. NPNF VII. 340f.). Quot. Battles tr., n. 36.

내가 세상 끝날까지 너희와 항상 함께 있으리라'(마 28:20). 참으로 말씀이 취하신 육신에 따라, 그가 동정녀에게서 나셨다는 사실에 따라, 그가 유대인들에게 붙잡히시고, 나무에 못 박혀 달리시고, 십자가로부터 끌어내려지시고, 천으로 싸매지시고, 무덤 속에 갇히시고, 부활 가운데 나타나셨다는 사실에 따라, '너희는 항상 나와 함께 있지 아니하리라'(적용. 마 26:11)라는 말씀이 성취되었다. 왜 그러한가? 왜냐하면 그는 육체의 현존에 따라서 40일 동안 자기의 제자들과 함께 교제하셨으며 그들을 동반하신 가운데 볼 수는 있으나 따를 수는 없게 하늘로 올라가셨기 때문이다(행 1:3, 9). 그는 여기에 계시지 않는다. 왜냐하면 그곳에서 그는 아버지 우편에 앉아 계시기 때문이다(막 16:19). 동시에 그는 여기에 계신다. 왜냐하면 그의 엄위의 현존이 떠나간 것은 아니기 때문이다.[898] 그러므로 엄위의 현존에 따라 우리는 항상 그리스도와 함께 있다. 반면에 육체의 현존에 따라 그렇지는 않으니, '그러나 너희는 항상 나와 함께 있지 아니하리라'라고 제자들에게 하신 말씀이 옳았다. 왜냐하면 육체의 현존에 따라 교회는 며칠 동안 그와 함께 있었지만 이제 교회는 눈으로 그를 보지 않고 믿음으로만 그를 붙잡고 있기 때문이다."[899]

15. 재위(在位, 보좌 우편에 앉으심): 통치의 계속

그리하여 곧 이어서 "아버지의 우편에 함께 앉으셨다."라는 고백이 뒤따른다. 굳이 여기서 한 비유를 든다면, 왕들에게는, 그들로부터 다스리고 통치하는 직무를 위탁받은 수하의 보좌인들이 있는 것과 같다. 그리스도는, 그 안에

---

898) "et non est hic: ibi enim sedet ad dexteram patris; et hic est: non enim recessit praesentia maiestatis."

899) Augustine, *John's Gospel* I. 13 (MPL 35. 1763; tr. NPNF VII. 282). Quot. Battles tr., n. 37. 아우구스티누스는 승천하신 그리스도의 현존에 대해서 다음과 같이 말한다. 여기에 소위 초(超)칼빈주의(the so-clled extra Calvinisticum)의 성격이 잘 드러난다. "그(그리스도)는 전적으로 모든 곳에 계시며 어떤 곳에도 제한되지 않으심을 아셨다. 그는 계셨던 곳을 떠나지 않으시고 오심을 아셨다. 그는 오셨던 곳을 버리지 않으시고 떠나심을 아셨다"(Novit ubique totus esse, et nullo contineri loco; novit venire non recedendo ubi erat; novit abire non deserendo quo venerat). "Letters of St. Augustine," 87.4 (tr. NPNF I. 474).

서 높아지시고 그의 손을 통하여 다스리고자 원하시는 그의 아버지의 우편으로 받아들여지셨다고 일컬어지신다(막 16:19; 히 1:3).

이는 마치 그리스도가 하늘과 땅의 주권을 가지고 취임하셔서 자기에게 맡겨진 정사(政事)를 수행하는 자리로 뛰어드셨다고 말하는 것과 다르지 않다. 단 한 차례 뛰어드셨을 뿐만 아니라 심판을 위하여 내려오실 때까지 그는 그 자리에 줄곧 머무실 것이다.900) 왜냐하면 사도는 다음과 같이 말할 때 이를 같은 맥락에서 설명하고 있기 때문이다. "아버지는 그를 자기의 오른편에 앉히사 모든 통치와 권세와 능력과 주권과 이 세상뿐 아니라 오는 세상에 일컫는 모든 이름 위에 뛰어나게 하시고"(적용. 엡 1:20-21; 참조. 빌 2:9), "만물을 그의 발아래에 두셨으며"(고전 15:27), "그를 만물 위에 교회의 머리로 삼으셨느니라"(엡 1:22).

그리스도가 하나님 보좌 우편에 앉으신 목적은 하늘과 땅의 모든 피조물로 하여금 그의 엄위를 우러러보며, 그의 손으로 다스림을 받으며, 그의 뜻을 헤아려 살피며, 그의 능력에 복종하도록 하기 위함이다.

사도들은 매번 그리스도의 재위를 기억했는데, 이는 바로 모든 것이 그리스도의 의지에 맡겨져 있다는 사실을 가르치기 원해서였다(행 2:30-36; 3:21; 히 1:8). 그러므로 이 사건을 단순히 그가 베푸시는 지극한 복을 가리키는 것으로 여기는 사람들은 그릇되다.

사도행전에서 스데반이 그리스도가 서 계신 것을 보았다고 증언하는 말씀은 이에 배치되는 다른 어떤 사실을 전하는 것이 아니다(행 7:55). 왜냐하면 여기에서 문제가 되는 것은 그의 몸의 자세가 아니라 그의 통치의 엄위이기901) 때문이다. "앉아 계신다"는 것은 단지 하늘 심판좌에서 "주재하신다"는902) 뜻일 뿐이다.903)

---

900) "coeli ac terrae dominio inauguratus commissae sibi administrationis possessionem solenniter adiisse. Nec semel adiisse tantum, sed in ea perstare, donec ad iudicium descendat." 이렇듯 재위는 통치의 계속을 뜻한다.

901) "non de corporis constitutione, sed imperii maiestate."

902) "coelesti tribunali praesidere."

903) Augustine, *Faith and the Creed* vii. 14 (MPL 40. 188; tr. LCC VI. 360f.). Quot. Battles tr., n. 38.

16. 재위의 세 가지 유익

이로부터 우리의 믿음은 많은 열매를 맺는다.904)

첫째, 믿음으로써 우리는 아담으로 말미암아 가로막혀 있었던 하늘 나라로 들어가는 문을 주님이 여셨다는 사실을 분별하게 된다(요 14:3). 그가 우리의 육체 가운데, 마치 우리의 이름으로 하시는 것처럼, 하늘에 들어가셨으므로 사도의 말처럼 어떤 의미에서 우리는 이미 그 자신 안에서 그와 함께 하늘에 앉아 있다고 하겠다(엡 2:6). 그러므로 우리는 단지 기약 없는 소망으로 하늘을 바라만 보고 있는 것이 아니라 우리의 머리 되신 분 안에서 지금 하늘을 소유하고 있다.

둘째, 믿음으로써 우리는 주님이 아버지와 함께 거하심이 우리에게 큰 복이 된다는 사실을 인정하게 된다. 왜냐하면 그가 손으로 짓지 아니한 성소에 들어가셔서 우리를 위한 대언자와 중재자로서 늘 아버지의 면전에 나타나시기 때문이다(히 7:25; 9:11-12; 롬 8:34). 그리하여 주님은 하나님이 눈을 돌이켜 우리의 죄를 멀리하고 주님의 의를 응시하시도록 하시고, 우리를 향한 하나님의 마음을 누그러뜨려 주님의 중재로 말미암아 하나님의 보좌로 나아가는 길과 통로가 평탄해지게 하시며, 그렇지 않다면 불쌍한 죄인들에게 공포가 가득했을 그 보좌를 은혜와 관용으로 가득 채우신다.

셋째, 믿음으로써 우리는 주님의 권능 가운데 지옥을 거스르는 우리의 힘, 능력, 부(富), 자랑이 자리 잡고 있음을 이해하게 된다. 참으로 그는 하늘로 올라가시면서 사로잡혔던 것이 사로잡히도록 이끄셨고(엡 4:8; 시 68:18), 적들을 패퇴시킨 후에 자기의 백성을 풍부하게 채우셨으며, 날마다 영적인 재산을 쌓아 주신다. 그는 지극히 높은 곳에 앉으셔서 그곳으로부터 우리에게 자기의 능력을 부어 주심으로 우리를 살려 영적인 삶을 살도록 하시고, 자기의 영으로 거룩하게 하시고, 다양한 은혜의 선물들로 자기의 교회를 꾸미시고, 자기의 보

---

904) 이는 지금도 행하시는 그리스도의 계속적 중보의 은혜를 일컫는다. Cf. *Comm.*, Jn. 14:16 (CO 47.329); Rom. 1:4 (CO 49.10-11); 2Cor. 3:6 (CO 50.39-41).

호 가운데 교회를 모든 해(害)로부터 안전하게 보존하시고, 자기의 십자가와 우리의 구원을 대적하는 포악한 원수들을 자기의 손의 강력함으로 억제하시고, 끝으로 하늘과 땅에 있는 모든 권세를 보유하신다.

그는 자기의 적이 될 뿐만 아니라 우리의 적도 되는 자들을 모두 꺼꾸러뜨리시고(고전 15:25; 시 110:1) 자기의 교회를 세우는 일을 다 마치실 때까지 그렇게 하신다.905) 과연 이것이 그의 나라의 참된 실상이다. 아버지는 그에게 그가 산 자들과 죽은 자들을 심판하러 오셔서 그의 마지막 일을 다 이루실 때까지 이 권세를 부여하셨다.

17. 마지막 날 산 자와 죽은 자를 심판하러 다시 오심

실로 그리스도는 최고로 현존하는 자기의 능력에 대한 분명한 증거들을 자기의 백성들에게 베푸신다. 그러나 땅에서의 그의 나라는 이를테면 어느 모로 육체의 비천함 가운데 숨겨져 보이지 않으므로, 마지막 날에 드러날 저 보이는 현존을 상기하기 위해서 믿음이 요청되는 것은 지극히 타당하다. 왜냐하면 그는 올라가실 때 사람들이 본 그대로 하늘로부터 보이는 형태로 내려오실 것이며(행 1:11; 마 24:30), 자기의 나라의 표현할 수 없는 존엄 가운데, 불멸하는 광채 가운데, 무한한 신성의 권능 가운데, 천사들의 호위 가운데 모든 사람에게 나타나실 것이기906) 때문이다.

그리하여 이로부터 우리는 그가 양들을 염소들로부터, 선택된 자들을 버림

---

905) "In excelsis ergo sedet, ut transfusa inde ad nos sua virtute in vitam spiritualem nos vivificet, ut spiritu suo sanctificet, ut variis gratiarum dotibus ecclesiam suam exornet, ut protectione sua tutam adversus omnes noxas conservet, ut ferocientes crucis suae ac nostrae salutis hostes manus suae fortitudine coerceat, denique ut omnem teneat potestatem in coelo et in terra: donec inimicos omnes suos, qui etiam nostri sunt, prostraverit, ac ecclesiae suae aedificationem consummarit." 하나님의 보좌 우편에서 행하시는 주님의 이러한 통치 양식은 그의 왕직이 궁극적으로 자기를 제물로 드리신 그 자신을 주심에 있음을 잘 보여 주고 있다. Cf. *Comm.*, Heb. 9:11, 13-15 (CO 55.109-113).

906) "omnibus apparebit cum ineffabili regni sui maiestate, cum immortalitatis fulgore, cum immensa divinitatis potentia, cum angelorum satellitio." 이렇듯 재림은 통치의 완성을 뜻한다.

받은 자들로부터 분리시키실 그날이 이르도록 그를 구속주로 대망(待望)하라고 명령을 받는다(마 25:31-33). 산 자든 죽은 자든 그의 심판을 피할 자는 아무도 없을 것이다. 나팔 소리가 세상의 끝에 있는 모퉁이들로부터 들려올 것이며, 그 소리에 이끌려 그날에 발견되는 여전히 살아남은 자들과 죽음으로 말미암아 산 자들의 무리로부터 이전에 이미 배제된 자들 모두가 그의 심판좌로 소환될 것이다(살전 4:14-17).

여기에 나타나는 '산 자와 죽은 자'라는 말을 달리 받아들이는 사람들이 있다. 우리는 어떤 옛날 사람들이 이 어절(語節)을 해석하는 데 난감함을 느꼈던 적이 있었다는 것을 잘 안다. 그러나 우리가 바로 앞에서 살펴본 어의(語義)는 아주 쉽고 명료하므로 일반인들에게 맞추어 작성된 것이 분명한 사도신경에 더욱 잘 부합한다.

이는 "한번 죽는 것은 모든 사람에게 정해진 것이요"(적용. 히 9:27)라는 사도의 선언과 배치되지 않는다. 비록 마지막 심판에 이르렀을 때까지 죽어 없어질 생명이 남아 있는 사람들은 자연적인 방식과 순서로 죽지는 않을 것이지만, 그들이 겪어야 할 저 변화는 마치 죽음과 같은 것이어서 죽음이라고 불려도 부적절하지 않을 것이다. "다 잠잘 것이 아니요 다 변화되리니"(고전 15:51)라는 말씀은 확실하다. 이것이 의미하는 바가 무엇인가? 그들의 죽어 없어질 생명이 "순식간에"(고전 15:52) 소멸되고 삼켜질 것이며 완전히 새로운 본성으로 변화될 것이라는 것이다. 이러한 육체의 소멸이 죽음이라는 것을 아무도 부인하지 못할 것이다.

그렇지만 산 자들과 죽은 자들이 심판에 소환된다는 사실은 여전한 진실로 남는다. 우리가 보듯이, 사도는 "그리스도 안에서 죽은 자들이 먼저 일어나고 그 후에 살아남은 자들도 그들과 함께 끌어 올려 공중에서 주를 영접하게 하시리니"(적용. 살전 4:16-17)라고 전하고 있다. 참으로 이 구절은 누가가 전하는 베드로의 설교와(행 10:42) 디모데를 향한 바울의 엄숙한 간원(懇願)에서(딤후 4:1) 따온 것임이 매우 확실하게 여겨진다.

18. 심판의 놀라운 위로

이로부터 놀라운 위로가 샘솟는다. 우리를 형제자매 삼으셔서 우리로 하여금 자기와 함께 심판하는 영예를 나눠 갖도록 미리 지정하신(마 19:28) 그리스도의 수중에 심판이 있다는 소식을 우리가 듣기 때문이다.[907] 그가 심판좌에 오르시는 것은 추호도 우리를 정죄하려 하심이 아니다. 가장 관대하신 임금이 어찌 자기의 백성을 파멸에 이르도록 하시겠는가? 어찌 머리가 자기의 지체들을 흩으시겠는가? 어찌 우리의 수호자가 그에게 피하는 자들을 저주할 수 있으시겠는가?

그리스도가 중재하시므로 아무도 능히 나서서 우리를 정죄할 수 없으리라고(롬 8:33-34) 사도가 담대히 외치는 것을 볼 때, 친히 중재자가 되신 그리스도가 자기의 보살핌과 보호 가운데 받아들이신 사람들을 정죄하지 않으시리라는 사실에는 더더욱 틀림이 없다. 우리는 우리가 구원을 구해야 할 우리의 구속주의 심판좌 외에는 다른 어디에도 서게 되지 않을 것이라는 사실은 그저 사소한 안위(安慰)가 아니다.[908]

더욱이 지금 복음을 통해 영원한 복락을 약속하시는 그가 그때에는 재가(裁可)된 약속을 심판으로써 이행하실 것이다. 그러므로 아버지는 아들에게 모든 심판을 맡기셔서(요 5:22) 심판의 공포에 떨고 있는 자기 백성의 양심을 보살피는 목적을 이루게 하심으로써 아들을 영화롭게 하셨다.

지금까지 나는 사도신경의 순서를 따랐다. 왜냐하면 사도신경은 몇 마디 짧은 말로써 구속의 핵심 주제들을 요긴하게 압축하고 있으며, 그 가운데서 우리가 그리스도 안에서 마땅히 주목해야 할 가치가 있는 것들을 조목조목 명료하게 통찰할 수 있도록 마치 일람표와 같은 구실을 감당하기 때문이다.[909]

---

907) "Hinc egregia exoritur consolatio, quod penes eum iudicium audimus esse, qui nos sibi in iudicando honoris consortes iam destinavit."

908) 여기서 보듯이, 마지막 심판이 하나님의 백성에게 '놀라운 위로'(egregia consolatio)가 되는 것은 심판하시는 분이 그들 자신의 '수호자'(patronus), '중재자'(intercessor), '구속주'(redemptor), '가장 관대하신 임금' (clementissimus princeps)이 되시기 때문이다.

909) "quia dum paucis verbis capita redemptionis perstringit, vice tabulae nobis esse potest, in qua

진정 나는 이를 사도신경이라고 부를 때, 그 저자가 누구인지에 대한 의구심을 전혀 가지고 있지 않다. 옛 저자들은 그것을 사도들의 저술로 보는 데에 상당한 일치를 보여 주고 있다. 그들은 그것이 사도들에 의해서 공히 작성되고 편집되었다고 판단했거나, 혹은 사도들의 손을 통하여 전승된 교리에 따라서 충실히 수집된 요체로서 그러한 제명(題名)이 굳어졌다고 간주했다.

나는 교회의 처음 원천 바로 그곳으로부터, 즉 사도 시대 바로 그때로부터, 사도신경은 그것이 끝내 어디로부터 나와서 어떻게 전개되었든지 간에 공적이며 모든 사람의 가표(可票)를 받고 채택된 고백의 형태를 띤 것이라는 점을 결단코 의심하지 않는다. 그것이 어떤 한 사람에 의해서 사사로이 작성되었다고 여겨지지는 않는다. 왜냐하면 가장 오랜 기억까지 거슬러 반추해 볼 때 그것이 모든 경건한 사람 가운데 신성불가침한 권위를 가지고 있었음이 확실하기 때문이다.

우리가 권념해야 할 유일한 사실은 다음에는 어떤 논란의 여지도 없다는 점이다. 즉 사도신경에는 우리 믿음의 모든 역사가 간략하고도 분명한 순서에 따라 열거되어 있으며 그 어떤 것도 완전한 성경의 증언들로 인증(引證)되지 않은 것은 담고 있지 않다는 사실이다.[910]

이 점을 이해한다면, 저자 문제에 관해서 괜한 조바심을 내며 불안해하거나 다른 사람과 다투는 것은 아주 부질없는 일이다. 혹시 성령의 확실한 진리가 불충분하다고 여겨서 성령의 입으로 그것이 선포되었다는 사실이나 성령의 손으로 그것이 기록되었다는 사실을 이해하지 못하는 사람이 아니라면 말이다.

19. 그리스도가 모든 것의 곳간과 샘

진정 우리는 우리 구원의 요체 전부와 그 모든 부분이 예수 그리스도 안에

---

distincte et sigillatim perspicimus, quae in Christo attentione digna sunt."

910) "totam in eo fidei nostrae historiam succincte distinctoque ordine recenseri, nihil autem contineri quod solidis scripturae testimoniis non sit consignatum."

포함되어 있다는 것을[911] 안다(행 4:12). 그러므로 우리는 가장 작은 한 부분이라도 다른 곳으로부터 끌어오려고 하지 말아야 할 것이다.

만약 우리가 구원을 구한다면 우리는 예수라는 이름 그 자체로 인해서 구원이 그의 수중에 있음을 배우게 될 것이다(고전 1:30). 만약 우리가 성령의 어떤 다른 은사들을 진심으로 구한다면 그리스도의 기름부음 가운데서 그것들을 발견하게 될 것이다. 만약 우리가 힘을 구한다면 그것은 그리스도의 주권에, 순수함을 구한다면 그의 잉태되심에서, 너그러움을 구한다면 그의 태어나심에서 찾을 수 있을 것이다. 왜냐하면 그의 태어나심을 통해 그는 모든 면에서 우리와 같이 되셔서(히 2:17) 아파하는 것을 배우셨기(참조. 히 5:2) 때문이다.

만약 우리가 대속을 구한다면 그것은 그의 수난에 있다. 방면(放免)을 구한다면 그의 정죄받으심에서, 저주로부터 사함을 구한다면 그의 십자가에서(갈 3:13), 값의 무름을 구한다면 그의 희생제물에서, 정결함을 구한다면 그의 피에서, 화목을 구한다면 그의 지옥 강하에서, 육신에 대한 죽음을 구한다면 그의 무덤에서, 새로운 생명을 구한다면 그의 부활에서, 불멸을 구한다면 역시 부활에서, 하늘 나라의 유업을 구한다면 그가 하늘로 들어가신 것에서, 만약 보호와 안전과 모든 복의 부함과 넘침을 구한다면 그의 나라에서, 심판에 대한 떨림 없는 대망을 구한다면 그에게 주어진 심판하는 권세에서 발견하게 될 것이다.[912]

요컨대 존재하는 모든 종류의 복으로 충만한 곳간이 그에게 있으니 다른 곳이 아니라 이 샘으로부터 우리를 가득 채우도록 하자. 바로 이 한 분으로 만족

---

911) "totam salutis nostrae summam ac singulas etiam partes······in Christo comprehensas."

912) "Si salus quaeritur, ipso nomine Iesu docemur penes eum esse; si spiritus alia quaelibet dona, in eius unctione reperientur; si fortitudo, in eius dominio; si puritas, in eius conceptione; si indulgentia, in eius nativitate se profert, qua factus est nobis per omnia similis, ut condolescere disceret; si redemptio, in eius passione; si absolutio, in eius damnatione; si maledictionis remissio, in eius cruce; si satisfactio, in eius sacrificio; si purgatio, in eius sanguine; si reconciliatio, in descensu ad inferos; si mortificatio carnis, in eius sepulcro; si vitae novitas, in eius resurrectione; si immortalitas, in eadem; si haereditas regni coelestis, in coeli ingressu; si praesidium, si securitas, si bonorum omnium copia et facultas, in eius regno; si secura iudicii exspectatio, in potestate iudicandi illi tradita." 여기서 성도의 전 구원 과정에서의 모든 은혜가 그리스도의 다 이루신 의의 전가로 말미암음을 조목조목 찬미하고 있다.

하지 않는 사람들은 여러 소망을 찾아 이곳저곳으로 부유(浮遊)하게 된다. 그들은 유별나게 그를 쳐다보기는 하지만 그 자신 가운데서 올바른 길을 찾지 않고 자기들의 생각 마디마디를 이리저리 뒤튼다. 그러나 그가 베푸시는 복의 부요함이 어떠한지를 한 차례 순수하게 깨닫게 되면 이러한 불신이 몰래 스며들 여지는 아주 없어지고 말 것이다.

제17장

그리스도의 공로로
우리가 하나님의 은혜와 구원을
누린다는 말은
올바르고 적합함

Recte et proprie
dici Christum nobis promeritum
esse gratiam Dei et salutem

1-2. 하나님의 사랑과 그리스도의 공로
3-6. 대리적 무름에 따른 속죄와 용서와 화목의 전가 가치

1. 하나님의 사랑과 그리스도의 공로

이제 우리는 다음 질문도 부연해서 설명해야 한다. 왜냐하면 그리스도를 통하여 우리가 구원에 이른다고 고백은 하지만, '공로'라는 이름이 하나님의 은혜를 모호하게 한다고 생각해서 그것을 듣고 참지 못하는 부질없이 비판적인 어떤 사람들이[913] 있기 때문이다. 이런 성향을 지닌 사람들은 그리스도를 단지 도구나 시종(侍從) 정도로 여길 뿐, 베드로가 그렇게 부르듯이, 생명의 조성자나 지도자 그리고 왕이라고 보지는 않는다(행 3:15).

누군가 그리스도를 단순히 그 자신 홀로 하나님의 심판을 받는 자리에 세우고자 한다면, 그는 그리스도 안에서 아무 공로도 발견할 수 없을 것이다. 왜냐하면 사람 안에서는 하나님이 공로로 여기실 만한 가치를 발견할 수 없기 때문이다. 나는 이 점을 인정한다. 참으로 아우구스티누스는 아주 진실하게 다음과 같이 쓰고 있다. "예정과 은혜의 가장 밝은 빛은 구원주이신 사람 그리스

---

[913] 칼빈의 이러한 비판은 동시대인 렐리오 소치니(Lelio Sozzini, 1525–1562)를 겨냥한 것이라고 여겨진다. 렐리오의 신학은 그의 조카 파우스토 소치니(Fausto Sozzini, 1539–1604)에 의해서 체계화되어 일파를 이루었다. 이들은 삼위일체론과 그리스도의 양성적 중보를 반대하였으며 모범설로 대변되는 주관적 속죄론을 전개하여 그리스도의 대속의 객관적인 공로(값)를 부인하였다. Cf. G. H. Kersten, *Reformed Dogmatics: A Systematic Treatment of Reformed Doctrine* (Grand Rapids: Netherlands Reformed Book and Publishing Committee, 1980), 1.260–261.

도 예수 자신이시다. 그가 이 빛을 마련하신 것은 그의 인성 안에 있는 그 어떤 선행(先行)하는 사역이나 믿음의 공로 때문도 아니었다. 나는 다음 질문에 대한 답이 주어지기를 간절히 바란다. 그 사람이 무슨 공로에 기인해서 아버지와 함께 영원히 계신 말씀에 의해서 취해지셔서 하나의 인격을 이루시고 하나님의 독생하신 아들이 되셨는가? 그러므로 우리의 머리이신 그로부터 모든 지체에게 각각의 분량대로 은혜가 퍼졌으니 그 안에서 은혜의 샘 자체가 드러나게 하자. 그가 사람으로 존재하기 시작하던 때로부터 그리스도가 되신 그 은혜로 말미암아 누구든지 자기의 믿음이 시작될 때부터 그리스도인이 된다."914) 또한 다른 곳에서, "그리스도 자신보다 더 명백한 예정의 본보기는 없다. 왜냐하면 다윗의 씨로부터 나신 이 사람을 선행(先行)하는 의지로 말미암은 공로가 전혀 없었음에도 불구하고 의롭게 삼으셔서 결코 불의하지 않게 하신 분 그 자신이 불의한 자들을 의롭게 삼으셔서 그 머리에 속한 지체들이 되게 하시기 때문이다."915) 이 외에도 아우구스티누스가 한 말은 더 있다. 그러므로 그리스도의 공로에 대해서 다룰 때, 그 시작이 그리스도 안에서 비롯된다고 여길 것이 아니라, 첫 번째 원인이 되는 하나님의 결정으로916) 거슬러 올라가야 한다. 왜냐하면 하나님이 순전히 자기의 기뻐하심에 따라917) 중보자를 세우셔서 우리를 위하여 구원을 획득하도록 하셨기 때문이다.918)

그러므로 그리스도의 공로를 하나님의 자비와 대척점에 세우는 것은 무지의 소치이다. 하위에 속한 것들은 그 위의 것들과 다툴 수 없다는 것이 일반적인

---

914) "Ea gratia quisque ab initio fidei suae fit christianus, qua homo ille ab initio suo factus est Christus." Augustine, *On the Predestination of the Saints* xv. 30, 31 (MPL 44. 981f.; tr. NPNF V. 512). Quot. Battles tr., n. 2.

915) Augustine, *On the Gift of Perseverance* xxiv. 67 (MPL 45. 1034; tr. NPNF V. 552). Quot. Battles tr., n. 3.

916) "ad Dei ordinationem, quae prima causa est."

917) "mero beneplacito."

918) 렐리오 소치니는 칼빈이 하나님의 의지(voluntas Dei)를 무시하고 그리스도의 공로(meritum Christi)만을 강조한다고 비판하였다. 칼빈은 여기서 이를 반박하고 있다. Cf. *Responsio ad aliquot Laelii Socini senensis quaestiones*, CO 10/1.160; David Willis, "The Influence of Laelius Socinus on Calvin's Doctrines of the Merits of Christ and the Assurance of Faith," in *Italian Reformation Studies in Honor of Laelius Socinus*, ed. John A. Tedeschi (Firenze: F. Le Monnier, 1965), 235.

규칙이기 때문이다.[919] 이런 의미에서 비록 사람들의 칭의가 순수한 하나님의 자비로 인하여 값없이 베풀어진다고 하더라도, 하나님의 자비에 뒤따르는 그리스도의 공로가 동시에 그 가운데 들어서는 데 아무 장애도 없다.

하나님의 값없는 호의와 그리스도의 순종은 각각에 걸맞게 모두 우리의 행위와는 날카로운 대척점에 선다.[920] 하나님의 기뻐하심으로부터가 아니라면 그리스도는 그 무엇으로도 공로가 없었을 것이다. 그에게 공로가 있었던 것은 그가 자기의 희생제물로 하나님의 진노를 누그러뜨리고 자기의 순종으로 우리의 불법을 지워 내는 일을 위하여 지정되셨기 때문이다.

요약하면 그리스도의 공로가 오직 하나님의 은혜에 달려 있다고 할 때에, 이 은혜는 우리를 위해 정하여진 구원의 방식이라고 할 수 있으니, 그리스도의 공로 역시 하나님의 은혜와 마찬가지로 인간의 모든 의와는 아주 배치된다.

2. 하나님이 그리스도 안에서 우리를 사랑하시는 방식

이러한 구별은 많은 성경 구절들로부터 추론된다. "하나님이 세상을 이처럼 사랑하사 독생자를 주셨으니 이는 그를 믿는 자마다 멸망하지 않고"(요 3:16). 우리는 하나님의 사랑이 최고의 원인이자 기원으로서 첫 자리를[921] 차지하고, 그리스도를 믿는 믿음이 이차적이며 근접하는 원인이[922] 된다는 사실을 보게 된다.

만약 누군가 그리스도를 단지 형상인(形相因)에 불과하다고 받아들인다면, 그는 방금 언급한 말씀이 전하고 있는 그의 능력을 더욱 약화시키고 있는 것이다. 진정 우리가 의를 얻는 것이 그리스도를 의지하는 믿음으로 말미암을진대,

---

[919] "ita inscite opponitur Christi meritum misericordiae Dei. Regula enim vulgaris est, quae subalterna sunt, non pugnare."

[920] "Nostris autem operibus apte opponitur tam gratuitus Dei favor quam Christi obedientia: suo ordine utrumque."

[921] "priorem locum······Dei dilectio, tanquam summa causa vel origo."

[922] "causa secunda et propior."

여러 말씀들을 통하여 분명히 입증되듯이, 우리 구원의 질료도 그리스도 안에서 찾도록 해야 하기 때문이다.923) "우리가 하나님을 먼저 사랑한 것이 아니요 하나님이 먼저 우리를 사랑하사 우리 죄를 속하기 위하여 화목제물로(ἱλασμον) 그 아들을 보내셨음이라"(적용. 요일 4:10). 이 말씀이 뚜렷하게 증언하듯이, 하나님이 그리스도 안에서 화목의 방식을 수립하셨기 때문에, 아무도 우리를 향한 하나님의 사랑을 가로막을 수 없다. "유화"(宥和)924) 곧 '누그러뜨림'이라는 이름은 큰 무게를 지니고 있다. 왜냐하면 하나님은 형언할 수 없는 방식으로 우리를 사랑하셨음에도 불구하고, 동시에 우리를 향하여 진노하셔서 그리스도 안에서 우리와 화목하게 되실 때까지 그치지 아니하셨기 때문이다.

이것이 다음 모든 구절이 전하는 취지이다. "그는 우리 죄를 위한 화목제물이니"(요일 2:2). 또한 "아버지께서는……그의 십자가의 피로 화평을 이루사 만물이 그로 말미암아 자기와 화목하게 되기를 기뻐하심이라"(골 1:19-20). 또한 "하나님께서 그리스도 안에 계시사 세상을 자기와 화목하게 하시며 그들의 죄를 그들에게 돌리지 아니하시고"(고후 5:19). 또한 "그가 사랑하시는 아들 안에서 우리에게 거저 주시는바"(적용. 엡 1:6). 또한 "십자가로 둘을 한 사람으로 하나님과 화목하게 하려 하심이라"(적용. 엡 2:15-16).

이 비밀의 논리는 에베소서 1장에서 찾도록 해야 한다. 그곳에서 바울은 우리가 그리스도 안에서 선택되었다는 것을 가르친 후에, 더불어 우리가 같은 분 안에서 은혜를 얻었다고 덧붙인다(엡 1:4-5). 그리스도의 피로 말미암아 하나님이 우리와 화목하게 되심으로 자기의 사랑을 드러내시지 않았다면, 달리 어떻게 그가 창세전에 사랑하신 자들을 자기의 호의로 포용하기 시작하실 수 있었겠는가? 하나님은 모든 의의 원천925)이시므로 사람이 아직 죄인인 동안에

---

923) 칼빈은 철학자들의 논법을 빌어 영생의 네 가지 원인을 설명함에 있어서, 동력인(causa efficiens)을 우리를 향한 성부 하나님의 값없는 사랑(dilectio gratuita)에서, 질료인(materialis)을 우리를 의롭게 하시는 예수 그리스도의 순종(obedientia)에서, 형상인(formalis)을 믿음(fides)에서, 그리고 목적인(finalis)을 하나님의 선하심(bonitas)에 대한 영광(gloria)에서 찾는다. Cf. Calvin, *Institutio*, 3.11.12-13; 3.14.17, 21; *Comm., Rom.* 3:24 (CO 49.61); 5:19 (CO 49.101-102).

924) "placationis."

925) "fons est omnis iustitiae."

는 그를 적이요 심판관으로 여기는 것이 당연하다. 그러므로 사랑의 시작은 의다.926) 이는 바울이 기술하는 바와 같다. "하나님이 죄를 행하지도 않으신 이를 우리를 대신하여 죄로 삼으신 것은 우리로 하여금 그 안에서 하나님의 의가 되게 하려 하심이라"(적용. 고후 5:21). 이는 "본질상 진노의 자녀"(엡 2:3)였으며 죄 때문에 멀어졌던 우리가 그리스도의 희생제물로 값없이 의롭다 함을 얻어서 하나님의 마음에 흡족하게 되었다는 것을 의미한다.

그런데 이러한 구별은 하나님의 사랑이 그리스도의 은혜와 결합될 때에도 언제나 뚜렷이 드러난다. 이로부터 우리는 그리스도가 자기가 획득하신 자기의 것을 우리에게 수여하신다는 결론에 이른다. 그렇지 않다면 은혜가 그의 것이며 그로부터 나온다는 찬미를 아버지와 구별되게 그에게 돌리는 것이 적절하지 않을 것이다.

3. 하나님의 진노를 유화시킨 그리스도의 공로

주목컨대 진실로 그리스도는 우리를 위한 자기의 순종으로 하나님 앞에서 은혜를 획득하신 공로를 세우셨다. 성경의 많은 구절들이 이 사실을 확실하고 어김없이 밝혀 준다. 나는 이를 의심의 여지없는 것으로 받아들인다. 만약 그리스도가 우리의 죗값을 무르셨다면, 만약 우리가 진 벌금을 다 지불하셨다면, 만약 자기의 순종으로 하나님의 마음을 누그러뜨리셨다면, 한마디로, 만약 의로운 자로서 그가 불의한 자들을 위해 고난을 당하셨다면, 우리의 구원은 그의 의로 말미암아 태어난 것이며, 꼭 그만큼 유효하고, 그만큼 공로가 있다.927)

바울이 증인이 되어 전하듯이 "우리가 그의 죽으심으로 말미암아 화목하게 되었으며 화목을 받아 누리게 되었다"(적용. 롬 5:10-11). 그러나 만약 진노가 앞

---

926) "principium amoris est iustitia."

927) "si pro peccatis nostris Christus satisfecit, si poenam nobis debitam persolvit, si obedientia sua Deum placavit, denique si iustus pro iniustis passus est, iustitia eius partam nobis salutem; quod tantundem valet ac promereri."

서지 않았다면 화목의 자리는 없게 될 것이다. 이 말은 죄 때문에 우리를 혐오하셨던 하나님이 자기의 아들의 죽음으로 마음이 누그러뜨려지셔서 우리에게 호의적이 되셨다는 뜻이다. 그러므로 우리는 곧 이어지는 대조에 부지런히 착념해야 한다. "한 사람이 순종하지 아니함으로 많은 사람이 죄인 된 것같이 한 사람이 순종하심으로 많은 사람이 의인이 되리라(καταστραθήσονται)"(롬 5:19). 이 말의 뜻은 다음과 같다. 아담의 죄로 말미암아 우리가 하나님에게서 멀어지고 멸망에 이르도록 정해진 것같이, 그리스도의 순종으로 말미암아 우리가 의인으로서 영접되는 호의를 입는 데 이른다. 문맥에 뚜렷이 나타나듯이 동사의 미래시제는 현재의 의를 배제하지 않는다. 왜냐하면 바울이 그 앞에서 다음과 같이 말했기 때문이다. "은사(χάρισμα)는 많은 범죄로 말미암아 의롭다 하심에 이름이니라"(롬 5:16).

4. 그리스도의 대리적 속죄

나아가 그리스도의 공로로부터 우리를 위한 은혜가 태어났다고 말할 때, 우리는 이를 다음과 같이 이해한다. 그의 피로 우리가 정결하게 되었고, 그의 죽음으로 우리의 죄에 대한 속량이 있었다. "그의 피가 우리를 죄에서 깨끗하게 하실 것이요"(적용. 요일 1:7). "이것은 죄사함을 얻게 하려고……흘리는바 나의 피……니라"(마 26:28; 눅 22:20). 만약 이 피흘림의 효과가 죄가 우리에게 전가되지 않도록 하는 데 있다면, 이는 그 값으로 하나님의 심판에 무릎이 있게 되었다는 사실로 귀결된다.

세례 요한의 다음 말은 그 궤가 같다. "보라 세상 죄를 지고 가는 하나님의 어린양이로다"(요 1:29). 여기에서 세례 요한은 그리스도를 율법의 모든 희생제물에 대치시킴으로써 오직 그리스도 가운데서만 저 형상들이 표상했던 것들이 성취되었다고 가르치고자 한다. 우리는 모세가 도처에 말한 것을 알고 있다. "불법이 속해질 것이며 죄가 지워지고 면제되리라"(적용. 출 34:7; 레 16:34). 결국 옛 형상들을 통해 우리는 그리스도의 죽음의 힘과 효과가 무엇인지를 최고로 잘 배우게 된다. 히브리서에서 사도는 이 원리를 기민하게 취해서 다음 사안을 설명한다. "피흘림이 없은즉 사함이 없느니라"(히 9:22). 이로부터 사도는 "그리스도는 자기를 단번에 제물로 드려 죄를 없이 하시려고 나타나셨느니라"(적용. 히 9:26)라고 했고, 또한 "그리스도는 많은 사람의 죄를 담당하시려고⋯⋯드리신 바 되셨고"(적용. 히 9:28)라고 결론에 이른다. 사도는 이미 앞에서 "그는 염소와 송아지의 피로 하지 아니하고 오직 자기의 피로 영원한 속죄를 이루사 단번에 성소에 들어가셨느니라"(적용. 히 9:12)라고 전한다.

그리고 이제 다음과 같은 방식으로 이를 논변한다. "암송아지의 피가 그 육체를 정결하게 하여 거룩하게 하거든 하물며 그리스도의 피가 너희 양심을 죽은 행실에서 깨끗하게 하지 못하겠느냐"(적용. 히 9:13-14). 이로부터 만약 우리가 그리스도의 희생제물에 속죄하고, 유화시키고, 값을 무르는 힘이[928] 있다고 인정하지 않는다면 그의 은혜는 아주 약화될 것이라는 사실이 확실히 드러난다. 곧 이후에 덧붙여지는바, "그는 새 언약의 중보자시니 이는 율법 아래에 머무는 때에 범한 죄에서 속량하려고 죽으사 부르심을 입은 자로 하여금 영원한 기업의 약속을 얻게 하려 하심이라"(적용. 히 9:15).

바울이 기술한 "그가 우리를 위하여 저주가 되셨다⋯⋯"(적용. 갈 3:13)라는 유비를 심사숙고하는 것은 특별한 가치가 있다. 왜냐하면 다른 사람들이 빚진 것을 갚음으로써 그들을 위한 의를 획득하고자 하심이 아니었다면, 그리스도가 저주의 짐을 짊어지게 된 것이 공허했을 뿐만 아니라 심지어 어리석기조차 했기 때문이다. 또한 "우리의 평화를 위한 징계가 그리스도에게 가해졌으며 그가 채찍에 맞음으로 우리는 나음을 받았도다"(적용. 사 53:5)라는 이사야의 증언도 명백하다. 왜냐하면 그리스도가 우리의 죄를 위하여 그 값을 무르지 않으셨다면,[929] 그가 우리가 매여 있었던 형벌을 자기 가운데 받아들이심으로써 하나님의 마음을 누그러뜨리셨다고 일컫지 않았을 것이기 때문이다.

같은 곳에서 뒤따르는 다음 말씀도 이에 부응한다. "그가 끊어짐은 내 백성

---

[928] "vim expiandi, placandi et satisfaciendi."
[929] Cf. *Institutio*, 2.12.3.

의 허물 때문이라"(적용. 사 53:8). 또 어떤 모호함도 남기지 않을 베드로의 해석을 덧붙이도록 하자. "그가 나무에 달려 우리의 죄를 담당하셨으니"(적용. 벧전 2:24). 왜냐하면 여기에서 사도는 우리가 풀려난 저주의 짐이 그리스도에게 부과되었다고 전하고 있기 때문이다.

5. 그리스도의 죽음의 값, 그 의의 전가

사도들은 그리스도가 우리를 죽음의 죄책에서 구속하시기 위해 그 값을 지불하셨다고 매우 분명히 선포했다. "그리스도 안에 있는 속량으로 말미암아 그 자신의 은혜로……의롭다 하심을 얻은 자 되었느니라……그를 하나님이 그의 피로써 믿음으로 말미암는 화목제물(ἱλαστήριον)로 세우셨으니"(적용. 롬 3:24-25). 바울은 이 점에서 하나님의 은혜를 찬미했다. 왜냐하면 하나님이 그리스도의 죽음으로 구속의 값을930) 베푸셔서(롬 3:24), 우리가 그의 피를 피난처로 삼아 도망쳐 의를 취함으로써, 하나님의 심판 앞에서 안전히 서도록 하시기 때문이다(롬 3:25). 베드로의 말씀도 같은 뜻으로 우리에게 다가온다. "너희가 대속함을 받은 것은 은이나 금으로 된 것이 아니요 오직 흠 없는 어린양 같은 보배로운 피로 된 것이니라"(적용. 벧전 1:18-19). 만약 죄를 위한 무름이 이 값에 있지 않았다면 이러한 대조가 아주 무색할 것이다. 이러한 논지로 바울은 우리가 "값으로 산 것이 되었으니"(고전 6:20)라고 전한다. 만약 우리가 받아야 하는 형벌이 그에게 부과되지 않았다면, 사도가 전하는 "중보자 그가 자신을 대속물로 주셨으니"(딤전 2:5-6)라는 다른 말씀이 설자리가 없을 것이다.

그리하여 사도는 그리스도의 피로 말미암은 구속을 "죄사함"(ἀντίλυτρον)이라고 정의한다(골 1:14). 이는 마치 "그 피가 무름에 맞먹음으로 실로 하나님 앞에서 우리가 의롭게 되거나 방면된다."라고 말하는 것과 다르지 않다. 다음 구절도 이와 동일한 반향을 일으킨다. "우리를 거스르는 법조문으로 쓴 증서를 십

---

930) "redemptionis pretium."

자가에서 지우시고"(적용. 골 2:14). 왜냐하면 우리를 죄책으로부터 방면하는 값을 치름 혹은 갚음이 여기에 지목되어 있기 때문이다.

바울의 다음 말씀은 큰 무게가 실려 있다. "만일 의롭게 되는 것이 율법의 행위로 말미암으면 그리스도께서 헛되이 죽으셨느니라"(적용. 갈 2:21). 이로부터 추론컨대, 누군가 율법의 요구를 다 지킬 수 있을 때에 비로소 그 율법이 제공할 수 있는 것을 우리는 그리스도에게서 찾아야 한다. 혹은 동일한 말이지만, 우리가 그리스도의 은혜를 통하여 결국 취하게 되는 것은 하나님이 율법 가운데 우리의 행위를 통하여 약속하신 무엇이다.[931] 그 약속하신 것이란 "사람이 이를 행하면 그로 말미암아 살리라"(레 18:5)라는 것이다. 이러한 사실은 안디옥에서 있었던 설교 곧 사도의 주장 가운데서도 명확하게 확증되었다. "모세의 율법으로 의롭다 하심을 얻지 못하던 모든 일에도 그리스도를 힘입어 믿는 자마다 우리가 의롭다 하심을 얻는 이것이라"(적용. 행 13:39). 만약 의가 율법의 준수에 있다면, 그리스도가 친히 그 짐을 지심으로 하나님의 호의를 취하셔서 마치 우리가 율법의 준수자라도 되었던 양 우리를 하나님과 화목하게 하셨다는 사실을 누가 부인할 것인가?

이후 갈라디아인들에게 전한 말씀도 동일한 목적을 지니고 있다. "하나님이 그 아들을 보내사 율법 아래에 나게 하신 것은 율법 아래에 있는 자들을 속량하려 하심이라"(적용. 갈 4:4-5). 그리스도가 우리로서는 도무지 지불할 수 없었던 값을 취하셔서 갚으심으로써 우리를 위한 의가 생기게 하지 않으셨다면 이러한 종속이 무슨 목적이 있었겠는가?

여기에 바울이 선포한, 행위가 없는 의의 전가(롬 4장)[932]에 대한 가르침이 있다. 왜냐하면 오직 그리스도 안에서 획득되어진 의만이 우리에게 받아들여진 것으로 여겨짐이 분명하기 때문이다. 확실히 그리스도의 육체가 우리의 양식이라고 불리는(요 6:55) 다름 아닌 한 가지 이유는 우리가 그 안에서 생명의 실체를 발견하기 때문이다. 부연하면 하나님의 아들이 십자가에 달리셔서 우리

---

[931] "nos consequi per Christi gratiam quod Deus operibus nostris in lege promisit."
[932] "iustitiae imputatio sine operibus."

를 위한 의의 값이 되셨다는 사실로부터가 아니면 어디로부터도 이러한 힘이 솟아나지 않는다. 그러므로 사도는 "그리스도께서……우리를 위하여 자신을 버리사 향기로운 제물과 희생제물로 하나님께 드리셨느니라"(적용. 엡 5:2)라고 전하고, 또한 다른 곳에서는 "그는 우리가 범죄한 것 때문에 내줌이 되고 또한 우리를 의롭다 하시기 위하여 살아나셨느니라"(적용. 롬 4:25)라고 전한다.

이로부터 추론되는 바는 그리스도를 통하여 구원이 우리에게 주어졌을 뿐만 아니라, 그의 은혜로 인하여 아버지가 이제 우리에게 관대하시기도 하다는 것이다.933) 의심할 바 없이 하나님이 이사야를 통하여 형상 아래에 선포하신 "내가 나를 위하여 내 종 다윗을 위하여 행하리라"(적용. 사 37:35)라는 말씀이 그리스도 안에서 완전하게 성취되었다. 사도가 "너희 죄가 그의 이름으로 말미암아 사함을 받았음이요"(요일 2:12)라고 전할 때, 그는 이 사안에 관한 최고의 증인이 된다. 비록 그리스도라는 이름이 표현되어 있지는 않더라도 요한은 자기의 습관대로 대명사(αὐτός)를 사용해서 그를 지칭한다. 주님도 이러한 의미에서 다음과 같이 선포하신다. "내가 아버지로 말미암아 사는 것같이 너희들도 나로 말미암아 살리라"(적용. 요 6:57). 이에 합치하게 바울은 다음과 같이 말한다. "그리스도를 위하여(ὑπὲρ χριστοῦ) 너희에게……주신 것은 그를 믿을 뿐 아니라 또한 그를 위하여 고난도 받게 하려 하심이라"(적용. 빌 1:29).

6. 자기 자신을 위하여 공로를 취하지 않으심

그러나 롬바르두스나 스콜라주의자들과 같이934) 그리스도가 자기 자신을 위하여 어떤 공로를 세우셨는지 그렇지 않으셨는지를 묻는 것은 어리석은 호

---

933) "non modo per Christum salutem nobis datam esse, sed patrem nobis eius gratia nunc esse propitium."

934) Lombard, *Sentences* III. xviii. 1 (MPL 192. 792ff.); Aquinas, *Summa Theol*. III. lix. 3 (tr. English Dominican Fathers, *Summa Theol*. III. second number, pp. 455f.). Bonaventura, *In sententias* III. xviii. 1, 2 (*Opera omnia*, ed. College of St. Bonaventura, III. 379f.). Cf. Augustine, *John's Gospel* civ. 3 (MPL 35. 1903; tr. NPNF VII. 395). Quot. Battles tr., n. 10.

기심이다. 나아가 그들이 그렇다고 대답하면서 내리는 결론은 호기심을 넘어 무모함에 이른다. 과연 유일하신 하나님의 아들이 자기를 위하여 어떤 새로운 것을 취하려고 내려오실 무슨 필요가 있었겠는가?

하나님은 자기의 계획을 밝히 펼치시면서 모든 의심을 가져가신다. 일컫는 바 아버지는 아들의 공로로 아들의 복락(福樂)을 돌보신 것이 아니라, 그를 죽음에 넘겨주셨으며, "세상을 사랑하사"(요 3:16; 롬 8:35, 37) "그를 아끼지 아니하셨다"(적용. 롬 8:32). 여기서 선지자들이 말하는 방식을 잘 새겨야 한다. "한 아이가 우리에게 났고"(사 9:6), "시온의 딸아 크게 기뻐할지어다 보라 네 왕이 네게 임하시나니"(슥 9:9). 그렇지 않다면 사도 바울이 찬미한, 그리스도가 그의 원수들을 위하여 죽음에 복종하셨다는(롬 5:10) 저 사랑의 확정이 그저 냉랭해지고 말 것이다. 이로부터 우리는 그리스도가 그 자신을 위한 명분을 가지고 계시지 않았다는 결론에 이른다. 그는 "그들을 위하여 내가 나를 거룩하게 하오니"(요 17:19)라고 말씀하시면서 이를 분명히 단언하신다. 그는 자기의 거룩함의 열매를 다른 사람들에게 넘겨주시되 자기 자신을 위해서는 아무것도 취하지 않으심을 증언하신다. 확실히 가장 주목할 가치가 있는 것은 우리가 구원에 이르도록 자기 전부를 바치신 그리스도는 자기를 잊어버리듯 하셨다는 사실이다.

그러나 그들은 "이러므로 하나님이 그를 지극히 높여……그에게 이름을 주사……"(적용. 빌 2:9)라는 바울의 증언을 거꾸로 풀어낸다. 한 사람이 어떤 공로를 성취해야 세상의 심판관과 천사들의 머리가 되고, 하나님의 최고 통치권을 수중에 가지며, 사람들과 천사들의 능력을 다 가지고도 천분의 일도 취할 수 없는 엄위를 자기 속에 머물게 할 수 있는지 그들은 묻는다.

이에 대한 쉽고도 모자람 없는 대답이 여기에 있다. 즉 바울은 거기서 그리스도의 승귀(昇貴, 높아지심)의 원인에 관해서 논술하고자 한 것이 아니라 단지 우리에게 모범이 되는 결과를 보이고자 했을 뿐이다. 이 말씀은 다른 곳에서 말씀된 바와 그 뜻이 결코 다르지 않았다. "그리스도가 고난을 받고 아버지의 영광에 들어가야 할 것이 아니냐"(적용. 눅 24:26).

DE COGNITIONE DEI REDEMPTORIS IN CHRISTO,
QUAE PATRIBUS SUB LEGE PRIMUM,
DEINDE ET NOBIS IN EVANGELIO PATEFACTA EST

사명선언문

너희가 흠이 없고 순전하여……세상에서 그들 가운데 빛들로
나타내며 생명의 말씀을 밝혀 _ 빌 2:15-16

1. 생명을 담겠습니다
만드는 책에 주님 주신 생명을 담겠습니다.
그 책으로 복음을 선포하겠습니다.

2. 말씀을 밝히겠습니다
생명의 근본은 말씀입니다.
말씀을 밝혀 성도와 교회의 성장을 돕겠습니다.

3. 빛이 되겠습니다
시대와 영혼의 어두움을 밝혀 주님 앞으로 이끄는
빛이 되는 책을 만들겠습니다.

4. 순전히 행하겠습니다
책을 만들고 전하는 일과 경영하는 일에 부끄러움이 없는
정직함으로 행하겠습니다.

5. 끝까지 전파하겠습니다
모든 사람에게, 땅 끝까지, 주님 오시는 그날까지
복음을 전하는 사명을 다하겠습니다.

서점 안내

광화문점   서울시 종로구 새문안로 69 구세군회관 1층
02)737-2288 / 02)737-4623(F)

강남점   서울시 서초구 신반포로 177 반포쇼핑타운 3동 2층
02)595-1211 / 02)595-3549(F)

구로점   서울시 동작구 시흥대로 602, 3층 302호
02)858-8744 / 02)838-0653(F)

노원점   서울시 노원구 동일로 1366 삼봉빌딩 지하 1층
02)938-7979 / 02)3391-6169(F)

분당점   경기도 성남시 분당구 황새울로 315 대현빌딩 3층
031)707-5566 / 031)707-4999(F)

일산점   경기도 고양시 일산서구 중앙로 1391 레이크타운 지하 1층
031)916-8787 / 031)916-8788(F)

의정부점   경기도 의정부시 청사로47번길 12 성산타워 3층
031)845-0600 / 031)852-6930(F)

인터넷서점   www.lifebook.co.kr

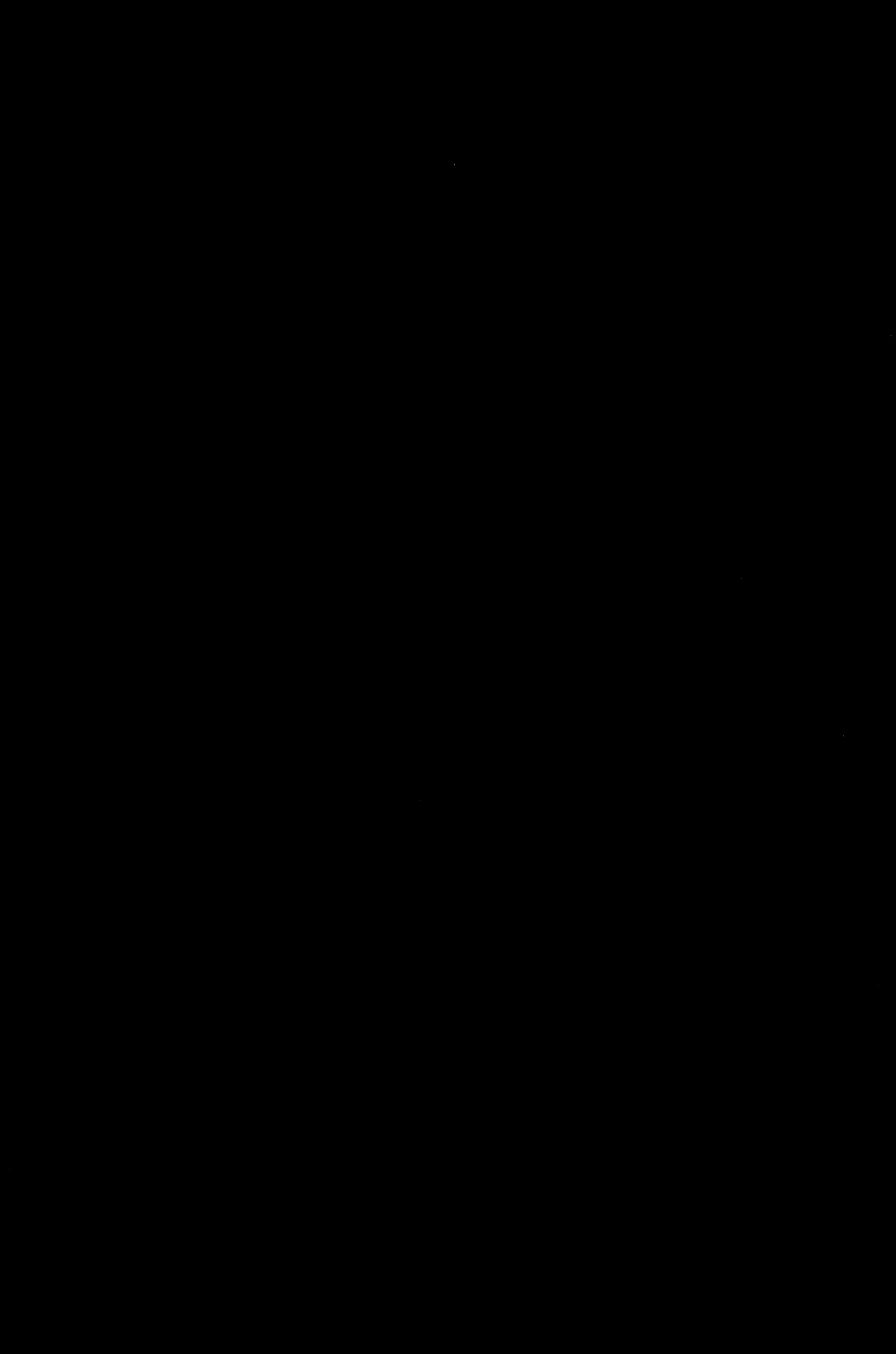

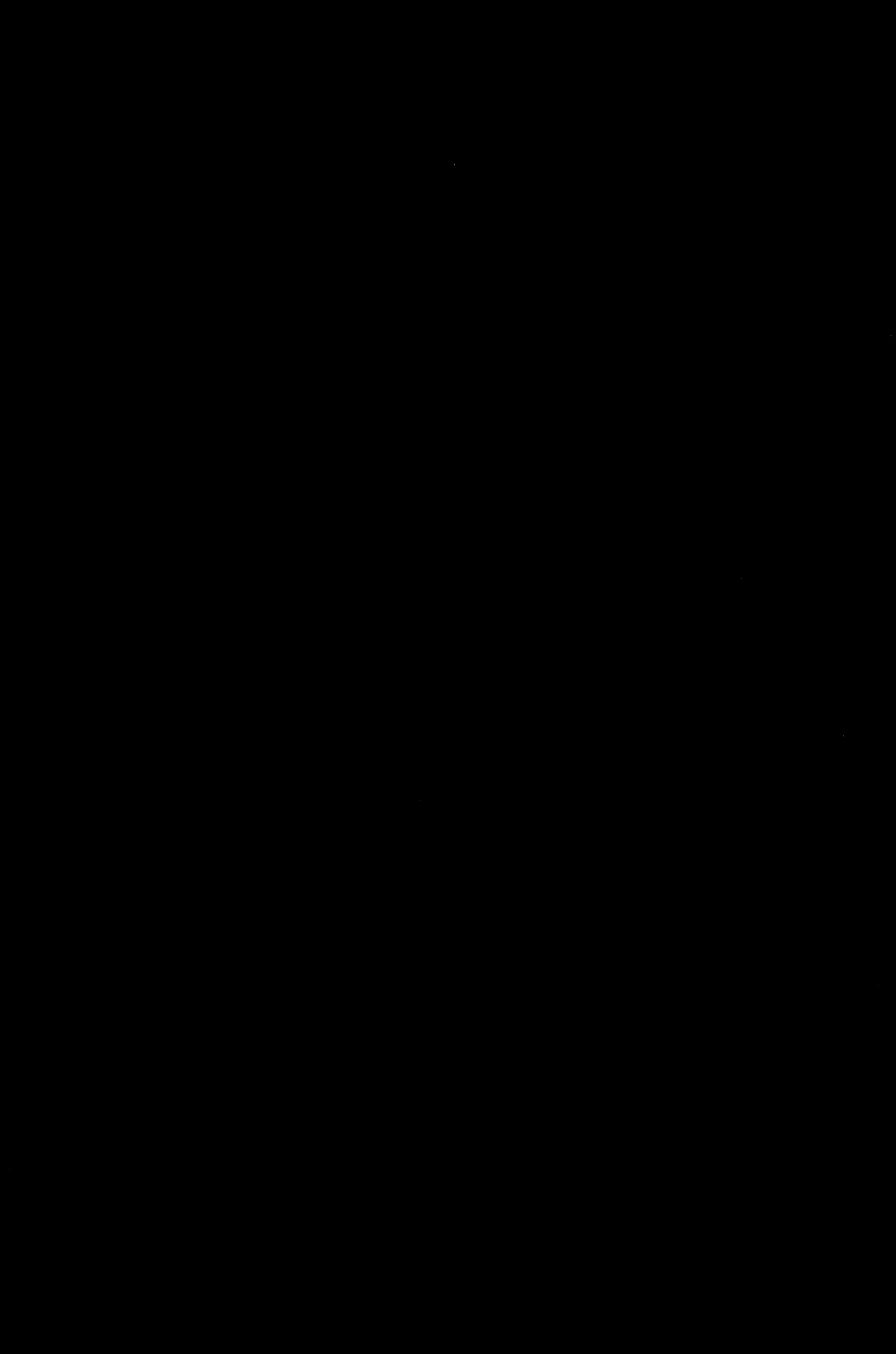